一期一会

王众一33载
辑刊文存

王众一 —— 著

NEWSTAR PRESS
新星出版社

图书在版编目（CIP）数据

一期一会：王众一33载辑刊文存/王众一著. --北京：新星出版社, 2025.4. -- ISBN 978-7-5133-5544-5

Ⅰ.C53

中国国家版本馆CIP数据核字第20240QT917号

一期一会：王众一33载辑刊文存
王众一 著

责任编辑	李界芳	责任校对	刘 义
特约编辑	林崇珍 徐峥榕	责任印制	李珊珊
	尹 莉 钱海澎	封面设计	冷暖儿

出 版 人　马汝军
出版发行　新星出版社
　　　　　（北京市西城区车公庄大街丙3号楼8001　100044）
网　　址　www.newstarpress.com
法律顾问　北京市岳成律师事务所
印　　刷　天津裕同印刷有限公司
开　　本　660mm×970mm　1/16
印　　张　38.5
字　　数　667千字
版　　次　2025年4月第1版　2025年4月第1次印刷
书　　号　ISBN 978-7-5133-5544-5
定　　价　148.00元

版权专有，侵权必究。如有印装错误，请与出版社联系。
总机：010-88310888　传真：010-65270449　销售中心：010-88310811

谨以此书感恩在我职业生涯中相遇的有缘人

目录

序／刘德有 i
自序 vii

最新中国留学资讯之南京大学篇 1
座谈会：中国青年记者眼中的日本 5
中日友好梅传情 10
友好城市故事：苏州、金泽两古城结缘 14
导游手册上找不到的北京景点：国会街今昔 18
日本记者眼中的中国市场经济 22
水墨绘中国 27
他山之石　可以攻玉 31
建筑大师隈研吾专访：时代待有新城出 36
与时代共进　创新求发展 40
21世纪的"日语风景" 47
京剧大师梅葆玖专访：期待歌舞伎来华公演 52
大时代背景下的宫崎骏及其共同体想象 57
"电光影戏"百年风云 67

未来之梦、怀旧之梦、幻灭之梦 77

"五点一线"构想拉动东北振兴 84

原口纯子：观察日常生活细节　热爱中国文化之美 90

百年风雨自由魂 93

语言、历史、人生 95

21世纪日本纪录电影的风景 100

恰逢其时的第十八届世界翻译大会 104

翻译与多元文化在中国 108

跨文化传播翻译中接受障碍的克服 117

作为媒体的影视作品与时代意识和国家形象 124

70年代日本的社会运动与纪录电影 132

世博会：国家形象形成的历史性 138

共同思考21世纪的生活方式 141

对谈：《人民中国》的数字化 144

上海世博会大阪参展执行委员会策划桥爪绅也：让我们一道
弘扬亚洲价值观 155

生存忧患中的共同体意识 158

日本国际交流基金理事长安藤裕康：通过文化交流深化两国互信 .. 162

以文化交流增进了解扩大互信 165

"不惑之年"中日民间外交再认识 169

探索中国文化有效传播新路径 173

筑梦中国 176

中日新词形成的特点以及新词日译的实践 182

保持交流定力　推进相互理解 188

告别宫崎骏时代 192

与金田直次郎的相遇 196

民间的力量、文化的力量与跨文化传播媒体的作用 202

日本媒体保守化轨迹分析 207

文物有灵，故人有情 211

中国民众如何看日本 216

大时代需要讲好小人物的故事 220

"杜丘"融入蓝天 222

村山富市前首相：继承历史认识　维护和平宪法 226

中国驻日本大使程永华：战后70周年，应共同为亚洲和世界的发展做贡献 230

中野良子：中日一起携手渡过"相互理解"之河 236

与秦刚对谈：源自孙悟空的想象力连接你和我 240

走进来的熊猫，走出去的悟空 244

"加油，熊本！加油，熊本熊！" 246

电影连接你和我 248

怀念吴建民大使 254

柔蚕老去应无憾　要见天孙织锦成 257

大野庆人：舞踏——灵魂之舞的魅力 262

栗原小卷：见证中日文化交流的艺术常青藤 267

一个将生命献给人民友好事业的人 273

五记歌舞伎 276

银幕飘落的樱雪 281

《白毛女》：见证人民友好　续写不朽传奇 285

百年内山双城记　两家三代续友谊 292

仁山智水续丹青：访旅日艺术家王传峰 298

阿童木携手孙悟空的故事　手冢公司的中国情缘 303

百年严复与当今中国 308

追忆一个有良知有担当的日本政治家 310

丁荫楠：见证改革开放 40 年的传记电影导演 314

电影交流与合作——拉近两国人民心灵的有效途径 323

为中日关系发展行稳致远创造舆论环境 327

今日再忆松村谦三 333

笹川阳平：互信构建合作　推动相互了解 336

野村万作与野村万斋北京狂言公演的成功与启示 341

电影，作为传递心象风景的载体 345

为了下一个 5 年 349

仲代达矢：戏如人生，演戏就是做人 352

霍建起：用影像留住乡愁 357

老华侨韩庆愈：平生唯盼祖国好，衣带水间架虹桥 365

程永华：外交生涯 40 载见证祖国改革开放 372

知音知心结连理　相亲相爱真情缘 377

跨越时空的传奇与感动 379

180 年中日关系的历史启示 385

手办总动员——挑战银幕的村上隆 390

用漫画创新形式讲好中国故事 393

危急时刻，日本松山芭蕾舞团用《义勇军进行曲》为中国加油... 399

文化要素重在分享互赏　诗俳漫画传递人间真情 400

有待行稳致远的青少年交流 404

相隔一衣带水邻邦的相互守望 406

后疫情时代民间外交建言 409

怀念良师益友江原规由 413

跨文化传播与报道的策划思维和翻译策略 417

对外传播与交往过程中的案例与思考 430

沉舟侧畔千帆过，病树前头万木春 435

《唐人街探案 3》：浮世奇观与弦外之音 437

致敬永远的老兵砂原惠 441

看点、借鉴与最大公约数 444

合璧、交融、梦汇五色环 447

山田洋次家庭题材电影所折射的日本社会演变 451

百年《故乡》百年"路" 454

惜别与握手——跨越时空的《藤野先生》 459

座谈会：以俳会友促友谊 463

茶禅一味　说理谈道话茶禅 471

送别老安 475

《人民中国》：从创刊到见证中日邦交正常化 480

走出困境的解决之道：加强人文层面的交流互鉴 492

相遇 500

在国际上构建中国叙事须跳出"自说自话"的怪圈 508

缅怀大江健三郎先生坚守和平主义的精神 512

俳句与汉俳的越境、交流与互动 515

悲悯与睿智 527

专访日本建筑师青山周平：留住东方家园的温馨 530

文化传承发展　亟待高质国传 536

通向现代化之路上文化主体性与文明互鉴的意义 540

跨世纪的奇缘 543

渡边满子专访：相互信赖最重要　文化交流促理解 558

《福田赳夫评传：寻求战后日本的繁荣与安定》出版的意义 561

维护《中日和平友好条约》这座铁桥 563

插图 567

序

本书作者王众一同志，是吉林大学研究生院外语系日本语言学专业毕业的一位高才生。他在我国出版的面向日本读者的《人民中国》杂志——一家1953年创刊、具有70年历史的期刊杂志社供职了34年，其中，作为班子成员全面负责杂志编务25年，担任总编辑长达16年，2023年7月按规定光荣卸任。王众一同志甫一卸任，就推出了两本巨著，其中一本便是本书《一期一会》。

"一期一会"，是日本茶道用语。"一期"是指人的一生，"一会"谓仅有的一次相会。这句话，出自安土桃山时代（1573—1603）茶圣千利休的弟子宗二的著作《山上宗二记·茶汤者觉悟十体》。人的一生，彼此相遇、邂逅，可能是仅有的一次，而这次相会绝不可能重现和复制。即使以后有机会再次相见或多次会面，那也不是第一次邂逅的再现。因此，作为理念，日本茶道特别重视"一世一度之会"，格外珍惜人生的每一个瞬间。为此，主客相见时，要以诚相待，做到礼貌周全——主人要诚心诚意沏茶，而客则要以礼对待，恭敬享用。

本书之所以把书名定为《一期一会》，据作者本人告诉我是因为结集的所有文字，包括他为《人民中国》杂志采写的报道、人物访谈、对谈或座谈记录，以及他为各家报刊撰写的文章，等等，都是只有作为一个媒体人，才能够享受的会见这些人士的幸运，而且也才有可能去完成书写任务或整理出文字来。换言之，如果没有与这些各界人士的"一期一会"，也就不可能有本书的付梓。由此可见，"一期一会"的深邃含义和作者取此作为书名的原委。

现在摆在读者面前的这部著作所汇集的文章，共有115篇。文字之多，内容之丰富，涉及面之广，角度之新，实属罕见。可以说，这是王众一同志一生工作成就的一次大汇总、大检阅。这些文字既反映了历史与现实，又展望了未来；既反映了中国由小康向全面复兴的历史性发展，又报道了中国人民的生活变化和精神面貌，更重点关注了新世纪以来中日关系的新特点和人文交流的新进展。这些文章，是王众一同志作为新中国培养起来的一位从事跨文化交流和对外传播的外语人才、媒体人，在瞬息万变的时代大潮和激荡多变的国际风云中，逐渐成长起来的过程，也展示了王众一同志对国内外层出不穷的各种问题的观察与思考，表明他一直紧跟时代的前进步伐，为我们所处的这个时代留下了弥足珍贵的痕迹，也使热气腾腾的生活海洋溅起了一朵朵美丽的浪花。一句话，这部著作是我们生活的这个伟大时代的一个投影。

综观王众一同志的这些作品，有记事，有咏物，有议论，有发言，有抒情，有回忆，也有怀旧。然而，不管是哪一类作品，我感觉其特点是观察事物仔细，思维缜密，感情真挚，意境深邃。文字或清约简明，或绚丽典雅，或古朴深沉，或恬淡平和，读来引人入胜，发人深思，并给人以启迪。

我认为，王众一同志是一位合格的、有才能的、出色的媒体人，也是一位面向日本进行跨文化交流的佼佼者。

作为日文版《人民中国》的总编辑，王众一同志是这本杂志内容定位和选题策划方面的领军者，是日常编辑、翻译工作的指挥者，还是每篇稿件的终审者。本书付梓前，我有幸通读全书文稿，有几点印象，格外深刻。

一、能始终坚持正确的政治方向。众一同志作为一名党的路线政策的宣传者，他自觉地坚守正确的政治立场和政治方向，并具有正确的价值判断标准，能始终与党中央保持高度一致，重视发挥新闻传播的舆论导向作用，用正确的舆论引导广大日本受众——杂志的新老读者——正确地去认识和了解中国。我认为，这是最为重要的一点。

二、具有很强的选题锐敏性。我认为，一名优秀的媒体人，就像天上翱翔的雄鹰可以随时发现和捕捉猎物一样，要有能力对客观事物的报道价值做出判断，用独特的思维方式敏锐地捕捉到选题信息，并迅速鉴别出最具有价值的相关新闻事实。从本书汇集的文字来看，众一同志具有很强的选题敏感度和议题设置敏锐性。王众一同志能通过对生活实际的锐敏观察，细致体验，审时度势，随机应变，并通过调查研究，不断挖掘生活中各个领域的潜在新闻，注意发现其报道价值。

三、具有出色的策划能力。对于杂志的总编来说，策划能力至为重要。俗话说："策划定生死，规划出乾坤。"策划先行就是思想超前，对整本杂志的栏目和作品进行超前谋划。这个过程需要总编站在更高的层次，统筹考虑栏目的定位、受众的需求以及客观实际和宣传优势等诸多因素，以便收到较好的效果。

在谈到如何提高跨文化交流策划能力时，众一同志曾经说过，首先，我们要考虑用本国语言把中国自己的事叙述得很精彩，再去考虑用对象国的语言，去影响和打动别人。他说，现在我们讲中国故事的时候，一个最大的问题在于容易陷入"自说自话"的怪圈。"以己度人"与"推己及人"这两种逻辑下的传播效果完全不同。而作为国际传播从业者，最重要的是要转变逻辑，设身处地、推己及人地去策划和讲述故事，抓住能够打动对方的点，找到对方倾向于接受的传播方式。众一同志对此做了进一步的阐述：一个深广的国际传播概念应该跳脱出单纯的新闻媒体层面，把更多人文要素纳入其中，比如推动中国优秀的动画或电影、电视剧"走出去"等，其重点是对外展现中国人日常生活中自然流露出的自信与对自己的文化与生活方式的热爱。

这里说到了影视，我不能不点出本书的一个明显特点，那就是作者用了很多篇幅谈论中国影坛的历史与现状，介绍了中外影视界名人、银幕和荧幕的趣闻逸事以及中外特别是中日影视交流与合作的现状和发展趋势。我想，众一同志之所以能驾轻就熟地报道这一方面的情况，与他2004年至2005年曾以教委普访学者身份，在东京大学研究"表象文化论"所取得的成就有密切关系。我想，阅读本书的人们一定会发现很多亮点，而其中关于影视方面的叙述，正是这些熠熠发光的亮点中最耀眼的那一个。

至于说到杂志选题的策划，在众一同志的主持下，《人民中国》就曾创造过成功的实例。体现中国农业文明特有的生活智慧与哲学观念的二十四节气，在2016年被联合国教科文组织列入人类非物质文化遗产名录，众一同志由此产生了一个灵感——运用诗文形式展开对二十四节气的国际传播。同为东亚国家的日本，其民众也对节气、时令等文化高度共情，也有与中国诗词对应的俳句文化。基于此，《人民中国》在2017年开设了俳句、汉俳（用汉语写的俳句）咏赞节气的专栏。几年来的实践证明，这个策划受到了中日两国读者的欢迎和长期关注。

四、具有文化自信，注意文化的特殊作用。在跨文化交流中，众一同志充满文化自信，一向注意文化的潜移默化的作用。

习近平总书记在文化传承发展座谈会上所作的重要讲话，对于在新的起点上继续推动中国文化繁荣、建设文化强国、建设中华民族现代文明具有重要的指导意义，引发了众一同志对高质量国际传播对于文化传承发展的重要性与紧迫性的思考：聚焦中华文化的优秀精华，通过创造性转化与创新性发展，向世界介绍中国文化传承发展的最新成果，应该是今后国际传播的重点所在。文化传播需要更大的格局、更广阔的视角和更强的使命担当，高质量国际传播建设成为文化强国建设亟待加强的配套工程。

文化，润物细无声。文化也许不是万能的，但通过《人民中国》传达出的广义的文化信息将无声地填满政治、经济所不能达到的沟壑，艺术的语言将使人们沟通情感，润泽心灵，垒砌中日友好的坚固基石，也使人们思考怎样去构筑和谐亚洲与和谐世界的美好家园。

文化塑造人。优秀的文化能够丰富人的精神世界。文化对人的影响，具有潜移默化、深远持久的特点。一个人的世界观、人生观、价值观，是在长期的生活过程中形成的，是各种文化因素交互影响的结果。优秀的文化作品，总能以其特有的感染力和感召力，成为照亮人们心灵的火炬、引领人们前进的力量。世界观、人生观、价值观一经形成，就具有确定的方向性，对人的综合素质和终身发展产生深远持久的影响。

五、心系读者，始终关注中日关系的演变。众一同志所从事的跨文化交流对象是日本，因此他对中日关系的走向，不仅始终关心，而且经常深入思考。

目前出现的新情况是，中日两国力量对比发生了变化，日本民众对华心态也随之产生了微妙变化和波动；两国关系陷入低谷。

纵观世界，正经历着百年未有之大变局。中日两国的态势早已今非昔比。今天，中国最突出的变化是快速崛起，成为全球第二大经济体；而日本的经济总量从世界第二退居世界第三。中日两国的国内条件和相互交往方式也随之发生了很大变化。日本对百年"日强中弱"格局向"中强日弱"的转变很不适应，表现出了强烈的战略焦虑，意欲借助日美同盟和西方价值观联盟等外部力量，并通过加强自身的军事力量来围堵中国，特别是在东海、南海、台海"三海"问题上加大了"挟美制华"力度。日本对华政策出现了消极变化趋势。与此同时，日本政治生态也朝着"保守化"方向变化。日本政界的"总体保守化"趋势从20世纪90年代中期就已出现并逐步得到发展，其表现为新生代政治势力在中日关系的诸项原则问题上向《中日联合声明》《中日和平友好条约》等政治文件发起挑战。他们要在历史问题上"摆脱赎罪意识"，在台湾问题上推动日台关系升级，在钓鱼岛问题上不断挑衅"搁置争议"底线，直至推动构建以围堵中国并迟滞中国发展为目的的多边安全合作体系。

在这种情况下，中日两国的社会舆论和民众感情持续恶化。近年来，日本政坛形成了执政的自民党"一党独大"，其他在野弱党林立的"一强多弱"局面，社会舆论和社会思潮总体上更趋保守化。随着两国关系内外条件的变化，两国社会舆论和民众感情负向变化的恶性循环趋势不断加剧，民间相互好感度与二十世纪七八十年代相比整体下降不少。

如上所述，中日之间存在分歧与矛盾是客观现实，但有一点是不变的，那就是两国互为近邻，同为亚洲和世界的重要国家，双方拥有很多共同利益和合作空间。因此，中日关系的重要性没有改变，也不会改变。我们应努力构建契合新时代要求的稳定和建设性的中日关系，尤其要从战略高度把握好两国关系的大方向。这个大方向不是别的，就是45年前两国缔结的《中日和平友好条约》的灵魂——和平友好。中国坚持与日本发展和平友好关系的政策没有丝毫改变，也不会发生改变，而这一愿望变为现实的重要前提是日方也应相向而行，愿与中方一道共谋发展两国和平友好关系的长远大计。

由于中日两国人民的共同努力，最近两国关系出现了某些松动，但仍显脆弱；日本媒体仍时不时地大肆宣传"中国威胁论"和"中国崩溃论"。所谓"中国崩溃论"本身，现在已经自我崩溃，但所谓"中国威胁论"尚有市场。

我们的杂志面向的受众，就是生活在这样一个国度的日本民众，他们的生活环境，所受的教育，以及日本的政治、经济、文化等，都与我们不同。因此，可以说：他们与我们的新闻观不同；他们看新闻的习惯也与我们很不一样；一般来说，他们对中国情况不了解或者不甚了解。这些就是我们要面对的具体对象和实际情况。我们要把中国的形象展示出来，把中国的声音传播出去，把中国的故事讲好。我们的翻译工作也要跟上这一新形势。我认为，"讲好中国故事"的这个"好"字，就是要求我们讲究传播艺术和传播技巧。一句话，就是要求我们既要以我为主，又要内外有别；或者说既要坚持正确的新闻观点，又要在这一基础上，考虑那些受众的具体情况，要善于把这两者有机地结合起来。

在这样一种新形势下，我们的《人民中国》日文版的任务不是减轻了，而是更加重了。我们似乎应该认清这一形势，进一步提高杂志质量。我们要努力通过办好这本杂志，使广大日本读者认清中日两国和平共处、世代友好、互利合作与共同发展的道路，才是符合两国人民利益的唯一正确选择，对亚洲与世界的和平也至关重要。中日两国的关键词，应当是和平、友好、合作、共赢，而不是憎恶、反目、对抗、战争。

我们着眼于两国人民世代友好这一大局，就应当十分重视加强两国民间交流，特别是青少年交流的工作。我们需要以宽广的视野，长远的眼光，有效的方式，加强两国青少年交流，不断为两国友好合作关系的长期、稳定、健康发展培育新生力量，注入新的活力。一句话，中日友好事业和文化交流事业都需要培养接班人。中日友好事业要一代一代地传下去，中日双方都需要培养一批能像老一辈那样在发展中日关系和文化交流中发挥重要作用的、经得起风雨考验的友好人士。

这是中日友好事业真正做到承前启后、继往开来的迫切需要。

最近，我注意到一位日本年轻读者热情地赞扬《人民中国》杂志，他说："《人民中国》给我以今天的梦和希望，而这梦和希望将连接着明天。"我认为，他的话反映了广大日本读者的心声和愿望，也给我们办好《人民中国》日文版提出了殷切的期望和今后应努力的方向。

现在，王众一同志虽然已离开了总编岗位，但他还是《人民中国》的特别顾问，并担任全国政协委员，因此，今后可以从更高的角度，为《人民中国》建言献策，推动中国与广大日本读者相联系的这本杂志不断改进，更上一层楼。

时值秋末，灯下掩卷，有感而发，书以为序。

刘德有
2024 年 10 月 28 日于北京林萃公寓

自序

也许有人会奇怪为什么此书取名《一期一会》，也许会奇怪为什么此书开篇竟是一篇习作一样的文章。此书确实在构思上与众不同，是经过深思熟虑之后确定下来的。如果给此书加一个副题，可以叫作《一期一会：王众一33载辑刊文存》。封笔之时，我刚好步入花甲之年，于2023年7月告别总编辑岗位。回想此生走过的职业道路，翻阅存留下来的众多而繁杂的文稿，脑海中浮现出的两个关键词便是"相遇"与"成长"。这正是本书结构成立的两大支撑点。

1989年入职人民中国杂志社以来，一干就是34年。起初从事采编翻译工作，得益于老一代的"传、帮、带"指导，我很快熟悉了业务与流程，成长为一名业务骨干，并在此过程中对《人民中国》的独特传统形成了彻骨的体认。1997年成为负责杂志编务的班子成员之后，我承担起杂志内容策划、采编翻译的审定把关全流程工作，其间负责主持了杂志全彩改版、修订编辑方针与读者定位等重大改革。2007年被任命为总编辑之后，上述日常工作之外，更是在本土化、策划重大选题、参与举办重大活动等过程中发挥作用。在供职《人民中国》的34年中，特别是主持编务以来的25年中，我始终没有脱离采编翻译一线，后期还参与了大量高层级社会活动，因此策划了不少有代表性的案例，也直接从事了大量的采写工作，并就国际传播、中日关系、翻译实践、大众文化等领域的诸多课题进行了较有深度的思考。

本书从众多繁杂的辑刊文存中，甄选了各种体裁115篇，其中既有采写的报道文章，也有各色人物访谈；既有研究报告，也有重要活动的发言文稿；既有评论类文章，也有随笔风格文章。这些文字大部分发表在《人民中国》，也有发表在《人民日报》《光明日报》《人民政协报》《人民画报》等国内主流媒体上的，还有少量发表在日本媒体上。汇总起来，透过这些文章可以看出一个国际传播工作者从稚嫩到逐渐成熟的成长历程以及日积月累的思考不断丰富的过程；这些文存本身也见证了时代的沧桑巨变，见证了中国不断走向自信和中日关系曲折发展的历程以及国际传播不断高质量提升的过程，见证了30余年来人们为促进人民友好、民心相通所作的努力和收获。一些成功案例的策划思路也见之于这些文存。

这些文存体现了本书的核心看点："相遇"与"成长"。

34 年来，在职业生涯中相遇的人和事可谓无数，但只有那些令我尊敬的人、令我感动的事会汇入我的文思；而这些相遇往往都是一些稍纵即逝的机缘巧合，恰巧当时我在现场而已。茶道里千家掌门人千玄室曾对我解释过其座右铭"一期一会"的含义，用英语说便是"One Time, One Chance"。这给了我此书书名的灵感。

而为了通过一篇篇文存真实展现一个国际传播工作者的心路历程，本书采取了不分体例，按年代顺序排版的结构。这样便可以一目了然地了解我从幼稚走向成熟的成长经历，以及时代变迁和关注重点的不断调整以及思考的不断深入。

文章几乎都注明了发表的时间与场合，并尽量配以原始版面图片。在书末还插入了反映"相遇"的彩版图片 80 余幅，以呼应文存，并弥补其不足。

回望走过来的路，有 40 余万字的精选文存立言总结令我感到欣慰。创刊 70 周年的《人民中国》见证了中日关系从民到官，从涓涓细流到汇成洪流，从恢复邦交到走向深入的曲折起伏的 70 年发展历史。而这本文存恰恰重点反映了进入新世纪以来，在面临许多新变化、新课题的中日关系的大背景下，一个国际传播工作者坚守初心，继承传统，守正创新的苦苦思索与努力。这部来自个人视角的辑刊文存，或可丰富对日传播的史料，为今后的国际传播教学与研究提供参考。

最后，感谢外文局亚太传播中心林崇珍、钱海澎、尹莉、徐峥榕等在编辑、翻译、资料收集整理等方面作出的贡献；感谢新星出版社姜淮、汪欣、李界芳等朋友为此书出版付出的心血；感谢冷暖儿女士为本书所做的精彩设计；感谢外文局亚太传播中心陈文戈主任和新星出版社马汝军社长对本书编写与出版给予的全力支持；特别感谢《人民中国》的创刊员工、93 岁高龄的文化部原副部长刘德有先生为本书作序，使此书的完整性具有了特别的意义。

王众一
2024 年 10 月 31 日记于山水窟

最新中国留学资讯之南京大学篇[1]

位于长江下游的华东重镇南京，素有"六朝古都"之称。1902年，清朝洋务派官僚张之洞在此创建三江师范学堂。这是中国近代最早的具有现代意义的高校之一。此后，校名几经更改。1952年，以南京大学和金陵大学文、理学院为主体，合并为今日的南京大学（以下简称"南大"）。近一个世纪以来，南大人才辈出。在南大校友册上可以看到李四光、茅以升、巴金、陶行知、徐悲鸿、傅抱石、吕叔湘、顾颉刚等著名人士的名字。

目前，这所国家教委直属的重点综合大学拥有27个系及独立的外国学者留学生研修部（简称"留学生部"）。2400名教师中，正、副教授达900名，博士生导师78名，学部委员8名。南大现有在校生总计12,000余名。

---

[1] 载于1990年6月号《人民中国》，这是笔者进入《人民中国》工作一年后首个独立采写的栏目。本书每篇文章开头所配图片，皆为该文首次在报刊、图书上发表时原始版面，如无特殊情况，不再一一说明。

在南大学习的外国长期留学人员每年约 170 名，1990 年上半年日本学生就达 38 名之多。短期班每年有 200 多名学员参加。

课程

普通进修生：包括一年制汉语班和文科专业班。一年制汉语班课程有口语、文选、听力训练、读写、读报等。文科专业班又分中国语言文学、中国历史、中国经济等。除此之外还有古代汉语、中国书法、中国美术史、汉日翻译、阅读与写作、中国艺术常识等公共选修课。普通进修生在修习专业课不少于 6 学时、选修课不少于 4 学时的前提下可选修其他系的专业课。学业期满发结业证书。大学二年级以上、年龄在 35 岁以下者均可申请普通进修。目前，日本普通进修生 22 名，多集中在中文、历史、哲学等专业。

高级进修生：获得硕士学位或取得攻读博士学位资格、年龄在 45 岁以下的人均可申请。高级进修生一般自带选题，与中国导师商定进修计划，在导师指导下进修。学习年限为 1 年。学业期满发结业证书。目前，日本高级进修生共 8 名。

本科生：高中毕业、年龄在 25 岁以下的人可入大学本科，与中国学生同堂学习。学籍管理办法与中国学生相同。学习年限为 4 年，毕业后可得毕业证书及学士学位。南大 27 个系现已全部开放。目前，日本学生共有 8 名。

硕士生和博士生的录取方式与中国学生一样，只是目前这两项日本留学人员还是空白。

短期班：包括外国人汉语短训班、中国历史文化讲习班。学制分为 4 周、6 周、8 周、16 周不等。每年来自日本的短期班学员不少于 100 名。

授课

一年制汉语班分 A、B、C、D 等 4 个级次，编成小班，由留学生部的对外汉语教研室派有多年对外汉语教学经验的教师任课。

教学效果较好，一年后不同水平的学员汉语能力均有显著提高，不少人直接转入专业班或本科学习。

文科专业班也是采取小班制授课。留学生部的中国文化教研室专职教师及从各系特聘的兼职教师为学员主讲。留学生们反映专业课程有一定的深度和难度，有些课程理解起来还略感吃力。"专业老师讲课速度较快，有时夹有方言，再加上板书很潦草，还真有些跟不下来呢！"（大阪外语大学普通进修生田中千贺子同学语）

一年制汉语班和文科专业班每学期授课15周，每周实行5日作息制。课程集中在上午，有时也占用下午一两节。

本科生和中国学生在一起上课，因此，如果没有较扎实的汉语根底是较困难的。不过据学校反映，日本同学颇能吃苦，所以成绩都还不错。

高级进修生一般不安排授课，全靠学员自己掌握。勤于向导师请教是一个好办法。

南大留学生学习条件较好。新建的逸夫馆综合教学楼里还为留学生设置了现代化程度很高的专用教室。

生活

南大地处南京闹市，交通四通八达。

留学生宿舍集中在南大南院。留学生宿舍原则上一室两人，室内宽敞，基本生活设施齐备。楼内有淋浴室、开水房，院内有留学生专用的网球场、健身房、图书馆。一般生活必需品可在校内买到。平时校内留学生餐厅、接待餐厅、小吃部可为留学生提供优质服务。如果愿意，留学生亦可设法去普通学生食堂就餐。顺便透露一点，南大的学生食堂在全国高校中知名度较高，伙食既经济又实惠，令人满意。有的同学则乐意去学校门口的小摊吃中餐。地处运河之滨的南京，南北风味在此交汇。吃小吃亦能了解中国文化的博大，不失为一种简便、有趣的文化实践活动。在生活方面，永野光同学（中国近代史专业班89级学员）的感受是，"如果说有些不习惯与不方便那是很自然的。意识到中国和日本之间存在的差异，这一切也就不成什么问题了"。

留学生们很喜欢南京的古迹与文化，他们常在假日里去夫子庙闹市逛一趟，领略一番秦淮人家的生活情趣。学校每年组织一次在江南农家的生活，使留学生对中国农村有了身临其境的了解。

当然，他们希望校方多组织一些这类活动。

气候

南京属亚热带湿润气候，四季分明。冬季干燥，夏季多雨，春秋气候宜人。1月平均气温1.4℃，7月平均气温27.5℃。留学生宿舍11月中旬至次年3月中旬供暖。

基本信息

校名：南京大学

地址：中华人民共和国南京市汉口路22号南京大学留学生部

邮编：210008

电话：（025）714350，（025）637551-2867

招生对象：国家教委指定／校际交流／个人自费

文科生学费：

本科·普通进修生：每学年1600美元；硕士研究生：每学年2200美元；高级进修生：每学年2500美元；博士生：每学年2800美元；短期班：每期300~850美元

住宿费用（一个床位）：长期生：每天2美元；短期生：每天3美元

座谈会：中国青年记者眼中的日本[1]

时　间：1991年3月8日

地　点：大阪皇家饭店704房

座谈者：潘　岳　　　　　　团长、《中国青年报》副总编

　　　　庄建民　　　　　　新华社《瞭望》周刊副主编

　　　　平战国　　　　　　中国国际广播电台日文组记者

　　　　仇伟军　　　　　　《天津日报》摄影记者

　　　　高莲英　　　　　　《中国妇女》杂志记者

　　　　宋　群　　　　　　《经济日报》记者

　　　　刘　鋆　　　　　　《人民日报》记者

　　　　严红枫　　　　　　《衢州日报》记者

---

[1] 载于1991年7月号《人民中国》。

张学军　　　　　《海外文摘》记者
王众一　　　　　主持、本刊记者

受日本外务省邀请，由中华全国新闻工作者协会承办，《中国青年报》等10家新闻单位组成的中国青年记者访日团一行10人，于1991年2月28日至3月9日对日本进行了采访访问。下面是他们访日感想座谈会的记录。

王：明天我们就要回国了。我们这个团全部由35岁以下的青年记者组成，读者肯定想知道中国年轻人对日本的印象。请大家随便谈谈。

潘：大家都是第一次访问日本，各位谈谈对日本的第一印象。

刘：老实讲，尽管来时机舱内日航小姐换过好几套制服，可我实在没有出国的感觉。日本人的外貌、举止，与中国人太像了。当然，这可能与我只学过英语有关，头脑中外国人的形象一定是高鼻蓝眼。你们几位"日本通"感想如何啊？

平：我印象最深的要数夜间的灯火了。晚上飞机进入东京上空时，最使我惊异的是地面灯火密织如云，好像下面就是银河。后来夜间在市区里看到霓虹灯交相辉映，简直就是置身于光的海洋了。听说日本很注意节能，不过在"灯火管制"上显然是"网开一面"。是否海湾战争刚刚停火，日本不必担心石油危机了呢？（笑）

王：说到灯光，我倒想起了谷崎润一郎的《阴翳礼赞》来。它讲的是日本传统建筑如何在室内有限的空间里利用阴暗营造出深不可测的玄妙气氛。这一点在京都二条城城内的古建筑里也感受得到。可如今不论是办公楼还是商店、民宅，不仅白昼室内敞亮，就连黑夜也是一片通明了。不知日本人的审美观何时发生了这么大的变化。

严：日本清净的环境给我留下了难忘的印象。城市街道十分整洁，各种垃圾装在袋中等候处理，甚至雨天路面上也很少有泥水，日本在自然保护方面下了很大功夫，在京都，循着周总理的足迹，我们游览了雨中岚山。那里山清水秀，就像我的家乡浙江衢州一样。

庄：我也和小严有同感。我还发现，日本求神拜佛相当盛行，许多古代风俗与现代文明共存。正巧3月3日是偶人节，我在一位日本朋友家里有幸看到了摆成一排排的偶人，还听到了专为女孩的偶人节演奏的曲子。据说，日本这样的传统节日还有很多。那天的浅草寺也热闹非凡，许多年轻人进庙烧香许愿。只要投入100日元硬币，就可以抽签测运了。我按规矩抽了一签，还真挺准！（众笑）

张：是呀！我想和神开个玩笑，没投币就抽了一签。结果是个凶签。不过后来投进 100 日元之后，再抽一签，便变成了大吉大利的上上签。（众大笑）

高：看来和神开不得玩笑。无怪日本到处都有神社，连学生升学考试也要求神保佑呢！看来这也是日本人平衡精神的一种方式。

宋：我总觉得日本经济的高速增长实在是一个谜。这次有机会参观座间的日产汽车厂，厂区狭长，员工仅 3500 名，而月生产能力竟达 35,000 辆。在组装车间，我们看到只有很少的工人在紧张地工作，大部分劳动强度高的工作都由机器人完成。据说，这里的机器人普及率已达 90%。工人工作时虽然很辛苦，甚至令人联想到卓别林的《摩登时代》，但他们有充足的时间休息，工资也很高。车间里挂着日文和英文的标语"世界に誇る確かな造り"（引誉世界的精品制造）、"Just my Sunny"（这就是尼桑品质），表明对工人的爱社教育是非常成功的。工人们为工厂能生产世界一流汽车而自豪，这种自豪又鞭策工人和技术人员加倍努力。

庄：不光这家工厂的工人拼命工作，其他公司也是如此。在我们下榻的名古屋饭店对面就有一家公司大楼每夜灯火通明。听说加班在日本相当普遍，虽然劳动法明文规定职工应有一定的工作时限，可实际上没有什么作用。我忽然感到日本就像一部加速运转的机器，人们已经适应了这种节奏。这似乎在无声地告诉我们，为实现战后经济高速增长，日本国民付出了多么沉重的代价。

平：拼命工作给职工带来了沉重的压力，到了晚上大家就要放松一下。

仇：是呀，听司机讲，每天晚上 7 点到 10 点车最好开，因为该回家的已回家，不想回家，去酒馆喝酒的人得晚上 10 点以后才打车回去。日本城市的夜生活十分丰富，但过度喝酒也不是什么好事，在名古屋街头，一个东倒西歪的醉汉便给了我一拳。

张：岂止成年人感到有压力，就连青年学生也有许多烦恼。在周日的原宿街头，我们看到许多中学生身着牛仔衣，蓄着奇特的发式，伴着刺耳的摇滚乐纵情舞蹈。他们甚至开着汽车到这里来，用专业的乐器、音响来表演歌舞，以独特的方式宣泄过剩的精力与内心的空虚。

刘：我也有同感。在新宿地下通道里我还目睹了无家可归者住在一排排用瓦楞纸板搭建的活棺材一般的蜗居里。看来物质的富足和生活的现代化并不能解决人们的全部问题。

仇：我接触的女孩子里面不少人会开车，可生活自理能力却较差。

潘：日本生活用品搞得十分周到，结果"用进废退"这个规律在一部分年轻人身上起作用了。这一教训值得中国吸取。不过陪同我们的铃木良久倒是大多数上进日本青年的代表。他将我们每天的活动都安排得井井有条，工作态度十分认真，可是玩起来就变成另一个人了。从交谈得知，他孝敬父母，乐于交友，对社会有自己的独到见解。

王：在名古屋，我遇见了正在这里留学的老同学Y和G。他们凭着勤奋拿到了奖学金，在艰苦的条件下尽可能多地了解日本，拼命学习以图日后为祖国多做些贡献。我十分佩服他们的吃苦好学精神。

潘：与中国青年相比，日本年轻人对中国则显得知之甚少。我在明治村问过几个小学生知道中国些什么，她们只答得出"熊猫""老虎"和"人多"。看来增强相互理解的工作还应要靠这一代和下一代进一步努力。日本在政治、经济上接近西方，传播媒介也是西方占主流。CNN的电视24小时都看得到，可来自中国的新闻只有15分钟，时间还都安排在夜间11点以后。这是很不够的。当然，我们中国也应多提供新闻渠道和报道素材。

王：本刊是以日本读者为对象的综合杂志，现在也出现了读者老化的倾向。如何使更多的年轻人与我们沟通是一个很现实的课题。

仇：中日友好事业是老一代共同创建的。在日中友好会馆，我们见到一位多年从事友好活动的村上先生。他有自己的公司，但还拿出宝贵的时间和金钱支持这项事业，令人感动。

张：爱知县日中友协事务局局长伊藤先生也是这样一位热心人。他幽默地笑着对我说："当年胡总书记邀请3000名日本青年访华一点也不多，因为这些年来，光我就先后率领1500多名日本青年访问过中国。"但他担心地告诉我，年轻会员越来越少。看来加深两国青年的相互了解还有很多事可做，而中日友好事业应该后继有人。

王：不过，日本年轻一代以新的形式了解中国的人逐年增多也是事实。在大阪外国语大学，我遇见了曾在南京大学采访过的学生永野光和她的同学。她们大多都有留学中国的经历，对中国和中国青年人了解较多，毕业后也乐意从事与中国有关的工作。我觉得这也是中日友好的新生力量。

庄：不过通过接触我发现，相当一部分日本知识界人士认为古代中国文化伟大因而景仰古代中国，对现代中国却很不以为意。我看这也是缺乏相互了解所致。

王：历史上，日本正是从中国文化中吸取精华，与其自身的民族精神相结合创造出灿烂古代文明的。这次在东京国立博物馆我有幸观摩历朝古代文物。透过斑驳的铜锈，我似乎看到了日本文明的源头。"中国文化是日本文化的乳母"这一说法很有道理。当然，交流是互相的，我们中国也从日本文化中吸取了许多有益的东西。

刘：日本经济取得了令人瞩目的成就，这是值得其他亚洲国家学习的。但这次我发现在一部分日本人中出现了一种危险的骄傲情绪，即要借助经济实力重新在政治上谋求利益。石原慎太郎的《日本可以说不》便反映了这一情绪。

潘：我认为这是短视的，在东亚地区，中国、日本是两个公认的大国。这两个有着文化渊源的国家在 21 世纪如能携起手来，不仅对世界和平有贡献，对两国也有好处。

庄：通过这次考察我也感到，中日两国正处在重要的历史时刻。中国应该在现代化上学习日本，日本则应助力中国实现现代化。

刘：希望再访日本时能多一些自由采访时间，以便更直接地深入社会，了解人民。

王：诸位的眼睛和嘴真是了不起。走马观花的 10 天，便讲出如此多东西，谢谢各位。

中日友好梅传情

——访日本梅研究会会长松本纮齐[1]

3月6日，春雨初霁的无锡梅园。4000余株梅树花香四溢，如霞如云的花荫构成一片"香雪海"。花丛中忽然传来阵阵歌声："太湖起春风，梅花已开放……梅花，梅花，迎春的花。梅花，梅花，报春的花。"

原来，在这一天，80余名日中梅文化交流访华团的客人，正在这里参加首次无锡梅文化节。开幕式上，南诏子女士用古琴弹唱起团长松本纮齐先生于1985年亲自作词的《梅花歌》，掀起一阵高潮。全体日本来宾随声应和，围观的无锡市民为此气氛打动，皆自发地击掌助兴。

无锡人喜梅。现今的梅园就是江南著名民族工业家荣德生兄弟于本世纪上叶建成的。1983年2月，无锡市政府应市民的要求将梅花定为无锡的市花。

日本梅研究会会长松本纮齐先生亦酷爱梅。他不仅赏梅，更注意开发梅食品。他不仅在电台举办相关讲座，还出版了一种介绍梅食品的杂志《梅家族》。自1980年初访无锡，纮齐先生便对无锡产生了浓厚兴趣，迄今历访无锡30余次，加上无锡方面的配合，终于促成了梅研究会与无锡的梅文化交流合作。在丁蜀镇，

---

[1] 载于1992年8月号《人民中国》。

纮齐先生陶醉在一望无际的梅林中。那梅林是他逐年送给当地农户们种植的食用梅，如今已花满枝头，秋天必将硕果累累。在参观他与中方合办的乡镇企业——张渚果品加工厂时，当地纯朴的人们热情地接待了这位无锡人的老朋友。在欢迎仪式上，人们看到纮齐先生的眼中分明闪耀着幸福的泪花。

在无锡市泌园新村一位市民的家宴上，记者有机会和纮齐先生坐在一起。

"我是第二代松本纮齐。"

松本纮齐先生自我介绍道。原来为了继承先父的事业并将之发扬光大，松本纮齐先生沿袭了父名。

当记者说起自己也是梅干喜好者时，纮齐先生顿感他乡遇知音，兴致勃勃地说道："梅干真是一种神奇的东西，它不仅能解毒、杀菌，还有净血、美容的功效，又便于储存。我手头有50颗腌制于嘉永六年（1853）的梅干，至今仍未变质，并且香气四溢，堪称珍品。"

在座的各位都听得入了迷，脸上呈现出羡慕的表情。

这时，女主人端上来一盘梅子做成的冷盘。松本会长饶有兴趣地指着盘中的青梅对各位道："人们误以为中国只有赏梅的传统，其实开食梅先河的正是中国人，只不过现今在中国失传罢了。"

松本纮齐先生说得不错。

据载，中国梅文化史可上溯至6000年前。那时，人们就在赏梅的同时注意到梅子的食用价值。在3000多年前的商周时期，以梅子代醋烹调已是有据可查的事实。2000多年前的春秋时期，野梅已被培育为果梅以供食用，这也为考古发掘所证实。6世纪时的农书《齐民要术》中已有腌梅干和制梅醋的记载。其药用功能则为历代本草书籍所记载。至今，中国云南山区民间尚有炖鸡烧肉时加梅子催熟的习惯。自汉代（前206）兴起了以赏梅为主的风俗，"岁寒三友""四君子"等雅称正是文人骚客对梅和其他象征高尚品格植物的赞颂。历代以梅为主题的诗、词、书、画不胜枚举，其中，陆游的《咏梅》和龚自珍的《病梅馆记》在中国早已脍炙人口，并入选中小学课本。在近现代，梅所代表的不屈不挠、奋发向上的品格已成为中国民族精神的象征。

然而，不知何故，梅食品不知自哪个朝代起被人们遗忘，以致今天多数中国人竟不知梅子的这一用途。

有趣的是，日本梅文化却循了一条与中国截然相反的路子发展而来。

在日本，梅（ウメ）一词最早见于751年完成的古籍《怀风藻》中。《万叶集》中咏梅的短歌比同期咏樱的短歌多出3倍，共计118首。当时，贵族、文人中盛行赏白梅，大宰帅大伴旅人设宴待客时即兴作成颂梅短歌32首，后载入《万叶集》第5卷中。红梅出现于896年出版的《续日本纪》中。901年，菅原道真被放逐九州大宰府时曾在红梅殿上与爱梅告别，后来就产生了"飞梅"的动人传说。江户时代，梅树的品种大为丰富了。

而梅食品在日本起步略晚。最早有记录见于平安中期。据说，村上天皇一次患病，食用腌梅干和海带茶后始见好转。到了镰仓时代，梅干已是做"烷饭"时必不可少的佐料。江户时代，梅干终于进入寻常百姓家。

就这样，从前广为官僚、文人赞颂的梅，其精神地位后来逐渐让给了樱。而在中国失传已久的梅食传统却在日本得以发扬光大。

"因此，我们有责任将中日梅文化汇成一股新的文化之流。"在无锡至苏州的船上，松本纮齐先生信心十足地说道。

其实纮齐先生这方面的努力已经收到初步的实效。1990年起，张渚果品厂已开始试生产梅干制品，原料均为当地果农用传统家肥种植的梅树所结的果实，因此品质堪称上乘，目前只是外观稍逊于日本梅干。不过，纮齐先生相信这一点很快就可改进。

"那时中国的梅干就可以打入日本市场，而梅食风俗也有望在中国恢复了。"纮齐先生十分兴奋地憧憬着。

船向苏州驶去。

"您为什么如此热衷于梅食品的推广呢？"

临分手，记者忍不住向纮齐先生提出最后一个问题。

"你知道，现代节奏使人们的精神空前地紧张了。而同时，快餐食品却日益流行，许多食品中含有大量化学添加成分。人们正远离自然，而他们的身心正因此大受其害。我提倡梅食品最主要的目的就是想通过这一方式改善一下现代人的饮食习惯。"纮齐先生回答道。

"同时，我之所以要把它介绍到中国来，是因为我认为这是一项真正能造福后代的有益事业。我们留给后代的不应是污染的环境、枯竭的资源。正相反，应该将美好留给后人。只有这样，我才可以说我做的一切对得起中国人民。"纮齐先生严肃地补充道。

船在寒山寺旁停下了。纮齐先生一行将从这里去上海。记者与松本纮齐先生握手告别。

"过5年你再来无锡,就可以吃到中国产的梅干了。"纮齐先生忽然转过身,这样高声对记者说道。

友好城市故事：苏州、金泽两古城结缘 [1]

苏州位于中国沿海地区的中心，是一个拥有 2500 年历史和文化的水城。这里是历时 30 多年的吴越之战的大舞台，留下了"吴越同舟""卧薪尝胆""会稽之耻"等名典故。

传说为吴王阖闾之墓的虎丘，今天依然吸引着众多的游客。自隋唐以来，大运河的开凿与扩建，使苏州成为南北交通要塞。数目众多的园林反映着这一商业城市的繁荣。现在，苏州城乡人口已达 556 万，是现代产业与历史遗迹共存的江南重镇之一。

北陆地区在日本列岛中央，金泽就是其中心城市，在保留下兼六园、金泽城石川门等日本传统文化结晶的历史遗产的同时，市内中心地带的现代商业街，到处是熙熙攘攘的顾客和游客。

苏州和金泽有着许多相同之处，如作为旅游城市都很重视城市景观等。1970 年开始，金泽市市长及市议员多次访问苏州，1977 年第一次向苏州提出缔结友城的请求。这样，1981 年 6 月 13 日，两市在金泽市政府举行了友好城市缔结仪式。上午 10 点，在当时的中国驻日大使符浩等有关人员的注视下，苏州市市长方明与金泽市市长江川升在友好城市缔结协议书上签字，共誓永远友好，互相协作。当时正值金泽传统"百万石祭"，签字完毕，苏州市代表团一行 7 人参加了这一

---

1 载于 1992 年 11 月号《人民中国》。

节日活动，把友好气氛推向了高潮。

10 年过去了。1991 年 11 月 24 日至 27 日，以市长章新胜为团长的苏州市友好代表团一行 6 人访问了金泽。在值得纪念的友城缔结 10 周年的日子里，两市的代表再次回顾了友好交流的历史，肯定了以前的成果，同时坚定了今后进一步发展交流的信念。

交换石坊和园林

两市在友好城市缔结 10 周年之时，互换了纪念物。

1991 年 11 月 26 日，苏州市市长章新胜在金泽姊妹城市公园举行了石坊奠基仪式。这份从苏州带来的礼物，今年举行了揭幕仪式。

6 个与金泽市缔结友好城市的外国城市将其自然、历史、文化、产业等方面具有代表性的纪念物送给金泽，汇集在这里构成姊妹城市公园。苏州市赠送的石坊是从市内金山上采掘的花岗石，高 4.5 米，宽 5.1 米，建在公园入口处，正面刻着"源远流长"几个祈盼世世代代友好的大字，石柱上还有中国特有的纹饰。因为公园是选取 6 个友好城市的精华而建造的，所以金泽市民格外珍视它。

另外，金泽方面决定送给苏州市一座日本庭园。这一工作受到市政府的重视，市长山出保亲自在庭园的匾额上挥毫写下"永远和平"。

今年 5 月，以向川茂为团长的石川县造园业协同组合青年部一行 20 人来到苏州，在东园开始了建园工作。日本庭园中不可缺少的青苔，在连日 30 多度的高温下很快枯萎，于是团员们临时决定用龙须草代替。工程队历经周折，终于在苏州市园林局的协助下，于 6 月完成了仿兼六园的小型庭园。团员们总结这次难得的经验时说："我们不仅建好了象征友好的庭园，而且在工作和日常活动中和苏州的朋友们密切交流，更加深了相互间的了解。"

苏州经常见到的中国式庭园都配有太湖石、亭、池等，而这座日本庭园与其说从一处眺望，不如说它是按移步异景的概念而造的。在仅 150 平方米的庭子里铺满了砂石，在兼六园名产徽轸灯笼、大飞石的衬托下，给来此游玩的苏州市民一份新的惊喜。

石坊和庭园当然都是友好的象征，然而，站在两国各自悠久的历史和深厚的文化在异国繁衍生息这一角度上，可以说它们的存在价值进一步提高了。

垒球传友情

1987年，苏州市外事办公室的张军访问金泽时，提议用体育来进行市民间的交流。时隔一年后，金泽北地区垒球联盟的体育友好交流访问团来到了苏州。

中国女子垒球已达到了世界先进水平，而男子垒球还没有普及。1988年，石川县垒球协会理事长木多义隆先生，和金泽市垒球协会会员一起走进苏州大学，撒下了男子垒球的种子——由苏州大学教职工和学生组成的中国第一支民间男子垒球队成立。他们的成绩一年年提高，垒球在整个学校里也越来越受欢迎，体育学科还把它编在三四年级的自选科目中，在一般学生中也相当程度地普及开来。

今年8月初，记者有幸在北京饭店听到访问苏州即将回国的木多义隆先生的一番话——"今年，我们和苏州大学混合队举行了友谊比赛，我们金泽队以12比1的绝对优势获胜。虽然两队差距很明显，但苏州大学进步很快，激烈地挥抡球棒，动作敏捷，给我们留下了深刻的印象。"

1988年的第一次交流比赛中，苏州大学"吃了鸭蛋"。他们原本擅长篮球、足球、乒乓球，虽然体育素质很好，但毕竟是初次接触垒球；彻底败北的另一个原因是金泽队在场上竭尽了全力。副团长木多先生命令队员不要潦草作战而失礼，一定要全力拼搏。虽然比分悬殊，金泽队还是惊讶不已："他们没有专门的教练，适应能力还这么强，如果受到专门训练，成绩肯定会提高。"

木多先生声音洪亮地对记者说："从今年的比赛结果看，6年前播下的种子已开花结果。但一切贵在坚持，这项事业不能像昙花一现，应持续下去。垒球在日本从小学就有了，中国学生态度认真，体格、素质良好，经过训练后一定会涌现出一些优秀选手。我在想，将来不仅要举行交流比赛，还应派教练过来。"

呈现地道的苏州风味

除体育外，其他交流也一天天广泛热烈起来。

1991年1月，苏州厨师访问团东渡日本。为了使在金泽的实地烹饪表演获得成功，厨师们对菜谱彻底、细致地斟酌了一番，还特地从苏州运来日本所没有的鳜鱼、莼菜、太湖菜、山楂条。虽然日本方面接待的负责人多次邀请他们去观光，但谁也没有答应。特级厨师赵鑫生这样说："我们不是为了观光和购物来金泽的，现在想的只是如何让表演成功。"

金泽方面也想尽了各种办法进行配合。

他们在表演大厅的中央放上了一块写有"苏州风味"字样的巨大的屏风，选出的10位礼仪小姐不仅清一色地穿着中国旗袍，还认真学习了有关苏州的知识，难怪金泽市民怀疑是苏州姑娘来了呢！

烹饪表演在浓浓的苏州气氛中取得了圆满成功。已经去过苏州43次的美食家正田秀行先生说："自以为精通苏州菜肴，可这次实地表演又把我引进了一个未知的新世界。"

传统表演艺术的交流从1985年开始。这年的10月，加贺宝生友好使节团一行83人来到苏州，在中国首次表演了能剧。演出剧目是《羽衣》《石桥》《枭山伏》等，历时两个小时的精彩表演使全场的苏州观众为之倾倒。

苏州也不示弱，1991年8月，金泽大和百货店举行的"苏州市文化物产展"中，上演了评弹这一在苏州地区流传至今的艺术，展现了江南民间艺术的精髓。今年又将献给金泽市民具有江南地方特色的"昆曲"，交流正达到高潮。

同时，经济、环境保护、教育、城市建设等各领域的交流也大规模进行着。加贺友禅、九谷烧，这些金泽市民引以为荣的传统工艺领域，也在不断接受苏州派来的研修生。

下水道建设、河道治理、历史建筑物的保护政策、住宅区的新建，随着现代化建设的展开，两市的专家就苏州所面临的各种问题，热忱地交换了意见。

另外还有中学生亲善旅行团、苏州丝绸节亲善旅行团、门球邀请赛、姊妹学校签字团等，两市通过多种渠道进行交流的例子不胜枚举。

但是，意义最深远的还是人的交流。担任金泽北地区垒球联盟体育访华团团长，曾多次到过苏州的长井贤誓先生，不仅是金泽市议会议长，还是金泽市智证寺住持。1990年访华时，他认识了名刹寒山寺方丈性空和尚，书法这一共同爱好使得两人立刻情投意合。1991年，性空和尚访日时两人的友情又加深了。1992年访问苏州时，长井先生在寒山寺立下纪念碑，并种上了樟树。

"通过交流可以结识很多朋友，人生的财富也增多了。朋友越多，两市的距离就会越近。"这是木多义隆先生的名言。

苏州和金泽通过11年的友好交往，在多个领域取得了丰硕的成果。友好城市的意义就在市民间的真诚交往中。现在，两市正在以往成绩的基础上，朝着开拓更广阔的合作领域，朝着建设更美丽的城市的目标，大步向前。

导游手册上找不到的北京景点：国会街今昔[1]

王：今年 6 月，《人民中国》将迎来"不惑之年"。听说如今新华社所在地以前叫国会街，《人民中国》也诞生于此。近代史上著名的民国国会旧址也在该处，围绕国会街一定有很多有趣的故事。这可是"导游手册上找不到的北京景点"的绝佳话题。

安：真是个好主意。自从 1956 年《人民中国》搬家以来，已经过去 37 年了，一定有很大的变化吧。

王：那我就和新华社联系，马上过去看看。

---

1 由人民中国杂志社副总编安淑渠带领完成，载于 1993 年 6 月号《人民中国》。

《人民中国》的诞生地如今怎么样了

王：这里是宣武门西大街了。那座像一支伸向天空的圆珠笔似的建筑，就是新华社总部的新办公楼，有25层。

安：真的变了。40年前我来北京的时候，这条路还是城墙，宣武门就在这个十字路口。每月一领工资，我就穿过城门，到附近一个位于达智桥胡同的小邮局去给家里寄钱。

王：您那时候比我现在还年轻吧？

安：是啊。话说回来，时间过得真快啊。转眼40年，我也该退休了。

王：您把青春献给了《人民中国》，真是劳苦功高！对了，当时《人民中国》的办公楼在哪里呢？

安：在新华社里面。我记得那是一座1951年完工的3层建筑，完工的第二年，《人民中国》日语版就在其中诞生了。大家都管那栋楼叫"新楼"，我们在2楼的大房间里办公……

王：现在那里已经变成了新华社的职工宿舍，听说几年前大施工，把老建筑都拆掉了。

安：是吗？原来确实是在这附近。不过"新楼"已经毫无踪影，还是很遗憾的。

王：不过从您的话中多少可以想象当时的情形。

安：那时候，办公的大房间有60多平方米，就像日本的报社一样，大家都在一个房间里工作。当时的人手很少，除了做《人民中国》，还做宣传小册子，所以经常加班。日本专家菅沼不二男有时候还打地铺通宵工作。

王：那时新中国刚刚诞生，很艰苦吧？

安：那时候还没有暖气，用的还是火炉。大房间的正中央是开会用的长条桌，从负责人康大川开始，日本专家、翻译组、校对排版组等的办公桌在四周排开。新中国第一部宪法的日文译本就是在这个大房间里完成的。大家一边讨论一边核校译文。

王：原来如此。对了，我听说创刊号出了点儿差错。

安：是的。偶然发现创刊号上一位日本友人的名字写错了。我们觉得这样太失礼了，决定马上改正。

王：不容易啊。杂志重印了吗？

安：不，重印已经来不及了。于是我们把装订好的2000册杂志搬到办公室，用刀片刮掉排错的那个字，然后像盖章一样用沾了油墨的铅字逐一订正。大房间一时间变成了印刷厂。

王：真是个大工程。那时候您只顾干工作吗？

安：不，我的业余生活也很愉快，和专家、印厂工人一起去郊游，或者去俱乐部欣赏京剧。

国会议场变成了俱乐部

王：您说的俱乐部，是前面那栋灰砖建筑吗？

安：是的。它建于1913年，是座近代西式建筑。民国初年那里是国会议场，因此1984年5月北京市公布其为文物保护单位。

王：相当于日本的"重要文化财"吧？

安：是的。当年在工会的组织下，我在这里看过梅兰芳等京剧名角表演的《贵妃醉酒》《宇宙锋》等京剧。

王：放到现在，明星的歌唱会等要向演员和经纪人支付很多钱。当时也是这样的吗？

安：不，完全是免费演出，而且我们自己也演戏。现在已经是国务院文化部副部长的刘德有先生，当时还是一位年轻的翻译，曾在《玉堂春》中作为配角上舞台表演。我们进去看看吧。

王：嚯，好宽敞啊。这里的内部结构和日本的国会很像，保存得几乎和以前一样。

安：是的。这里占地2100平方米，在当时算是很大的。

王：但和现在的人民大会堂相比，简直是天壤之别。

安：不仅是建筑物本身，国会议员和人民代表的性质也是天壤之别。

王：我在历史教科书上读过著名的贿选案，应该是曹锟政权时期的事吧。

安：你知道得真清楚啊。1923年10月，北洋军阀曹锟不顾民众反对，公然贿选，并以480票"当选"总统，据说，贿款总额高达1356万元。如今的人民代表大会完全不一样了。刚刚闭幕的第八届全国人大按照人民意志，把建立社会主义市场经济写入了宪法。

王：《人民中国》迎来不惑之年，而中国人民也经历了44年的风雨兼程，今后的道路不会再迷失了。

安：说得真好。我们这一代是伴随着青春的新中国一起成长起来的，而你这一代……

王：我们会努力的。对了，国会街到底是哪条街呢？

安：完全变了。现在能看到的只剩国会议场和国会图书馆的遗迹，当时的国会街，现在也变成了宣武门西大街的一条人行道了。

王：这里现在处于新华社内部，一般不对外开放吧？

安：是啊。想参观的话可能需要事先与新华社联系。

王：哎呀，今天真的长见识了。非常感谢。

日本记者眼中的中国市场经济 [1]

1993年9月10日至24日，日本经济新闻社国际部记者铃置高史对上海、无锡、南京、武汉、十堰等长江沿岸的5个城市进行了现场采访。笔者作为由国务院新闻办公室派遣的采访协助人员，在采访的最后一天专访了铃置记者。

王：连续两周的采访，您辛苦了。

铃置：啊，确实很累啊。但我了解到了很多有关中国的情况，学到了很多东西。王先生一直同行，真是辛苦了。

王：听说铃置先生是第二次来中国。这次给您留下的最深刻的印象是什么？

铃置：是啊。第一次访华是在20世纪70年代末，当时对"文革"的印象还很深刻，中山装也给我留下了深刻印象。这次，首先让我感到惊讶的是，江苏省

1　载于1994年5月号《人民中国》。

确实变得非常富裕。无锡街道上的市民们身着的衣服都很鲜亮,几乎看不到中山装了。

王：就对美的感觉而言,还是上海更胜一筹吧?

铃置：是的,就像那个日系百货公司的总经理说的,颜色不花哨而别致的西服卖得很好。在南京新工业园区的落成典礼上,剪彩的工人们都拿着传呼机。随着人们生活水平的提高,"时间就是金钱"的观念深入人心。也就是说,不仅仅是上级口头上说要改革开放,市场意识也渗透到了基层。

王：我也感受到了这一点。这次我们走访了各地各种类型的企业。您对企业有什么样的感受呢?

很多企业已经十分成熟

铃置：最令我吃惊的是,无论是国有企业还是乡镇企业,都有各自的经营心得。国有的武钢将间接部门单独成立公司分开经营,以提高整体销售额。这一点与 20 世纪 70 年代日本钢铁企业在行业不景气时所采取的战略完全相同,我对此很感兴趣。同样是国有企业,十堰的东风汽车集团也提出加强各部门的外部营销。这些都是采取事业部制使利益管理更加明确的结果。

王：请再具体说明一下事业部制。

铃置：例如,人民中国杂志社的工作人员为 70 人,如果把人员增加到 700 人,工作成效是否就增加 10 倍呢? 其实不然,反而可能助长浪费。换句话说,组织一旦膨胀,维持组织的成本就会呈几何级数增长。事业部制的目的,在于增加销售额,通过细致的管理体制降低成本。所以钢铁厂也好,汽车集团也好,大概现在的企业都分出很多主体以提高效率。

王：对乡镇企业有什么印象?

铃置：采访中我接触到多位富有企业家精神的企业家,让我感到中国经济的未来是光明的。他们把大家团结起来,朝着制造高质量产品的目标竭尽全力。在社会主义经济环境下培育出这种"真正的企业",让我非常感动。而且其中部分公司早在"文革"时期就已经诞生了。也就是说,这些企业是在逆风中成长起来的,更说明其经营者具有强大的精神力量。同时,我也感受到大家认为改革开放绝不能倒退的强烈愿望。改革开放不会再走回头路,原因之一就是有这些企业家、员工以及地方政府的存在。

与国际经济接轨很重要

王：在上海浦东开发区，您有什么感受？

铃置：我对浦东项目规模之大倍感吃惊。浦东不只是日本所说的工业园区开发，还包括金融中心、商业中心、住宅区，实际上是要建设一个新上海。还有一件令我印象深刻的事：浦东人都提到了邓小平的南方谈话。后面接受采访的其他城市的官员和企业家，也都提到了南方谈话。我通过这些情况，能够了解到邓小平的南方谈话，推动了包括浦东在内的各地的经济开发。就我所看到的，也许有部分地区是因为邓小平先生的指示匆忙地推动开发的，但多数情况是南方谈话点燃了这些地区潜在的开发热情，使其一下子喷薄而出。

王：是啊。确立改革开放路线是如何得到奋斗在经济第一线的人们的支持的，我在这次采访中有了切身体会。很有意思的是，很多企业家和经济领域的负责人异口同声地提到了"中国经济与国际经济接轨"这个词。

铃置：对，对！这是一件非常有意义的事情。具体来说，随着中国加入关贸总协定，经营规则也要从中国式向国际化转变。面对这一变化带来的困难，很多人都充满直面挑战、解决困难的干劲。反过来说，一旦实现国际化，就不能再回到过去的做法了。有人担心改革开放会倒退，我认为国际化是一个保障。可以说，改革开放已经越过了分水岭。

"下一道工序是客户"

王：为了实现"与国际经济接轨"，很多企业想尽了各种办法来提高国际竞争力。

铃置：作为其中的一环，很多地方都把提高品质作为第一目标。你看，东风汽车集团车间的标语。

王：是啊，写着"下一道工序要求就是标准"。

铃置：这完全相当于日本公司的口号"下一道工序是客户"。来中国之前，我想象过中国会把扩大生产力作为第一目标。其原因，首先是许多社会主义国家给人的印象是只注重扩大生产力，而忽视质量。在中国，虽然采取一种缓慢渐进的方式，但事实上从十多年前中国就开始引进市场经济要素了。在这个过程中，各家企业都意识到了品质管理的重要性。其次则是，日本和韩国在经济起步阶段都生产过"价廉质次"的产品。中国之所以在起步阶段就提出要重视质量，大概是因为吸取了这些国家的教训，知道只靠扩大数量来实现经济增长，却不改善质量，国际竞争力会急剧下降。中国政府也深知，在国际竞争中，提高品质是一个生死攸关的关键问题，所以制定了《产品质量管理法》。这个法律包含了对不合格产品的惩罚规定，我在各处工厂都能看到关于这个法律的说明书，这给我留下了深刻的印象。

经济的微观研究也是必要的

王：近距离观察员工和企业关系的过程中，您有哪些感想？

铃置：有很多感想。采访时，我一直追问的重点之一是如何调动员工的积极性。例如，在如何对待员工提出的改善建议的问题上，看上去很多企业将物质奖励和精神鼓励很好地结合了起来。我在东风汽车公司的铸造厂看到一个案例：给予每条改善建议 3 元到 5 元不等的奖金，每人每月最多奖励四五次，每月可获得 25 元左右。以这家公司的工资水平来看，这并不是一笔大数目。但与此同时，在工厂大门的旁边，也张榜公示了为提高生产效率而付出努力的员工姓名及内容。

王：这种物质奖励和精神鼓励并重的做法，在日本也差不多吧？

铃置：在美国，物质奖励的比重更大。但在社会体系不同的日本和中国为什么会有同样的比重呢？这是一个很有趣的地方。大概中国和日本一样，对企业的凝聚力要求比较高，所以"基于荣誉感的精神奖励系统"才能够发挥作用。当然，中国以前也认为金钱的刺激是罪恶的，但随着市场经济的发展，逐渐向日本的做法靠拢。同样是市场经济，不同国家和民族的企业形态也有微妙的差异。中国企业今后将发明什么样的经营手法让"中国式经营"走上正轨，值得关注。以往外国对中国经济的研究，基本局限于经济政策等宏观研究。但在市场经济不断发展的今天，我认为日本经济学界需要针对中国的经营组织理论等微观方面着力开展研究。

中国企业才是真"凤凰"

王：铃置先生对亚洲经济有很深入的研究，在您看来，亚洲在短时间内经济成功增长的国家有什么共同点吗？

铃置：算不上什么研究，但总结起来有以下4点：1. 废除了地主制度；2. 提高了教育水平；3. 政府采取了适当的增长政策；4. 出现了很多"好的公司"。

王：第一点在中国已经解决了。地主制度确实是非人道的制度。

铃置：地主制度不仅在伦理上有问题，在经济上也成问题，因为农民处于极度贫困的状态，无法培育富裕的国内市场，而这是市场经济不可或缺的。其次是第二点。我这次看到江苏等地的教育水平非常高。此外，我还参观了两家公司在内部建立的教授管理和技术的学校。教育水平的提高使企业获得了更多的利润，而利润又使教育水平得到了进一步的提高，可以说这是一个非常令人满意的良性循环。第三点是政策，中国确立了改革开放路线，顺利地走上正轨。今后虽然还会遇到困难，但只要坚持这条路线，我想大部分问题都是可以解决的。只有经济增长，才能解决发展增长带来的问题。

王：开发经济理论的研究者都很重视这第三点……

铃置：我判断一个国家经济的未来，更愿意把重点放在第四点上，即有多少"好公司"。在短短两个星期的采访过程中，我也只看了十几家企业。但据我所见，无论是国有企业还是乡镇企业，都经营得非常好。中国幅员辽阔，应该有更多的"好公司"，如何让好公司越来越多，我认为这是预测中国经济前景最关键的因素。有一位中国人把外资企业比作凤凰。在我看来，中国的企业才是真正的凤凰。如果能有更多的凤凰诞生并茁壮成长，我想中国经济在不远的将来一定会腾飞，中国一定会成为发达国家。

王：铃置先生对这次在中国的采访还满意吗？有不少不满的地方吧？

铃置：不，真的多亏了各地方的朋友们大力配合，让我学到了很多东西。很多官员、员工、企业家都坦率地谈论了改革开放的现状，好的地方和今后需要改善的地方，介绍得都很坦率。这说明大家很自信。特别是沿海地区的人们，已经习惯了与外国人接触，能够充分地相互理解。我见到了很多值得尊敬的企业家和官员，也看到了很多人脚踏实地、尽职尽责的样子，对他们非常有好感，同时也对中国经济的未来充满了期待。衷心感谢大家的协助。

王：我也深有同感。今天非常感谢您接受采访。

水墨绘中国

——鹈崎博的创作人生[1]

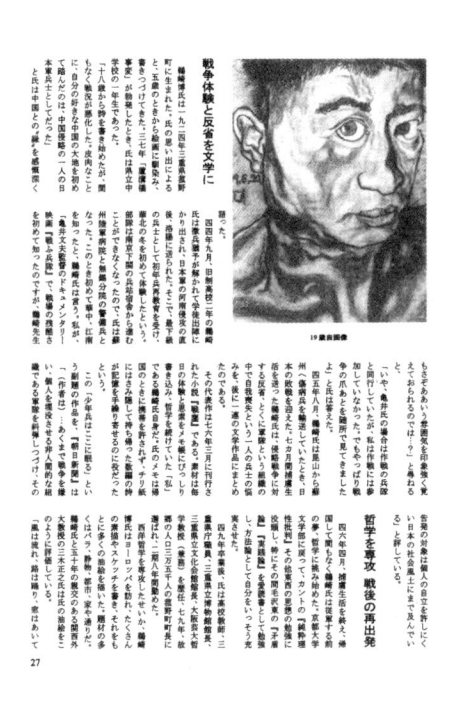

当我看到鹈崎博先生年轻时的铅笔自画像时，我被他眼神中所表达的内容深深吸引——沉浸在深思中的他，用富有智慧的哲人般的目光凝视着我，从他的眼神中我可以读出强烈的苦恼。那是作者19岁时的自画像，创作于1943年。大约一年后他从军入伍。

当我在我社贵宾室第一次见到鹈崎博先生时，他72岁，身材矮小，白发苍苍，距离画自画像那年已经过去53年了。那是1996年3月，他参加完第十六届长江江南文化研究会，回国之前顺道造访北京。

鹈崎博不仅是一位哲学家、诗人，还是一位用一流的水墨画描绘中国大地的画家。虽说是水墨画，但与中国的文人画和日本画不同，有很强的表现主义风格，引起了笔者的兴趣。当我向他提出采访申请时，他首先谈起了自己的经历："吟诗

---

[1] 载于1996年11月号《人民中国》。

走遍中国,是我自少年时代开始一直的梦想。"

把战争体验和反省写成文学

鹈崎博1924年出生于三重县菰野町。据他回忆,他从5岁开始接触绘画,并一直坚持画画。1937年卢沟桥事变爆发时,他还是县立中学的初一学生。

"我从18岁开始写诗,不久战况恶化。颇为讽刺的是,我第一次踏上自己喜欢的中国的大地,却是作为一名侵华日军士兵。"

鹈崎博先生感慨地讲述了自己与中国的"缘分"。

1944年9月,身为旧制高中二年级学生的鹈崎博被剥夺了缓期征兵的豁免,作为学生兵征召入伍,在日军进攻河南后被派往洛阳服役。在那里,他作为最底层士兵接受了新兵训练,第一次体验了华中的冬天。由于部队在南京下关兵站宿舍停滞不前,他便成为苏州陆军医院和无锡分院的警卫兵。鹈崎先生说,那时他第一次知道华中和江南。我问道:"我通过龟井文夫导演的纪录片《战斗的士兵》,了解到士兵视角下战场的残酷。鹈崎先生一定也对那种氛围印象深刻吧……"

"不,龟井导演应该是和作战部队同行,而我没有参加作战。不过,还是随处可见战争留下的痕迹。"他回答道。

1945年8月,鹈崎博正将伤病士兵从昆山运往苏州,日本战败了。过了7个月俘虏生活的鹈崎博,后来将自己对侵略战争的反省,特别是一个士兵在军队这个组织中丧失自我的烦恼,写成了一系列的文学作品。

其代表作是1976年3月出版的小说《战尘》,素材来自每天记录在笔记本上的体验和思考。书中那个不断通过哲学思考追寻答案的主人公"我"就是鹈崎博本人。回国时,他的笔记本不被允许携带,于是他靠着藏在草纸里带回的几首诗,帮助回忆起了当年的往事。

这篇作品以《少年士兵长眠于此》为副标题,《朝日新闻》评论说,"(作者)……始终厌恶战争,谴责使个体泯灭其中的非人性组织——军队,其揭露的对象甚至涉及很难允许个体独立存在的日本社会风气"。

专攻哲学再出发

1946年4月,鹈崎博结束俘虏生活回国后不久,就开始挑战从军前的梦想——学习哲学。他回到京都大学文学部，认真学习康德的《纯粹理性批判》等东西方思想。其间，他特别爱读毛泽东的《矛盾论》《实践论》，进一步充实了自己的方法论。

1949年毕业后，他历任高中教师、三重县厅职员、三重县立博物馆馆长、三重县立文化会馆馆长、大阪艺大哲学教授（兼任），1979年当选为拥有3.5万人口的故乡——菰野町的町长，连任两届干了8年。

或许是因为专业学习过西方哲学，鹈崎先生访问了欧洲，画了很多素描和速写，并以此为基础画了很多油画。其油画作品的题材大多是玫瑰、静物、城市、家庭和街道。与鹈崎先生有50年深交的关西外国语大学教授三木正之这样评价他的油画："风在流动，路在舞动，窗户是开着的，但乌云低垂，像是要压下来似的。就算他画的是花或静物，也不是安安静静的。没有自我满足的安定感，而是一种似怒似诉、不满足于现状的情趣。和蔼可亲的风情和在黑暗中压抑的热情在他的画中并存。"

那些回到心灵的故乡的日子

1989年11月，鹈崎博第三次竞选町长未能成功连任。正当他陷入不甘与失意之时，他看到一则广告称，名古屋市博物馆正在举办南京博物院名宝展。他想去看看清代风格怪异的大画家八大山人的作品，于是去了名古屋市博物馆。实际看到的作品令他非常震撼。鹈崎博当场冲进办公室，与负责此事的南京市外办的孙文学处长沟通，约定要去南京访问。

"如果没有那次展览，就没有后来的我，一切都从与孙先生的奇遇开始。"

他说此话时的表情，仿佛当时的情景仍历历在目。

鹈崎先生在广袤的中国大地上重新发现了迷失的自己。1990年至今，鹈崎先生开创了独特的水墨画风格。他先后20次访问中国，尽情地描绘着自己心灵的故乡——中国大地。作为访华成果，他在《伊势新闻》上发表了图文连载"黄河幻想"，还在中国举办了3次个展（第一次和第三次在南京，第二次在镇江），并在名古屋举办了一次个展，大获成功。

最有意义的是，他所描绘的心灵故乡，原封不动地直抵现代中国人的心灵。1994年4月，他的作品《中华门》在南京首届画展上获得南京书画院颁发的现代水墨画特别优秀奖。在那之前的1993年3月，他就任南京书画院特别画师兼海外艺术顾问。该院的海外顾问有来自新加坡、美国、日本的人士各一位，来自日本的就是鹈崎先生。

1994年4月，鹈崎先生被南京市国际文化交流中心授予"艺术顾问"称号。

鹈崎博的水墨画世界

古都南京中华门鲜花怒放，用充满感性的色彩描绘的敦煌月牙泉，西藏的江孜宗堡，单色墨汁描绘的江南水乡、寒山拾得，让人联想起梅原龙三郎画风的紫禁城……看到鹈崎先生的这些作品，确实会令人产生一种异样的冲动。虽然是水墨画，但不拘泥于严格的技法，其色彩感之细腻，让人感受到独特的日本视角。建筑和人物的轮廓圆滑，给人一种流动感，甚至是跳跃感，从中可以读出不羁的灵魂，一种精神的漂泊。

"先生的画风看起来很接近西方绘画中的表现主义，可以这样理解吗？"

"可以啊。但要我说，我的画风可能更接近生活主义，也就是毛主席说的，生活是创作的源泉。如果您被我的画所感动，我想是因为中国所具有的深邃、古老、簇新、广泛的生活之美，也就是我所说的生活主义、个人主义所具有的世界性。所以，和日本著名的大众画家所看到的中国不同，我觉得我能够更深刻、更明快地去表现中国，能够从中国人的内心和生活，以及中国人所尊崇的东西里去追寻探究。"

对于鹈崎博的画作，业内大家评价颇高。已故美术批评家真锅一男表示："他能大胆描画出学过画的人画不出来的画……画面中虽然没有人，却能令人感受到人的温情，这种生动、独特、新鲜的特点及其恢宏气势，我愿称之为'鹈崎艺术'。"南京书画院院长许怀华说："鹈崎先生取中国传统技法之精髓来描绘中国……心灵与中国画的理、意、气相通。"该院朱道平副院长则表示："他在完全继承中国画传统的基础上，更加自由豁达地运用新材料，出色地运用了中国画原本避免使用的材料来作画。以诗人的眼光捕捉对象的本质，以令人感动的色彩表现出来。"

融汇东西方智慧的哲学家的冷静，诗人的敏锐感性，以及一生烦恼思考不辍的东方之魂，此三者罕见地融合在一起，由此诞生了鹈崎艺术。

采访结束后，笔者送别了现任东海产业短期大学教授的鹈崎博先生。看着他步伐坚定地走远的矮小背影，我想，鹈崎先生的艺术精神，不就是从一辈子的生活体验中汲取养分不断创造的追求吗？衷心祝愿他今后的事业进一步发展。

他山之石　可以攻玉
——考察日本外宣刊物之后的思考[1]

2000年3月31日至4月20日，受日本国际交流基金会邀请，我在日本进行了为期20天的业务交流。本着为我所用的原则，考察了日本外宣刊物的制作、编辑与经营的课题，以期改善和加强《人民中国》对日宣传的针对性。

日本在国际交流方面很重视亚洲

国立民族学博物馆给我留下了新鲜而深刻的印象。这里尽可能多地网罗了世界各地的民族学、文化人类学标本。这家博物馆有许多从事研究的专职学者，巨大的图书馆里收藏了大量的和民族学、文化人类学沾边的期刊。荣幸的是，创刊号以来的《人民中国》合订本也井然排列在这里。

在考察国际交流基金亚洲中心时我发现，这是一个专为与亚洲有关的项目提供事业资助的部门。资金来源除政府专项基金拨款外，日本企业与个人捐款也占一定比例。可见，日本在文化交流方面始终是把亚洲作为其工作重点的。这一点在我们制定外宣战略时应给予足够的重视。其官民并举的操作方式也值得我们借鉴。

该中心事业部部长大冢善人介绍说："随着经济发展的深入，以大都市为中心

---

[1] 载于2000年6月号《对外大传播》（该刊后更名为《对外传播》）。

形成了新都市文化。与此同时，由于现代文化的侵润，许多传统文化及社会价值观正在急剧地变化。在这种情况下，亚洲各国的多元文化的保存正在成为一个重要课题，各国政府也开始对此给予越来越多的重视。日本希望通过对亚洲各国语言、历史、社会的深入了解，加强与这些国家的相互信赖关系。"可见，在文化交流为外交服务这一点上，国际交流基金是有其明晰思路的。其中的某些做法，比如文化交流与外交战略整体协调，分工明确，不急功近利等，值得我们学习。

在亚洲中心图书室有一个期刊阅览架，上面摆放着亚洲各国近百种外宣刊物。《人民中国》2000年第4期也摆在显著的位置上。据介绍，亚洲中心的职员，特别是从事中国事务的职员很多人喜欢看《人民中国》。"因为中国在亚洲和世界越来越重要，也因为近两年《人民中国》越来越多地涉及现代内容，比从前好看多了，有用的信息也越来越多，年轻职员尤其喜欢。当然，如果你们的美术设计理念再明确一些的话，在这些亚洲各国的期刊中肯定会更受欢迎。"一位从前在北京工作过的职员这样对我说。

该基金的机关刊物《国际交流》有点像美国的《交流》，我国好像还未见与之相当的刊物。该刊为季刊，每期112页，主要刊登日本学者对日本和世界文化的看法以及国际交流最新动态、重大交流活动的总结等。许多撰稿人也是积极参与国际交流基金活动的人。日本国内一流学者的参与使该刊和基金的活动保持了较高水平。我参观该刊编辑部时刚好第87号出版。这一期的专辑是《建筑业的国际交流》，共由13篇文章构成，计72页，占全刊文字量的60%。题目为《日本古代的国际交流》《近代都市的国际性》《明治前期的建筑与匠人》《世纪末城市的相貌》《日本的抗震技术与国际化》《海外的日本建筑家》《罗马尼亚中世纪修道院重修过程中的国际合作》等，既有较高学术价值，又大多与国际交流活动有关。

国际交流基金理事长藤井宏昭曾任日本驻英国大使。他在会见我时回顾了中日邦交正常化以来20年间中日两国在文化交流方面的成就，强调了文化交流对今后增进两国间相互理解的重要性。我向他介绍了《人民中国》的历史和现状，并谈及本刊今后在编辑方针上的若干设想。他听后表示惊讶，说一本外国外宣刊物在日本的销售量能在万份以上实属不易，日本的外宣刊物达不到这样的程度。他最后说："看来你们的编辑方针正随时代变化做相应的调整，我想贵国应该相当重视你们的刊物，以后我也要抽时间翻翻你们的杂志。"

与《人民中国》同时创刊的《日本瞭望》

《日本瞭望》(*LOOK JAPAN*)可以说是日本历史最久的外宣(日本称"海外广报",语感与我们所说的"对外传播"近似)刊物。它由私人创办于1953年4月(与《人民中国》日文版同年创刊,甚至创刊号的封面都有几分相似),当初为季刊,只有英文版,目的是帮助日本争取世界银行的对日贷款。1956年4月改为月刊。1978年起该刊为充实编辑内容,吸收东京大学、京都大学、大阪大学的一流学者成立兼职编委会,指导编务,并亲自撰稿阐述日本政治、经济、社会等方面的专题,迄今积累了大量资源。顺便说一句,目前他们的网络主页主要是靠有偿使用这些分类汇编的学者文章维持运行经费。他们的工作重点还是放在纸版的扩大发行上。他们认为,外宣杂志具有特殊性,直接寄送仍是最有效的方式。

我此次拜访《日本瞭望》,他们十分重视。日本瞭望株式会社社长木村则武之子、常务副社长木村淳一和董事兼总编西村邦雄,编辑部次长(相当于我们的副主任)千叶等共3人会见了我。他们对自己的刊物有近50年的历史深感自豪,每个人的名片上都印有一行小字:"有47年日本外宣历史的《日本瞭望》"。听我介绍了《人民中国》的历史、现状与来访目的和今后设想后,得知两种刊物同年创刊,他们顿时增加了些亲近感,主动向我介绍了许多情况。

木村介绍了公司的编制情况。不算兼职编委,东京总部编制包括管理人员计12名:发行人兼总裁1名、常务副社长兼副总裁1名、董事1名、执行总编1名、高级编辑4名(包括1名英籍外员)、助编1名、财务2名、市场推广策划部1名。兼职编委又是主要撰稿人,现在基本确定在16人(其中,除日本名牌大学学者外,还有剧作家、建筑家、学术情报中心所长、日本学术会议会长、专栏作家、美国哈佛大学教授、美驻日使馆特别经济助理等),阵容恢宏。编委稿酬极高,以此保证稳定的一流稿源。

我发现《日本瞭望》只有薄薄的24页,定价却高达950日元(合人民币75元),便问这样高的价位什么人会买你们的杂志?并问及该刊的文种及各文种的发行量。木村告诉我,他们的刊物很少有个人买主,99%为政府有关部门(内阁、总理府、大藏省、外务省、文部省、国际协力事业团、国际交流基金、海外经济协力基金、日本贸易振兴会)和有海外事业的大企业(丰田汽车公司、NTT、KDD、NEC、日立公司、东芝、三菱电机、富士通等)买走免费赠给所在国的政府、企业、大学图书馆及个人。因此,该刊的发行量随日本在海外的影响力增大而稳步攀升（当然，也由于这两三年日本经济不景气而略有回落）。考虑到外务省是其中最大的买主，不妨这样理解：日本政府选定这样一个民间公司替政府操作外宣刊物，政府则以远远高于正常价位的定价收购杂志，以此方式兑现外宣补贴。这也使得他们有力量支付高额稿酬以维持刊物的权威性。

"但也正因为如此，我们从不像贵刊那样关心发展读者会组织。我们一般不根据读者的意见调整编辑方针，更多的是听取买主的意见决定怎么做。读者来信也不少，对我们而言当然也是很好的参考。"西村总编补充道。千叶等次长接着说，《日本瞭望》在1990年4月和1995年4月分别创办了西文版和中文版。1997年发行英文版61,000本，西文版7000本，中文版7800本。1999年发行量略有下降。在谈到中文版的重要性时，他说，"日本有识之士认识到21世纪是中国的时代，中日近年来的交流有了很大的发展，这是中文版势在必行的前提。其实，和你们对日本的重视程度相比，我们中文版起步已经很晚了。你们的刊物有这么大的影响，应该保持已有的成绩。"

现在，考虑到降低制作成本，《日本瞭望》中文版在新加坡制作。那里有7名当地人负责美编与发行。由于操作因素，该刊的生产周期一般要三四个月，比《人民中国》还略长些。

以文化、美学价值见长的《日本风情》

我拜访的另一家刊物是平凡社所创办的《日本风情》（*NIPPONIA*）。该刊编辑部就设在平凡社内，出面接待我的是该刊的编辑发行人石川顺一和编辑内山育惠。石川的一番介绍使我感到这是另一种不同于《日本瞭望》模式的操作方式。

石川告诉我，他原来是平凡社的看家杂志——日本一流的高品位文化月刊《太阳》的主编。3年前，日本外务省看好《太阳》里面高品位文化的美学价值所内含的超越一般价值观的普遍认同性，遂停办原先已有的、内容平平的《日本画报》，委托平凡社办一种重点介绍日本传统文化和现代社会生活的软性季刊。石川说，当时定刊名颇费了一番脑筋：既要准确，又不愿太具象。想来想去他们想到了NIPPONIA这个词。它本是日本国鸟朱鹮的拉丁学名，既有象征性，读起来又朗朗上口，所以最后就定下了这个刊名。

顺便说一句，现在许多国家和地区的外宣刊物在给刊物命名时都考虑一种超时代的长效性，特点都是含而不露，不因时代变化而让人感到别扭。比如韩国的

《高丽亚那》等。我们现在也在考虑调整刊名，届时一定借鉴他人的经验，慎重命名。从刊名到刊名造型都应一步到位，而且要达到较高品位。确定刊名时不要匆忙决定，隔几年就改动，或一换领导就改来改去。刊名就像品牌一样，是无形资产，万不可等闲视之。

《日本风情》现有 14 个文种，总发行量高达 18 万本。其中英文版约 60,000 本，俄文版 28,000 本，日文版 22,000 本，西文版 15,000 本，中文版、德文版、阿文版各 8000 本，并居第五位。其发行方式和《日本瞭望》相似，官方收购占 90%，不过个人购买尚有 10%，应该说比《日本瞭望》好了许多。这也是高品位文化刊物所具有的优势吧。抛开政府外宣操作政策的不同不谈，《人民中国》在我国对日外宣刊物中所具有的市场发行成绩似乎也是同样的道理。

在编辑方针上，《日本风情》多采用自由撰稿人的文章。编辑部除主编外还有 3 名编辑，1 名编务统筹，1 名美编，1 名将内容翻译成英文的美籍翻译（其他文种皆由英文版转译，只有中文是个例外，须另组织人员从日文版翻译过来）。选题由主编拍定，编辑约稿，文章最后由主编过目定稿。约稿的原则是注重趣味性，知识介绍要考虑到读者的文化背景，力争浅显易懂。石川给该刊的读者定位是 30 岁左右、对外语或外国文化有兴趣的知识阶层人士。现在《日本风情》为大 16 开全彩印制，每期 36 页。栏目包括 20 页的专辑（阐述日本传统文化的选题居多），以及《封面人物》（代表日本时代精神的青年偶像）、《生活在日本》（外国人对日本文化的认识）、《源于日本的文化》（诸如 KARAOK 等日本独创的流行文化）、《此为何物》（日本人熟视无睹而外国人倍感新奇的物件）、《专文》（介绍各种青年文化）、《美食尽收》（介绍日本饮食）、《新日本旅游指南》（介绍日本名胜风光）等。

与《日本瞭望》不同，《日本风情》的资源主要依靠平凡社的关系，某种意义上可以说是《太阳》的副产品。石川认为《日本风情》应是一种赏心悦目，可以永久保存的印刷品，因此他对因特网将取代印刷品的说法不以为然，表示仍将坚持办好印刷版。

石川告诉我，20 世纪 60 年代在大学读书的时候他也是《人民中国》的忠实读者。"贵刊对我们这代人颇有影响。"他带我参观了《太阳》编辑部和《日本风情》编辑部，使我有机会在平凡社有了近两小时的工作体验。

建筑大师隈研吾专访：时代待有新城出[1]

王：隈研吾[2]先生，感谢您在繁忙的工作中抽出时间接受采访。据我所知，20世纪80年代和90年代日本的许多一流建筑都出自您手，现在您又和中国房地产开发商合作来中国发展。您为什么看好中国的开发前景？

隈：我有这样一个观点：就像每一个人都有自己的青春时代一样，每一个国家、每一座城市也都有自己的"建筑时代"。在这个时代里，人们无节制地大兴土木。这个时代的到来要同时具备多项条件：一是社会进入大规模转型期；二是人们的观念也随之发生巨大变化；三是旧有的建筑和城市面貌已经明显地落后于时代。而且，这一转型期还不能是消极的，而要满足整个社会经济充满活力的良性条件。如果不具备上述条件就不会出现建筑热潮。我看到，当今的中国正迎来她的青春时代暨她的建筑时代。

王：那么在21世纪进入建筑时代的中国，您认为她的都市建筑将会呈现哪些特征，又会有哪些式样的建筑将拔地而起呢？

隈：要想得到答案，我们必须考察一个人或一座城市是在怎样的时代背景下

---

1 载于2001年6月11日《辽宁日报》，编辑更改标题为"时代待有新城出"。
2 隈研吾，著名日本建筑设计师，曾担任哥伦比亚大学客座研究员、庆应义塾大学教授，现任东京大学教授，获日本、意大利、芬兰等国诸多建筑奖。他追求融入当地环境和文化的建筑，以人性化的尺度、柔和细腻的设计见长。

迎来其青春时代的。一个在和平时期步入青春时代的人和在战争时期度过青春时代的人，他们的青春一定是迥然不同的。

比如巴黎，她在19世纪中叶迎来了城市的青春时代。其时正值拿破仑三世当朝。一种观点认为，在那个时代里，巴黎完成了80%的城市建筑。同样的高度，同样的式样，同样的建材使这些建筑呈现出统一的时代风格。以中心广场和大马路为特征的、美丽的辐射状道路网络让我们感受到具有统领所有市政硬件的中央集权政体的强大力量以及新兴资产阶级的经济实力。拿破仑三世时代的城市风格使巴黎成为19世纪的世界代表性城市。而凭着辉煌的青春力量，巴黎在20世纪进入了风韵持久的壮年时代。

王：看来都市建筑正是时代精神的反映。那么20世纪的世界代表城市，您是否要首推纽约呢？

隈：对。在1929年大萧条之前的10年里纽约迎来了红得发紫的青春时代。在第一次世界大战中乘机从欧洲夺得经济主导权的美国大企业集团建造了无人可与之比肩的超高层建筑（时谓"摩天大楼"），以争相显示自身的存在。从各种意义来讲，这是象征20世纪资本主义的建筑。此后，纽约的"青春版本"在世界各个城市被翻版，从而成为20世纪都市景观的一个样板。

王：套用一句中国老话，这正是"时代待有新城出，各领风骚一百年"。那么，请您展望21世纪都市建筑的代表城市及其特点。

隈：在19世纪与20世纪过去之后，中国迎来了她的青春时代。这一点十分重要。中国的青春时代将呈现何等样式，会产生具有何种形态的市政硬件，这对于21世纪的世界城市及其建筑风格的走向都极具参考价值。因此，我十分关注当今的中国建筑。

中国大都市的青春时代表面上似乎同时存在着独特的、互为矛盾的双重指向——最近我在北京和上海考察建筑与室内装修时得到了上述印象。一种是摩天大楼指向，一种既表示对现代化的向往，也显示了突出自我的建筑风格。中国在施行市场经济的同时，集中上马了大量市场经济的典型建筑形态——摩天大楼。其势头之猛在全球城市中首屈一指，仿佛要把从前的空白一下子填补完毕。在经济与政治上向中心集中，中国社会的超强凝聚特点也助长了摩天大楼的建设热。为维护多民族大国的统一，首都作为中央的象征尤需得到强调。这是治理大国的一个重要前提。摩天大楼可以说是中央权威象征的当代版本。美国之所以诞生了无数的摩天大楼也是基于同样的动机：来自全球的移民使美国成为多民族国家；

和中国同样幅员辽阔。

然而，中国"青春"的有趣之处在于，与摩天大楼指向相反，对胡同与村落的指向也颇有市场。如果说摩天大楼可称作现代主义，那么胡同热则是怀旧主义的表现，亦可称之为反现代主义。在这个国家的城市里，一方面，摩天大楼大行其道；另一方面，许多人钻进胡同里，坐在后海的游船上听胡琴之婉转，发思古之幽情。

许多年轻的白领白天在摩天写字楼里办公，回到家里则埋头于布满尘埃、光线昏暗的老式空间中，用着裂了纹的古董餐具，不紧不慢地品味着老北京的家常菜。

王：您所说的双重指向性恰恰反映了全球已经进入后工业时代的背景下，中国正在谋求现代化目标这一事实。

隈：你说得对。与我正在工作上进行合作的北京红石公司，他们的工作就体现了双重的指向性。在北京的城市中心地段，他们建造着超高层高密度住宅塔楼，而在长城脚下的丛林中，他们又利用原始的天然材料，计划营造融于自然的"村落"。他们请我设计其中的一所住宅，我选定的主题是竹。在中国和日本的文化当中，竹都扮演着重要的角色。我试图用竹建造的房屋来对比出两国文化的同质部分与异质部分。具体而言，房屋的建筑材料尽可能都用竹，墙壁、地板、家具亦尽可能用竹。这样估计会达到铁、玻璃、混凝土、铝等现代建材所不具备的效果，诞生一个令人怀念的、心旷神怡的空间。

现代与反现代，向往未来与怀旧主义，这两种指向在中国处处并存，正是当今中国的活力之源。

王：那么这种并存对时代而言又意味着什么呢？

隈：在世界范围里，它体现为当今时代所包含的两面性。冷战结束后，IT技术将各国的资本主义最终纳入全球资本主义的体系当中。然而，资本主义的全球化凸显了资本主义自身的种种弊端。新技术使资本获得了亢奋的流动性，如今，投机性十足的国际金融市场具有超出实际经济几十倍乃至上百倍的规模。这一切使得人们的生活在90年代大起大落。资本主义的泡沫式繁荣正在破坏我们真正的生活，于是人们开始向资本主义投去怀疑的目光。在这样的大时代背景下，对于象征着资本主义的摩天大楼，人们也开始持批判与怀疑的态度。隐于野的村落和隐于市的胡同正好可以缓解精神的重负，人们开始从中寻找这种希望与可能。资本主义快到终局，其局限性也愈发清晰可辨。这是一个具有双重性的时代。中国都市建筑在这样一个时代里迎来"青春",不能不打上重重的时代烙印。

王：怪不得您的建筑理念是开拓自然、技术和人的新型关系。

隈：事实上,这种双重性在中国文化中还具有遗传基因。中国文化的特征之一就是双重性的相辅相成、互为依存。历史上,中国形成了大一统的社会,儒家的入世思想占主流地位,但出世思想以及相关技术也达到了一个很高的水平——即老庄的思想与实践。可以说,大一统思想和脱俗遁世思想的有机互补促成了中国文化的二元性乃至多元性。在这里,中国传统文化的双重性和当今全球资本主义的双重性发生了共振。

王：看来,建筑大师必须对历史文化有深入的了解,对时代有深刻的洞察力,只有这样才有可能领导未来的建筑理念。

隈：你过奖了。在中国文化面前,我是学生。前面提到的竹舍方案正体现了我的中国观。竹在中国恰恰暗示着遁世技巧,隐身于竹林之中的七贤就是明证。21世纪,全球化技术呈饱和态势,若想抵抗这一趋势,我们就要寻找隐遁的技术,构思隐遁的建筑。这一过程中,我们要从中国文化中学习的东西实在太多了。

王：再次感谢您接受采访,祝您在中国工作、生活顺利。

与时代共进　创新求发展

——《人民中国》的改版思考[1]

2001年是新世纪的开始，也是中国改革开放事业进入全面创新的一年。江泽民总书记在庆祝中国共产党成立80周年大会上的讲话系统、完整地阐述了为创新时代奠定理论基础的"三个代表"重要思想。《人民中国》在年初的成功改版可以说是为建党80周年献上了最好的礼物；而对照"三个代表"论述总结改版工作，则将为今后持续地办好《人民中国》提供思想动力与理论支持。

《人民中国》在外宣格局中的地位

1. 对日宣传的特殊性决定了《人民中国》的独特传统

创刊于1953年的日文月刊《人民中国》从开始就走了一条与《中国建设》《人民画报》《北京周报》不同的路子。最为明显的一点是在外文局的众多外宣刊物中，她是唯一一种单一文种、针对一个特定国家的刊物，是最稳定而且最具有鲜明的编辑针对性的。这不仅在外文局绝无仅有（尽管世界语《中国报道》是单一文种，但不是针对某个特定国家的），在世界各国的外宣刊物中像《人民中国》这样一对一的强针对性外宣刊物恐怕也极为少见。

周恩来、廖承志、郭沫若等老一辈外宣工作领导人都对《人民中国》有过特

---

[1] 载于2001年8-9月号《对外大传播》。

别的关照与指示。其中有些指示在今天看来仍具有很强的现实意义。比如，廖公曾指示，《人民中国》要办成中性和软性刊物；主要应该在日本中间派乃至中偏右人士中发展读者；要注意文图比例，在版式的风格与形式上要让人赏心悦目，易于接受；内容上要避免生硬肤浅的说教，要用事实说话，以理服人；要抓住日本是西方阵营中唯一东方国家的特点，抓住一批认同中国文化的读者做好分化工作。

由于中央的特别关照，《人民中国》在五六十年代形成了一套行之有效的、有自己特点的办刊方针，建成了一支政治强、业务精的编译队伍，涌现出以康大川为代表的卓越的第一代办刊专家，确立了《人民中国》代代相传的、致力于增进中日两国人民友好的优良传统，发展了一大批相当稳定、遍布日本各地、遍及社会各阶层的广泛的读者群。

2. 中日关系在我国外交格局中的地位决定了《人民中国》存在的必要性

中日邦交正常化近30年来，两国关系从民间到官方都取得了重大发展，贸易与科技合作、文化交流、人员往来都达到历史上前所未有的水平。中国和日本都是改革中国家，在体制创新方面互有可借鉴之处。从地缘政治的角度而言，日本在亚洲的作用不可小视。在中美关系的棋盘上，日本一子可与欧洲众子一比轻重。中日关系在我国外交格局中的分量都是举足轻重的。

对日宣传力度要求加大，而单一针对性的《人民中国》恰好应该而且也能够胜此重任。1998年，江泽民主席于访日前夕亲笔为创刊45周年的《人民中国》题词："办好人民中国，为中日人民的友好作出新贡献"，充分肯定了《人民中国》存在的必要性，并对在新形势下发挥《人民中国》的应有效果提出了新的要求。

改版的条件与思路

1. 在外宣格局中处于更加有利的地位

2000年春夏之际，在胡锦涛副主席和中央外宣领导的部署下，外文局着手进行了外宣期刊的调整工作。外文局的对日三刊当中，《人民画报》和《北京周报》两刊上网，《人民中国》印刷版继续出版发行。至此，国家对日外宣期刊的战略布局调整初告完成。调整的结果一方面使《人民中国》在外宣格局中处于更为有利的地位，另一方面也给《人民中国》提出了更高的要求。显然这时原有的《人民中国》已经不能适应这样的局面了。《人民中国》自创刊以来开本从未调整，以大量文字为主的黑白页占据了全本刊物的三分之二。因此，如何适应新的时代要求和外宣战略，加强与改善刊物的宣传效果就成了亟待解决的问题。

2. 几年来的实践为改版思路积累了经验

近3年来，人民中国编委会在摸索办刊新路时做了一些局部的改革尝试，为后来的全面改革做了必要的准备。

1998年6月，《人民中国》在创刊45周年之际策划了一个回顾新中国发展历程的大特辑《一同走过从前》。该特辑用81幅《人民中国》各个时代的封面展示了《人民中国》见证时代的历史作用，在背景底衬上还别出心裁地打上了各个时代的流行词，非常巧妙地浓缩了时代的信息，在视觉上呈现出焕然一新的感觉，增强了版面的流动感和节奏感。

1999年，《人民中国》推出连载两年的《世纪回眸》，运用口述体回忆和历史图片两条并行线索，生动、形象地表现了中国人民100年来争取独立、民主、自由、富强的艰难历程。在实践中进行了用文字语言线索和视觉语言线索并行独立地表现同一主题叠加效果的尝试。

经过摸索，《人民中国》1999年10月号推出了新中国成立50年特辑，选用50个历史镜头表现新中国50年的巨变，包括封面在内一气呵成，既庄严又抒情，一改从前此类题材以文字为主的报道风格，朝较为成熟的文图并重的编辑方法迈出了成功的一步。但是现有的黑白页与彩色页间插的杂志构成已经成为体现这一编辑意图的严重障碍。

3. 客观条件局限之下的艰难举步

要进一步实现已被实践证明正确的编辑意图，就必须打破现有的框框，推进全面改版。经过几年来实践经验的积累，在业务骨干当中要求改版的呼声也越来越高。期刊布局调整，新世纪到来，这一切都表明改版面临着千载难逢的好时机。

但是，若在现有条件下改全彩，成本将大幅上升，因此改还是不改，要改得怎么改，意见并不统一。加之改版过程中的局部调整要触及某些部门的利益，反对的声音也不是没有。最后，经过周密调研、反复论证，领导班子顶着一定的压力与风险毅然决定，抓住时机坚决改版。

《人民中国》由原来108页小16开80克铜版纸黑白彩色混订改为84页大16开64克轻涂纸全彩，在不增加拨款的情况下关键是要降低成本。于是，强行推进市场机制和与社会接轨的做法，废除了没有发展前途的"蒙泰"日文软件系统，引进"苹果"社会通用系统；在市场公平竞争的原则下，放弃了原来的印厂，转向了价格更低、技术和质量更稳定、服务更好的印厂；设计和出片也拿到社会上做。最终，这样核算下来的结果显示，改版后的成本虽然比改版前的绝对成本有所增加，但大大低于原来的预计，事实证明，改版后的杂志质量也比以前明显提高。改版的成功实践使我们尝到了走向市场、走向社会的甜头。

4. 讨论确立刊物定位和读者定位

早在改版工作开始以前，对刊物与读者定位的调研就已经开始了。2000年4月，以主编王众一为团长的人民中国访日团就对日本的两本外宣刊物做了专项调研：《日本风情》和《日本瞭望》由民间组织制作，由日本外务省收购，并通过在对象国的日本使馆散发。通过对对象国外宣刊物的考察，结合《人民中国》的多年经验以及近年来日本读者的变化，我们就刊物和读者的基本定位做出了如下勾勒：

《人民中国》是向对象国国民介绍中国的对外传播刊物，它可以有一定的商业市场，但不会太大（《人民中国》现有的商业发行量和刊物存活年限令许多日本发行专家吃惊）。相对于普通商业刊物，它有其特殊性，但在各国同类刊物当中，它又具有普遍的同质性。《人民中国》应该是一本以社会历史文化生活为基本内容的、兼顾传统文化与现代信息介绍的综合性高品位精品刊物。根据时代的变化，《人民中国》的报道对象应从以前百分之百报道大陆，调整为以大陆为主要报道内容，同时兼顾港澳台和海外华人的更大范围。在电视、网络等强势媒体大行其道的今天，纸介质外宣刊物要生存必须强调视觉、整体包装、珍藏价值等独有的优势。《人民中国》的读者包括各个社会阶层、各个年龄层、受过一定教育的日本人（以日本国内为主，同时注意照顾来华工作、学习、生活、旅游的日本人）和中国人（旅日华侨和中国国内读者），其中，要重点关照年龄在22岁至60岁的日本人。

5. 以新的办刊理念完成杂志改版

办刊理念的更新也是此次改版的重大成果之一。较有特点的更新有以下几点：

明确文字语言、图片语言、设计语言三维语言系统，使刊物保持好看的内容和思想性的同时，保证在视觉上也是一种享受。在视觉上所能得到的信息往往是文字不好表现的。日本有一个统计，一幅好的图片可以顶替1000字的文字量。设计属于整体包装，就像菜做好后装盘一样十分重要。现在每期设计的最后方案主编都亲自一抓到底。

改变传统"我办你看"的做法，提倡编读双向参与，彼此可以换位的开放式办刊理念。改版后的栏目构成既有"以我为主"的特辑、画刊等重头篇幅，也有由其他力量参与的栏目，且比例在不断增加，分量在不断增强。比如读者参与的《中国之友》《我与中国》，社会上中日两国专家学者和友好人士积极参与的《东张西望》，日本专家操作的《中国杂货店》和名人访谈，国际台日本专家执笔的《中国流行歌》，中日法律专家主持的《律师对谈》，日本汉诗研究者撰稿的《汉诗望乡》等。我们还尝试了将国内一流稿件编成特辑，如3月号的《大江健三郎在北京》，5月号的《当代中国的母子情结》，9月号的《北大清华大学生心语》等，都深受读者欢迎。

对栏目进行功能性定位，从原来"硬"和"软"的粗放概念进一步细分层次，使稿件充分发挥其预想功能。初步理出的功能为："以通俗的道理说服人，以丰富的信息吸引人，以共同的情感打动人，以美的情调感染人"。其中，"美"是各项功能的最高境界，它超越意识形态和价值观的不同，在"润物细无声"的功能上最见效果，尤其值得进一步深入探讨。

还有一个转变就是把传统意义的"宣传"逐步向"增进交流，促进相互理解"的更高层次推进。相信这一方向是符合《人民中国》长线文化渗透特点的。这一点目前还在探索阶段，期待着在理论与实践上的重大突破。

改版半年来自各方面的反应

收到的反馈基本上都是正面评价。这里仅举几个有代表性的事例。

我驻日使馆新闻参赞黄星原说，原先担心三刊减至一刊会使对日宣传"少掉两条腿"，现在看来，《人民中国》这条腿已经粗了起来。改版后的《人民中国》符合长线外宣的要求，不论在外观上还是在内容上都大大好于以往。就好比一个人换下中山装，穿上西装一样，包括精神面貌都完全换了样。使馆对改版十分满意。

日本驻华使馆文化参赞宫家邦彦看了改版后的杂志表示，选题的时代感很强，比起从前更加适合年轻人阅读，非常有助于日本人全面了解现代中国。他请我刊每月将刊物重点文章和目录发给日使馆，通过日方"日本之窗"网页直接上网。这是我外宣刊物第一次进入日本政府的传播渠道。

《人民中国》静冈县热心读者会原来有250名读者，今年6月份已增至450名，年内目标是600名。其他的读者会也有读者大幅增加的报告。

我刊日本发行总代理东方书店反映，改版后零售增加了10个百分点，退货率下降了 10 个百分点。

《人民中国》5 月号载文《传统离我们还有多远》，探讨了在全球化进程中区域传统文化的重要性，引起日本学界的注意。东京大学教养学部这一期买走 100 本，在学者中散发。该文还被一些教授剪下来贴在广告板上，引得师生驻足观看。

以青年文化工作者为主体的新生读者组织"长久会"对改版给予了高度评价，并积极探讨在日本大学生中普及《人民中国》的可能性。

改版引发的对外宣工作的若干思考

1. 亟待按照"三个代表"重要思想的要求进行外宣的理论创新

从事外宣工作的同志普遍感到今天的外宣比从前要难。回顾我们这几年的工作，经验和教训让我们感到，在外宣领域，必须按照时代要求，从理论上、方法上进行创新，为外宣事业发掘与时共进的新资源，使外宣事业保持"可持续发展"。

外文局诞生于新中国成立之初，为向全世界介绍新中国立下了不可磨灭的历史功绩。但也必须看到，由于冷战时代的特殊性，我们在当时比较成功的外宣特色拿到冷战结束 10 年后的今天就显得不合时宜。其实在和平与发展成为时代主题的今天，包括日本人民在内的各国人民希望全面了解中国的愿望比从前更加强烈，关键看我们是否能够找准新的资源，并通过有效的传播满足人们的要求。赵启正主任经常拿水果与 VC 丸来打比方，强调要讲究外宣艺术。这和老一辈外宣事业的领导人对我们的要求在本质上是一致的，应当引起所有从事外宣工作的同志从讲政治的高度给予重视。在这个问题上绝不是调门高就是正确的，因为没有达到效果的外宣同样是失败的。所以说，我们今后的任务就是要进一步解放思想，按照"三个代表"重要思想的要求，树立实事求是、理论联系实际的学风，认真地就外宣领域存在的问题展开调研，探讨创新发展的可能性。

2. 在外宣产品市场化方面应大力探索体制创新

最近正在进行的"灯下亮工程"让我们看到国家为打好外宣主动仗而做出的努力。这是一个如何评价都不为过的举动，因为它大大地鼓舞了从事外宣书刊工作同志的士气。但我们必须清醒地看到，在市场经济的大背景下推进这项工作，一定要为外宣产品进一步占据有限的市场而起到策应作用。也就是说，贸易发行和非贸易发行应当形成一种良性互动。要树立发行为外宣服务，外宣替发行着想的大局意识。这一点，领导如果方向明确，一抓到底，就一定会见到实效。

日本、美国、德国等国在我国的外宣品基本上全部是赠送，这其中有我国出版物进口管制的原因。而我国比较好的外宣品在没有这种限制的国家已经占据了一定的市场，这应当说是一个很好的成绩。如果在这个基础上根据不同刊物的特点，采用"滴灌"而不是"浇灌"的方式推动"灯下亮工程"，则既可让有限的外宣投入收到最大的实效，又可以弥补在商业发行上广告宣传投入不足的问题，让那些有选择的受赠者日后有可能成为刊物的商业订户。比如日本在我国赠送的外宣刊物每月达数千册，而我使馆相比之下显得很不对等，每月仅有120本。如果此项可增至2000册，选那些尚未订阅我刊的政要和经济、文化界重要人士赠阅，则既可提高外宣在使馆及日本的影响，亦可为我刊的商业发行做有益的铺垫。

3. 亟待抓紧建设适应时代要求的新型外宣队伍

建设外宣队伍，这些年来我们可以说下了很大的力气，但外宣人才流失严重一直是困扰我们的重要因素。对于这个问题，每个单位有自己的特殊性，但一个共性的东西就是，我们在队伍建设方面没有确立一个适合时代要求的发展思路。

长期以来，我们认为外宣就是"我办你看"。在有些部门甚至出现"把外宣神秘化，好像除了我写的就不能算外宣"的想法，也有人片面地把"编译合一"理解为原来是中文编辑写，现在改为由中国翻译直接写就可以了。

其实，最关键的问题在于我们追求的目标是刊物的实际效果，而不是专业队伍的绝对人数。随着教育水平的提高，专业分工的细化，社会上可利用人才和资源的增加，只要我们建设一支可靠、过硬的核心队伍，增强核心队伍的编辑意识、服务意识、社会活动意识，编织一张以核心队伍为决策中心，吸引读者、专家、社会名流参与的庞大网络，我们就完全有可能优化队伍组合，提升刊物权威水准，扩大报道的广度，并由此总结出一条有特色的、面向世界的、面向未来的、面向现代化的、开放的外宣办刊道路来。

21 世纪的"日语风景"[1]

家住神户的作家毛丹青先生，以中日两国文坛为舞台，用中日双语进行创作，这种独特的写作方式引起人们关注。他于 1987 年来到日本，曾在商社工作，1998 年以日文随笔集《日本虫眼纪行》[2] 出道。今年春天，他的作品被日本的大学用作入学考试题目，非母语作者的日语文章用作高考出题极为罕见，一时成为话题。毛丹青先生就像水陆两栖的青蛙一样在双语世界自由穿梭。我们请他以"语言"为题谈一谈对中日两国的看法。

王：您的文章今年被北海道大学、立命馆大学等多所大学用作国语考试的考题，对此您有什么感想？

毛：一个用日语写文章的人水平如何，我认为有以下几个评价标准。第一是

1　载于 2003 年 12 月号《人民中国》。
2　《日本虫眼纪行》获得第二十八届神户 BLUMER 文学奖。

47

书卖得怎么样，这能说明其文章被接受的程度。第二是获得了什么文学奖项。第三就是是否被选入高考国语考题。国语高考试题，是各大学通过召开教授会议等方式，经过非常严格的审查程序确定的。用不用哪篇文章，肯定会经过相当激烈的讨论。从这个意义上来说，这比我获得文学奖项还要让我感到高兴。

王：在中国的高考试题中使用外国人直接用中文写的文章，这种例子我还没有听说过。

毛：虽然我也没有详细调查过，但据有关人士说，在日本，采用非母语作者写的日语文章也是非常罕见的例子。我记得日本文化厅的一位官员说过，日语也在走向国际化。日本居住着很多外国人，日语本身也在发生变化。为我的书撰写解说推荐语的柳田邦男先生说，这样的文章在当今时代诞生，是顺理成章的。而在二三十年前，这种现象不可能发生。当时日本的经济不景气，人们变得没有活力，而这 5 年间日语却掀起了一股热潮，书店里一定会设有"日语图书角"。我们这些非母语作者的日语之所以受到关注，可能是因为人们正关注日语将会如何发展。我是在 1998 年作为日语作家出道，正好在同一时期，出现了好几位非母语作家。20 世纪 90 年代后半期，泡沫经济破灭，正好从那时候开始逆向发展起来了。

出题背后潜藏的危机感

王：毛先生是 90 年代后半期开始写作的。我感觉那时候日本出现了思想保守化的倾向，但日语的多样性被人们接受。这是完全相反的现象。

毛：在我看来，日本在经济衰退的 10 年里，文化却越来越成熟。所以，社会上掀起了积极接受不断进化的日语的潮流。意识形态变得保守的同时，对待日语本身的态度，至少与二三十年前相比发生了变化，只要是好文章就会不断给予好评。

王：也就是说，在文化方面，变得非常开放了。

毛：硬要说的话还有一点，我认为是人们对日语有一种危机感。让很多即将成为大学生的日本人，摊开国语入学考试题目时发现，这居然不是日本人而是中国人写的日语文章……大学的教授用心良苦，很明显是对现在日语的闭塞感有一种危机意识。如若不然，是不会选择这样的文章的。为什么要让这么特立独行的人"创造的日语"成为标准呢？我认为这是当今时代的一个象征。

王：也就是说，这件事情来源于日本部分有识之士对当今日语的危机感。

毛：我是这么想的。我认为这体现了今后的大趋势。

日语风景

王：即便如此，对于生活在中国的我们来说，毛先生在日语世界里所创造的一切都是不可思议的。

毛：我经常使用"日语风景"这个词。日语中有汉字、片假名和平假名。片假名和平假名是汉字的一种稀释形式。版面上全是汉字的话，会有非常大的压迫感。例如，据说日本人读中文文章会很累。为什么累呢？主要是因为没有张弛有度的节奏感。在我看来，汉字就像油脂一样，非常浓稠。而日语则像水一样，有时激烈，有时平静，有可以调节的要素。我有个秘诀，写完稿子印出校对稿后，会把稿子放在离自己眼睛3米远的地方排开来看。让汉字、片假名、平假名看起来像组成了一种图案。如果单纯是汉字的话就不会有这种效果，看起来就是一大块儿。我为什么用"日语风景"这个词呢？我是把片假名和平假名当作"大海"，把汉字当作"小船"，汉字就像一艘可以移动的小船般漂浮在大海之中。这时，如果我觉得整体感觉应该轻松一些，就会把一些汉字改用平假名。意思、语法什么的都在其次，先玩玩看。这是我的秘诀。

王：对很多人来说，外语是通过学习积累的知识。而对毛先生来说，日语是运用自己的感性扩大自我表达世界的工具。

毛：我总是对自己说，用眼睛来写文章。如果脑子里对语法什么的想得太多，就会破坏自己的感性。所以用五感来运用日语，开动五感来写作……当然，在这过程中有时也会和编辑吵架。例如，在语法上应该使用"は"的时候，却用了"が"。我跟编辑说，"は"比"が"所占的面积大一些，理由仅此而已，就请这么用吧。看到某人或某个风景脑海中浮现出的瞬间印象，如何去表述是自由的，但这种印象才是最重要的。不过于依赖理论，也就是不过于僵化，重视感性，这样去驾驭语言，是我的原则。

双语思维的形成

王：那么，对于您的母语中文您也有同样的感觉吗？

毛：我的中文文章被朋友们说太水了，没有中文原本具有的深邃厚重感。我的这种想法适合日语，却可能不适合中文。最近我甚至担心，我的中文被日语侵蚀了不少呢。

王：日语的思维方式入侵了毛先生的头脑，说得夸张点，这不就是文化融合吗？我想，这样的事情在中国历史上是经常发生的。例如，现在我们习惯使用的北方方言，所谓普通话中，有很多相当于日语格助词的介词，而南方方言里几乎没有。据说这是与骑马民族融合的结果。文化融合带来了语言的变化。

毛：确实是这样。不过有一点不同的是，那个时代的语言融合，是在对话层面经过长时间演变而发生的。而我则是在"写"这一过程中发生的，时间上浓缩了好几倍，几乎是瞬间的感觉。使用双语来写作是非常痛苦的。例如，在想描述某个印象时，日语和中文就会发生争夺。这个过程是谁快谁赢，如果要将用中文先捕捉到的感觉改写成日语，就得花很多时间去斟酌。但是，如果先用日语思考的话，心情就会很好。

汉语表达嵌入日语

王：您曾经把汉语词语原封不动地搬到日语里用过吗？

毛：有哦。例如，"敬仰"是个中文词语。"敬"和"仰"在日语词典里都有，但"敬仰"这个词是没有的。我干脆就直接用了。我为什么这么做呢？因为这两个汉字日本人是懂的，把它们拼在一起也还能形成文字。这样的例子有很多。我把日本《广辞苑》里没有的汉字硬拼在一起，也就是所谓"造词"。

王：这次的大学入学考题中也有这样的词语吗？

毛：我没有准确调查过，但我想应该没有。但是，对于写文章，作为中国人我有一个理论。例如，这次立命馆大学使用的文章《凝视日语的那一瞬间》，他们完整地引用了整篇文章，没有任何删减节选。写这篇文章的时候，为了说明一个现象，我用了"并列"手法。首先一段，其次一段，以及最后一段，说的都是同样的事情。这是我一开始就想把同样的事情说三遍而创作出来的。这样的逻辑在我写文章的时候起了主导作用。这种感性、文章结构和情节，我认为可能是受到了日语的影响。

王：毛先生的头脑中，还是中国人的逻辑。

毛：确实有人说我的日语是"中国人的逻辑，日本人的情绪"。

王：也就是中国人的理，日本人的情。

毛：我的感性中，也有百分之百不是日语的部分。给文库本写解说推荐语的柳田邦男先生早就看穿了这一点。经常有人说我"您的日语说得真好""您像日本人"，其实不是这样的（笑）。正因为我不像日本人写得那么好才很有趣（笑）。如果我像日本人那样写文章，那就上不了台面，没意思了。因为我写了日本人写不出来或者想不到的东西，所以有意思。

王：这样看来，毛先生日语写作的尝试是一种"明知故犯"，您会有恶作剧一样的快感吗？

毛：用中文来说就是"玩儿"。我的日语是逆生长的（笑），就像有人生经验的大人，像孩子那般去表述。我认为这是一种语言游戏。

王：也就是创造的乐趣。

毛：例如"诗"这种表现形式。诗的使命，就是如何用破坏性的语言去创作出颠覆性的创新形象。我用日语来写日本人，特别是写旅行，没有故事情节的旅行。这样的表达和描写，必须考虑前无古人的内容。我认为这是我的使命。那么，意象来自何方呢？就来自中文世界。比如"鸡毛蒜皮"。"鸡毛"和"蒜皮"，意思是谁都不会在意的无聊小事。这是日本人绝对不会用的表述。但在中国，这是每个老百姓都常用的词语。我故意把它灌输到日语里，写成日文诗。大家都说真有意思啊。

遨游于两种语言的海洋

王：去年，本刊11期特辑《跨越文化国界的新华人》中提到了毛先生，在读者中引起了很大反响。请问毛先生今后还会继续进行日语写作的尝试吗？比如，今后有写长篇的计划吗？

毛：现在我还没有写长篇的计划。因为短篇随笔是我的实验台和手术台。为了创作短小优美的文章，我想继续出版随笔集。像我这样的人能有机会在日语这个舞台上大显身手，受益于当今中日关系。有人对中日关系至今没有好转感到绝望，但文化深层正在发生变化。像我这样的人在这两三年里会陆续出现：中国人自信地用日语表达，得到主流社会的认可，并把这种表达普及到日本社会……我认为，这是中日关系变好的证据。这一点没有被大家注意到，多少有些遗憾。

王：毛先生，您曾经被中国作家莫言比喻为在日语的海洋里游泳的鱼。如此看来，还是比作青蛙更合适吧（笑），因为您自由往返于这两个世界。

毛：我觉得青蛙的比喻非常好。潜入这两个世界，有时候跳出来（笑）。今后，我想在日语创作的同时，在中文世界里也创造一种文体。

京剧大师梅葆玖专访：期待歌舞伎来华公演[1]

今年 5 月，日本松竹大歌舞伎近松座剧团将参加在北京举办的第二届国际戏剧节，睽违 25 年之久的日本歌舞伎将再次在中国上演。

新中国成立以来，日本歌舞伎曾于 1955 年和 1979 年，两次来华在北京公演，每次都在中国民众中掀起歌舞伎热潮。

有一位先生特别期待这第三次歌舞伎来华公演，他就是梅葆玖先生。他是在日本也有很高知名度的著名京剧演员梅兰芳的九子，作为梅派传人名闻天下。他欣赏过过去两次歌舞伎来华公演，也一直和日本的歌舞伎界保持着交流。

近松座来中国公演的前夕，本刊记者前往北京京剧院采访了梅葆玖先生，聆听他对京剧与歌舞伎交流的看法，以及对于今后的期待。

---

1 载于 2004 年 5 月号《人民中国》。

王：本刊创刊至今已经有50多年。创刊两年后的1955年，日本著名演员市川猿之助率领歌舞伎来到北京，上演了《劝进帐》《口吃的又平》《京鹿子娘道成寺》等3部歌舞伎。当时的情况如何？

梅：我和父亲梅兰芳一起去全国政协礼堂看了《劝进帐》。北京的很多文化人都看过市川猿之助的精彩舞台演出。猿之助当时已经非常有名了，在日本是无人不知的泰斗，备受尊敬。我至今还记得中国戏剧评论家欧阳予倩大赞那场演出的文章。

其实，那是我第一次看真正的歌舞伎演出。不过，在那之前，父亲曾多次跟我说起过歌舞伎，我也不是完全不了解。

第二年，也就是1956年，我跟随父亲加入京剧访日代表团，前往日本演出，然后去了市川猿之助家中。

王：当时中国和日本之间还没有建立外交关系，是如何开辟交流渠道的呢？

梅：是周恩来总理考虑到民间交流的重要性，亲自安排部署的。1956年京剧访日公演也是如此。周总理说，歌舞伎从日本来到北京公演，我们也要回访。

王：您的父亲梅兰芳一共去过几次日本？

梅：父亲一生中一共去过3次日本。1956年访日，是他最后一次访问日本。

第一次是1919年，受当时支持歌舞伎的日本大财团的邀请，父亲去了日本。（父亲）在日本的演出大获好评。日本观众也是在那时才了解梅派京剧艺术。父亲演出的《御碑亭》，表现的是中国古代女性地位低下，受到男性严重误解和歧视的主题。据说引起了很多日本女性的共鸣，观众席上的很多人看得泪眼婆娑。

接下来是1924年，是为1923年关东大地震受灾的日本人民赈灾募捐，父亲再次前往日本进行慈善演出。

但是，日本军国主义侵华期间，父亲觉得祖国身处国难，于是蓄须明志，不再站上舞台。因此，当1956年周总理要父亲作为民间文化交流大使再次访问日本时，父亲一开始是犹豫的。当然，最后他还是被周总理说服去了日本，访日公演大获成功。

王：梅家似乎与日本及歌舞伎有着不浅的渊源，梅兰芳对歌舞伎的看法是怎样的？

梅：父亲认为歌舞伎是日本最高级的古典戏剧艺术，他始终对歌舞伎抱有兴趣，并与同时代的歌舞伎知名演员成了好朋友。此外，他还对歌舞伎各个流派进行了研究。

京剧讲究"唱""念""做""打"；而歌舞伎与京剧不同，没有"唱"，只有台词，而且伴奏人员都穿着和服坐在舞台上——这恐怕与能乐的传统有关。由此可见，虽然京剧和歌舞伎艺术形式不同，但作为亚洲舞台戏剧，其内在灵魂是相通的。

父亲年轻时就和日本的歌舞伎剧团结下了深厚友情。这是1926年公演的海报。那一年，父亲在北京某剧场压轴演出了《白蛇传》中《金山寺》一幕，而前一场演出的节目则是日本歌舞伎《大藏卿》。也就是说，早在20世纪20年代，京剧和歌舞伎就在同一个舞台上表演了。

王：那正是"国剧"京剧和日本代表性传统戏剧歌舞伎共存的黄金时代。那么，您看过完整的日本歌舞伎吗？

梅：改革开放以后，我多次前往日本，并且在日本看歌舞伎，留下了深刻印象。在日本，春秋两季总有歌舞伎公演。从公演之前很早就会开始宣传。这是我们必须学习的地方。

观众大多是上了年纪的人，这一点和京剧的情况相似，当然也有年轻观众。

歌舞伎，看上午场，是中午休息的时候吃午饭，下午继续看；看下午场，则是下午看完戏后休息，吃晚饭，晚上继续看。京剧一般一场演出2个小时，偶尔演全本最多也就4个小时，其间不吃饭。这一点是歌舞伎和京剧最大的不同。1986年，我应日本朋友的邀请，观看了全本的歌舞伎，其间还吃了便当。

印象最深刻的是，中国的京剧虽然高度程式化，但在演出的时候有一定的灵活性；而歌舞伎程式化程度更高，在舞台上的步伐准确而优雅，行为举止都被完全规定好了。

另一点让我印象深刻的是，歌舞伎的演员非常受尊敬。无论是在后台还是舞台上，只要那个演员出现，其他人都毕恭毕敬。此外，歌舞伎流派的继承并非世袭制，这也给我留下了深刻的印象。

王：梅派京剧是如何继承的呢？

梅：京剧流派的继承不像歌舞伎那样，以某某屋几代目的方式代代相传。但对于没有血缘关系的弟子，和歌舞伎是一样的。

我现在不经常在舞台上表演，主要负责经营隶属北京京剧院的梅兰芳京剧团，带领研究生致力于发展梅派京剧。现在，包括来自中国台湾的弟子在内，我身边有13名研究生。其中一位胡文阁，目前正在跟我学习旦角。

王：到目前为止，您有没有考虑过与日本古典戏剧界进行交流或联合演出？

梅：有的。我们曾经和日本的能乐合作演出过《杨贵妃》。歌舞伎中也有《杨贵妃》。坂东玉三郎演绎的《杨贵妃》，就借鉴了梅派京剧的部分表现方法。玉三郎来北京，说要我教他演《杨贵妃》。他完全没有泰斗的派头，非常谦虚，而且边学边钻研，给我留下了深刻的印象。

王：此次歌舞伎中国公演，近松座将带来两个节目，一个是《太刀盗人》，另一个是《藤娘》。近松门左卫门，在日本是与莎士比亚媲美的大剧作家。而以之取名的近松座，是有"人间国宝"之称的歌舞伎演员中村雁治郎于1981年成立的剧团，主要上演近松门左卫门的作品。这次要演出的两个剧目，您看过吗？

梅：去年，我在东京的歌舞伎座看了《藤娘》。这个戏以舞蹈元素为主，非常美丽。紫藤精公主肩扛紫藤枝、头戴斗笠的样子非常漂亮。舞蹈也很有女人味儿，很有品位，很优雅，音乐也很有魅力。

很遗憾我还没有看《太刀盗人》，但听说是喜剧风格的动作戏。我很喜欢这种戏，很期待能在北京观赏。

王：您认为与前两次歌舞伎访华公演相比，这次公演有什么不同吗？

梅：这是个有趣的问题。虽然这次也是政府间文化交流项目，但1955年的首次来华公演，是在中日两国关系尚未正常化的情况下进行的，政治意义更大一些。

说个小秘密吧：当时，很多观众都是被组织来观看的，为了防止有人中途退场，演出一开始就把剧场的门都上了锁（笑）。

1979年第二次公演，是《中日和平友好条约》缔结的第二年，两国沉浸在友好蜜月气氛之中。那一年，两国签署了《中日文化交流协定》。

但是，这两次公演都发生在中国的计划经济时代；而这次公演，完全是在市场机制下运作的。情况当然不一样。

王：运作方式正朝市场化道路发展。此次公演虽然是由文化部等政府机构主办，实际运营却是由"歌华太阳"这样的文化策划公司来实施。因此，不能再像以前那样组织观众来观看，同时还要确保必要的门票收入。在这样的情况下，您认为怎样做才能取得更好的效果呢？

梅：首先，事先应该做好预热宣传，要有严谨的台词译本，还有必要通过各种媒体尽可能多地介绍这次公演。这是我们京剧团在日本演出时，日本策划公司制作的宣传海报、传单和小册子，每样都很详细、精致。这一点我们必须向日本学习。准确宣传介绍歌舞伎的艺术样式和演出节目的内容，如果舆论热烈，自然会有优质观众前来观看喝彩。

另外，歌舞伎不像能乐那样宗教仪式感强，节奏缓慢，相对来说是比较大众化的东西。我也注意到，这次带来的两个节目台词不多，演出时间也都控制在一个小时左右，这样就不会出现中途吃"便当"的问题了吧（笑）。日本方面在策划阶段，就充分考虑了不同文化背景的观众对歌舞伎的接受程度。

如果这次公演成功，将为中日两国代表性的古典戏剧在市场经济条件下的交流找到一条新路。从这个意义上说，这次的公演意义重大。

王：梅兰芳曾3次访问日本，今年歌舞伎将第三次访华演出。在这个时候听您讲述这些有趣故事，真是太应景了。梅家与歌舞伎交流往来的历史，可以说是两国古典戏剧交流的象征。

梅：其实，还有一件事碰巧了，今年是我父亲110周年诞辰。

王：是吗？如果梅兰芳先生的在天之灵看到京剧和歌舞伎交流如此频繁，一定会很高兴的。非常感谢您接受采访。

大时代背景下的宫崎骏及其共同体想象 [1]

现在，人们开始关注日本文化产品，特别是日本动画片对世界的影响。其实，战后日本动画片一步步发展壮大进而走向世界的过程是有迹可循的。

1958 年，东映动画制作的《白蛇传》称得上是日本战后长动画片之嚆矢。此后，手冢治虫于 20 世纪 60 年代制作了以《铁臂阿童木》《森林大帝》为代表的若干作品。1977 年，舛田利雄导演的《宇宙战舰大和号》，在日本国内兴起了新一轮动画片热。但这些动画片作为类型片，本身尚未跳出以儿童、少年为观众的范畴。

直到 80 年代宫崎骏的出现，才第一次在类型片的意义上将成人卷入动画片的世界。这也是日本动画开始走出国门的时刻。《风之谷》（1984）和《龙猫》（1988）具有环保主义和怀旧思想相交融的故事内涵。在这两部作品之间的 1985 年，高畑勋携手宫崎骏创立了吉卜力工作室，二人在风格上互相影响，推出了一

---

1 2005 年 10 月发表于北京外国语大学日本学中心"宫崎骏国际学术研讨会"，刊载于 2005 年 12 月学苑出版社出版的《日本学研究》第十六期。

系列表现怀旧的成功作品。

其中,宫崎骏用细腻的笔触、超人的空间想象力让片中的出场人物尽情演绎真人电影中难以表现的飞行、空间转换等行为,令在文学和电影中丧失已久的乌托邦情境再现于银幕。90年代,他获得了国际知名度,并以《幽灵公主》(1997)、《千与千寻》(2001)屡创日本电影发行史上最高的发行收益纪录。最近,他的《哈尔的移动城堡》(2004)再次引起世界的关注。

简单地回顾从20世纪50年代到21世纪初叶日本动画片的代表作品和发展历程,不难发现每个时期的动画代表作品的出现,都和那个时代密切相关,而宫崎骏的作品和时代不仅有着密切的关系,甚至还对时代产生了某种影响。同时,如果将宫崎骏及其作品与不同的电影类型、日本以外其他地区的动画以及不同价值取向的动画片作家或漫画家进行比较,还会有一些其他的发现。本文以宫崎骏为基轴,在通时和共时两个维度上进行若干组对比分析,考察宫崎骏现象的时代意义和社会意义。

日本动画片与社会意识

从50年代东映制作的《白蛇传》中我们可以明显地窥见战后不久日本社会的混乱情景,同时,由原"满映"人马拼凑的东映,在文化资源的来源上明显看得出中国古典作品的影子。这部作品带给当时还是少年的宫崎骏以决定性的影响。

60年代的《铁臂阿童木》和《森林大帝》则鲜明地反映了反对核武器、主张和平主义的时代特征。

阿童木的名字源于英语的"原子"(atom),本身就是核能时代的一个象征。这和日本人对曾经遭受过核武器打击的记忆以及对热核时代的想象一定有直接关系。后来,在宫崎骏的《天空之城》中,源自这种记忆的想象再次得到表现。直到90年代末,日本艺神公司拍摄了一部叫作《爱神天使小比特》的电视动画片。这部作品的出现和冷战时代的结束有关,仿佛是在暗示脆弱均衡的核恐怖时代已成过去,"比特"的登场向人们宣告:日本人已从对核能时代的想象顺利地过渡到对数码时代的想象。

而在《森林大帝》中,小狮子雷欧放弃肉食,和其他动物们一道以种地为生,建立农业共同体的描写,与90年代迪士尼公司表现小狮子要继承老狮子的雄威重新称霸世界的内容形成鲜明对照,将那个时代日本社会普遍持有的和平主义思想形象地表现了出来，甚至让人们联想起日本战后宪法第九条。而1994年宫崎骏和高畑勋联手制作的《百变狸猫》则是献给因泡沫经济而正在解体的农村共同体的挽歌。

如今，日本首相小泉纯一郎以狮子作为自己的卡通形象，不知是不是一种巧合？笔者的兴趣所在是，这个狮子是源于60年代的《森林大帝》，还是90年代迪士尼的《狮子王》？

日本电影史视野中的吉卜力

如果把吉卜力现象放在日本电影史的视野中进行讨论，会发现这样一个有趣的对比。

50年代末到60年代是所谓日本电影的第二个黄金时代，当时正值黑白胶片向彩色胶片过渡的时代，大量生产的故事片方兴未艾。故事片领域当然有许多杰出的重量级导演，但一般人们更乐意把黑泽明和小津安二郎作为给日本故事片带来国际声誉的代表人物。黑泽明对武士电影的贡献使他最早为国际电影节赏识，而小津的电影更具有日本特色，许多作品表现了战后日本社会传统家庭的解体，充满了对小市民人情味的怀旧。这一点使他走向国际市场的时间比黑泽明晚得多。这似乎可以和后面宫崎骏与高畑勋的关系形成一种呼应。

70年代初，日本电影产业走向停滞，故事片的衰落却导致了纪录片的崛起。日本电影史上有一个有趣的现象，那就是纪录电影的重要作品往往都产生在某一段电影繁荣期的末期或之后。纪录片领域的核心人物是土本典昭和小川绅介，他们关心的问题侧重有所不同：土本作品的关键词是"海"和"环境"，小川作品的关键词是"山"和"共同体"。

土本典昭长期追踪记录有关水俣的公害问题。《水俣病患者及其世界》就是直截了当地表现公害受害者愤怒呼声的作品。土本典昭以他70年代的重要作品，完成了对日本百年来资本主义现代化历程的强有力的批判。"水俣"系列纪录片的意义在于第一次提出公害在伦理层面带来的问题，这使"水俣"和"广岛"一样成为一个国际化了的日本概念，同时也使60年代以来具有社会主义色彩的社会运动和80年代以后的环保主义伦理之间形成了接点。

小川绅介的早期作品中充满了对当局的呐喊，但越往后他的情绪越趋于平静，最后又对农村共同体产生了好感，其作品也转向对有日本特色的农本主义和民粹主义的赞美。90年代末，在小川绅介去世近10年以后，一位美国导演拍摄了一部纪录片，对小川绅介在山形营造的纪录片制作共同体表示了异议，对小川"教主"似的地位给予了批评。

为什么要拐弯抹角地把故事片和纪录片拿来和吉卜力作品做比较？通过对比可以发现，在不同阶段，不同的电影形式在唱着主角；而在不同的电影形式中，似乎都有一对形成对照的导演。80年代，吉卜力工作室的成立标志着日本动画片进入成人视野，并引起国际市场的关注。有人曾乐观地估计，90年代会迎来日本电影的复兴，那时接连发生了象征日本电影复兴的若干事件，其中一个标志是1998年观众人次超过1.5亿，1997年宫崎骏的《幽灵公主》创造的票房纪录也起到了一定的作用。但事实上，故事片在90年代以来始终没能再创辉煌，倒是《千与千寻》等继续创造着日本电影的奇迹。这表明，吉卜力动画片在今天这个时代具有极大的观众感召力。

似乎可以得出这样的结论：吉卜力风格的动画片出现于80年代，风行于90年代，除了动画片本身的技术进步这一因素，从社会背景来看，60年代经济起飞之前的有人情味的社会人际关系和70年代经济高速增长期带来的严重的社会问题以及与之伴随的社会运动都已成为往事，女性主义、环保主义和怀旧思潮正在成为时代的主流价值。后资本主义时代的到来使得人们产生了对农村共同体的乌托邦式向往，而动画电影的形式恰恰可以满足这种想象所需要的气氛。这正是吉卜力作品不同于迪士尼等单纯娱乐的动画片的地方，同时也表明吉卜力作品是日本动画片和日本电影两条线索发展、交汇的结果。这直接导致吉卜力作品中的人物具有不亚于真人电影的表现力和超越真人电影的想象力。

同时我们也可以说，70年代的两位纪录片导演分别关注的社会问题，似乎在吉卜力作品中交融了。

吉卜力的核心人物是宫崎骏和高畑勋。这两个人的关系在某种意义上有些类似于黑泽与小津，或者土本与小川。如果说吉卜力工作室本身就具有现实世界共同体的意味的话，与前两者不同的是这二人至少在很长一段时间里共处在一个共同体内。

宫崎骏和高畑勋的共同体之梦

如果说"小川绅介王国"是建立在农村的一个纪录电影制作共同体的话，那么吉卜力工作室就是一个今天仍然继续存在的动画电影制作共同体。日本传统的工匠社会精神是支持这种共同体绵延不绝的历史遗产。可以说，正是自1968年宫崎骏和高畑勋的成名作《太阳王子霍尔斯大冒险》以来，对农村所代表的传统共同体的理想化处理，以及对这一共同体所象征的温情脉脉的人际关系的赞美始终贯穿于二人作品之中，对于理想共同体的追求构成了二人作品的核心内容，也正是这种追求最终促成了现实世界中吉卜力工作室的诞生。

乍看起来，宫崎骏的作品和高畑勋的作品似乎是珠联璧合，但仔细比较就会发现，两个人的作品实际上有许多不同。从作家论的角度进行分析的话，至少以下3点对立可以在下面的分析中得到印证：高畑勋基本上是以现实世界为素材，而宫崎骏则是凭想象创造出虚构的世界；在高畑勋的作品中，情节剧要素是其卖点，而宫崎骏作品画面的感召力更加突出；高畑勋的画面强调写实如实的真实性，宫崎骏的画面则更善于用贴近真实的笔触表现高度虚构的理想世界。

比如高畑勋的《萤火虫之墓》《岁月的童话》《百变狸猫》等侧重于对共同体意识的怀旧、对从前社会中温情人际关系的挽留，故事弥漫着伤感。其中，《百变狸猫》是最令人感动、制作最为讲究的一部，还是吉卜力作品群众人物关系最为复杂的一部，同时也是集中表现了高畑勋共同体意识的一部。高畑勋把故事背景设定在平成年间本身就意味深长：正是这一时期泡沫经济达到鼎盛期，而所有的社会运动都销声匿迹，房地产开发导致的城市扩张给农村共同体带来了毁灭性的后果。狸猫们为了阻止城市扩张采取了种种手段顽强地斗争，某些场面甚至让人联想到小川绅介的作品"三里冢"系列，或者联想到全共斗学生运动。但最终这些狸猫还是不得不隐身于城市做起公司职员。事实上，高畑勋的多数作品都流露出往事不再的强烈伤感。不过篇尾狸猫们合力发功将居民小区变回田野的努力，一方面令人在笑声中流泪，一方面也完成了和后来宫崎骏的《幽灵公主》的衔接。可以说，这部作品标志着高畑勋完成了对日本战后以来资本主义快速发展下对传统的破坏的批评性总结。

宫崎骏的作品则大不相同，虚构的世界不再依赖于对旧世界怀恋式的描写，少女的成长或冒险更具有浪漫的色彩。龙猫的世界与《百变狸猫》《岁月的童话》完全不同，是宫崎骏凭想象创造出来的面向未来的世界；具有飞翔本领的女孩烘托出一种魔幻主义风格，使宫崎骏的作品具有特别魅力，也使得他的作品较之高畑勋有了超越怀旧的意义。

特别是在所谓"失去的10年"里，日本社会发生了更为深刻的变化，终身雇用制的解体使以公司为共同体归属认同的人们再次丧失安全感。宫崎骏后期的作品不再是具体的反城市共同体表述，而更多地出现了从本质上对日本或亚洲历史进行思考的尝试，并且探讨了如何走出工业文明、消费主义的困境，完成向后资本主义过渡的课题。

这些都使得宫崎骏的作品开始具有和世界对话的可能。《风之谷》和《龙猫》已经显现出宫崎骏在这一方面的思考和想象力，而《幽灵公主》的完成则标志着吉卜力作品的重大飞跃。原生林和再生林的描写，仿佛就是在说世界大战对亚洲原生态的破坏带来的恶果，关于亚洲历史的影子在该片中隐约可见。高畑勋的狸猫群像在这里被野猪武士所取代。吉卜力作品中的核心部分完成了由对农村共同体的怀旧向对生态共同体的想象的提升。提倡与自然和谐相处的环保主义者宫崎骏的想象力被完美地展示出来了。宫崎骏超越高畑勋之处在于，他已不再仅仅将目光停留在日本，而是开始关注世界。尽管宫崎骏营造着的世界仍然属于乌托邦范畴，但他已经超越了当下流行的"心灵鸡汤"式的慰藉与疗伤，而进入了一种救赎的境界。

2005年，爱知世博会的主题是和谐、环保。丰田公司运用其庞大的技术和资金，十分成功地给世界营造了一个后资本主义时代的日本国家形象。如果从30年前的水俣引一条线和今天的名古屋连接起来，那么我们就会发现资本正在以其行动对自己的过去赎罪。这与宫崎骏作品的引导不无关系：爱知世博会的吉祥物令人联想起龙猫，而对森林保护的倡导又令人联想到《幽灵公主》中对原生林的描写。至于"爱·地球博"的概念和后面提到的以地球为终极共同体的宫崎骏思想更是有不谋而合之处。可以说，宫崎骏作品的思想性，已经开始对现实生活中的理念产生积极的影响。

宫崎骏最重要的作品《千与千寻》的意义

《千与千寻》是宫崎骏作品中最重要的一部，也是吉卜力作品群中的一朵奇葩。如果说高畑勋在《百变狸猫》里塑造的群像体现了对农村共同体的赞美和怀旧，可以和小川绅介的系列作品进行某种因果联想的话，那么这部具有对20世纪工业文明进行总反思意义的作品，在某种意义上是对土本典昭式批判的继承与发扬。这部作品所传递出来的信息表明，具有社会主义精神的日本电影作家完成了向环保主义，即和谐的后资本主义立场的转变。

这部作品提到了一个施咒的问题。整个20世纪可以说是一个普遍遭到施咒的世纪。人的解放说到底就是从自己所施的咒语中完成自我解放,这也是一个抗拒异化的过程。迷宫世界本身就是一个咒语的产物。

象征消费主义泛滥、世界物欲横流的一个回合,是千寻的父母贪婪地食用了被施了咒的食物而变成肥猪的场景,这个场面是震撼人心的:因为它再形象不过地反映了人类被自己所创造出来的物质世界所异化的过程。

无脸男的出场寓意深长。他与众神逆向而行,在一座日本式的桥头上与千寻擦肩而过,脸上蒙着酷似能面的假面。没有声音,一切仿佛很安静,但你突然感到这个场景似曾相识。对,就是蒙克描绘的那幅象征在资本主义或者工业文明压力下人被挤压得绝望、变形的油画——《呐喊》。这幅作品曾经十分准确地浓缩了我们所处时代的荒诞与焦虑,如今,它以一个非常东方的形态,在新世纪初卷土重来了。无脸男不断地掏出金块诱惑,并提出需求,油屋的女佣和蛤蟆们则不断向他贪婪地索取,结果这些可怜的家伙都成了他的点心,而无脸男则始终不能摆脱孤独。

"油屋"和"汤屋"谐音,这一点早已经有人指出。提升别府温泉知名度的历史人物油屋熊八也可能给宫崎骏带来创作灵感,不过我觉得在片中"油屋"谐音或人名典故之外,还另有深意。比如河神前来洗浴,最后洗去的尽是油污,洗出了一大堆工业垃圾。工业时代的重要能源是石油,世界大战的爆发和争夺石油有关,我们这个时代其实已经被油污所浸透。这一点,深受石油问题困扰的日本当然最为清楚,所以我认为这里存在一个和石油有关的高度隐喻。

如果说父母因贪吃变猪揶揄了商品社会下人们过分消费所呈现出来的病态,一身污秽的河神象征了被以制造业为首的工业文明严重污染了的环境,那么无脸男则隐喻了以投资者嘴脸出现的国际金融资本的孤独心态与吃人本质。

千寻完成救人和自救的关键一步是在给河神洗净身体之后得到了一颗苦丸子。这颗苦丸子浓缩了20世纪人类的贪欲和疯狂,本来千寻打算用它来给变成肥猪的父母洗胃解咒,但最后却用在了对别人的拯救上。苦丸子帮助白龙吐出了偷盗来的印章,帮助无脸男吐出了被他吞吃的蛤蟆和女佣。千寻用自己的勤劳洗净了河神,这是洗环境;用苦丸子帮助白龙和无脸男,这是用苦药帮助人类洗胃、洗心。千寻通过以劳动为幸福的努力修行,帮助无脸男摆脱了孤独,最后还帮助父母摆脱了咒语还原了人形。经过付出、吐出的努力,千寻引导人们还清了孽债,最后完成了从施咒的世界逃出,完成了"解放全人类,最后解放自己"的过程。

据宫崎骏本人回忆，这部电影中的白龙，实际是他献给自己少年时代最迷恋的动画片《白蛇传》的致敬礼。无意之中，这个细节又把整个战后动画电影史给串联了起来。宫崎骏试图通过施咒和解咒的故事，为沉湎于物欲社会的人类提供一种自我救赎的启示。这部作品在许多国家赢得了包括成年人在内的众多观众经久不衰的喜爱，因为这个困惑正是全人类所共有的。从某种意义上讲，这种救赎具有宗教意味。

《千与千寻》和徐克的《小倩》

1997年，在香港回归中国的那一年，功夫片导演徐克根据他的《倩女幽魂》策划制作了一部香港电影史上罕见的动画长片《小倩》。这也是一部日本与中国香港合作的作品，一些日本动画片导演也参与了制作，但画面所呈现出来的意境完全是徐克式的。

片中出现了许多面相怪异的魑魅魍魉，中国建筑风格突出的鬼世界，开往投胎门的龙形火车，逃避灼身烈日和无情人世的水体，鬼世界的饕餮大餐和专做人肉料理的猪老板，鬼世界对活人心跳的在意，未能吸到活人元神而瞬间变老的鬼姥姥，投胎后变成婴儿的和尚和道士，和爱有关的救赎主题等。

《小倩》完成于1997年，其中的"直通车""大限""脱胎换骨"等关键词令人联想到这是一部暗示了对香港回归中国寄予希望的作品。一个有趣的现象是，几乎所有中国的动画长片都是从魔怪小说寻找素材的，都有人妖对立或人鬼对立的主题，这和中国传统文学中的道教信仰或道德主张关系密切。

《千与千寻》中的许多细节：暗含着中国风格的异灵世界，各路扮相奇特的牛鬼蛇神，对人的气息特别在意的"油屋"世界，以龙形飞行的小白和河神，幽灵般在水上穿梭往复的火车，吃了别人的饕餮大餐变成肥猪的千寻父母，汤婆婆，钱婆婆（一直到《哈尔的移动城堡》中的老太婆），还有大婴孩，帮助千寻恢复记忆、象征回归母胎的水体，和幸福有关的救赎主题等要素几乎都可以和《小倩》形成对应。

而这些要素在宫崎骏从前的作品中是很少出现的。宫崎骏甚至在接受媒体采访时表示过："《小倩》很有风格，将中国传统精致的美感展现了出来，可惜这样的作品太少了。"由此我有一个大胆的猜测：在此之前一贯喜欢从欧洲传说或童话中寻找素材的宫崎骏，在制作《千与千寻》的时候似乎从《小倩》中得到了关键的灵感。

如果这一假定成立，联系到白龙与白蛇的历史关联，从某种意义上说，《千与千寻》还是一部和东亚传统文学与东亚动画形成互动的重要作品。进入21世纪，我们看到，这种互动如今在大陆经典作品和我国台湾地区的动画新作之间也在发生。如何在东亚传统文学的丰饶土壤中探讨东亚新文化的整体复兴，这恐怕是今后一段时间的重要课题。

押井守的反共同体思想形成的对照

另一个横向的比较是，同样受到世界关注的动画片导演押井守，其资质和先行者宫崎骏形成鲜明对照。宫崎骏这位在战后民主主义背景下成长的导演，作品中始终坚持环保主义的启蒙路线，通过《龙猫》《幽灵公主》《千与千寻》等作品，赢得了日本观众和海外观众的喜爱。与其相反，押井守在他的《机动警察帕特雷伯》中，始终以否定日本战后社会的人物为主人公，描绘近未来的世界。1995年的《攻壳机动队》则在世界末日的气氛和混乱的无国籍城市中，讲述了由于科技的发达人变成非人的危险瞬间。

宫崎骏和押井守在描写天空时最大的区别在于，宫崎骏的天空永远是漂亮的内层空间，即便是《天空之城》中所表现的不断升空的空中城堡，也绝不以外层空间作为归宿。《红猪》中死去的飞行员升天的场面也只是让飞机亡灵静止于平流层之下的空间。宫崎骏最终不肯突破大气层这层"羊水膜"，表明空间在他的世界里如同子宫中的羊水，从这个意义上讲，水体是宫崎骏作品的一个重要元素，不妨把内层空间中的飞行和千寻在水中的遨游看成是同一回事。回归母体是宫崎骏乌托邦的价值指向。而持有世界主义、无政府主义价值观的"押井守们"的空间迥异于宫崎骏的正在于此：冲破羊水，摆脱摇篮，对任何共同体都不再信任，甚至记不起自己的前世今生，以逃脱来对抗异化，流浪于无国籍城市或黑暗的外层空间、充满太空垃圾的近未来废墟。

在押井守的眼中，宫崎骏的现实共同体吉卜力工作室是一个效率虽高但充满专制压迫的"集中营"，他本人不仅拒绝加盟吉卜力，甚至在接受媒体采访时把吉卜力比喻为"东小金井乡下的克里姆林宫"。押井守的这种评价，和美国导演拍摄的有关小川绅介的电影中对这位纪录片大师的评价十分类似。这似乎在暗示我们：具有"集体主义"色彩的有日本特色的共同体社会形态，与标榜个人主义的资本主义价值观始终格格不入，同时，这似乎也告诉我们，日本的社会主义者在思想根源上有着对日本原始共同体的执着想象。

结语：宫崎骏的动画与小林善纪的漫画

如果说具有无政府主义倾向的押井守和宫崎骏形成了一种对立的话，右翼漫画家小林善纪从狭隘的民族主义维度也和宫崎骏形成一种全面对峙。人们常说动漫同源，从这个意义上讲，将这两位价值取向迥异的画家做一个比较或许会引起有趣的思考。

他们的共性是都拥有大量的年轻观众（读者），而且彼此还有重叠；两者还从不同的角度对共同体的解体表现出担忧。但此外，两个人的世界观在多个维度上都是对立的：宫崎骏的作品始终表现出女性主义立场，而小林善纪则在他的作品中不遗余力地强调他的英雄主义想象；宫崎骏的作品带有浓厚的社会主义、环保主义色彩，而小林善纪则在他的作品中顽强地鼓吹狭隘的民族主义、唯我独尊主义；宫崎骏的作品反战主义、和平主义倾向鲜明，而小林善纪的漫画人物一般都洋溢着好战情绪；宫崎骏的作品中的人物都是心平气和、举止优雅的，而小林善纪的漫画人物大多脾气极坏、愤世嫉俗；宫崎骏的作品更多地体现了少女式的对他人的体贴与关爱，而小林善纪的作品多表现了少年式的不计后果的冲动。

一个问题是，为什么如此对立的作品竟然能够同时拥有如此多的受众？二者看似迥异的价值观为什么在共同体意识上有殊途同归之处？这是我们在了解日本社会时值得思考的一点。当代日本社会文化的多元性和同源性从上述分析中可见一斑。宫崎骏作品中所反映的社会意识及其矛盾性，有利于帮助我们认识日本左翼思想的演化轨迹，对于我们了解战后日本的民主主义本质和后资本主义日本的某些特征意义重大。

"电光影戏"百年风云[1]

　　20世纪最为重要的大众娱乐媒体——电影，到今年在中国已经整整走过了100年的路程。

　　这100年中，中国人一共拍摄了7000多部影片，这些作品直接承接了中国人的喜怒哀乐，记录了这个国家的种种苦难与挫折，也展现了她的人民坚韧奋斗的光荣与梦想。银幕世界和社会现实紧密互动，来自银幕的声音和形象深深地渗透进中国人的历史和生活。

　　中国电影经历了从默片到有声电影、从黑白片向彩色片的转变，在历史上起到了启蒙、娱乐、社会动员等重要作用。在中国电影迎来百年华诞之时，电影媒介正由传统的单纯胶片向数码技术介入转型。未来的中国电影将会是一种怎样的形态？限于篇幅，本特辑重点围绕中国独有的两大类型片、电影中的中日关系、

1　载于2005年《人民中国》12月号《"电光影戏"百年风云》特辑。

情节剧中的平民意识传统、近 30 年中国电影产业的嬗变等几个片段,一起重温过去,展望未来。

民族的与世界的

1. 京剧——中国电影的根

如同在日本,电影和歌舞伎关系密切,至今日本的电影院还被称作"剧场"一样,中国的"电影"一词,原本是"电光影戏"的缩略。因为中国人早在电影进入中国以前便享有丰富的传统戏剧,很自然,在接受电影这个新生事物时人们把它看作京剧、粤剧等传统戏剧的延展。也正因为如此,中国人拍摄自己的首部电影时,非常自然地从京剧中借用了题材。

1905 年,曾在日本学习过照相技术的北京丰台照相馆老板任庆泰,在经营了多年放映外国短片的生意之后,终于决定拍一部国产电影给自己的同胞看。彼时正值京剧的黄金时代,他很自然地将目光投向京剧,并邀请到京剧界当红名角谭鑫培出演影片。于是,这部由同名京剧若干片段构成的电影《定军山》就成为中国电影的滥觞。

在 20 世纪的前 80 年,可以说京剧风靡中国、影响中国。京剧一直为新兴的电影提供演员、素材,而电影也总是在重要时刻借助京剧的号召力在群众中扩大自己的影响。

有证据表明,20 世纪 30 年代从默片向有声片过渡时,京剧题材被大量借用。中国的第一部彩色电影是 1948 年拍摄的、由梅兰芳主演的《生死恨》。新中国第一部彩色电影是戏曲片《梁山伯与祝英台》。

梅兰芳在阐述他同意参与拍摄《生死恨》的动机时曾说:"许多我不能去的边远偏僻的地方,影片都能去。"这种借电影可大量复制的技术普及京剧,同时又借京剧这种家喻户晓的形式进行社会动员的想法,在新中国成立以后以国家行为投入实践。作为民族电影的一个副产品,戏剧片在 70 年代末曾经有一个短暂的繁荣期,但到 90 年代初,这一电影类型和它的观众一起走向式微。

90 年代初,以《黄土地》而知名的第五代导演陈凯歌拍摄的第一部商业片《霸王别姬》,对于了解京剧和电影的关系意义重大。首先,它表明中国导演在面对西方市场的关键时刻再一次以京剧资源作为号召。其次,导演的父亲陈怀恺据说参与了该片的制作,而陈怀恺曾经在"文革"期间参与过"样板戏"的拍摄,也许他以这种方式表达了自己对京剧的一种反思。最后，这部史诗般的电影表现了京剧在20世纪由盛而衰的历史，可以说在表现了电影对京剧感恩的同时，由于传统的京剧票友文化在80年代走向解体，这部作品也成为献给繁荣不再的京剧的挽歌。宁瀛在《找乐》中表现的胡同票友的散淡生活，再次以其温馨的怀旧气氛，告诉人们一切只存在于往事记忆中。

但不管怎么说，传统戏剧给了中国电影文化之根，像《梁山伯与祝英台》后来多次以各种方式在电影世界里被重新诠释，成为和日本的《忠臣藏》、韩国的《春香传》一样的"本土电影"。

2005年，在中国电影迎来百年诞辰之时，作为一种对电影源头的追忆和对京剧与电影关系的确认，故事片《定军山》和《梅兰芳》将被隆重推出。曾导演过《孙中山》《周恩来》《邓小平》《鲁迅》等人物传记巨片的丁荫楠和其他两位编剧数易其稿的《梅兰芳》剧本已经完成，并获得今年的夏衍剧本文学奖。梅兰芳先生在抗日战争和新中国成立等历史时期真实而不为人知的一面在其中得到展示，影片将汲取梅兰芳先生传奇的人生经历，并折射当时的政治环境、纷繁的文艺派别。而被定为中影集团2005年重点电影的《定军山》讲述的是几个热爱摄影和京剧的年轻人，知道了中国首部影片《定军山》的历史后，去寻访古迹的故事。中影集团总经理助理、策划部主任史东明说："2005年是中国电影诞生100年，新拍《定军山》是对中国首部电影的致敬。"

2. 世界影林中的中国骄傲——武侠电影

另一个中国电影独有的类型是武侠片，兴起于上海，繁荣于港台。从《唐山大兄》《醉拳》《神秘的大佛》《少林寺》到《卧虎藏龙》《英雄》《功夫》，武侠片始终是近百年来中国电影在外国观众眼中的形象代言。不过，在奥斯卡颁奖典礼上李安因《卧虎藏龙》而捧起金像时，他应该在道谢名单里加上80年前的一部电影——《火烧红莲寺》。1928年，张石川导演、郑正秋编剧的这部电影带动了中国影史上第一次武侠电影热，"武侠片"自此便成了中国电影军械库中的常规兵器，一代又一代的少年从此在剑光侠影中长大。有人统计，从1928年该片完成到1931年，中国共上映了227部武侠神怪片。

以《火烧红莲寺》为代表的第一次武侠片热潮发生在上海；第二次成规模的热潮，形成于20世纪60年代的港台地区，由胡金铨所代表的"文人武侠"到张彻强调男性情义的暴力武侠，导演的风格化展示越发凸显，武侠逐渐从"刀剑"向"拳脚"过渡；第三次高潮发轫于1980年大陆投拍的《神秘的大佛》，《少林寺》使这次高潮达到顶峰；第四次热潮发生在 80 年代末 90 年代初，以一批"新编""重拍"武侠片为代表，《新龙门客栈》等电影使得大陆与港台地区的电影人联手拍片，华语电影也进一步整合。90 年代初，大陆的一部重要武侠片当数何平导演的《双旗镇刀客》，这部讲述儿童最终战胜成人的电影，不论在风格还是在寓意上都能看出黑泽明《七武士》的影子，巧妙地反映了当时人们的真实心态。

在 20 世纪 90 年代后期出现了两个耐人寻味的现象：一些重要的香港导演赴好莱坞发展，以"武侠"要素给好莱坞电影带去了新的活力，《黑客帝国》就明显地受到来自香港武侠片的动作要素的影响；中国内地的重要导演也不失时机地抓住"武侠"要素中的商机，联手香港武侠片高手打造武侠巨片，使中国电影打进欧美主流市场，如第五代导演张艺谋的《英雄》、陈凯歌的《无极》。

可以说，武侠片是中国电影的一个独特类型，它继承了早期电影中的杂耍性和动作性，体现了电影最为本质的部分。如同 30 年代德国的表现主义导演纷纷来到好莱坞，在电影手法上给好莱坞注入了强大活力，90 年代以来，华语武侠电影导演进军好莱坞再次给过于文学化、技术化的好莱坞电影带来新的活力，使之向电影的本质方向有所回归。

中日关系在中国电影中的折射

20 世纪 30 年代是上海电影的黄金时代。1931 年，在日本军国主义发动对中国东北的军事侵略以后，一批表现抵抗侵略的救亡电影应运而生。其中，影响最大的当数许幸之导演的《风云儿女》，片中"起来，不愿做奴隶的人们，把我们的血肉，筑成我们新的长城"这支由田汉作词、聂耳作曲的主题歌很快唱遍全国。这首中国的"马赛曲"在 1949 年新中国成立之后被一致指定为代国歌，后来被指定为国歌。如今，《义勇军进行曲》的旋律响彻每一个中国人的心头。1947 年，在战争结束两年之后，一部由蔡楚生导演的、表现在抗战时期发生的一个家庭悲剧的《一江春水向东流》创造了连映 80 天不衰的票房纪录。这部电影描写了战争给每一个人、每一个家庭带来的创伤和变化，使观众产生了深深的共鸣。民族的厚重感和国家的历史感以及电影故事的感染力交织在一起，使一部家庭伦理片跃升为一首经典的民族电影史诗。

新中国成立后，抗战主题依然是中国电影的一个重要内容。但从 50 年代初到 60 年代末，在一系列今天绝大多数中国人仍然耳熟能详的电影中，日军的形象在微妙地发生着变化。50年代初的《鸡毛信》从一个儿童的视角表现了日军的残暴和可怕；50年代中期的《平原游击队》通过让游击队长最后击毙负隅顽抗的日军头目完成了复仇的主题；50年代末期的《地雷战》中被地雷的威力吓得神经错乱的日军头目最后自己挥刀劈向了地雷；60年代初期的《小兵张嘎》中顽皮的少年游击队员将恼羞成怒的日军头目着实地戏弄了一番；60年代中期的《地道战》最后让有杀父之仇的游击队长生擒日军头目，让他"睁开眼睛看看人民战争的威力"。电影中的日军当然都是由中国演员扮演的，日军形象由骄横残暴到俯首就擒的转变，与中国对日本战犯的成功改造有着直接的关系，银幕上战胜国的自信形象由此确立。

《中日和平友好条约》签订以后，中日两国进入友好"蜜月期"。1979年摄制的《樱—サクラ》是中国电影片名中第一次出现外国文字。故事第一次触及战争孤儿的问题，并对中日经济、技术合作表示欢迎，但片中的日本人角色仍是由中国人扮演的。中日合拍的《一盘没有下完的棋》，由中国演员孙道临和日本演员三国连太郎联袂主演，"由于准确地表达了正确的历史观"，而受到中国观众的好评。因《芙蓉镇》而知名的第三代导演谢晋拍摄了《清凉寺钟声》，再次就战争孤儿问题进行了思考，片中他请栗原小卷友情出演了日本母亲的角色。

90年代以后，中国电影中对中日关系的描述向多元、复杂的方向发展；传统的政府主导的合拍方式逐渐被市场行为替代；一些日本年轻演员越来越多地在表现中日战争的影片中亮相，传统电影中中国演员演日本兵的情况得到根本改变；在某些方面出现了新的探索，一些新的看法在电影中被表现出来。吴子牛的《晚钟》第一次将主要笔墨用来表现战场上的日军的内心世界，但是这种尝试以及片中试图探讨普遍人性的作家个人努力最终没有被国内观众接受；姜文的《鬼子来了》试图从作家的个人角度重新解释那场战争；儿童电影制片厂导演冯小宁的《紫日》起用了日本演员，得到了电影管理部门的支持，在国内也获得了一定的票房成功；最近一部引起关注的电影是《秋雨》，讲述了一个学京剧的日本女孩和一个与日本有世仇的京剧演员之间的爱情故事，集中地体现了目前中国比较主流的记忆与想象织就的银幕上的战争与友好。

百年轮回——市井视点的回归

法国的国际电影史权威乔治·萨杜尔（George Sadoul）曾提出，"'新现实主义'电影的滥觞是 20 世纪 30 年代的中国电影。"在默片向有声片过渡的 1934 年,一部反映下层妓女苦难生活与母爱的影片《神女》由吴永刚编导完成。在片中,他有意避开中国电影追求戏剧性的传统,淡化外部冲突,注重人物的内心刻画。这部被称作"中国默片时代的顶峰"的不朽之作,第一次把德国表现主义及法国先锋电影与地道的东方气派结合起来,并运用大量特写镜头,将阮玲玉的眼神、面部表情变化等出神入化地表现出来。

这部影片出现前后正发生着一场"电影文化运动",表明中国电影开始关注小人物命运、关注市井生活的努力。沈西苓在他的《上海二十四小时》中运用蒙太奇理论,将工人拥挤的宿舍和鸟笼的镜头穿插表现,体现了作者对尖锐对立的阶级矛盾的认识。郑正秋称赞该片是"国产片中具有世界性的作品"。

如果说意大利新现实主义电影与意大利民族在"二战"前后的苦难历史有关,那么贯穿整个 20 世纪中华民族的喜怒哀乐就为现实主义创作提供了最好的社会资源。尽管这种传统在新中国成立以后一直到"文革"期间曾经被割裂,但改革开放以后,这个传统很快结合当今的中国现实开始回归。

以善于表现复杂哲学思考为特征、以文化启蒙为使命的第五代电影,在电影语言上为中国电影的创新做出了不朽的贡献,也为中国电影赢得了国际名声,但与国内观众始终存在着距离。进入 21 世纪,在经历了《刺秦》与《温柔地杀我》两部冲击国际市场的拍摄失利以后,陈凯歌的新作《和你在一起》体现了他对自己过往过于瞄准海外市场的反思,并开始把自己的视线转向对小人物的关注,这可以看作 20 世纪 30 年代现实主义精神在第五代导演身上回归的重要标志。

然而,真正标志这种回归信息的电影,还要数 90 年代初第四代导演谢飞的《本命年》。当时,第五代导演们还在热衷于各种实验电影的拍摄。第六代导演由于不可能像第五代导演那样早期靠国家资金大胆试验,后期靠国际资本不断冒险,他们出场的时期又恰逢中国改革不断深入,许多社会矛盾呈现出来的时候,于是他们自然而然地成为谢飞精神的继承者。

张元的《妈妈》是中国第一部真正意义上的独立电影,表现了一名母亲和智障儿子的故事。15 年后,这部电影入选 2005 年威尼斯电影节中国 100 年电影佳作上映名单。此后,王小帅、娄烨、管虎、路学长等导演开始了表现身边人物故事的尝试。因《小武》而成名的贾樟柯,以他的新作《世界》再次引起关注,标志着近距离表现市井人物的 30 年代传统完全回归主流社会。在谈到中国电影 100 年佳作时,他这样说道:"我喜欢《马路天使》超过《小城之春》,那里有我们失去的手艺,就是熟练地描写世俗关系和市井生活。"

促使市井视点回归的一个重要的技术支持是,90年代以后数码技术的介入,使胶片所代表的电影工业化生产时代面临巨大变数:"只要买一个DV,你就已经是一个导演了"。第六代导演作品的语言更加纯电影化,摆脱文学语言对电影的束缚,这也许意味着一场电影语言的"口语化"已经开始。2005年4月,中央电视台播报了一条不起眼的消息:广西的一位壮族农家妇女,自己编写剧本,利用DV拍摄自己的第一部故事片。如果说20世纪电影曾经是"为人民"而拍的,那么21世纪也许就会诞生"人民的"和"由人民自己拍摄的"电影。

中国电影产业的现状与展望
——中影集团总经理韩三平访谈

王:请谈谈您的从影经历。

韩:我从1975年进入电影界工作,历经导演、北京电影制片厂厂长,2003年到现在这个位置,已经"从影"30多年,主持拍摄了250部电影,这在中国还是不多见的。根据我30多年的经验,最近这5年中国电影的情况是最好的。

在过去的30年里,中国电影在1975年到1985年这10年可以说和其他国家的电影一样,非常辉煌。电影是一种独霸天下、不可取代的大众传媒。可以说电影在这10年里怎么拍、拍什么都赚钱。这是由当时中国电影的产业水平和技术水平所决定的。1982年或1983年是最高峰的一年,观众多达30亿人次。那时候做电影真是一个不得了的行业。

第二个10年是从1985年到1995年。这10年科技得到发展,外国文化大量涌入,娱乐消费形式增多。娱乐从形式到内容五花八门,空前繁荣。于是,电影就像当年的京剧一样受到巨大的冲击。因为从体制本身来看,它不是一个产业,而是绝对的计划经济的宣传文化阵地,这意味着高门槛、高准入,一般人和老外是不能随便搞电影的。这就导致了电影的大幅度衰落。可以说这也是转型期的一种必然现象。

王:但是这10年第五代导演也出了不少作品,对此您如何评价呢?

韩:他们的成就主要体现在艺术性上,但那个时候中国电影的体制已经明显地落后于时代了:过于强调电影的思想性或艺术性,对于电影的娱乐性严重忽视。上层建筑没有随着发展了的经济基础做出调整,反而在制约着它的发展,导致中国电影的产业危机重重。雪上加霜的是，就在这时，好莱坞电影大量涌入中国市场，夺走电影观众。中国电影一度濒临绝境，最低的年份年产只有八九十部。要知道，中国电影在最辉煌的时候年产曾达到 300 多部。最可怕的是，产量极低的情况下，这些产品中的一多半还是亏损的。

1995 年以后，中国政府和整个电影行业开始为电影寻求出路。首先是从体制上改革，从传统的事业转变为产业，虽然只一字之差，但根本性质发生了变化。事业只讲公益效果，不讲回报，但产业就必须要讲回报，因为它是高投入的。目前，中国一部电影的投资平均是 800 万到 1000 万。把电影划入文化产业，从政策上大大降低了门槛，准许民营资本、境外资本进入电影的制片、发行、放映业。这不仅为电影业带来了大量的资金，也为电影的经营引进了新机制和新理念。中国电影终于走上符合经济发展规律的正常轨道。

王：政策调整之后具体发生了哪些新变化呢？

韩：最近 5 年来，中国电影呈现出一种新的繁荣势头。事实上，明星制、制片人制等新机制已经开始实施。演员的报酬完全由市场决定，大部分明星都有自己的经纪人。可能和日本不同，中国的事实明星制更像好莱坞的机制。

再有，中国电影的复苏迹象主要出现在本土，同时在国际市场上也开始扩大影响。以往中国电影的成功主要体现在进入国际电影节，属于艺术范畴；而现在，中国电影在商业范畴频频获得成功。比如李安的《卧虎藏龙》，周星驰的《功夫》，张艺谋的《英雄》《十面埋伏》，甚至陈凯歌的《无极》——这部中影集团投资的影片尽管还没有在全球公映，但在版权的全球发行上已经取得非常好的业绩。

王：新兴技术和媒体往往给电影带来较大冲击，目前电影如何与它们和平共处？

韩：经济高速发展，电视、卡拉 OK、网络、电子游戏、手机等新兴娱乐对电影起初冲击很大。但到一定程度之后，电影一方面受到它们的刺激有了新突破，一方面也借助这些新平台为自己收回大量的投资。现在，一部电影的收入，票房仅仅是它的一部分，甚至都不再是主要部分了。电视、网络、游戏、广告等都会帮助电影大量收回成本。新的电影产业运作模式正初现雏形。电影版权的不可重复性使得电影成本得以通过多种媒体、多种形式长时间回收，因此电影的收入潜力是非常巨大的。

王：如何评价近期中国的电影市场环境？

韩：制作与发行环节挂钩的一个重大突破是 1997 年贺岁片《甲方乙方》的

拍摄与销售。我当时是北京电影制片厂的厂长，和冯小刚导演商量后，我们决定借鉴港台的做法，一开始就瞄准了中国人的传统节日——春节，从策划到营销都经过了充分调查，结果这部贴近平民的喜剧片一举成功。这说明电影的潜在市场是存在的，回报也是可观的。

当然，现在进影院去看一部电影的观众确实相对少了，但并不意味着这部电影的绝对观众也少了，只是欣赏电影方式的多样化分散了电影观众而已。不过也要看到，目前电视台播放电影得到的回报还不够合理，盗版碟的存在对形成健康的电影市场是一种很大的冲击。这些问题将在今后逐步得到解决。而电影观众欣赏水平的总体提高也将为电影质量的改进产生长远的影响。

有一个调查表明，中国目前一个城市市民平均一年以各种形式看的电影不少于 10 部，如果我们按 3 亿城市人口计算，那就是 30 亿人次的电影观众。韩国和法国近年来成功影片的观众可以达到全国人口的 15%～30%，如果中国一部影片的观众达到全国人口的 15% 是一个什么概念呢？那就是将近 2 亿人次。我们暂且就算每张票平均 10 元（事实上远远高于 10 元），那就意味着中国的潜在票房市场有 20 亿元人民币。而目前，中国电影最好的票房成绩是《英雄》创下的 2.4 亿元，仅仅 800 多万观众人次，为全国人口的 0.6% 左右。随着中国经济的发展和城市化进程的加快，制约观众人数的瓶颈正在松动，越来越多的多厅电影院正在建设。电影产业还是很有前途的。

王：全球化背景下中国电影如何应对好莱坞电影的冲击？

韩：我认为改变中国这样一个底蕴丰厚大国的欣赏趣味或文化需求几乎是不可能的。也许好莱坞电影可以使某些国家的电影消失，但它不可能使中国电影消失。中国也和印度不同。宝莱坞虽然可以保证本国电影的牢固市场，但它很难走出印度，它有些过于民族化了。我们不能只片面地强调中国电影的民族特色，还要注意用电影表现全球共性的东西，像贺岁片那样贴近百姓日常生活、能给大家带来快乐的东西和像《卧虎藏龙》那样富于想象力的东西都会有很多观众喜爱，而后者会超越国界，赢得更多的观众。中国故事甚至让好莱坞导演感受到了魅力，昆汀·塔伦蒂诺就提出来要重拍《醉拳》，奥利弗·斯通要来拍《花木兰》。

我有这样一个设想：今后电影的市场战略要以中国大陆为核心，紧密地和港台地区携手，进军日韩，渗透欧美。应该说中国电影在日本的潜力是很大的。如果能在产业结构和投资结构上，在中国大陆和港台地区，及日本、韩国这几个区域收回投资，那中国电影就立住了。而这对日本电影也有好处。比如说，日本导演、中国内地演员、香港特区摄影师以及韩国女演员，或者中国导演、演员，与日本或韩国作曲等组合起来，把东方艺术家的最佳效果发挥出来，然后再在这些每部合计有1000万到1500万美元的市场收回投资。这样的产品最终也有资格和条件向欧美去渗透。事实上，目前我们的大制作（电影）已经在投拍前就和上述国家或地区讨论联合投资事宜了，相信今后这种区域合作的路会越走越宽，这对地区文化的振兴也将产生积极影响。

未来之梦、怀旧之梦、幻灭之梦

——从几部电影看 21 世纪日本社会意识的变化 [1]

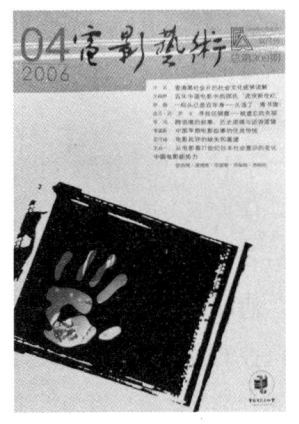

进入 21 世纪,日本左右分明的社会阵容早已荡然无存,电影本身也以更加多元化和不可捉摸的形式曲折发展。社会变化在电影中有着直接的反映。20 世纪后期,日本渐入一种后资本主义状态,社会矛盾大为趋缓,"社会派"电影几乎绝迹,取而代之的是对传统共同体解体的担心和对未来的焦虑,回顾与怀旧的主题越来越多地浮出水面。本文试图通过对三位立场、角度不同,但又彼此联系的重要导演及其作品的分析,找到一个通过电影了解日本社会的切入点。

《千与千寻》与后资本主义时代的日本

宫崎骏在进入 21 世纪前后以其史诗般的动画片巨作火爆日本,并在世界范

---

[1] 载于 2006 年 4 月号《电影艺术》。

围内引发热议。这绝非偶然事例。世纪之交人们普遍充满着对未来的期盼与想象，而宫崎骏在其系列作品中所创造出的"文明后"的世界，对20世纪工业文明，以高度隐喻的手法进行了反思与总结，以细节写实的手法，运用超现实想象，勾勒出令人神往的未来之梦。进入新世纪之后日本举办的爱知世博会，以迥异于以往的世博会形象体现了人与自然和谐相处的发展理念。宫崎骏的作品对世博会理念塑造无疑起到了一定的影响。

《千与千寻》完成于2001年，可谓是宫崎骏这一时期系列作品中的重中之重。这部作品充满了对20世纪以来各种乱象的批判。比如，在他所描述的场景中，有一个象征消费主义泛滥、世界物欲横流的桥段，就是千寻的父母因无节制的贪欲狂吃而变成肥猪的过程，令人联想到现实社会的病态。

在这部作品中还有一个令人震撼的场景：假面人在一座日式木桥上出场亮相。这是似曾相识的一幕。百年前蒙克描绘了象征在工业文明压力下人被挤压得绝望变形的油画——《呐喊》，浓缩了当时时代的荒诞与焦虑。而此刻戴着假面的更为冷漠的形象，以相似的造型与构图在新世纪初卷土重来。假面人以金块诱惑女佣和蛤蟆，旋即将他们变成自己的点心。这一场景暗喻了失控的金融资本借助人类不断增长的贪欲而逐渐膨胀并杀人于无形。而片中河神来到油屋洗浴，当油污浊物洗净之后，一大堆消费品垃圾呈现出来，则高度隐喻了作者呼唤重建生态文明的愿景。千寻在给河神洗净身体之后得到了一颗苦丸子，这是她完成救人和自救的关键一步。她用这个苦丸子令白龙吐出偷来的印章，令假面人吐出了被其吞吃的蛤蟆和女佣。通过洗环境，洗人心，千寻最终帮助父母摆脱咒语，还原了人形。

在日本，与制造未来之梦的宫崎骏形成全面对峙的同时期活跃人物，还有右翼漫画家小林善纪。两个人的作品从迥异角度对日本社会共同体面临的解体表现出担忧。二人世界观的对立可以从多个维度得以窥见：宫崎骏的作品始终坚持女性主义立场，小林善纪则在他的作品中不遗余力地呈现雄性的力量；宫崎骏的作品有着浓厚的社会主义、环保主义色彩，小林善纪在其作品中则不遗余力地鼓吹狭隘的民族主义、唯我独尊主义；宫崎骏的作品反战和平倾向鲜明，而小林善纪的漫画人物却普遍散发着好战情绪；宫崎骏的作品中人物温文尔雅、待人和气，小林善纪的漫画人物则动辄气急败坏、愤世嫉俗；宫崎骏的作品更多地体现了少女式的体贴与关爱，小林善纪的作品洋溢着少年式不计后果的冲动。

看似价值观迥异的二者，在日本却同时拥有庞大的拥趸，而这正是我们在考察日本社会时值得深入思考的一点。不妨说，日本的左翼人士实际上在思想深处往往对日本式的共同体有着难以割舍的情怀，这使得他们与本国的民族主义者有着天然的同源性联系。这一点从另一位导演的创作轨迹演变中可以看得更加清楚一些。

佐藤纯弥与《男人们的大和号》

佐藤纯弥是一位成功的商业片导演，他拍摄于1976年的《追捕》至今在中国还有影响。这部影片讲述了为洗清冤屈、调查真相而被追捕的检察官杜丘的故事，并将矛头直指日本政治黑幕，通过主犯长冈了介之口道出，开发控制人体神经系统药物的最终目的是镇压当时日本国内不断高涨的社会主义运动。

他的另一部完成于1977年的杰作《人证》，表现了日本在美军占领下的耻辱记忆与经济高度增长期日本社会的糜烂堕落，透露出强烈的反美情绪和日本人的民族自尊感。不难看出，这种情感和后来的《男人们的大和号》之间存在着重要联系。

1982年，佐藤纯弥以非凡的社会良知和敢于面对历史的勇气，执导了第一部中日合拍电影《一盘没有下完的棋》，由于正面描写了日本侵华战争给中日两国人民带来的灾难，在日本上演时引起右翼分子的抵制。他还于1984年完成了《空海》，1988年完成了《敦煌》，多次表现出对于历史题材电影的驾驭能力。1997年，佐藤导演根据人类学研究的最新成果以及对中国东北红山文化的热情关注，拍摄了一部由王祖贤等主演的幻想大片《北京猿人》，体现了当时许多日本人对东北亚共同体的想象。

多次与中国合拍电影，说明佐藤纯弥导演和中国有着很好的合作关系，如果用我们惯用的框子来套的话，他当然算是一位"进步"的导演。然而，2005年传来一个消息，为纪念"终战60周年"，佐藤纯弥导演接拍了怀旧味十足的战争片《男人们的大和号》。

"大和号"于1941年12月开始服役，是当时世界上最巨型的战列舰。1945年4月6日，它最后一次出海，只带了单程燃料，任务是阻止美军进逼本土。美国潜艇很快就发现了它，390架美军战机发动猛攻。仅仅几个小时后，这艘号称坚不可摧的巨舰就沉没在本州西南方的海岸附近，舰上3000名官兵几乎全部葬身海底。

1977年，舛田利雄导演了动画片《宇宙战舰大和号》，讲述了"大和号"太空船从海底飞向太空的故事,在日本很受欢迎。1985年,"大和号"的残骸从海底被打捞出来,20年后开始在广岛大和博物馆展出。在广岛县向岛町,一艘和原"大和号"一样大小的复制品已经于2005年悄然完成。虽然不具备任何军舰的功能,但当年这艘"世界第一战列舰"的外形被一丝不苟地复原了。《男人们的大和号》就是借助这艘"复制品"拍摄的。

这部电影的策划者角川春树(角川书店老板,28年前的《人证》就是该书店制作的)声称:"希望用爱与死的主题,表现日本人独有的自尊和精神。为此,必须借助电影这一世界通用的娱乐形式。"

制片方东映公司为这部耗资18亿日元的巨片举行了开拍仪式,在仪式上,片中20名饰演"神风特攻队"队员的演员一身戎装向来宾行军礼,会场上空飘下樱花花瓣,制造出"英灵显灵"的效果。

从策划人员、制作意图来看,这部电影无异于给"终战60周年"献礼的电影,与其他表现民族主义"自尊"的电影毫无二致。如果说和以往的战争电影有所不同,那就是这部电影没有拘泥于对历史细节的刻画,没有表现"神风特攻队"式的进攻性,而是着力描写了"大和号"的"保家卫国""壮士一去不复还"的悲壮性。这恰恰反映了从现实安全角度刻意制造日本将要遭受攻击的忧患意识(同时期的另一部电影《亡国神盾舰》,更是第一次在片中出现了来自亚洲的假想敌)。从影片的结构上可以看出其有对《泰坦尼克号》和《珍珠港》的刻意模仿,特别是片尾加上了老、青、少三代人对"大和号"的敬礼,让人觉得仿佛是《拯救大兵瑞恩》片头的再现。最后,少年接过了老兵的舵轮,将"明日香丸"驶向远方。佐藤导演将这部影片拍得十分煽情,首映式上,各个年龄层的观众"为剧情打动而热泪盈眶"。

与以往不同,此次导演表现出来的态度非常暧昧而消极。他说:"看了这部电影,你可以认为这些年轻人是为了保卫所爱的人而义无反顾地走向战场,也可以认为绝对不应该发动战争。这完全取决于观众的个人看法。"他还说:"《男人们的大和号》不过是一部电影而已。"

面对来自中国、韩国等国家的指责,影片的制作者并未对其"正面"刻画船员的做法进行道歉,制片人将这些人称为"无名的受害者"。佐藤导演敦促亚洲其他国家的人们不要把对"大和号"船员的同情与对战争的支持相混淆。他说:"我们关注的是这个时代的思维,揭示了那些通过武力获得权力的人将以同样的方式失去权力,而这些青年人被无辜地送上死路,要为之负责的显然是那些政治领导人。"

但是这些辩解都显得苍白无力。一位保持着清醒的影评家山田和夫一针见血地指出要害:"如果'大和号'的死者们像电影公司宣传所说的'只是为了保卫亲人、家庭、朋友和祖国……',那么这场残酷的战争就被美化了,亚洲—太平洋战争也就成了日本生存和自卫的战争。这难道不是为我们最应该警惕的侵略战争肯定论(即'靖国史观')张目吗?"

这部电影好像为今天的日本人表达对先辈的"自豪感"找到了安全的出口,而事实上这种看似"被洗净的情感"背后所隐藏的最为可怕的因素正在于此:如果日本国民当中如此普遍地弥漫着对那场战争的糊涂认识,并将之和今天的日本人的"尊严"结合在一起,那么,在这种历史认识的支配下,即便把甲级战犯的名字从靖国神社的"英灵"名簿上撤下,借尸还魂的民族主义共同体想象依然还会施咒于那些死于战争的日军亡灵,使得靖国神社更为深刻地成为导致日本与东亚其他国家人民之间情感隔绝、难以相互信任的无形厚墙。这一结果,恐怕是佐藤导演绝对始料不及的。

不过这里我还是愿意把导演和制片方区别开来对待。佐藤导演拍摄了这样一部电影恰恰说明这些年日本国内民族主义情绪已经在很大程度上蔓延开来,而从他对这部电影所作的辩解中不难看出他本人的矛盾心情。据说,这位与中国有着良好合作关系的导演一直在搜集材料,为筹拍一部与孙中山有关的电影做着细致的准备。非常希望他能够成功,并通过这部作品和东亚国家重建信任。至于那些试图借助这部影片达到助长民族主义思潮,找回所谓"昭和时代自尊"的制片方,我想送给他们的是一首打油诗:"折戟沉沙铁未销,'自尊'磨洗认前朝。'大和'不归沉怒海,求剑刻舟亦徒劳"。

筱田正浩与《间谍佐尔格》

与其他东亚国家之间筑起民族主义厚墙是日本国内战后左、右翼之间"精神柏林墙"垮掉的直接后果。2003年,筱田正浩导演完成的历史巨片《间谍佐尔格》就能够说明这个问题。

这部影片以第二次世界大战前夜的日本为主要舞台。通过对向苏联秘密提供日本军部和德国军事动向的间谍——理查德·佐尔格和向他提供情报的《朝日新闻》记者——尾崎秀实的刻画,反映了"昭和时代"的情形。

佐尔格生于俄国，父亲是德国人，母亲是俄国人。他在"一战"后加入德国共产党。作为共产国际派遣的情报员，他于20世纪20年代末来到上海，在那里结识了史沫特莱和《朝日新闻》记者尾崎秀实。1933年佐尔格以德国通讯社记者的身份来到日本，并伪装成纳粹党员出入于德国使馆。他通过近卫内阁的特约顾问尾崎秀实搞来日军和纳粹的情报，将希特勒将对苏联发动闪电战的情报以及日军将不会入侵苏联的情报先后报告给斯大林，为苏联的卫国战争赢得了时间。1941年10月佐尔格被逮捕，并于1944年11月7日十月革命纪念日这一天被处以绞刑。尾崎秀实也因卷入这场间谍案被以通敌罪处死。片中，佐尔格被描绘成怀有国际共产主义理想，为了和平事业而从事间谍活动的人，尾崎则被刻画成一名想为被日本军国主义蹂躏的中国人民尽点力的人物。

这部电影是导演对于以革命与主义为特征的20世纪的悲情总结，也是对"昭和时代"的沉重回顾。佐尔格有两个祖国：一个是被极端民族主义、国家主义、法西斯主义统治的德国，一个是寄托着他的梦想与理想的祖国苏联。这个人物身上所具有的双重性正好与日本多数社会主义者在价值观上体现出的双重性（民族共同体底色与对大同世界、社会公正的向往）重叠，故而可以引起筱田正浩那一代人的共鸣。从60年代筱田正浩成为日本ATG（艺术影院行会）麾下的重要干将之时起，他的电影中的主人公大多数都是未能实现自己的理想、最终走向末路的悲壮之士。这部影片也不例外，筱田正浩称之为自己的"最后一部电影"。他说到做到，在拍完这部电影之后，做起了早稻田大学的特聘教授。2005年4月，笔者在北京见到他时，得到明确的证实：这部作品标志着日本电影之梦和意识形态之梦在他身上的双重幻灭。他甚至同意我这样的分析：这部电影标志着日本国内战后左、右翼之间无形的"精神柏林墙"最后垮掉，标志着日本国内"精神冷战"的结束。

在影片中导演别出心裁地运用了三次《国际歌》：德国工人在街头游行时齐唱《国际歌》的画面出现在佐尔格被捕后向特高课讲述自己身世的时候；当佐尔格在狱中沮丧地认为自己的努力毫无意义时，特高课的官员告诉他："你的努力并非没有意义，苏军已经在斯大林格勒转败为胜。"这时画面上出现了红场阅兵的壮观场面，同时响起了雄壮的《国际歌》合唱；最后，当佐尔格在绞首架上留下遗言"国际共产主义万岁"时，紧接其后的画面是90年代初东欧某国的广场上列宁的铜像被放倒的电视镜头，背景音乐响起了哀婉的、吉他弹奏的《国际歌》旋律。

另外，这部电影片头是一段鲁迅的话："希望是本无所谓有，无所谓无的。这正如地上的路；其实地上本没有路，走的人多了，也便成了路。"而片尾与之呼应的是约翰·列侬的《想象》："……想象这个世界没有国家，没有人会被杀或为此死亡，也没有宗教的纠缠，想象这个世界所有的人，在和平中生活着，你也许会说：我是个梦想者……"

筱田正浩显然是在追问：20世纪的国际共产主义运动，兴起于世纪之初，最终解体于世纪之末，曾经为这个理想流血、献身的千百万佐尔格究竟意义何在？人类的和平之梦是否已成空想？可以说，这部作品就是导演献给他那一代人的理想的挽歌。

从这个意义上说，似乎只有生活在以革命与主义为特征的20世纪的人才能对这部电影产生共鸣。那些曾经积极参与左翼运动，在运动中感到精神的升华与自己存在意义的人们，曾经以同志相称，并在运动中共同经历了失败、挫折与幻灭。这一代人才会有和导演相同的感受。那些在战前曾经被国家主义、皇国思想熏陶，而在太平洋战争中尝尽苦头，痛定思痛的年轻军人也能有相似的感受。

所不同的是，后者经历了日本战败带来的价值解体与思想转变，而前者则是在冷战格局结束之时经历了相同的一刻。

日本的年轻一代反应如何呢？他们既没经历过"二战"，也没经历过"冷战"，很难被沉重的历史反思打动。在他们眼里，"主义问题"已经不再有意义，他们关心的只是是否"感动"。因此，年轻人更愿意在电影院里看着《男人们的大和号》泪流满面，对复杂而沉重、需要思考的《间谍佐尔格》则不感兴趣。

未来之梦与幻灭之梦代表了左翼力量在冷战之后的分化与转向，而怀旧之梦则象征了向保守力量倒退的倾向。因此，将日本分成左、右翼进行考量的老眼光显然已经过时。从某种意义上说，原左翼力量的改变助长了总体保守化的趋势。日本战败之时曾经遭到清算的民族主义－国家主义，如今以重建想象的共同体、找回日本人的自豪感之名，改头换面，卷土重来。对于改头换面的旧思潮，年轻的一代尚未身受其害，因此也毫无警惕，甚至还认真卖力地为其摇旗呐喊。而这一点，恰恰被日本的新保守主义和狭隘的民族主义政治家们所利用。21世纪的日本愈发颠簸不止，扑朔迷离。

电影既是文化交流的窗口，也是了解对象国社会意识变化的渠道。如同当年美国文化人类学者露丝·本尼迪克特通过看日本电影、读日本小说完成了文化人类学经典《菊与刀》一样，通过电影关注日本，今后仍然是一种十分有意义，甚至会得到意外收获的方法。这也许是电影作为艺术之外的重要贡献。

"五点一线"构想拉动东北振兴 [1]

"五点一线"开放格局的形成,发端于国家振兴东北老工业基地战略的实施。2004年,由建设大连东北亚重要的国际航运中心牵动,沿渤海重点地区大开发、环渤海滨海公路建设等开放思路初步形成。

面对老工业基地振兴和沿海开放双重机遇,辽宁省今年2月出台的"若干政策意见"提出,在促进环渤海地区开放的基础上,将沿黄海地区的开发一并纳入开放格局之中,使全省的对外开放战略得到进一步丰富和完善。这样,一个覆盖全省所有沿海地区,以沿黄、渤海的五个重点发展区域和一条贯通全省海岸线的滨海公路建设为核心的"五点一线"开放构想清晰浮现。

---

1 载于2006年9月号《人民中国》。

得天独厚的沿海土地资源

"五点"指沿渤海一侧的大连长兴岛临港工业区、辽宁（营口）沿海产业基地、辽西锦州湾沿海经济区（包括锦州西海工业区和葫芦岛北港工业区），以及沿黄海一侧的辽宁丹东产业园区、大连庄河花园口工业园区。在开发五个沿海重点发展区域的基础上，还规划建设一条西起葫芦岛市绥中县、东至丹东东港市，全长1443公里的滨海公路，进而形成贯穿全省沿海地区、促进扩大开放的"一线"。

辽宁省副省长李万才接受采访时强调了辽宁的区位优势和土地资源优势：就东北地区而言，辽宁的开放优势在于辽宁沿海的港口承接了东北三省绝大部分进出口贸易。从全国范围来看，辽宁的开放优势在于土地资源。海岸线上数量可观的沿海滩涂、废弃盐田是迎接国际产业转移不可多得的宝贵资源。沿海经济带上五个重点发展区域的总规划面积达374.33平方公里，其中起步区的规划面积超过了140平方公里。

他乐观地估计，在国内部分地区土地资源对经济发展造成的瓶颈效应日益显露的今天，辽宁在紧邻港口的海岸线"黄金地带"划出的数百平方公里开放空间，并配套实施促进沿海重点发展区域扩大对外开放的优惠政策，将会受到国内外投资者的格外关注。

他的这番话是有根据的。因为4月9日至15日他亲率辽宁省经贸代表团对日本、韩国进行了为期一周的访问和宣传推介活动，目睹了两个邻国表现出的热情。

《朝日新闻》在代表团访问前夕，就在显要位置刊登了"中国东北辽宁打造沿海五点一线开发区域，李万才副省长率团将访日开展推介活动"的消息，重点介绍了"五点一线"的情况。代表团分别在日本东京、大阪和韩国首尔举行的三场"辽宁省沿海重点发展区域说明会"场场爆满，座无虚席，吸引了当地众多工商企业界人士参加。由于许多人不请自到，参会人数远远超过了原来的预期人数。比如在东京，预期参会人数150人，实际到会360多人。日中经济贸易中心会长古井昭雄、日本国贸促理事长中田庆雄均对沿海经济带的战略构想所反映的进一步扩大开放的决心和气魄表示赞赏。日本关西联合会会长秋山喜久表示，要尽快组织大阪地区的中小企业来辽宁的五个重点地区实地考察；韩国优秀中小企业联合会会长表示，要带40多人的代表团来辽宁考察"五点一线"；STX公司表示，准备到营口和葫芦岛考察造船配套项目。

实地考察丹东、大连花园口

对"五点一线"有了整体印象之后，记者实地采访了黄海一线的"两点"——丹东和大连的庄河花园口。

从鸭绿江口的东港驱车向丹东市内行驶，沿着鸭绿江大约有10公里的路程。这段路的沿江一侧，正是未来园区的规划占地。行走在尚未完全修整好的公路上有些颠簸，一路上不时可以看到穿着时髦的女孩乘坐单人"摩的"从车窗前掠过。沿江一侧的高级住宅楼已经连成一片，这一地段由于被列入"五点"而商机骤升，楼价据说也在一路飙升。

丹东市与朝鲜第二大城市新义州市隔江相望。近年，随着朝鲜经济需求的增加，双边贸易不断增加。鸭绿江铁桥上不时可以看见货车来来往往。当然，丹东市与韩国之间的经济往来就更多了：在丹东市内，韩文的商店招牌随处可见，有的一条街就完全经营韩国商品。朝鲜方面经营的饭店和韩国方面经营的餐馆和平共处，为这座边城增加了一道独特的风景线。

丹东是东北亚的重要交通枢纽。从丹东到平壤，铁路交通距离220公里；丹东到首尔为420公里。丹东港距离仁川仅245海里，是连接韩国、日本的重要海上口岸。国内交通也四通八达，沈丹、沈大高速公路大大缩短了从丹东去往沈阳和大连所需的时间。

于怀乐副市长向记者介绍了丹东未来的发展定位："东北东部现代化沿海港口城市"和"东北东部的区域性物流中心"，最终形成"加工制造业、特色农业、电力资源"三大基地，完善"汽车及零部件、电子信息、农产品加工、纺织服装、化工医药、造纸及纸制品、电力和以旅游、物流业等为重点的现代服务业"等八个重点行业。

2005年，丹东市实现了16.3%的经济增长率，但于副市长也清醒地指出，目前丹东仅排在辽宁省14个地级市中的第九位，还需要大力调整产业结构，同时大力整备交通，为东北东部腹地提供更好的服务和发展机会。

"更重要的是，还要继续扩大开放。"于副市长说，在电子产业方面，丹东一直和三菱、阿尔卑斯、柯尼卡等日本企业有着很好的合作关系，随着丹东产业园区的建立，相信会有更多包括日资在内的外资及其技术与管理经验进入丹东。

丹东之外，记者还走访了大连庄河花园口工业园区和附近的渔村——海洋村。

庄河和丹东有所不同，是大连下属的一个地级市，也是"五点"当中行政级别最低的一个"点"。它的位置西距大连开发区 80 公里，北距沈阳 330 公里，东距丹东 80 公里。高速公路与花园口工业园区直接连接。

庄河市市长董呈发接受采访时说，庄河要借此机会做东北振兴的先导区，同时还要考虑到新农村建设的问题，要把这里建设成为农村城市化的示范区，通过发展产业让更多的农业人口转为工人，消灭零就业家庭。他表示，庄河市的政策优势、土地优势和教育水平高的劳动力优势将保证园区得以良性发展。

参观花园口工业园区时，可以看到园区内有许多像泥沼一样的未修整地面。原来，这块 25 平方公里的土地是当地政府于 2003 年从大连市政府收购的一块原国有盐田。目前，填土平整等基础设施的整备工作已接近尾声，"五点一线"一出台，这里就得了风气之先，边建边招商，已经有 24 家国内外企业进驻园区，开工的企业已有 7 家。

园区办主任鞠传鑫在介绍园区的区位和未来远景时说，这个园区紧靠着丹大高速公路，未来的边海公路也紧贴着海岸从这里通过，交通条件得天独厚。谈到园区建设的终极目标时，鞠主任告诉记者："到 2010 年，要把这里建设成有 8 万人口的生态型工业小城市。"记者在园区建设工地看到，生态城市的设想在初始阶段就已经有所显现，园区绿化、街心花园已经出现在平展的填土造地上。

位于庄河市南郊的海洋村是此次采访的又一处亮点。这是一个以养殖捕捞业为主的渔村，全村 1320 户，5300 人。几年来，海洋村立足资源优势，依靠科技进步，实现滩涂贝类养殖业的良性发展。全村目前固定资产总值 2.5 亿元，人均收入 11,000 元。2001 年，海洋村投资 1 亿多元兴建了集贝类加工出口、科技研发于一体的渔业园区。

记者在村里采访了一户普通的渔民家庭。这是一幢建在高台上的南北向的瓦房，有 4 间屋子，还有宽阔的卫生间和讲究的厨房。自家的院子里栽着各种应时的蔬菜，猪圈里还养着猪。这一天刚好是端午节，根据当地的习俗，院门上方已经插上了缠着红布条的艾蒿。主人对生活满意的笑容挂在脸上，很明显这是一户富裕之家。从这一家举目望去，邻居的房屋结构也大同小异，说明这个村子的总体生活水平应该比较宽裕。

放学的孩子三三两两地从村里大气、漂亮的学校出来。村主任告诉记者，现在由于经济条件好了，外来务工的人也在增加，村小学共有 300 名学生，其中外来人员的子女就已经达到 60 人。这些外来务工者主要来自黑龙江、吉林和内蒙古。村里人搞滩涂养殖规模扩大后，人手不够，这些外来者就成了很好的帮手。

很多人在这里赚到了钱，回老家后也盖起了房子，改善了生活。望着退潮后滩涂尽现的寂静海滩，联想到工业园区兴建后带来的直接影响，相信这个小渔村今后会更加热闹起来，也许会有更多外来务工者加入到园区建设当中来。

"五点一线"将辽宁引向全方位开放

看过"五点一线"之后，记者产生一个想法：把沈阳故宫的格局和沈阳市区图放在一起，有一个非常有趣的比较：故宫的东区建筑是满族风格，中区建筑已经半满半汉，而西区以戏台和收有四库全书的图书馆为象征，标志着满族的全面汉化。沈阳的市区格局也是东西排开，东部是封建时代原来建有城墙的老城区，中部是20世纪形成的行政、文化区，而铁路以西则是以重工业、制造业为主的工厂区。多个专业线通向厂区，再通过铁路完成产品在陆地上的分配。

两者的扩建说明了两个问题。前者说明沈阳历史上曾经是一个兼收并蓄、富于开放精神的城市，而后者则说明20世纪沈阳尽管率先实现了工业化过程，但前期是在殖民地时代的"统制经济"之下，50年代以后又置身于"计划经济"之下，"市场"的概念、国际合作的概念明显落后于"珠三角"和"长三角"。

温故可以知新。从这个意义上说，"五点一线"的提出对辽宁省乃至全东北，应当是一件具有21世纪里程碑意义的事件。辽宁终于把自己的振兴和经济世界"一体化"潮流积极连为一体了。积极参与世界分工，可以对中国经济乃至世界经济产生推动作用，并将在未来的经济发展中发挥重要作用。

对于内陆中心城市来说，建立与沿海口岸的互动机制，将为其经济快速起飞疏畅跑道。背倚以沈阳为中心的辽宁中部城市群，可以以建设中的辽宁（营口）滨海产业基地为最便捷的出海信道；"东边道"铁路的修建，可以把整个东北东部13个市连为一体，再通过丹东走向世界。

实现沿海与腹地的互动发展，沿海地区之间必须率先实现互动。只有沿海地区经济起飞了，才有可能发挥出对腹地经济的辐射与带动作用。依托五大沿海重点发展区域规划的贯穿全省海岸线的滨海公路建成后，将成为连接辽宁沿海各市的经济纽带，有利于更加充分地利用沿海地区丰富的自然资源，促使沿海地区经济在沟通与交流中快速发展，最终形成沿海与腹地互动发展的全方位对外开放新局面。

辽宁是东北三省唯一的沿海省份，因此其沿海经济带的开发开放对于振兴东北老工业基地战略具有推动作用。相信今后通过"五点一线"战略的有效实施，辽宁省通过沿海地区的发展，必将能够积累新的能量，帮助全省乃至整个东北完成振兴大业。

原口纯子：观察日常生活细节 热爱中国文化之美[1]

《人民中国》有一个名为《Dear China》（中国雅趣）的专栏，短小精悍，每期仅占一页，以照片配短文的形式呈现。2005年4月号上的这个栏目，呈现给读者的是厦门民居石墙上盛开的一朵小花。

用一页篇幅讲述一朵不起眼的小花，编辑部有人说有新意，有人却表示无法理解。不过来自日本读者的反馈相当地好，有读者表示"这个栏目在整本杂志中是一个亮点，每次读到这一页心境一下子就平静下来了，感到精神得到疗愈"。该专栏作者正是编辑部的日籍员工原口纯子。

9年前，我第一次见到原口纯子，当时她正与几位生活在北京的日本女性一道制作一本配有漫画的图书——《舞动的中国人》，以十分独特的视角观察正处于社会转型期的中国市民群像。从中国人的角度看，这本书读起来既让人觉得有几分违和，又令人倍感新奇。文字与漫画中所流露的幽默和善意令我感叹。书中如

---

1 载于日本国际交流基金会刊物《远近》2006年9月号。

实描绘了普通百姓的日常生活状态，其实我自己就生活在其中，却很少在意。

原口纯子敏锐的观察力令我折服，于是我便邀请她为《人民中国》撰稿。不久，她写来一篇名为《我从中国朋友一家人所学到的》的文章，讲述了她与患有唐氏综合征的天才画家罗峥及其一家之间发生的感人至深的故事。

原口纯子后来和我讲起她为什么要写这段故事。

来中国之前，她曾就职于一家做电影业务的公司，因工作关系经常去电影院观察观众的观影反应。

"我观察到，观众进到放映厅坐下时的表情和看过电影深受感动准备起身回家时的表情大不一样。有的人坐下时一脸疲惫，看完电影后情绪受到感染，整个人的肌肤都随之恢复活力，疲态一扫而光。于是我深切地体会到，感动对于一个人来说是多么重要的一件事情。寻找美好，首先感动自己，再将这份感动传递给别人。能够让人分享感动，对于我来说是最快乐的。"

不久，《人民中国》要增聘日籍工作人员，我便和她探讨是否愿意加入我们团队。原口纯子对自己是否能够胜任表示了担心："我喜欢从中国的日常生活中去寻找一些看上去微不足道却十分美好而有趣的东西。也许我的这种个性视角，未必符合通常国际交流所提倡的对最大公约数的追求吧？"

当时我们正在策划《人民中国》的全彩改版，正需要在内容上引进新视角。于是，我不仅说服她打消顾虑加入《人民中国》团队，还鼓励她策划一个以前我们从未尝试过的实验性版面。一页专栏《中国杂货店》就此诞生了。该专栏向读者介绍中国的日用杂货，如中国特有的折叠鸡蛋筐、当茶杯使用的雀巢咖啡空瓶子、高粱秆做的饺子盖帘等。

在原口纯子的眼中，这些物件是那么美，充满了生活智慧，而一些中方编辑因为对此习以为常，所以不以为意。这就像海伦·凯勒曾

《人民中国》栏目《中国杂货店》中介绍的金属折叠鸡蛋筐

91

说的"Seeing See Nothing"。

将茶叶放入雀巢咖啡的空瓶再注入开水，这是我们生活中常见的泡茶方式。此前，《人民中国》不吝笔墨介绍过很多中国茶的知识，却从未关注过利用空瓶泡茶这类日常生活中的小创意。很多读者通过这个专栏，感受到许多从未留意的中国智慧，分享了中国人日常生活中从容随意的幸福瞬间。

原口纯子常说："用热爱生活的眼光看待中国，会发现有许多值得珍爱的东西。"受她这种见微知著，小切口讲故事的思路启发，《人民中国》策划了《13亿人的生活革命》《我的一天》等有别于以往宏大视角的选题。

在日常编辑工作中，我们从原口纯子那儿受到很多启发，她也通过与中国同事的讨论，了解到更多中国智慧。在这种平等的一对一交流中，亲近感和信赖感油然而生，打开了草根大众之间相互理解的新窗口。

原口纯子的故事和时代潮流密切相关。在后工业时代的日本，女性主义价值观得到彰显，这使得女性视角受到越来越多的关注。在国际交往中，中国和日本相互呼应、有共鸣的部分很多。我们应该注意到这些变化，与时俱进地丰富国际传播的理念与方法。原口纯子这种贴近日常生活、平视视角、注重个人感受等切入特点，为我们提示了国际传播的新的可能性。

如今，不同世代之间的差别也许如同尼安德特人与智人那样在拉大。传统的国际交流理念或强调中日两国同文同种属于同一地区的"同"，或突出以京剧和歌舞伎为代表的两国传统文化之间的"异"。而在更年轻的一代中，以流行要素为特征的"跨界文化"正在蓬勃生长。

作家莫言称著有《日本虫眼纪行》的旅日作家毛丹青为"在日本自由自在游来游去的鱼"，我则愿称生活在北京的原口纯子为"飞翔在中日之间的蝙蝠"。因为蝙蝠兼具飞禽与走兽的特性，在中国文化中代表着送福的祥瑞。

百年风雨自由魂[1]

今天受邀出席如此有意义的活动,我十分高兴。我来自中国出版的日文月刊《人民中国》。《人民中国》是一本旨在增进中日两国人民相互了解的刊物,在日本各地有许多热心读者。秋瑾是中国民主革命的先驱,她的思想成长轨迹又反映了早期中日思想交流的情况。今天,纪念秋瑾就义100周年的活动,以中日两国人士携手举办的形式进行,这本身就令我对这次活动十分关注,也给予很高的期待。

说到我与这次活动的缘分,不能不提到来自日本的永田圭介先生。永田先生是日本中国文化交流协会会员,也是《人民中国》的热心读者。当年,他拿着在日本刚刚出版不久的《竞雄女侠传——秋瑾》来到鄙社。这也是我与永田先生的第一次见面。看了这本书,我深深地被其生动的内容和翔实的考证所吸引。于是,我请求永田先生在《人民中国》上写一点介绍的文字。永田先生欣然应允,在《人民中国》的《东张西望》栏目上,写了一篇介绍该书成书始末的文章。刊出后,在读者中引起了一定的反响。于我而言,与永田先生的相遇,使我在记忆中有些淡忘的秋瑾故事再次变得清晰起来。后来,永田先生又寄来了译成中文的《竞雄女侠传——秋瑾》,并盛邀我出席2007年在绍兴举办的秋瑾就义100周年活动。这对我来说是很荣幸的一件事情,我当然就愉快地接受了邀请。

活动之前,我凭吊了秋瑾和鲁迅的故居。通过实地参观,对于绍兴在中国近代史上的重要地位,以及绍兴名人与日本的渊源,我也有了更深入的了解。这座城市走出了女革命家秋瑾,还有鲁迅及其笔下的阿Q、孔乙己、夏瑜、闰土,绝不是偶然的。正是在晦暗如磐的"风雨故园",在自由精神与愚昧迷信博弈的革命前夜,得世界潮流风气之先的绍兴有幸成为近代中国英雄辈出的城市。

秋瑾在她所处的时代,不仅要为麻木不仁的同胞的觉醒和中国民族命运的改变而呐喊、奋斗,更要为女性的觉醒而筚路蓝缕。于是,她身上所体现的革命性有了双重的意义。这也是她作为一名革命家所具有的超乎他人的魅力之所在。阅读永田先生的大作,特别令我加深了对后者的认识。看看她所处时代中国妇女的

---

[1] 2007年7月19日参加绍兴纪念秋瑾就义100周年纪念活动上的发言。

悲惨与愚昧，再看看她本人的自由与奔放，我深深地体会到了秋瑾的觉醒对于后来中国女性命运的改变所具有的革命性意义。秋瑾就义整整 100 年了，时代发生了翻天覆地的变化。今天，不论是在北京、上海，还是在杭州、绍兴，到处都看得到年轻、美丽、健康的中国女性自信地阔步于街头。我相信，秋瑾的在天之灵目睹此景一定会感到欣慰。

　　同时，对于中日思想交流史，秋瑾也是一个具有重要意义的存在。她留学日本，形成了自己的革命思想，而日本历史上的革新力量也把秋瑾视作一个值得研究的对象。专家的研究暂且撒开不谈，仅文艺领域对秋瑾的关注就值得一提。武田泰淳关于秋瑾的小说出版于 1967 年，不能不说与当时日本所处的时代有关。上个世纪 80 年代中国改革开放之初，导演谢晋完成了电影《秋瑾》。这部电影在拍摄过程中得到日本方面的支持，成为中国第一部赴日本拍摄外景的电影。21 世纪初，在秋瑾就义 95 周年之际，永田圭介先生完成了具有划时代意义的秋瑾专辑，这使得对秋瑾精神的研究与传承被带进了新世纪。

　　今天，发展与繁荣成为时代的主题，地处东亚的中国和日本都实现了物质生活的巨大进步。两国的年轻一代沉浸在流行文化的海洋中，想象着未来或构建着仅仅属于自己的精神世界。秋瑾和她的精神似乎正在成为遥远的存在。我没有向永田先生确认，他写秋瑾传记是否有希望日本的年轻一代不要忘记东亚近代史上悲壮一页的动机。但至少闻立鼎先生把这部书译成中文，赶在秋瑾就义 100 周年这样一个值得纪念的年份出版，其在中国的时代意义怎么评价都不过分。

　　通过参加纪念秋瑾就义 100 周年纪念活动，我产生了一点新的认识。秋瑾是中国近代史上的革命英雄，但她绝不仅仅属于中国，而应该是一个更大的存在。在秋瑾的故居，我看到了来自韩国的鲜花，在绍兴宾馆，我也看到了多个来自韩国、日本参加今年活动的人士。当年秋瑾的足迹遍及东亚三国，如今，这三个国家通过不同的途径都已经完成了或正在完成着现代化的过程。秋瑾应该属于整个东亚，顺着秋瑾的足迹，我们可以探索东亚诸国现代化及民族国家形成的原点。迄今为止，《人民中国》对中日两国战后以来的民间交流比较关注，今后，应该在时间尺度和区域视野方面进一步加以拓宽，对近代以来的中日交流史、东亚交流史给予更多的关注。祝贺绍兴市人民对外友协在日中文化交流协会的帮助下成功地举办了此次盛会，并感谢邀请我参加此次盛会。谢谢各位。

语言、历史、人生

——访文化部原副部长刘德有[1]

王：今年是中日邦交正常化35周年。35年来，中日关系可谓跌宕起伏。回顾这段历史，我深感语言和交流的重要性，以及微妙差异带来的困难。

从这个意义上说，从中日邦交实现正常化之前，刘先生就一直用完美的日语致力于中日两国的交流。而今天，刘先生对日语和中日文化交流有着独特见解并一直进行相关研究。刘先生的意见，将为今后中日关系的发展提供十分宝贵的证言和建议。

刘："完美的日语"，真是不敢当。

王：首先请您谈谈您与日语的渊源。

刘：这是最近出版的《我的日语人生》，其中用了相当大的篇幅介绍我与日语的渊源。简单地说，1931年中国发生"九一八"事变前夕，我出生在当时已沦为

1　载于2007年8月号《人民中国》。

日本殖民地的大连。我的父母既无权势也不富裕，因为一个偶然的机会，把4岁半的我送进了日本人经营的幼儿园。在幼儿园待了两年之后，我又在日本人经营的"大连霞小学"学习了6年，毕业后考入"大连中学"。

但是，就在我上初二的时候，日本战败了，学校也关闭了。老实说，从4岁半到初二这段时间的日语学习，与其说是我自己的主动选择，不如说是因为我出生在那个时代的殖民地大连，被迫学习的。

王：先生在回忆录中描写了当时的心情，从日本战败时起您大概和日语就没有缘分了，不会再使用日语了。那么，新中国成立后，您重新开始使用日语的契机是什么呢？

刘：日本战败时，我14岁，当时还是个孩子，对社会不太了解，只是听周围的市民说，日本这个国家灭亡了，被美国占领了，知道的也就这个程度。在我自己的认知里，只是再也不想过那种在粮食配给制度下吃难以下咽的橡子粉的生活了。

听说日本战败，当时我和其他中国人一样感觉得到了解放。不过，日本虽然战败了，但在苏军进驻之前，日本军队并没有解除武装。所以谁都不敢把这种喜悦表现在脸上。不过，我的想法很狭隘——今后绝不再说日语了，鬼才说呢。

至1949年新中国成立前的那4年，我一直生活在大连。新中国和日本的民间交流，准确地说是从1952年开始的。1953年，日语月刊《人民中国》创刊。在那之前我在为日本侨民开设的大连市日侨学校教汉语，被《人民中国》杂志负责人康大川选中，开始在北京工作。我深切地感受到，今后是为了友好交流而使用日语。

王：您正式开始做翻译，是进入《人民中国》之后吗？您遇到了什么样的人？

刘：当时《人民中国》的编辑部位于北京西单国会街新华社总部院子的一角，是一栋3层楼。我当时和池田亮一、菅沼不二男、林弘、戎家实、松尾藤雄、冈田章等日本员工一起工作。

当时日文版杂志使用的原稿，是直接从《人民中国》英文版中挑选出来的，中文定稿是在英美员工用英语改写的基础上再翻译回来的，有很多无聊的句子。我把从中文定稿翻译过去的日语底稿提交给菅沼不二男修改。菅沼不二男不堪忍受我那拙劣的译文，直接参考着英文版仔细修改。改后的译文满篇圈红。例如中文"在朝鲜停火"，我过于拘泥于原文翻译成"朝鮮における射撃を停止して…"，而菅沼先生在理解原文的基础上修改为"朝鮮で停戦を実現して…"，直至今日我还记忆犹新。

相反地，我也认真研究，在把日语文章翻译成汉语的时候，如何在尊重日语原文意思的基础上用地道的中文来表达的技巧。因为日语中有很多汉字，翻译的时候容易被汉字束缚，变成日式汉语。

王：说起来，囿于汉字或者说囿于语言陷阱而产生的误译问题也不少吧？翻译，还是需要具备能够平滑转换两种语言表述的能力。您认为文学作品的翻译对于这些能力的培养确实有帮助吗？

刘：是啊。从20世纪60年代到80年代，我翻译了吉佐和子的《祈祷》、大江健三郎的《突然变成的哑巴》、尾崎一雄的《各种虫子》、芥川龙之介的《芋粥》、野间宏的《残像》等短篇小说。比如，在翻译野间宏的《残像》时，我就为标题怎么翻译犹豫了很久。我认为最恰当的翻译应该是"残像"，但当时的中文辞典里还没有收录这个翻译词。想来想去，我最后还是决定取名《残像》。2002年出版的《日汉大辞典》里，终于出现了"残像"这个翻译词，我感到非常高兴。

王：语言是不断发展变化的。所谓文化交流，也可以说是语言层面的互相渗透。刘先生一直对鲜活的、变化着的语言很感兴趣……

刘：语言是在不断变化的，只有一直保持关注，才能跟上时代的步伐。1964年秋至1978年6月，我作为记者在东京待了15年。这段时间正好是日本发生巨变的时期，日语中出现了很多新的表述，新词、流行语、风俗用语以及泛滥的外来语，这些都让我感到头疼不已。但慢慢地我记住了，并形成了活学活用的习惯。后来，我将其整理为《日语趣谈》一书。

现在一有日语新词出现，我就会去查如何翻译成中文，成了一种乐趣。例如"クールビズ"这个词已经有了中文翻译，居然是"酷毙装"。利用"クールビズ"的谐音"酷毙"，加上表示衣服的词"装"构成，是汉语中常见的外来语结构。而且"酷毙"的字面意思是"超级酷"，中文这种用汉字来标记外来语的包容性真是了不得。

王：您常年从事同样使用汉字的中日双语交流。对您来说，是否有过困难或困扰呢？

刘：当然有。发生过这么一件小事：1963年夏天，我随外文出版社代表团访日。在一次读者座谈会上，一位中年读者站起来提问："我是一位チュウショウ画家，生活困顿，中国的チュウショウ画家过得怎么样？"从提问者的打扮来看，作为翻译的我马上联想起了当时日本被迫破产、生活困苦的中小企业家，于是

"自信地"对团长翻译说:"这个人是中小画家,生活很困难。他的问题是,中国的中小画家现在过得怎么样?"团长听完我的翻译后回答道:"中国没有大画家、中画家、小画家之分,大家都是遵从毛主席的教导进行创作的。"

听完这句话,日方主持人慌忙跑过来纠正说:"刚才提问中的チュウショウ是'抽象'的意思。"哦,原来是"抽象画家"啊!"抽象画"在当时的中国完全不被看好,我的头脑中也没有这个概念。不同汉字的日语读音完全一样,也是导致翻译错误的原因之一。

王:做口译几乎没有思考的时间,比笔译更难啊。还有什么关于口译的故事吗?

刘:我忘不了在毛主席身边当翻译的事情。说实话,每次毛主席一出现,我真的能感觉到一种气场,让我的心扑通扑通跳,既兴奋又紧张。1955年10月,毛主席在会见日本国会议员访华代表团时,用浓重的湖南口音说:"欢迎光临,我们属于同一种族。"结果因为太紧张,我把"种族"翻译成了"民族"。同在现场的周恩来总理当场纠正说,"不是民族,是种族"(民族ではなく、人種です)。

就这样,在20世纪50年代中期至60年代中期,在毛主席、周总理、刘少奇、陈毅、郭沫若等国家领导人会见日本友人时,我经常为他们做翻译,还受到了日语高手廖承志的指教。这段时期非常难忘,是我一生之中最美好的时光。

王:刘先生是中日邦交正常化之前众多重要时刻的现场亲历者。您跨越语言和沟通的障碍,为促进中日两国人民的相互理解努力了半个多世纪。对于今年迎来邦交正常化35周年的中国和日本,您有什么信息想要传达的吗?

刘:就像是命中注定似的,我的人生与中日友好紧密相连,与日语有着密不可分的关系。所以这次我的回忆录的书名取为《我的日语人生》。

我的一位老朋友,日本原文部科学省大臣、国立剧场理事长远山敦子读了我的书,给我写信说:"这本书不仅讲述了刘先生的人生,同时也是日本与中国重新开始交流的重要见证。"里千家茶道大宗匠千玄室也写来推荐语。

在这里,我特别想说的是,要实现相互理解,文化交流不可或缺。文化交流可以在审美层面促进相互理解。从文化的角度来看,完美的翻译似乎是不可能的,但我认为,翻译的最高境界应该就是在理解对方的审美意识基础上思考寻找语言转换的方法。中文俳句"汉俳"的尝试,就是其中之一。相反,与日本的"わび""さび"等审美意识相似的东西,我们可以在汉诗世界中找到。

21世纪,下一代年轻人将成为中日文化交流的主力军,我想对他们说一句:

就像我的人生证明的那样，无论在哪个时代，人与人的交流、心与心的交流都是最重要的。

王：您在百忙之中抽出时间接受我们的采访，非常感谢。

21世纪日本纪录电影的风景[1]

20世纪90年代到21世纪初，日本经历了所谓"失去的10年"，社会正在经历"二战"以来最为深刻的、静悄悄的变化。进入21世纪以来，年轻一代面临的自然环境、社会环境、国际环境和精神环境已经迥异于战后出生，支撑着日本实现经济奇迹，如今已经大批退休的"团块世代"。正在成为社会主体的年轻一代，他们的所思所想，并不为我们真正了解。

"2008REAL"日本纪录片影像交流会，就是在这样的背景下，由热心两国民间交流的日本留学生为主体适时发起的。此次交流会的宗旨，不同于以往注重电影技巧层面的切磋，而是侧重于两国年轻一代心灵的沟通。这一点特别值得一提。

---

[1] 为"2008REAL"日本纪录片影像交流会宣传手册所写序言。

日本电影史中的有趣现象

在日本的电影体系中，纪录片是一个和故事片、动画片并立的重要影像表达形式。日本电影史上有一个有趣的现象，就是纪录电影的重要作品往往都产生在某一段电影产业繁荣期的末期或之后。

战前纪录电影的代表人物龟井文夫，就是在20世纪30年代日本电影的第一个黄金时代被崛起的军国主义扼杀之后，以其春秋笔法在军部统治的黑暗年代为后人留下了经典作品——《上海》和《战斗的士兵》，入木三分地记录了侵华日军的疲惫、内心的恐惧与矛盾，在纪录片领域确立了一个高峰。导演在作品中大胆解构国家主义意识形态的勇气，直到今天仍然令人肃然起敬。

60年代是日本电影的第二个黄金时代，在这一时期，电影产业达到登峰造极的地步。不过，接下来的70年代却是电影产业的全面停滞。1970年，活跃在故事片领域的今村昌平拍摄了由真人出演的纪录片《日本战后史 酒吧侍女的悲惨生活》，标志着在电影总体衰退期纪录电影辉煌时代的到来。

这一时期，纪录片以极其激进的形式得到发展。其核心人物是土本典昭和小川绅介。土本典昭的《水俣病患者及其世界》，直接表现了公害受害者的愤怒呼声，由此他开始了与患者们长达30年的心灵交流。小川绅介在完成了追踪成田机场修建过程中以三里冢农民守卫土地为背景的群体事件之后，其作品转向对有日本特色的农本主义和民粹主义的赞美。从1968年的《日本解放战线·三里冢之夏》，到1987年的《牧野村千年物语》，变化轨迹一目了然。这两位巨匠从各自的角度记录了经济发展的代价，以及这一时期日本人的喜怒哀乐，完成了对日本百年来资本主义现代化历程的批判，从而树立了其在纪录电影史上不可动摇的丰碑。

为什么纪录片在日本的兴盛具有如此的规律性？事实是，当社会由相对稳定的阶段向下一个时代转型的时候，社会矛盾和人们面临的问题就会显得比较突出，如同火山爆发或地震发生时，平时不易见到的地质线索会出现一样，日本人的"心象风景"往往在这些转型时刻比较外露，特别值得记录。

世纪末的躁动与新世纪的"心象风景"

新一轮转折在经历过80年代末的泡沫经济之后再次发生。1990年是日本经济前所未有的持续低迷时代。1995年，阪神大地震与奥姆真理教地铁撒毒事件给日本人造成双重的心灵地震。这些新动向使得对现实一向习以为常的日本人感到无所适从。在这一过渡时期，森达也于1998年完成了新一代纪录片导演对宗教与媒体思考的作品《A》（2002年又拍摄了《A2》）。这是一部告别20世纪的非胶片作品，从中我们既可以看到对辉煌时代日本纪录电影精神的继承，又能感受到进入影像介质多样化时代以后日本纪录片的某些新尝试。

进入21世纪，日本社会表面上趋于平静，但水面下仍然暗流涌动。老龄化、少子化、御宅族、社交恐惧症、故乡丧失、下流社会的出现等，日本人的"心象风景"再次成为纪录片集中关注的问题。于是，此次的影像交流会就有了丰富的内容：上映的6部作品，全部都完成于21世纪，导演差不多都是80后一代的日本人。

与中国的贾樟柯通过对故乡汾阳的守望完成了《小武》等一系列作品一样，中村高宽也执着地对自己生活的地域充满关注。明年将迎来开港150周年的港口城市横滨，和亚洲的近代史息息相关，隐藏着太多的悲欢故事。1945年以后美军进驻这里，于是就有了"玛丽婆婆"。这位身着白礼服、脸上扑着厚粉的女人，50年来一直在横滨做娼妓，竟然成为城市的一道风景线。1995年玛丽的突然消逝，引发了导演以她为线索拍片的念头。于是，在众人的追忆下，一个下层边缘人的故事，折射出了这座城市的历史和从前的生活。有趣的是，如果把这部作品和2004年在北京上映过的今村昌平的《日本战后史 酒吧侍女的悲惨生活》，以及1978年在中国上映过的熊井启的《望乡——山打根八号妓院》相比较，我们会发现年轻一代认识社会的角度和老一代电影人有了很大的不同。

柴田昌平导演的《姬百合》则和历史与少数族群的话题密切相关。《姬百合之塔》在日本被多次翻拍，电影评论家四方田犬彦认为，那种"用很美的画面讴歌殒命于激战地冲绳的花季少女们"的故事中隐匿了"近代日本如何攫取了冲绳，如何对岛民实施了皇民化教育"的历史事实，在日本国内，不同的版本始终有各种各样的争议。这部完成于21世纪的纪录片，采用了对22名"姬百合部队"幸存者采访的形式，试图通过当事人的回忆，最大限度地还原当时的真实情况。

当年小川绅介在山形县记录"古屋敷村""牧野村"等山村生活的作品，反映了日本人根深蒂固的农村共同体情结，先前的"三里冢"系列作品，也是对农民保卫家园的记录。而进入21世纪之后，家园意识对年轻一代来说已经有些恍如隔世。澄川嘉彦导演的《TAIMAGURA奶奶》，既是对老龄化日本的关注，也是唱给正在消逝的家园的挽歌。

和小川绅介同样重要的纪录片巨匠土本典昭本人，就出现在镰仲HITOMI导演的《六所村狂想曲》中。当年土本典昭的努力，使水俣的真相大白于天下，也使环保主义在日本最终成为一种新的意识形态。今天，新的环保问题依然在困扰着日本，从这部作品中可以看到，不久前刚刚去世的土本典昭，他的精神已经在薪火相传。

表现日本人和世界的关系的作品从前很少，《NARA：跟着奈良美智去旅行》正好弥补了这一空白。导演坂部康二用他的镜头，记录了画家奈良美智用自己的作品和世界对话的过程。画家的故乡青森是日本较为偏僻的一个县，但画家本人却和世界有着强烈的对话愿望。20世纪70年代，曾有一位叫作寺山修司的艺术家也从这里走出，通过怪异想象影响过这个世界。

在日本的文学和美学传统中，对死的参悟始终是重要的内容。《乳酪和蛆虫》反映了这一传统在21世纪的延展。一如片名的寓意，这部由年轻女导演加藤治代完成的、极具个性的家庭影像作品中，有关生死的轮回观，被客观、冷静地娓娓道来，给人带来强烈的震撼。该作品因此摘得多项国际电影节奖项也就不足为奇了。

这6部作品投影出来的"点和线"，会展示给我们通常通过新闻媒体难以了解到的日本人的内心世界。如果观众在观片的过程中有意识地加以留神，一定会发现一个从前所不认识的日本。

恰逢其时的第十八届世界翻译大会

——访国际译联副主席、中国翻译协会副会长兼秘书长黄友义[1]

2008年世界翻译大会由中国外文局主办,在上海召开。大会前夕,笔者对国际译联副主席、中国翻译协会副会长兼秘书长黄友义进行了专访。

王:作为中国翻译协会副会长兼秘书长,您对中国翻译事业现状有什么基本估计?

黄:有两个标志表明,中国的翻译事业正在经历一个新的发展阶段。一个阶段是,随着全球化发展,各个领域、各个专业的中外文互译需求前所未有。另一个则是,各个部委、省市、地县,都想把自己招商引资、经济合作的想法介绍出去,这也产生了很大的翻译需求。

中国翻译事业在改革开放以及全球化的背景下迎来了新机遇,但是也面临着一些尴尬。这就是,中国花了很多工夫培养了学外语的人才,但这不等于培养翻译。多少年来,国内和国际上都存在一个认识误区,以为培养外语人才就是培养翻译。

王:其他国家或地区是如何处理这个问题的呢?

黄:瑞典、澳大利亚、中国香港等国家和地区的有识之士早在20世纪60年代就已经认识到,学外语只是做翻译的基础。在那里,大学本科就已经尝试开设翻译课程,也有硕士与博士课程。同时,社会上也有了翻译资格认定机制。一般是通过政府委托一家中介机构,通过考试认定翻译级别。于是,个体翻译就可以

---

[1] 载于2008年7月号《人民中国》。

说明自己是哪一级翻译，挂牌服务。客户也可以根据翻译的资格判断所找的翻译是否可以胜任工作。报酬也基本可以做到随行就市，价位明确。

王：中国翻译界解决这个问题有着一个怎样的过程？

黄：中国翻译界也意识到了这个问题。1996年，翻译协会将这些意见汇总起来，给中央政府写信，建议在国内大学里开设翻译专业课程。可惜当时条件还不具备，甚至还有一种观点认为，学外语的人就应该是翻译，我们当时就反问，谁也不能否认我们都是中国人，那为什么中国还有那么多大学要开设中文系呢？

2003年，人事部根据社会需求制定了《翻译专业资格（水平）考试暂行规定》，在翻译专业实行资格（水平）考试制度。目前已经开设了二级、三级口笔译考试。

2006年，教育部决定在15所大学的本科尝试开设翻译课。有了很好的外语基础，在这里还要学习跨文化交流的方法、世界文化知识，还要学习笔译、口译、中译外、外译中等方面的技巧与方法。就在口译一项当中，还包括同声传译、交替传译、视译等方面。一所大学某个外语专业一年可以招70个学生，而以翻译毕业的也就一两个，其他人可能主攻外国语言、文学。

王：国际译联是一个什么样的机构？

黄：1953年，国际译联在联合国教科文组织的推动下创办于法国。现有120个会员组织，绝大部分属于欧洲国家，在亚洲有来自日本、韩国、印尼、中国和中国香港等国家与地区的会员组织。欧洲虽然面积不大，但是由于经济发达，翻译事业也就非常发达。欧盟内部有20多个国家，任何一份文件都要同时翻译成20多种文字，所以欧盟最大的行政机构是它的翻译司。因此，前17届翻译大会中除了一届在大洋洲，两三届在北美召开，其余全在欧洲国家召开。

国际译联团结了欧洲各国的翻译协会，首先在保护翻译的合法权益方面做了大量工作。比如在挪威，一部著作在图书馆被借阅，作者和译者可以同等地享有版税收入，这极大地调动了翻译者的积极性。其次，翻译行业要有统一的标准。如稿费标准、资格鉴定标准，国际译联就致力于统一这些标准。再次，翻译是一个危险的职业，只要一打仗，战场上就需要有翻译，可翻译在战场上被打死什么也不是。国际译联就打算像国际记者协会那样，给翻译发放国际翻译证。这样，翻译就可以得到和其职业相应的赔偿，职业的正当性和个人尊严得到保障。国际译联还开展了许多学术研讨会等活动。

王：请说说您当选国际译联副主席的经过。

黄：国际译联每3年开一次会。其领导机构是由17个人构成的理事会。日本翻译家协会有几个人在理事会里当过理事，韩国也出过几名理事。1987年，中国译协就参加了国际翻译家联盟，中国译协的好几位领导在译联当过理事。随着中国翻译行业的规范化，客观上要求我们进一步加强和国际译联的联系，学习已有经验。我当选为理事后，便在国际译联积极开展这方面的活动，令他们感到中国译协十分活跃，加之欧美国家和中国来往增加之后翻译需求也大为增加，于是，中国译协就成了一个成熟的会员。3年前理事会改选时，当时的会长就推荐我成为6人执委之一。我对此很犹豫，主要是太牵扯精力，比如要经常上网讨论问题，一年要去欧美开3次会，还要当亚洲地区的联络员。可很多中国同事鼓励我接下来，我的老板也说，事关中国翻译事业的发展，不是个人的事情。于是我答应了，参加了竞选并顺利当选。这表明，中国翻译协会积极参与国际交流，给人家留下了深刻的印象。另外，中西方业务往来多了，需要大家经常见面、沟通、讨论问题。

王：当了国际译联副主席，您着手做了哪些工作呢？

黄：当了副主席，我想做的事情很多，比如中国翻译界如何进一步国际化，进一步密切和国际翻译界的交流。手段之一，就是把世界翻译大会放在中国。这样可以使中国的大批译者有机会和国际翻译家面对面地交流，相信会使中国翻译界获益匪浅。2008年将举办北京奥运会，我们要在这一年在中国举办翻译界的"奥林匹克"，促进中国翻译事业进一步发展。于是，国际译联成立55周年以来，3年一次的世界翻译大会终于第一次来到亚洲。

王：作为国际译联副主席，您对日本同行有什么印象和期待？

黄：日本翻译界历来在国际上十分活跃。日本有许多翻译协会，他们在把本国文化推向国外方面做得比较成功，值得我们学习。比如纽约的第五大道上居然有日本书店，我非常羡慕这一点。每次到纽约，都会来这家书店看一看。日本成熟的翻译队伍以及许多常驻日本的外国人使日本敢于把东方文化主动介绍到美国。我跟日本的一个翻译机构接触过，他们的负责人就是一位长年住在日本的加拿大人。翻译不能光靠自己人办，日本在这些方面十分开放。当然，我对日本翻译界也有一点希望，那就是希望他们在亚洲地区更加活跃。国际译联内部有欧洲翻译中心、拉美翻译中心。亚洲人口如此众多，却没有一个翻译中心。在韩国同行的推动下，中国和日本积极响应，发起了亚洲翻译家论坛，每3年举办一次，已经举办了5届。可迄今为止，日本翻译界始终没有主办过。照理说，日本是最有条件主办的。上届论坛本来探讨在日本举办,可最后日本各家协会没有达成一致意见,结果改在印尼举办。希望今后日本能够主办一次。

翻译与多元文化在中国[1]

由国际翻译家联盟和中国翻译协会联合主办的第十八届世界翻译大会，将于今年 8 月在中国上海召开。

400 年前，中国科学家徐光启与意大利传教士利玛窦在上海合作翻译出版了《几何原本》。这对于此次以"翻译与多元文化"（Translation and Cultural Diversity）为主题的翻译界盛会，似乎有着特别的意义。中国著名学者、翻译家季羡林先生曾说："倘若拿河流来作比，中华文化这一条长河，有水满的时候，也有水少的时候，但却从未枯竭。原因就是有新水注入，注入的次数大大小小是颇多的，最大的有两次，一次是从印度来的水，一次是从西方来的水，而这两次的大注入依靠的都是翻译。"

漫长的中国翻译发展史，大致可划分为五个历史时期：汉隋唐宋的佛经翻译时期；明清之际的科学翻译时期；清末民初的西学翻译时期；五四运动后的社会科学和文学翻译时期；新中国翻译时期。

佛经翻译——来自印度的水

佛经翻译时期大致是从东汉至北宋时期，历时 1400 多年。佛经翻译者，主

---

[1] 载于 2008 年 7 月号《人民中国》，与侯若虹联合采写。

要是从印度来中国的僧侣和西行求法求经的中国僧侣。

波斯人安世高是最早从事佛经翻译的代表。他在 20 余年中（148—172）共翻译佛经 35 部，41 卷。

鸠摩罗什（天竺人，今印度）通过近 400 卷佛教典籍的传译和阐发，第一次把印度佛学按本来面目介绍过来，对南北朝时期中国佛学的繁荣以及隋唐佛教诸宗的形成，都起到了重要作用。鸠摩罗什开了意译的先河，译文妙趣盎然，为中国翻译文学奠定了基础。

唐朝的玄奘从印度取回佛经 600 多部，和弟子共译出 75 部，1335 卷经论，这个数字占唐代新译佛经总卷数的一半以上。玄奘还将中国哲学思想家老子的部分著作译成梵文，是第一个把汉文著作向国外介绍的中国人。

这一时期译出的经书多达 20,000 卷以上。佛经的翻译和普及传世，对中国的文化和社会产生了巨大影响，涉及思想、政治、经济、文学、绘画、建筑、音乐、风俗等诸多领域。

科技、西学翻译——来自西方的水

在明末清初，西方传教士与中国知识分子合作，译介了大量的天文学、数学、物理学等方面的西方科学著作。在科学家徐光启与意大利传教士利玛窦合译的《几何原本》中的许多名词，如点、线、直线等，在中国沿用至今。中国有经纬度的精确概念则开始于他们合译的数学著作《测量法义》。

在这一时期，耶稣会传教士还把中国的《大学》《中庸》《论语》《诗经》等经籍以及文学作品译成外文，向西方介绍中国文化。

到清末民初，反映西方国家社会、经济、科技、法律、外交和政治制度的著作成为当时翻译的主要方向。据记载，从 1860 年到 1919 年，中国翻译西方科学著作达 468 种。

著名启蒙思想家、翻译家严复是这一时期最为著名的翻译家。在其 20 年的翻译生涯中，共翻译 11 部介绍西方政治制度和学术思想的专著，涉及的领域包括哲学、政治学、经济学、社会学、法学、逻辑学等。如赫胥黎的《天演论》、亚当·斯密的《原富》、孟德斯鸠的《法意》等。严复提出："译事三难，信、达、雅。求其信，已大难矣。顾信矣不达，虽译犹不译也，则达尚焉。""信、达、雅"这三条翻译标准，对后世的翻译实践起到重要的指导作用。

晚清时期，创作和翻译小说之风盛行。林纾是中国近代著名文学家、诗人，也是中国文学翻译史上罕见的不懂外文，而译著颇丰，影响深远的西方文学翻译家。他靠精通外语的合作者口述，一生共翻译介绍外国文学作品达185种，涉及11个国家的98位作家，堪称翻译领域的奇人。

近代翻译史中的东西方文学翻译

1919年的五四运动是中国近代翻译史的开始。这一时期，中国对东西方文化和文学高度重视，大批知名的翻译家广纳博取，翻译了大量外国文学、哲学和社会科学著作。雨果、屠格涅夫、安徒生、莫泊桑、巴尔扎克、托尔斯泰等著名作家的作品，得到了大规模的译介和出版。

日本读者熟知的鲁迅，其译作约占其本人作品全集的一半以上，著名的有法捷耶夫的《毁灭》、果戈理的《死魂灵》等。郭沫若翻译了歌德的《浮士德》、海涅的《海涅诗选》和收有芥川龙之介、志贺直哉、小林多喜二等15位作家的《日本短篇小说集》。梁实秋、周作人、傅雷、巴金等都是这一时期的著名翻译家。让中国人初识马列主义的《共产党宣言》，则是翻译家陈望道从日文版翻译成中文的。

1949年新中国成立之后，更多的马列经典著作、东西方优秀的文学作品和科技论著大量翻译出版。

日本文学作品中，小林多喜二、德永直、宫本百合子、井上靖、江口涣、野间宏、川端康成、岛崎藤村、二叶亭四迷、谷崎润一郎、芥川龙之介、紫式部等作家的译本大量涌现。

法国文学名著中，有些是重新校对再版的新中国成立前的译本，但大部分是新译本，如古典文学方面拉伯雷的《巨人传》、莫里哀的《伪君子》、伏尔泰的《老实人》、司汤达的《红与黑》、雨果的《悲惨世界》以及巴尔扎克、福楼拜、大仲马、莫泊桑、罗曼·罗兰等作家的重要作品。法国现代文学作品的翻译，主要集中在艾吕雅、阿拉贡等十多位作家的小说、诗歌和戏剧。

这一时期翻译的英国古典文学作品，除了1978年出版的《莎士比亚全集》，还有萨克雷的《名利场》、哈代的《德伯家的苔丝》、狄更斯的《大卫·科波菲尔》、司各特的《艾凡赫》等。为中国读者熟悉和喜爱的还有乔治·艾略特、夏洛蒂·勃朗特、乔叟等众多英国文学家。布莱克、雪莱、拜伦的诗作也极受欢迎。

在世界文学史上有一定影响的德国作家的主要作品，在新中国成立后大都被译介到中国了，如波德莱尔的《恶之花·巴黎的忧郁》、拉·封丹的《拉·封丹寓言》、托马斯·曼的《布登勃洛克一家》、凯勒的《绿衣亨利》、亨利希·曼的《臣仆》等。

这一时期，南欧、北欧和东欧的古典文学名著如《安徒生童话》、易卜生的《玩偶之家》、荷马的《伊利亚特》、奥维德的《变形记》、伊索的《伊索寓言》、但丁的《神曲》、薄伽丘的《十日谈》、乔万尼奥里的《斯巴达克思》等都有了新译本或旧译再版。波兰、捷克、匈牙利、罗马尼亚、保加利亚以及阿尔巴尼亚等国的一些作家的作品在50年代即有了译本。

早在清末民初时，中国就翻译了不少美国文学作品。许多美国作家如华盛顿·欧文、霍桑、爱伦·坡、惠特曼、马克·吐温、德莱塞、杰克·伦敦、海明威等都是中国读者所熟悉的。

20世纪50年代，马克·吐温的9部小说被翻译成中文出版。70年代后，更多美国文学流派及作家成为中国翻译工作者的译介对象，如玛格丽特·米切尔、詹·库柏、欧·亨利等。

在70年代末中国改革开放之后，外国文学中的西方古典主义、浪漫主义、现实主义名著首先被大量翻译。随着改革开放的深入，西方一些现当代通俗作品也逐渐进入中国读者的视野。《尼罗河上的惨案》《珍妮的肖像》《飘》《假如明天来临》《查特莱夫人的情人》等作品对中国人的思想观念形成了一定的影响和冲击，在读者当中引起了强烈的反响。

日本文学的翻译在这一时期也十分繁盛，川端康成、芥川龙之介、村上春树等人的作品都被译介到中国来。有学者统计，改革开放以来，日本文学和美国文学一样，成为中国外国文学翻译界最重要的译介对象之一。

这一时期的另一个热点是拉美文学翻译。20世纪70年代以后，拉美文学产生了一系列享誉国际文坛的文学流派：社会现实主义、心理现实主义、魔幻现实主义和结构现实主义等。这些作品反映了拉美的社会现实，并以新颖、奇特的创作手法见长。中国对拉美文学作品进行了较为全面、系统的介绍，其中，博尔赫斯、马尔克斯等多位著名作家的作品几乎全部有中译本，中国的外国文学翻译领域逐渐形成了百花齐放的局面。

打开了解与学习世界的窗口

中国翻译史上具有代表性的翻译家，有终生从事翻译事业的职业翻译家，更多的是一些思想家、哲学家、文学家和从事各种理论研究的学者。他们有不同的社会背景和研究领域，但共同关注民族的强盛和世界的进步、发展。他们把世界上近百个国家和地区的数千种文学作品翻译介绍给中国读者，打开了中国人了解、学习世界的窗口，对中国在思想文化领域与世界的沟通起了巨大作用。

在中国翻译界被公认为法国文学，尤其是巴尔扎克作品权威翻译家的傅雷，用毕生的精力，把法国文坛巨匠罗曼·罗兰、巴尔扎克、伏尔泰、梅里美的名著介绍给中国读者。他一生翻译的文学名著有34部，其中巴尔扎克的作品有15部。

傅雷翻译了罗曼·罗兰的《贝多芬传》和《约翰·克利斯朵夫》。罗曼·罗兰是巴黎大学音乐艺术史和贝多芬研究的权威，他写的《约翰·克利斯朵夫》犹如一部交响乐，字里行间充满了对音乐、艺术的感知和理解，并穿插着对音乐家及音乐作品的评价。傅雷以自己渊博的学识和深厚的艺术修养，以及对西洋音乐和翻译艺术的精深见解，创造性地完成了这两部作品的翻译。这两部作品的翻译工作是在二十世纪三四十年代的战争时期开展的，傅雷希望用这些作品鼓舞中国人为国家和民族而战斗。

在五四运动后，田汉第一次用白话文翻译了《哈姆雷特》，莎士比亚戏剧从此出现在中国。之后有梁实秋、曹禺、曹未风、朱生豪几种译本问世。特别值得一提的是朱生豪（1912—1944），在其短促生命的最后几年，他虽饱受战争和病痛的困苦，却翻译了31部莎士比亚剧作。至80年代末，他的译作共印行约140万册。

新中国成立后，又有著名诗人卞之琳用诗体陆续翻译了莎士比亚的四大悲剧。1958年，上海电影译制厂根据卞氏译本整理、配音译制出了40年代后期英国影片《王子复仇记》，大受欢迎。1978年，这部影片再度公映时，观众达亿万人次。人民文学出版社在1978年出版了《莎士比亚全集》（译者：朱生豪、杨周翰、梁宗岱等）。

改革开放以来，中国文学艺术领域翻译、出版的作品数量剧增，涉及语种达40多种。"外国文艺理论丛书"、"二十世纪外国文学丛书"、《巴尔扎克全集》、《托尔斯泰文集》、《塞万提斯全集》等大型丛书和外国著名作家的全集和选集，相继出版。

近年来，中国翻译家对外国当代文学作品的跟踪研究更加系统，"21世纪年度最佳外国小说""拉丁美洲文学丛书"等作品的面世，使中国读者进一步了解了现当代历史的变化，社会思想的演进，以及各国文学的继承与发展。

商务印书馆出版的"汉译世界学术名著丛书"，是近年来中国汉译学术名著的突出成就。该丛书自1981年编辑印行，至今已达400种，涉及的科目包括哲学、政治、经济、历史、社会学、法律、地理、语言等领域。

据中国版本图书馆资料室统计，1978年至1990年，全国出版人文社科类翻译作品2.85万种；1996年至2006年，翻译类新书（不包括重译和多版本译著）的数量达到了12.75万种。内容除语言教学、文学作品、哲学社科类外，学术、财经、科技、电子和文化生活类作品也被大量翻译出版。

架设世界了解中国的桥梁

在打开了解世界之窗的同时，中国的翻译家积极将中国的优秀作品译成外文，为国外的读者架起了解中国的桥梁。其中，英文版《红楼梦》的翻译，被翻译界视作一项十分突出的成就。而译者杨宪益、戴乃迭夫妇，则是一对以浪漫的婚姻和丰硕的翻译成就著称的传奇人物。

1940年，从英国牛津大学毕业的杨宪益回国，并带回他的未婚妻——21岁的英国姑娘戴乃迭。从此，他们在中国开始了60年中西合璧、相濡以沫的生活。

1953年，杨宪益夫妇进入外文出版社英文版《中国文学》杂志工作。在这里，夫妇俩以惊人的速度翻译了大量作品，将《离骚》《儒林外史》《宋元话本选》《唐宋诗歌散文选》《魏晋南北朝小说选》《鲁迅选集》等上百万字的中国文学作品译成了英文。

20世纪70年代后期，杨宪益和戴乃迭开始了翻译《红楼梦》的巨大工程。据杨先生的妹妹回忆，当年杨宪益夫妇俩每天工作十几个小时，杨先生在打字机上把中文译成英文初稿，取下交给夫人执笔修改。两人忙于工作、思考，没有过多闲谈。戴乃迭累了会出去走走，在院子里跳绳，杨宪益则望着天空吸烟，随后又开始默默地工作。

英文版《红楼梦》于1978—1980年由外文出版社分三卷出版，译文书名为 *A Dream of Red Mansions*。这是迄今为止唯一一部由中国人翻译的《红楼梦》全译本（另外仅有的一个全译本是英国汉学家霍克斯翻译的《石头记》）。

除了古典文学，他们也致力于向西方介绍中国当代文学。在杨宪益建议下出版的英文版中国文学丛书"熊猫丛书"，专门介绍有代表性的中国文学作品。该丛书出版了近百种，既有《聊斋志异》《老残游记》等古典文学作品，也有《边城》《芙蓉镇》等五四运动后到二十世纪七八十年代的作品。

杨宪益夫妇最初就职的外文出版社，是中国较早的对外出版机构，至今仍是中国唯一专门出版外文图书的出版社。今天，它已经扩大为中国外文出版发行事业局（中国国际出版集团），是中国承担对外传播工作的新闻出版机构之一。它集出版、印刷和发行于一体，拥有25个语种，数百名专业翻译人才。每年出版的外文图书，涉及政治、经济、文化、外交等多个门类。

在出版外文图书的同时，中国外文局还出版了22个文种和文版的《北京周报》《今日中国》《中国画报》《人民中国》等周刊和月刊杂志，这些出版物用不同的语言向世界182个国家和地区发行。2007年，外文局外文期刊共发行641万册，图书发行3217万册，在第五十九届法兰克福书展中，外文局参展的外文图书达到了706种，约占中国展区外文图书总量的85%。

与中国外文局一样从事对外传播领域翻译工作的，还有新华通讯社、中国国际广播电台、《中国日报》、中央电视台海外英文频道、中央电视台西班牙语法语频道等，这些机构为向世界说明中国的政治、经济、文化，让世界人民了解中国，做了大量的翻译和传播工作。

新华通讯社每天使用7种语言、24小时向世界130多个国家和地区提供新闻专稿和特稿。

中国国际广播电台每天使用43种语言（38种外语和汉语普通话及4种少数民族语言）向世界200多个国家和地区播出节目。

《中国日报》是全球性英文报纸，发行到世界150个国家和地区，是外国人了解中国政治、经济、社会、文化的主要信息来源之一。

中央电视台英文频道、西班牙语法语频道的信号，通过卫星传送已基本覆盖全球，并在北美、欧洲、非洲、亚洲、大洋洲和中南美洲的100多个国家和地区实现了落地入户。

随着互联网技术的不断开发和拓展，网络媒体传播逐渐成为对外传播领域内的一支不可忽视的力量。中国使用外文发布新闻的主要网络媒体有人民网（6个语种）、新华网（5个语种）、中国网（9个语种）、国际在线（43个语种）和英文的《中国日报》网站，每天更新上千条外文信息。

一国之内的多元文化

在中国，翻译工作并不仅限于中外文之间。多民族、多语言是中国的一大特色。中国有 56 个民族，汉族之外的 55 个少数民族，有 1 亿多人口，他们使用着 80 多种语言、40 多种文字。

今天，在许多少数民族聚居区，70% 的民众只会使用本民族语言；在有的地方，这一比例可达到 95% 以上。

新中国成立后，中央政府始终坚持民族平等和语言平等的政策，并用法律的形式保障少数民族的语言文字。《中华人民共和国宪法》规定："各民族都有使用和发展自己的语言文字的自由。"

中国的少数民族分布广泛。今天，少数民族聚居区都成立了民族自治区、州、县、乡，民族自治的地方占国土面积的 64%。民族语言在这些地方的行政管理、文化教育、经济建设等各个方面，都发挥着不可替代的作用。

在经济全球化的今天，维护多元文化和谐共存，已成为人类共同关注的话题。任何一种民族语言，都与这一民族的传统、创造、思考、历史和文化密切相关，是该民族文明的载体。多元的语言是多元文化的前提。

自古以来，中国各民族间的语言翻译始终为各民族的文化交流和传播起着不可或缺的先导作用。不论是历史上少数民族政权对汉族典籍的翻译，还是近代对各民族优秀作品的汉译，如民族英雄史诗和古典文学《江格尔》《格萨尔王》《玛纳斯》《福乐智慧》等，以及当代少数民族作家用母语创作的文学作品的汉译出版，各民族之间从未中断过翻译活动。

民族语言翻译，让中国及世界的文学作品、科技成果和技术能够在少数民族民众中传播，对少数民族地区的社会进步和经济发展发挥了很大作用。少数民族的文学、传说、诗歌的汉译出版，也增进了各民族间对文化传统、民族智慧的相互了解，使之能够在经济发展、文化繁荣等多方面得以相互借鉴、相互学习，从而推进中华文明的繁荣发展。

据中国民族语言翻译局局长吴水姊介绍，目前中国有 13 个省、自治区设有民族语文工作委员会或办公室，专门负责民族语文及翻译工作。全国的少数民族语文翻译机构有 300 多家，专职、兼职的翻译人员约有 10 万人。

例如西藏自治区，从事民族语文翻译工作的人员有近 1000 人，年翻译量达 5000 多万字。他们的翻译内容涉及政府文件、地方法律法规、小学到高中的各种教材、科普读物、普法知识读本和中外文学名著，如《水浒传》《西游记》《红楼梦》《一千零一夜》等。

民族语言翻译也为少数民族民众平等参与国事，了解国家的方针政策、法律法规提供了必要保证。

在全国范围内，全国人民代表大会、中国人民政治协商会议召开的重要会议和全国或地区性重大活动，都会提供蒙古、藏、维吾尔、哈萨克、朝鲜、彝、壮7种民族语言文字的文件译本，选举票和表决票采用汉字和上述7种少数民族文字。会场的同声传译系统也有上述7种少数民族语和汉语共8种语言可供选择收听。

同时，中国有用17种少数民族文字出版的近百种报纸，用11种少数民族文字出版的73种杂志。中央人民广播电台和地方电台用16种少数民族语言进行广播。全国有37家出版社承担着民族文字图书的出版任务。

用少数民族语言摄制和译制的电影、电视剧在少数民族地区尤其受到欢迎。如新疆电视台将热播的韩国电视剧翻译成维吾尔语版播放，尽管汉译版已经播过，维吾尔语版的收视率依然居高不下，凸显了民族语言翻译在文化交流中的重要作用。

中国翻译协会民族语文翻译委员会自20世纪80年代以来，先后与新疆、内蒙古、西藏、吉林、四川、广西、云南、青海、黑龙江等省、自治区的民族译协共同举办了12次全国民族语文翻译学术研讨会，多次专业语种的学术研讨会，以及民族语文翻译优秀论文评奖等活动，促进了民族语文翻译工作者之间的联系和交流，推动了中国民族语文翻译事业的整体发展。

跨文化传播翻译中接受障碍的克服[1]

从本质上说，翻译的终极目的是在具有不同文化背景的语言之间完成沟通，促成相互了解。翻译产生的背景在于语言的多元性以及文化的多元性。

《圣经》旧约《创世记》中有关"巴别塔和变乱口音"的一段记载，就象征性地说明了文化多元性的历史宿命：那时，天下人的口音、语言都是一样的。他们要建造一座城和一座通天塔。耶和华感到，这些语言一样的人们，以后就没有什么想做而做不成的事了。于是，他决定变乱人们的口音，使他们彼此语言不通。人们被分散在各地，语言不通，那座城和塔也就造不成了。那座"烂尾城"因此得名"巴别"（即"变乱"之意）。

多元的语言以及多元的文化在漫长的历史过程中构筑了人类文明的丰富性和多样性，但文化之间、语言之间展开沟通，了解对方或让对方了解自己的努力一刻也没有停止。这就诱发了传播事业的产生。

古往今来，传播的方式无外乎两种：强势传播（diffusion）和对等传播（communication）。在此过程中，翻译扮演了独一无二的沟通角色，翻译的效果与传播的效果直接相关。翻译促进了跨文化传播，也导致了语言之间的借用与融合。

与欧美之间跨文化传播带来的翻译启示

在中国，最早一轮大规模的强势传播的接受始于佛教东传。在此过程中，大量的梵语直接以音译外来语的形式进入汉语。"因为""所以""因果""作孽"等都是在这个时候才有的概念。这也给汉语带来了微妙的变化：先秦以来，表达复杂事物往往靠打比方，而隋唐以后抽象概念增多。

第二轮强势传播虽有一定的互动性，但基本上以西方传教士富有成效的本土传播为主。明清时期传教士的传教和西方技术的传入可以说是最早的有意识的国

---

[1] 2008年在上海第十八届世界翻译大会分论坛上发表的报告。

际传播。特别值得一提的是，传教士在传播基督教文化和教义时采取的本土化策略。利玛窦在译介基督教文献和传播基督教教义的过程中自觉地采取了避免与儒教理论相抵触的策略，竭力促使基督教文化在中文语境中传播和接受，为此不惜采取主动与译语文化同化的翻译策略，如把耶稣译为"爷苏"。

第三轮强势传播发生在近现代，与欧美之间的交流虽仍为主流，但来自日俄的传播在这一时期异军突起。特别是来自日本的强势传播对于后来现代汉语的完成有着重要的意义。这主要是因为日本在近代以前长期受来自中国的强势传播影响，运用汉字造词的能力很强；加上日本在追求现代化的学习过程中比中国更加自觉，因此许多来自西方的自然科学与人文科学概念多由日本以汉语词的方式翻译过来，并被我们大量照搬，如意译的"共产主义"、音译的"混凝土"。但这也为日后中日之间的对等传播留下了问题，最大的问题便是在传达与接受方面克服障碍的创造性努力不够。

在传播过程中有一个现象值得注意：越是差异较大，则在翻译过程中人们为克服障碍所下的功夫也越大。反过来，当文化具有某种历史上的近亲关系时，借词照搬的情况往往更加普遍。

中文与英文、法文、俄文等欧洲语言之间进行翻译时，由于文化差异比较大，翻译过程中创造性地克服语言、哲学、宗教等在传达与接受方面障碍的努力就比较大。前面举过利玛窦把耶稣译为"爷苏"的例子，就是传教士为了满足中国人信仰祖先的非宗教文化传统而采取的妥协策略。这种有意识地将在异文化中易遭"抗译"的概念进行"本土化"处理，将"排异反应"降至最低的例子，在当代还体现在那些有深厚汉学修养传统的国家的大企业在中国的本土译名上："可口可乐""克虏伯""西门子"如此，"亮马大厦""虹桥宾馆""赛百味"也是如此。

十多年前，北京大学附近开了一家"风入松"书店，英译名处理为"Forest song"，既照顾了发音的接近，又在意义上有一种相关的呼应。特别是在中文语境里"风入松"是古代的词牌之一，而"Forest song"也是极有诗意的英译，应该说，在诸多点上，这个翻译方案都高度呼应，十分巧妙。这个例子表明，利玛窦以来的本土化翻译策略，已经被有留学经验的新一代中国知识分子所掌握。在中国文化更加主动向世界传播的今天，这种尝试的成功可谓意味深长。

为了进一步优化本土接受的效果，欧美语言在翻译成中文时还特别注意对精神层面差异的超越与克服。比如，中国现代翻译大师朱生豪在翻译莎士比亚戏剧时，为了让戏文背后的哲学和宗教意义更好地在中文语境下还原，进行了大胆的再创造加工。最为著名的例子就是"To be or not to be, that is a question",一般按字面处理翻译为"活着还是死去,这是一个问题",但是在朱生豪那里,这一句被译为"生存还是毁灭,这是一个问题",将生死上升到灵魂救赎的层面处理,显然更加准确地传达了莎翁的原意。

中日跨文化传播的特点与克服障碍的翻译尝试

与欧美语言翻译相比,近现代中国从日语翻译而来的文本,总量上十分巨大,但在文化差异意识方面存在"同文同种"的误区。在传达和接受过程中为克服障碍所做的努力,相对而言弱于欧美语言的汉译。也许同样的情况也存在于欧洲众多语言和拉丁语系语言之间,或者阿拉伯语和波斯语、土耳其语之间。

欧美语言汉译的创造性大于中日之间的原因是,两边的语言本身和文化背景差异大,无法直接借用,为了克服传达与接受的障碍,需要更多的"超译"解决"抗译"的问题。前面已经举出了众多的例子说明这个问题。

而在中日之间,由于古代日本从中国直接搬去大量借词,近现代,这一过程又倒过来,中国又从日语中直接得到相当多的科技、政治、社会、法律方面的借词。直到今天,随着流行文化的渗透,来自日本的借词每年都有所增加,如"亲子""人气""人间蒸发"等。一方面要看到这种语言融合对中文的丰富,另一方面也要看到由此带来的翻译上的不规范与不彻底。

笔者所在的《人民中国》是一家多年从事对日传播的杂志社,也许是每天和日语打交道的缘故,个别翻译对日语中的汉字词习以为常,在译成中文时原封不动照搬的情况时有发生。"欢迎本志爱读者访中团光临我社"之类的标语就是典型的例子。这种情况下,处理成"欢迎本刊热心读者访华团光临我社"才是可以接受的翻译方案。前者不论在传达还是在接受的意义上,都没有克服汉字词造成的理解障碍。

类似上述情况有时还会带来包括外交问题在内的较大麻烦,根源在于翻译时望文生义,似是而非。翻译实践中,"迷惑""進出""訪れる""不思議""破綻を見せる""独裁""情報"等词的误译就会导致文化摩擦,制造出许多传达和接受方面的人为障碍。

由此展开,在文化传播时翻译经常会遇到类似的问题。在强势传播的背景下,照搬借词还问题不大,但在对等传播的情况下,充分的文化背景转换就显得十分重要了。比如20世纪初日本对中国的强势传播使许多日语词进入汉语，如"干部""广场""场合"；而在20世纪60年代中国对日本的强势传播下，"三结合""造反有理"等中文词语也进入日语。但是在今天，如果把中国的一些新概念介绍到日本去，比如"小康社会""和平崛起""和谐社会"，就要遵循对等传播的原则，用"贴近受众思维习惯"的方式翻译。"小康社会"处理成"いくらかゆとりのある社会"，"和平崛起"处理成"平和的勃興"，"和谐社会"处理成"調和の取れる社会"，更能得到日本读者的认可。近年来，《人民中国》还在新词翻译方面有意识地进行建立对应译词库的尝试，初见成效。目前，中日之间常见工具书中对应译词的缺失使翻译工作者在翻译实践时感觉到不必要的困难。比如，"総統"为什么不可以直接注明特指纳粹德国时的"元首"？"いたちごっこ"是否可以处理为在中文里已经广为接受的"猫捉老鼠游戏"？

还有另一类比较典型的例子。寒暄语一般应该作为一个整体概念处理，翻译成另一种语言中的习惯表述才好，而不应该机械地以词为单位进行翻译。常见的例子是"はじめまして、よろしくお願いします"，一般教科书都翻译成"初次见面，请多多关照"。结果这种按字面直译的处理方式造成了一种滑稽的效果，好像所有日本人和你见面都要有什么事麻烦你一样，这使得电影、电视剧中的日本人形象总让人觉得拘谨、啰唆。其实作为一种整体概念处理的话，译成"久仰久仰"岂不最符合汉语的表述习惯？反过来说，中文的"久仰久仰"，在一般场合也没有必要非按字面译成日文"はじめまして、お名前はかねがね"。事实上，不论是日文的"はじめまして、よろしくお願いします"，还是中文的"久仰久仰"，在翻译成英语的时候，通常都处理成"How do you do"或"Glad to meet you"。

这些问题说明，跨文化传播的翻译应该注意意义上的整体处理。2007年上海国际电影节上，日本电影《武士の一分》《大奥》的片名翻译引发的问题很有意思。这两部电影在电影节的官方目录里分别被译为《武士的一分》和《大奥》，结果观众不明就里，导演山田洋次在放映前只好向观众作特别说明。其实只要根据片名的意义翻译成《武士的尊严》《深宫》，相信中国观众就会一目了然。历史上，一些好莱坞经典影片的中国译名也同样非常经典，比如《青山翠谷》(*How Green Was My Valley*)、《党同伐异》(*Intolerance*)。老一辈翻译家在翻译日本电影片名时也十分讲究，比如今井正导演的《不，我要活下去》(どっこい生きている)。笔者效法老一辈翻译家，尝试将几部日本电影的片名尽量翻译得传神。比如阪本顺治导演的《王手》本意是下棋时将军之意，笔者根据剧情大胆地处理成《棋魂》；黑泽清导演的《カリスマ》，字面只有超凡魅力之意，笔者结合剧情处理为《超凡神树》，更好地传达了影片的主题；翻译冢本晋也的《バレット・バレー》时，笔者打破语法常规，译为《子弹死跳舞》，比较好地表现了电影的荒诞性，比台湾版本的《异次元战争》更准确地传达了导演的意图。

近年来，许多反映日本社会现象的新词进入中国，其中既有翻译得很好的例子，也有囫囵吞枣的情况。比如"クールビッズ"译成"酷毙装"，就是成功的一例，既照顾到了发音的接近，又有流行词的色彩，还把这个词的性质带了出来，不是完全的音译。但像"オタク""引きこもり"等词就没有很好的对应译词，还需要翻译界同行下功夫。

前面提到，来自欧美的"可口可乐""克虏伯""西门子"既照顾发音，又十分传神，而日本产品在中国的品牌翻译就逊色得多。"Sharp"的中文先译为"声宝"，后来又译为"夏普"，都不十分理想。日本的票务公司"ぴあ"进入中国时简单地音译为"琵雅"，没有几个人记得住这个名字。今后，中国品牌进军日本时，也需要在翻译的推敲上多下功夫。

其实，只要用心研究、揣摩文化背景的差异，运用本土化策略大胆处理，类似"风入松""酷毙装"那样精彩的方案还是可以琢磨出来的。笔者曾在翻译中遇到一个难题。日本演员宍户锭深受观众喜爱，得了一个外号"ジョースA"，如果按照发音直译，这个外号的双关意无法传达给中国读者。经过分析，笔者发现"ジョース"与"锭"（じょう）谐音，"A"是扑克牌中的第一张，我们叫它"尖儿"，这里有"第一"的意思，于是把"ジョースA"处理为"锭尖儿"，解释为"顶尖儿"，很好地保留了原词的双关语义。

歌舞伎《藤娘》典出近江一带，作者巧妙地将近江八景，即比良暮雪、矢桥归帆、石山秋月、濑田夕照、三井晚钟、坚田落雁、粟津晴岚、唐崎夜雨写入唱词，可谓匠心独运：

男心の憎いのは、外の女子に神かけて、あはづと三井のかねごとも。堅い誓ひの石山に身は空蝉の唐崎や、待つ夜を他所に比良の雪。解けて逢瀬のあた妬ましい、ようもの瀬田にわしゃ乗せられて。文も堅田の片だより心矢橋のかこちごと。

这段唱词妙就妙在将日本有名的近江八景糅在其中。翻译时如果拘泥于字面或形式,就不能有效地将唱词的韵味传达给观众。笔者在翻译时做了大胆的调整:"可恨男人心多变。曾盟粟津云雾间,三井晚钟可证验。石山秋月誓言铿,唐崎夜雨脱壳蝉。比良雪夜郎不还。念其前情心又软,濑田夕照弃前嫌。再次随他上旧船。坚田落雁把信传,心系矢桥盼归帆。无处倾诉心绪烦。"

某种意义上说,这种"得其意而忘其形"的等效翻译也许是跨文化传播的必要策略。

克服传达与接受的障碍需要在实践中创新翻译理念

中日跨文化传播的翻译实践告诉我们,有必要根据时代变化,按照对等传播的规律,对翻译理念进行创新。传统的翻译理论往往偏重于传达语义,评价译作的审美标准是高度的"信"。从语境理论的角度来看,译作对原作百分之百地忠实是不现实的。应该看到,语义是浸泡在文化营养液中的动态生命体。

从跨文化传播的传达与接受的效果来看,以语词或句子为单位的翻译有必要考虑语言层面的相对性翻译,主要体现为情景语境、情绪语境等的模拟。要求译者讲究更加地道的本土语言表达功夫、表达转换以及创造性处理新词的功夫。

而从大的方面看,从一种语言向另一种语言转变,或者同一种语言在不同时代间转换时,由于文化营养液的改变,会发生文化语境或外部语境的转移,在此过程中,语义的偏转和形象的变形是在所难免的。由于语境的变迁,原文的语义和韵味发生流失或变异是十分普遍的。离开原作的语境,原来的韵味自然地转入另一种境地,原作也变成新的文体。这种情况被称为语境的"抗译"。"抗译"就像器官移植后出现的"排异现象"。采取积极的变通手法,巧妙地传达原作的语义与形象,就体现了翻译在文化转基因层面的再创造。相当于配上最合适的移植器官或用了最好的抗排异药。抗排异的效果主要体现在"离形得似""笔补造化""从心所欲而不逾矩"三个层次。一句话,这种再创造是译者为克服语境"抗译",使得原作在新的语境里获得新生的必经之路。

今天,在实践经验层面与理论创新层面,对翻译在传播过程中如何克服传达与接受的障碍展开研究非常必要、及时。因为在全球化背景之下,经济、法律、科技等领域的翻译,今后越来越有希望借助于机器或翻译软件来完成,非人工的通天塔似乎完工在即。但文化的多元性恰恰是经济全球化的必要前提与基本事实,众多传达与接受的障碍主要体现在文学、文化层面,要在翻译过程中克服这些障碍，最终离不开人的努力，而不可能完全依赖机器，于是这个问题也就成为翻译实践中最具有挑战性的课题。而强势传播让位于对等传播的过程，又要求翻译更加注重在传达与接受层面的等效性。

　　当然，要清醒地认识到，科技和法律文本之外，多数情况下和人文有关的翻译绝不是解一元一次方程。语词的多个义项、文化的异质性、语境的多重性交织在一起构成了翻译的多解性、可创造性，以及终极的不可译性。重要的是，在翻译实践中确认文化层面的"我非你"，进而达到跨越文化层面差异的、对等的"我知你"。

作为媒体的影视作品与时代意识和国家形象[1]

缘起

随着近年来中国经济的强劲发展和中国在国际上地位的提高,在国外大众文化领域(主要是美国好莱坞),中国要素、中国意象也越来越多地出现在影视作品之中,和新闻媒体平行地折射出西方国家对正在发展、崛起的中国所进行的意象描述。这些描述既反映了西方国家对未来中国的希望与关注,也与中国的国家形象密切相关。从某种意义上说,其甚至在更深的层面对受众产生潜移默化的暗示与影响。笔者注意到从迪士尼的《花木兰》开始,最近一段时间内密集完成的《功夫熊猫》《木乃伊3》等明显地隐藏着对当代中国想要表达的信息,感觉得到当代中国形象在美国变与不变的部分。正是看了这些作品,使我进一步坚定了试图将大众文化中时代表象的研究纳入传播学研究范畴的想法。由于篇幅的关系,这里恕不展开对这些作品的详细分析,而是将此话题作为引子,展开今天想要讨论的内容。

表象媒体的成立

在通常情况下,传播学的研究对象集中在新闻传播领域。特别是当今,由于新技术的发展,媒体形式不断多样化,使社会迎来了一个信息空前丰富、庞杂的时代。丰富的新闻媒体信息在营造、传递形成中的国家形象方面的作用无疑是第一位,但是一种倾向会掩盖另一种倾向。在讨论影响国家形象形成的因素时,人们往往更多地或者唯一地盯住媒体,特别是主流媒体对某个事件的即时报道与评论分析,重视事实描述和数据的,而对影视作品等表象媒体对时代意识的折射和对国家形象的形成所起到的作用关注不够。

伴随技术革命而诞生于19世纪末叶的电影以及后来的影视产业,是在20世

---

[1] 发表于2008年11月在中国传媒大学举行的第六届亚洲传媒论坛。

纪对人类产生了重要影响的大众媒体。如果说19世纪是小说和报纸的黄金时代，那么20世纪就是电影和电视的黄金时代。媒体从文字转向影像就是在这一过程中完成的。21世纪以来的网络革命是这一进程的延续，文字阅读和视觉影像在此过程中将被高度地统合起来。后来居上的视觉媒体呈现的优越性，不仅仅表现在降低了对教育水平和思考水平的要求（这仅仅是它浅薄的一面，这一面导致了民粹主义的泛滥），更为重要的是，视觉作品中高度浓缩的信息更直接地反映了人的喜怒哀乐，具有非直接、潜移默化的特点，更加容易形成深刻、难忘的印象，比较容易让受众整体、立体地产生心灵感受，达到心理认同。从这一点上看，电影的作用某种意义上说要大于电视的作用，一如19世纪小说和报纸的关系一样。但是遗憾的是，电视如今被堂而皇之地视为强势新闻媒体，而电影的表象媒体作用似乎很少被列入传播学研究的范畴。

中国有一句谚语叫"只见树木不见森林"，是对片面认识论者的批评。如果把国家形象比喻成一棵树，只见树叶，不见树木的情况同样会导致认识不完整或只停留在事物的表面。每天发生的事件及其相关报道和各种言论在媒体上的反映就好比一个时代的树叶，有时往往茂密的树叶如同过剩的媒体报道，淹没了反映这棵树木本质的树干部分。大树年复一年地枯荣，树叶每年都会更换，只有树干一年年变粗，年轮一年年增加，将大树最本质的信息保留在其中。因此，我们在关注繁复纷纭的枝叶（这些信息当然非常重要）的同时，还应该关注枝干部分的信息。这就要将新闻媒体之外的要素考虑进来。透过表象媒体，可以考察到树干部分的信息，有助于了解更完整、立体的综合形象。

20世纪60年代末70年代初，美国在越南遭受了重创，亚洲反殖民主义民族独立运动风起云涌。好莱坞这一时期的作品《人猿星球》，就反映了白种人对有色人种崛起的预感、偏见和对适应这一时代到来的准备。影片结尾处，人类在猿猴世界的禁地发现自由女神半埋在淤泥中的意象，传递出美国人在文明史上所体现出的优越感。20世纪90年代以后，冷战结束重新燃起了单极世界中美国谋求霸权的野心，这种社会意识在迪士尼的长动画片《狮子王》中有着明显的体现，小狮子被告知的使命就是重整草原的秩序，恢复狮子的霸主自信。不过这一新保守主义者的自信很快就在接踵而来的"9·11"事件中严重受挫。

20世纪70年代中期，距离太平洋战争结束近30年的时候，日本角川书店完成了电影《人证》。当时，日本人对美国大兵的占领记忆犹新，片中将女主人公遭美军强暴的事件定位在战后不久，而将其堕落的时间设定在日本完成经济高速增长以后的70年代。主人公栋居对美国人的仇恨是不可调和的。影片特意安排了当年的大兵、老警探休夫坦在黑人街区被黑人杀死的结尾，折射出当时日本普遍的反美、排美，对消费主义时代的到来感到不安的情绪；而到了21世纪初，重新拍摄的同名电视剧的最大的变化是将故事背景改写为从越战到反恐战争期间。其中穿插了对六七十年代日本社会运动的反思，女主人公八杉恭子遭强暴的环境也调整为70年代初的横须贺军港。主人公栋居的情感与行为的微妙变化也意味深长：电视剧的结尾，当年的大兵、老警探休夫坦为女儿举办婚礼时遭恐怖分子袭击，而身在美国的栋居挺身而出，挡住了恐怖分子射出的子弹。

从冷战期间普遍的反美情绪到冷战后强化美日同盟、积极参与所谓反恐战争，日本30年跨度的时代变化、国家形象的改变和年轻一代关注点的改变，通过这两部影视作品的比较可以看得非常清楚。比较时间间隔大约也是30年的两部美国电影《人猿星球》《狮子王》，同样可以折射出美国主流意识的变化和国家形象的调整。如果再对这两个国家同一时期的影视作品进行横向比较，彼此之间的关联性所揭示的象征含义就显得更加意味深长。这就是运用树干年轮剖面比较法对美日两棵大树进行的一个比较考察。

日本电影中的时代意识和国家形象

本文运用这种方法，以战后若干日本影视作品为例进行分析比较。战后日本电影有一个重要特征，那就是差不多全程反映了战后以来日本社会意识以及日本国家形象的演变。具体地说，日本50年代至60年代的复兴期，与日本故事片的黄金时代基本吻合；在70年代至80年代的高速增长期，日本纪录电影异军突起；在90年代以后的停滞期或转型期里，以宫崎骏为代表的日本动画片再次丰富而曲折地折射了日本的时代意识，为日本国家形象的塑造勾勒出底色。限于篇幅，下面就沿着日本电影史的脉络，重点选择一些代表性导演及其作品进行梳理、分析。

1. 黑泽明故事片中战后复兴期的日本

在故事片领域，战后不久的日本电影就发挥了传递战败国日本的社会潜意识，重塑国家形象的作用。战后复兴期的1950年，黑泽明导演了彪炳世界电影史的作品《罗生门》。该片在1951年的威尼斯电影节上获奖，确立了战后日本电影在国际上的地位。问题是，黑泽明为什么在这个时候拍了《罗生门》？一般认为这是一部艺术价值极高，反映了日本的独特美学，为世界电影提供了全新叙事方式的经典作品。笔者认为，这些都对，但不是全部。时值朝鲜战争爆发，日本和以美国为首的西方国家签订了《旧金山和约》，重返国际社会，这部电影可以说恰逢其时其地、隐蔽地向国际社会传递了一种当时弥漫于日本社会的普遍意识：真相的不可知性、真理与正义的相对性。

这部电影改编自大正时代日本著名作家芥川龙之介的两部小说《罗生门》和《竹林中》。《罗生门》讲述在战乱年代人们忘记良知、弱肉强食，在破败的城门楼上拔死人头发、剥老妇衣裳的荒诞世界；《竹林中》则讲述了一桩离奇的杀夫奸妻案中，罪犯、被害人的亡灵及其妻子从各自的立场出发，对真相给出完全不同描述的故事。活跃于帝国主义列强争夺殖民地时代的作家芥川龙之介，以其敏锐的洞察力意识到了时代的荒诞与人性之恶，并在其小说中对日本的未来表示担忧。

而电影有意把两者合写为一个故事，象征战后日本山河破碎的破旧城楼罗生（城）门作为故事展开的背景暗示，对树影斑驳的犯罪现场以及审判过程中各方对案情的不同陈述的描写，则暗合了当时日本社会对远东国际法庭审判的公正性的怀疑，体现了一种历史相对主义观点。特别是影片结尾，老人抱着婴儿远去，此时风停雨住，一缕阳光照在老人脸上，象征日本今后的希望所在。可以说，这种认识最早是通过这部电影以隐晦的方式传向世界的，因此可以看作具有潜移默化传播作用的成功范例之一。

2. 土本典昭与小川绅介纪录片中高速增长期的日本

日本电影史上有一个有趣的现象，那就是纪录电影的重要作品往往产生在电影整体繁荣期的末期或之后。

60年代是日本电影的第二个黄金时代。作为产业的日本电影在前半期达到了它的鼎盛期，后半期随着激进的学生运动，实验电影的尝试也达到登峰造极的地步。接下来的70年代迎来电影的全面停滞，但是这一时期纪录片以极其激进的形式得到发展。其核心人物是土本典昭和小川绅介，直到今天，他们依然是日本战后纪录片领域不容置疑的两座丰碑。

土本典昭在60年代就初露锋芒。《在路上》是他在1964年完成的作品。片中到处是建筑工地的东京正是日本高速增长期的真实写照，又让我们联想起今天房地产开发一浪高过一浪的中国。在《游击队前史》中，他表现了京都大学的校园斗争。进入70年代以后，他长期追踪记录有关水俣的公害问题。《水俣病患者及其世界》就是一部直截了当地表现公害受害者愤怒呼声的作品。在对日本的资本主义体制进行了不留情面的批判的同时，土本典昭逐步摒弃了俯瞰众生的视角，用平视的眼光开始了与患者们长达30年的交流。土本典昭对水俣病展开研究，并通过电影将知识告诉患者。此后，在《不知火海》中，他从对患者们日常生活的关注，转向对他们的世界观及意见做认真的记录。土本典昭以他70年代的重要作品，不仅为自己在日本纪录电影史上树立了一座丰碑，也完成了对日本百年来资本主义现代化历程的强有力批判。

小川绅介也拍过以大学校园斗争为主题的纪录片《被压制的森林》。后来他去了三里冢，记录那些与强行征收土地修建成田机场的当局发生冲突的当地农民。1968年，他的摄制组完成了《日本解放战线·三里冢之夏》；1971年，完成了《三里冢 第二防线的人们》。在片中不难发现，小川坚定地站在农民一边，拍摄与农民对峙的当局机动队。就这样，到1973年他连续完成了6部作品。在小川早期作品中充满了对当局的呐喊，但越往后他的情绪越趋于平静，最后对农村共同体产生了好感，其作品也转向对有日本特色的农本主义和民粹主义的赞美。以1973年的《三里冢 边田部落》为转折点，他开始将镜头瞄向活力盎然的稻田和稻农身上体现出来的乡村史。到了80年代，小川完成了他后期的两部重要作品：《日本国古屋敷村》和《牧野村千年物语》。这两部电影都以悠缓的、大跨度的时间尺度关注农村社会，民俗学想象力与对现代日本的历史批判意识在这部影片中交汇。尤其在后一部作品中，小川请当地农民扮演祖先，再现山村的历史，片尾意味深长地让群众演员绕场而行，强烈地暗示了导演的时空轮回观念。

上述两位导演的作品在70年代和80年代产生了持久的影响，客观上也将当时的日本国家形象传递给了世界。当时还没有打开国门的中国，就是从小川绅介的纪录片《三里冢 第二防线的人们》、土本典昭的纪录片《水俣病患者及其世界》中截取的片段窥视到日本的情况。当时的中学教科书介绍当代日本部分时说，日本是亚洲资本主义畸形发展的国家。在电影院里人们看到母亲抱着因汞中毒而患脑瘫的患儿的镜头以及三里冢村民反对征地建成田机场的群体事件，这些场景传递了日本经济高速增长期的环境问题和社会问题。日本纪录片对后来中国新纪录片运动的兴起影响巨大，而这两部电影及其导演的存在与之不无关系。

3. 动画片中的日本式共同体的重建或解体

20世纪60年代手冢治虫的《铁臂阿童木》《森林大帝》与反对核武器、主张和平主义的主流思潮深度呼应。

阿童木本身就是核能时代的象征，其名字源于英语"原子"（atom）。在这个少年机器人身上，孙悟空、超人、"神风特攻队"等影子叠印在一起，这与日本人脑海中挥之不去的核体验记忆以及战后重塑新形象的愿望有着直接联系。

到了20世纪末，在90年代中期，日本艺神公司拍摄了一部电视动画片《爱神天使小比特》。这部作品的出现与冷战时代的结束高度呼应，仿佛是在暗示脆弱均衡的核恐怖时代已成过去。"比特"的登场向人们宣告：日本人已从对核能时代的想象顺利地过渡到对数码时代的想象。

而《森林大帝》中对小狮子雷欧放弃肉食，和其他动物一道种地为生，建立农业共同体的描写，与90年代迪士尼公司表现小狮子要继承老狮子的雄威重新称霸世界的内容形成鲜明对照，将那个时代日本社会普遍持有的和平主义思想形象地表现了出来，甚至让人们联想起日本战后宪法第九条。

以宫崎骏和高畑勋为代表的吉卜力工作室动画片诞生于80年代昭和时代末期，风行于90年代平成时代前期并非偶然。从社会背景来看，60年代经济起飞之前充满人情味的社会人际关系和70年代经济高速增长带来的严重的社会问题以及与之伴随的社会运动都已成往事，女性主义、环保主义和怀旧思潮正在成为时代的主流价值。而动画电影的形式正可以满足人们对未来乌托邦的向往。

高畑勋的《萤火虫之墓》《岁月的童话》《百变狸猫》等作品侧重于对共同体意识的怀旧、对从前社会中人际关系温情的挽留，现实多于浪漫、伤感多于乐观。其中《百变狸猫》是情节最令人感动、制作最为精致、群像塑造最下功夫的一部，也是集中表现了高畑勋共同体意识的一部。设定在平成年间的故事背景本身就意味深长：这一时期泡沫经济达到鼎盛，所有的社会运动都销声匿迹，地产开发助推城市扩张，使原有的农村共同体濒于解体。为阻止城市扩张，狸子们采取了种种手段顽强斗争，某些场面甚至让人联想到小川绅介的作品"三里冢"系列，或者联想到"全共斗"学生运动，可最终这些狸子还是无奈地隐身于城市做起公司职员。事实上高畑勋的多数作品都流露出往事不再的强烈感伤。不过片尾狸子们合力发功将居民小区变回田野的努力，令人在笑声中流泪的同时，完成了和后来宫崎骏的《幽灵公主》的衔接。可以说，这部作品标志着高畑勋完成了对日本战后以来资本主义快速发展对传统破坏的批评性总结。

宫崎骏的作品则大不相同，虚构的世界不再依赖于对旧世界怀恋式的描写，少女的成长或冒险更具有浪漫的色彩。龙猫的世界与《百变狸猫》《岁月的童话》完全不同，是宫崎骏凭想象创造出来的面向未来的世界；具有飞翔本领的女孩烘托出一种魔幻主义风格，使宫崎骏作品更具有特别魅力。飞翔在空中使得宫崎骏作品较之高畑勋有了超越怀旧的意义。

"失去的10年"里，日本社会发生了深刻的变化，终身雇用制的解体使以公司为共同体归属认同的人们丧失安全感，"下流社会"群体的不断增加使整个社会陷入焦灼。宫崎骏的后期作品更多的不再是具体的反城市共同体表述，而是出现了更本质的对日本或亚洲历史进行思考的尝试，并且探讨了如何走出工业文明、消费主义的困境，完成向后资本主义过渡的课题。这使得宫崎骏作品开始具有和世界对话的可能。

《风之谷》和《龙猫》已经显现出宫崎骏在这一方面的思考和想象力，而《幽灵公主》的完成则标志着吉卜力作品的重大飞跃。高畑勋的狸子群像在这里被野猪武士所取代。这使得吉卜力作品中的核心部分完成了由对农村共同体的怀旧向对生态共同体的想象的提升，一种提倡与自然和谐相处的绿色环保主义思想透过宫崎骏的想象力得到展示。

宫崎骏的《千与千寻》是他本人作品中最重要的一个，也是吉卜力作品群中的一朵奇葩。通过施咒和解咒的故事，宫崎骏为沉湎于物欲社会的人类提供了一种自我救赎的可能。这也是这部作品在许多国家赢得包括成人在内的观众经久不衰的喜爱的重要原因。这部具有对20世纪工业文明进行总反思意义的作品，表明具有社会主义思想的日本电影作家完成了向环保主义、绿色生态文明立场的转变。

动画片导演押井守是和宫崎骏同一时期的重要作家，但属于更加年轻的一代。押井守在他的《机动警察帕特雷伯》中，始终以对日本战后社会持否定立场的人物为主人公，悲观地描绘未来世界。其完成于1995年的代表作《攻壳机动队》，就讲述了在世界末日的气氛和混乱的无国籍城市中，由于数字技术和仿生技术的发达，人与机器可怕地合体，人的记忆浑然丧失的危险时刻。

宫崎骏和押井守都用了大量笔墨描写天空，二人最大的区别在于，宫崎骏的天空永远是漂亮的大气内层空间。《红猪》中表现死去的飞行员升天的场面也只是让飞机亡灵近乎静止地漂流于平流层之下的空间。即便是《天空之城》中那个不断升空的空中城堡，也绝不提及它到达外层空间的最终归宿。可见回归母体是宫崎骏乌托邦的价值指向。而持有赛博朋克价值观的押井守恰恰相反，他的作品角色不再信任任何共同体，甚至记不起自己的前世今生。这些角色义无反顾地冲破羊水，摆脱摇篮，以逃脱来对抗异化，流浪于无国籍城市的怪异巷陌或充满航天垃圾的外太空废墟。

宫崎骏和押井守的对立，与日本社会对共同体的态度密切相关。作为表象媒体所折射出的大量社会意识信息，值得引起我们足够的重视。

结论

以上，我重点以日本电影为中心，提出了表象媒体的概念，并讨论了表象媒体在折射时代意识、塑造国家形象方面的作用。通过分析不难看到，表象媒体的传播具有同时代整体接收的意义，有助于从形象上缓解新闻信息所构成的国家形象需要事后修正的问题；作为表象媒体的影视作品是重要的时代文本，它与现实平行地发生、演进，其象征与暗示的作用给受众留下的影响更加潜移默化；影视作品中的人文因素往往更加深刻地反映了国家的本质性、潜在性的东西，确立有效的分析方法进行传播学意义上的分析，可以有效地提取出这些信息为国家形象研究服务。

70年代日本的社会运动与纪录电影 [1]

20世纪70年代初,有两段日本电影影像片段深植于我的脑海,我始终难忘。一个是日本政府为兴建机场强行征用农地,排成一列的防暴机动队队员举着等身大的盾牌与农民对峙的场面,中国乒乓球代表团还专门来到现场,对日本人民保卫土地所进行的斗争表示过支持;另一个是一位母亲木然地坐在榻榻米上,抱着她那已经瘫痪的孩子,无助地望着镜头的场面,她怀中的孩子表情十分怪异,这个画面后来经常出现在我的噩梦中。

直到很晚,我才知道这两个影像片段所反映的故事,是70年代初期日本国内影响巨大的事件,而这两个片段则分别来自当时引起轰动的日本纪录电影"三里冢"系列和"水俣病"系列。

三里冢反对征地运动和水俣病患者维权运动

60年代的经济高速增长,导致日本国民生活水平大幅度提高,由此导致社会阶层差距缩小,思想意识呈现出保守化倾向。50年代及60年代和平民主主义思潮在政治目标和社会运动取向上的历史使命也因此式微,尽管反战、反美意识,特别是防止卷入美国发动的战争的心理防线依然存在,但先前的运动,在势头上开始逐渐减弱。

社会运动已经从直接的政治斗争转化为具有维持和发展和平生活倾向的市民运动。绝大多数国民更多地关心自己身边的实际问题,例如反对过度地开发土地、反对和预防公害、保护自然环境、消费者运动等。1971年在东京进行的一次舆论调查表明,40%的人表示将参加当地居民发起的保护生活环境方面的运动,24%的人表示将予以声援和支持。这类运动由于得到了媒体的支持,产生了很大的社会影响。一方面人们开始远离政治,在国家级的选举中投票率逐渐降低;另一方面,人们热衷于地域政治,推动了地方自治体的革新。

---

[1] 2009年9月撰写的日本社会问题调研报告。

《人民中国》上中国乒乓球代表团访日期间声援三里冢抗争农民的报道

　　战后，日本在民间层面确立了民主主义价值观，取而代之的是国家主义价值观遭到了否定。在这种背景下，政府以国家利益之名剥夺社会、让社会承担发展负担的做法就缺乏了政治正确的前提。而大批青年学生和知识分子构成的"新左翼"力量、新闻媒体、纪录电影的介入，使运动不仅在日本国内引起全国性关注，也具有了世界知名度。"SANRIZUKA"（三里冢）、"MINAMATA"（水俣）和"HIROSHIMA"（广岛）一样，成为战后日本的象征性地名。

　　上述变化是三里冢反对征地运动和水俣病患者维权运动发生的重要社会背景。意味深长的是，就在这两个社会运动进入公众视野不久，60年代狂飙突进的武装斗争，以"浅间山庄赤军分子恐怖绑架事件"的解决戛然而止。国际政治形势的巨大变化，使得一些激进的社会活动家转而参与市民运动，这也是三里冢反对征地运动有大量青年学生参与，武装对峙持续升级的重要原因。

　　先说说三里冢反对征地运动。1967年，正值全世界范围内的各种社会运动风起云涌之时，在日本的千叶县成田市，三里冢的农民们为了反抗无视农民权益的新东京国际机场的建设，也举起了反对征地运动的"造反大旗"。这场运动以其时间持续之长和影响之大，在日本现代社会运动史中占据了一席之地。

　　1967年，在未获得当地农民同意的情况下，新东京国际机场公司在三里冢开始了新机场的建设。三里冢地区由成田北部与南部芝山市构成，天然的分水岭将之分成风俗习惯十分不同的两块地区。北部地区的村落是明治时代以后开垦而成的，并非传统的农村地区，属于"开拓地"，种的是旱田；芝山地区的村落以传统的旧村落为主体，属于"老村子"，种的是水田。毫无疑问，后者比前者的人员凝聚力更强，对土地的情感更深。但是，由于他们的土地都要变成机场的水泥跑道，因此两个传统迥异地区的村民们结合在了一起，构成了所谓"反对同盟"，形成了"命运共同体"。

当公司在防暴警察的保护下开始进行土地测量的时候，支持当地农民的学生出现，加入反对同盟，与当地农民一同对抗政府的征地行为。

1971年9月16日，第二次反对强制测量的斗争开始。为了向机场建设公司和防暴警察明确表示"不希望测量自己的土地"的态度，农民们制作了一些"粪尿弹"。第一天死了3个警察，为此，村里的年轻人都被抓走并被关押了103天。村里的一个叫三宫文男的青年，在第二次强制测量之后，留下了"我恨，恨机场，恨强加于我们头上的东西"的遗书后自杀。

这场运动从1967年开始，断断续续坚持到20世纪90年代日本政府召开"成田机场圆桌会议"谢罪为止，虽然农民的顽强抵制没有帮助他们最终守住自己的绝大部分土地，但整个过程显示出"草根"阶层竭尽全力争取自身利益，保卫传统生活方式的可能性。

今天，在成田机场仍然能看到农民们象征性地坚守的一小块土地。他们在这块土地上用极高的成本坚持着自己祖祖辈辈的生活方式——务农。他们的农产品成本极高，全无市场竞争力，但一些支持市民运动的组织坚持用高价购买他们的农产品，使他们的抵抗仍然能够继续下去。

再说说水俣病患者维权运动。1923年，新日本窒素肥料公司在其日本九州岛南部熊本县的水俣工场生产氯乙烯与醋酸乙烯，生产过程中使用了含汞的催化剂。该工厂排放废水时导致含汞的剧毒物质流入河流，进入饮用水塘，转化成甲基汞氯（化学式 CH_3HgCl）等有机汞化合物。当人类饮用遭到污染的水源或食用从受污染的水域捕获的鱼虾时，甲基汞等有机汞化合物便进入人体，被肠胃吸收，侵害脑部和身体其他部分，造成生物累积。到了20世纪50年代初，水俣一带出现了一些口齿不清、面部发呆、手脚发抖、神经失调的病人，这些病人往往久治不愈，最后全身弯曲，悲惨地死去。

1956年5月1日首例水俣病患者被确诊后50年，先后有2265人被确诊

（其中有 1573 人已病故），另外有 11,540 人虽然未能获得医学认定，但其身体或精神也遭受水俣病的负面影响。在有良知的法律人士的帮助下，水俣病患者开始了漫长的维权运动。1995 年 12 月 15 日，在日本政府的调解下，这些患者获得排污企业人均 260 万日元的一次性赔偿。新日本窒素肥料公司从 1932 年首次排放含汞的废水到 1956 年首例患者被确诊，再到 1968 年政府令企业停止排污行为，时间跨度长达 36 年，所造成的直接损害以及为消除损害所支付的费用高达 3000 亿日元，而且这个数字每天还在增加。到了 70 年代初，媒体对公害问题的广泛关注使得水俣问题引起世界范围的注意。

2004 年 10 月 15 日，有 45 人起诉日本政府行政不作为的案件在日本最高法院胜诉，"水俣病事件"再次引起社会关注。判决认为，日本政府在 1956 年获知水俣病的成因后，直到 12 年后才做出禁止排放含汞废水的决定，政府应承担导致水俣病扩大化的行政责任。目前，还有 3700 多人诉诸法律，要求政府承担损害赔偿的责任。

纪录片"三里冢"系列和"水俣病"系列

日本纪录电影和社会运动的关系，突出地在这两个社会运动中得到验证。日本电影史上有一个有趣的现象，就是纪录电影的重要作品往往都产生在某一段电影产业繁荣期的末期或之后。原因在于，当社会由相对稳定阶段向下一个时代转型的时候，社会的矛盾和人们面临的问题就会显得比较突出，就如同火山爆发或地震发生时，平时不易见到的地质线索就会出现一样，日本人的"心象风景"往往在这些转型时刻比较外露，特别值得记录。

经过 60 年代的高速增长，经济腾飞以后新的社会问题浮出水面。三里冢反对征地运动开始于 1967 年，水俣病患者维权运动尽管始于 50 年代末，但大规模的公害问题到了 70 年代初才成为人们的关注点。在这一时刻，两个重要的纪录电影作者承担起了历史的使命。拍摄了"三里冢"系列的小川绅介出生于 1936 年，拍摄了"水俣病"系列的土本典昭生于 1928 年。他们两个人都经历了战争的苦难，对国家主义给日本带来的灾难有不同程度的认识。战后他们又都深受社会主义思潮的影响。在经历了 60 年代社会派纪录电影的牛刀小试之后，两位导演分别从自己关注的角度介入当时的社会运动，实现了影像对生活的记录与干涉。

在拍摄"三里冢"系列第二部《三里冢 第二防线的人们》时，小川绅介和他的摄制组逐步确立了其"定点观测"的拍摄风格,他们让摄影机深入斗争内部,拍下了以青年行动队为中心,与防暴警察武装对抗的情景。小川这样讲述这部作品:"所有的镜头都是站在农民中间拍摄的,我们从农民的视角拍摄,即使是在拍警察时,我们也是从正面,从他们的对立面,拍下一切。"该片记录了边田部落农民反抗同盟与政府的防暴机动队之间的正面冲突。农民们自己动手建立起了若干条简陋的防线,反抗政府对自己土地的强行占用。他们用竹枪戳捅防暴警察巨大的盾牌,用粪尿弹挑战国家暴力机器,使机动队畏缩恐惧,酒精弹则专用来对付推土机。这样的手段不具有致命的伤害,却也令对手望而却步,是非常具有农民乡土气息的反抗方式。

片中还表现了农妇们用铁链将自己捆绑在防线的树上,防止机动队拆除防线栅栏的场面,以及学习中国游击战术,展开地道战坚持抵抗的场面。该片展现出来的农民誓死保卫土地与家园、与政府对峙到底的决心令人佩服,反抗同盟严密的组织纪律性,万众一心团结战斗的精神也给人留下深刻的印象。

从《三里冢 第二防线的人们》到《三里冢 边田部落》,影像从前方的主战场转向了后方的根据地,从外部的激烈动荡转向了内部的暗流涌动,从政治性强的直接冲突转向了生活味浓的多重立场,它使小川绅介的电影摆脱了农民与学生团体的单纯的传声筒的角色。这种转变的轨迹一直持续到了他后期的《日本国古屋敷村》与《牧野村千年物语》中,在这后两部作品中,农村的生活方式、农民同风土与水稻之间的关系、农民对神灵的敬畏、村落地区独特的时空观念等成为影像所要记录的重点所在。

土本典昭于 1946 年加入日本共产党,在大学期间以行为激进著称,因过于频繁地参加各种抗议活动,1952 年他被勒令退学。1965 年,土本典昭找到了他终生记录的对象——水俣病患者,并拍摄了这个系列的第一部电视纪录片《水俣病的孩子还活着》。从此他便一发不可收拾,以毕生的精力从事水俣病的影像调查,先后拍摄了《水俣病患者及其世界》(1971)、《水俣报告系列》(1973)、《水俣病起义——寻找生命意义的人们》(1973)、《医学意义上的水俣病》(1974)、《不知火海》(1975)、《水俣日记》(1995)等 17 部纪录片。为拍摄该系列的影片,他和妻子搬到当地居住,与当地人打成一片,以常人的眼光观察受害者的日常生活。70 年代,我在电影院里被深深震撼的画面,就来自他在 1971 年摄制的《水俣病患者及其世界》。土本典昭"水俣病"系列的影像里不仅有哭诉、反抗,更有自然的美丽和人们的坚强。

在关于《水俣日记》的导演阐述中，土本典昭写道："那个时候，患者们一直盼望着的水俣病问题的政治解决开始出现了转机。在以市长吉井正澄为首的市政府的干预下，加害方开始正式道歉并进行赔偿。自水俣病被发现40年后，患者们终于获得了'市民权'。每一个人都在思考要如何在水俣这块土地上生活下去。比如，在填埋地举行的第一次火节上，以前一直为死去的鱼类的灵魂惋惜，不忍靠近填海地带的患者衫本荣子，登上了祭坛，向鱼儿谢罪，并献上了感恩的祈祷。这情景在那些把填埋场看成死者和受污染的鱼儿们的'坟场'的人们心里，引起了极大的震撼。市民们感到'地壳在震动'。这个大海、鱼和人类的聚会既还原了水俣的本来面目，更是灵魂复苏的声音。"

土本典昭借助其持续一生的记录行动，完成了外在与内在世界从污染到净化的生命转化历程。在与患者们进行的长达30年交流的过程中，他的系列作品不仅为自己在日本纪录电影史上树立了一座丰碑，也完成了对日本百年来资本主义现代化历程的强有力批判。《水俣病患者及其世界》在法国被评为20世纪最重要的世界10部电影之一。

值得一提的是，小川绅介的"三里冢"系列和土本典昭的"水俣病"系列，由于尖锐地触及了日本的社会现实，因此在普通的电影院里无法上映。于是他们自己拿着片子在全国各地巡回放映，这个办法后来被称为"自主上映"，今天在全世界许多地方都流行开来。土本典昭在70年代初还通过一些渠道希望中国也能够上映他的《水俣病患者及其世界》，但当时我国政府认为公害是资本主义社会的问题，没有重视土本的意见。不过30年之后，土本实现了自己的愿望。在2008年6月去世之前，他两次来到中国，向中国的环保志愿者介绍了自己的经验。小川绅介1992年去世，去世前由他发起的山形国际纪录电影节成为亚洲影像作者的摇篮。

两位20世纪的日本纪录电影巨匠已经在世界撒下了用影像记录社会的种子，相信在数码技术不断发展的今天，他们的精神将以新的形态得以发扬光大，而日本在现代化过程中产生的社会阵痛以及解决这些问题的经验教训，也给今天的人们提供了很好的借鉴。

世博会：国家形象形成的历史性[1]

以举国之力举办的重大活动，必然会和国家形象的提升联系在一起。2010年在上海召开的世博会也不例外，公众的期待，媒体的关注，给上海世博会在塑造国家形象方面带来的压力是巨大的。笔者曾在3月底赴上海参加媒体培训，当时世博会新闻中心就曾表示，要做到"规模大、设施全、管理好、服务佳"，为举办一届成功、精彩、难忘的世博会做出贡献。现在，在国人和全球瞩目之下，上海世博会已然揭幕，接下来长达半年的博览会将检验上海方面的种种承诺。

当此之时，笔者想从更大一些的尺度来考量世博与国家形象之间的关联性。从根本上说，一个国家的总体形象的形成是一个历史的过程。与"塑造"相比较，"形成"更具有历史性、自然性与真实性。2005年，笔者在《日本韩国国家形象的塑造与形成》这部探讨邻国经验的书中，就使用了这种观点。

可以通过与北京奥运会的比较来看上海世博会。北京奥运会举办之时曾有这样一种说法：奥运会是第四次在欧美以外国家举办，第三次在亚洲国家举办，第二次在社会主义国家举办，第一次在中国举办。这个说法很有新意，也印证了国家形象形成的历史性。但毕竟北京奥运会的政治象征意义更大一些，证明了中国

---

[1] 初载于2010年5月11日《中国社会科学报》，发表时有所压缩。

人在精神和体质上完全实现了"自立于世界民族之林"的梦想。上海世博会作为综合类世博会则是第一次由发展中国家举办，第一次在社会主义国家举办，第一次在中国举办，第二次在另一个亚洲国家举办。世博会在历史性、文化性以及展示国家综合实力、未来发展理念等方面，意义更为巨大。如果说奥运会标志着"百年梦圆"，进入一个新时代的话，世博会的成功举办，将告诉世界这个国家将在新时代中如何作为，"中国应当对人类做出较大贡献"的承诺将怎样付诸实践。可以说，不论是北京奥运会，还是上海世博会，都是经过亿万中国人民的努力，中国历史发展到今天水到渠成的结果。通过这些重大活动，当代中国的国家形象会进一步得到提升，这一点是毫无疑问的。

国家形象的形成是历史的过程。讨论上海世博会的意义，这一点很重要。今年，媒体都聚焦到世博盛会的报道上。去年是美国海军准将佩里施压使江户幕府开港150年，日本在横滨举行了纪念活动，因为日本把这看作日本接触世界，进入全球体系的开端。其实，中国今年还有一个值得纪念的历史事件有着更大的意义，那就是鸦片战争170年。中国与东亚的近代史从那时揭幕。19世纪40年代，是英国维多利亚时代走向全盛，中国清王朝走向式微的开端，同一时代不同国度的两位女性统治者——维多利亚女王和西太后，因为不同的国运而分别得到崛起的荣耀与衰败的耻辱。具有讽刺意义的是，就在11年后的1851年，英国举办了首届世博会，后来有了"一切始于世博"的说法。我相信这也是本届世博会英国馆以装满各种种子造型的亚克力管子装饰外立面的灵感来源。英国馆的蒲公英造型与英国的国家形象密切相连，透射出这个国家曾给世界制定下基本游戏规则的自信及傲慢。

中国举办的首届综合性世博会场址选择在上海十分成功。徐家汇、城隍庙、外滩、苏州河、陆家嘴、世博园区——这座城市中风格各异的城市天际线默默无言地坚守着历史的记忆。由徐光启与利玛窦合作翻译《几何原本》而开始的中西方接触与交流、鸦片战争爆发不久上海的开埠以及西方人对于豫园湖心亭、九曲桥的东方情调想象、外滩所象征的20世纪前半期冒险家的乐园，以及在公共租界中现代主义沁润所催生的思想、电影、文学，甚至政治力量，再到改革开放以后陆家嘴东方明珠等高层建筑群所象征的新一轮繁荣，上海作为一个凝聚中国历史、代表中国形象的城市，当之无愧地可以作为首届世博会的举办城市。

东西方文明的对话与博弈，在上海这座城市展开得最为深入。上海世博会中国馆的造型意味深长地引用了中国古代的建筑风格，同时又极具现代色彩。包括港澳台在内的中国各省份的展区,也不约而同地将各自的传统文化与创新文化作为主打牌。这种文化交流与创新的结晶特别地强调了"文化中国"的自信,体现了上海世博会的一大亮点。

特别是本届世博会的主题"城市,让生活更美好",既代表了中国发展的历史阶段,又可以代表东西方文明的对话,并且在世界范围内第一次打出了城市主题,在对未来中国国家形象的形成意义上可以说恰如其分。

以城市为中心,城乡协调发展,人与环境和谐共存,由此派生出基本价值观的弘扬。这一主题的实质就是人们追求幸福与尊严的权利,就是生活在城市中的每一个劳动者都有从事体面劳动的权利。什么样的生活是美好的?什么样的城市会给我们带来美好的生活?每个参加世博会的国家(地区)和机构都围绕这一主题提出自己的思考。在长达半年的世博会上,有足够的时间给我们自己和全世界提供一种可能性。

借助上海世博会,中国在展示自己的同时,塑造着未来的国家形象。1300多个境内外媒体在关注着世博会的同时,也关注着我们的观众。每一个观众身上所呈现出的基本素质最有说服力地证明着一切。

同时,上海世博会给了国人一个"看世博,知世界"的机会。除了让世界了解中国发展的历史进程,这也是一次让中国人,特别是年轻一代接触世界、了解未来世界多种可能性的机会。在长达半年的时间里,放暑假的学生们可以把世博会变成一个课堂。更加开放的中国如何做到"以邻为镜",谦虚地向别国人民学习,提高自身素质,这是一个人人可以参与的塑造国家形象的机会。也许这个意义更加重大。

共同思考 21 世纪的生活方式

——访上海世博会日本馆馆长江原规由[1]

王：江原馆长，自世博会的内部开放日起到正式开幕，您一直都在现场。现在开幕已经一周，您对眼前的上海世博会有何印象？

江原：就会期的长度来说，上海世博会是中国首次举办的最大规模的活动。我在会场里能够切身感受到这确实是世博会历史上规模最大的一次。人们纷纷讨论这将是一届怎样的世博会。

虽然会有因为没有经验而导致准备不充分及工期延误，或是应对措施滞后等令人担心的问题，但是，各个部门以及在施工现场的工人们都在毫不懈怠地拼命工作，我要向他们致敬。

让我印象深刻的是，游客们熟知各馆的信息，精力充沛地参观各展馆，从他们身上，我仿佛就能感觉到中国在世界的存在感。

王：这次的上海世博会作为一次综合性的世界博览会，我认为无论是在发展中国家，还是在社会主义国家，还是在中国，都是首次举办，在亚洲可以说也是继日本之后的第二次。您认为北京奥运会与上海世博会相比较，有什么不同的意义吗？

江原：用田径比赛来比喻的话，北京奥运会就是百米跑，而上海世博会则是一场马拉松。虽然胜利者都会得到称颂，但是百米跑人们只会关心冠军的成绩，

---

[1] 载于 2010 年 6 月号《人民中国》。

而马拉松，人们还会关心运动员采取的策略。

恰逢改革开放30周年之时举办的北京奥运会向世界毫无保留地展示了中国的发展成果。而在为期184天的上海世博会，世界各国则是通过加深对中国的了解来看其所取得的成就。今年，中国的经济实力排名世界第二。对于中国来说，上海世博会正是其继发挥经济实力后，发挥软实力（提升国际形象、文化实力等）的一次绝好的机会。

王：开幕式的时候，作为世博会的形象大使，日本歌手谷村新司演唱了著名的《星》。回响在心中的歌词、动人的旋律和一片璀璨的星空，这种浪漫的表演深深地感染了会场里的观众。您当时在会场有何感想？

江原：当时我"啊"的一下感觉心里被触动了。《星》长年以来都是亚洲各个国家和地区的人们喜爱的歌曲。我认为开幕式上唱这首歌正好代表了亚洲，同时也体会到了中国的这份心意。

观众席上的荧光棒让整个会场都变得明亮了。会场中的人们，不论国籍，都融入了那美妙的歌声和舞台上的表演当中。那时我真实感受到了作为世博会历史上最大规模的上海世博会的奥妙之处。

王：有预测表明，本次上海世博会将会推动中国的经济，特别是国内的消费意识。您有着多年在日本贸易振兴机构工作的经验，就这个问题您有何看法？您认为这对于日本的企业来说是一次巨大的商机吗？

江原：在距离现在正好30年前的大阪世博会上，出现了罐装可乐、快餐、连锁快餐店（比萨、炸鸡等）和家庭式餐馆，随后得到迅速推广。这种新型的饮食文化在刺激消费的同时也推动了经济增长。

上海世博会上能够促进消费的，必然会是保护环境的技术和产品。太阳能发电板、电动汽车等大量运用节能技术的产品应该会逐步上市。与现在相比效率更高，速度更快，能够将大量的污水转化成饮用水以及淡化海水的机器（技术），以及能极大改善生活环境的相关环境技术也会逐步得到应用。

但是，单纯的消费意识的增强并不一定是好事。在保护环境、节约能源的前提下增加消费才能实现上海世博会的主题：城市，让生活更美好。

通过上海世博会，能让更多的中国人了解日本在这方面的技术，借此也能让日本企业建立新的对华商业关系。希望这对于日本的企业来说是一个巨大的机会。

王：据日本的中文报纸报道，2010年4月28日，仅在日本就销售了10万张世博会的预售门票。世博会期间，到中国来旅游、做生意的日本人将会达到

100万。对此，您有何看法？对于日本游客，您又有什么建议呢？

　　江原：有246个国家、地区及国际机构参加上海世博会。上海世博会就是一个缩小的世界，也可以说是缩小的中国。在这里人们就可以感受全世界。本次世博会在只有1小时时差的邻国举办，而且从羽田机场搭乘直飞航班只需3小时的航程，所以我由衷地希望日本的各位能来参观。而且，还可以借此机会顺便到周边的许多城市参观，同时也是结识友人的好机会。

　　今后，日中两国的关系在经济、社会、日常生活等各个方面都会不断加深，上海世博会应该也是一次加深对中国的了解的好机会。

　　王：日本馆"紫蚕岛"里展示了日中文化的渊源，日本在环境保护方面采取的行动以及各项日本引以为豪的高科技产品。作为馆长，请您谈谈此后半年的期望。

　　江原：日本自古盛行养蚕，蚕丝贸易和丝织品行业都很发达。丝绸文化也正是从中国传来的。这次，用日中交流象征的"蚕"来命名的日本馆里能够展示最新的环保节能技术，我感到很高兴。希望能有更多的日中两国的游人来参观日本馆，以此成为我们共同探讨什么是"城市，让生活更美好"的良机。

对谈:《人民中国》的数字化 [1]

嘉宾:
王众一:《人民中国》总编辑
小西克博:富士山电子杂志服务公司顾问、主编

主持人:
《东方》编辑部

主持人:从 2010 年起,《人民中国》由富士山电子杂志服务公司发行电子版杂志。今天,我们请到日中两国的两位主编,围绕杂志今后发展的各种情况坦率交流。

《人民中国》出乎意料地引人入胜

主持人:您对《人民中国》这本杂志有怎样的印象呢?

小西:我原以为会比较难读,充满说教。但接触之后,特别是听了王先生的介绍后,我发现完全不是这样的。

王:您能这样评价,我很高兴(笑)。

小西:倒不如说,杂志努力地把普通人的所见所想,以正规的形式制作出版,其中有深入讨论的内容,给人一种新鲜的惊喜感。

"个性主编"消失不见

主持人:有一种印象认为,因为《人民中国》是中国的宣传刊物,内容肯定会受到政府审查。

---

1 刊载于 2010 年 8 月号、9 月号《东方》。

王：基本上不会出现记者写的东西太差劲了要求重写的情况。虽然有时也会出现稿件因为内容和编委会确定的方向完全不符合而被"毙掉"的情况，但这是基于大家一致意见的决定，而非出于政治理由。

偶尔我们也会争论。我很喜欢这样的争论。在每期的标题会上，大家会热烈地争论。这既能锻炼日语表达的感觉，又能拟出真正的好标题。我认为这是一个非常好的机制。

主持人：听说日本的主编拥有很大的权力？

小西：情况也在发生变化，从某种意义上来说，我的印象是日本这方面在后退。在我的同辈或者年纪更大一些的人里，有很多个性十足的主编。那些人不管社长说什么，都恃以"我的文章我做主"，很多时候就那样做了。因此，杂志变得很有趣，可以做各种尝试。

但是，现在大家都是上班族。虽说是主编，其实也就相当于公司里的部长，制作的杂志完全反映公司的意向，非常小市民的风格。所以，杂志变得没有活力了。

但是，更年轻的一代，就算没有领导者，很多人也能认识到"自己想要做的事情"，创造出有趣的东西。这就是所谓"自媒体"，与网友形成舆论的时代相一致。

王：我想两国在结构上已经相当接近了。比如，《人民中国》的首任总编辑康大川，明显是很有个性的人。我很晚才入社，听老同志说，他的气场非常足。他对战前日本的情况很了解，熟知政府的政策。所以他所提的策划和创意，大家都很佩服、遵从。那样的时代确实存在过。但现在，每个人都有自己的主张，社会本身的想法也变了，很难产生有个性的人了。在这种条件下，还得大家商量着往前走。

需要"市场眼光"

小西：《人民中国》杂志的发行流通情况如何？

主持人：在《人民中国》创刊之初，是一些有中国情结的人自费订阅，他们怀着"我们要支持《人民中国》"的意识。传统上，全年订阅用户占据着发行量的大头。

王：我觉得全年订阅还是很重要的。这也是《人民中国》在日本取得某种意义上的成功的依据之一。我认为，全年订阅与书店零售以某种形式并列存在是

2010年6月7日在《东方》编辑部邀请下与小西克博对谈

最好的。

主持人：书店零售时，应该把《人民中国》摆放在书架的哪个位置，可能会让书店店员犯难吧？

王：尽管如此，在书店上架销售的好处是，能让一般民众知道《人民中国》的存在。更重要的是，我每个月都能收到一些反馈信息，比如为什么在这家店卖得好，这期杂志为什么卖得不好。这些信息能够直接影响到编辑。

小西：的确如您所说。市场是第三方晴雨表，他们实际上决定了杂志的价值。对此如何反应、行动，是非常重要的。

与《男の隠れ家》[1]的合作

王：还有一点，对于《人民中国》来说，重要的是，如何有意识地针对日本读者制作杂志。比如这次我们和《男の隠れ家》合作出版了《上海——世博城市之旅》。

---

1 一本综合生活类日本杂志。

小西：采访是一起做的吗？

王：《人民中国》提供了曾经刊登过的文章和照片，并根据日方的要求追加了内容。此外，《男の隠れ家》的工作人员也投入了大量精力现场采访。比如其中的"旅行便利手册"部分，虽然篇幅很短，但这是结合日本读者的需要策划的，大大提高了增刊的实用性。

《人民中国》原本就是面向日本读者办的杂志，应该好好学习这种服务意识。今后，不但我个人要好好学，也要告诉我们的工作人员，让他们增强这种意识。

电子杂志来了

主持人：您能谈一下《人民中国》数字化的过程吗？

王：2000年的时候，《北京周报》日文版和《人民画报》日文版分别取消了印刷版，只保留了网站。这让《人民中国》产生了巨大的危机感。

我记得很清楚，2001年1月号，也就是改版第一期的开头，我们请时任国新办主任赵启正先生写了一则寄语。其中提到，纸质媒体与网络媒体不同，在飞机上、厕所里都可以自由阅读，正因有这些便利特点，一段时间内纸质媒体还会与网络版并存。那时，纸质媒体的重要性还在被强调。

然而如今，iPad的出现给出版界带来了巨大冲击。这次我来日本，在电视上看到了iPad发售当日的新闻。大家在街头排队求购。而且，iPad现在还比较初级，将来肯定会有更先进的终端出现。杂志阅读方式将发生革命性的变化。

小西：是啊。我觉得数字化进程会比王先生想象的还要快。与日本相比，中国人对数字化更不排斥吧。

王：在推出iPad之前，市场上已经推出了"汉王"电子书。那是一种只能阅读文字的终端，并不普及。但这次推出的iPad，画面也很出色，我想很快就会受到欢迎，尤其会对杂志产生重大影响。

主持人：日本出版界的数字化好像没什么进展？

小西：出版社很焦虑，想做很多事情。

出版社只拥有出版权，著作权属于作者，所以数字化时容易被说成"两头吃"。这就是现在出版社面临的严峻形势。大家都在行动，或是作为代理，或是与用户建立联系。

因为我和富士山公司的创办人是朋友，所以他请我来做这份工作。富士山公司是一家刚起步的小型初创公司，主要业务是电子杂志的订阅，还是比较传统的。但是，我们能够提供 3000 种中国杂志的订阅，所以是日本对中国杂志最友好的网上书店（笑）。在日本出版界也不断变化的情况下，大家都在集思广益，想各种方法。

通过重新包装创造价值

小西：不只是《人民中国》，中国的杂志现在都在走向数字化。我有个计划，目前还只是想法：就是根据主题对杂志内容重新编辑。比如现在，可以以世博会为主题，把各种新闻打包在一起。

王：就像别册一样。

小西：拿音乐打比方，就是精选集。如果能以这样的形式销售的话，应该会有相当大的需求吧。

王：比如说世界遗产。

小西：是的。我现在对中国非常感兴趣，所以个人也想挑战一下。

总而言之，中国虽然离日本这么近，但在精神上实际上是一个非常遥远的国家。我总觉得日本没有接收到什么像样的有关中国的信息。上了年纪的人可能因为有各种困难，彼此很难获得信息。但是，年轻人可以在扁平的网络世界里交换信息。我想，今后他们应该会成为市场。

王：是的。他们会成为市场的主体。

小西：不单单说中国怎么样，日本怎么样，而是融合在一起。在这样的世界里，把关于中国现状的内容按照主题以低成本整理好的信息很稀缺。让读者可以通过数字方式阅读新面世的出版物，或者只买其中某种内容，我觉得这大概是个商机。

王：重新包装很重要。随着信息数字化时代的到来，所有信息都会泛滥，从中提炼出真正有价值的东西并做成一本书，会更有价值。

准确地传达给有阅读需求的人

主持人：《人民中国》电子杂志也计划支持在 iPad 和 iPhone 上阅读吗？

小西：今年入夏之前应该就能支持了。只要购买了《人民中国》，读者应该就可以在电脑、iPad、iPhone 上阅读。

王：你知道现在购买《人民中国》电子杂志的都是些什么人吗？比如年龄啦、性别啦……

小西：通过电脑做营销，我们大概能知道读者是男是女，住在哪里之类。但通过手机服务，可以获得包括年收入、职业在内等与读者相关的广泛信息。因为是会员制，所以可以开展各种问卷调查，而且，我们还可以不断发布《人民中国》的最新报道。手机服务与市场营销有很大的关联。

王：那是我非常感兴趣的话题。

小西：还有一点，手机服务很适合年轻人。对他们来说，今后不断成长的中国，将与自己的商业活动和生活息息相关。这样一来，从三十几岁、二十几岁，甚至十几岁开始，就应该有人想了解中国。通过《人民中国》的持续传播，让日本年轻人也充分认可杂志的特点。

杂志的灵魂与艺术总监

主持人：从小西先生的专业角度来看，您认为《人民中国》在设计方面有哪些不足？

小西：虽然做法有很多，但看到中国的杂志，特别是《人民中国》这种宣传杂志，我认为关键的还是设计。设计非常重要。

王：是的。我对此有深切感受。

小西：做得太过于时尚的话，可能有人会说宣传杂志变成这样好吗？而且，又要兼顾国家发布的比较生硬的内容……从这一点上来看，我觉得《人民中国》的设计师相当难做。

这本杂志是针对哪个人群的？老人会看，年轻人也会看吧？王先生您说读者定位是"三中"（中年、中产、中间）。不过这也还是很模糊。那么，该用什么样的表现方式来表达呢？我觉得相当困难。

王：我完全有同感。首先，《人民中国》杂志的性质定位存在含糊之处。我个人理解，一本杂志由三个部分构成：其一是文字，它决定了文章是否有趣有益有魂；其二是照片、图画、插图，是否有视觉亲和力。其三是将前两者整合起来的排版设计，用菜肴来比喻的话，设计就是装盘，是最后的一道工序，也是最重要的，和文章标题同等重要。特别杂志是先看后读，因此视觉效果非常重要。

这几年，我们在文章方面下了很大功夫，但很多照片看上去像是在同一个角度拍摄的。排版阶段也存在同样的问题。我们现在在日本聘有专门做排版设计的公司，但很难让他们一起参加编辑业务会议，他们也没时间仔细阅读翻译出来的文章。所以，在排版设计阶段出来的东西非常一般。虽然我们很努力地去做，但总觉得还有什么隔阂与障碍，并不顺利。

《人民中国》现在最需要的是艺术总监。因为艺术总监缺位，排版设计上常遇到困难。但是，艺术总监必须是真正理解这本杂志灵魂的人。

小西：国际交流基金的《远近》杂志是有艺术总监的。虽然它也是宣传性质的杂志，但设计做得很好。

王：《远近》杂志很棒，有自己的办刊理念。

小西：我觉得如果有一位能理解编辑灵魂的艺术总监，《人民中国》大概会变得更容易阅读。不过，《人民中国》的读者对象太广泛，这方面的难度相当大。

王：不知该迁就哪方面（笑）。《远近》的排版很知性，我很喜欢。每一期的封面都很用心，虽然不花哨，但给人一种有深度的感觉。可读性强的封面很棒。

小西：但这也很难。所谓知性的设计，反而不接地气，普通人会觉得"这是什么，学术杂志吗"？可能因此敬而远之。

王：我觉得《远近》很时髦啊。

小西：不过还是太知性了。《人民中国》是走这种知性路线，还是希望被更多的普通人阅读呢？估计是希望被更多普通人理解，那就不能太有个性。这样的话，封面还是用人像或八仙图之类的吧（笑）。

王：有时候真是矛盾，或者说进退两难。总之，国际传播杂志很难做（笑）。

编辑和排版设计之间的协作

主持人：到目前为止，《人民中国》还没有统揽全局的艺术总监。王先生的意图可能未能得到完全贯彻。

王：现在的做法是，先把原稿和照片交给日本的排版设计公司。版式返回来之后，先给编辑、日本员工看，最后由我审读，各自写下修改意见，再将其返给设计师，让对方按照指示意见做修改。所以，能传达清楚的意图相当有限。

小西：那倒是。

王：与设计师之间的交流，如果是以这种形式我觉得是行不通的。所以这周我们还会和那家排版设计公司交流，探讨今后有什么新办法。我们会向对方传达这个意思。

小西：记者的文字有想要表达的内容，摄影师的图片也有想要表达的内容。编辑要将这些总结起来告知设计师"做成这样的形式来展示"，由设计师排版定型，这是一般流程。日本的杂志起初也是这么制作出来的。不过，后来出现了"设计先行"的概念，也就是先考虑版面设计。

王：设计先行是对的。

小西：是啊。设计师很强势，"照片放这里，文字只要这么多放那里，标题文字大概是这么个感觉……"先做好大概版面，然后由摄影师和记者去填充，这种做法源自杂志工作室。自从设计先行的概念出现后，杂志版式有了飞跃性变化，变得好看多了。

王：其实我很早就提出来过设计先行的想法。遗憾的是，在《人民中国》依然还无法实施。因为排版和编辑在两个不同的地方分别进行，首先在空间上就不可能，将来如果能在日本召开编辑业务会议或许可行。又或者，编辑理解了艺术总监的意图，比如这里想要大图，就会给你好好拍来，但要是拍不出来，那就什么都无从谈起了（笑）。

视觉、视频、音频

主持人：现在日本的杂志，设计先行的多吗？

小西：多啊，尤其是那些强调视觉的杂志。以时尚杂志来说，我曾参与制作《GQ》杂志，其实是把美国康泰纳仕（CondéNest）出版社的杂志引进日本。当时美国派来了一位非常靠谱的艺术总监，我们完整接受了他们制作书刊方法的培训。对我来说，那时非常郁闷，觉得为什么非听不可呢？

虽然心里这么想，但杂志有杂志的做法，如果不大致按照规律去做，是很难顺利的。视觉类杂志从一开始就有其自身的逻辑和规律，越是依托视觉的杂志，越要按照规律办事，否则就会出错。只是今后，这种奢侈的时代已经结束了……

王：是啊。

小西：今后进入数码时代，那种轻松地用纸设计的杂志制作方法可能行不通了，基本上是需要能在数字屏幕上通用的。

王：电子杂志对版面的要求会不会更高呢？

小西：我想是这样的。可以加入可动元素，加入声音。因为加入了与读者双向互动的概念，杂志将从过去的二维变成三维。设计师如果不能把握这种时代变化，一定会举步维艰。不仅要照顾眼睛的感受，还要照顾听觉。

说起音频来，比如我有几张周璇的唱片，如果杂志里有这方面的内容，我可能会买（笑）。如果进一步做更复杂的，还能有影像……想想就很开心。

王：也就是用五感来阅读。也许电子杂志的设计会越来越接近电影吧。

重新包装的可能性与课题

主持人：《人民中国》的过刊也数字化了吗？

王：《人民中国》也在推进过刊的数字化。现在还在调整阶段，因为是50多年的积累，数量非常庞大。作为电子杂志的内容如果能很好地重新编辑的话，附加值还能增加。

过去的内容受时代限制，采访和摄影有很多不足之处。如果对这方面进行补充完善，就能成为优秀的选题策划。例如，50年前的北京或上海发生过这样那样的事情，那里现在变成什么样了呢？这种对比鲜明的采访会很有趣。

小西：这就需要编辑，或者说是编辑今后必须要做的事情。

要重新包装，首先要让过去的内容能被检索。也就是要弄清楚有多少内容还在沉睡，有多少已经分类存档。

王：过去的专栏和连载中有相当不错的内容。但是，简单重新包装就可以了吗？那也不行。有些内容《人民中国》只拥有连载时的一次刊载权。将来再使用这些内容的时候，如果不很好地处理，说不定会发生意想不到的问题。

小西：《人民中国》也有影像内容吗？

王：到目前为止还没有视频，但有照片。不过，历史上珍贵的照片大多来自新华社等其他单位。二次利用的时候还是有版权的问题，必须考虑成本。

小西：不仅是《人民中国》，和中国其他杂志的内容放在一起编辑有困难吗？

王：如果是完全不同单位出版的杂志，会有很多版权问题，但外文局旗下有《北京周报》《人民画报》《今日中国》《中国报道》这样的杂志，还有外文出版社，我们应该可以在其中交流版权。

主持人：比如温家宝先生访日的话，可以收集各刊上关于温家宝先生的报道，做成电子杂志出版。这种可能性是存在的吧？

王：现在已经开始了这样的尝试。上海世博会期间，外文局下属各杂志社同心协力，用中、英、日三国语言制作出版了《世博周刊》。

宣传效果与商业功能

主持人：电子杂志版在售卖的同时，也能起到为印刷版做宣传的效果。有人先看了电子杂志样刊，然后决定购买纸质印刷版。

王：日本出版界情况严峻，《人民中国》的销量也出现了小幅下降的趋势。但去年电子版的出现，令人抱有新希望。

小西：说个有点关联的事儿。我在数字好莱坞这所"大学"里，作为引导员每个月都会策划一次演讲会。主题呢，是"电子书的冲击"（笑）。第一次演讲会请的是作家们，第二次是杂志主编们，下个月我打算请学者讲些学术性话题。

我打算把演讲会的内容全部做成电子杂志，基本上是免费提供。虽然目前还处于试验阶段，但我认为，最初以数字方式免费展示，订阅者会增加十倍左右。因为是免费的，他们只需要先注册个人信息，然后就会给他们发邮件，吸引他们成为购买商品的顾客。

主持人：今后没有纸质版的电子杂志有可能成功吗？你觉得收费能卖得好吗？

小西：怎么说呢，我觉得很困难。就像电影那样，有预告，也可以试看，但赚不到钱。我觉得最终可能得通过购物或广告等方式赚钱。

如果要推出中国杂志的内容，我想应该在其中加入商务功能。淘宝已经和雅虎在开展这种合作了。我认为最终一定会和卖东西联系起来。在杂志中发现有意思的东西，拿出手机扫一下马上就能购买。现在大家都在考虑这些问题。您看过淘宝网站了吗？

王：日本版淘宝我还没看过。

小西：日文雅虎网站上建了一个中国商城。文字内容是机器翻译的，感觉怪怪的。我想看看有没有中国茶之类的东西，虽然没什么吸引我的（笑），但我也想试着买买看。

王：建议首先别从吃的，而从用的东西开始吧。比如茶的话，如果味道不如意（笑）……书倒是可以放心购买。

日本的软实力很强大

王：我觉得《人民中国》的读者将来会逐渐分化。中国国内现在也有学习日语的学生在看《人民中国》。不仅如此，和日本打交道的各级干部、翻译人员也都在阅读《人民中国》。

而且，在虚拟世界中与日本相遇，通过漫画、动画喜欢上日本的年轻人，将来走上社会后，也会把日语当作自立的手段进一步学习。这样，与日本的联系会变得普遍。特别是今后，中国人赴日旅游将会开放。今后来日本的中国人也有可能成为潜在读者。这样想的话，确实也有可能。

小西：现在，日本的软实力已经渗透到中国的年轻人当中了。

王：我的一个朋友的孩子现在是北京电影学院的大二学生，他的日语流利得让我吃惊，简直就像在说台词似的。

我问他是怎么学的，他说在网上看了很多日本动画片，因此迷上了日本。现在他在电影学院做游戏设计。他已经和母亲一起到日本旅行了两次，比如去秋叶原漫无目的地闲逛（笑）。

小西：这样的孩子很多吧。

王：亚文化的力量不可忽视。现在，北京的大学里经常举办日语辩论大赛，大赛前后的表演节目，基本上是 cosplay。我已经落伍了……明明我也是手办迷。

小西：王先生也是手办迷（笑）。今天我和王先生见面，发现您对日本文化非常了解，我觉得您一有机会就在媒体上露面，自己给杂志做广告就好了。比如总是身穿熊猫夹克，稍微做些引人瞩目的动作，等等。会有人嘀咕，那个大个子是谁呀？（笑声）

王：就像功夫熊猫那样（笑）。这也有点尴尬。

小西：我自己也是这样，初见《人民中国》杂志，就在想这是什么呀？因为大家首先并不知道它的存在。你们可以宣传说，这是一本在日本发行的中国杂志媒体，其中满载中国的各种信息，内容有趣、通俗易读。如果宣传做得好，让人体会到"啊，这篇稿子真有意思"，就能拉近与读者的距离。

王：今天受益匪浅。聊得如此投缘，真是相见恨晚。下次您无论什么时候来北京，都请来我那个"手办迷之家"坐坐。

上海世博会大阪参展执行委员会策划桥爪绅也：让我们一道弘扬亚洲价值观[1]

王：大阪以"水都"为主题参展"城市最佳实践区"，希望借此向世人传递怎样的理念？

桥爪[2]：我认为上海世博会是迄今为止最具时代特征的一届盛会。"城市，让生活更美好"的主题背后所蕴含的意义也非同寻常。21世纪是城市化的时代，全世界的城市都在互相借鉴发展经验，朝着建立新型城市的目标而努力。"城市最佳实践区"作为集中展示全球最具代表性城市的舞台，其设立本身就是一个助力世界发展的绝佳理念。

大阪是日本唯一一座参展"城市最佳实践区"的城市，这是一个莫大的荣耀。长期以来，大阪以环境为本制定城市发展规划。由于地处河流下游，大阪将水域纳入了城市建设的规划之中。我们将过去的经验和对未来城市发展的思路浓缩于"水都"这一主题中，希望借助上海世博会的平台，向全球展示历史、文化、环境保护与城市建设融为一体的发展理念及大阪在支持城市可持续发展领域的先进技术。"与水共生、与河共存"的理念是我们首先要传递的信息。

---

1 载于 2010 年 8 月号《人民中国》。
2 桥爪绅也，1960 年出生于大阪。京都大学工学研究系硕士研究生毕业，大阪大学工学研究系博士研究生毕业，工学博士。日本著名建筑学家、作家。曾出版《摩登都市的诞生》等著作。

王：40年前，您作为大阪的一名普通少年参观了大阪世博会，这是亚洲历史上首次举办的综合类世博会；40年后，您以科学家的身份将大阪模式带到了上海世博会。这两届盛会对您有怎样的意义？

桥爪：今年是大阪与上海缔结友好城市36周年。两市友好历史久远，人员往来频繁。此次大阪府和大阪市政府的联合参展在当地被视为一件大事。

大阪曾于1970年举办世博会，是亚洲第一个举办世博会的城市。我们大阪人深知世博会的重要性。当时的我还在念小学四年级，却先后18次参观了世博园，几乎走遍了每一座场馆。在世博园，我平生第一次接触到外国人，和他们握手、索要签名，见识了许多国外的东西，还收集了各场馆的图章。世博会是世界的载体，是通往世界的一扇门。

孩提时就有幸接触全世界各种各样的文化和技艺，我不禁感叹"这就是世界啊"。当时，我渴望有朝一日能从事和世博会有关的工作。通过世博会，我学到了许多东西。我想现在上海的小朋友们也同样能从上海世博会学到不少东西吧！很早以前上海就开始和世界沟通，今年是她又一次与世界牵手。上海的小朋友们肯定能感受到我在1970年所经历过的那份感动。世博会搭台，全世界唱戏。大阪和上海的人民从此将共同分享这份荣耀。两市的友好关系也将得到进一步的深化。

王：举办世博会对于推动城市的发展有何意义？大阪世博会曾向世界展示了许多先进城市的发展理念，而上海世博会将为世人做出怎样的贡献？

桥爪：世博会为全世界提供了一个实验室，一个尝试新鲜事物的地方。在大阪世博会上，局域网络通信技术获得了尝试。利用这种当时最先进的通信技术可将覆盖各场馆的制冷系统、电子显示板内容等信息集中处理并传输至各区域。此外，作为在大阪世博会上亮相的发明，自动步行道技术已在今天得以普及。而在建筑领域，出现了类似充气帐篷那样的膜结构房屋，此后这种新型建筑形式也被迅速推广至全球。世博园就像一座只开放6个月，其间每天接待40万游客的临时城市。上海世博园就是这样一座每天接待几十万游人，开放半年的试验城。那里是孕育新技术的孵化器。像电力巴士、LED照明、太阳能发电等新技术实验，存在于世博园的每一个角落。今后它们将会成为解决城市发展问题的有效途径。这也是大阪世博会曾走过的路。

新的尝试势必会结出丰硕的果实。这些成果大多会被用于解决各种社会问题。世博会所展示的新科技今后将走向世界。

此外，我预计在建筑设计、会展、摄影等领域将会有许多才华横溢的新人脱颖而出。当年的大阪世博会就培养了不少三四十岁的艺术家和设计师。在上海世博会上发挥了才干的年轻一代,今后必将活跃于世界的舞台。

王:同处亚洲的上海和大阪,不仅是一对有着30多年友好关系的姐妹城市,自古以来两地的许多民俗传统和人文价值也都非常接近。您认为世博会对这两座城市有着怎样的意义,对于亚洲又有怎样的意义?

桥爪:上海也将和大阪一样拥有举办世博会的美好记忆,这也有助于推动两地进一步深化、发展友好关系。大阪世博会的主题为"人类的进步与和谐",与欧美倡导"进步"的世博会主题不同,强调了"和谐"的重要性。这也和上海世博会"城市,让生活更美好"的主题以及中国建设"和谐社会"的主张不谋而合。

西方强调"进步",东方重视"循环"。时代在变,这种价值观和思想却未曾改变。今后,大阪和上海,日本和中国都将向世界传递更多的亚洲价值观。

生存忧患中的共同体意识

——透视日本灾难片[1]

"3·11"日本特大地震的发生，一下子让2011年的春天变得异样：樱花照常开谢，但经历特大地震、海啸灾害之后又笼罩在灾害引发的核电站事故的阴影下的岛国邻居日本，许多人已经无暇像往年那样欢聚在樱花树下赏樱了。数码技术的普及使得这场灾难发生时的许多细节被现场的人们记录下来。电视报道中，地面大幅开裂，高达10米的海浪卷走船只、列车和飞机，淹没农田、房屋，抹平村镇的画面令世界瞠目结舌。人们热议这场灾难的场景与灾难片中描述的暗合。在中国，广州青宫电影城在日本特大地震发生后，独家上映了2006年版《日本沉没》。相关报道说，影城此举是想让观众真实体验末日灾难的同时，更多地反思生存境遇，深入思考灾难、死亡和生命的话题。

日本的灾难片再次成为话题，无疑有和现实比照的直接关系。此次特大地震

---

[1] 载于2011年7月号《对外传播》。

发生后，日本国民处变不惊的态度成为国人关注的话题，而危机意识、牺牲精神、爱的力量等在这些影片中都有反映。在更深的层次上，日本民族在面对生存忧患时得到反复锻造的共同体认识以及独特的文化认同再次得到强化，这在日本的灾难片中也不断被提及。

上面提到的《日本沉没》，就是日本灾难片的代表作之一。20世纪70年代初，作家小松左京的长篇小说《日本沉没》问世，引发了轰动。出版不到一年，便再版100多次，发行量高达400万册，打破了当时日本畅销书的纪录。1973年，该小说第一次被森谷司郎导演搬上银幕，一经上映，便引发了不亚于小说的轰动，获得了大约40亿日元的票房收入，观众累计达880万人次，在美国、加拿大、西德、瑞典、芬兰等海外上映也获得了成功。中国在20世纪80年代中期引进了这部电影。2006年，时隔33年之后，导演樋口真嗣在对原作做了大量改动的基础上，将故事背景改为21世纪的日本。这部耗资20亿日元的日本电影史上投资最高的电影，目标观众人次直指1000万人，并在法国、韩国、新加坡、泰国、菲律宾、中国等国家大受好评。

1973年版以写实的笔法，虚构了日本列岛的沉没。海洋地质学家田所雄介博士在跟踪研究中，发现了日本列岛将要沉没的征兆。越来越多的事实无情地证实着他的推断。在接连不断的地震、海啸和火山喷发中，人们纷纷转移资产，想方设法地逃往国外，内阁策划向世界各地输送移民，世界各国对此出台了各种不同的对策。影片最后以日本列岛沉没在太平洋的波涛中，日本人流落世界各地而告终。

2006年版电影着力描写了面对突如其来的自然灾难，惶恐气氛下的人们却不乏乐观与从容。科学家小野寺俊夫在救援过程中爱上了阿部玲子。为了让无法移民的日本人获救，小野寺毅然操作海神号潜艇潜入海底7000米处，引爆高能炸药，使日本与下沉板块一刀两断。

1973年版电影拍摄时，日本正在经历石油危机，物价上涨、抢购成风，社会动乱；而2006年版电影则完成于日本的泡沫经济崩溃、阪神大地震创伤初愈、日本民众心理脆弱不堪的背景下。

一个故事，两个时代。20世纪后半叶复兴时代的忧患与21世纪初停滞时代的忧患形成了鲜明的对照，日本民族"进亦忧，退亦忧"的忧患意识通过"日本沉没"这一主题顽强地照射到现实中来。

在老版电影中，日本完全陆沉，在新版电影中，调整为日本沉没得到部分遏止；田所博士不仅在新版中年轻化了，而且从被动地与日本共存亡调整为主张炸断下沉板块拯救部分日本国土；小野寺也从一个流亡异国的移民被改写为引爆强力炸药拯救日本的英雄；阿部玲子的角色则从一个追随男人的富家女被改写成领养了一名孤女的东京消防局的女消防员。在新版电影中，操纵日本政治的老人不见了踪影，而小野寺的母亲替代了誓与日本共存亡的田所博士；日本首相的角色也由一个人变为多个人，甚至出现了鹰森沙织这样的与配偶离异的女政治家。

不同时代背景下，从男权中心向女性主义时代的过渡、从上流社会意识向"草根"意识的转变、从老人政治向年轻力量崛起的变迁，时隔30多年的两部同名电影的不同描写折射出日本社会、政治、家庭、观念的"年轮"的变化。不变的是日本民族在深刻的生存忧患中形成的强烈的共同体意识。生存忧患使日本人笃信大自然也是有生命的。面对大地的生命运动，日本人表现出虔诚的敬畏。两部影片的开头有一个没有丝毫变化的镜头，那就是新干线列车从巍峨的富士山背景下疾速驶过。这个画面隐喻了现代化文明在大自然面前的脆弱，就像是如来佛手心中的孙悟空。

由此敬畏心出发，万物有灵的意识深入人心，即便是动物、植物、山川都是岛国共同体的有机组成部分。猪股隆一导演的《柴犬奇迹物语》就反映了人与动物的共同体意识。故事说的是，2004年新潟县发生里氏6.8级地震，摧毁了山古志村。灾难中，老人被压在了橱柜下面动弹不得，宠物狗柴犬玛丽不断鼓励老人直至获救。后来，村民们全部乘直升机撤离，玛丽却被留在了村里。在食物匮乏的情况下，它努力照顾新生的三只幼犬，最终和老人团聚。

这种共同体意识多见于东亚的灾难片。中国的《唐山大地震》虽然侧重描写心灵重建，但某种意义上也反映了这种"一个都不能少"的共同体意识。相比而言，同样是灾难片的好莱坞电影《2012》，则更多地反映了基督教文明的背景：少数人和物种获救，乘上方舟躲过大洪水是这部电影的结局。

两个版本的《日本沉没》所呈现的变化，还可以见诸对国际关系的描述。在1973年版电影中，首相为了让日本民众移民，向澳大利亚总理送国宝；而2006年版电影中的送礼对象被调整为美国。在1973年版电影中，中国海军派遣小型军舰帮助运送难民；而在2006年版电影中，中国的向阳红科考船前来帮助在下沉板块上打钻。在两个版本中，在面对灭顶之灾时，编导都表现出对邻居中国的信任与期待。事实上，此次东日本大地震发生后，中国对灾害的报道和救援方面的努力，也都印证了影片对中国的想象。永远的邻居，是横亘在中日两国之间的现实主题。大灾面前，人类同属一个共同体，作为东亚的邻居，中日两国在各自遭遇震灾时彼此所给予的援助证明了这一点。

　　此次震灾给日本人带来的心理创伤是深重的。《唐山大地震》等多部灾难片在日本的停映就充分说明了这一点。历史上，照顾到灾难造成的心理创伤，日本与现实有关的灾难片的推出一般需要一段时间的积淀。反映核武器恐怖记忆的日本特有的类型电影《哥斯拉》大约出现在核打击10年之后，2006年版的《日本沉没》则完成于阪神大地震10年之后。一位日本学者告诉我，也许反映这次强震的灾难片要等到10年以后才会问世。不管怎样，如果真有这样一部电影，地震灾难与核事故灾难在影片中如何表述将非常值得关注。

日本国际交流基金理事长安藤裕康：通过文化交流深化两国互信[1]

王：此次是您就任国际交流基金理事长后的第一次访华吗？

安藤：是的。不过我之前也来华访问过多次。我第一次访华，是为了参与创办北京日本学研究中心的前身——大平学校。那时是20世纪70年代末，正值改革开放之初，中方向英国、法国、日本等国寻求外语教育方面的合作。为了在中国发展日语教育，日中双方达成共识，在北京创办为中国培养日语教师的机构，我参与了筹备工作。前首相大平正芳访华时正式达成协议，为中国日语教育人才的培养做出了重要贡献。

王：您在外务省工作期间多次访问中国，见证了中国改革开放的各个阶段。有什么令您印象比较深刻的地方？

安藤：我曾多次访华，其中最具代表性的例子是，20世纪80年代中期，中国外交部计划邀请日本的中坚骨干领导访华。日本外务省的多位中层干部也受邀到中国进行为期三周的参观学习。我们参观了西安、上海、广东等地。当时担任向导的是现任驻日公使韩志强先生。

另一次给我留下深刻印象的访华，是20世纪90年代中期，我作为秘书官陪同前首相桥本龙太郎访问沈阳的"九·一八"历史博物馆。这是日本首相首次访

---

1 载于2012年4月号《人民中国》。

问这类机构。

第三次给我留下深刻印象的访华，是2007年我作为内阁官房副长官助理，也就是外交顾问，陪同前首相安倍晋三访问中国。日中战略互惠关系就是那个时候首次提出的。

中国在这30年里发生了巨大的变化。以（首都）机场为例，从20世纪70年代末期的林荫公路，到后来修建的高速公路，再到在对华ODA（政府开发援助）的贷款援助下建成的2号航站楼，到现在比成田机场更气派的3号航站楼，（首都）机场的发展令人惊叹。

王：您在欧美工作过很长时间。从文化交流的意义来说，日本与欧美的交流和与中国的交流各有怎样的特点？

安藤：确实，在41年的外交官生涯中，我在欧美工作的时间很长，总计超过10年。我在华盛顿工作过两次，也在纽约、伦敦、罗马工作过。在欧美时，我总有生活在异国他乡的强烈不适感，而且欧美对日本文化的关心程度也并不那么高。

我当过驻意大利大使，日本人每年去意大利的有100万人，而从意大利到访日本的只有5万人，学习日语的意大利人也非常少。与此相对，中国对日本的关注度非常高，在中国，日本产品随处可见。有83万中国人在学习日语，对日本文化感兴趣的人也很多。我认为这与两国同属儒家文化圈，拥有许多共同历史，而且文化交流历史很长有关。欧美和中国确实不一样。

相反，正因为是近邻国家，日中之间不可避免地会发生纠纷矛盾。要克服纠纷矛盾，需要相互理解和相互信任。而文化交流对于深化互信关系起到了很大作用。我认为，进一步促进文化交流是国际交流基金的职责所在。

王：今年3月11日是东日本大地震一周年，在北京的国家大剧院举行的"日本东北民俗表演、鬼太鼓座和音乐家访华公演"大受欢迎。其中既有传统内容，也巧妙地融入了爵士乐元素，取得了非常和谐的效果，很有意思。

安藤：你的观察很敏锐。这次演出不仅有太鼓，还融合了爵士乐、三味线、冲绳三弦等元素，将传统文化与现代文化巧妙结合。我们是想向世界传递一个整个日本正在为重建复兴而努力的形象。

东日本大地震后，为了感谢来自中国的援助和鼓劲，我们特别在节目中加入了岩手县大槌町传承四百年的传统艺能——臼泽鹿子舞蹈，演出效果非常棒。这次演出也将在上海、重庆、广州、香港举行。

王：两国各地方之间的交流将成为今后中日交流的重要内容。请您谈谈国际交流基金今后活动的重点。

安藤：国际交流基金不仅在北京，也在中国全国广泛开展文化交流。我们与各地的市图书馆或大学合作，在11个市开设了形式多样的"交流空间"。在这样的"草根"交流之外，青少年交流也是国际交流基金开展活动的重点，与肩负未来的孩子进行交流非常重要。因此，从5年前开始，日本大力开展了针对中国高中生的长期交流和短期交流，国际交流基金也参与其中。以邦交正常化40周年为契机发起的"2012年中日国民交流友好年"活动，国际交流基金也将倾力配合。除了此次鬼太鼓座等的访华公演，我们还在考虑组织现代美术展、建筑展、能剧与昆剧共同制作演出等诸多项目。

王：听说前几天刚就任中日友好协会会长的唐家璇先生上任后会见的首位日本客人就是您啊。

安藤：我很早就和唐家璇先生认识了，也多次会面。这次我们达成共识，今后中日友好协会和国际交流基金要深化合作关系，积极推进两国之间的友好交流事业。

另外，唐会长谈到，像20世纪80年代的电视剧《阿信》、山口百惠的"红色系列"等在中国都很受欢迎，希望我们能向中国介绍更多日本优秀的电视剧、电影，发现新的"高仓健"、新的《阿信》。我们也谈到了平衡的人文交流，以及老龄化、全球变暖、核电的未来等两国当前共同面临的课题，日本和中国应该围绕这些全球性问题开展研究。

我想，由唐会长这样有着丰富经历和高尚人格的人士担任中日友好协会会长，是众望所归的。中国是一个对日本而言十分重要的国家，而且今后会变得更加重要。作为日方一员，我会认真致力于加强与中国的文化交流。

以文化交流增进了解扩大互信[1]

2012年6月初,在国务院新闻办公室主办的第七届中日媒体对话会上,播放了一段1972年9月田中角荣内阁总理大臣访华会见毛泽东主席、周恩来总理的新闻简报完整视频。

日方参加过当年报道的老媒体人,著名评论员田势康弘先生看着画面流下了眼泪。今天即使通过视频去看,仍然能够感到当年政治家的睿智和雄才大略。

回想起来,当年邦交正常化的时代背景与国际环境,与今天相比简直不可同日而语。单单是政治制度和意识形态的差异就非常巨大,实质性的互利互惠还远远谈不上。

中日邦交正常化的实现,除了当时中日两国政治家的睿智果断,还有一个重要的因素特别值得一提,那就是在此之前,中日两国有长达20年以上基础深厚、范围广泛的民间交流。月刊《人民中国》就是在这样一个大背景下应运而生的。

可以说,中日邦交从无到有的过程,是那个时代人民外交的重要成果。今天,我们更加强调公共外交,其实精神实质都是一样的,就是要注重人的工作。从官到民,要做深入细致的工作。这是我们对日工作的一个独特的优良传统,特别值得继承与发扬。

40年过去了。现在中日之间经济上和科技上的互利互惠规模巨大,人员往来既超过中国与其他国家间的规模,也超过以往历史上交往的规模。

但是,随着两国关系从正常化向平常化的过渡,各种深层次的问题陆续浮出水面;发展的此起彼伏、历史文化观念的差异、现实利益的冲突与摩擦,都使"不惑之年"的中日关系受到严峻的考验。两国的互信,特别是两国人民之间互信的重建,已成为一个今天不容回避的课题。据最近日本《读卖新闻》报道,日本民间组织的一项最新调查显示,84%的日本人对中国持不好的印象,达到2005年以来的最高水平;同样,65%的中国人对日本也持不好的印象。这个问题需要我们高度重视。

---

[1] 2012年7月27日在中国国际友人研究会与日中未来会举办的联合座谈会上的发言。

以史为鉴，当年在民间交流层面，人与人之间的交往曾经留下许多佳话。仅以《人民中国》为例，许多老读者至今还记得当年中国政府和人民对他们的真挚感情。

是什么原因使他们成为40年不渝的《人民中国》的铁杆读者？文化交流的象征意义和深入心灵的魅力在打破媒体封锁方面起到的作用十分巨大，这个传统非常值得梳理与总结。

以拍摄《水俣病患者及其世界》而名垂纪录片史的日本著名导演土本典昭就是《人民中国》的忠实读者，早在50年代他就组织友好人士巡回放映《白毛女》《钢铁战士》《六号门》等中国电影；70年代，他所拍摄的反映日本公害问题的电影片段也在中国放映，对中国公众了解战后日本发挥了积极作用。日本松山芭蕾舞团率先将中国歌剧《白毛女》改编成芭蕾舞剧，在日本引起了不小的反响。

自邦交正常化到《中日和平友好条约》签订之后的最初几年里，堪称中日友好的"蜜月期"。中日首部合拍电影《一盘没有下完的棋》在两国产生了很大的影响。包括电影、戏剧、音乐、美术在内的大众文化交流发挥了重要的、不可替代的打动人心、塑造心灵的作用。那时候，一部《追捕》可以创造8亿观影人次的纪录；《血疑》《阿信》等电视剧和《铁臂阿童木》《聪明的一休》等动画片影响了整整一代人。

随着市场经济发展，更加商业化的文化交流越来越成为主流，人员交往的面也越来越宽。好莱坞大片的冲击和韩国商业电影的成功，使我国近年的电影制作也受其影响：一方面，技术应用和内容创新有一定的突破；另一方面，急功近利，片面追求票房的现象也愈演愈烈。

尽管在这样的情况下，国产电影中还是有一些可圈可点的作品与人，在增进了解、美化心灵方面继续发挥着重要作用。2011年年底，日本财团策划了一个中国电影人赴日地方基层交流的活动。我作为参与者，陪同导演霍建起走完全程。在日本的一个个地方城市——广岛、竹原、尾道、今治、松山，每到一处霍导演的影迷都成群结队地等待着与他交流。一部《那山那人那狗》的持续效应远远超过了我们的想象。

这样的直击现代人心灵的导演和作品，在中国还有很多。不是只有大制作的电影才有这样的效果。电影这个领域，完全可以作为文化交流的先锋，发挥其优势，讲出动人的中国故事，把和人类普遍情感相融会的当代中国人的喜怒哀乐艺术地传达给日本观众，相信一定会起到提升中国形象的独特作用。

《非诚勿扰》的成功在日本各地方引起追捧，大家也急功近利地想把这一成功在本地复制。但是人们恰恰忘记了一个重要前提：如果没有30多年前以北海道为背景的电影《追捕》《狐狸的故事》《远山的呼唤》、歌曲《拉网小调》，甚至包括被误以为产自北海道的著名歌曲《北国之春》在几代中国观众头脑中发酵的过程，这部影片的成功将会大打折扣。

这也启示我们，文化好感需要积累，有时需要几代人的培育。试想，如果没有战后许多韩裔背景的歌手、演员（我们可以列出美空云雀、山口百惠、松坂庆子、崔洋一、松田优作等一系列艺人名单），90年代以来的"韩流"异军突起几乎是不可想象的。

而"韩流"的袭来，在改善日韩国民感情方面所发挥的作用应该说有目共睹。尽管日韩之间在历史问题、领土问题等方面摩擦不断，冲突迭起，但裴勇俊等流行文化的形象仍俘虏了许多日本粉丝的心，其在缓解危机方面的作用也是显而易见的。

从跨文化传播的角度思考，我们除了应重视当今新闻媒体的导向作用，对于大众文化，特别是影视文化所发挥的动人心弦、润物无声的作用也应该给予更多的重视。

为什么影视文化值得特别关注？纵观近代历史，伴随着技术进步与转型升级，有虚实两条信息需求线索一直并行。19世纪的欧美，代表性的文化生活是歌剧、小说与报纸；20世纪，全世界都在关注电影与报纸、电视。21世纪的数字与网络时代很可能将纸质媒体（报刊）与胶磁媒体（影视文化）高度融合于数字介质，但不变的仍然是我们获得实时信息（新闻媒体）的需求与寻求心灵慰藉的信息（文化媒体）需求。从舞台到影视，综合类文艺完成了工业化转型，汇聚了文化领域的各种要素，文学、美术、音乐融汇其中，因此影视文化在大众文化中占据着特别的位置。

当然，影视交流之外，其他层面的文化交流也同样起到重要的作用。文学作品的互译在增进两国人民对内心世界的了解上起着不亚于影视作品的作用；同样，我们不会忘记松山芭蕾舞团的《白毛女》曾给日本带来的震撼，也不会忘记四季剧团的音乐剧《李香兰》营造的和解气氛；歌曲《北国之春》引发了几代人对北国冰雪世界的美好联想，《无锡旅情》也曾引得无数日本游客对江南心驰神往；女子十二乐坊曾经在2005年前后风靡日本，日本的流行音乐组合在中国迷倒许多年轻人。今天，99人委员会带来的马林巴乐队演奏给我们的文化交流吹来一股别开生面的新风，相信涓涓细流汇成江河，一定会壮大文化交流的声势，发扬文化交流的魅力。

今年，我们迎来了中日邦交正常化40周年。在这个本应不惑的年份里，发生着许多令我们充满困惑的现实问题。遗留的老课题以及出现的新课题都需要我们用新智慧摸索着去解决。《人民中国》纪念邦交正常化40周年特辑的定位是"智慧与感动的40年"，我们想说，今天既需要新的智慧解决现实政治问题，也依然需要用许多感人的故事丰富我们的心灵。

展望新世纪，从"正常化"走向"平常化"的中日关系，机会和困难都会不少。改进两国关系，特别是影响国家关系的民意基础，今后四个方面尤为重要，那就是"草根"交流、青少年交流、地方交流、文化交流。

"草根"交流是民间交流传统的延续，是人民外交在今天的时代背景下不断扩展的结果。包括NGO、个人、网民在内的交流，给民间交流的创新提出了新课题。这是时代进步的重要表现。

青少年交流的重要性不言而喻，直接关乎中日世代友好。结合时代的变化，青少年交流也亟待创新，流行文化要素在青少年交流过程中的积极因素和消极因素都值得研究。两国都应该有意识地加强对青少年的文明史教育、近现代史教育、国际主义意识教育。

地方交流也是中日交流的良好传统，友好城市之多在中日两国之外尚不多见。近来，伴随着地方协作机会的增加以及旅游市场的进一步开放，地方交流出现了新一轮高峰。在此过程中，除了经济上的互利互惠，还应该在加大开发深层次、高品位的文化魅力上更加努力。地方政治家应该承担起这样的历史责任，而不是起相反的作用。

支撑跨阶层、跨世代、广地域交流的重要无形资源，就是文化。文化交流的特别意义也就在这样的时代背景下凸显出来。文化交流的传承与创新是一个重要的课题。在今天，文化交流依然离不开经济的支持，在互利互惠过程中得到实惠的两国企业应该有长远眼光，以贡献社会的使命感和责任感支持文化事业和文化交流，而不仅仅是利用文化。

真正有品位的文化如果能够在交流过程中实现跨地区发展，则东亚地区的整体文化复兴也就大有希望，这将为民间互信的改善夯实认同的基础。

"不惑之年"中日民间外交再认识[1]

中日邦交正常化实现40周年了。现在中日之间经济上和科技上的互利互惠规模巨大，人员往来既超过中国与其他国家间的规模，也超过以往历史上交往的规模。同时，这40年也是中国走出封闭，走向开放，走向民族复兴的重要时期。

随着两国关系从"正常化"向"平常化"的过渡，深层次的问题陆续浮出水面。发展的此起彼伏、历史文化观念的差异、现实利益的冲突与摩擦，特别是"主权纠纷"正取代"历史问题"不断升级，"不惑之年"的中日关系受到严峻的考验。

在中国的周边外交格局中，日本既是一个大国，又是一个无法回避的邻国。而中日之间问题的复杂性在于，在政府层面国家利益的博弈之外，民间层面的情绪也发挥着重要的民意作用，对政府决策导向产生影响。

---

[1] 载于2012年9月号《对外传播》。

据日本《读卖新闻》报道，日本民间组织的一项最新调查显示，84%的日本人对中国持不好印象，达到2005年以来的最高水平，同样，据中国权威机构调查，65%的中国人对日本也持不好印象。两国的互信，特别是两国人民之间互信的重建，成为今天民间外交和对日传播不容回避的课题。

比起今天的困境，当年邦交正常化的时代背景与国际环境要艰难得多。单单是政治制度和意识形态的差异就非常巨大，实质性的互利互惠还远远谈不上。中日邦交正常化的实现，除了当时中日两国政治家的睿智果断，还有一个重要的因素，即在此之前有长达20年以上基础深厚、范围广泛的民间交往。中日邦交从无到有的过程，是那个时代人民外交的重要成果。人民之间的好感与互信正是在这样的背景下一点一滴积累起来的。

月刊《人民中国》就是在这样一个大背景下应运而生的。《人民中国》的许多老读者至今还记得当年中国政府和人民对他们的真挚感情。40多年前，山梨县日中友协的老前辈神宫寺敬受周恩来总理邀请来中国参观，周恩来总理所展现出来的个人魅力和新中国的大国风度深深地感染了他，后来他就成为《人民中国》的稳定读者。20多年来，每年10月初他都要到北京来为他的夫人过生日。

神宫寺老先生告诉笔者，他的中国情缘来自两个因素：一个是人与人结成的相互信赖的纽带，一个是新中国文化深入心灵的经久魅力。

今天，我们强调公共外交，仍然是要注重人的工作。现在交流的渠道畅通，大国外交、高层峰会、各种各样的大型活动不胜枚举。但不应忘记，越是关系平常化，日常性的工作，针对普通人的工作，越应该加强而不是削弱。

从"正常化"走向"平常化"，改进两国关系特别是影响国家关系的民意基础，今后四个方面尤为重要，那就是"草根"交流、青少年交流、地方交流、文化交流。

"草根"交流是民间交流传统的延续，是人民外交在今天的时代背景下不断扩展的结果。包括NGO、个人、网民在内的交流，给民间交流的创新提出了新课题。这是时代进步的重要表现。

青少年交流的重要性不言而喻，直接关乎中日世代友好。结合时代的变化，青少年交流也亟待创新，两国都应该有意识地加强对青少年的文明史教育、近现代史教育、国际主义意识教育。

地方交流也是中日交流的优良传统，友好省县和友好城市之多在其他国家之间尚不多见。近来，伴随着地方协作机会的增加以及旅游市场的进一步开放，地方交流出现了新一轮高峰。在此过程中，除了经济上的互利互惠，还应该加大深层次、高品位的文化魅力开发的努力。地方政治家应该承担起这样的历史责任，而不是起相反的作用。

支撑跨阶层、跨世代、广地域交流的重要的无形资源，就是文化。文化交流的特别意义也就在这样的时代背景下凸显出来。在市场化不断推进的今天，文化活动当然离不开经济的支持，在互利互惠过程中得到实惠的两国企业应该有长远眼光，以贡献社会的使命感和责任感支持文化事业和文化交流，而不仅仅是利用文化。真正有品位的文化如果能够在交流过程中实现跨地区发展，则东亚地区的整体文化复兴也就大有希望，这将为民间互信的改善夯实认同的基础。

我们的对日传播在主攻方向上应该在上述四个方面认真地谋篇布局，制定好战略，以应对网络时代民粹主义喧嚣背景下的新情况，针对对象国受众解疑释惑。

日本最近20年经历了战后历史上最漫长的相对停滞期，对中国的心态波动在普通民众层面非常普遍；东日本大地震后重建带来的压力进一步加深了弥漫在社会上的沮丧心理，特别是老龄化和少子化的趋势导致了对未来的悲观看法；而日本的各类媒体对中国的发展介绍得并不全面，充满敌意或偏见的报道经常见诸报端或电视；网络上歇斯底里的民族主义喧嚣以及现实中某些政客丧心病狂之举，在毒化中日关系方面明显地收到了某些"成效"。日本的这种绝望的、破罐破摔的病态民族主义情绪必须调整，否则，最终受伤害的还是日本人民。

中国的跨文化媒体要借助文化"走出去"战略积极主动地加入到针对日本人民的工作中去，中日经济结构的互补性、历史文化的互通性、传统价值观的同源性为两国人民提供了互惠互信、世代友好的重要基础。

在日常活动中不仅要凭借新闻媒体的敏感反应及时说明发生的事件，还要借助动人心弦的文化力量渗透心灵。这里特别值得一提的是影视文化的重要作用。

为什么影视文化值得特别关注呢？纵观近代历史，伴随着技术进步与转型升级，有虚实两条信息需求线索一直并行。19世纪的欧美，代表性的文化生活是歌剧、小说与报纸；20世纪，全世界都在关注电影与报纸、电视。21世纪媒体介质可能殊途同归，最终走向数字化，但不变的仍然是我们获得实时信息的需求与寻求心灵慰藉的需求的并存。从舞台到影视，综合类文艺完成了工业化转型，汇聚了文化领域的各种要素，文学、美术、音乐融汇其中，因此影视文化在大众文化中占据着特别的位置。

在《中日和平友好条约》签订之初，一部日本电影《追捕》，在中国创造了8

亿观众人次的纪录，对一代人的生活带来了深刻影响。21世纪初，在中国名不见经传的电影《那山那人那狗》，在日本的岩波电影厅上映一年半，后来又在日本各地巡映，慰藉了一代人的心灵；《非诚勿扰》更是在日本各地引起了希望复制此类电影的热潮。

伦敦奥运会开幕式给我们的一个重要启示就是，20世纪最有影响力、最有群众基础、最经久不衰的文化形式就是电影和流行音乐。它们既是"激励一代人"的最好手段，也是沟通两国人民的有效路径。

我们要借助国家形象资源，积极主动开展跨文化传播。而国家形象的形成是一个历史的过程，国家形象作为一种软资源直接影响着对外传播的效果。"民气"与素质就和国家形象息息相关。

要看到，由于中华民族的复兴之路还很漫长，在复兴的过程中我们始终需要不断地调整自我心态和提高自我素质。为了民族尊严、民族利益，表达人民的意志，"民气"当然非常可贵。但要使它真正发挥作用，就要化"民气"为民智、民力，使它真正造福于国家和人民。爱国的激情与大国的理性要有机地统一起来。

我们需要一种崛起的健康大国心态，既走出历史悲情，同时又秉持"对人类做出较大贡献"的情怀。我国的和平发展战略和和平外交政策，以及世界和周边的国际环境，都要求我们的人民具有更高的理性看待国际关系的博弈，以最高明的智慧在高度竞争的世界民族之林中与绝大多数国家和平共处，并实现国家利益的相对最大化。

因此，最为艰巨的任务可能就是"在改造客观世界的同时改造我们的主观世界"。我们要在坚持做好对日传播工作的同时提高我们自身的素质，调整、保持一种与正在崛起的负责任大国相称的健康心态。

探索中国文化有效传播新路径[1]

作为一个跨文化传播的媒体,《人民中国》以在日本发行为主,历史上曾经是日本公众了解中国的唯一窗口。即便在了解中国信息的渠道已经高度多元化的今天,《人民中国》仍保持着每年上万份的发行数字。这在跨文化传播出版史上也算是奇迹了,因为我们的杂志是靠读者花钱买,而不是赠送。

但是在办刊过程中,《人民中国》也面临着多年无解的困惑,那就是进一步扩大中国影响,进入主流渠道这个梦想实现起来非常艰难。日本在亚洲算是文化跟我们比较接近的国家,即便在这种情况下,我们要进一步增加读者,扩大杂志的影响也非常艰难。

60年来,《人民中国》行之有效的选题主要集中在社会生活和文化价值报道,但如何切入一直是一个问题。

从前,我们的记者习惯以异国情调的选题吸引读者,在相对封闭的情况下,这种做法有一定效果。但有一次,一位日本摄影家以关注日常生活中的人为切入点的作品令我震撼,此后,如何扭转异国情调,克服自我东方主义情结,就成了我工作中的一个艰难课题。

如今,问题以另一种形式表现出来。在介绍当代中国社会变化的过程中,我们习惯转向宏大的叙事手法,但这种轰轰烈烈的表象与对外传播效果往往不成正比。包括日本人在内的外国受众,他们还是喜欢普通人的生活和普通人的故事。

2004年前后,我曾经在《人民中国》主持策划了一个栏目《13亿人的生活革命》,引导记者以微观手法贴近普通民众的生活细节,结果这个栏目一度引起日本受众的关注。日本电视台还咨询过选题线索。但是遗憾的是,这个选题虎头蛇尾,没有坚持下来。

在文化价值层面的传播上,我们往往特别强调对外输出儒家文化。殊不知,儒家文化通常情况下是有关修养与教化的做人准则,直接推销反而有说教之嫌。

---

[1] 2012年12月在北京师范大学中国文化国际传播研究院举办的"世界文化格局与中国文化机遇"国际研讨会上的发言。

其实，日本人很熟悉先秦思想；近代以来，阳明学在日本也很有影响力。武士道精神的产生与儒家思想在日本的传播关系密切，其他先秦思想的影响遗留在日本也比比皆是。

我在实践中发现，比起儒家思想，作为先秦思想中哲学意义最强的道家思想在跨文化传播中更有优势。大家可以回忆一下，在《卧虎藏龙》《功夫熊猫》中，中国文化要素主要集中在"道"上，《舌尖上的中国》其实也是靠食文化中的养生智慧取胜。《人民中国》曾经做过道教文化的连载，其中谈到道教哲学思想的时候，日本读者产生了非常强烈的共鸣。因此，一个初步结论是，跨文化传播中应该加大对传统哲学层面的资源发掘。

跨文化传播中还有一个行之有效的利器——美学层面的资源。这是一种超越意识形态，超越价值观的直观资源，寓教于乐，润物无声。

近年，日本主张"文化产业立国""观光立国"，"可爱""酷日本"等文化现象影响海外。日本的外宣杂志《看日本》里边完全没有大道理，都是动漫Kitty猫、日本美食、日本美术、日本街道、日本人日常生活等诉诸美学的日常性话题，浅显易懂，定位并不很深奥。很多中国年轻人都挺喜欢这本杂志的。

我们似乎也开始意识到以整体性的美进行文化输出的特别意义了。十八大提出的"美丽中国"概念，为我们发掘"美"预留了巨大的空间。这是我们的自信增强了的表现。想想看，历史上我们的外宣常名之以"人民之声"，和"美国之音"看似差别很小，细想起来，"声"是强调声音（政治立场、人民呼声等），"音"强调乐音（好莱坞、迪士尼、百老汇等）；"声"倾向于表现道理和力量，而"音"倾向于表现文化、美与自信。

中国的对外传播经过很多年的探索、发展逐步走向成熟与自信。《人民中国》早期完全是"声"，即政府声明、时政评论等。后来我们注重"音"，从摆事实讲道理，到摆事实不讲道理，表现普通人的生活，这是一个了不起的转变。

视觉作品可以反映人们的喜怒哀乐，在传播上有非直接、潜移默化的特点，更容易使读者形成深刻难忘的印象，让受众整体地、立体地得到心灵感受，比较容易跨越文化鸿沟，实现心灵沟通，达到心理认同。

在这一点上，电影的作用非常重大，我本人对跨文化传播的大众媒体——电影也比较关心。在讨论世界文化格局话题的时候，电影作为具有表象文化综合特征的大众文化媒体应该进入我们的考察视线中。

他山之石可以攻玉。这里我谈一谈对日本电影的印象，日本电影很有意思，和好莱坞电影很不一样。日本电影在东亚很有影响，虽不太像美国电影那样直接输出价值观，却输出生活方式，比较潜移默化，而且日本电影特别善于借助美的事物向世界传递信息。

《罗生门》是一部经典电影，实际上却传递了当时日本主流社会的历史相对主义观点，将日本对战后世界秩序不满的思想植入其中，可以说非常巧妙。

日本的电影制片人很有分量。比如活跃在上世纪50年代到70年代的永田雅一是战时大映公司（"大日本映画"）的创始人，他在战后干了一件事，那就是在50年代把许多战后日本经典电影推向国际电影节，进而在东南亚进行市场开发的战略布局，对东南亚进行日本文化输出。70年代，在中国创造过亿观众人次纪录的《追捕》就出自他的策划。这部片子在中国的影响我不用多说，各位电影行业的老师非常清楚，这是非常值得我们认真研究的。

进入21世纪以来，尽管经济长达20年低迷，但日本电影还是在文化层面为日本争回了自尊。比如说，吉卜力动画片在世界的风靡——宫崎骏用美的形式向国际传播日本文化；《入殓师》感动了中国总理温家宝，成为日本成功的文化公关作品。

纵观日本在电影方面获得的跨文化传播的成功，以下几个因素是值得我们认真研究的：

独特的日本电影美学、理念、制作发行体制，充分激活了其创作活力。

剧情片、纪录片、实验电影等百花齐放的格局为新人辈出创造了好的条件，中小制作影片得以生存。

大量艺术影院的坚守培育了分众化的高品位观众，使得制作与受众良性互动，形成健康发育的高档次电影市场。

一流制片人、一流影评家在国际影坛的活跃为日本开拓高端电影市场创造环境。

近几年，中国的电影取得了成就，但是如何保持后劲是一个严峻的课题，如何避免出发点瞄准好莱坞，最后把自己做成宝莱坞的尴尬，东邻日本的经验可以为鉴。

目前，国产片生产不断创出新高，也有瞄准国际市场做大投入的片子，但事实证明，投资与市场成功不成正比。港片的质量下降问题不容忽视。《阿童木》《兔侠传奇》国际发行的失败是值得分析的案例。政府应该制定政策，在鼓励大片的同时也支持中小成本制作的电影，让实验电影有一定的生存空间。此外，发展特色电影节，培养分众化、高品位观众的时机已经成熟。电影频道优势、地方题材制作的优势等可发挥积极作用。

筑梦中国[1]

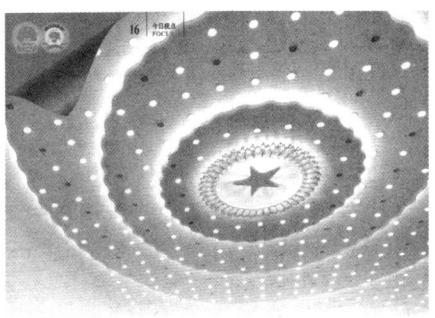

2012年11月29日，中共中央总书记习近平带领新一届中央领导集体来到中国国家博物馆，在参观讲述中国近百年来争取民族独立、国家富强历程的"复兴之路"展览时，他指出："实现中华民族伟大复兴就是中华民族近代最伟大的中国梦。"

"中国梦"三个字，道出了全体中国人的心声。为了接近、实现这一梦想，中国人奋斗了一百多年，前仆后继，筚路蓝缕。

2013年3月，政协第十二届全国委员会第一次会议在北京召开。来自不同界别的全国政协委员们提交了上千份提案，从各自层面和角度诠释、丰富着"中国梦"的内涵，探索着实现"中国梦"的路径。春意盎然的全国政协会场，洋溢着构筑"中国梦"的热情与希望。

---

1 载于2013年3月号《中国报道》，与沈晓宁、段非平联合采写。

176

梦起政协

1840年以后，失梦的屈辱笼罩着中国。落后、腐朽的封建王朝统治和帝国主义列强的入侵，导致国权沦丧、民不聊生，中国人更是被讥笑为"东亚病夫"。一代代仁人志士奋起寻梦，但1911年的辛亥革命虽然结束了两千多年来的封建帝制，随后而来的军阀割据、腐败横行与外敌侵略，却让中国陷入了又一轮的黑暗。历史的转机出现在1921年7月。这年成立的中国共产党，肩负起扭转国家和民族命运的使命。28年的逐梦历程可谓艰苦卓绝。1949年10月1日成立的中华人民共和国，第一次实现了国家独立和人民当家作主的梦想。与新中国一同诞生的，还有一份宏伟的建国梦想，而中国人民政治协商会议正是这梦想开始的地方。

1949年9月21日，新中国成立的前夕，第一届中国人民政治协商会议在中南海召开。毛泽东在开幕词中豪迈地宣告："占人类总数四分之一的中国人从此站立起来了……我们的民族将从此列入爱好和平自由的世界各民族的大家庭，以勇敢而勤劳的姿态工作着，创造自己的文明和幸福，同时也促进世界的和平和自由……"

从这一刻起，中华民族的复兴之梦掀开了新的篇章。诗人胡风欣喜地写下诗篇《时间开始了》。这是那个时代中国人的共同感受：中国的复兴之路由此将不可逆转。

在这届会议上不仅通过了新中国的国旗、国歌、国都和纪年等决议，而且颁布了具有宪法性质的《中国人民政治协商会议共同纲领》，完成了建国的重要使命。

1954年，全国人民代表大会第一次会议召开后，中国共产党领导的多党合作和政治协商制度被确立为中国民主政治的一项基本制度，全国人民代表大会与中国人民政治协商会议成为中国人民参政议政、执政理政的基本形式。

"政协是协商民主，虽然没有强制的约束力，但具有很强的影响力。这恰恰是一种适合中国文化背景的民主政治制度。"《中国青年报》总编辑、陈小川委员说道，"新中国的发展，特别是近30多年来取得的成就，证明了我们所走的道路、采取的制度和形成的理论是正确的。我们理所应当具有这三方面的自信。"

那么一名政协委员的职责何在？著名新闻评论员、白岩松委员表示："政协委员的履职不仅在于提出提案，还包括在讨论会上的发言，和记者之间的沟通，平时做的大量调研以及对国家和社会发展的思考。我有一个提案就是建议公布人大代表和政协委员一年的履职情况，接受公众的监督。"

新中国成立63年来，特别是实行改革开放后的30多年里，中国的社会主义建设事业不断取得新的突破，中国人的梦想也一个接一个地成为现实。1964年，周恩来提出中国要实现工业、农业、国防与科技现代化的建设构想。1979年，邓小平把这四个"现代化"量化为人均国民生产总值达到1000美元，中国在2003年实现了这个目标。1997年和1999年，香港与澳门相继回归祖国，极大地推动了捍卫国家主权与领土完整大业的进程。2003年10月，中国宇航员杨利伟乘坐神舟五号飞船翱翔太空，中国人的航天梦不再是孩子们幻想的画作。2008年8月，北京奥运会举行，"同一个世界，同一个梦想"让中国融入世界，盛会的成功举办圆了中国人的百年奥运梦想……

"从中国过去的经济基础和当今复杂的国际局势来看，中国取得的成就来之不易。这些成就既值得我们骄傲，也使我们每个人都从中得益，取得成就的过程中还包含着我们所遇到的挫折、曲折和难题。这些都构成了'中国梦'的基础。"中国外文出版发行事业局局长、周明伟委员谈道，"未来的'中国梦'将更加有科学理念，更加符合中国的传统文化，也更加能体现中国人的核心价值观。"

站在历史的今天回望过去，可以看到建国梦、四化梦、回归梦、航天梦、奥运梦，一个个实现的梦想铸成一串中国人追寻民族复兴的光辉足迹；展望未来，小康梦将在10年后变为现实。强国梦、富民梦、和平崛起梦，是中国人在实现民族梦想的历程中前进的方向。

我的"中国梦"

在政协第十二届全国委员会第一次会议上，来自34个不同领域的2237名全国政协委员，带着超过1000件提案参加了为期10天的会议，开始履行他们参政议政的神圣职责。

在他们的提案中，有的涉及国家的大政方针，有的反映社情民意，也有对不同领域、不同行业的建言献策。这些提案与会场上委员们热烈的讨论，不仅反映出他们对国家、对人民的责任感，也表达了其各自对"中国梦"的畅想、理解和关注。

超级稻专家、袁隆平委员在谈到他的"中国梦"时说："我做过两次梦。一个是禾下乘凉梦，梦里水稻长得有高粱那么高、籽粒有花生米那么大。另外一个梦想就是希望我的亩产1000公斤早日实现，然后希望培养一些年轻人向更高的1100、1200公斤奋斗。"

新任委员姚明的"中国梦"是体育重归教育，真正发挥锻炼体魄、启人心智作用。

"争取在建党100年实现高中义务教育，新中国成立100年能实现大学义务教育，希望实现教育的'中国梦'。"四川大学商学院院长徐玖平委员这次带来的4件提案中有3件都是关于教育的。其中，他特别为推进民办与公办学校的教师享受同样的社会保障进行了呼吁。

马海德基金会会长周幼马委员畅想道："我也有一个'中国梦'，希望中国与世界各国之间相互帮助，共同走向美好的明天。"作为律师，施杰委员希望维护社会公平正义，捍卫司法审判公正，保护生态环境安全。

让中国的老百姓有更稳定的工作、更满意的收入、更可靠的社会保障、更高水平的医疗卫生服务、更舒适的居住条件、更优美的环境……委员们一份份真诚的梦想，形成一股强大的动力和能量，推动着中国社会各个领域向着民族复兴的伟大目标全面进发。同时，这些丰富而具体的梦想汇聚在一起，使得"中国梦"变得更加现实、饱满且美丽。共同筑梦、共同圆梦，成为中国在当今时代唱响的主旋律。

来自四川餐饮界的民营企业家严琦委员深有感触地说道："把'我的梦'融入'中国梦'，在中国共产党的领导下，一步一个脚印地踏踏实实地做好我们的事，为实现'中国梦'而不懈奋斗，为实现中华民族的伟大复兴贡献力量！"

筑梦之路

在2012年11月召开的中国共产党第十八次全国代表大会上，党中央提出了"在中国共产党成立100周年时全面建成小康社会，在新中国成立100周年时建成富强民主文明和谐的社会主义现代化国家"的宏伟计划。这为中华民族伟大复兴的事业又增添了浓墨重彩的一笔，不仅让中国人民更加清晰地看到了强国富民的美好前景，也向世界明确传达了未来中国的发展走向。

如何将这个宏伟计划变为现实，成为摆在中国共产党和中国政府面前实实在在的课题。对此，习近平总书记指出："空谈误国，实干兴邦。"

在这次政协会议上，委员们抱着求真务实的态度，对各自领域的现实与前景做了理性的思考，把中国的发展与对世界的贡献相结合，提出了诸多具有建设性的建议。

中国（海南）改革发展研究院院长迟福林委员认为，"中国梦"的实现有赖于转型与改革的突破。在他看来，中国的转型与改革远未完成。未来10年，中国将继续获得成功，但需要防范"成长陷阱"，需要以公平和可持续发展为目标的二次转型与改革：使消费成为经济增长的内生动力；使多数人能够公平地分享经济发展的成果；使市场保持充分的活力和效率；使资源环境可持续；使政府能够以公共服务为中心。

"这就需要在'消费主导、民富优先、绿色增长、市场导向、政府转型'等方面取得明显突破。中国的二次转型与改革，与一次转型与改革相比，具有更为丰富的内涵，更具有历史挑战性。中国作为13亿人口的大国，走公平与可持续发展之路，是对人类发展的重大贡献。"迟福林委员说道。

山东师范大学教授陈德展委员则将目光投向了农村："由于农村居民人均纯收入基础较低，实现居民收入倍增的同时，城乡居民收入的差距也将继续扩大。"他建议，国家应当尽快出台政策，使农村能够更快地发展，农民收入不仅要实现倍增，还要实现几个翻番。他希望国家加大对农村基础设施建设的投入，为农村居民的生活、生产、学习创造良好的环境，鼓励兴办农业专业合作社或农场，实现农业的集约化经营。

对于促进中国文化大发展大繁荣的课题，诺贝尔文学奖得主、作家莫言委员提出，要打造国家文化形象，应该不断鼓励艺术团体推出具备国际文化素质的艺术作品，加大对创作人员各方面的支持力度。电影演员成龙委员谈道："我的很多外国朋友认为，中国传统手工艺特别好，他们每次来中国，连筷子和调羹这种小东西都要带回去。这种受欢迎程度表明，五千多年的历史文化自有它的道理。但是，如果中国文化不走出去，就永远不会被人所理解。"对此，中国文联副主席冯远委员建议，中国作为在世界上有影响的大国，要有与其身份和实力相适应的设计力量，要拥有一支世界上最为庞大的设计师队伍和源源不断的后备人才，积极提升中国文化产品的国际竞争力和影响力。

当人口数量世界第一、经济总量世界第二、国土面积世界第三的中国，开始构筑、实现民族复兴的梦想时，它给世界带来的影响将是深远的。对此，周明伟委员发表了自己的看法："'中国梦'是用一个思考方向引导全民族实现发展理念，实现几代人、十几代人历史夙愿的最好的集聚点。改革开放30多年来，中国社会更加多元了、多样了、多变了。在此现实背景下集聚多种价值取向、各种奋斗目标，'中国梦'是凝聚共识的最好表述，可以形成共同的价值观、发展观。'中国梦'是我们改革开放，追求现代化过程的延伸，同时也向世界明确地昭示了中国未来的发展走向，清清楚楚地描绘了一幅中国的前景图，以此来赢得国际社会更多的认同、更客观的评价和更公正的看法，化解对中国发展的疑虑、困惑，甚至是敌意。中国人把自己的梦想告诉了世界，是希望与其他国家共同进步，开展更多的国际合作，大家共同繁荣，共享成果。"

中国国际广播电台台长王庚年委员更是盛赞"中国梦"道："中国人走和平发展的道路，要建设和谐世界。中国的发展一定惠及人类，'中国梦'是人类文明的成果，是中国人民对世界的一个贡献。"

对于如何准确地向世界阐述"中国梦"的实质，中国外文出版发行事业局副局长黄友义委员认为，我们一方面需要建立一支忠于职守、技术高超的跨文化传播队伍，另一方面也要培育、结交更多了解中国文化和国情的外国友好人士，帮助我们向世界说明中国的独特文化与和平发展的核心价值观。

日出时分，天安门广场举行例行的升国旗仪式。在观看升旗的人群中，有农民、海外华人，也有老板、打工者。他们来自全国各地，怀揣着各自的梦想。在这里，每个人的梦想都融汇到属于时代的"中国梦"中。

当威武的武警战士列队从天安门整齐步出时，初升的朝阳不仅照亮了他们手擎的五星红旗，而且映得天安门城楼上的两大标语——"中华人民共和国万岁"和"世界人民大团结万岁"格外醒目。它们传递给世界"中国梦"的全部意义："中国富强"与"世界和平"。向着复兴梦迈进的中国将不同于历史上的大国崛起，必将以贡献世界繁荣、丰富世界文化、维护世界和平的形象屹立于世界民族之林。

中日新词形成的特点以及新词日译的实践 [1]

如果把语言比喻为一棵大树，树干的成长稳定而缓慢，树叶的代谢相比之下十分迅速。丰富的语词如同茂密的树叶，其动态的变化传递出与时俱进的社会信息。新词和热词的高峰阶段的出现，意味着社会的经济、消费水平的提升与传播手段的丰富及渠道的拓展达到空前规模。

同时，新词与热词也反映了社会意识与价值观的推移与变化，如同年轮一样忠实地记录着人们的喜怒哀乐。中日两国的新词、热词尤其集中地反映了各自社会发展变化的特点。

两国不同的历史发展历程，使得两国在接受西方概念时形成了迥异的造词特点；社会文化的差异，使得两国各自产生了众多分属独自文化环境的新词；同时，两国一衣带水的近邻关系，又使得新词在产生过程中相互影响，互相渗透、侵润；这一切使得中日之间新词的翻译在实践上有着独特性和复杂性。

本文旨在运用社会语言学的方法粗线条梳理与比较两国新词的发生机理与特点，并结合在跨文化传播实践中一些特定新词的翻译实践，思考中日新词翻译的规律与策略。

因历史背景差异两国在外来词处理上的不同策略

东亚的中国和日本，在接受西方的现代化概念之前同属汉字文化圈。不同的是，汉语中的汉字是中国原生的语言文字，而对于日本来说汉字则是千年之前传来的借用文字。借助汉字的灵感，日本人创造了假名文字。当面对来自西方的新概念时，两国的翻译策略迥然不同。

---

1 2013 年 5 月 24 日在天津外国语大学"新世纪术语及新词日译的探索和发展研讨会"上所作的主旨发言。

日本汉字文化底蕴深厚，早期的外来词多采取汉化翻译策略。一般为三种情况：将中国古词推陈出新，演绎全新概念，如"革命""经济"；借用汉字造词逻辑新造词，如"共产主义""无政府主义""麦酒"；兼顾音意的音译词，如"混凝土""俱乐部"。第三种后来发展到极端，造出"労補人"（ロボット）等新词，但未能流传。

战后日本汉字文化环境改变，以美国为代表的英语文化影响力日益增强，导致片假名标注的外来词成为主流。媒体与广告的推波助澜使得外来词如同时装般一波波登场，过度的片假名外来词泛滥导致一些有识之士警惕，转用传统日语词定义外来概念的努力见诸权威著作，但对总趋势的改变似乎作用不大。

汉语意译词向片假名音译词过渡是日语外来词演变的总趋势。

中国由于系统引进西方概念落后于日本，因此，外来词的翻译策略或选择大量照搬日本汉译词，如"经济""革命"；或采取直接音译的办法处理，如"布尔乔亚""维他命"；还有音意兼顾者，如"拖拉机""冰淇淋""巴士底狱"。

后来外资企业等进入中国时，作为企业本土化策略之一，企业名或店名的汉译成为首选，比如可口可乐、麦当劳、西门子、迅达等。还可以举出一些脍炙人口的例子：风入松（forest song）、避风塘（be for time）、亮马（ランドマーク）大厦、虹桥·天桥（レーンボー）宾馆、赛百味（サブウエー）、马自达（マツダ）等。

汉语强大的同化功能要求音节过多的音译外来词必须改头换面。于是，"维他命"变成"维生素"，"布尔乔亚"变成"资产阶级"（日译外来词），"苦迭打"变成"政变"，"哀地美敦书"变成"最后通牒"等。新中国成立后，这一汉化过程在大陆得到加强，在港台等地，汉语的同化造词功能也发挥着强大的作用，如"飞弹""蛙人""电脑"等。网络文化的兴起使得汉字规范用词传统受到挑战，现代汉语近年来也开始收入"卡拉OK""CT"等带有罗马字母的外来词。一些政协委员提议在正规媒体上消除罗马字词语的表述，但实际效果并不明显。国家语言文字工作委员会成立了"外语中文译写规范部际联席会议专家委员会"规范已有外语词的中文译名及简称。

音译词向汉化意译词过渡，是中文外来词演变的总趋势。

中日两国新词与流行词受到关注的时差问题

在战后重建中，美国文化的涌入使得大量新词和热词在日本出现。这在战前是没有过的事情。1948年，因应这一新变化，跨领域编撰的《现代用语基础知识》（自由国民社出版）诞生了。《现代用语基础知识》起初由媒体人士发起，每年一册。后来不同领域的专家将各领域的语词有效整合在一起，越做越厚，信息量越来越大，成为了解日本社会发展的百科全书。此后，又有《智慧藏》（朝日新闻社出版）、《イミダス/IMIDAS》（集英社出版）等同类新词库问世。

30年后的1978年，当中国迎来改革开放之时，从社会语言学角度关注新词现象的《语言与社会生活》（陈原著）和对日本流行词现象深入考察的《战后日语新探》（刘德有著），表明流行词的概念进入公众视野。但直到今天，现代汉语新词的权威集成书尚未见出版。商务印书馆曾经策划出版过《现代汉语新词词典》，但因力量单薄，问题较多，未见年鉴化趋势。

中日两国对流行词的关注大约存在30年的"时差"，这一点特别值得研究。

两国新词和热词高峰出现的时间大约也有30年的差距。日本的高峰出现在60年代，中国出现在90年代，直到现在方兴未艾。这两个时期正好是两国经济分别起飞的时代。日本在60年代中期和70年代初分别举办了奥运会和世博会，而中国则在新世纪头一个10年里举办了这两场盛会。

事实证明，新词大量出现并呈现"时装化"趋势，是和消费社会的成熟度密切相关的。由于时间差的存在，以及消费社会成熟度差异的存在，在相互影响方面，日本流行词对中国的影响是较大的，相对持久的；而中国对日本的影响相对要小些。

近年来，由于网络技术带来的资讯便捷以及网络文化本身的发达，大量带有网络隐语性质的新词在两国各自不同的文化风土中井喷式地出现，这使得这类词的翻译出现了更大的难度。

近年来两国新词侵润、融合的特点

独特的国情下，中国的社交媒体出现了强烈的自媒体化倾向，这使得网络语言的表达出现了多样化、复杂化的局面。比如大量谐音词（"斑竹""童鞋"）、方言词（"雷人""屌丝"）、生造词（"囧"）、幼儿化词（"亲"）充斥主流媒体，具有

"半衰期"短、语义边缘不清、不断派生新义等特点。商业运作推波助澜，广告词不断给传统词汇赋予新义（如"高尚"＝高级时尚）。

社会新词对流行感觉的追求也影响到主流媒体。近年来，《人民日报》等媒体也大量吸收社会新词，以体现贴近基层。追求流行感还使得官方用语也不断创新，从早期借用军语词（"战线""打仗"）较多向工程用语（"工程""井喷式"）转变，再向经济用语（"拐点""走高"）不断地调整重心。

特别值得一提的是，这一时期成为继20世纪初大量向日语借词以来又一个日语词融入汉语的时期，但这一时期的特点主要不是为了解决术语的翻译，而是在走向成熟的消费社会过程中，为满足对词语感觉的细节打磨需求而发生的。给汉字注入新义者如"族""宅""萌"；丰富汉语词汇表达者如"人气""亲子""腐女""自信满满"等；来自和式英语的外来词在译成汉语时亦有成功案例，如"酷毙装"等。

其中有些词的使用仅限于特定语境，比如"亲子"。"亲子鉴定""亲子园"等在有限的语境下已经进入汉语，但其他场合还不够自然。这是一个典型的"进入进行时"外来新词，也许再过一段时间，这些词的融入度会进一步提高。

还有一类来自日本的借词，在进入汉语的"过程"中经过流变，意思和原来已经有所出入，比如"宅男""宅女""人间蒸发""卖萌"等。

社会文化环境差异造成的互译困难的新词

同时，中国社会经济快速发展，国情和社会文化差异使许多新词跨文化传播时比较困难。在对日本介绍中国时，对这类词语的翻译一直是一件非常考验翻译水平的事。《人民中国》近年来加大了对当代中国报道的比重，在翻译实践中遇到的此类问题也比较突出。

概括起来，经常遇到的此类新词主要有以下几种情况。

一是领导人讲话中出现的短句，如"摸着石头过河""不折腾""与其喊破嗓子不如甩开膀子"。这些句子虽然很口语化，但往往含有特定的意义，翻译时就必须在对其解释上下功夫。像"韬光养晦"在翻译时就绝不能按字面取义，简单地处理成一种策略，而必须将真诚谦虚的意思体现出来；而"腾笼换鸟"就是一个比喻，照字面译肯定不行，就应该解释性地处理为"産業のグレードアップの環境作り"。比如，领导动员时经常号召"苦练内功"，这个"内功"来自气功用语，既不能也无法按字面直译。所谓"内功"就是养"真气""底气",所以比较好的方案就是将其译为"底力"。还比如,"用人要体现五湖四海原则",也不能按字面直译。典出《为人民服务》的"五湖四海",在这里要根据上下文重新解释,我们处理为"出自を問わない原則"。

有的时候,我们还会根据具体语境形成多个处理方案。比如,最近走基层活动中常用一个概念"接地气"。这个词有时作为动词使用,如"这次下基层要接点地气";有时又作为形容词使用,如"这次走基层要写出接地气的文章来"。如果狭义地指"接近群众生活的情况"时,可以处理成"実生活に通じる""地に触れる";如果广义地泛指"领导干部下基层进行工作调研",则可以处理为"現場主義""現場密着型"等。

二是中国独特的概念或经验形成的短语,有的在中文环境下问题不大,在跨文化翻译时就必须讲究处理策略。比如"中国式过马路",如果按照字面直译不仅不知所云,还会固化对中国的偏见,所以我们采取的方案是,"信号無視横断"。有的虽然日语中有大致一样的情况,但细节存在差异。比如"大部制改革",日本媒体一般照搬日本国内类似的表述"省庁の統廃合"处理,但我们在处理时使用的表述是"省庁の統合再編",这样的处理更接近中国目前做法的实质。

三是大量网络语言泥沙俱下,对待这类词我们要有与时俱进和宽容的态度。这不意味着我们自己使用或欣赏某些词语。但语言的约定俗成性决定我们不能对出现的词视而不见,而要积极地想出跨文化传播的有效策略。比如最近有一个许多人不太接受的方言词进入主流表达,而《人民日报》多次在文章中使用该词。这就是"屌丝"。严格地说,从格调和用字来说,这个词实在不够入流,但它的快速流行至少反映了我们这个时代某种民粹主义文化的特点,客观化处理还是可以找到解决方案的。"負け組み"抓住了该词的基本意思,"非モテ"则更为形神兼备地带出了该词的情绪。

四是影视文化的流行,使大量影视作品台词进入日常口语,有时使用频率接近成语。这反映了一个变化:从前形成的大量四字成语来自书面阅读,而如今大量影视台词进入流行则完全是消费主义文化泛滥的结果。"躺着也中枪"来自周星驰的恶搞类电影,一如其语言风格——刻薄、诙谐、准确、传神。一个神来之笔的翻译令人叫绝:"出ぬ杭も打たれる"。来自热播电视剧《甄嬛传》的另一句台词"贱人就是矫情",也是经常见诸口语或微博的表达。在处理时抓住其传神点,就有了"尻軽ゆえ屁理屈"的处理。

五是网络语言的流行使传统名词在色彩上有大改变，方言词进入主流，传统动词、形容词的用法出现了新义项，极端的甚至还造出了新汉字如"囧"。

有些传统的褒义词出现贬义化倾向，有些传统的贬义词反过来有了褒义的用法。比如"吃货"从前是骂人的话，现在我们可以经常看到它被用作网上美食广告用词。日本有一本久盛不衰的漫画就是关于美食家的，其题目就把传统意义的"吃货"（食いしん坊）略作调整，诙谐地变形为"美味しん坊"。因此"吃货"的新义项就有了现成的对应词了。

来自浙江方言的流行词"雷人"，因为其生动和微妙的语感，表达了对令人目瞪口呆的荒诞现实的无奈，使用频率极高。日译时找到的对应词也很"雷人"，字面上都有相通的感觉，那就是"奇天烈"。

像"炫"，已经有了更多的义项：作为形容词，相当于"いけてる"；作为及物动词，相当于"見せびらかす"。

跨文化传播实践中新词翻译的策略思考

上面，我们简略分析了中日两国新词产生和发展的情况以及彼此之间的关系，同时粗线条地侧重讨论了汉语新词日译的策略技巧。

从方法上说，在处理新词翻译时一定要意识到语言本身的约定俗成性和新词的不稳定性、边缘模糊性，不拘泥于其字面原型，努力发现内在对接点，使译词能够接近"得其意而忘其形"的境界；还要注意译词方案是否在两国国情下彼此都可以接受；译词的色彩、情绪、气氛应最大限度地接近原词，在词形上，字数长短应大致相当；特别要指出的是新词对译并不意味着只有一个标准答案，而往往要根据文内实际，随时根据上下文的连贯性进行加工。

保持交流定力　推进相互理解
——专访人民中国杂志社总编辑王众一[1]

今年,《人民中国》迎来创刊 60 周年。虽然时代在变,中国社会也在发展变化中,但《人民中国》一直坚守其不懈的追求。近日,《日本与中国》采访了因工作访日的该刊总编辑王众一先生。

坚持增进"相互理解"这一宗旨不动摇

北泽:《人民中国》能坚持 60 年有什么秘诀吗?

王:简单说来是因为,我们是在坚持促进中日两国人民相互理解与民间交流这样的目标下一路走来的。《人民中国》与其他媒体最大的不同,是用日语向日本人介绍中国的情况。我们目标明确,在做杂志的同时,我们也在尝试回答这样的

---

[1] 由日本中国友好协会机关报《日本与中国》北泽龙英于 2013 年 6 月 1 日进行的专访。

问题——"对文化背景不同的外国人制作介绍中国情况的信息类杂志有意义吗?"创刊之初,中日两国之间还没有邦交,我们根据"希望开展贸易和文化交流"的读者需求来制作杂志版面。这一宗旨至今没有改变。中日关系起起伏伏,虽然现在很困难,但以前有过更难的时期。在这样的情况下,《人民中国》的宗旨不会改变和动摇。一旦动摇,《人民中国》就失去了存在的意义。

北泽:那么反过来说,有什么是发生变化了的呢?

王:时代变了,《人民中国》所处的环境也变了。从创刊之初到20世纪70年代后期,《人民中国》作为了解中国为数不多的纸质媒体在日本备受重视,有很多人订阅。进入80年代后,随着中国推行改革开放政策,了解中国的"渠道"大大增多。这是改革开放政策的成果之一,但《人民中国》就此丧失了"唯一"渠道的优势。

在中日两国开始交换常驻记者之前,日本记者不能常驻中国,无法全面报道中国,特别是对于农村和少数民族居住的偏远地区的报道十分稀缺。在那个没有竞争的时代,能够详细介绍中国的《人民中国》就显得尤为珍贵。但现在竞争很激烈,例如NHK特别节目会深入采访中国基层地方,而中国国内的日语媒体也开始发展起来了。

在这样的情况下,至少从1989年我入职人民中国杂志社至今的20年间,有十多种介绍中国的刊物在日本相继创刊然后走向休刊或停刊,又或者改成了办刊宗旨完全不同的刊物。而只有《人民中国》始终如一地走着"自己的路"。这一点让我感到非常自豪。

我们的办刊宗旨没有变,编辑方针没有变,但《人民中国》所处的环境和时代背景发生了改变,我们必须对此加以关注。如何使杂志内容更加符合读者需求,如何更有效、更真实地反映当代中国,我们为此不断探索尝试。比如,文章不局限于中国人写,增加了日本人撰稿的比例。另外,随着东京支局规模扩大,这10年来由东京分局策划操作的内容大量增加。适合年轻读者的内容以前很少,但随着读者老龄化,我们也在不断调整和增加这方面的内容。此外,我们还有网络版,东京支局还开通了推特账号。《人民中国》现在以杂志为主,加上网络版和推特账号,实现了多元化信息发布。我们致力于为不同年龄层的读者提供符合各自需求的内容。

提供准确的信息，做信息的"平衡者"

北泽：现在您重点关注什么事情呢？

王：随着网络的普及，开始出现信息过剩现象，媒体对此也常反应过度。《人民中国》希望成为一个"平衡者"。现在中日之间一旦发生什么事情，媒体容易夸大报道。有些不了解中国文化背景的日本记者在报道中国时会产生误读、误导。在过剩的信息洪流中，《人民中国》致力于传递准确、真实的信息。我们尽可能地抑制过度的反应，以读者身处异文化环境之中为前提，仔细地解释说明，尽心尽力让我们的报道能为读者所理解。这是我们的努力方向。

北泽：目前您觉得有什么困难吗？

王：首先，众所周知日本出版业现在非常困难。我每次来日本都会做市场调查。昨天我去神田神保町一带转了一圈，感觉日本出版界和期刊市场一年不如一年。我很喜欢的《太阳》《论座》《ダ·カーボ》这些有意思的杂志，全部停刊了。而与此同时，与中国相关的竞争对手增多，这对我们来说也是很大的压力。

其次是负面报道中国的图书杂志变多了。感觉它们倾向于片面报道中国，只是聚焦一些问题进行报道，让日本读者产生"中国这个国家很可怕"的恐慌，对中国的误解多于理解。这反倒令我更真切地体会到《人民中国》的责任重大，再次意识到我们必须更加努力，更加客观、准确地向读者传达真实的中国。

北泽：这些媒体可能只优先考虑报道的销量和流量吧……

王：在中国，随着市场化的推进，这样的问题今后也会增多。有时候别人问我"《人民中国》卖得好不好"，我倍感压力。当然我们要避免赤字运营，但《人民中国》这本刊物不单纯是为了赚钱，这是我作为总编辑的一贯主张。我们会根据读者的需求提高服务质量，提供更易读的内容和数据，由此吸引读者订阅购买。这是我坚持的底线。

为了让中日两国成为"知己"

北泽：《人民中国》对您来说有什么样的意义？

王：进入人民中国杂志社至今已有24年了。在我还是一名普通员工的那9年时间里，我没有任何压力，只是凭着好奇心工作。但在成为负责编务的领导之后，大约15年里，我时常感受到责任、紧张和压力。可以说，我把自己的人生献给了《人民中国》。经常有人问我:"你把《人民中国》当作毕生事业,有什么好处呢?"我个人微不足道,但通过《人民中国》这个平台,我能遇到很多值得尊敬的人士,这对我来说是最大的收获,是我的"人生资产"。对此,我一直心怀感恩。

北泽:最后,请您为我们日中友好协会会员和读者们讲几句。

王:郭沫若先生在《人民中国》创刊号的《发刊词》中有这样一句话:"在国家和国家的关系中,我也希望能建立'知己'的关系。"虽然《人民中国》已创刊60年,中日邦交正常化也已40年,但遗憾的是我们仍然还未成为知己。为了让两国成为"知己",《人民中国》将继续携手广大读者,为增进中日两国人民的相互理解不断努力。

告别宫崎骏时代[1]

　　"这次，我是真的要离开了。"9月6日，72岁的动画大师宫崎骏在东京召开的新闻发布会上宣布隐退。宫崎骏深受中国观众爱戴，消息一经传出，便有中国粉丝在微博上呼吁，"请宫崎骏爷爷来中国，帮助提高国产动画片的水平"。处在低谷期的中日关系中，"宫崎骏隐退"作为关键词，是今年值得盘点的一件大事。

　　宫崎骏的动画片具有"心灵鸡汤"般的精神疗愈功能。而其想象力与思想的联动、其作品对于日本主流社会意识的反映、其本人思想中的矛盾与纠结，更加值得关注。

---

[1] 载于2013年9月22日《人民日报》国际副刊，发表时略有压缩。

观照历史现实　满足社会期盼

20世纪80年代末到21世纪的今天，日本经历了泡沫经济崩盘之后所谓"失去的20年"；90年代的阪神大地震和奥姆真理教撒毒事件、两年前的东日本大地震和福岛核电站核泄漏带来不断升级的精神恐慌；频繁的政权更迭、日趋保守的政客主张、迷茫与失衡的国家战略、与邻国关系的持续紧张以及与此相伴随的老龄化与少子化日益严峻的现实，使日本社会普遍洋溢着一种愈发"内向"的焦虑。在这一时期的日本电影中，"宏大叙事"的作品几乎绝迹，小制作、内向化、精致化成为主流。

正是在这样的背景下，宫崎骏主导的吉卜力工作室异军突起，在经济效益和社会效益两个方面旗开得胜。从更广泛的社会背景来看，60年代经济起飞之前的充满人情味的社会人际关系和70年代经济高速增长带来的严重的社会问题以及与之伴随的社会运动成为往事，女性主义、环保主义成为时代的主流价值。后工业时代的到来使得人们产生怀旧思潮和对农村共同体的乌托邦式向往。在这种充满焦虑情绪的背景下，对下一代进行励志教育，树立对未来生活的信心成为社会的普遍期待。新的社会意识的涌动需要一种想象帮助勾勒出未来愿景，而宫崎骏动画片中的这种观照历史与现实的想象力，正好满足了上述社会期盼。同时，以宫崎骏为代表的吉卜力作品群还在日本电影走向"内向"的时代里蜚声国际影坛，为日本国家形象和日本电影加了不少分。

才思奔涌而出　想象照进现实

吉卜力工作室成立以来，宫崎骏电影大致可分为三个创作阶段：20世纪后期与高畑勋的合作期、宫崎骏跨世纪的创作黄金期、新世纪以来培养后续力量的交接期。

吉卜力工作室之名来自"二战"时期意大利的一款侦察机，意为"撒哈拉沙漠的热风"，创意来自宫崎骏。这与他飞机制造厂的家族背景有关，也是他的作品中往往出现飞行器与飞行，在天空中翱翔等意境的原因。在与高畑勋密切合作的10年中，宫崎骏才思如井喷般奔涌。《魔女宅急便》中有飞翔本领的女孩烘托出一种魔幻主义风格，少女成长的主题在这一时期确定下来，女性主义价值观贯穿宫崎骏作品群始终；《龙猫》中通过森林精灵所体现出的对自然的崇尚，更是让想象照进现实,直接影响到 2005 年爱知世博会的基本创意,助力世博会完成向环保主义主题的华丽转身。

不过环保主义思想在宫崎骏作品中不断发展的轨迹,还要见诸《风之谷》和《幽灵公主》。前者完成于吉卜力成立前的 1984 年,后者是宫崎骏跨世纪创作阶段的序曲性作品。在《风之谷》创作之初,宫崎骏的主题是有关"灭绝"的,而作品完成之时,已经调整为"共生";《幽灵公主》则大大前进一步,片中有关原生林和再生林的描写,仿佛就是在说工业化对亚洲原生态的破坏,关于亚洲历史的影子在该片中隐约可见,如何与亚洲"共生"的主题呼之欲出。

宫崎骏黄金期的作品数量虽然仅有 3 部,但缜密的构思、史诗般的叙事成为这一时期宫崎骏动画片的鲜明特征。其中,代表性作品当数 2001 年的《千与千寻》。这部献给新世纪的高度隐喻的作品试图为日本人找回归属:白龙象征着日本与亚洲各国的历史旧债以及日美战后关系,无脸男的焦灼与贪婪则象征金融资本对匠人精神的侵蚀,是对泡沫经济时代的反思;千寻父母贪吃变猪,意在对暴殄天物的消费主义的批判,而千寻通过诚实、勤劳,完成自救,并解救了他人,帮助白龙找回身份,帮助无脸男找到归宿,则体现了宫崎骏对日本未来一代自强不息的期待,以及与亚洲各国达成历史谅解,与美国实现战略平衡,重建日本匠人社会的愿望。

凄美收山之作　折射世间变迁

2006 年担任《地海传说》编剧,标志着宫崎骏的创作进入交接期,多部作品开始打出励志的主题。最近坊间热议的长篇封山之作《起风了》,是将堀辰雄的小说和飞机设计师堀越二郎的故事捏合而成的,该作与战后标志日本电影进入国际影坛的作品《罗生门》的结构有异曲同工之妙,如果加以比较,更显得意味深长。20 世纪 70 年代,由山口百惠和三浦友和主演的《风雪黄昏》,体现了一种厌战情绪,中国观众并不陌生。但这一回,是完全不同的故事:20 世纪 20 年代关东大地震时的邂逅,令一个飞机设计师与身患结核的少女相爱。女孩死去后,设计师坚持设计出零式战机,完成了职业梦想,却使许多青年走上太平洋战场的不归路。这部影片的沉重之处在于,宫崎骏作品群中的少女主角死掉了。这是第一次,也是最后一次。作为他的最后一部作品,这是否象征了宫崎骏的心死无从而知,但久石让的片尾曲却是凄凉的:"白色的坡道一直延伸向天空 / 涌动的热气流包围着那个孩子/谁都没有注意到/他独自一人登上坡道/毫无畏惧/然后纵身一跃/他憧憬着天空/向着天空飞去/那孩子的生命化作了一条航迹云……"

　　联想到同样提到"云"的作品，比起司马辽太郎生前拒绝拍成影像作品的电视剧《坂上之云》的"壮美"，宫崎骏的这部收山之作充满了"凄美"。宫崎骏的基本立场当然是主张和平的，这从他捍卫日本和平宪法的言论便可以知道。但比起12年前"兼济天下"的《千与千寻》，这部作品更多关注的是日本人的内心感受，是从对日本年轻人励志的角度构思的"独善其身"之作。不难感受到日本的内外困境，以及给宫崎骏的心态带来的微妙影响。

　　日本是一个崇尚匠人传统的国家，而且多为"能工拙匠"。"拙"，不是笨，是守拙而追求极致，但不善于转型。零式战机就是"二战"期间的典型例子：这款过于精致，如工艺品一般的飞机，最终敌不过美国的量产战机，在太平洋上空纷纷陨作落英。其实，宫崎骏本人坚守的人工绘制的动画片风格，又何尝不是与零式战机的设计思维异曲同工呢？也许这正是宫崎骏献给日本匠人的一曲挽歌呢！日本不久前经历了民主党政权令人失望的改革，但全面保守化的自民党政权国家战略，不也正面临着同样的问题吗？

　　从《千与千寻》上映到今天，12年过去了。美轮美奂的想象世界与麻烦迭生的现实社会的反差，确实让宫崎骏感到了疲惫："时代终于追上了我。"也许，时代的急速变迁，让他失去了将心中美丽的世界重现于动画片中的从容。

　　风起时，大师封笔，一个时代就此悄然落幕。

与金田直次郎的相遇[1]

金田直次郎先生已经去世一年零十个月了。去年2月4日上午，我从《读卖新闻》的老记者丹藤佳纪先生发来的邮件中得知金田先生逝世了。一瞬间，我觉得空气都要凝固了。这种感觉至今仍记忆犹新。那天是阴历立春。

金田先生前年9月因病回国后，我一直为他的健康祈祷，给与病魔做斗争的他打电话加油鼓劲。却没想到，这一天会来得那么快……丹藤佳纪先生在邮件中引用的那首短歌——"ついにゆく　道とはかねて聞きしかど　きのふけふとは　思はざりしを"（虽人生无常，身罹此病通黄泉，迟早不归路。叹一朝驾鹤西行，竟离世如此匆匆）——正是我当时心情的写照。

金田直次郎先生的剪纸肖像

金田先生一晃走了近两年，随着时间流逝，我的思念之情却愈发强烈。我觉得应该提笔写点什么了。我的思绪回到了与金田先生相识的时候……

1988年秋天，我来北京到人民中国杂志社参加面试。当时我正在翻译部李部长的房间里，一个日本员工走了进来。他把译稿交给李部长，看到一旁的我，他惊讶地说："好魁梧啊！"听说我是来找工作的，他用略带口音的中文鼓励我说："我叫金田，如果你喜欢中国的历史文化，《人民中国》最适合年轻人的成长了，好好干，大有前途。你看，'刘大友'就是从这里走出去的。"呃，这个"刘大友"是谁呀？后来我才知道他说的是刘德有先生。

金田先生真是一个开朗有趣的人！我立马就喜欢上了这个单位的人和氛围。

---

[1] 作于2013年10月，载于《金田直次郎纪念文集》。

这是我第一次见到金田先生。转年的8月，我入社工作，发现金田先生不在单位。我问那个有趣的人去哪儿了，同事告诉我说："他呀，现在出京旅游去了，大概一个月之后会回来。"

金田先生回京后，《人民中国》的年轻人为他接风洗尘，我自然也参加了。金田先生说起在桂林的见闻，依然是那么开朗。

当时，讲谈社的阿久津胜先生在《人民中国》研修，他帮我修改了我的第一篇译稿。当我发现译稿从头到尾全部用红笔修改过时，我的自信崩塌了，反问道，为什么语法没错，却要修改这么多处呢？阿久津先生把金田先生找来，向我解释了比语法正确更高层次、更地道的日语表述。那是我翻译生涯的起点。后来，金田先生多次修改我的译稿，还经常把修改理由另纸附上。

令我难忘的是，在金田的指导下，我负责采写《最新中国留学资讯》专栏时的经历。这个专栏是根据金田先生的想法策划的，版面由丰富的要素构成，不仅有照片和文章，还必须有插图。在日本留学生的宿舍里，我一边听留学生们讲述在中国的体验，一边仔细观察他们的房间，之后画出了留学生宿舍的俯瞰插图。金田先生喜欢画插画，非常认真地向我传授插画技巧。

后来我才知道，金田先生70年代后半期在日中友好协会工作时，曾多次为中国电影放映活动画宣传画报，所以他尝试运用自己的经验来丰富《人民中国》的版面。

20世纪90年代初，人们的物质生活虽然谈不上有多么丰富，但还不像今天这样有那么大的压力。年轻人充满了热情，对未来充满了梦想。那时，如今已经离开《人民中国》的孙亦文、林晔、廖八鸣等许多年轻人，经常聚在金田先生在友谊宾馆的家中下厨做菜，聚会侃大山。金田先生总是以其坦率的话语，向我们展现他对中国近现代史和未来的理解，对中国农村老百姓的热爱，以及对中日关系的深刻思考。当然，也常有他和年轻人的意见不一致的时候，大家总是争论得热火朝天。现在回想起来，这不就是日本影评家四方田犬彦所说的"幸福的无名时代"吗？

然而，这种令人怀念的日子并没能持续多久。很多年轻人带着自己的梦想去了日本，开启新生活。金田先生也于1991年3月回国了。依依惜别时，金田对我说："小王，你很懂电影，应该多看日本电影。通过电影能够深入了解日本人的内心世界。"他把收藏多年的日本电影宣传单和书籍送给了我。

之后不久，我第一次出访日本，来到了东京。时值梅花在树梢枝头含苞待放，

197

我和金田先生在石原尚女士家重逢了。一见到我，金田先生在北京生活多年的记忆似乎复苏了，他给大家讲述了许多在北京时的往事。

1994—1995年，我作为访问学者来到日本，在东京大学驹场校区的教养学部待了一年。金田先生一有时间，就邀请蜗居在后乐寮狭小单人宿舍的我，去见有趣的朋友，或者带我去看日本电影名作。我们一起看完黑泽明的《红胡子》后，围绕黄金时代日本电影的美好与当下日本电影的衰落一直讨论到深夜，至今我仍记忆犹新。

如期回国后，我一直和金田先生保持书信往来。金田先生的来信内容，不是关心我的成长，就是鼓励我把在日本学到的知识灵活地运用到杂志工作中。那时候还没有DVD，金田先生总在信里附上从《TV太郎》杂志上剪下来的一个月的电视节目预告。托他的福，我拜托住在能看海外电视节目的地方的朋友录下喜欢的电影，和影迷朋友一起看。我一边看着好莱坞电影的日语字幕，一边像默片解说员那样练习同声传译电影台词。这种练习，对于日后我口译水平的提高起到了意想不到的作用。

1997年秋，我到日本参加山形国际纪录片电影节，再次向金田先生表达了谢意。回国后不久，我被任命为负责杂志编辑业务的副社长。我把这件事写信告诉了金田先生。他给我回了一封信说："小王，当了领导责任就大了。我只希望你记住一点，要保持刚入社工作时的那份纯真。虽然你升官了，但绝对不要沉迷于权力……"

这句话成了我的座右铭。走上领导岗位以来，我虽然遭遇过各种各样的复杂局面，但金田先生的提醒总在我的耳边回荡，鼓励我坚守初心。

在那之后的12年里，我和金田先生各自忙于工作，但时不时地会写信或见面。金田先生换过好几次工作，我也把人生最好的时期献给了《人民中国》的编务工作。当我遇到难题咨询金田先生时，他一定会给我非常有参考价值的意见。2001年《人民中国》改版，不少人认为应该趁机更改杂志的名称。正当我犹豫之际，金田先生发来意见，认为"人民中国"这四个字相当于老字号的标志，应该慎重对待。国际广播电台的李顺然先生也持相同意见。于是，比起改杂志名称，更应该注重改进内容成为主流意见，杂志名称更改一事就此作罢。

2010年是上海世博会举办之年，金田先生又回到了《人民中国》。虽然金田先生依旧热情奔放，但我也注意到他有了很大变化：不但戒掉了最喜欢的"白酒"，话也比以前少了。这恐怕是生活的磨砺带来的变化吧。但不变的是，他对年轻人的关怀，对工作的热忱，对中国的热爱，以及对未知的好奇。

他回中国工作不久，上海世博会期间持续出版半年的《世博周刊》日文版的办刊工作就开始了。金田先生夜以继日地努力工作，发誓在《世博周刊》工作结束之前不刮胡子。在金田和井上两位先生的忘我努力下，半年的周刊工作顺利完成，但金田先生却瘦了一圈儿。

时隔19年，北京的面貌发生了巨大变化：街景变了，熟悉的店消失了，取而代之的是各种新鲜事物。对于金田先生来说，有很多未知的事情。在一如既往的好奇心的驱使下，金田先生拿着笔记本走遍了变化后的北京、上海等城市。那本精装笔记本里，满是金田先生认真记下的植物名称、招牌上的标语、菜名。

他拿着这本笔记本，采访了郭沫若纪念馆馆长郭平英和中日友好协会常务副会长井顿泉。一说到自己熟悉的人或事，金田就兴奋起来，不时发出爽朗的笑声，高兴得仿佛回到了自己的青春时代。

2011年元旦，大家共同的朋友偶然地齐聚北京。我刚入社时的同事、现在在日本一家大公司工作的孙亦文，我在东大时的指导老师、曾在日中友好协会与金田先生一起举办中国电影放映活动的刈间文俊先生，还有金田先生和我，我们在一家蒙古包风格的餐厅里一起喝酒聊天。谈话间，70年代、80年代乃至90年代的记忆陆续复苏，成了怀念20世纪的乡愁。这时，我突然意识到，自己的精神世界是属于20世纪的。这一瞬间，对于我们来说是最幸福的时刻。

在那之后又过去了9个月。负责《人民中国》专栏的金田先生和编辑部记者一起到地方采访。专栏中，依旧用手绘地图装点杂志版面，很有"金田风格"。9月下旬，一切毫无征兆，在开完最后一次标题会后不久，金田先生突然感到身体不适，被送往医院。其实，在那之前的几天，金田先生已经食欲大减。但他没有告诉任何人，始终自己一个人扛着。

最终金田先生决定回国接受治疗。在我的提议下，东京支局局长贾秋雅回北京接金田先生回国。在一个晴空万里的北京秋日正午，金田先生在贾秋雅、于文、李明慧和我的陪同下前往首都机场。金田先生此时还不知道自身病情的严重性。他在和我道别时说，他一定治好病再回中国工作。望着金田先生坐在轮椅上逐渐远去的背影，我频频挥手，泪流满面。

金田先生去世后，我找来他留在办公桌上的那本精装笔记本，把笔记本的内容逐页复印下来珍藏纪念。我发现前年元旦与友人在蒙古包风格餐厅喝酒时的照片里的金田先生表情最棒，就把它做成了剪纸。

2011年元旦,与老友金田(左1)、孙亦文(左2)、刘间(右2)偶聚于北京

    与金田先生的相遇对我而言究竟意味着什么呢?金田先生去世后,我经常问自己。

    去年6月,在东京支局短暂逗留期间,我与支局工作人员冒着瓢泼大雨,一同前往金田先生老家扫墓。我特意把从北京带来的金田先生最爱喝的"二锅头"供奉在他灵前。面对金田先生90岁高龄的老母亲,我心中涌起一阵心酸和遗憾。金田家的佛龛里放着裱有那张剪纸的画框,剪纸上是金田先生面带微笑的肖像,金田先生好像在跟我说:"喂,好好干呀,我会一直看着你的。"

    对,我已经有了答案。我与金田先生的相遇,是与一位有信念、有胆识、热心肠、乐于助人、以专业精神为荣的人的相遇。一位诗人说过,"有的人死了/他还活着",这句话简直就是说金田先生的。

    鲁迅在小说《藤野先生》中,提到一张非常重要的恩师藤野严九郎的照片。如今在我的眼中,那张照片似乎与金田先生的剪纸肖像重合在一起了。每当我看到这张剪纸,瞬间就忘记了因紧张而产生的疲劳感和因挫折而产生的徒劳感,重新振作起来努力工作。希望这个属于20世纪的友情故事,也能被生活在21世纪的年轻一代所理解和关注。

2023年6月17日，给已故专家金田直次郎扫墓

11年后补记：

2023年6月14日至18日，为纪念《人民中国》创刊70周年，我率团来到日本。在举办完东京的活动并和长野县的读者们交流之后，17日我们途经群马县，时隔11年再次来到金田先生的陵墓前向他献花、祭酒。

我向他告别，默默地介绍了这11年来中国的变化、中日关系的变化，以及《人民中国》的变化。我在心里对他说：12年前你60岁那年罹病倒下，今年又是一轮兔年，我也步入花甲之年，总编辑工作即将画上句号。谢谢你的在天之灵一直在关注着《人民中国》，我只想对你说，那美好的仗我已经打完了，应行的路我已经行尽了，该守的道我守住了。与你的相遇对于我的人生而言具有非凡的意义，未来的日子里，我们仍然会保持精神上的"量子纠缠"。安息吧，我真正的朋友——金田直次郎先生。

民间的力量、文化的力量与跨文化传播媒体的作用[1]

"国之交在于民相亲",这句话道出了国家交往的本质。最近一段时间,围绕岛屿领土和海洋权益,东亚国家之间出现了摩擦。这些问题甚至对国家之间的正常交往产生了负面影响。

这些问题的解决,根本上有赖于政治层面的智慧与斡旋。但是,在国家交往遇到困难的时候,公共外交以及文化的力量所发挥的积极作用应该得到应有的评价与重视。在这个方面,传统的经验和智慧值得重温。

中日两国一衣带水,隋唐时期中日两国就通过当时的"民间外交"和文化交流开始了我们通常所说的千年友好交往史。佛教文化和中国的典籍制度就是这样越洋传到日本。

佛教文化一路向东,中国的鉴真,日本的空海、圆仁,朝鲜半岛的金乔觉、崔致远等人在此过程中留下了许多感人事迹。

宋和明时期,茶文化经朝鲜传入日本,王阳明的学说传入日韩,朱舜水在德川幕府时代为传播儒学做出了重大的努力。

就这样,佛教文化、儒教文化、道教文化以及汉字圈文化等多重要素相互作用,为塑造近代以前的东亚发挥了重要作用。在这个历史时间段中,尽管也有战争,但人文交往、文化交流是主流。这体现了东亚爱好和平、崇尚文化的历史传统,民间交流的力量和文化的力量在此过程中发挥了重要作用。

近现代以来,帝国主义和殖民主义的入侵,使东亚面临前所未有的历史变局,天下体系被民族国家取而代之,中日韩三国分别经历了不同的历史命运,直至今日,这段苦难和不幸的历史遗留的领土问题和历史认识分裂问题仍然阻碍着我们三国走向一体化的进程。

但是也有一些历史的经验值得总结:战后分别进入不同政治制度的中国和日本走到20世纪70年代迎来时代的转型期,两国领导人发挥伟人政治家的智慧,使得这两个历史与政治差异颇大的国家在1972年实现了邦交正常化,并在5年

---

[1] 2013年在韩国首尔举办的中日韩民间人士对话会上的发言。

后的 1978 年签订了《中日和平友好条约》。东亚和平发展的新时代也带动了中韩建交。东亚国家以自己的智慧超越了冷战壁垒,推动了世界和平发展的大势。这正是东亚传统文化的智慧在当代投射出的力量。

意味深长的是,在推动国家关系正常化的实现方面,民间力量发挥了重要的作用。仅以中日之间为例,自 20 世纪 50 年代起,两国的民间交流即告开始。1953 年,中国率先创办了日文版月刊《人民中国》并在日本公开发行,使许多日本公众了解到处在西方封锁下的新中国的真实情况。1963 年,中日友好协会成立,成为推动两国民间外交的重要平台。日本方面也产生了众多民间友好组织,与中国的民间力量互动,推进人民间的了解,增强了彼此的亲近感。就这样,在半民半官、以民促官的交往过程中,中日之间首先建成了经济交往的有效渠道,最终在 70 年代实现了邦交正常化。

在实现人民间的亲近、友好方面,文化交流起到重要作用。文化交流看似无形,却作用非凡。1978 年,《中日和平友好条约》签订之后,反映战后日本社会的电影《追捕》在中国上映,约有 8 亿人次的观众看过此片。这部电影打动了许多中国人,中国人的对日好感度也大为上升。战后日本的形象得到极大改善,两国人民产生了前所未有的亲近感。

同年,在中国上映的另一部日本电影《吟公主》更是显示出文化的力量。这部以 16 世纪日本丰臣秀吉时代扩张势力与和平力量较量为背景,描写千利休女儿吟公主悲剧爱情的作品,让中国观众第一次较为普遍地了解到千利休其人以及他的和平思想。非常遗憾,这部作品今天已经见不到了。

事实证明,包括影视、戏剧、文学作品、音乐、美术在内的大众文化,由于其直指心灵的独特功能,往往会营造出动人心弦的特殊效果。

但是也要看到,在消费主义背景下,文化交流也越来越多地受到资本左右,流行文化中表现出来的肤浅性、虚幻性和误导性也需要警惕。比如,年轻一代的中国青少年,对日本的了解主要来自网络和动漫等虚拟世界,这当中既有很优秀的东西,也有一些无聊有害的东西。如何在消费主义时代保持文化的力量是一个需要认真思考的问题。

当年,中日曾经合拍过《丝绸之路》《望长城》等电视专题片,也合作过《天平之甍》《敦煌》等气势磅礴的电影巨制,文明的历史与文化的力量在片中尽显无遗。今天,我们依然还有许多这样的好题材可以发掘。

来自新罗的金乔觉,入唐之后辗转来到九华山。面对人类的苦难,他发愿

2013年11月8日，在首尔中日韩民间人士对话会上发言

"地狱不空誓不成佛"，成为地藏菩萨。这段故事对于今天人类的自我救赎依然有效。

六次从扬州东渡传经到日本的盲僧鉴真，其百折不回的使命感对于后人有着巨大的精神象征意义。

此外，像徐福的故事、杨贵妃的传说等，都是今天可以深度发掘，以感人的文化产品的形式培育下一代向善、向美心灵的绝好素材。

此外，在迈向现代化进程的20世纪当中，中日两国产生了众多的经典文学作品，曾经为几代人照亮了前进的道路。

比如鲁迅，不仅属于中国，也属于东亚，他的《阿Q正传》等作品所揭示的人类弱点具有普遍的意义，对今天的我们依然具有启发意义。

再比如芥川龙之介，他在时代转型时期留给我们的作品《蛛丝》《杜子春》等，越读越有味道，在今天，其警示作用依然不减。

成长于朝鲜半岛的中岛敦，他的《山月记》《李陵》等改写自中国的古典，却指向了面对现代性的东亚国家的共性问题。

温故知新，如果我们通过舞台剧、电影，甚至动漫的形式表现这些真正智者的作品，文化的力量定会给下一代人带去智慧。

2013年11月8日，首尔中日韩民间人士对话会上和道上尚史（中）、明石康（右）在一起

说到跨文化传播，就要提到媒体的作用。每个国家的主流媒体都在努力报道本国新闻的同时，试图准确地报道别国发生的事情。但国家关系出现问题，特别是舆论调查显现彼此好感度大为降低的时候，人们就会提到媒体的责任。

上个月在北京召开了北京－东京论坛，论坛上发表了中国社科院和日本言论NPO的联合调查。该调查称，中日两国国民相互不持好感度的比例高达90%。在媒体分论坛上，对媒体责任的追问出现在讨论题目中。

我曾7次参加中国国务院新闻办和日本电通公司联合主办的中日媒体人士对话会。出席今天论坛讨论的加藤千洋先生就多次出席过该对话会，我们进行过坦率的意见交流。在闭门讨论的过程中，活跃在新闻报道第一线的中日记者们坦率地谈及自己的困惑，也围绕一些话题展开交锋。有参会者发牢骚说："每次都从零开始一遍遍吵架，这样的交流意义何在？"但我认为，即便如此，这种交流也还是很有意义的。至少我们深入地了解了彼此的不同，比如新闻观的差异，以及相互政治正确标准的差异等。

但我注意到更为深刻的问题是，由于多数本国受众没有在对象国生活的经验，当文化背景和国情背景的差异得不到充分解说时，不断积累起来的针对部分事实的国际报道，往往会在多数受众头脑中形成以偏概全的印象。此外，媒体总部对

205

海外记者文章的过滤，也会致使主流媒体对事实进行选择性报道。于是，负面消息往往会在受众头脑中形成夸大的想象，极端情况下会造成心理恐慌。

由此我想到一个问题：在主流媒体难以修正的选择性报道背景之下，是否存在一种可以平衡这些报道负面作用的媒体并发挥更大的作用？

中国对日有《人民中国》、对韩有《中国》等月刊，日本的《日本风情》、韩国的《高丽亚娜》也都有中文版。这些跨文化媒体在彼此的对象国以不同的形式产生着一定的影响。

向不同文化背景下的外国受众介绍本国的基本国情和社会生活常识，对于消除受众的心理恐惧，平衡他们的认识会起到明显的作用。这些媒体都不约而同地在报道事实的时候强调本国的文化背景，都重视文化本身的力量在打动受众心弦方面的作用。近来，纸媒之外，这类跨文化传播媒体借助新技术，在网络媒体形态的发展方面也出现了很好的态势。

建议今后我们的论坛，在重视文化交流活动的同时，可以增设跨文化传播媒体的交流平台。当然也会有争论，但在相互交换建设性意见的过程中，我们可以提高各自的报道效果，进而对文化交流本身做出新的贡献。

总之，当政府间的对话出现困难的时候，民间交流以其灵活的姿态展现出其存在的意义。今天，我们应该对其意义和民间力量进行正确的认识和估计。当政治的困难局面一时难以打开的时候，从我们共有的传统文化中汲取智慧，将有助于创新我们的政治沟通能力，从中我们不难发现运用文化的力量在今天的重要性。而平衡主流媒体国际报道方面的偏颇、增进人民之间的相互了解、提高彼此的亲近感与好感度等跨文化传播媒体的作用，在今天也应该得到更加广泛的肯定。这就是我以《民间的力量、文化的力量与跨文化传播媒体的作用》为题，向论坛提交报告的原因。

日本媒体保守化轨迹分析[1]

电视与报纸对日本公众在舆论方面的影响是最直接的，但日本还有一个媒体领域，那就是政经评论性杂志，以周刊为主，月刊也有一些。这些杂志虽然公信力不如电视和报纸那么高，但杂志在广泛的社会阶层中有较强的渗透性，其舆论影响不可小觑。在日本，杂志有的从属于报社，有的从属于出版社，有的从属于以制作杂志为主的传媒机构。常见的如《周刊朝日》《周刊现代》《周刊文春》《周刊宝石》等，还有 SPIO、Will、《诸君》等右翼杂志，月刊《文艺春秋》也有很庞大、稳定的读者群，且以社会精英居多。与报纸的有选择的事实性报道和生硬难读的社论不同，杂志多通过煽情、夸张的所谓深度报道，对受众的观点、观念、情感产生更深的影响。这些杂志对中国也是负面报道居多，是导致两国民众好感度下降的重要策源地之一，应该引起足够的重视。

---

[1] 此文撰写于2014年1月，后以三人谈形式编入2014年第5期《世界知识》特辑《探秘日本媒体》。

另外值得一提的是，日本媒体最主要的特点，恐怕是日本社会的彼此默契的共同体意识，它使得记者在总体上不是从个人角度而是从单位角度决定报道立场。当然，西方媒体也受制于报社，但从报道的特点来看，其个人色彩或个性会更鲜明些。这从我们的《参考消息》上选载的日本与西方媒体的报摘上就能够看出差异来。日本各大报和电视台在中国都有总局，在和他们的驻站记者接触时总能听到他们抱怨自己发回的稿子被总部过滤、删改得很厉害等。我与日本同行交流得到的共识是：有选择地报道，是导致对对象国认知不完整的根源之一。

在追求国家利益的方向和国家战略的选择上，几家大报的立场越来越接近，体现了高度的统一。

最近，NHK新任会长籾井胜人在1月25日上任伊始便口无遮拦地就慰安妇问题和安倍参拜靖国神社问题发表语出惊人的错误言论，不仅在日本国内引起质疑，更引发了包括中国在内的东亚国家的警惕和抗议。

人们的担心是有道理的。NHK作为日本最大的公共广播机构，按照日本人自己的认识，经过战后的民主化改造，已成为相对独立于国家政权的"社会公器"。尽管事实上它与政府有着千头万绪的关系，但毕竟它既不靠商业广告，也不靠政府拨款，而是靠受众自觉缴纳收视费的方式维持相对独立的运营，因此，比起商业色彩较重的"民放电视台"而言，其公信度还是很高的。根据最近的调查数据显示，其公信度高居72.5%，超出目前日本任何一家主流报纸的公信度。从过往的情况来看，相对而言，与偏左或偏右的五大报纸不同，NHK在日本主流媒体中的确属于比较中立、冷静的立场。

根据我的观察和了解，在报道与邻国关系的节目和涉及历史问题的节目中，NHK还是比较克制和客观的。当年朝鲜"脱北者"闯入日本驻沈阳总领馆事件和2005年因小泉参拜靖国神社引发的中国民众抗议游行发生时，日本的"民放电视台"开展了指责中国的狂轰滥炸式歪曲报道，毫无掩饰地使用煽动性镜头，而NHK的表现就较为克制和收敛。1995年，NHK为纪念电影诞生一百年，制作了一部在当时堪称大制作的11集特别节目《映像的世纪》，尽管在最后一集中表现出日本希望在迈入新世纪之际能够走出历史阴影的愿望，但在涉及历史问题时，还是能做到比较客观地反映各方看法。比如该片就没有回避南京大屠杀，在涉及当时日本的亚洲扩张政策时，该片还引用了印度的甘地对日本发动的帝国主义性质的战争进行谴责的书信旁白。这些相对客观的态度，使得NHK制作的回顾20世纪的电视专题片，看上去比美国和英国同期制作的作品更有历史反思的深度。

进入新世纪以后，随着日本国内整体思潮的进一步保守化，NHK制作的节目也发生了一些变化。如肯定与西方阵营单方面媾和的战后首相吉田茂的《反败为胜》等，就反映出在博弈中保守势力和右倾力量不断增强的趋势。

在这样的情况下，安倍晋三提名的新任会长籾井胜人的错误言论自然不能不引起人们的普遍担心和质疑：一向以"社会公器"而赢得较高公信力的NHK，为什么会由这样一个政治立场有问题的人出任会长，今后的NHK是否会因此人出任会长而成为某一政党的"私器"？

在此次强势的安倍政权的操控下，经营委员会当中已经有不少于3名亲自民党的代表，而国会也已经事实上由自民党多数控制，因此会长人选由安倍提名也算是水到渠成。接下来的问题是：通过人事权和经费控制来对舆论导向施加影响，安倍政权能够走多远？这一点取决于有着公共广播机构传统的NHK电视人在多大程度上会以自身的良知与其抗争，博弈的结果值得我们拭目以待。

从人权和女性主义的角度来讲，没人敢公开说慰安妇政策是对的。籾井胜人的那种辩解之词实在是苍白无力。我最近在读NHK资深制作人永田浩三写的一本书《NHK铁一般的沉默是为了谁——擅改节目事件十年后的揭露》。在2001年，NHK教育台制作的系列节目《如何审判那场战争》的第二集《问责战争期间的性暴力》，因受到国会议员的压力而遭擅改。这本书说的是自那一刻起十年来节目制作者与当局者之间的抗争、博弈以及对公共广播制度即"社会公器"作用的反思。这表明，接受战后民主主义价值观的日本电视人绝不会轻易向来势汹汹的右倾势力完全妥协，抗争还会持续。

这种抗争还表现在《朝日新闻》等大报的态度上。2月5日，安倍在日本参议院预算委员会上以调侃的口吻，软中带硬地表达了对《朝日新闻》的不满，原因就在于《朝日新闻》在一些重大政治问题的立场上，一直与他作对。这次《朝日新闻》也不示弱，6日的社论就质疑自民党修宪动机，对安倍的宪法观提出批评；7日针对NHK新任会长的"雷人"发言，对NHK今后的独立性提出疑问。《每日新闻》《东京新闻》等也对NHK经营委员会个别委员的言论对公共广播机构的公信力造成的损害提出批评。

日本主流媒体五大报纸各有自己的立场倾向，这在冷战时期可谓阵线分明，今天虽有延续，但已经日渐模糊，总体趋同与保守化成为一个大趋势。刚才金老师也谈到过，在日本历史上，《每日新闻》曾经扮演过非常"左翼"的角色，并且一度和《朝日新闻》比翼争雄全国第一、第二大报。然而，1971年，由于每日新闻社政治部记者西山将佐藤内阁与尼克松政府之间围绕归还冲绳形成的密约透露给社会党议员，引发官司并酿成丑闻，导致《每日新闻》发行受挫，这才形成日后《朝日新闻》与《读卖新闻》争雄的态势，而《每日新闻》从此沦为日本的第三大报。这表明，利用法律手段制衡控制媒体的做法在日本早有先例。如今，《特定秘密保护法》通过，恐怕日本媒体在总趋势上会进一步附和政府。应该说，现在日本的政治失衡，对社会其他方面都产生了影响。实际上，从冷战格局结束后，这种趋势就已经出现，到现在右翼保守势力越来越占上风。

我认为，目前左右日本媒体的一股重要的无形力量来自大广告公司，即资本的力量。从银座向东京湾方向走去，汐留海边有一片繁华的办公楼群，其中最高最显赫的大楼属于日本电通公司。在没有这片大楼之前，夏天海风从东京湾吹来，会给银座一带带来凉意。如今，电通大楼拔地而起，挡住了东京湾的海风，据说银座一带夏天的温度比从前平均升高了2℃。这是一个象征，其实资本的无形力量远胜于看得见的有形力量。事实上，电通通过广告资源的配置对媒体产生的影响远远大于电通大楼对银座一带气温的影响。能够和中国国务院新闻办联手举办近10届中日媒体对话会（本人有幸参加了其中的7届），足见电通在日本媒体中的存在感和号召力，而大广告公司和政界上层的关系也应该是我们考察日本媒体生态的重要参照。

日本的媒体俱乐部有一套控制新闻源的机制。它和日本媒体的自律性行业文化相辅相成，形成了对媒体的管控机制。控制新闻源，但并不制定明确的口径，这种做法置控制于无形，既符合战后民主化体制，又符合日本共同体社会彼此心照不宣的国情，因此能持续至今。这种机制固然有高效率获得信息、信息来源专业等好处，但也有封闭、排他等弊端。比如非媒体加盟单位很难得到新闻特权。外国媒体在这一方面尤其受到排斥，直到20世纪90年代以后才对外媒有所松动。我就职的《人民中国》在日本自20世纪80年代中期便有常驻记者，但真正能够通过记者俱乐部采访重大新闻，也是在90年代以后才有的事情。而且新闻源的高度一致性也导致日本国内媒体在报道内容上的大同小异，人为地造成了报道的同质化。

文物有灵，故人有情[1]

野岛刚这个人

在说《两个故宫的离合》这本书的感想之前，先说说我所认识的野岛刚这个人。我和他最近一次见面是在3年前。去日本短期驻站期间，《人民中国》东京支局安排我去《朝日新闻》中文网站进行工作访问，我与该网站的主编野岛刚就彼此从事的跨文化传播这一话题交换了看法。聊着聊着，忽然彼此感觉"好像在哪里见过"，随后便意识到我们是在学校读书时就认识的老相识了。

1988年，我们30多个中日学生在长春的夏令营一起生活了数周。当时我在读研究生，野岛刚应该是大学一年级。我们在一起进行语言交流，玩得很开心。起初，野岛的话不多，后来熟起来就很能聊了。80年代末人们很单纯，分手时大家很激动。我们彼此签名留言，相约后会有期。大多数人写的都是"惜别""感激""再会"之类的内容，唯有野岛刚不声不响地写给我"人生有峰又有谷"几个字，好像一个道士留给我的一个神谕的签。这个异常冷静、情感内敛的日本青年因此给我留下了很深刻的印象。此后的四分之一个世纪，我们彼此没有音讯。我看他眼熟，首先想起的竟是"这不是那个写了'人生有峰又有谷'的某某某吗？"他的名字我倒是一下子没反应过来。

第二年再见面时，我把他当年写的留言的影印件交给了他。野岛竟为了这件事在他的博客写了一段故事。我看了很感叹，当年的如水之交，竟引出这段故人之情。

今天我提起这段插曲，无非是想说，像野岛刚这样一个人，能将两个故宫博物院的故事这么平静地写出来，和他一贯的哲学主张是一脉相承的。因此，这篇东西如果要有个题目的话，我就想将其叫作《文物有灵，故人有情》。

---

[1] 2014年3月为野岛刚所著《两个故宫的离合》所撰写的书评。

"文物有灵"这一主线带来的阅读快感

通读《两个故宫的离合》，我们会有这样的印象：客观的采访收集大量鲜活的第一手证言，细腻的情感将文物的遭遇娓娓道来，犀利的眼光往往关注被熟视无睹的细节，独到的分析每每得出出人意表的结论。

"文物有灵"是这本书的题眼，尽管作者并没有花太多的笔墨去描述这些国宝级文物的细节。

上个世纪，故宫文物颠沛流离，最后，北京故宫与台北故宫的分离状态持续至今。作者在多个场合表明，促成他写这部书的原因，与20世纪中日之间那段不幸的历史有关。而通过故宫及故宫文物的悲欢离合展开的此书，处处能够读到作者出于历史良知的使命感。

这本书在展开过程中始终秉承一种冷静客观的态度，怀着问题意识，深入地、锲而不舍地采访多个立场迥异的当事人或当事人的后人，将他们的主张清楚地呈现给读者。

这中间显示出作者驾驭这个复杂题材的深厚文化功底和敏锐的时政观察者的眼光，同时，其缜密的叙事技巧也让人产生跌宕起伏的阅读快感。人物的不同观点和叙事的张弛有度使我们在阅读本书的过程中始终可以感到一种无形的张力。

与野岛刚的合影

非专业人士所写的极专业著作

说到故宫,从历史和文物价值角度去看者多,研究者往往也多在此领域,不论是文物美学还是故宫学。从这个意义上说,作者的专业不在于此,因而,他是非专业人士。但作者又是一个极其专业的、具有历史眼光的时政记者,他以心平气和的态度和中立客观的立场,以及深入踏实的采访,写出了或者我们无法采写的人物,或者我们意识不到的角度,剑走偏锋地通过故宫这样一个看似文化装置的历史遭遇,勾勒出海峡两岸与中日对中华文化不尽相同的历史情结,而这种历史情结又直接照射到政治现实中来。

野岛刚作为一个专业的时政记者有着敏锐的洞察力和行动力,同时作为一个修养极深的文化人,他又有着独特的历史纵深感和文化感知力。兼备这两种素质的人在媒体人中并不多见,因此我说这是一本极具专业性的著作。

以东亚视角看中国

日本人看中国历史文化的视角与我们自己很不相同,可以帮助我们换个角度认识自己。

看到野岛刚先生的这本书,我就想,为什么是日本人而不是韩国人、越南人、印度人如此关注故宫?日本人关注故宫,也关注丝绸之路,但关注的视角和我们有所不同。

在民族国家走向全球化的过程中,以文明维系的多元一体的国家走向复兴过程中所面临的课题,通过两个故宫的离合被集中地折射出来,引起我们无尽的思考。

历史上,日本人通过中国了解世界,又由于日本和中国恰到好处的距离,使日本形成了自己的独特文化。在现代化的过程中,日本经历了"脱亚入欧"的曲折过程,也经历了发动战争的痛苦感受,战后的知识界中形成了以东亚视角看自己和周围世界的历史自觉。我想,这一点对于今天融入全球化进程的我们很有借鉴作用。

关于"文化"的思考

今天,我们讨论文化,往往和软实力联想在一起。故宫及其文物也许集中体现或印证了这种软实力。

掩卷之后，我又在想我一直思考的问题：从根上说应该怎么去理解"文化"？从字面来看，文者，纹也，动态形成的痕迹，如天文、水文、人文。相对应者，理也，固有纹理者也，如地理，后引申为道理、逻辑之一。文化者，人文活动留下的印记或器物。如中国的彩陶时代、日本的绳文时代。夏商的甲骨，起于纹，定于文。青铜时代有了饕餮纹等。书中说，日本人对此不理解，其实殷商青铜器物纹饰，对中国人而言也是文物古董。只是在商周时期的中原，鼎有了特别的意义，是文化被高度政治化的滥觞。"问鼎中原""鼎德之辩"即始于此。

日本是在汉到魏晋时代开始通过朝鲜半岛大量接受中华文化。其实文物——"文化之物"——铜镜也和鼎一样进入日本，成为权力者的象征。作者在分析政治权力和文化的关系时，特别提到日本历代天皇的"三种神器"——镜、玉、剑。其中，镜者正衣冠之用，为当政者之必须；玉者，有德者应佩之物；剑者，平天下之利器。这些想法根源均应来自中国，器物被赋予政治意味在日本也早已有之。

在中国，有两个和国家概念密切相关的词——"江山"与"山河"。前者代表了政治、文化的高度一统，而后者往往与社会、民生、疆域、生态密切相关。故宫作为一个"软实力"的象征，与"江山"息息相关，这一点，野岛的观察与分析十分到位。一部《两个故宫的离合》，分明讲的就是"江山离合"的故事。

关于"文明"的思考

野岛以"两个故宫"的命运为题展开此书，但在书中他多处提到沈阳故宫博物院。关于中华文明多元一体的形成过程，其实沈阳故宫更能说明问题。他从一对玉簪的悲欢离合提到沈阳故宫，我却由此对沈阳故宫有了更多的思考。因为我生长在沈阳，因此对沈阳故宫很熟悉。但还是在来到北京，看过北京的故宫之后，我才对沈阳故宫有了更为深入的思考。有清一代，一个入主中原的少数民族，自觉地融入中华文化的过程，通过沈阳故宫三个不同时代的建筑群看得十分清楚。从军帐形制的东路十王亭，到满汉生活方式逐渐融合的中路建筑群，再到乾隆时代以太湖石点缀的庭园和存放《四库全书》的文溯阁，在天下体系下满族自觉融入中华文明的历史过程十分有趣。

关于"历史叙述"的思考

　　该书笔墨最重之处当然不是讨论文明史，而是近现代史背景下的故宫命运。以故宫为中心，清王朝、国民政府、中国革命、国共两党、废帝溥仪、日本方面各种力量的博弈，以及国民党政权迁台之后两个故宫形成的过程、当事人的心路历程，直至世纪交接之际台湾岛内蓝绿之争在故宫问题上的交锋以及海峡两岸在故宫问题上形成的文化共识，这些错综复杂的脉络经过野岛抽丝剥茧的努力，以一个日本记者的视角呈现在我们眼前。"历史"往往呈现出多面性，在发展过程中有着许多偶然性和多种可能性。认识历史应该注重史料的挖掘，注重运用史料说话，甚至不必给读者规定结论，而由读者阅读之后自己得出结论。这样的历史叙述才更加客观、严肃，经得起时代的考验和推敲。从这个意义上说，这部书在方法论方面给我们带来了某种启示。

中国民众如何看日本[1]

2012年日本政府"购岛"导致中日关系急转直下，跌至邦交正常化以来的冰点状态，"政冷经冷"的严峻局面使维系中日关系的地方交流、文化交流、青少年交流以及民间交流都受到了极大的负面影响。

去年10月我参加第九届北京－东京论坛时，就听到《中国日报》和日本言论NPO做的联合民调，其中中国民众对日好感度降至极低的百分点：90%以上被访者不对日本持有好感。但同时，也有半数以上的被访者认为，中日两国的关系是十分重要的。这个有限的统计与实际情况的差异姑且不论，至少表明中国公众的对日情感及理性的认识。

但日本决策政要不以两国国民和地区长远利益为重，除了在领土和安全问题上坚持采取与邻国僵持立场，还在历史问题上进一步伤害中韩等国国民感情。去年年底以来，安倍首相参拜供有甲级战犯的靖国神社，以及此后一些日本政府高官和媒体"大佬"在历史问题上的错误言论，使日本与东亚邻国之间的互信持续受到伤害。

在去年年底中日关系因历史问题进一步恶化之后的今天，民调又有哪些变化呢？

《朝日新闻》最近发表了一个民调结果。今年2月下旬到3月初，该报社委托中国调查公司在北京、上海、广州、武汉、成都对18岁以上的被访者进行调查，根据收回的1000份有效问卷统计，对于"危及东亚和平的主要原因"，49%的受访者选择日本的军事实力，36%的受访者选择了领土问题；"感受到军事威胁的国家"，42%的受访者选择美国与日本；"抗日战争是否结束"，88%的受访者认为尚未结束；"安倍首相参拜靖国神社"，95%的受访者认为不好；选择"讨厌日本"者占74%；"改善中日关系的必要性"，31%的受访者选择非常必要，54%的受访者选择在一定程度上必要。这个更加细化的民调表明，中国民众对日本的看法还在进一步恶化，这是令人忧虑的。

---

[1] 2014年5月21日在中国国际交流协会举办的"增进相互了解，促进中日民间交流"研讨会上的发言。

统计学的结论具有一定的意义，但并非事情的全貌。如果只看到这些数字，我们会感到悲观。事实上，讨论中国民众对日本的看法，民调统计作为一个基本面，是有参考意义的，但我们还要更全面地从纵横两方面来考察这个问题。

在政治问题、安全问题和历史问题上，中国民众对日本的不信任是深刻的。不论是年长者还是年轻者，担心日本否定侵略历史，修改和平宪法，行使集体自卫权，重新选择战争等是十分普遍的。作为历史上曾经遭受日本侵略的国家的民众，中国人有历史的和现实的担心是十分正常的。战争创伤在许多地方还有留存，比如黑龙江省的遗留化学武器至今仍对和平生活的居民构成现实的威胁；南京、沈阳、长春、哈尔滨等地的纪念设施仍在诉说着遭受侵略的屈辱记忆。今年，相当于日本国会的全国人大通过了"中国人民抗日战争胜利纪念日"和"南京大屠杀死难者公祭日"的设立，使这样的历史记忆在国家层面得到法定化解释。

但中日两国之间在邦交正常化40年来，实现了国际交往史上双边最大规模的人员往来，这是中日关系中的正面遗产，由此也使得中国民众能够获得对日本更为全面的认识。

改革开放之初，ODA、JICA等援华项目对中国现代化建设阶段的帮助，对偏僻地区民众生活的改善起到的积极作用，稍上一点年纪的中国人很多都记得。北京高碑店污水处理厂、地铁1号线东扩工程、首都机场2号航站楼等我们身在北京经常利用的设施，今天还在发挥着积极作用。

中日之间经贸互补关系的确立，极大地方便了两国人民的生活。日本的家电、汽车等在中国实现本土化经营，大批中国员工解决了就业问题。更为重要的是，日本企业的管理经验对中国现代化建设初期的中国企业借鉴颇大。许多人因此选择去日本企业研修实习，回国后兴办自己的产业。一直到不久前，中日之间的贸易额都是世界最高的，这样的骄人成就如今已成记忆。目前，在家电业，日本产品的份额剧减，其实主要原因在于韩国的崛起。进入新世纪以后，创新与市场开拓的后劲不足，是中国公众对日本产品抱有遗憾的方面。

在大众文化交流层面，几代中国人都对日本有着深刻的印象。从电影到动漫，来自日本的偶像不断发生着变化。20世纪70年代末，高仓健在《追捕》中的"极酷扮相"创造了外国电影在中国的票房纪录；去年，动漫大师宫崎骏的隐退再次在中国引发一片惋惜之声。日本的大众文化，不论是村上春树的小说，还是久石让的音乐，都有着众多的拥趸，为日本赢得了极好的文化形象。

在创意与制作的层面，日本人的匠人精神，注重细节、严谨认真的态度，都令中国人抱有好感。许多中国人选择去日本旅游，很重要的一个原因就是被这个处处讲究细节的近邻的独特美感所吸引。现在很多人去旅游已经不再带电器回国，取而代之的是日本的瓷器、工艺品。沉重的南部铁器成为今年最为体面的礼物。

旅游签证的不断开放，使越来越多的普通公众得以深入日本观察日本人的日常生活，许多人通过旅游改变了原来对日本比较概念化的印象，这在客观上对加深中国人对日本的了解起到了积极作用。当然，想象的乡愁依然是旅游的动力之一，电影《非诚勿扰》的蹿红就说明了这一点。

赴日旅游热使普通中国公众有机会深入了解日本

同样，北海道神话的难以复制，也说明中国民众的赴日旅游正从粗放式向日常化、细节化过渡。随着自由行的进一步开放，北海道、冲绳、长崎等异邦情调之外的地方，比如濑户内海周边，将是中国民众了解日常日本的新去处。

多数中国公众对日本社会的印象，包括说话和气、注意个人与他人的关系、社会治安好、讲究卫生、垃圾分类、空气清新、自来水可直接入口、不浪费资源、在灾难面前秩序井然等，都有很好的印象；同时，对日本人捕鲸、日本社会色情文化泛滥、日本上班族工作强度大、日本年轻一代御宅族和草食男化倾向、福岛核电站泄漏真相等持有负面印象。

除了旅游，畅通的网络也成为新生代了解日本的有效渠道。目前，中国网络上涉及日本文化、日本历史、日本社会、日语教育的微博很多，微信群里也有好多讨论日本的小组。一些中日文化交流的名人如毛丹青等在微博上有着众多的粉丝。一个有趣的现象是，自2005年小泉首相参拜靖国神社以来，中日间的摩擦不断，但每次较大摩擦之后，在中国出版界都会兴起一股了解日本热。大量和日本有关的书籍、杂志就是在那以后出版、制作的。2010年，杂志书《知日》创刊，成为普及日本流行文化的畅销刊物。今年,日本讲谈社的《中国历史》10卷本中文版出版,再次引起读书界的关注。比起日本书店铺天盖地抹黑中国的出版物,中国的出版界似乎十分冷静,中国的年轻读者也越来越以自信开放的心态了解日本。

　　国之交在于民相亲。《人民中国》61年来始终不懈地致力于这一目标。越是困难的时候,越要发挥民间交流、青少年交流、地方交流、文化交流的积极作用。上个月26日东京都知事舛添要一在北京的访问就体现了地方交流、城市交流的独特作用。不久前,我参加了中日友协组织的对话活动,和以高村正彦为团长的超党派日中友好议员联盟的朋友们坦率地交换了意见。今天,我又有幸和日本JC日中友好之会代表团的朋友们进行了这样推心置腹的交流。我觉得这些都十分有意义。虽然我们不能直接改变目前困难的状况,但我相信,中日之间这种加深了解,求同存异,增加互信的国民交往的渠道只要保持畅通,两国之间的正能量就能够得以汇聚。我们应该在困难的时候发挥积土成山的精神,将老一辈有识之士的智慧发扬光大,为两国关系尽早走出困局做出自己的贡献。

大时代需要讲好小人物的故事[1]

刚刚出去接电话，得知《朝日新闻》发布消息，日本电影演员高仓健今天离世。高仓健是日本的一个很了不起的演员，是日本电影界的常青藤。

1978年他主演的《追捕》在中国公映，观众人次高达8亿，创造了当时外国电影在中国的票房纪录。彼时的日本正是经济高歌猛进的时代，日本有很好的演员，有很好的导演，也有很好的制片人。当时日本电影进入中国有这么大的影响，给了我们一个很大的刺激。

世事沧桑，现在中国和日本的关系正好倒过来了。中国现在进入了大发展的时代，日本则一直在相对低速发展中徘徊。现在我们官方和民间各方面都花了大价钱往外推广文化，但我们并没有看到中国文化如愿在海外广为传播，反省起来有很多原因。其中一个，我觉得有我们作者本身和世界对话的问题，也有我们的制作者、制片人国际视野的问题，同时还有很重要的一点，就是中国特别欠缺国际性影评人，这也是特别重要的一个因素。像贾樟柯这样的导演屡屡在多个国际电影节上成功，这和很多国际上重量级影评人对他的热捧、推介不无关系。但是我们中国很多好的作品现在缺乏这样的评论家的推介。

再有一点，大的时代需要讲好小人物的故事。美国20世纪30年代移民潮的时候，能够有像卓别林创造的查理那样的形象；日本在高仓健叱咤影坛的时候，也有山田洋次为日本松竹打造的小人物喜剧片《寅次郎的故事》。但是在中国很可惜，比如赵本山，除了出演过张杨导演的《落叶归根》这么一部让人稍微心动的电影，后来就没有很好的电影作品了，这一点非常值得我们反思。

文艺作品的很重要的一点，刚才各位也谈到了，就是不能回避当代性的问题。关注当代，讨论当代中国的问题，这是我们无法回避的话题。我们经常讲，作品要观照当代现实，包括历史题材的作品也应该如此。重要的不是故事讲述的时代，而是讲述故事的时代，为什么今天要讲这样的故事？从这一点上来说，在国外比较成功的作品，比如说村上春树等，他们在这个问题上都做得非常好。包括伊朗

---

[1] 2014年11月18日在中国文艺论坛暨中国文艺推介评审会上的发言。

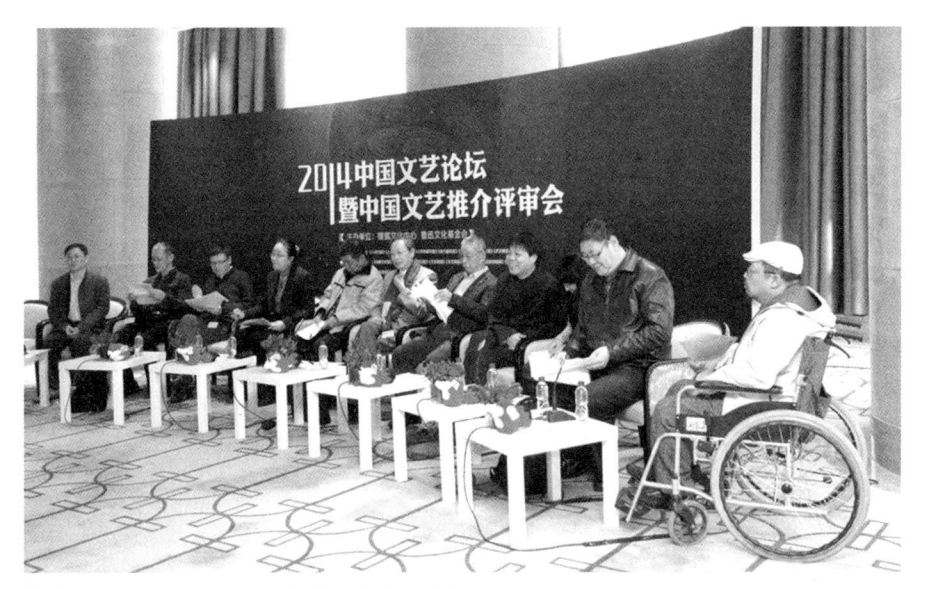

在中国文艺论坛暨中国文艺推介评审会上发言

的电影，能够引起我们这些来自不同文化背景的人产生很大的共鸣，这都是值得我们反思的。大时代的小人物的话题怎么做好，怎么让小人物的故事反映时代的喜怒哀乐，在感动本国观众的同时，再通过这样的人类共同情感感动国外受众，这是我们应该努力攻关的课题。

  再有一点就是心态问题。我觉得现在我们的文艺创作还是有一些心态浮躁，好多东西推出之后，热闹一阵，很快就被遗忘得干干净净，这也是一件特别遗憾的事情。这次评审会，我个人推介了两部影视作品，一个是《黄金时代》，一个是刘和平的《北平无战事》，这两部作品的作者都下了很大的功夫，用一种很严肃的创作心态，怀着问题意识，却又心平气和地去构思完成的，所以才有了这样的成就。反观我们现在正在热播的一些电视剧，还在播的过程中就已经有很多评论了，本来是出自很好的名作改编的电视剧，由于情节漏洞瑕疵很多，看着看着就看不下去了。所以，中国文艺还有很长的路要走，其中，心态和我们的关注点是非常重要的。

  希望中国的文艺创作能够进一步贴近真实的社会生活，扣准时代脉搏，努力摆脱浮躁心态和资本逐利的诱惑，通过普通人、小人物的生动真实的故事勾勒好我们所处的大时代。

"杜丘"融入蓝天[1]

  11月18日上午，北京晴空万里。《快讯：日本巨星高仓健去世》的微信推送映入我的眼帘。我呆望着窗外澄澈的蓝天，36年前的记忆原点在脑海中复活，一句至今仍能够脱口而出的片中台词在耳边响起："杜丘，你看多么蓝的天，一直走，不要朝两边看，走过去，你就会融化在那蓝天里。去吧！"

  生活在20世纪70年代末80年代初的人都记得"杜丘"。那个年代，中国刚刚改革开放，《中日和平友好条约》的签订使中日两国进入"蜜月期"。作为政府间文化交流项目，首轮"日本电影周"在中国多个大城市举办，反映了战争期间日本妓女悲惨命运的《望乡》，反映北海道广阔大地上生命博弈的纪录片《狐狸的故事》，以及反映70年代初高速增长期日本一个蒙冤的检察官历经曲折讨回正义

---

[1] 首载于2014年11月23日《人民日报》，发表时略有压缩。后由《人民画报》转载。

的《追捕》，让亿万中国人有了认识东方邻国的新视角。"杜丘"就是这三部影片中影响最大的《追捕》里面的男一号。这个沉默寡言，刚毅的外表下有着脉脉柔情的东方男子汉形象，征服了无数中国青年男女，他的扮演者就是高仓健。

高仓健在中国一夜成名。《追捕》在中国创造了至今好莱坞大片也未打破的票房纪录：约有8亿人次的观众走进影院，被银幕上的"杜丘"折服，被高仓健的独特演技迷倒。

《追捕》创造了电影史上的"神话"，但又不完全由于电影本身。在日本，许多人并不知道《追捕》，其充其量算是一部二三流的商业娱乐电影，但在中国引发了轰动效应，原因何在？当时，中国刚刚从"文革"的阴影中走出，中国观众已经厌倦了说教性电影中"高大全"式的英雄，"杜丘"正好填补了这一需求空白：高仓健既不同于法国的"沉默的人"，也不同于南斯拉夫的"瓦尔特"，这是一个前所未见的东方男子汉。高仓健和中野良子演绎的大胆明快的爱情，也让习惯了拘谨的爱情题材国产片的青年观众感受到更加本真的男女情感。电影的舞台既有繁华的东京新宿，又有北海道广阔的山川，战后实现经济高速发展的东京和自然景观迷人的北海道激发了国人对日本的全新想象；而林中斗熊、驾机逃亡、骑马脱险、无词哼唱的片中插曲、极富叙事性与紧张感的电影音乐等更让看惯了缺乏刺激要素的国产电影的中国观众耳目一新。

《追捕》在中国的上映，使人们对日本有了更为全面的认识，战后日本的形象也因此得到改善，这对民间层面人民之间好感度的提升起到了无可替代的作用。高仓健与原田芳雄的极酷扮相成为时髦，真由美的扮演者中野良子在中国被称为"真优美"，田中邦卫饰演的横路敬二竟然通过相声进入市井，成为80年代指称"呆滞"的流行词。

其实当时，正是在70年代日本社会运动走向平息，回归法治的背景下诞生了这部影片，而其题材又正好与当时中国拨乱反正、平反冤假错案的时代背景产生共鸣，因而，与伤痕文学题材的国产电影相比较，《追捕》引起了更多观众的关注。片中有一个镜头令人难忘，那就是真由美驱赶着马队狂奔于东京新宿西口，将被警察重重围困的杜丘成功解救的桥段。机动队举着等身高的盾牌阻挡马队的镜头，正是对70年代新宿西口一带暴烈的市民运动和机动队的对峙的隐喻性描述。

许多年以后，CCTV 6播出了《追捕》几近完整的版本，这部影片曾被删改之谜才大白于天下。原来，1978年上映的时候，这部影片被剪掉了20多分钟，一些当时被认为不合中国国情的镜头被删剪了。在完整版中，杜丘和检察院最后实现和解。恢复版的播映，使我们更全面地了解了《追捕》这部电影。我为我们社会的宽容与进步感到欣慰。

电影原名为《你且渡过那愤怒的河》，当时的译制片为了照顾观众，改译为比较直观的片名《追捕》。如果放在今天，也许会有一个更好的翻译方案，比如《怒海飞渡》。

一部《追捕》和当时中日之间的友好氛围，成就了高仓健，而此后他在山田洋次导演的《远山的呼唤》和《幸福的黄手帕》中的出色表演，使他在中国观众心中的地位得到进一步的巩固。乃至对于一般中国观众而言，在讨论日本男演员时，高仓健不是最好的，而是唯一的——虽然这对同时期许多在演技和知名度上并不低于甚至远远高于高仓健的日本演员来说并不公平，高仓健的成名正是拜中日友好的大气氛所赐。

《追捕》和"杜丘"在中国的热度持续了很久，其影响的余韵经久不衰。在《追捕》之前，中国尚无正面人物被追逃的惊险题材电影。在此之后，模仿与借鉴的尝试出现了：《405谋杀案》《主犯在你身边》的借鉴痕迹无须赘言，《戴手铐的旅客》作为一种类型尝试，《追捕》的影子在片中比比皆是。演员于洋也因此完成了由《火红的年代》中"赵四海"式的"高大全"英雄向"杜丘"式孤独英雄的转身。

冯小刚的《非诚勿扰》成功以后，去北海道旅游的中国游客大增，日本其他地方政府纷纷想复制这一模式。而事实上，该片的成功不能忽略《追捕》《远山的呼唤》《幸福的黄手帕》以及高仓健在七八十年代中国电影观众心中植入的对北海道的美好想象在持续发酵的因素。《非诚勿扰》一片中，男女主人公在草坪上玩人熊嬉闹的游戏，在我看来正是对《追捕》中杜丘从熊口中救下真由美这一桥段的致敬。因此，该片的事半功倍是无可复制的。

90年代以后，中日两国各自的发展与彼此的消长，使中日民间情感趋于复杂。在迷恋动漫的中国年轻一代眼里，北野武那种向往死亡的"酷"似乎更令人心仪，"杜丘"和《追捕》仿佛成为老一代人的记忆。但在进入21世纪之后，"杜丘"的魅力再次复苏。看着高仓健电影成长的张艺谋决定拍一部为高仓健量身定制的《千里走单骑》——尽管在此之前张艺谋曾想让高仓健在《英雄》中出演李连杰的角色而被高仓健婉拒。

据说，高仓健被《千里走单骑》剧本的情节和张艺谋的拼命精神打动，终于同意出演。高仓健是一个需要高水平配角联袂才能将演技发挥得淋漓尽致的演员，原田芳雄、倍赏千惠子就是这样的好搭档。而在《千里走单骑》中，除了高仓健，其他都是业余演员，因此，平心而论，在这部电影中，高仓健由于缺乏和配角之间互动所形成的张力，他的演技并没有得到充分发挥。但是电影以外的佳话让中国观众认识到了这位"男神"做人的魅力。70多岁的高仓健在拍片现场从不耍大牌，每天和大家一起站着工作到最后一刻；因为一个外来务工人员在现场为他打了三天阳伞，他将自己的一块手表送给他作纪念。从细节中，人们看到了他的艺德。电影在中国上映了，许多观众再次被他认真的表演打动，同时，"杜丘"和《追捕》的记忆，也是让更多的人再次走进影院的动力之一。

"杜丘"是高仓健在中国成功的原点，此后，人们不论怎么谈论高仓健，其实都是把他和"杜丘"联系在一起的。而"杜丘"和《追捕》已成为中日两国人民的心灵黏结剂，不管时间过了多久，不管中日关系的发展如何艰难曲折，这段佳话都给我们留下了一份美好的记忆和对未来的希望。这就是文化的力量，这就是"杜丘"和《追捕》超越了一个演员和一部电影的力量。

83岁的"杜丘"融入了蓝天，走向天堂。在天堂影院里，相信高仓健依然将焕发出他的迷人魅力。再见，杜丘！走好，高仓健！

村山富市前首相：继承历史认识　维护和平宪法[1]

1995年8月15日，时任日本首相的村山富市于战后50周年之际发表的"村山谈话"[2]对于日本具有什么意义？时隔20年，日本首相安倍晋三今年8月发表的"安倍谈话"是否会继承"村山谈话"的精神？中国、韩国等许多国家对此给予了高度关注。

恰逢日本国会即将审议"新安全保障法案"，反对违宪议案的呼声日渐高涨之际，村山富市接受了本刊采访，介绍了"村山谈话"的来龙去脉。村山富市表达

---

1 载于2015年8月号《人民中国》。
2 村山内阁总理大臣谈话《值此战后50周年终战纪念日之际》节选：正当战后50周年之际，我们应该铭记在心的是回顾过去，从中汲取历史教训，展望未来，不要走错人类社会发展和平繁荣的道路。我国在并不久远的一段时期，因错误的国策，走上了战争的道路，使国民陷入生死存亡的危机；殖民地统治和侵略给许多国家，特别是亚洲各国人民带来了巨大的伤害和痛苦。为了避免以后重犯错误，毫无疑问，我们应谦虚地接受历史事实，并再次表示深刻的反省和由衷的歉意，同时向因这段历史而牺牲的所有国内外人士表示沉痛的哀悼。

226

了为维护战后来之不易的和平主义，必须坚守和平宪法的强烈意愿。

王：当时发表"村山谈话"，一定需要非凡的意志。或许许多人并不了解"村山谈话"发表前您经历的种种困难。请您谈谈"村山谈话"的形成过程。

村山：无论从历史上还是文化上，日本都属于亚洲的一员。我认为孤立于亚洲之外的日本是无法生存的。特别是日本与一衣带水的邻国中国、韩国有着悠久的交流历史，这段交流历史对日本文化的发展起到了决定性的影响作用。因此，我最大的心愿就是构建一种得到中国、韩国等亚洲国家信任的国际关系。

1994年就任首相之后，我访问了亚洲各国。当时的日本已经是世界一流的经济大国了，日本的发展成就得到世界的认可。可我感受到亚洲各国人民对日本依然抱有反感或担忧：他们认为"日本没有认真反省战争"，"日本也许会再次成为军事大国，走上危险的道路"。因此，在组建联合政权的时候，自民党、社会党、先驱新党三党共同向国会提交了"和平的决心"的议案，以表示反省过去的战争。该议案在众议院表决时做了若干修改，但仍然有很多议员反对或缺席表决。虽然议案顺利通过了众议院表决，可在参议院中并未作为议题进行讨论。我认为不能就此作罢。为了将政府的方针见解明确化，我决定以谈话的形式发表首相见解。如果谈话在内阁会议上无法通过，我甚至做好了内阁集体辞职的准备。

王："谈话"发表后，当时在日本国内反响如何？亚洲邻国的评价又是怎样的呢？

村山：在日本国内，赞成和反对的意见都有。我个人受到了猛烈的责难。但是中韩两国对"谈话"给予了高度评价，认为这为历史问题做出了清算。此后我出访中国的时候，所到之处的欢迎致辞开头一定会提及"谈话"，并称赞"（村山）为中日关系做了好事"。此外，我之后的历任内阁均向世界承诺继承"村山谈话"。即便有几位首相参拜靖国神社引发了外交问题，或许是"谈话"起到了抑制性效果，外交问题最终没有演变成历史问题，因此我再次觉得发表"谈话"是正确的。

只是日本国内对我的责难十分强烈。有人认为"日本已经道歉了，为什么非要一遍又一遍地道歉不可"。

此外，还有人直接否定道歉本身。他们认为"那次殖民地统治和侵略，跟当时欧洲列强对亚洲的所作所为是一样的。毋宁说，那场战争是针对欧洲侵略的防卫战。'二战'结束后，殖民地全部获得解放，因此那场战争对于殖民地而言是一场解放战争"。

我不认为我们是为了道歉而道歉。重要的是坦诚地承认历史事实，认真反省错误，并表明不再重蹈覆辙，这样日本才有光明的未来。这是"谈话"内容的核心。

当然，从前首相访问受害国时，也有以个人身份道歉的先例，但是通过内阁会议表决的"谈话"，其分量是不同的。遗憾的是，这一点并不为大多数国民所了解。坦诚地说，在当时的日本，"村山谈话"并不受好评。而且，多数国民持不关心的态度。即便到了现在，有人甚至还跑来问我"村山谈话"是怎么回事儿。

王：您是第一位参观中国人民抗日战争纪念馆的日本首相。作为一个政治家，您这样做是需要一定的政治勇气的。请您谈谈参观前后的经过。

村山：如何理解中国这个国家？如何与中国交往？当寻找这些问题的答案时，首先有必要全面地了解中国。我虽然年轻时也曾卷入过那场战争，但并没有去过中国，我对战时的中国一无所知。因此，我觉得有必要亲自来中国，实地考察一下战争留下的痕迹。

王："村山谈话"发表已经20年了。在当前的日本政治和与周边国家的外交的语境下，您认为"谈话"的现实意义何在？

村山：第一次安倍内阁时，安倍首相曾表态"继承'村山谈话'"。可是到了第二次安倍内阁时，安倍首相则说"不完全继承'村山谈话'"，还说了一些诸如否定"侵略"的话。关于这些，在国会中也有讨论，最终迫于形势，安倍首相不得不改口说"继承'村山谈话'"。可由于安倍首相是在对"村山谈话"质疑后表示要发表战后70年谈话的，在谈话中更改历史认识也是意料之中的事。因此，在国际范围内，"村山谈话"和"安倍谈话"当下受到广泛的关注。

王：确实，现在存在着否定"村山谈话"的动向。您认为，这样做会将日本导向何方？

村山：日本是基于悲惨的战争经历，痛定思痛，而后制定的和平宪法。战后70年来日本没被卷入过战争，不参加战争，走的是和平发展的道路。包括中国和韩国在内的亚洲各国都高度评价日本的这一选择。即便是日本国民，多数对于右倾化也深感不安，抱有危机感。我不认为日本国民认可修改宪法。日本是一个民主主义的国家，主权在民，决定权在民。最近的舆论调查显示，国民反对安倍政权做法的声音在增加。

王：前段时间，您与河野洋平前官房长官就战后70周年的话题，在日本记者俱乐部进行了对谈。您强烈要求撤回"新安全保障法案"。

村山：关于现在审议中的"新安全保障法案"，绝大多数的日本宪法学者已经指出其违宪。提交、审议违反宪法的法案，将使得国会本身违反宪法。而且，首相自己也承认新法案没有获得国民的理解。然而，他打断审议，倚仗议席占多数的优势强行表决通过新法案，这是绝对不容许的粗暴行为。维护和平宪法、反对战争是国民的心声。国会应该顺应国民的心声废止新法案。

王：您如何看待当前日本与世界的形势？

村山：日本政府在领土、中国的南沙群岛等方面对中国提高了戒备，并抱有危机感，此外，还有朝核问题等。现政府夸张地营造着一种充满危机感的氛围，让人觉得东南亚各国正处于当前世界危机最严重的地域。

我认为，如果有危机感的话，那么消除危机感的外交努力应当先行。不谋求霸权是中国的基本方针。中国的繁荣和经济大国地位正是受惠于没有战争的和平环境。我认为中国是绝对不希望发生战争的。如果感到危机并想要化解危机，对话是真正有效的解决途径。"道高一尺魔高一丈"式的军备竞赛反而可能成为战争的直接诱因。

我认为美国并不希望日中之间发生战争。毋宁说，美国应该更希望日本成为中美之间的缓冲地带。在安保条约方面，美国或许希望日本在军事层面上提供更多的协助。

王：您是怎么看待新世界秩序中的中日关系的？另外，您认为今后两国应该构建和发展一种怎样的关系？

村山：2008年，胡锦涛主席在日本国会演讲时谈道，通过互相确认"村山谈话"解决历史问题，日中关系将进入战略互惠关系的新时代。为此，相互信守约定，营造不起纠纷的环境氛围显得尤为重要。从两国当前在经济层面上形成相互依存的关系这一点来看，我们也可以看出良好环境氛围的必要性。

王：去年年末，在南京大屠杀死难者国家公祭仪式上，习近平主席谈道："（追悼）不是要延续仇恨。"今年5月，在出席中日友好交流大会，接见二阶俊博先生率领的3000人访华团时，习近平主席提到："中日关系前途掌握在两国人民手里。"对此，您有何评价？

村山：习主席的讲话是值得欢迎的。我们认为必须营造相互合作、相互帮助的氛围，这有利于日中两国，有利于亚洲，更有利于世界。我认为两国间今后也免不了会有摩擦。但是，重要的是，中日两国要通过彼此的努力和对话化解矛盾，将两国关系推向更良好的方向。

中国驻日本大使程永华：战后 70 周年，应共同为亚洲和世界的发展做贡献[1]

王：上半年以来，日本政要就"战后 70 周年"日本的定位以及对历史问题多次发言，引起东亚邻国的高度关注。为什么中国政府和公众对日本政要就历史认识问题的表态如此关注？应该如何看待历史和未来的关系？您对"村山谈话""河野谈话"等的现实意义如何评价？

程：中日间历史问题的纠纷久久不能平息，其根源在于日本国内总有一些人和政治势力试图美化，甚至否认当年的侵略战争，不断在"靖国神社""慰安妇""历史教科书"等重大敏感问题上采取挑衅行为。这不仅严重伤害了亚洲受害国民众的感情，也让人怀疑日方对待侵略历史的真正态度和诚意。今年是中国人民抗日战争暨世界反法西斯战争胜利 70 周年，在这一特殊而敏感的年份，日本政要就历史问题做何表态，尤其是如何对待过去那段侵略历史，不仅事关日本同亚洲邻国关系的长远发展，也会折射出日本未来的发展走向。作为曾经的受害国，包括中国在内的亚洲邻国当然会予以高度关注。

中国历来主张本着"以史为鉴、面向未来"的精神发展中日关系。不久前，习近平主席在中日友好交流大会发表讲话时再次强调，"前事不忘，后事之师。牢

---

[1] 载于 2015 年 8 月号《人民中国》。

记历史，是为了开创未来；不忘战争，是为了维护和平"。我们强调牢记历史，不是要延续仇恨，而是为了从历史中汲取教训，更好地珍爱和平，更好地开辟未来。日本要想彻底卸下历史包袱，就必须认真总结那段侵略历史，与过去的军国主义彻底划清界限，翻开崭新的一页，这样才可能在以史为鉴的基础上与亚洲邻国发展面向未来的关系。

1995年时任日本首相村山富市通过内阁决议发表"村山谈话"，承认过去日本的国策发生错误走上战争道路，对殖民统治和侵略给许多国家特别是亚洲各国人民带来巨大损害和痛苦表示深刻反省和由衷道歉。"河野谈话"承认强征慰安妇的事实，对受害者表示道歉和反省。这些谈话是代表日本国家做出的表态和承诺，对日本改善和发展与亚洲邻国的关系起到了重要积极作用。我们希望日本认真对待战争受害国的关切，认真倾听国际社会和日本国内的正义呼声，恪守日本历届内阁关于正视和反省侵略历史的表态和承诺，真正显示加害者对受害者道歉和反省的诚意，妥善处理有关问题，坚持走和平发展道路，以实际行动取信于亚洲邻国和国际社会。

王：今年，中国将隆重纪念中国人民抗日战争暨世界反法西斯战争胜利70周年，下半年将举行一系列重大纪念活动，日本公众对此也十分关注。您认为这些活动对于中国和日本分别具有什么样的意义？应该怎样全面、完整、准确地理解中国举办这一纪念活动的意图？

程：今年是中国人民抗日战争暨世界反法西斯战争胜利70周年，也是国际社会回顾历史、总结经验教训、展望未来的重要年份。中国是第二次世界大战战胜国，也是东方主战场，为世界反法西斯战争的胜利做出了重大贡献和巨大牺牲。9月3日，中国将参照各国做法，举办包括纪念大会、阅兵式等在内的系列纪念活动。中国政府隆重举行纪念活动，目的是铭记历史、缅怀先烈、珍视和平、开创未来，是要表明维护"二战"胜利成果和战后国际秩序、维护国家主权安全和世界和平的坚定立场，也是为了唤起世界各国人民对历史的记忆，唤起每一个善良的人对和平的向往和坚守，开创人类更加美好的未来。

当年，日本军国主义发动侵略战争，给包括中国在内的亚洲受害国人民带来深重灾难，日本人民也深受其害。我们一直把日本军国主义分子同广大日本人民区别对待，把战犯和普通士兵区别对待。中方举办纪念活动不针对特定国家，不针对今天的日本，更不针对日本人民。目前，国际社会普遍认为日本至今还背着历史包袱，这个包袱想不想放下，能不能放下，关键在日本自己。今年对于日本来说，既是一次检验，也是一个机会。我们希望日方能与国际社会一道，以纪念70周年为契机，认真审视和思考历史，以实际行动向亚洲邻国和国际社会证明历史不会重演，与亚洲邻国在和解的基础上，共创和平合作的光明未来。

王：去年以来，在"四点原则共识"的基础上，中日两国领导人在北京和印尼两次实现了会面，严峻的中日关系迈出回稳改善步伐，各领域的对话与交流逐渐重启。不久前，习近平主席在北京会见自民党总务会长二阶俊博率领的3000人访华团，使中日交流进一步升温。我们看到，日本媒体对此有的给予积极评价，有的在报道时仍然充满疑虑。您如何解读最近半年来中日关系出现的积极变化？对日媒的报道您有何评价？

程：近年来，由于日方在钓鱼岛、靖国神社问题上的错误举动，中日关系陷入了邦交正常化以来最为严峻的困难局面。去年11月，双方就处理和改善中日关系达成四点原则共识，为两国关系今后的改善和发展立了规矩。随后，两国领导人在北京APEC会议期间实现会见，两国关系朝着改善的方向迈出重要一步。今年以来，中日两国政府间对话磋商和各领域交流合作逐步恢复。4月，习近平主席在雅加达与安倍首相再次会见，为两国关系改善和发展注入了新动力。5月，习近平主席出席中日友好交流大会并发表重要讲话，显示了中方改善和发展两国关系的积极意愿和诚意，并为两国关系长远发展指明了方向。两国关系历经严重波折后取得今天的成果非常不易，值得共同珍惜和维护。中日两国都是亚洲和世界重要国家，中日和平、友好、合作，对双方有利。双方应继续加强友好交流和合作，努力促进中日关系的进一步改善和发展。

有关调查显示，80%左右的中日民众都是通过本国媒体报道了解对方国家的。媒体是中日两国和两国人民相互了解认知的重要桥梁之一，信息化时代下，其对改善双方国民感情、促进两国关系发展更具重要影响，也肩负更大责任。日本媒体对华报道基调直接影响日本民众形成什么样的"对华观"，戴"有色眼镜"看中国是极其有害的。最近日媒炒作南海问题，部分媒体具有明显的选择性和偏向性，仅热衷报道个别国家的主张，却不报道中国的声音，这严重误导了日本民众，完全有失公平、公正的媒体精神。希望双方媒体真正本着客观、全面、平衡的精神，秉持社会责任和职业良知，多开展真正有助于增进两国民众客观了解和理性认识对方的报道，为改善两国国民感情、推动中日关系长期健康稳定发展发挥应有作用。

王：习主席在会见日本客人时，特别提到了中日战略互惠关系，也提到了中日友好的源远流长。您认为习主席的这些讲话向日本人民释放了怎样的信号？在新的历史条件下发展中日战略互惠关系和中日友好需要如何相向而行？

程：今年4月，习主席在雅加达与安倍首相会见时特别提及关于推进两国战略互惠关系的中日间第四个政治文件，强调要将"中日互为合作伙伴，互不构成威胁""相互支持对方和平发展"转化为广泛的社会共识。5月，习主席又在中日友好交流大会上发表讲话指出，中日友好事业对两国和两国人民有利，对亚洲和世界有利，值得我们倍加珍惜和精心维护，继续付出不懈努力。习主席的一系列表态充分显示了中方积极改善和发展中日关系的善意和诚意。正如习主席所言，中方历来高度重视发展中日关系，愿同日方一道，推进两国睦邻友好合作，愿意通过扩大和深化两国的交流与合作，给两国人民带来更大利益。中国政府支持两国民间交流，鼓励两国各界人士，特别是年轻一代踊跃投身中日友好事业。我们期待两国人民坚定友好信念，积极采取行动，加强双方友好交流和合作，为中日关系的改善和发展积聚更多正能量。

在当前形势下，发展中日战略互惠关系和中日友好，以下几点尤其值得重视：一是要始终坚持和平友好合作大方向。中日两国互为重要近邻，同为亚洲和世界上具有重要影响的国家，保持中日关系长期稳定健康发展符合两国和两国人民的根本利益，也有利于本地区乃至世界的和平与繁荣。二是树立客观理性的相互认知。随着中日两国国力对比发生变化，近年来，日本国内各种"中国威胁论"不绝于耳。希望日本各界能客观全面地了解、把握今天的中国，正确认识、理解、对待中国发展，真正视中国发展为机遇，同中国共走互利双赢之路。三是重视彼此关切，妥善处理重大敏感问题。中日之间存在着历史、领土等重大敏感问题，这些矛盾分歧本身并不可怕，只要双方切实维护和遵守中日四个政治文件和四点原则共识，就能妥善处理这些问题，两国关系发展大局就不会受到干扰。

近几年中日关系出现波折还有一个深刻教训值得汲取，那就是"守信"问题。目前，中日面临的问题都不是新问题，双方曾就如何解决这些问题达成共识或谅解，并制定了相关规则，有关内容在中日间四个政治文件和四点原则共识中都有明确表述。只要双方信守承诺，遵守相关规则，中日关系就能顺利发展。反之，两国关系就会出现波折。这也是多年来中日关系发展过程中的一个规律性现象。中日邦交正常化谈判时，周恩来总理向田中角荣首相表示"言必信、行必果"，田中首相则以"信乃万事之本"回应。这是两国老一辈领导人对"守信"的重视和理解。希望日方切实做到重信守义，真正本着"以史为鉴、面向未来"的精神，与中方相向而行，积累和构建互信，努力推动中日关系发展行稳致远。

王：中国提出的"经济新常态""一带一路""亚投行"等概念和倡议广受关注。请您说明中国的和平发展和周边外交政策对亚洲地区乃至世界的意义何在？特别是对于日本，这些究竟是机遇还是威胁？

程：经过30多年的改革发展，中国经济取得了举世瞩目的成就。中国政府今年3月宣布将2015年经济增长预期目标调整为7%左右，目的是提高经济发展的质量和效益，保持经济在合理区间运行。中国将主动适应和引领经济发展新常态，力求经济发展稳中求进。同时，中国经济发展进入新常态，将继续给包括日本在内的世界各国提供更多市场、增长、投资和合作机遇，将为中日加强合作提供更广阔的空间。

在国际局势深刻变化的过程中，中国主张各国应树立命运共同体意识，在共同发展中寻求各方利益的最大公约数。2013年，中国提出共建"丝绸之路经济带"和"21世纪海上丝绸之路"倡议，得到国际社会的广泛积极响应，部分建设项目已步入务实合作阶段。同年，习近平主席出访印尼时提出了筹建亚洲基础设施投资银行倡议。目前，亚投行已有57个意向创始成员国，其中50个成员国6月在北京正式签署成立协议，亚投行将于今年年底正式投入运营。共建"一带一路"和筹建"亚投行"贯穿中国"亲、诚、惠、容"的周边外交理念，我们将弘扬和平友好、开放包容、互利共赢的丝绸之路精神，与各方一道共同努力，以亚洲国家为重点方向，以陆上和海上经济合作走廊为依托，以交通基础设施为突破口，以建设融资平台为抓手，以人文交流为纽带，以共商、共建、共享的平等互利方式推动亚洲的互联互通，建设深度交融的互利合作网络，促进地区经济发展和经济一体化，为构建亚洲命运共同体和和谐世界发挥积极的建设性作用。

谈到日本，双方首先应从根本上解决彼此是伙伴还是威胁，是机遇还是挑战的问题。中方愿与日方共做和平发展的伙伴，希望日方也能秉持相同的态度，摒弃零和对抗思维，真正做到把中国当作伙伴而不是对手，把中国发展当作机遇而不是威胁，相互支持，和平发展，谋求互利双赢，共同发展。日本应针对中国经济新常态下的特点，抓住中国经济升级转型的机遇，跟上中国扩大对外开放的步伐，结合中国深化改革的现实需要，进一步开拓中国市场，用好中国政府简政放权、扩大自贸区试点等便利政策，推动两国经贸合作与中国经济同步实现转型升级。作为世界第二和第三大经济体，两国可以探讨加强在地区和国际事务中的协调配合，共同开展在亚洲金融货币、基础设施建设、互联互通等领域的合作。我们希望日方积极支持响应中方倡议，共同为地区和世界的繁荣发展做出贡献。

中野良子：中日一起携手渡过"相互理解"之河[1]

为纪念日本著名演员高仓健去世一周年，日本国际交流基金会北京文化中心、北京日本学研究中心和日本国驻华大使馆共同举办的"高仓健回顾展"开幕式暨《追捕》放映会，2015年11月14日在北京外国语大学千人礼堂举行。当年和高仓健联袂主演的女演员中野良子在放映后和观众进行了互动交流。1978年，这部"文革"后在中国大陆上映的第一部日本电影在中国引起轰动。为证明自己清白而走过险恶征途的影片主人公，和当时走出"文革"，正在经历平反冤假错案艰难历程的中国社会形成共鸣，亿万观众随着这对骑在马上的青年男女，在那个时代一起"渡过了愤怒的河"。时隔37年，旧梦重温，熟悉的故事情节和中野良子娓娓道来的幕后往事，唤醒了在场观众对两国关系蜜月时代的浓浓乡愁。活动结束后，笔者对中野良子进行了独家专访。

---

[1] 首载于2016年1月号《人民中国》。

王：高仓健离开我们已经一年了，但您能够看到人们的思念依然不减。当年和高仓健先生合作，您的印象有哪些？

中野：高仓健先生非常敬业，入戏很深。记得拍摄《追捕》第一次见面时，相隔十多米制片人介绍我们认识。一般情况下，双方都会彼此寒暄一下，可我们俩就这么对视着，一动也不动。谁都不知道为什么会这样，制片人也很惊讶地看着我们。事后想来，估计是那天上午刚拍过一场戏，高仓健还在入戏状态，突然看到我这个从现实中走过来的人进入他的戏中世界，就愣住了。高仓健这种精神集中力和塑造角色的能力是从内而外散发的，通过银幕展现给观众。另一件令我印象深刻的事情是，我结婚时向高仓健先生发出了通知，一天早上7点多，我突然收到几百枝鲜红的玫瑰花，送花人正是高仓健。我特别吃惊，感觉这不像是银幕上冷峻的高仓健能做出来的事情，我仔细想了一下，觉得他可能还沉浸在《追捕》中和真由美的余热当中呢（笑）。

王：当年有上亿的中国观众和你们两位骑在骏马上的情侣一起"渡过了愤怒的河"。就说一说当年拍《追捕》时您和高仓健的幕后故事吧。

中野：中国观众好像真的很喜欢真由美骑马救杜丘的那场戏。按照剧本的设定，杜丘不会骑马，而真由美在牧马世家长大，骑术很好。实际上我之前并不会骑马，拍片时也没时间练习，而高仓健骑马骑得很好。拍摄前我十分害怕，山路狭窄且崎岖不平，两旁不断有树枝闪过，而且强烈的灯光令马焦躁不安，我一直担心马会出状况。可到了正式开拍的时候，和擅长骑马的高仓健在一起，我就感觉很安心，本来戏中应该是我救他，结果实际上是他在默默地为我护驾（笑）。因为有这种感觉做铺垫，我当时非常自然地说出了"我喜欢你"。相信我当时那种紧张和投入也通过银幕让观众充分感受到了。

王：1978年，《追捕》在中国的上映引发了轰动。8亿人次的观影纪录，这是今天好莱坞大片都未曾企及的啊！通过《追捕》您和高仓健在中国几乎成为家喻户晓的人物。您还记得第一次访问中国时的情景吗？

中野：记得，记得！简直就像昨天发生的事情一样。那是1979年，我第一次来到中国。那时候首都机场还很小，我印象中就像今天一座小学的建筑一样，建筑上悬挂着毛主席像。记得刚走出机舱，踏上舷梯，我就听到了几百人震耳欲聋的欢呼声，感觉像来到了另一个星球一样（笑）。从机场到天安门，一路都有欢迎的条幅标语。当时我还不知道这是欢迎我们的，以为是赶上某国总统来访，还觉得蛮幸运的。后来才知道是专为欢迎我们的，让我们好一阵感动。每到一处我都能听到人们喊着"真由美，真由美"，然后这个优美的声音就盘旋在我的脑海中，挥之不去了。

王：一份惊喜也许会唤醒您对当年的回忆。这是《人民中国》1981年合订本，第一期有您和日本电影在中国大受欢迎的报道。

中野：（接过杂志）哇！好怀念啊！这是在上海的鲁迅公园，我被当时的情景震撼到了。我们的巴士到了之后，周围有特别多的人，都找不到落脚的地方了。下车后我就紧紧地跟在保安的后面，想着"不要挤我，不要挤我"。多亏了这位高大的保安我才活了下来（笑）。大家都呼喊着"真由美"的名字，我确实非常感动。在20多年以后再看当时的报道，真是惊喜。当时"真由美"有两个写法，一个是"真由美"，另一个是"真优美"，"真优美"是夸赞的语言。当时的中国人一定是认为真由美的形象很美好，所以起了一个这么美的名字。我感受到了中国人民非常善良的精神世界。

王：《追捕》已经超越了一部电影，成为中日间相互理解的象征和友好交流的桥梁。而您也以此为契机，30多年来积极投身到中日友好交流事业中，是什么支持着您这么多年来坚持从事中日友好事业？

中野：如刚才所讲，大约40年前我第一次到访中国时受到了中国人民的热烈欢迎。我感到仿佛从此世界就变大了，我也开始思考应该为两国的相互理解和和平共处做些什么事情。

周恩来总理去世之前，当时的中国还没有对外开放，和世界交流的机会也不是很多。听说当时周恩来总理希望让日本的年轻人参与到与中国的交流活动中来，让中国多与外界交流，尽早打开国门。他的夫人邓颖超女士继承了他的遗志。她在去世前不久，专门写给我一句鼓励的话："中野良子女士：中日友好代代传。"这让我备受鼓舞。

我去过不少当年日军侵占过的地方，深刻地感受到增进两国人民的相互理解，坚持和平交往的信念世代相传的重要性。这也是我上世纪90年代中期在秦皇岛创建希望小学的初衷。当时我在中国人民对外友好协会原副会长王效贤女士的鼓励和当地政府的支持下，建了一所太阳能发电的希望小学。我记得当时我们一路颠簸了好几个小时才来到秦皇岛的最东端，一个周围全是玉米地的村庄，真的是很辛苦。"中野良子小学"建成后，我很少再去，但我想，那所学校的孩子们应该都一拨拨长大，并且在各自的岗位上努力工作。

王：通过一部电影，您与中国结缘，播下了增进相互理解的种子。您又通过支持中国乡村地区的教育，植下了培育友好的树苗。这些树苗将会长成维系友好纽带的参天大树。近年来，中日关系处在比较困难的阶段，您对中日关系的未来怎么看？

中野：中日两国看似相似，实际不同的地方很多。但我相信两国关系在未来会好起来的。可如果大家都默不作声地等待这一天，那么这一天是不会到来的。未来我们之间也许还会经历风雨，但如果彼此都能换位思考的话，两国关系的未来一定会越走越宽。我们首先应深入地审视自己的国家；其次也应能够站在对方的立场来看一些问题；最后从宇宙的角度以更大的格局审视我们的世界。还有，中日间的政治、经济、文化合作需要进一步夯实更加稳定的基础。一座房子，如果地基牢固，无论是台风、大雪，还是地震，都不会摧垮它。中日关系短时间内发生了彼此消长的巨变，可以说出人意料。就好像还没有打好地基便建起了房子。所以还是从打好地基开始，让中日两国无论男女老少都参与其中，共创两国"真优美"的未来。

王：谢谢您在百忙中接受采访。就像您所说的，中日民众应该改进和加深交流，打好两国关系的民意基础。这一次，让我们一起携手，共同渡过"相互理解"的河。

与秦刚对谈：源自孙悟空的想象力连接你和我[1]

嘉宾：

秦　刚：北京外国语大学日本学研究中心教授

王众一：《人民中国》总编辑

"孙悟空"在中日两国人气颇高。长久以来，两国的漫画家们倾心创作了大量关于孙悟空的漫画形象，无尽的想象力给两国民众带来了欢乐。

孙悟空在中日两国漫画中的形象演变

王： 据我所知，孙悟空，从绣像本小说插图、民间年画和日本的浮世绘，到中国的连环画，以及日本漫画家创作的漫画形象，这只从傲来国石缝中诞生的猴子一直是民间绘画文化领域中的一个经久不衰的主题。

秦： 正是这样。《西游记》传到日本的各种刻本中就配有大量的绣像或插图。因此，在江户时期，就有很多日本版画家创作过《西游记》题材的版画插图或浮世绘作品。葛饰北斋创作的《绘本西游记》版画就是其中的代表。进入20世纪之后，中国上海世界书局1929年出版了《西游记》连环画，日本也差不多在同一时期开始了对《西游记》漫画化的探索。其中，讲谈社于1939年到1941年，

1　载于2016年2月号《人民中国》。

陆续出版了《孙悟空》《孙悟空与八戒》《孙悟空大战火焰山》三个漫画绘本。

王：孙悟空绣像与同一时期的孙悟空浮世绘可以算作一对。孙悟空的连环画和孙悟空日本漫画绘本也恰好在同一时期出现，之间有什么影响和不同吗？

秦：不好断定有直接的相互影响关系，但源流肯定是相同的，都是明清刻本中的版画插图。讲谈社绘本里的孙悟空形象从服饰到画面风格，都吸纳了很多中国传统艺术元素，中国人欣赏起来也没有违和感。在画面整体表现上，由于中国西游记题材的戏曲特别发达，中国的连环画受舞台剧的影响比较多。而日本的战后漫画则受电影手法的影响比较多。

王：说起电影，1941年正是万籁鸣完成中国第一部长篇动画《铁扇公主》的时候。其中孙悟空的形象小巧灵活，明显受到来自迪士尼的米老鼠的影响。

秦：日本动画最早也是学迪士尼。早在1926年，日本动画的奠基人大藤信郎就拍摄了8分钟的动画片《孙悟空物语》。虽然只有8分钟，但这是日本第一次塑造了西游记人物的动画形象。不过论影响力，肯定无法与后来万籁鸣在上海创作完成的中国也是亚洲第一部有声动画长片《铁扇公主》中划时代的孙悟空的动画形象相比。

王：《铁扇公主》中的孙悟空还是个很像米老鼠的少年形象，但到20世纪60年代中国拍摄《大闹天宫》时，孙悟空已经变成一种青年形象，而且对后来中国动漫中孙悟空的形象起到决定性的作用，这种变化的背景应该很有意思。

秦：《大闹天宫》里的孙悟空是由漫画家张光宇设计原型，万籁鸣、严定宪进行修订。在我看来，这个孙悟空形象还是受到了迪士尼的影响，因为使用了大量的曲线和圆，而几乎没有直线，这正是米老鼠形象的特点。但是在色彩感上，肯定是在传统中国的色彩上进行了现代化。大红和鲜明黄色的搭配应该是从故宫那种黄瓦红砖的中国元素里提炼出来的。

孙悟空与阿童木的握手

王：可以说在中国现代以后，孙悟空的形象就分成了两套风格，一个是动画的孙悟空，和迪士尼有着千丝万缕的联系；而在连环画的这个领域，孙悟空还是带有很浓厚的从绣像木过来的风格，一直使用细密画、白描的方式。

秦：因为中国的连环画并不是专门画给儿童的，并未充分漫画化处理，基本走写实路线。有趣的是，相反，最初面向儿童而开拓的日本漫画受到了《铁扇公主》风格的更多影响。号称"漫画之神"的手冢治虫多次在文章里提到他当年看《铁扇公主》时受到了震撼，从而成为他漫画创作的原点。

王：阿童木的形象也和孙悟空有些关系。我一直以为，阿童木的飞行能力和巨大力量都有孙悟空的影子，比如七大神力对应七十二变，十万马力对应孙悟空的金箍棒。

秦：事实上，手冢治虫在创作漫画《铁臂阿童木》的同时，还创作了改编自《西游记》的漫画《我的孙悟空》。而且两部作品的连载是并行的。这两个人物的构思源头肯定是有关系的。

王：改革开放以后，手冢治虫访问中国的时候，画了一个阿童木与孙悟空握手的漫画。那个时候阿童木在中国已经家喻户晓了，而在手冢治虫那里，构思这样一幅画，一定也有向自己的"始祖"致敬的意义。

秦：手冢治虫开创了《西游记》题材的搞笑漫画的先河。出版少年漫画杂志《漫画王》的秋田书店希望他创作一部搞笑漫画。手冢治虫就选择以《西游记》为题材创作了《我的孙悟空》，对故事和人物进行了戏说。由于《西游记》已经广为人知，他不用再对人物形象和故事进行细致描写，可以自由地加入很多笑料，比如"大力水手"客串登场，"金角大王"使用可视电话和部下联络等。

王：如此看来，日本漫画家可谓是戏说《西游记》的先驱，没有像中国连环画作品那样中规中矩地再现原作。

秦：所谓"自由自在""异想天开"，对后来日本漫画的影响非常大，包括《龙珠》等非常有个性的作品。

王：中国的情节漫画起步较晚，到我们这代人为止都习惯连环画的审美形式。上世纪80年代连环画走向式微可能有两个因素，一个是日本漫画的冲击使连环画流失了年轻读者。此外，连环画自身也过分追求实验性，失去了原来的那种精细美，丢掉了老读者。

秦：我这里有几本1990年中国连环画出版社出版的新型连环画：《孙悟空智斗阿童木》《孙悟空大战变形金刚》。从题材和人物角色上就能看到日本漫画和美国动画对中国的冲击了。

王：构思异想天开，同时能够感到一种焦虑。看得出当时中国在从连环画向漫画过渡的过程中正处于守势。

摘下"紧箍"的孙悟空引领漫画的未来

秦：在当时那个时代，不把这些国外动漫人物拉进来，连环画就没有吸引力了，从中你能看到中国连环画的创作从题材到风格的一种纠葛和撕裂。这种外来的冲击，促成了连环画向现代漫画的转变。1993年，连环画画家谭晓春用现代分镜手法创作的漫画《蟠桃会》，续写了孙悟空取经归来，来到现代社会的故事。孙悟空没了头上的紧箍，七十二变有了战斗机。神仙们也与时俱进，出国的出国，经商的经商，天宫也遭到宇宙垃圾的袭扰。如今，新一代漫画青年创作的大量孙悟空题材漫画作品就更不受老故事的束缚了，他们自由地进行解构与再创作。

王：现在，中国的现代漫画也开始走向成熟。可以说，日本的漫画家和中国的漫画家们先后摘掉了束缚想象力的"紧箍"，都进入了"自由自在"的全新漫画创作时代。回过头来看，中日在孙悟空这个形象的审美上，时而分离，时而接近，但最终是相互作用，共同发展。

秦：现在，中日两国很多漫画中的孙悟空形象，人物设计富于现代感，同时也有很多中日共通的审美元素在里面。我感觉今后将进入中日两国漫画作者对等交流的时代了。

王：最近中日两国漫画界业内的一批有识之士正在策划在今年举办首届中日漫画大赛，邀请两国漫画创作的爱好者同台切磋交流。人民中国杂志社也参与承办。作为组委会成员，我提了一个创意：不如就以"悟空杯"命名，得到了大家的广泛认同。

秦：真是个好主意。恰好今年是猴年，以"悟空"命名正合时宜。无论是中国还是日本。你说别的形象，可能中国知道，但是日本不知道，或者日本知道，但中国不知道，但是一说孙悟空，大家就会形成一个共识。孙悟空的名称，可以同时激发中日双方漫画创作者的想象力。

王：可以说，孙悟空是中日漫画文化的最大公约数。在中日两国现代漫画发展过程中，让孙悟空身上的浪漫主义色彩又得到进一步发扬。起先，中国绣像和动画中的"孙悟空"影响了日本漫画，后来，日本漫画的"孙悟空"又反过来影响过渡时期的中国漫画。今天，两国的"孙悟空"都摘掉了束缚思想的头箍，必将展开想象的翅膀，携手引领东亚漫画文化走向新未来。

走进来的熊猫，走出去的悟空 [1]

1月下旬，好莱坞大片《功夫熊猫3》卷土重来，再次掀起熊猫热并正在创造新的票房纪录；2月8日（农历正月初一），西游经典《西游记之孙悟空三打白骨精》（以下简称《三打白骨精》）改头换面为3D电影，强档来袭，高调贺岁。而早在2月5日，该片在巴黎高蒙影院的首映已经为本年"中国电影，普天同映"活动揭开了序幕，首次真正意义上实现了中国电影在全球近50座城市主流院线同步上映。这两个现象引发我们思考。

一是好莱坞对中国元素如此深透的运用。想当年，李小龙的功夫电影和中国政府赠送美国的熊猫作为经典的中国元素被美国人民普遍接受。好莱坞梦工厂将这两个中国元素天衣无缝地组合在一起，杂糅进带有美国价值观的作品《功夫熊猫》，在2008年北京奥运会前夕推出，引得无数"粉丝"追捧。8年过去了，卷土重来的《功夫熊猫3》有了东方梦工厂的加入，神龙大侠阿宝第一次亮出金龙腾空的风采，不再是第一部中名为大龙的邪恶豹子的对立面。而电影中呈现出的水墨画情调，令人联想到对中国动画大师特伟作品《山水情》的娴熟借鉴，不由得对梦工厂本土化拓展电影市场的策略与能力钦佩不已。

二是经典改写焕发的生命力竟是如此强大。3D版《三打白骨精》更加具有与

---

[1] 首载于2016年2月23日《人民日报》的《域外听风》栏目，后转载于2016年2月号《人民画报》。

现代世界对话的可能。整部影片走出了传统的东方神怪小说世界，吸收了更多好莱坞式的魔幻色彩。其中，关于"真相"与"心相"的互补性讨论，除恶与救赎的矛盾与纠结，使得悟空与唐僧的关系完成了颠覆性升华。而巩俐演绎的白骨精形象也比以往更加丰富，甚至可以看到女权主义的影子。至于不断增殖的白骨和砍杀不尽的骷髅，更是塑造出了一个立体的"白骨堆"，令人直接联想到《黑客帝国》中不断复制的病毒，甚至可以感受到对《木乃伊3》中骷髅兵团的"恶搞"。这种把中国经典元素和世界现代元素进行融通的尝试，无疑是《三打白骨精》成功走向世界的策略前提。

文化产品市场的全球化要求我们探索最大公约数，谋求普世接受度。而开放的文化交流的一个重要特点就是鼓励别人拿去自己的文化要素。文化的交流必然是一个相融合的过程，文化的博弈也一定不是零和博弈。"功夫熊猫"系列的双赢结局就说明了这一点，而《三打白骨精》的尝试恰恰说明了对经典作品进行自觉的普世化改写是与世界对话的有力武器。

中国对日报道的专业媒体月刊《人民中国》近年尝试推出系列活动，促进中日青年交流，增进相互了解。巧合的是，一个是"熊猫杯"日本青年感知中国征文大赛，一个是刚刚启动的"悟空杯"中日漫画大赛。这表明，即便是和东亚邻国的交流，"熊猫"和"孙悟空"仍然是最大公约数。

事实上，比起熊猫，孙悟空的形象在东亚更早就已经深入人心。孙悟空早在江户时代就已经出现在日本的浮世绘作品中。20世纪初，日本的绘本中也出现了很多不同于中国传统形象的孙悟空。战后，日本的动漫鼻祖手冢治虫就创作过多部以孙悟空为题材的漫画，甚至在《铁臂阿童木》《七龙珠》等经典日本动漫中都找得到孙悟空的影子。

自由、大胆、发挥异想天开的想象力是年轻一代中日动漫作者的追求。为此，"悟空杯"的漫画形象特别设计为一个去掉了紧箍的少年悟空。

不论是获奖之后来到中国进行交流对话的日本"熊猫仔"，还是通过擂台赛走出国门的少年"无箍"悟空；不论是走进中国完成了无间融通的"功夫熊猫"，还是走出经典走向世界的"全新悟空"，一个终极启示是，中国元素的当下化、共享化、未来化才是贡献世界、影响世界的王道。

"加油，熊本！加油，熊本熊！"[1]

2016年5月5日早上，东京支局向《人民中国》北京编辑部发来了当天日本报纸剪报的图片，说的是熊本地震发生后停止活动的熊本县宣传推广卡通吉祥物"熊本熊"（也叫くまモン、Kumamon、酷MA萌），自4月14日开始与生活在熊本县内避难所的孩子们交流。这是一则令人欣慰的消息。

20天前的4月14日深夜，熊本发生地震的消息通过微信实时传播。第二天早上，《人民中国》的编辑们开始研究讨论应以怎样的形式来传达我们的慰问之情。当时，我的眼前浮现出了熊本熊。其实，为了推广《人民中国》举办的"熊猫杯"日本青年感知中国征文大赛，东京支局之前曾与熊本县的宣传部门磋商过邀请熊本熊投稿的可能。而且，熊本熊在中国有很多"粉丝"，这只可爱的"熊部长"不就是熊本县的绝佳象征吗？于是我提议，让中国漫画家创作这样一幅漫画——派我们的吉祥物大熊猫作为特使去灾区探望、慰问熊本熊，并把自己喜欢吃的竹子送给它。这个方案得到了大家的赞同。漫画家齐梦菲欣然答应执笔，很快就完成了作品《大熊猫给熊本熊送竹笋》，还附上慰问寄语，表达了大家的心情。漫画和寄语在微信公众号上发表之后，当天就被网友广泛转载。从第二天开始，类似的漫画在中国网络世界不断出现。这幅漫画以及之后出现的类似漫画，在日本的推特平台获得了约2.3万次点赞。没想到一张漫画能如此有效地传递温情。对于这样的

---

[1] 载于2016年5月25日《日中友好新闻》。

结果，《人民中国》全体工作人员自然是满意的。但为了更清楚地表达"来自《人民中国》"这层意思，经与作者齐梦菲商量，请其修改了漫画——即让大熊猫背着有"人民中国"标识的背包，把更多的竹笋和饮用水送给在熊本县等待救援的熊本熊。这就是《大熊猫给熊本熊送竹笋》这幅漫画的两个版本诞生的经过。

熊本县的各位朋友们，在地震灾害面前千万不要灰心，要振作起来重建家园。《人民中国》的全体工作人员将竭尽所能地支持你们。作为中国与熊本的纽带，希望大熊猫和熊本熊成为一对好朋友。"くまモンもパンダもクマで同じだもん"，我写了这么一首俳句，用汉俳表达的话，就是"你萌我亦萌，今天都是熊本熊，患难见真情"。加油，熊本！加油，熊本熊！

电影连接你和我

——《入殓师》导演泷田洋二郎专访[1]

2016年，第六届北京国际电影节圆满落幕。时隔几年重新启动的"北京·日本电影周"也大获成功。电影节期间，日本著名电影人、本次电影节评委、《入殓师》的导演泷田洋二郎专门在紧张的评选工作中挤出时间来到人民中国杂志社，接受了本刊的独家专访。

泷田导演回顾了和中国电影的缘分，畅谈了电影交流对增进了解的意义，表明了看好中国电影市场的意向。访谈中，他还透露了不少鲜为人知的故事。此次在京期间，导演参观了天坛和钓鱼台国宾馆，找到了新的创作灵感。在为本刊题字留念时，导演欣然写下了"天圆地方"四个字，表达了他对中国博大文化的向往。

如果说上个世纪的《追捕》曾为亿万中国观众带来对战后日本的全新认识，那么《入殓师》无疑是进入21世纪以后的一部带来同样效果的日本电影。电影交流作为一个纽带，紧紧地把两国电影观众的心连接在一起。愿泷田导演将来拍摄一部将中日观众连接起来的华语电影。

---

1 首载于2016年6月号《人民中国》。

在平行世界接触中国电影

王：您是怎么出道成为电影导演的？

泷田：我并不是专科学电影的。也是我运气好，在一个偶然的机会下，一个和电影有渊源的人把我带进了电影圈。其实日本很少有专门学习电影的学校。即便有这样的学校，我也怀疑在那里究竟能学到什么。我进入到电影世界，完全是从拍摄现场跟着剧组一点点学起来的。我于1976年入行，拍了10年"粉红电影"。你知道，当时胶片电影已经开始走下坡路了，老一代导演还可以凭名气拍一些风格激进的实验电影，而像我这样初入行的年轻人就只能从最基础的做起。好在这10年很锻炼人，让我了解了许多人性的东西，一直到1986年我才有机会拍自己的普通电影。这一点，中国和我们的情况完全不同。北京电影学院培养的专业人才，也许毕业后更加容易走上正轨。不过从现场出发一路实践，也有其好处。比如加藤正人、若松孝二都是这样起家的，像周防正行就拍出了《谈谈情跳跳舞》这样的好作品。这些人都没上过专业学校，有的在大学参加电影研究俱乐部，有的直接进电影厂投入一线工作，也有人完全以自由职业者的身份探索拍电影。其实这很重要，现在的日本很可笑，电视台的人拿着固定的工资拍电影，你想想，能拍出什么好作品来？

王：您和中国的接触多吗？

泷田：我头一次来中国是去香港电影金像奖颁奖典礼为《入殓师》领奖。那大概是2010年，那一年《入殓师》获得了最佳亚洲电影奖。在那以后上海国际电影节聘我为评委。前年，我来北京为北京电影学院的毕业作品当评委主席，结识了一些朋友。今年，我受聘出任北京国际电影节评委，又一次来到北京。中间还来过一次中国，加起来这是我第五次来中国。

王：中国电影和您有什么交集？

泷田：刚才说了，我入行时，上一代人还可以拍一些激进的实验电影，而对年轻人而言，这种机会已经不多了。令我振奋和羡慕的是，就在我做助导的时候，中国电影正充满活力。我看过一些第五代导演的作品。很多作品讲的是中国地方的故事，片中的人物洋溢着强大的生命力。这些不是展示现代化，而是描写基本人性及情感的作品给我留下很深的印象。在日本，我们眼看着中国一天天走向现代化，这和我们以前持有的对中国的旧有印象完全衔接不上。而第五代电影传递的信息让我理解了中国发生的变化。我最早得到的关于中国的鲜活印象就来自这些电影。像《黄土地》《红高粱》《老井》，我都是在那个时候看的。我当时做助导，这些作品给我带来了潜移默化的影响。坚韧的精神、充满活力的生命、透着人类普遍情感的故事在他们的作品中呈现出来。说实在的，接触到现实的中国才不过是 5 年前的事情。中国完全现代化了，北京和东京看上去也没什么两样了。

"神风"来自北京、蒙特利尔

王：您的《入殓师》和进入 21 世纪日本社会两极分化的时代背景有关系吧？

泷田：正是。当时的不景气对刺激我拍这部作品影响很大。自从小泉纯一郎出任首相以后，日本就开始学美国那一套，社会的两极分化明显加剧了。那时起常说什么"自己要为自己负责"，要"经得住阵痛"之类的话。当时没有什么人明白这些话的真正含义，随着经济越来越糟，弱势群体就被抛弃了。当然，不管世事如何艰辛，具有普遍意义的男女情感的故事总还是需要的。于是，我经过一番考量，就选择了《入殓师》这个题材。

王：当时的世界形势对您拍这部作品也有一定的影响吧？

泷田：2001 年基地组织针对美国的恐怖袭击之后，世界经济更加糟糕。而且更加严重的问题是，人们不知道该相信什么了。人们在进入新世纪的时候失去了精神的港湾。在这样的时代背景下，究竟应该如何与家人、朋友、情人相处？他们对自己的意义何在？人哭着来到世上，又流着眼泪离开这个世界。人的终极意义何在？人生虽然不易，但每个人又都会说"活着真好"。我想，这部作品应该用既严肃追问又充满温情的故事来回答这些问题。

王：日本是一个忌讳谈论死亡的国家，这部作品的发行顺利吗？

泷田：确实，片中的主人公是一个和尸体打交道的人，很多日本人是不太愿意接受这一点的。人们都不愿意看到自己将来会面临的死亡，都想回避这一点。其实死亡就在日常生活中，随时都会发生，但人们还是愿意相信这件事离我们很遥远。所以，在日本，这个作品的主题反而成了禁忌。片子拍成一年多，因为担心不卖座，没有公司愿意发行。

王：转机是怎么发生的呢？

泷田：这部作品的转机靠的是来自国外的"神风"。这次我见到了中国第十七届金鸡百花电影节选片组的汪晓志先生，他告诉我，我的作品在这届评奖中感动了在场的所有评委，囊括了这一年金鸡百花电影节上最佳外国片全部4个奖项中的作品奖、导演奖和最佳男演员奖。这次，汪先生还把他当年翻译的剧本送给我做纪念，这真是人生的缘分。除了这年在北京的意外获奖，在蒙特利尔我也得到了电影节的大奖。靠着来自北京和蒙特利尔的两股"神风"，稍晚在日本公映时，这部作品才火了起来。尽管事先发行方信心不足并没有做太多的宣传，但域外的好评让日本观众坐不住了，进了影院一看，感动传开了。

普遍的情感超越国界

王：听说这部作品在许多国家都引起了共鸣？

泷田：这部作品在许多国家都有很好的票房成绩，总共在76个国家上映。在美国做宣传时，我也赶了过去，和美国观众一起看片。许多人表现出了高度的共鸣，令我感动。在韩国，影院里的观众看得十分专注，随着影片的情节发展投入地表达自己的感情——在某个桥段突然有观众"哇"的一声叫起来，把我吓了一大跳。

王：您知道吗，《入殓师》在中国也享有很高的知名度。

泷田：这个我当然听说了。来自中国最直接的感受我是从温家宝总理那里听来的。温总理访日的时候，在东京迎宾馆里邀请了各界人士欢聚一堂，我也是其中的一个。当时，《入殓师》刚刚获得奥斯卡大奖，听说温总理访日前还专门看了它。我想，各国关于"死"的风俗有很大的不同，也许外国人被日本的相关风俗震撼了，大家没想到日本人会做到如此极致。在会场上，温总理对我说："你的作品我看懂了，很令人感动。"

前面提到的汪晓志先生是把《入殓师》第一次译成中文字幕的人。据他说，当时他们评最佳外语片奖，看了好多都不够理想，意见很不一致。结果最后一天的最后一刻，松竹送来的《入殓师》让全体评委兴奋不已，一致认为是当年最好的外国影片，确定这部作品入选。汪先生还告诉我，2008年9月《入殓师》在大连作为金鸡百花电影节开幕式放映作品和观众见面，一下子引起了轰动，连放4场，场场爆满，有人一连看了3场还觉得不过瘾呢。这个故事我听了真是倍感欣慰。

王：电影在增进彼此了解方面有什么独特作用？

泷田：电影带给人们想象与对美好的向往。我们对和我们不同的文化往往缺乏了解，受到的多是来自教科书或媒体告诉我们的某个侧面的影响。看电影的感受与之不同，你会感受到一个不同于你以往认知的世界。在银幕上看见的是活生生的人，于是就有了新的认识。也许语言并不相通，但通过画面可以自然地激发情感互动，并产生对未知世界的向往。最令我惊奇的是我的父亲，他非常喜欢电影，差不多看了所有的法国电影。从前人们真的酷爱电影，因为他们都有梦。日本人的精神世界现在很贫乏，但是出色的电影，会让人们保持希望。

期待更高水准的交流

王：数字电影时代，中国电影产业迎来了新一轮的繁荣，导演对此有何印象？

泷田：确实很了不起。在上海我专门来到影城参观多厅影院，规模之大令我惊奇。中国影院建设的规模完全超过了日本。电影院不断新增，而且都是最新、最好的设备。银幕效果超好，音响也堪称一流，而且已经实现了3D全覆盖。我想全世界最新、最好的影院大概都在中国了吧（笑）。

王：您多次出任评委，对中国举办的国际电影节有什么印象？

泷田：中国的国际电影节对评委非常重视，这次在北京也是如此。我们这些评委被关在住处一步也离不开，今天能够来到贵社接受采访，还是专门请了假的。平时每天从早到晚往返于住处和看片处，这使我们能够保持认真审片的状态。相比较而言，东京国际电影节的评委会轻松一些。在这里，我们每天都要看片，像今天这样请了假，晚上回去我还要加班看DVD。这段时间，我有一种高密度地在电影的海洋中畅游的感觉。对我来说，这也是看各种作品，集中学习的好机会。目前，作品我只看了一半，每一部作品都可圈可点。我来电影节最大的收获就是可以和许多评委、电影人交流，还可以大量接触不同文化背景的作品，遭遇未知。看看人家拍的电影为什么和自己不同，这样的刺激给我带来全新的启迪，十分受益。

王：今年北京国际电影节上恢复了日本电影周，您也作为嘉宾出席了开幕式。对今后的中日电影交流您有什么看法？

泷田：我想对日本同行说，大家一定要来北京看看。电影作者亲身来到中国，感受自己的作品如何被中国观众接受，或被批评，或被喜爱。一个导演能够看到自己的作品在不同的国度上映并引发反响，是一件十分光荣的事情。希望今后扩大选片视野，哪怕是小制作也好，只要是体现了导演良心的作品，就值得让更多的观众看到。

如果能够带一些有前途的电影新人来参加电影周，一定会带给他们全新的刺激。我可以推荐很多这样的后起之秀。最重要的是带他们来和中国同行交流心得，并亲身感受中国社会。这次我就感到，在中国，日本电影有很多拥趸，我觉得日中彼此一定会越来越接近。今后我打算带上自己从前的作品参加电影周。

王：您的作品在中国如此受到喜爱，又和中国有了如此多的交流，您今后是否打算亲自执导一部华语电影？会选择什么题材？

泷田：我确实有这种想法。只是我对中国的亲身感受还比较少，不知道哪些因素会是令我产生共鸣的，也许是人的因素，也许是所处状况的因素。如果根据一部原著来拍，还要找到原著中和自己可以发生共鸣的东西。我并不觉得自己十分敏锐，因此要靠和各种人打交道，通过自己亲眼所见、亲身所感找到合适自己的题材，还要边走边看。其实我和中国的缘分和我家人有关，我的父母、我妻子的亲戚从前都在所谓满洲，即中国的东北生活过，他们都和我谈过许多对中国的美好印象。生活在岛国日本的我，只见过水平线，从未见过一望无际的地平线。

最后，我想说，每个人都有自己心中的故事和想法，并希望有人把它们表达出来。不论是写小说还是拍电影，作者们努力做的就是要把这些呈现出来。因此，导演努力拍好电影，观众关注优秀电影，我们之间就一定会发生共鸣。电影是连接你我的纽带。从这个意义上说，我想疾呼：电影万岁！

怀念吴建民大使 [1]

吴建民大使猝然离世，令人痛惜。在《人民中国》从事对日工作的我，本来和吴大使接触不多，因为北京－东京论坛，我才有缘走近这位睿智的外交官，聆听他的思想，感受到他的人格魅力。

2013年10月，我受邀出席第九届北京－东京论坛，目睹了吴建民大使大会发言的风采。当时，中日关系非常紧张、困难，吴建民以他不紧不慢，不卑不亢，充满自信和善意的语调，作了题为

与吴建民大使合影

《有困难，有办法，有希望》的总结性发言。他历数了欧洲的衰退、中东的动荡，将希望寄托在充满繁荣前景的东亚，提出中日两国应该通过协商合作，克服当前所面临的困难。最后，他引用雪莱的诗句"冬天来了，春天还会远吗？"结束发言，会场响起经久不息的掌声。

会后，我借午餐时间和吴建民大使攀谈，向他约稿。未承想，当天晚上吴建民大使就通过电子邮件发来了他精心修改的文章，以及措辞非常谦和的短信：

---

[1] 此文编辑后载于2016年6月《外文局报》。

众一总编：

很高兴在昨天的会议上结识您，饭桌上谈得也很开心。遵嘱，我把我昨天的讲话写出来了，现发去，不知是否可用？请酌。祝好！

吴建民，2013年10月28日

吴建民大使就是这样，毫无官架子，谦和地给一位并不熟悉的媒体人写信。这篇文章以《冬天来了，春天还会远吗？》为题发在当期的《人民中国》上，引发了读者的热烈回应。当时，许多日本读者因日本媒体的误导以及中国媒体的失声，对中国产生了认知恐慌。吴建民大使的这篇文章，作为二轨论坛上难得的声音，从公共外交的角度很好地发挥了解疑释惑的作用，也给从事对日宣传工作的我们找准了定位，提振了信心。后来，他还来信勉励我们："克服弱国心态需要很长一段时间，我们大家共同努力！"

我与《人民中国》和吴建民大使的交往与友谊就这样开始了。2014年，习近平主席访欧，为做好相关配合报道，我再次以《人民中国》及中国外文局时政评论组的名义向吴大使约稿。吴大使不顾旅途劳顿，再次及时赐稿，并写来非常谦和的短信：

众一总编：

遵嘱写了题为《对和平的呼唤》一文，现发去，不知是否可用？请酌，结果望告。祝好！

吴建民，2014年4月3日

这篇文章写得大气磅礴，既观照历史，又紧扣现实，还针对日本，面向世界。此稿在《人民中国》及外文局各刊网多语种刊登或发布后得到广泛转载，堪称外宣及时雨。

2015年，两京论坛中方主办单位易帜外文局，作为指导委员会中的核心成员，吴建民大使和我们接触的机会更多了。两京办公室全体人员都目睹了吴建民大使和蔼可亲、坚定儒雅的风采。特别是在多次和日方进行高层磋商的时候，他所表现出的原则性与灵活性的高度统一，坚守底线又完美地恪守外交礼节的高超水平，不仅让我们这些工作人员折服，就连与我们时有交锋的办会伙伴工藤泰志，以及日方指导委员会的资深外交官明石康、宫本雄二也钦佩不已。在论坛策划过程中，吴建民大使在什么问题上可以灵活妥协，什么问题上要坚持原则方面给我们具体指导，为论坛举办中我方利益最大化做出了巨大贡献。他在论坛上的大会发言，再次以其睿智赢得了与会者的喝彩。

  2016年的日方主场论坛正在筹措，当年刚刚开过的与日方高层磋商会上，吴建民大使和周明伟局长等默契配合，再次引导磋商会形成对于我方有利的可喜局面。我本来期待着今秋在东京的论坛上再次聆听吴建民大使的精彩发言，谁料6月18日的一场车祸竟夺去了这位资深外交家的宝贵生命。《人民中国》国内公众号在吴建民大使罹难当天，编发了当年吴大使的旧稿《冬天来了，春天还会远吗？》，缅怀这位卓越的外交家。文章立刻引起广泛关注与转发，影响持续发酵。日本言论NPO代表工藤泰志发来唁电，对这位和日方"既分享思想，又针锋相对激烈辩论"的伙伴与对手致以由衷的敬意。

  吴建民大使离开了我们，但是他那种爱祖国、爱人类、知大势、识大局的情怀，那种爱和平、促合作、善对话、善协调的职业外交家信念，为我们今后办好外宣，办好二轨公共外交论坛留下了无尽的宝贵财富。

柔蚕老去应无憾 要见天孙织锦成

——访谈中国当代著名古诗词学者叶嘉莹先生[1]

今年 3 月海内外知名华人媒体联合主办的"世界因你而美丽——影响世界华人盛典"颁出 10 项大奖，叶嘉莹先生以传承、研究、普及中国古典诗词方面的卓越成就，和诺奖获得者屠呦呦等人共同荣膺大奖。最近，本刊策划了对叶嘉莹先生的特别专访。

家学熏陶育诗才

谈到和古典诗词的缘分，叶嘉莹先生从自己的家世娓娓道来。叶先生 1924 年出生于北京一个旗人家庭。她特别强调，她的祖先其实是蒙古族旗人，本姓叶赫那拉，辛亥革命后家人才改为叶姓。因和清初著名词人纳兰性德同出一脉，叶先生的诗作中有"我与纳兰同里籍"之句。

"我们是一个大家庭在一起生活，父亲给了我最初的严格的声律教育，使我懂得平仄，分辨入声字；伯父则在诗词的美学与灵感方面很好地培养了我。"

20 世纪初，为向明治维新后的日本学习，叶先生的伯父作为首批官费留学生赴日学习，后来回国行医。出于对现实的失望，伯父始终没有剪去头上的辫子。这让叶先生看到伯父总能联想起曾著有《人间词话》的国学大家王国维的样子。叶先生的父亲考取了北京大学英文系，毕业后进入当时中国成立的第一个航空机

---

[1] 载于 2016 年 8 月号《人民中国》。

构——航空署，译介了很多关于航空的著作，后来就职于上海的中国航空公司，任人事科长。

受家庭传统教育的熏陶，叶先生自幼就熟读、背诵了大量古典诗文，还是少女的时候，就写下了"植本出蓬瀛，淤泥不染清。如来原是幻，何以度苍生"这样意境高远的诗句。

沦陷离乱遇恩师

"父亲和老师经常提醒我学习英文的重要性，初中二年级时我曾经跟着一位很好的老师学习英文，但在这一年暑假'七七事变'的爆发改变了这一切。后来几经离乱，待我去了美国以后，才被逼着学成了英文。"

日本发动的侵华战争改变了叶先生一家的命运。父亲去了大后方参与抗战，帮助陈纳德的飞虎队做协调，因此与家人断了音讯。叶家新购的一处房舍被日军强租，叶先生最为依恋的母亲也在此期间因病离世，这对叶先生的打击是十分沉重的，那时叶先生只有17岁。

"因此，在沦陷期间中国的学生们对日本是十分抵触的。学校当时要我们学日语，但我们非常消极，上课时低头砸核桃吃，根本学不进去，每年老师都只好从头教起。现在看起来这些做法是很幼稚的。当时我们对日本很抵触，所以都不看日本电影。不过有一首日本童谣我到现在还记得，《ハルガキタ》（春天来了），是初中二年级时学过的。"

1941年，叶先生开始了在辅仁大学为期4年的学习生涯。在这里她遇到了学问融汇中西的老师顾随先生。

"顾先生讲授的诗歌令我眼界大开。他不是讲书本知识，而是启迪心灵。因此包括毕业之后教书的两年，我连续6年选修或旁听了顾先生的课。他给我点评、修改的诗稿我现在还珍藏着。"

顾随先生不仅在诗词灵感方面给叶嘉莹以很多启迪，在精神方面也给身在沦陷区的她以力量。

"顾先生结合时局即兴作诗。一次在课堂上，他把雪莱的《西风颂》中'冬天来了，春天还会远吗？'一句，以古典诗词的意境改写为'耐他风雪耐他寒，纵寒已是春寒了'，喻托了对胜利的信心与期盼。"

1943年，叶先生借用顾先生这两句，填词《踏莎行》一首。1957年，顾随先生想起当年的断句，非常巧合地也填了一首《踏莎行》，而这时叶嘉莹已经是在海峡对面了。这种隔跨时空的师生唱和，虽心境各异，却令人感到古典诗词真的能够令人超越外物，心灵相通，妙不可言。1960年，才华横溢的顾随先生年仅64岁就去世了。1974年叶先生回乡探亲时，伯父和顾先生都已经和她阴阳两隔，成为叶先生终生的遗憾。

弱德之美铸诗魂

战乱与分离改变了叶先生的命运，但在精神层面提升了她对诗词的理解，使她成长为当代古典诗词大家。1948年，叶先生随丈夫来到台湾，1950年丈夫遭受牢狱之灾，叶先生带着不满周岁的女儿，也历尽了苦难。后来举家迁往北美，叶先生先后受邀在密西根大学、哈佛大学教授中国古典文学，最终成为加拿大温哥华的不列颠哥伦比亚大学终身教授。70年代中期，其长女夫妇遭遇车祸离世，这给叶先生带来了无尽的心灵创伤。"从来天壤有深悲，满腹辛酸说向谁。痛哭吾儿躬自悼，一生劳瘁竟何为"就反映了叶先生的真实心迹。

"我的老师顾随先生曾说，'一个人要以无生之觉悟为有生之事业，以悲观之体验过乐观之生活'，经历了一生的忧苦不幸后，我对此番话有了真正的体会，使我有了更广大、更恒久的向往与追求。"

由苦难而升华，遂有了当代的诗词大家。诗词之心与古代的士之心是相通的，人生的磨砺使叶先生成长为当代的"穿裙子的士"。叶先生特别阐述了她对诗词之美的独特感悟。

"处于外界的强势压力之下，不得不把自己的情思以委婉的姿态表达出来，但内心在约束收敛中还有着对理想的追求和对自身品格的操守，由此可以对词的美感特质归纳出一个更为触及本质的共性，那就是'弱德之美'。这和中国的儒家传统也是相通的。"

以诗会友促交流

在北美教学期间，叶先生善于从西方理论中找到与中国传统诗论的接点加以研究，开通了交流的渠道，收到了理想的效果，在北美乃至国际汉学研究方面独树一帜。70年代，在与国际汉学家交流的过程中，叶先生结识了日本汉学家、汉诗大家吉川幸次郎。

"吉川先生在研究杜甫方面很有造诣，也是因为我在台湾出书讲过杜甫，而被吉川先生指定他的学生们选读，所以吉川先生很早就注意到了我。在他的指导下，他的弟子都会作汉诗。我们在美国贞女岛开会时见面，吉川先生问我有何新作，我就写了三首新作的七言律诗请他指正，他和了我的三首诗。其中我有一句'浮生可叹浮家客，却羡浮槎有定期'，先生和我'曹姑应有东征赋，我欲赏音钟子期'，表达了希望在日本再会的愿望。可惜后来先生去世，我们未能在日本见面。"

叶先生的个人命运可以说受中日关系影响极深。问及先生如何看日本以及中日关系的现状时，先生答道：

"不幸的战争过去了，两国应该珍惜和平，友好相处。日本和中国文化相近，人文交流也十分密切。我的侄子就在改革开放后来到日本九州留学并留下来执教，热心从事着民间青少年文化交流活动。

"在文化层面上，中国对日本的影响随处可见。我接触过世界上很多汉学家，能够和诗的汉学家还是日本居多。1984 年，受冈村繁先生之邀，我曾去日本福冈的九州大学讲授诗词，另一位汉学家东英寿还翻译了我的著述。我们之间建立了深厚的友谊。

"日本的汉诗传统、诗吟传统都是很好的文化遗产。在诗歌教育方面，日本的古典诗歌短歌，通过'百人一首'等游戏在孩子们中传承，这种方法也很值得我们借鉴。我曾在日本看到春暖花开时，老师带着小孩子们来到树下赏花吟诗的情景，很受启发。"

叶落归根培桃李

叶嘉莹先生教学 60 多年，桃李满天下。不论在国内外，叶先生精神矍铄、优雅脱俗的讲授，就像当年她的恩师顾随一样，赢得了学生们的景仰。只要她站到讲台上，原本瘦小的身躯便会立刻发散出强大的气场。许多学生不止一遍赶来听她讲授同样的题目。原来，学生们不仅是来听课，还是来欣赏一种美，这种美既是古典的，又是现代的，他们说，叶先生站在那里就是一首诗！

叶嘉莹先生用她毕生的努力架起了传统与现代之间，以及东西方学者之间中国古典诗词交流研究的桥梁，赢得了极高的声誉。多年在北美生活，她的心却一直牵挂着家乡："故园千里隔，休戚总相关"。2012 年，叶先生受聘为中央文史馆馆员，她决定要在自己的晚年为传承优秀传统文化，传播中华诗词做一些事情。

叶嘉莹先生回国定居的消息传开后，好友与"粉丝"们联系南开大学的校方，集资为叶先生在南开校园内建造了一所以先生的别号命名的"迦陵学舍"。叶先生将在这里，把自己从加拿大带回的从教 60 年的音像资料在晚年整理出来。

叶嘉莹先生的诗句"柔蚕老去应无憾，要见天孙织锦成"，正是对她所总结的中国诗词的"弱德之美"做出的形象比喻：柔弱的春蚕正象征了一种"弱德"的存在，一代一代锲而不舍的春蚕最终将织出精美的锦缎。

叶先生说："在中国诗词中存在着一条延绵不已的感发自生命的长流，一定要有青少年不断加入，才能使这条生命之流永不枯竭。"她呼吁，"在中国经济快速发展的过程中，我们万万不能丢失了自己民族最淳朴深厚的文化传统。"

纵观叶先生饱览中国现代风云的传奇人生，不正是具有"弱德之美"的古典诗词唤起了她的文化使命感，为她的人生增添了深蕴的风采，也为她赢得了国内外的不朽声誉吗？愿叶嘉莹先生愿景成真！

大野庆人：舞踏——灵魂之舞的魅力[1]

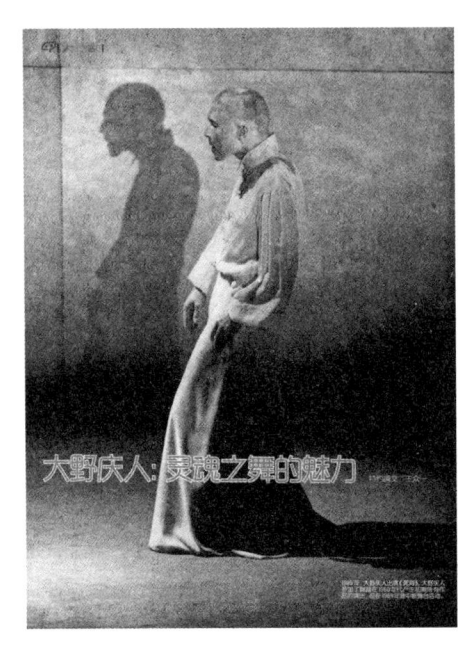

7月第七届"北京·南锣鼓巷"戏剧节期间，我在北京蓬蒿剧场观看了首次访华公演的大野庆人[2]带来的舞踏作品《花与鸟——舞踏：一种生活方式》。对于大多数中国观众来说，舞踏是陌生的，剧场里坐满了慕名而来的年轻观众。大野庆人用他独特的艺术理念演绎了舞踏的魅力——颠覆传统舞蹈美学的独特舞蹈风格、极具日本风格的优美配乐、穿透灵魂的共鸣，这种号称来自地狱的舞蹈令身处简陋剧场内的观众如痴如醉。夏夜的北京雷雨交加，竟无人察觉，甚至浇透了屋顶的雨滴落到舞台之上，78岁的大野庆人也不为所动，坚持表演到最后。陌生的舞踏在雷雨之夜和北京的观众产生了共鸣。演出结束后，在蓬蒿剧场图书室，

---

1 首载于2016年11月号《人民画报》。
2 日本舞踏家，生于1938年7月15日，舞踏家大野一雄之子。1959年出演土方巽的《禁色》，开始从事"暗黑舞踏"的表演，此后成为舞踏界重要人物。1986年起，演出了大野一雄的全部作品，并在国际上推广舞踏。近年仍然活跃在舞台上，除欧美之外，和韩国也多有交流。2016年7月首访中国，在北京、天津演出其近年新作。

我对大野庆人进行了独家专访。

舞踏及其时代背景

"我13岁开始跟着父亲大野一雄学习德国的表现主义舞蹈，20岁那年参演土方巽的舞踏作品，那是我第一次登台表演舞踏。舞踏综合了多种舞台元素及不同的艺术形式，我学习过古典芭蕾、法国哑剧，以及日本传统的能乐。"

庆人所说的第一次舞踏表演，正是1959年，受作家三岛由纪夫的小说《禁色》启发，由土方巽和大野一雄及其儿子大野庆人创作的"暗黑舞踏"[1]开山之作。当时，这部充满荒诞、暴力等禁忌内容的作品，因其激进的前卫性受到关注。这三个人给大野庆人后来所选择的艺术道路的影响是决定性的。

土方巽重视舞蹈的表现形式，而大野一雄则认为内心的感悟与灵魂的自由最为重要。高度集中注意力去感悟，自然会带出相应的动作和形式，这两种看似截然相反的思路给庆人带来辩证的启发。土方巽来自日本的东北地区秋田县。在饥寒交迫的农村，土方巽体会到农民的艰苦。多年后，他悟到肌肉都是多余的东西，于是用涂白的方式去掉肌肉的感觉。大野一雄"二战"期间曾在新几内亚的丛林战场待了9年，目睹了许多惨烈的死亡。于是，他在舞踏里用涂白表现死者。土方巽和大野一雄的殊途同归在观念上同样给了庆人深刻的影响。

"至于三岛由纪夫，他还特地来看了我们的这部《禁色》。他觉得很美，对我的身材赞不绝口，还邀请他的朋友一起来看我们的舞踏。由于三岛由纪夫的介绍，当时许多艺术家闻风而来，给我们捧场。"

庆人解释说，"受当时社会上反美情绪的影响，出于对过往追求西化、认为什么都是西方好的反动，人们开始反思盲目追随西方舞蹈带来的问题，认识到日本人天生身形矮小，无法淋漓尽致地表现芭蕾的线条美，身体与灵魂无法获得自由。正是在这个背景下，我父亲和土方巽反其道行之，通过肢体扭曲、变形，完成向原始自然的表演方式的回归，并通过追问与反思生命意义本身，探寻对灵魂深处的感悟及表达对自然苍生的敬畏。这就是舞踏产生的大的时代背景。"

如今，舞踏作为一种独特的日本前卫艺术成功地融入世界。日本的暗黑舞踏、

---

[1] 以日本舞蹈家土方巽为核心形成的前卫舞蹈样式，发端于20世纪50年代末，成形于60年代初，并在60年代十分活跃。因其对传统日本舞蹈的反叛性而受到关注，并因此被正统舞蹈界视为异端。一般认为它是将传统与前卫进行杂糅的日本独特的舞蹈样式，现在简称为"舞踏"。

德国皮娜·鲍什的舞蹈剧场以及美国的后现代舞，被并列为现代舞蹈三大新流派。

此次和大野庆人同行的，还有日本文化评论家四方田犬彦。他对舞踏和日本传统戏剧舞蹈之间的关系有一个分析见解十分独到。他认为，不同时代的艺术形式和其所服务的社会阶层一一对应：古代的能乐是为武士阶层服务的，雅乐之类的舞蹈是服务于贵族阶级的，歌舞伎则和后来的城市商人阶层的崛起关系密切。土方巽的舞踏明显与其熟悉的农民阶层息息相关，而到了庆人这一代，则表现了更加纯粹的人的自我意识，这对我们理解日本艺术与社会发展的互动性很有启发。

大野庆人对舞踏的发展

其实，庆人早年随父亲学习的德国表现主义舞蹈，对舞踏在观念上有着决定性影响。早在20世纪初的"一战"以后，经历战争创伤的德国表现主义艺术家们就开始倡导摆脱束缚的"自由舞蹈"，主张舞者通过内在的情感冲动，依据身体本身的韵律而舞动。在这种远离芭蕾舞美学的新的舞蹈理念下，表现主义舞蹈经常伴以下蹲、蜷伏、匍匐、躺地等低空间动作。这种让"不优雅"入舞的观念传入日本，对舞踏的诞生产生了直接影响。

舞踏经土方巽、大野一雄等人创立，到大野庆人这一代又有了新的发展。这与他们的个人经历差异有着很大关系。

"土方巽曾经搞了一个叫作'白桃工坊'的舞蹈工作坊，和年轻人一起创作舞踏。那些按照土方巽编舞学习舞踏的孩子跟着他跳了20多年，后来都不再跳舞踏了。他们自己说，'跳了20多年之后，我们怎么跳都还是土方巽的舞蹈。'土方巽非常讲究舞踏的步法。他的步法具有在秋田的水田里插秧的农民的特征。但他对我说，你是城里长大的孩子，你不能用这种步法。我听懂了，对他说，那我就找踩在混凝土地面上的感觉吧。所以，我的舞踏就有了表现城市色彩的东西，形成了自己的风格。"

大野庆人24岁那年离开了土方巽，1969年在东京举办过个人舞踏公演之后停止活动长达12年。

60年代末到70年代末，在日本，安保斗争、市民运动、学潮等此起彼伏，时代充斥着紧张感。这一时期也是日本艺术领域前卫精神最为高涨的时期。一个有趣的现象是，这一时期东北贫困地区出现过多位具有超人才能的艺术家。青森县出现了实验戏剧家寺山修司，从秋田县走出了暗黑舞踏的创始人土方巽，纪录片导演小川绅介则在山形县找到了理想的农村共同体试验田。土方巽就曾在小川导演的纪录片《牧野村千年物语》中饰演过真实再现镜头中的农民群体事件的领头人。而这段最热闹的日子里，大野庆人却选择了静默。他回到了老家横滨，在那里开了一家药妆店，一干就是12年。这段时间里他看了土方巽出演的电影。更多的时间里，在打理药妆店的同时，他在横滨这座充满传奇的城市里收获不同的人生体验，丰富自己对人生的感悟。

"我开的药妆店楼上5层是一家高级酒店，一个叫玛丽的老妓女就在那里接客。客人都是外国人。"

听到这里，笔者想起了一部有关一个女人和一座城市历史的纪录片《横滨玛丽》。玛丽是战后不久从乡下来到横滨讨生活的女人。她喜欢洋气的美国文化，涂白了脸孔专做美国大兵的生意。透过采访众多横滨市民对这位玛丽的追忆，影片将横滨这座城市的战后史娓娓道来。在这部纪录片里，大野庆人接受了导演中村高宽的采访，讲述了他对玛丽的印象。玛丽用涂白的方式厚厚地化好妆出来接客，这和舞踏的涂白有异曲同工之处。片中，庆人正是就涂白谈他对玛丽的认识。在这部纪录片的结尾，女演员五大路子扮演原型为玛丽的罗莎小姐，厚厚地涂白脸孔，弓着背缓缓地从人群中穿过。那种味道和舞踏简直如出一辙。这次在蓬蒿剧场的舞台上，庆人演绎的一段奥菲莉亚，厚厚的涂白再次令人联想到玛丽的影子。

横滨这座很早对西方开埠，战后又经历了美军占领的城市，有着太多悲欢故事。横滨的经历丰富了大野庆人的人生，令他有了和土方巽及父辈迥异的感悟。

"2012年伦敦奥运会，我应邀去一家大剧院表演。出发之前，一个偶然的机会，我得知外公是英国人，很是吃了一惊。一直有人说我的样子像甘地，我也觉得自己什么地方与众不同，原来是这么回事。这次算是去外公的家乡拜访。"

有了打通东西方文化的人生积累，庆人在1985年随一雄在东京联袂出演舞踏《死海》，宣布卷土重来，由此一发而不可收。1986年以后，庆人出演了大野一雄的全部作品，并在纽约、伦敦、马德里、巴黎、罗马、圣保罗等地演出舞踏，对舞踏的国际推广起到了推动作用。

作为一种生活方式的舞踏

"舞踏要用全身心去感悟。把你自己想象成一枝花，你就会跳出花的感觉。当年土方巽指导我舞踏，主要是用语言启发我的想象。比如，他让我走出一个4000

年悠久历史的感觉。我想，4000年的历史不就是中国历史吗？日本的历史不过2000年。我就一毫米、一毫米地想象着移动，想象着自己如何走好相当于百年的每一步。"

大野庆人用独特的方式讲述舞踏。此次在中国和年轻学员在一起，他仍然是用这种方式教授舞踏。

"我告诉大家要身心合一，专注地想象自己在哪里。生活，就是在走路。自己的意念，与环境中的他人与音乐相互作用就构成了一个'场'。走在中国的大地上，感悟自己脚下的感觉，感受来自世界的目光。我这样说，大家都兴奋起来，效果一下子就出来了。"

在舞台上，大野庆人感悟着舞踏的真髓。在现实中，舞踏也成为一种生活方式。涂白的面孔，宣示了一种向死而生的信念。68岁的土方巽的死，让庆人实实在在地感受了对神应有的敬畏，而活了104岁的大野一雄让庆人对老后的人生意义有了更深刻的省悟。对曾带来大量死亡的战争，庆人更是深恶痛绝。

"战争源自对人的不相信。战争，就是无尽的死亡堆砌起来的巨大坟墓。舞蹈正相反，它要我们'去相信'，当'相信'主导我们时，手中拿枪的家伙反而会迟疑。进而，我们的'相信'会使那些想通过打仗解决问题的人开始思考并怀疑战争的愚蠢。为什么要进行战争？也许他会想着去寻找'相信'，相信生活。我们的舞蹈正是要通过'相信'，创造一个共同的世界，从我们自己做起，创造一个没有战争的世界。"

相信生活，把舞踏作为一种生活方式。大野庆人在生活中践行了他的这一信念。在大野一雄人生的最后几年，庆人看护着父亲，一直到父亲死去。老龄化社会的到来丰富了他对生命的体悟，也加深了他对舞踏的认识。

"东日本大地震，日本经历了海啸等灾难，死了很多人。包括花花草草在内很多生物也令人悲伤地失去了生命。我把这种生命、大自然受到的伤害，用舞踏表现了出来。"

此次在蓬蒿剧场的舞踏演出，最后一幕就是大野庆人用自己的感悟演绎的这种悲悯情怀。

大野庆人表示，此次首次访问中国，给他带来了新的刺激。中国的悠久与博大让他有了切身的感受。尽管已经78岁，但今后，他还会继续在舞台上诠释舞踏。这位将舞踏深深根植于自己生活的艺术家，还将继续绽放出绚丽的人生之花。我们有理由拭目以待。

栗原小卷：见证中日文化交流的艺术常青藤[1]

20世纪70年代末80年代初，栗原小卷的名字在中国家喻户晓，知名度比肩高仓健、中野良子、山口百惠。尽管大多数中国观众是通过影视作品熟知栗原小卷，但她本人给自己的定位首先是舞台剧演员。30年前，栗原小卷曾经以布莱希特的话剧《四川好人》令中国观众第一次在影视作品之外领略了她的舞台魅力。30年后，2016年10月底，为纪念她任副会长的日中文化交流协会成立60周年，栗原小卷带来最新作品独角戏《松井须磨子》在北京菊隐剧场连演两场，再次引起轰动。这位艺术常青藤以其扎实的舞台功底，向观众全方位展示了她永恒的艺术魅力。本刊独家专访了栗原小卷女士。

王：30年前，您通过舞台剧《四川好人》给中国观众带来了视听震撼，能否请您谈一下当时的具体情况？

栗原：《四川好人》是一部讲述三位神仙下凡到人间寻找好人的寓言剧。我出演了善良的女主角沈德和象征邪恶的表兄水达这两个角色。

千田是也先生导演的这部话剧，跨越了语言障碍，准确演绎了人世间的善恶，

---

[1] 初载于2017年1月号《人民中国》。

社会中的善恶，以及布莱希特对帝国主义的批判，使我们能够与中国观众一起分享这部名剧带来的感动。这部剧在北京、上海、广州以及香港，都受到了热烈欢迎，这是我在日中交流和演艺生涯中的一部重要的作品。

在上海，我和千田是也先生、著名画家东山魁夷夫妇、作家中村真一郎先生、事务局的白土吾夫先生和横川健先生得到文豪巴金先生的邀请，来到他的家中做客，亲耳聆听了巴老的教诲。这对我来说是毕生的宝贵回忆。每当忆起当年，我都还能感到历史沉甸甸的分量。

王：感谢您这次又给中国观众带来了《松井须磨子》。您出演《松井须磨子》的经过是怎样的？在日本公演之后又有怎样的反响？

栗原：松井须磨子女士是在日本最早从事新剧（即中国的话剧）表演的女演员。我本人十分尊敬须磨子，看过很多以她为题材的小说和电影。我也曾在电视剧中饰演过须磨子。从那时候起，我就很想在舞台剧中饰演松井须磨子女士，并在2014年第一次出演。托大家的福，演出获得了很好的反响，到今年为止，已经演出了56场。

王：此次《松井须磨子》得以在中国公演，又能够与中国各方进行交流，您有什么感想？

栗原：在日本，我一直以演员的身份从事着舞台表演，所以，就希望有朝一日可以到中国公演。值此日中文化交流协会成立60周年，终于让《松井须磨子》的北京公演得以实现。

日中交流是人与人、心与心的交流。在此，我想对以孙家正先生为代表的中国文联，以濮存昕先生为代表的中国戏剧家协会，北京人艺和菊隐剧场的各位，还有李华艺女士和众多给予我帮助的人们表示感谢。

所以，与其说感想，不如说更多的是感谢。各位文化工作者和戏剧工作者传递的友情，让我感激不尽。

王：日本女性和日本舞台剧的先驱须磨子女士生活在100年前的动荡时代，为什么您要向今天的日本和中国观众讲述她的故事？

栗原：这部作品的主题是表达女性在社会中的自立，体现由女演员而不是男扮女装的"女形"来饰演女性角色的重要性。

100年前的日本，对于女性艺术家来说，生存是十分困难的。松井须磨子与男权社会的偏见斗争，打开了新世界的大门。日本的女演员能够站在舞台上，为观众表演，其实都归功于松井须磨子的努力。铭记松井须磨子的伟绩，是创作这部作品的最大初衷。

　　问题中您提到的"动荡的时代",我想应该是指日中两国那段悲惨的历史。一想到在战争中牺牲的人们,我的内心就隐隐作痛,这是因为受到作品最后须磨子女士自杀的触动。

　　须磨子女士的时代、她的人生、艺术和文化,都被那个动荡的时代给摧毁了。

　　或许,从社会的角度看这部作品,松井须磨子不过是广大牺牲者中的一员。我们希望能够让世人想起松井须磨子所经历的历史。

　　王:您选择出演这部剧,是否因为主人公对待艺术的态度与您相契合?

　　栗原:松井须磨子演绎的《复活》中的喀秋莎、《安娜·卡列尼娜》中的安娜、《海上夫人》中的艾梨达,以及《安东尼与克莉奥佩特拉》中的克莉奥佩特拉等角色,我也曾饰演过。松井须磨子对于日本女演员饰演西方女性的意义有着很深的思考。在对待艺术的态度方面,我和松井须磨子产生了共鸣。

　　王:电影《望乡》通过对战争的反省和批判,让战后日本重新认识了中国人民。比起主演田中绢代,中国观众更多记住的是栗原小卷。您当时到中国与观众交流的情形是怎样的?

　　栗原:田中绢代女士是非常优秀的前辈,能与前辈一同出演是我的荣幸。非常感谢您能这么说。

　　巴金先生与谢晋导演看过这部作品后,对日本人展现出的诚实给予了高度评价,这让我感到非常荣幸。中国的观众把我个人与饰演的角色联系在了一起,直至今日依然深爱有加,对此,我表示十分感谢。

　　王:您因出演《忍川》而在日本大受欢迎,在中国则是因《生死恋》引起轰动。您在小时候就已读过小说《爱与死》,是什么因缘让您在日后选择出演同名电影(《生死恋》为在中国上映时的译名)中的主角夏子?2002年,在北京举办了栗原小卷电影作品个人展,中国观众首次在银幕上看到您出演的《忍川》。30年前的1972年,您选择出演《忍川》的主角志乃的契机又是什么?

　　栗原:《生死恋》的原作者武者小路实笃无人不晓,他的作品也是尽人皆知,尤其是在我们的青年时代。我出演那个角色的时候,希望将其演绎成为青春电影的集大成之作。所以,当我被定下来饰演夏子的时候,我非常开心。特别是能够得到众多中国观众接受与长久喜爱,令我深受感动。

　　我在北京大学发表演讲的时候,有日语系的学生说,他们的老师把《生死恋》选入了授课教材。这让我深切感受到,电影超越了国家和时代。

《忍川》作为文学作品深受大众喜爱，而主角志乃也是我本人特别想饰演的角色。这是一种日本人常有的心情，所以，我想知道其他国家的人怎么看。虽然我认为纯爱故事的精髓不会改变，但血缘的问题和羞耻的概念，或许是日本文学的独特之处。就这样，《忍川》作为我的代表作之一得以上映。

王：在从事艺术事业的漫长人生中，您饰演了年龄、性格、社会地位等不尽相同的各种角色，有没有接近您本人的角色呢？演艺事业贯穿您的一生，而在生活中，您又是什么样子的呢？

栗原：我演过很多角色，但基本上还没有出现过接近我本人的角色。最近饰演的松井须磨子对艺术的态度和热情，着实令我产生共鸣。而我从长谷川照子的反战勇气和信念当中，学到了很多东西。

我个人的生活，至今仍以舞台工作居多，休息时间也在忙于准备工作。从去年10月的第一天就开始演出的话剧《玛丽·斯图亚特》到今年3月才告一段落，今年8月上演的《松井须磨子》也要到12月才结束。另外，2017年3月和4月，我还要出演《樱桃园》中的郎涅夫斯卡雅。

王：您在《战争与人》和电视剧《望乡之星》中饰演的角色都是说汉语的。两部作品间隔了10年，伴随两国关系的变化，演出时的情况一定有很多不同吧？

栗原：在《战争与人》中，有很多著名演员都参与了演出。山本萨夫导演是日本代表性的社会题材导演。我是处于反战立场的新剧演员，所以，出演的是反战立场的角色。拍摄《战争与人》的时候，我感觉到中国拍摄是很困难的事。但在拍《望乡之星》的时候，已经是80年代了，我们得以在上海、重庆进行拍摄。我觉得这是一个很大的变化。我确信，日中交流会一步步坚实地走下去。

王：《战争与人》中的赵瑞芳、《望乡之星》中的长谷川照子，以及这次的松井须磨子，您饰演的角色好像多是自立的，主张反战的女性。是不是因为这些女性和您本人的价值观一致？能否请您谈一下艺术家的价值观。

栗原：当我回首演艺生涯的时候，看到有这么多值得称道的作品，让我感到非常幸福。做演员是一项非常有创造性的工作，很有意义。在舞台上，我演绎了从圣女朱丽叶到绝世恶毒的麦克白夫人的诸多角色，每一部都是代表作。在电影和电视剧领域，我选择拍摄的都是符合自己价值观的作品。和平、平等、人的尊严这些世人珍视的价值观，也是我所珍视的。

王：《望乡之星》是第一部中日合拍的电视剧，也是唯一由邓小平题写片名的影视作品，在中日文化交流史上具有重要的意义，您能否给我们讲述一下饰演这部剧主人公长谷川照子的往事。

栗原：邓小平先生题写片名是这部作品的最大意义。回想《望乡之星》的作品主题和创作过程，日中友好始终贯穿在我心中。长谷川照子是一位在战火中呼吁反战的英勇女性，我通过读有关她的著作、扮演她，再次深刻感受到了战争的悲惨与和平的宝贵，这是这部作品给我的收获。从机场开往重庆市区的巴士车窗外的风，以及在上海听到的船的汽笛声，好几次让我感觉自己和长谷川照子融为一体，不知不觉间我便入戏了，觉得长谷川照子就是我。

王：您是怎样决定出演《清凉寺钟声》的？您对谢晋导演的印象如何？能否谈一谈您和濮存昕演对手戏的感想以及对他本人的印象？

栗原：在这部影片里，我饰演的是日本遗孤的母亲。作为日本演员，我感受到了我饰演这个角色的使命感。谢晋导演拍摄过《芙蓉镇》等诸多名作，被誉为世界电影大家。当时他和我打招呼时，我全身都是紧绷的感觉。濮存昕是一位非常优秀的演员，很有才华，表演真实自然，富有创造力，他饰演的角色能永远被观众铭记。和他演对手戏的时候，我没有感觉到文化的差异和语言的障碍。这次《松井须磨子》能在菊隐剧场顺利公演，还是多亏了濮存昕先生的关照。

王：您好像从 90 年代以后，就开始专注于舞台表演了。作为舞台剧演员，要想保留自己所追求的艺术性，我觉得无论是在日本还是在中国都不是一件易事，那么，是怎样的信念在支撑着您？您对有表演志向的年轻人有什么建议？

栗原：在日本，全国各地都有持续关注舞台剧的会员组织，这些组织拥有实现世界和平的崇高理想，是他们一直在支持我们的戏剧活动。对舞台剧演员来说，这是一个非常难得的环境。我觉得倾注自己的人生从事演艺工作是一件非常幸福的事。我对全世界女演员的建议就是契诃夫作品中的一句话："对于女演员而言，最重要的是善于忍耐。"每当遇到困难时，我都会想起《海鸥》中妮娜的这句台词。

王：在北京座谈会的时候，您谈及文化交流的作用的发言给我留下了深刻印象，能否请您再具体谈一谈？

栗原：我当时是为和中国及俄罗斯交流而来的。日本在政治层面和中国及俄罗斯都存在着必须解决，却又难以解决的课题。但是文化交流不同，正如尊敬的刘德有先生所言，心与心的交流，其基石是友情。通过电影交流也好，通过戏剧交流也罢，相互尊重和信赖才是基础。我很庆幸自己能以演员的身份参与这样的交流。

王：作为有着 60 年历史的日中文化交流协会的副会长，您对未来的发展有怎样的设想？如何能让更年轻的一代参与并继承这项事业？

栗原：我觉得日本方面应该做的事情很明确，那就是首先了解从历史中学到什么，要向未来的孩子们传递什么。在此基础上，踏踏实实地开展文化交流。我相信，这样的交流会一点点延伸下去。在我们年轻的时候，日中文化交流协会的主体是千田是也先生、井上靖先生、东山魁夷先生、团伊玖磨先生、滝泽修先生和杉村春子先生等人。现在，我们沿着各位先生当年开创的交流之路，努力向他们取得的成就靠近。我想，年轻人也能在各自的艺术领域不断磨炼、一点一点打开自己的视野。

一个将生命献给人民友好事业的人

——怀念横堀克己先生[1]

2016年12月26日，中国对日报道的老字号《人民中国》的微信公众号发布了一条消息《先生走好——沉痛悼念横堀克己》。3个小时之内，该文的点击率便逾千，上百位和这位横堀克己有交往的人士附来感人至深的感言，怀念这位过早离世的中国人民的老朋友。

12月24日突然离世的横堀克己，是人民中国杂志社原编委、原《朝日新闻》编委、中国外文局和人民中国杂志社终身顾问，几十年来一直从事新闻工作。

1965年进入日本《朝日新闻》工作的横堀克己，一直关注着中国社会的进步与发展。1979年，他随该报代表团访问北京，荣幸地受到了邓小平的接见，聆听了邓小平首次公开面对国外媒体系统阐述改革开放政策。1981年，他作为外派记者来到北京工作，并于1990年再次以《朝日新闻》北京分社社长身份驻华。前

---

[1] 首载于2016年12月28日《光明日报》，2017年2月25日《外文局报》转发，与林崇珍联合采写。

后七年半生活在中国，使他目睹了改革开放带来的沧桑巨变，从而对中国的发展道路产生了积极的认识，并意识到推动中日友好以及中日战略互惠关系对日本和中国的特别意义。

因此，他退休后决心将自己的余生贡献给增进中日相互理解的事业中来。2001年，经朋友介绍，他来到中国外文局所属的日文月刊《人民中国》任外国专家。当时，《人民中国》正值全面改版，为了弥补日文纸质版《北京周报》停止发行带来的不便，《人民中国》开始加强时政评论和经济报道。这个时候加盟《人民中国》的横堀克己，充分发挥了他老资历记者的优势，在帮助《人民中国》改版、调整编辑方针、提出对日本读者有针对性的选题等方面做出了突出的贡献。

他还牢记岳父对日本发动侵略战争的反省，尽己所能地帮助中国。他和夫人将家庭资产3000万日元捐赠给新疆大学，支援中国的教育事业。

在《人民中国》，他不仅身体力行地从事采编、翻译、审稿工作，还积极帮助培养年轻骨干员工。他说，"自己在大学时期就阅读并推广《人民中国》，对这本杂志有着特殊的感情，因此愿意为中国培养自己的日本问题专家。"在他的帮助下，《人民中国》的年轻骨干快速成长起来，其中有3位成为实施本土化战略后派出的东京支局局长。

《人民中国》自2002年起聘请他为编辑顾问。从此，他更加勤奋努力地工作，多次和《人民中国》采访团队深入中国基层采访，并以自己的职业素养影响、带动年轻记者扎实报道。在策划实施纪念中日邦交正常化30周年特别报道的过程中，他凭自己的人脉采访到了邦交正常化的见证人王效贤、林立蕴，撰写了《翻开历史新篇章——追忆毛泽东、田中角荣会谈》一文，成为中日关系史上非常有价值的口述史文本，得到日本《读卖新闻》《朝日新闻》以及岩波书店相关文集的转载，在日本各界引起强烈反响。

2003年"非典"肆虐北京之际，他不顾日本政府劝日侨回国的呼吁，也婉拒了中国外文局劝其回国的照顾性安排，和中国同事一道坚守岗位，还把发给他的防护口罩和保健品送给应急队员。

鉴于他在中国工作期间的突出贡献和优异表现，2003年，中国政府颁发给他"友谊奖"。就这样，在夫人雅子的陪伴与照料下，横堀克己在《人民中国》一干就是整整9年，直到2010年两人才一起回到日本。在这9年里，他努力帮助《人民中国》实现"外宣三贴近"，为增进刊物对日报道的针对性呕心沥血。他凭自己的人格魅力，与无数中国人结为挚友。和他一起工作的其他日本专家，也公认他的领军地位。他满腔热情地向日本读者介绍中国的改革开放，主张中日友好的极端重要性，因而遭到了日本右翼刊物的诋毁，而他却完全不为之所动。

回到日本后，他继续担任编辑顾问，帮助人民中国东京支局的年轻人策划选题、组织文章。2014年下半年，日本出版界盛行"厌中憎韩"邪风。横堀克己发挥其独特作用，帮助东京支局联系"抵制歧视言论和排外主义出版人会"的负责人，成功组织了一场座谈会，与会者旗帜鲜明的反歧视、反排外观点一经刊出，在日本读者中引发巨大反响和深入思考。

他还出任日本NPO组织"日中未来之会"的共同代表，联系日本的有识之士和健康力量，与破坏中日关系的势力作坚定的斗争，并和中国方面的学术机构与团体展开充分交流，为中日关系转圜贡献力量。

抱病期间，他依然深深关切中日关系，念兹在兹的就是如何改变目前令人忧虑的状况。他对一位来自中国的朋友说："不见中日关系转圜，我死不瞑目。"直到生命的最后阶段，面对去医院看望他的人民中国东京支局人员，他的第一句话就是"杂志工作是否顺利？"可以说，他做到了为自己所喜爱的真正的新闻事业和中日友好事业鞠躬尽瘁。

一个将生命献给中日人民友好事业的人永远地离开了我们，但横堀克己先生的精神必将永存。我们相信，会有更多的人继承、投身到他毕生为之奋斗的事业中来。长远来看，中日关系必将能够经受住风雨的考验，最终走向转圜。愿横堀克己先生一路走好！

五记歌舞伎 [1]

前世今生歌舞伎

歌舞伎的历史大约有 410 年，略早于我国的京剧。从起源来看，江户时代来自出云地方的女巫阿国创立的歌舞伎舞蹈为其滥觞，其内容表现了女人的享乐倾向。"歌舞伎"一词的词源是动词"KABUKU"的名词化，这个原本意思为"倾斜"的词，在当时还有以奇装异服、怪异姿态或步法招摇过市的含义。早期的歌舞伎舞蹈颇有些"前卫性"，是当时的新风俗舞蹈。

"阿国歌舞伎"的走红引来了其他的模仿者。一些妓女团体在表演舞蹈的同时兼做皮肉生意，幕府因此在 1629 年下令禁止"女歌舞伎"。这一时期的歌舞伎从戏剧形态来说形成了最早的独立的、具有经营性的演出团体，有了最早的剧场，实现了戏剧的商业化。后来又出现了"若众歌舞伎""野郎歌舞伎"，尽管演员换成了男性，但"出卖色相"始终与之伴随。剃发令颁布后，歌舞伎总算迈入戏剧正途，随后，落魄的"能""狂言"演员也作为配角加入进来。

元禄时代（1688—1703），新兴商人取代了原来的有特权的商人进入大阪、京都，给歌舞伎带来了一个黄金时代。这一时期出现了专职剧作家，"狂言作者"发表了独立宣言，以创作净琉璃成名的近松门左卫门创作了大量歌舞伎经典之作。到了享保期（1716—1735），歌舞伎尽管屡遭幕府打压，社会地位低下，但还是在曲折中发展，从木偶净琉璃多有借鉴，表演愈发程式化、视觉化。元文年间（1736—1740）发展到极点的三味线（日式三弦）在天明期（1781—1788）融入歌舞伎，促进了舞蹈剧的发展。此后到明治维新为止的江户末期，歌舞伎剧本逐渐丧失了原有的新奇性和戏剧结尾的意外性，开始追求颓废中的真实性。这一时期，河竹默阿弥等人的作品最具代表性。明治时代（1868—1912）的一系列社会改革也波及歌舞伎，许多新兴戏剧蓬勃兴起，一些重要的歌舞伎演员甚至站到了"新剧运动"的前列，歌舞伎一家独善的局面一去不复返了。到了大正时代

---

[1] 2017 年 3 月 16 日发布于《人民中国》微信公众号。

(1912—1926)，歌舞伎不得不与新兴戏剧"新派""新剧""大众演剧"，还有电影等新型娱乐形式进行对抗。

电影 PK 歌舞伎

本来直到20世纪初，和其他娱乐形式相比，歌舞伎的"大腕"们地位极高，而新兴的电影地位之低令人难以置信。养尊处优的歌舞伎演员明显地鄙视电影，在与之合作方面表现出犹豫的倾向。他们认为自己必须在丝柏木舞台上演戏，而电影直接在地面上表演，于是将电影蔑称为"土戏"。现存最早的日本电影是1899年摄制的《赏红叶》。该片是在得不到歌舞伎名角们足够理解的状况下艰难完成的。这部电影留下一个细节：团十郎失手将扇子掉在了地上。这个镜头居然没有补拍，这在今天绝对令人难以置信。但更加令人难以置信的是，日后这个没被"大腕"们放在眼里的"土戏"从歌舞伎那里夺走了大众，使歌舞伎一度不得不面临艰难的生存环境。

进入二十世纪六七十年代，随着传统文化的复兴和电影产业的衰落，歌舞伎再次迎来繁荣。1965年，歌舞伎作为日本重要无形文化财产得到保护。电影黄金时代涌现出来的大型电影院，因为数量过剩而被改装成歌舞伎演出剧场。歌舞伎和电影的关系由此剪不断理还乱，许多歌舞伎演员在电影中客串。20世纪末，就连当代最红的歌舞伎名角坂东玉三郎也亲自主演了几部电影。进入21世纪，日本的新剧导演、剧作家开始重视歌舞伎的演出样式，尝试在自己的作品中融入歌舞伎表演特色。2005年，歌舞伎在其诞生400周年时，被联合国教科文组织列入人类非物质文化遗产名录。

京剧 PK 歌舞伎

和中国的京剧一样，日本的歌舞伎产生于大众文化高度程式化的时代，但时间上略早于京剧。200多年前徽班进京被认为是京剧的嚆矢，而一般认为1603年江户时代的女巫阿国来到京都表演"风流踊"赢得大众欢迎是歌舞伎的滥觞。和京剧很大程度上靠达官显贵的堂会捧红的情形有所不同，歌舞伎是在商业气氛更加浓重，以手工业者、商人为主体的纯市民文化中成长壮大的，因此，歌舞伎的剧目内容与京剧颇有不同。

京剧主要讲究唱、念、做、打样样精通，而歌舞伎没有唱，一般只是念白或舞，而且伴奏的乐师都身穿和服坐在舞台上。这和歌舞伎之前的传统有关。简单地说，日本更早的戏剧是舞乐、能乐、木偶净琉璃，都是带有假面剧性质的舞台艺术。这些艺术远离民众，是特权阶层的喜好，其中的能乐甚至演变成各种典礼仪式上的节目。而前面已经提到，歌舞伎是平民大众文化的产物，它要直接表现大众的欲望、情感，因此就相当程度地摆脱了传统戏剧的象征性。当然，传统戏剧对它的影响也是显而易见的，这就是歌、舞、乐、白同台而多轨并行的特点。

此外，高度程式化也是歌舞伎独有的特征。中国的京剧尽管已经高度程式化了，但在表演时还是有一定的灵活性。而歌舞伎的程式化程度更高，台上的步位都很精准，很慢，每个动作都做得很工整。乐器和演员之间的节奏配合得很准。

如同京剧中有男旦一样，歌舞伎也有"女形"。这一点上歌舞伎和京剧十分相似。还有一个歌舞伎和京剧十分相似的地方，那就是相对于近代戏剧强调写实环境与性格心理描写而言，两者都不是从剧本的戏剧环境出发描写人物性格的。歌舞伎的戏剧特征是，只要具备若干具有类型性的人物，就可以构成一出戏。

由于这两个东方戏剧瑰宝所具有的相似性，其实早在20世纪20年代，歌舞伎和京剧就同台演出过：1926年，在北京的一家戏院，梅兰芳的《金山寺》压轴，前一场则是日本歌舞伎《大藏卿》。那个时候可说是两国国剧的黄金时代。

友好使者歌舞伎

新中国成立后，1955年、1979年、2004年、2007年共有过4次歌舞伎访华表演。

其中，1955年是规模较大的一次。歌舞伎大师市川猿之助先生带着《劝进帐》《京鹿子娘道成寺》《口吃的又平》等3部戏来北京公演，北京的许多文化人都看了市川猿之助先生的精湛表演。戏剧评论家欧阳予倩还就此写了文章。由于此次交流是在两国关系尚未正常化的情况下，因此政治上的意义更显重大。有这样一个小插曲：当时许多观众是被组织去的，为防止有人中途退场，演出开始后剧场的门都锁了起来。这也说明，当时的中国观众对歌舞伎的节奏还不太适应。

1979年是《中日和平友好条约》签订的第二年，两国正沉浸在友好的蜜月气氛中。那一年中日两国签订了文化交流协定，歌舞伎第二次来北京举行公演。

2004年5月，日本近松座歌舞伎在北京第二届国际戏剧季期间登陆北京，这是歌舞伎时隔 25 年的第三次访华公演。近松门左卫门在日本是被看作可以与莎士比亚比肩的伟大剧作家，而近松座是有"国宝级大师"称号的歌舞伎演员中村雁治郎在 1981 年成立的，该剧团的主要活动就是演出近松门左卫门的作品。

2004 年这次近松座的演出完全采取市场机制运作，带来的两个剧目《太刀盗人》和《藤娘》在北京保利大厦连演 3 场。笔者受邀为这两个剧目翻译了中文字幕。由冈村柿红担任编剧的《太刀盗人》在日本国内虽不常演，但形式以台词较多的狂言为主，是一出好看、热闹的喜剧，适合向海外推出；年近 70 岁的雁治郎（坂田藤十郎）表演的《藤娘》是一个以舞蹈为主的戏，表现了一个紫藤精和自己的相好男松交欢的过程，用很美的象征手法表达了男女情事。藤精女肩扛藤枝，头戴斗笠的造型十分漂亮，舞蹈高贵、典雅。音乐和唱词也十分迷人。

时任鲁迅博物馆馆长的学者孙郁在看过《太刀盗人》后写了一篇杂文说："这个剧本很生动，乃典型的世俗化故事。剧的结尾意味深长，不是正义战胜邪恶，恰好相反，是邪恶奚落了正义。人间的丑陋竟颠覆了善良与美。良民的无助与政府官员的无能亦历历在目。日本的艺人写身边的故事，与官方叙述是很有距离的，写的多为百姓的心态和恶的预言。"

2007 年，当时的中村翫雀（林智太郎）与其父中村雁治郎（坂田藤十郎）为参加中日邦交正常化 35 周年纪念活动，在中国四大城市进行了巡演。这是歌舞伎第四次访华演出。

又见华丽歌舞伎

时隔 10 年，松竹株式会社会长大谷信义此次亲率近百名演职人员，携歌舞伎经典，来京公演。这是歌舞伎在新中国成立后第五次来华亮相。

说到松竹，那可不只是大家所熟悉的电影公司。它原本就是一家歌舞伎演艺公司。1895 年，大谷竹次郎在京都开始经营传统剧场，松竹的创业时间已超过 100 年。松竹的名称是由创办人白井松次郎及大谷竹次郎兄弟的名而来。松竹之所以后来因电影而知名，那还是 20 世纪 20 年代好莱坞发展出特写技术后开始有了明星制，受此影响，松竹公司的"小鲜肉"们纷纷转为电影明星，也因此成就了松竹公司的繁荣。我们所熟悉的电影导演山田洋次及其不朽的作品《寅次郎的故事》《远山的呼唤》《幸福的黄手帕》都是松竹出品的。

说回到歌舞伎，此次公演演出阵容中有中村雁治郎（2015 年由中村翫雀传袭名号）、中村芝翫、片冈孝太郎等著名演员。为了使中国观众充分感受歌舞伎的魅力，主办方遴选了《义经千本樱 鸟居前》《恋飞脚大和往来 封印切》《藤娘》三个不同类型的剧目，旨在以此展现歌舞伎的程式美、戏剧性及"女形"舞蹈的优雅。

此次票务出乎意料地火爆，放票仅3天，5场演出门票便全告售罄。与1955年观众看剧时要把剧场上锁的情形相比，邦交正常化45年后，中国观众对歌舞伎的态度有了多么巨大的变化！

《藤娘》2004年曾在北京上演。这段以舞蹈为主的"女形"短戏讲的是日本古代近江国（今日本琵琶湖一带）狩野派画家的一幅大津绘中的美人从画中走出之后的故事。在歌舞伎中，走出画面的人物便是藤精所化的藤娘。紫藤绕松是男女情爱的美好象征。优美的舞蹈和动人的歌词表现了女人的妩媚和醉态之美，以及对真情挚爱的执着追求。最后，藤娘与松树依依惜别，重新回到画中的世界。由于典出近江一带，作者巧妙地将近江八景，即比良暮雪、矢桥归帆、石山秋月、濑田夕照、三井晚钟、坚田落雁、粟津晴岚、唐崎夜雨写入唱词，可谓匠心独运。

银幕飘落的樱雪 [1]

日本人对樱花有着特殊的敏感，因为他们最了解樱花之美。日本人不仅世代努力培育出各种不同品种的樱花，更是不厌其烦地通过浮世绘、小说、摄影、散文、新闻报道，以各种角度描述、展示品种繁多的樱花的婀娜千姿。普通日本人寄予樱花以个人情感和美学意识，则是通过樱花对自己在共同体中身份的确认。

笔者20世纪90年代在日本学习生活期间，曾经在东京上野观察过日本人在樱花树下饮酒狂欢，以及夜里泛舟隅田川赏夜樱的场面。不过，让笔者感触最深的，还是日本人通过电影描述的樱花。或者说，银幕上的樱花更加能够让人窥见日本人内心的美学感觉和情感世界，喜怒哀愁。伴随着飘落的樱花，日本人的"心象风景"通过银幕呈现在我们面前。

---

1 载于中信出版集团2017年3月出版的《知日》第41号《知日·樱花入魂》。

281

胶片电影中的樱花

1980年，以前卫电影代表人物著称的铃木清顺，推出了在日本电影史上留下重要一笔的"大正三部曲"之一《流浪者之歌》。如同同时期的前卫电影导演寺山修司一样，铃木清顺热衷于以戏剧传统演绎电影。在这部号称"电影歌舞伎"风格的作品中，西式洋楼与榻榻米、西装与和服等反差巨大的要素杂糅在一起，而漫天飘舞的樱花，尤其给人留下深刻的印象。这部反复表现流浪与情欲主题的作品，讲述了中砂和青地的交情以及与多个女人之间的复杂关系。青地见证了中砂的放浪生活，并作为讲述者串联着这个以零碎的片段架构起来的故事。情感的高潮设定在一个颇具间离效果的舞台剧式的场面：中砂死了，青地的妻子和青地通电话。而事实上，身处两地的青地与妻子这时就站在画面中窗户的两边，疾风吹过，大瓣大瓣的樱花在窗外密集地飘落，烘托着两个人不平静的内心，也象征了猝然殒命的中砂，令观者不禁随之动容。这里的樱花飘落，颇似舞台道具的效果，浓厚、炽烈。

而中原俊在1990年根据同名漫画原创作品拍摄的电影《樱之园》中所呈现的樱花却是另一种风格。一个高中女校校园里植满樱花树，4月花开时分，校园里一片绯云，宛如世外桃源。女校高中生们在开学之际要排演契诃夫的话剧《樱桃园》，电影讲的是话剧公演前两个小时里的故事。女学生们的微妙关系与情感纠葛，她们的内心世界，通过校园内如云如幻的樱花背景，极好地形成共鸣，引导着故事淡淡地发展到高潮。在这里，樱花令人嗅到青春的气息，而女生群体与樱花团簇已形成了极具象征意义的共同体对应。

同样是描写4月花开时分的青春故事，岩井俊二在1998年拍摄的《四月物语》，说的却是一个女学生的故事。这也是松隆子的主演处女作。主人公卯月从冰天雪地的北海道只身来到东京武藏野大学求学，在已经四处樱花盛开的东京，她骑着单车在陌生的城市开始一个人的学习生活。性格内向、羞涩的她开始遭遇未知，和性格强势的同学、谨慎警惕的邻居、举止怪异的路人打起交道。一个寻常的故事，一道寻常的风景。看樱花零散地飘落，品人生的浪漫与轻松。这就是岩井俊二眼中的青春电影。缓慢的节奏、平淡的情节，但唯美的画面总是令人怦然心动。单车驶过铺满樱花花瓣的小路已经令人心醉，而最令笔者难忘的，莫过于卯月站在樱花盛开的路旁目送搬家公司的卡车离开后，不经意地抖落衣襟上樱花花瓣的一瞬。这画面简直就是一首散文诗。影片结尾，一场雨后，樱花散尽，夏天即将到来。初来东京的卯月结束了羞涩的青春徘徊，四月的故事措手不及地落下帷幕。美好事物的稍纵即逝与淡淡的伤感，被导演运用樱花的背景诠释得淋漓尽致。

以上3部电影是20世纪留下的关于樱花的胶片电影，画面厚重，而且有几分朦胧。进入21世纪，电影进入数字时代，樱花的描写又有了哪些变化与进化呢？

数字电影中的樱花

新海诚是21世纪的宠儿。数字电影和动画片数字技术的进步都给了他进一步细腻地展现其想象的空间。他的故事世界看起来比宫崎骏那一代要简单许多，没有历史的负担，总是变着花样描写少男少女之间懵懂的纯爱。岩井俊二的《四月物语》是否给过他启发不得而知，但他在2007年推出的动画片《秒速5厘米》中将初遇与邂逅也设定在樱花烂漫的4月，实在有异曲同工之妙。这部由3个短篇结集而成的作品，头一个便是《樱花抄》。小学生贵树和明里走在樱花如雪的春天里，明里告诉贵树，樱花飘落的速度是每秒钟5厘米。冬天里，贵树因为要离开东京转学到鹿儿岛而和明里见面告别。突如其来的大雪令贵树午夜才赶到见面的车站，两人在雪花飞舞的夜里，来到相约再见的樱花树下交换了初吻。枯无一叶的樱树和漫天的雪花象征了二人的朦胧离愁。贵树在鹿儿岛成长，漫长的夏天过去，他心中想着的还是明里。多年后，他再次回到东京。短篇的第三部就是《秒速5厘米》，已经走上社会的贵树依然孑然一身。东京又到了樱花如雪的4月，从窗外飘进的一片樱花，打破了平静，惹起了贵树的暗愁。落英如雪的铁路道口，贵树与一名女子擦肩而过。直觉告诉贵树，她会回首相望，但通过的电车隔开了他们的视线。而实际上故事已经交代，成年的明里不久将要和别人结婚。悠缓的秒速5厘米，13年分离的漫漫时光，恰好足够两颗心从紧紧贴近，到变成地球上最遥远的距离——从南极到北极。一段朦朦胧胧的初恋，一丝难以割舍的暗愁，就这样通过首尾相顾的缤纷落英烘托得淋漓尽致。

"何处合成愁，离人心上秋"，中国人往往把愁绪和秋天联系在一起，而日本的离愁竟能和春天的樱花联想在一块儿。细想起来，这应该与日本人美丽却无常的"物哀"美学意识密切相关。至于秒速5厘米，又让笔者想到一段有趣的佳话。20世纪80年代，中国舞剧《丝路花雨》在日本公演时，日方将之翻译为"シルクロードの花吹雪"（丝路花雪）。中国人想象中的花雨是极乐世界失重状态下整朵的鲜花自天而降的意境，而在日本人的美学感觉里，如雪飘洒的落英才更符合他们的想象。没想到，新海诚竟精准地测算出，落英的速度是每秒钟5厘米！

还有一部和樱花有关表现聚短离长的悲剧是2010年广木隆一导演的作品《雷樱》。一个在山林中长大却不知爱为何物的女孩小游（苍井优饰演）和一个养尊处优却不相信人间有爱的贵族青年清水齐道（冈田将生饰演），两个社会身份完全不在一个层级的男女，因为一棵枝叶繁茂的樱树而坠入爱河，两人也因此受到命运的惩罚，最终未能走到一起。当清水齐道人生将要走到尽头的时候，想起了还留在山里的小游。此时，他和小游的孩子已经长大成人。在盛开的樱树下，同样老去的小游和她儿子相依为命，顽强地生活着。在这部电影里，一片绿树中唯一一棵盛开的樱树象征了爱的顽强与生命力，而枯荣交替的场面又象征了命运的无常。

银幕上的樱，形态各异，美不胜收。纷纷扬扬的樱雪，从银幕上飘落，飘进每一个观众的心田，令人体会樱花美学的情感世界。正所谓花落美如雪，一花一世界。

《白毛女》：见证人民友好　续写不朽传奇[1]

　　松山芭蕾舞团团长清水哲太郎面对采访话筒时，有些激动，声音哽咽。他对在中日邦交正常化 45 周年之际，能够受邀率团在人民大会堂演出大型新编芭蕾舞剧《白毛女》感慨万千："在人民大会堂的舞台上表演，我的心情尤为激动，因为大会堂的对面就是人民英雄纪念碑。在那座纪念碑下，不知有多少像白毛女一样受苦受难的劳苦大众曾发出了来自他们内心深处的呼喊。"

　　应中国国际文化交流中心的邀请，著名的日本松山芭蕾舞团来华演出大型新编芭蕾舞剧《白毛女》，开启第十五次的访华演出之旅。5 月 19 日晚，芭蕾舞剧《白毛女》在北京人民大会堂揭开首场演出的序幕，各个年龄层的中国观众再次被这部芭蕾经典感动。

　　62 年前，清水哲太郎的父亲清水正夫和母亲松山树子，将中国电影《白毛

---

[1] 刊载于 2017 年 7 月号《人民中国》，与续昕宇联合采写。

女》改编为芭蕾舞剧。此后，舞团携《白毛女》前后14次访问中国，先后受到几代中国党和国家领导人的接见。其公演更是感动了无数中国观众。一部《白毛女》见证了中日关系走向正常化的艰难历程，留下了许多中日文化艺术交流的佳话，展示了民间外交的无穷力量，续写着芭蕾经典的不朽传奇。

松山芭蕾舞团"邂逅"《白毛女》

20世纪50年代初，在冷战背景下，中日关系无法实现正常化，但两国人民之间渴望交流与友好。1952年，周总理通过日本自民党议员帆足计等三人组成的日本贸易代表团，向日本中国友好协会赠送了王滨、水华导演的电影《白毛女》的胶片。1950年10月成立的日本民间友好团体日中友好协会复制了多部拷贝，在日本各地巡回上映，引起了巨大反响。到1955年6月，共有200万日本观众观看了这部电影。日本进步文艺团体松山芭蕾舞团就是在这种背景下注意到《白毛女》的价值的。

1948年，清水正夫和妻子、芭蕾舞者松山树子创建了日本松山芭蕾舞团，将其艺术宗旨定位为"上演古典芭蕾"和"创作具有民族特色的芭蕾舞"。他们二人被白毛女的悲惨命运及其不屈精神所深深地震撼，感动得流下了眼泪。联系到战争期间及战后日本妇女的悲惨命运与卑微地位，从亚洲女性解放的大视角出发，两人萌生了将中国电影《白毛女》改编为芭蕾舞剧的想法，希望借此让更多的日本妇女勇敢地站起来，与不公的命运做斗争，并加深对中国人民的了解。

在改编过程中，为了更完整地诠释《白毛女》的内涵，两人动用所有资源，几乎看遍了所有与"白毛女"有关的素材，进行了各种努力和尝试。1953年年底，他们收到了时任中国戏剧家协会主席田汉先生的信，信中附有歌剧版《白毛女》的剧本、乐谱以及舞台剧照。1954年，日本东京未来出版社出版了岛田政雄等人翻译的《白毛女》歌剧剧本，这些材料对芭蕾舞剧《白毛女》的创作起到了决定性的推动作用。

经过不懈的努力，克服了种种意想不到的困难与阻力，1955年，芭蕾舞剧《白毛女》终于完成，东京首演令无数日本观众感动落泪。

在3年后的1958年，当时中日两国尚未恢复邦交，但在周恩来总理的诚邀下，松山芭蕾舞团顶住种种压力，携芭蕾《白毛女》首次登上了中国舞台，主演松山树子也由此进入中国观众的视野。

此后，松山芭蕾舞团一直将《白毛女》作为该团的重要剧目，先后14次来华访问演出，在中日两国民间文化交流，特别是在以民促官，推动两国邦交正常化过程中发挥了拉近两国人民感情的独特作用，开启了一段中日"芭蕾外交"的历史佳话。

《白毛女》见证中日"芭蕾外交"

松山芭蕾舞团早在20世纪50年代中期就开始了与中国的文化交流，致力于促进中日两国民间友好关系的发展。

1955年，在赫尔辛基举行的世界和平大会上，松山树子见到中国代表团团长郭沫若，从此，松山芭蕾舞团与中国结下了不解之缘。

1958年，芭蕾舞剧《白毛女》在华首演，观众彻夜排队买票，座无虚席。然而，就在他们回到日本之后的第二天，5月2日发生了日本暴徒闯入中国展览会会场撕毁五星红旗的"长崎国旗事件"。中日民间交流一度受挫。

1964年，中日民间贸易组织从中斡旋，两国开始交换记者。这年9月，松山芭蕾舞团第二次大规模访华演出。周恩来3次观看了在首都剧场演出的芭蕾舞剧《祇园祭》。

同年11月，松山芭蕾舞团在人民大会堂3楼小礼堂为毛泽东、周恩来、刘少奇、朱德等国家领导人演出该剧，再受好评。此时，上海舞蹈学校芭蕾舞剧《白毛女》的创作排练已经接近尾声，并于1965年上演。

1966年9月，松山芭蕾舞团包括清水哲太郎在内的19名团员组成"日本青年交流团"，和中国青年在中山公园露天剧场参加"青年大联欢"。当时，清水哲太郎正在北京语言学院学习，回忆起当时的情形，清水哲太郎说，他"对身边的中国人满怀热情改造世界，改造自我，寻求自我解放的精神状态充满深深的敬意"。

1971年9月开始，松山芭蕾舞团进行了为期两个半月的访华演出。这时，森下洋子接替松山树子，成为第二代"喜儿"，国庆节这天两人在中山公园主演了第二版《白毛女》。10月3日，新版《白毛女》在天桥剧场上演。10月15日，周恩来总理陪同柬埔寨国王西哈努克观看松山芭蕾舞团演出。10天后，中华人民共和国恢复在联合国的合法席位。

本刊对当时的访华盛况进行了长达6页的采访报道，讲述了该团成员与中国上海舞蹈学校6名芭蕾舞演员、中日两国艺术家结下深厚友谊等历史佳话。

1972年，以孙平化为团长的上海芭蕾舞团访日，在日生剧场上演中国芭蕾舞剧《白毛女》，中日芭蕾舞艺术家进行了深入的交流。同年秋，中日实现邦交正常化。

60多年来，松山芭蕾舞团曾先后受到毛泽东、周恩来、邓小平、江泽民、胡锦涛、习近平等党和国家领导人的亲切会见，也多次见证了中国与日本、中国与世界互动的历史瞬间。

进入新世纪，松山芭蕾舞团仍心系中国和中国人民。2008年5月12日，中国汶川大地震发生后，87岁的清水正夫拄着拐杖，率领全体团员70余人来到中国驻日本大使馆，悼念遇难者，并向地震灾区捐款。

同年6月，清水正夫因病在东京逝世，其子清水哲太郎继承父亲的遗志，挑起了松山芭蕾舞团的担子，续写"芭蕾外交"和"白毛女"的不朽传奇。

周恩来夫妇与"白毛女"们的故事

接受采访时，清水哲太郎动情地对本刊记者说："人民大会堂是周总理曾经工作过的地方，这次能在这里表演，对我来说是一种无上的光荣与幸福。"森下洋子也表示，"当我们被告知第十五次访华公演被安排在周总理工作过的人民大会堂时，一下子就蒙住了，感觉好像做梦一样。"

他们两人之所以如此激动，是因为在松山芭蕾舞团的《白毛女》和中国的交流历程中，起到重要推动作用的人物之一是周恩来总理。

周总理和"白毛女"的故事始于1955年。那年7月，松山树子随团访华，周总理在北京饭店西楼国庆招待晚宴上特意"搭桥牵线"，介绍了歌剧《白毛女》的主演王昆、电影《白毛女》的主演田华与松山树子结识。周总理亲切地对松山树子说："下次带着《白毛女》大家一起来。"他还风趣地说："你们三个'白毛女'不能分开。"

此后，周总理多次观看芭蕾舞剧《白毛女》的演出。1971年，他还向舞团赠送了一整套《白毛女》的服装道具，这套衣服被精心收藏至今。

1978年，松山芭蕾舞团访华，在人民大会堂的招待会上，中日"白毛女"铭记着当年周总理的嘱托再度聚首，但这次和她们在一起的已不是周总理，而是邓颖超。她说："恩来走了，我来代替他。"

周总理的人格魅力、周恩来夫妇的深情厚谊深深地铭刻在森下洋子的心中。多年来，她一直希望在还跳得动的时候，有机会穿着1971年周恩来总理赠送的演出服演绎喜儿。此次，69岁的她终于实现了这个夙愿，在北京人民大会堂的舞台上穿着当年周总理赠送的演出服倾情献艺。

清水哲太郎和森下洋子在结束了北京的公演后，于今日，即5月20日率团专程赶赴周恩来总理的故乡江苏淮安参观访问，并与国内艺术家和南京小红花艺术团交流，缅怀他们尊敬与爱戴的周总理。

《白毛女》中的中日交流与互动

1945年，为落实延安文艺座谈会讲话精神，启发广大八路军官兵的阶级觉悟，延安鲁迅艺术学院的贺敬之和丁毅根据晋察冀边区一带流传的"白毛仙姑"的传说，执笔创作出我国第一部新歌剧《白毛女》。歌剧《白毛女》在各地上演，引起了群众的强烈共鸣。值得一提的是，当年张家口抗敌剧社在上演《白毛女》时，日本美术家小野泽亘参与了舞美工作。这位小野还是开国大典天安门城楼灯笼与标语的设计者之一。

新中国成立后，歌剧《白毛女》被改编成电影。在此过程中，当时东北电影制片厂（长春电影制片厂前身）的日籍留用人员岸富美子等人在剪辑等方面发挥了重要作用。

芭蕾舞剧《白毛女》由松山芭蕾舞团首次根据电影《白毛女》改编而成，上海芭蕾舞学校受松山芭蕾舞团同名作品的刺激和启发，9年后创作了中国版的芭蕾舞剧《白毛女》。这是两国艺术家互学互鉴的成功范例。周总理对这两位中日友好和喜剧改革运动的先行者赞赏有加。周总理曾对国内文艺工作者说："最先把《白毛女》改编成芭蕾舞并搬上舞台、最先对芭蕾舞进行改革的不是我们，而是松山树子和松山芭蕾舞团，只凭这一点，我就应该向他们学习和感谢。"

与日本版相比较，中国版芭蕾舞《白毛女》产生于"文革"前夕，主人公的反抗性得到高度突出，阶级情感取代了喜儿与大春的爱情。在基本风格上，它保留了歌剧《白毛女》中的基本人物关系、戏剧冲突等要素，大量运用中国民间舞蹈、古典舞蹈的动作。中国版芭蕾舞《白毛女》于1965年首演，很快成为妇孺皆知的八个"样板戏"之一。

此次松山芭蕾舞团新排演的《白毛女》是第三版，完全采用了中国版同名芭蕾舞剧的原创音乐，而故事情节则大量保留了日本艺术家的想象。比如，日本版的《白毛女》开头便以卢沟桥上的一场群舞为序幕，表现了当时的阶级矛盾和民族矛盾；剧中地主强拆杨白劳家房屋的情景设计颇有日本特点；喜儿和同伴一起逃走以及后来的白毛女的群舞和中国版舞剧出入很大；喜儿将红头绳托付给张二婶转交大春，以及两人后来完婚等设定，突出了爱情的美好，充满了对中国的想象。

从歌剧、电影到芭蕾舞，《白毛女》的每个阶段都有中日交流的佳话镶嵌其中，成为中日民间交流与文化交流的象征。

在 21 世纪把《白毛女》的故事继续讲下去

60 多年前，松山芭蕾舞团第一代艺术家清水正夫和松山树子夫妇克服种种困难，成功地创作出芭蕾舞剧《白毛女》，创造性地讲述了动人心弦的中国故事，感动了中日两国的无数观众。

半个多世纪后，舞团第二代艺术家清水哲太郎和森下洋子继承父辈遗志，不断推陈出新，多次携新版《白毛女》来华公演。

在接受采访时，清水哲太郎表示，今年是中日邦交正常化 45 周年，正因为处在这一重要时间节点上，将《白毛女》第十五次访华公演北京首演安排在人民大会堂就更显得着重要的意义和价值。"为了报答中国人民的恩情，舞团全体成员将齐心协力，奉上最完美的演出。"

1971 年访华公演正是哲太郎和洋子作为第二代喜儿和大春的初次亮相。在采访过程中，夫妇二人接过本刊当年追踪报道的复印件时非常激动。

在回答如何在新的时代背景下继续演绎好"白毛女"的故事时，哲太郎的声音高亢起来："为什么今天还要讲白毛女的故事？这正是今天我们要审视白毛女的意义和价值所在。如果亚洲与世界真正实现了和平，也许我们的故事就没必要继续讲下去了。但恰好现在，我们觉得是我们出来继续讲好白毛女的故事的时候，特别是在日本更有意义。因为我们的世界还有很多不尽如人意的地方。世界各地还有很多喜儿在呐喊。我们要为这些喜儿说话，要替她们道出渴望和平的呼声。"

把白毛女的故事放在更大的时代背景下思考其具有的普遍意义，是清水哲太郎和森下洋子对清水正夫和松山树子事业的继承与发展，也使我们在新的时代背景下重新发现《白毛女》的意义与价值。祈愿这部诞生于 20 世纪中叶，由中日两国艺术家共同演绎的芭蕾舞剧,能够经受住时代的考验,成为像19世纪维克多·雨果的《悲惨世界》那样得到恒久传承的经典作品。祝松山芭蕾舞团与《白毛女》继续书写不朽传奇!

百年内山双城记　两家三代续友谊[1]

整整延续了 90 年的友谊，在一座百年老店旧址前续写。

5 月 26 日，上海北四川路和山阴路交会路口，周令飞与内山篱相视着站在了一起。他们的身后是一座普通的工商银行，但在银行的外墙上挂着鲁迅和内山完造并肩的半身纪念铜牌。这座工商银行的店面建筑便是诞生于 100 年前的上海内山书店的旧址，墙上的石刻名牌上，记载着上海内山书店的历史。鲁迅的长孙和内山书店第三代传人的手，在这一刻紧紧地握在了一起。当年，这个建筑见证了鲁迅和内山完造两个人近 10 年的交往，如今，它再次见证了两家人延续了 90 年的友谊。以内山书店为纽带，一段百年传奇上演在波澜万丈的中日关系史中。

百年波澜：上海内山书店与东京内山书店

2017 年 5 月 25 日，日本东京内山书店的内山篱先生偕夫人、儿子、部分内山书店员工以及"内山会"成员抵沪。除参加鲁迅文化基金会举办的座谈会、参观展览等活动外，内山篱一行还专程到上海的万国公墓祭扫内山完造先生的陵墓。

---

[1] 首载于 2017 年 7 月号《人民中国》。

对于内山篱来说，今年非常值得纪念：伯父创办上海内山书店已经整整100年了。正是因为这个书店，内山家与中国结下了不解之缘。

1913年，年仅28岁的内山完造受基督教办的大阪"大学眼药"总店派遣，来到中国当推销员。为了便于推销，他给自己起了中文名"邬其山"（谐音"内山"的日文发音UCHIYAMA）。

据内山篱介绍，就是在中国各地推销的过程中，这位基督徒目睹了底层人民的苦难，萌发了对中国人民的同情。

1916年，内山完造完婚并偕同为基督徒的夫人井上美喜返回上海居住，他们在北四川路魏盛里租下了一所房屋。起初，内山完造在外推销眼药，夫人美喜则在家操持家务。

在夫人的提议下，1917年，内山完造在居所楼下开办了一家书店，由夫人经营，取名为"内山书店"。开办之初，第一次世界大战接近尾声，书店当时专营从东京购入的基督教图书，目标读者以生活在上海的日本人为主。

战争结束后，社会主义、现代主义思潮兴起，日本经历了"大正民主"时期，思想益发活跃。在此背景下，书店的图书从宗教类扩展到自然科学、历史，以及社会主义思潮类的著作，品种不断增多，读者也从日本人扩大到了中国人。随着书店规模的增大，内山完造告别了原来的推销工作，专心经营书店。

内山书店采取开放式售书，顾客可随意翻阅选购，部分顾客还可以赊购。每位顾客入店，井上美喜都会倒上一杯茶，买与不买都会热情招待。书店因此很受读者青睐，名气也逐渐传了出去。书店还将在日本陆续出版的介绍社会主义思想的书籍，用钢板刻印在新书目录中介绍给中国读者。许多进步青年因此慕名而来。另外，当时有不少西方书籍由日文转译成中文，内山书店代理着部分图书的版权，这些图书的主要译者如郭沫若、田汉、夏丏尊、欧阳予倩、丰子恺等人自然成了内山书店的常客。

内山完造喜欢与中国的知识分子交朋友。在内山书店，几个文化人围在一起交流、讨论的场景常常出现。特别是在寒冷的冬天，内山完造会在书店里置一个炭盆，大家围坐在一起取暖、聊天。内山完造称其为"文艺座谈会"。

与中国的进步人士们的往来和接触，以及长时间在中国生活，使内山完造对中国有着深刻的理解，并开始在行动上帮助那些需要他帮助的人。1927年4月，蒋介石发动"4·12"政变，革命阵营分裂。同年8月，中国共产党人发动南昌起义，武装反抗国民党统治。郭沫若参加起义，失败后经香港到上海，落脚内山书店。内山为正遭到当局通缉的郭沫若在日本人的旅店中订房间，第二天亲自送其乘船离开上海。郭沫若到达日本后，内山又给他介绍了日本的出版商，使他的作品能够得以出版。就是在中国命运面临重大转折的1927年，从广州来到上海的鲁迅邂逅了内山书店，并由此开始了与内山完造近10年的个人友谊。

1935年，内山完造的弟弟内山嘉吉夫妇，受上海内山书店成功的启发与鼓舞，也在东京创立了一家"内山书店"。嘉吉夫妇"希望日本人能够更深层次地了解中国与中国人"，于是给东京内山书店的定位是面向日本读者发售由上海内山书店邮寄来的中国书刊。两年后，日本全面侵略中国，战争状态下，东京内山书店每次收到上海寄来的图书，都要受到日本检查机构的无理检查。但即便这样，东京的内山书店依然坚持了下来。

1945年8月日本战败，上海内山书店被国民党当局接管后停业。1947年末，一直留在上海照顾日侨的内山完造被强制遣返回日本。回国后，内山完造就以东京内山书店为活动据点，辗转于日本各地，介绍中国的情况。新中国成立后，他又参与发起成立日本中国友好协会，积极宣传日中友好的重要性，游说日中恢复邦交正常化。1959年9月，他以日中友协副会长的身份应邀来华参加新中国成立10周年庆典的时候，突发疾病在北京去世。遵照他生前的遗愿，他的骨灰被安放在上海的万国公墓。

内山完造先生去世后，他的弟弟内山嘉吉经营的东京内山书店继续传播中国文化。1978年，《中日和平友好条约》签订那一年，嘉吉的儿子内山篱作为内山书店的第三代传人接过了父辈的事业，在改革开放时代为中日交流继续尽力，通过销售和出版中国图书让日本人了解中国。嘉吉父子积极参加中日友好交流活动，为促进中日两国民众的理解和交流做出努力。

做了近40年第三代掌门人的内山篱十分感慨地回忆起自己接过内山书店之后中国发生的变化："恰好当时中国结束了封闭状态，进入改革开放的时代。中国的出版业也迎来了大繁荣时代，日本国内关心中国并希望了解中国的人越来越多，内山书店的业务也因此迅速增长。即便是进入90年代，由于需求的多样化，受众依然有增无减。最近，互联网与数字技术的普及以及人们的阅读习惯相应发生的变化，给传统的出版业带来不小的冲击。但我坚信书籍不会消亡，我们会顺势而为，把书店继续做下去。"

如今，在中日关系和整个时代面临重大转折的历史关头，坐落于东京神保町的内山书店即将迎来第四代传人——内山森。面临变化的世界和转型中的出版业，年轻的内山森表示,"时代再怎么变,人们也需要读书;中日关系再困难,人与人之间的了解与信任也要进行下去。因此,我完全有信心接好班,把内山书店的品牌继续做下去。"

一期一会:内山完造与鲁迅

1936年10月19日,一代文学巨匠、中国新文化运动的领军人物鲁迅在上海大陆新村寓所内与世长辞,举国哀痛。在鲁迅治丧委员会名单中,内山完造之名赫然在列。自1927年从广州移居上海到去世的9年间,鲁迅的许多故事均和内山完造有关。内山完造也是鲁迅晚年最信任的朋友之一。

1927年4月12日,国民党发动"清党"运动,大肆抓捕、杀害共产党人。4月15日,广州也对进步人士开始了恐怖清洗。对当时在中山大学任教的鲁迅来说,日益残酷的政治环境让他不得不从广州迁居上海。鲁迅在上海的寓所就位于北四川路大陆新村,而内山书店则是他出入往来的必经场所。

据内山完造回忆,1927年的一天,书店里来了一位客人,个子不高、面庞消瘦,留着短胡须,店员起初对他并不在意。不知谁喊了一句"鲁迅!"店内顿时热闹起来。"原来这就是大名鼎鼎的鲁迅啊!"内山完造赶忙迎上来。鲁迅用日语和内山完造交流了几句,并在店里挑选了200多元的书,临走时还请店员把书打包送到家中。

自此以后,鲁迅隔三岔五便会来内山书店,与内山完造逐渐熟悉起来。由于图书更新快,并且有很多日本出版的介绍新思潮的图书,内山书店成为鲁迅了解日本和世界的一个重要窗口。此外,内山完造在中国生活,他对中国人民的苦难感同身受,鲁迅除了到书店大量购书,也成为内山完造学习和参与中国社会进步的引路者。鲁迅曾赠其一首诗《赠邬其山》:"廿年居上海,每日见中华。有病不求药,无聊才读书。一阔脸就变,所砍头渐多。忽而又下野,南无阿弥陀。"从诗文中就能看出,对中国的国民性以及对时代的关注和改造是鲁迅与内山完造共同关心的主题,正是这些精神上的交集使二人成为莫逆。

上海鲁迅纪念馆前馆长王锡荣介绍说:"内山书店里有一把专为鲁迅预备的藤椅,鲁迅常背对着门坐在那里看书、聊天。当时,鲁迅受到当局监控,他的图书和其他'左联'人士的一些书都不准出版,而内山完造却冒着风险代理鲁迅的版权,出版鲁迅的《毁灭》等多部著作。随着与鲁迅交往的日益加深,内山完造曾几次帮助鲁迅躲过当局的抓捕,而鲁迅许多重要的活动也是通过内山书店对外联系的。例如,方志敏被捕后在狱中写了多篇文稿。后经证实,这些文稿是通过内山书店转交给了鲁迅,后又安全地转送给共产党组织。"

鲁迅也深深地影响了内山完造。内山完造曾说:"能认识鲁迅,是对我而言最幸福的一件事。"对他来说,鲁迅是朋友,更是老师。内山完造从小没有太多学习经历,但与鲁迅的接触让他学习了很多。回到日本后,内山完造还创作了《活中国姿态》《上海漫语》等很多本书,鲁迅为前者作序。书的内容和写作风格有着深深的鲁迅印记。

由于内山完造同许多中国进步人士交往,曾有八卦小报污称他是日本间谍。对此,鲁迅曾在《伪自由书》的后记中撰文驳斥道:"因为我确信他做生意,是要赚钱的,却不做侦探;他卖书,是要赚钱的,却不卖人血:这一点,倒是凡有自以为人,而其实是狗也不如的文人们应该竭力学学的!"鲁迅的证言成为他与内山完造友谊最好的证明,也让人们对内山完造有了更准确的了解。

鲁迅病重期间,内山完造请日本医生给鲁迅治疗;鲁迅去世前,他一直陪伴左右。鲁迅曾说:"据我看来,中日两国的人们之间,是一定会有相互了解的时候的。"他的话深深地影响着内山完造,"传承鲁迅的精神之火"成为其日后为中日人民友好事业奋斗不止的动力。

薪火相传:内山会与鲁迅文化基金会

岁月如歌,鲁迅与内山完造的故事虽然已成历史,但内山书店与中国以及鲁迅家属的联系从未中断。

1987年4月,在儿岛亨等人的提议下,上海内山书店的原职工、内山完造先生的家人,还有与内山完造先生关系亲密者约20人,齐聚京都宇治,成立"内山会"。从那以后,每隔1到2年,内山会都会在各地举办一次活动。20世纪90年代,内山会曾两次到上海为内山完造先生扫墓。当然,从建立之初与上海内山书店有直接关系的第一代开始,成员也在不断变化。活动内容也从过去的主要以分享在上海内山书店工作的经验,内山完造先生的逸事,还有对鲁迅等中国读者的印象,变成了现在大家交谈各自与中国的交流情况。但无论时间如何变化,内山会继承内山完造的遗志,坚持中日民间交流的理念都不曾改变,一直坚持到现在。

新中国成立后，鲁迅的夫人许广平曾多次访日，每次都会去看望内山夫妇。归国后的内山完造在日本的生活比较困难，许广平把岩波书店出版日文版鲁迅全集的版税给了内山完造。内山完造去世后，鲁迅之子周海婴曾四处奔波，设法促成内山夫人想到大连养老院安度晚年的愿望，以及东京内山书店要进口中国图书等事宜，但碍于当时的历史条件，有些没有完全实现。

鲁迅的长孙、鲁迅文化基金会常务副理事长兼秘书长周令飞说："鲁迅与内山两家人之间的情谊，跨越了近一个世纪，不论在艰苦的时刻，还是和平的年代，始终坚守着那份最初的信念，他们没有因为国界或是政治，而影响人与人之间的心灵相通、情感交流。他们两位为中日友好做了很好的示范。"

为了纪念鲁迅与内山完造两家三代人之间贯穿了90年不曾中断的友谊，周令飞觉得应该做点什么。今年，适逢中日邦交正常化45周年暨上海内山书店创办100周年。在周令飞的倡议下，借"内山会"一行来沪之际，5月25日鲁迅文化基金会与上海虹口区文联、上海欧美同学会留日分会联合主办了上海内山书店百周年纪念座谈会。

座谈会上，中日新老朋友汇聚一堂，纷纷发言畅谈历史，缅怀鲁迅与内山完造，并思考如何在今天的条件下推动中日民间交流，推动中日关系尽早转圜。周令飞和内山篱在发言中分别讲述了他们所了解的鲁迅和内山完造的相知与相遇，以及两个人的友谊在今天的意义。座谈会达到高潮时，上海欧美同学会留日分会的朋友们热情洋溢地用中日双语朗诵了鲁迅的两首诗《赠邬其山》和《题三义塔》。大家都对后一首诗的最后两句产生了强烈共鸣："渡尽劫波兄弟在，相逢一笑泯恩仇"。鲁迅和内山完造以及他们后人之间的友谊，不正是这两句诗的绝好注脚吗？鲁迅"中日两国的人们之间，是一定会有相互了解的时候的"那段话，不正是今天的我们应该认真思考的吗？

为了让这次有意义的活动能够持续发挥影响，作为鲁迅文化基金会理事长，周令飞在座谈会结束时宣布，将在上海鲁迅中学设立"纪念鲁迅与内山先生奖学金"。他透露，该奖学金从今年起实施。

周令飞说："此举的目的是为我们的纪念活动搭建一个可以持续下去的载体，让青少年们继承鲁迅与内山完造致力于中日友好之精神，努力增进相互了解，让中日两国民间友好之火不断传递下去。"

仁山智水续丹青：访旅日艺术家王传峰[1]

王传峰完全不像人们想象中的艺术家的样子。他更像一个憨厚的农民，脸上永远带着和善的微笑。可是你要是看到日本顶级艺术摄影家筱山纪信为他拍摄的肖像照，你就会从那个笑容中读到中国的乡土文化、传统哲学与东方艺术打通之后所呈现出来的智慧。

中国山水的启蒙与东瀛艺术的启发

"人人都说沂蒙山好，沂蒙山上好风光。"王传峰是从山东省沂蒙山区走出来的孩子。那里也是"书圣"王羲之的故乡。1967年出生的他，一提到家乡，便会和人说起他儿时对家乡青山绿水的记忆。"就是那样秀美的山水孕育出我淳朴善

---

[1] 载于2017年9月号《人民中国》。

良、热情的性格，也让我对绘画、对艺术有了一些懵懂的认知。"

20世纪90年代，王传峰来到号称"人间天堂"的杭州，求学于坐落在西子湖畔的中国美术学院。杭州地处江南，是一个山清水秀、人杰地灵的地方。山东的乡土文化和江南的文人风骨在这里汇合了。杭州这座城市给他带来真正意义上的艺术启蒙。在这座艺术殿堂里学习的水墨画花鸟专业知识与技能，为他的艺术生命打下了最为坚实的基础。在杭州求学的这几年，王传峰深深地爱上了这座吴侬软语的城市，他的画作里也因之充满了烟雨江南的水墨风情。王传峰总说，就精神意义而言，杭州是他的第二故乡。

在中国美术学院学习的时候，王传峰正赶上了改革开放的最好时期。当时的教育提倡"面向未来，面向世界"，这让王传峰并没有仅仅盯在传统水墨画的学习上。他经常去学校图书馆里翻阅书籍资料，并在这个过程中接触到了日本绘画大师东山魁夷、平山郁夫、加山又造、高山辰雄等人的作品集。色彩对比强烈、浓郁的东瀛绘画风格深深地吸引了已经打下扎实中国水墨画基础的王传峰。经过一番思考，在毕业之际，王传峰毅然决定去日本留学。

1992年5月，王传峰只身来到日本学艺。刚来日本的时候，他每天看展览、查资料、看画册，疯狂地汲取着艺术的养分。在日本举办他的首个画展时，他借助勤工俭学送报纸的机会，偷偷地把画展邀请函夹在当天的报纸中送出去。画展大获成功，参展的30多幅作品都被人买走了。

随着岁月的沉淀，王传峰在继承中国传统绘画技艺的基础上，结合日本琳派艺术特点，慢慢形成了自己的绘画风格：色彩的变幻加上纸张的运用造成独特的视觉冲击。

他的作画程序是，先在和纸上用水墨线条打底，勾画出大致轮廓；再用大量的金色喷洒，画面中柔和的线条里似乎潜藏着欲言又止的禅机，在浓淡交错的和谐颜色中包含着多样变化。具有日本文化特色的和纸就这样通过王传峰的艺术创作，在现代艺术领域呈现出新的魅力。

因画鱼而成功，用鱼画为友好搭桥

功夫不负有心人。2004年，王传峰在日本东京国立博物馆举办了个人画展。这是东京国立博物馆建馆100多年以来第一次为在世的艺术家举办画展，对于王传峰而言，这次画展是他艺术生命中一张重要的成绩单。

事实上，他所取得的成绩，得到了业内的公认与高度评价。中央美术学院院长、时任中国美术馆馆长范迪安说："王传峰绘画世界的主题是鱼和水。他把鱼作为艺术创作对象，20余年锲而不舍，执着追求，可见他始终坚持关于生命本源的思考。他的作品中寄寓着深刻的哲理。"

中国美术学院院长许江这样评价道："他的鱼传递出某种信息，仿佛是从记忆的碎片中游出来，是从关于鱼的文化意趣之中游出来的，带着化石般的纹鳞，甚至带着汉字的文身。这种鱼还让人想到事物的永恒和人心的祈愿。"

日本绘画大师东山魁夷的评价则是："这些画除了体现出创作者对美术有着深厚的研究，还体现出其在传统绘画技艺上也有着深厚基础。这种独特的绘画风格，是具有魅力的，希望以后能有更多的新尝试。"

日本绘画大师平山郁夫和王传峰曾联袂创作。他是这样评价王传峰的作品的："（王传峰的作品）比照鱼和水的关系，表达了美丽自然和艺术的关系以及人们的情感；同时也表现了祈祷中日两国永远友好、和平的愿望。"

王传峰还先后三次将他的个人画展带到德国。德国美术评论家评价他的作品是"光影变幻间的艺术"。

艺术上取得巨大成功之后，王传峰全力投入中日两国的文化艺术交流。

2002年，时逢中日邦交正常化30周年，两国分别在本国举行"中国年""日本年"的纪念活动。日本的邮政省为了发行纪念这一历史事件的邮票，特别向全日本征集绘画作品。中川美术馆推荐了邓林的作品紫藤花。而邮政省通过日本著名政治评论家三宅久之找到王传峰，请他画了一幅《源远流长》的作品用作邮票。相传，500年前金鱼从中国传到日本，至今仍被日本人民广为喜爱。王传峰的这幅作品运用了象征手法，画了两条金鱼畅游在樱花盛开的河流中。画面中的30朵樱花，暗喻着中日邦交正常化30周年。为庆祝纪念邮票成功发行，时任中国驻日大使武大伟还特地在使馆举行了庆祝酒会活动。

2008年，北京奥运会与《中日和平友好条约》缔结30周年双喜临门。这一次日本邮政省希望王传峰和他推荐的日本的绘画大师联袂创作。王传峰马上想到初来日本时曾经给予自己指点的日本绘画大师平山郁夫，老先生也欣然应允。这套邮票选用了王传峰"鱼水情·春夏秋冬"四幅作品。鱼和水、春夏秋冬四季，以及红梅、睡莲、红叶、水仙四种花卉，表达了自然与人之间的和谐统一，也表达了祈盼中日两国世代友好下去的愿望。

一个中国画家，其作品两次出现在日本的有关两国关系的纪念邮票上，这在邮票制作史上恐怕也是绝无仅有的。两次邮票绘画的主角都是在水中游弋的鱼，充分体现了王传峰作品的深远寓意以及在日本的认知度。

2010年，王传峰的作品由时任中日友好协会会长宋健作为礼品赠送给日本天皇明仁。因为王传峰的杰出贡献，2011年他被中日友好协会授予"中日友好使者"称号。

鱼与竹：东方哲学的体现者

谈到对鱼的执着时，王传峰说，受传统文化熏陶，自幼"鱼"在他的心目中就是美满、吉利的象征。他记得在日本的热海MOA美术馆曾经仔细观摩过的尾形光琳所作的《红白梅图屏风》，远观形似中国太极图案，细观其中有涓涓细流，有梅花陨落。太极图案一黑一白、一阴一阳，极似两条鱼环绕其中。这给他带来了以鱼为题的创作灵感。从此，王传峰画鱼画了20多个年头，鱼也仿佛成了他绘画艺术的标志。

《庄子·秋水篇》里有一段古代思想家庄子与惠子讨论"鱼之乐"的故事。这位道家学派的代表人物主张顺从天道，摒弃"人为"，追求自由，遵从自然。王传峰的绘画艺术理念正来自这种传统的哲学思想。他将自己的绘画艺术比喻成鱼和水的世界。他说："中国是根，身在日本，中日两国间的友好关系是我赖以生存的海洋，我就是那条为中日两国文化交流游走的'鱼'。"

"3·11"东日本大地震，毁坏了王传峰收藏多年的陶器，家里的两只竹筐却完好无损。他一下子悟到了竹子的强大生命力。

建筑大师隈研吾先生和王传峰是非常要好的朋友。他曾告诉王传峰："追求极简的建筑风格，是用最简单的线条、最自然的材料营造极简的氛围。就像小时候在纸盒里面只用沙子和小石头就能做出一个小花园一样。"

受地震的刺激和隈研吾的启发，王传峰开始了一个新的尝试——在古老的竹筐里插花，寓意"古今同在"。他认为，这里面蕴含着传统文化和现代艺术的结合。古老的竹筐呈现充满生命的鲜花，体现了人与自然的和谐统一，象征着生命的延续。

众所周知，装置艺术和平面艺术既有着千丝万缕的联系又有着区别，甚至还有冲突。但无论是从艺术创作、表达方式，还是最后呈现出的观感，二者都有着神奇的相似之处。装置艺术正视现实需求，传统绘画是艺术的传承、精神的回顾。

在有序、多元、立体的文化结构下来看，二者是社会精神文化发展的产物，应当共存并和谐发展。而王传峰就尝试了突破两者界线的跨界尝试，他认为"装置艺术和传统绘画艺术都有着各自的范围和边界，界定二者的范围固然重要，但更要有一个融合的中间地带"。

在和日本人像拍摄大师筱山纪信的闲聊过程中，王传峰不经意地透露他最近在"玩跨界"，研究老竹筐，练习插花艺术。筱山纪信看了他的作品，表现出极大的兴趣。王传峰问他可否也做一次跨界混搭，不拍人像，而是拍静物，来帮他拍这组竹筐插花。筱山纪信马上答道：这么有意思的事情，我怎么能拒绝呢！

就这样，王传峰和筱山纪信的合作作品，通过光和影的组合，将竹材与鲜花混搭的插花，用完美的东方哲学意境呈现了出来。

2018年9月，为纪念《中日和平友好条约》签订40周年，在广岛县尾道市平山郁夫丝路美术馆，一个题为"和而不同——传统、创造、未来展"的展览悄然揭幕。这个展览由平山郁夫的丝路画作、筱山纪信的中国题材摄影作品以及王传峰以鱼为主题的画作组成。王传峰在这个值得纪念的年份里实现了和这两位大师合作办展的夙愿。三个人的作品尽管风格领域各不相同，却从不同的维度表现了和而不同之美，成为献给纪念《中日和平友好条约》签订及改革开放40周年的极好礼物。

东方哲学强调和而不同与仁山智水。王传峰的艺术生涯中坚持两样与山水有关的题材：山上的竹和水中的鱼。山竹情、鱼水情实际上汇成了画家对仁山智水的想象；同时他又坚持和许多艺术家联袂合作，展示多元组合的美好世界，向世界传递着和而不同的东方智慧。相信在追求和而不同的和合之美过程中，王传峰展示给世界的仁山智水将达到更高的艺术境界。

阿童木携手孙悟空的故事　手冢公司的中国情缘
——专访手冢公司社长松谷孝征[1]

东京山手线电车在高田马场站播放的发车音乐与其他车站不同，是许多中国人都耳熟能详的动画片《铁臂阿童木》的旋律。而《铁臂阿童木》的作者手冢治虫所创办的手冢公司正位于高田马场。日前，我们有幸采访到现任手冢公司的社长松谷孝征先生，作为手冢治虫先生事业和理想的继承者，他向我们讲述了手冢公司的中国情缘。

手冢治虫的理念：
反战与和平主义

王：在中国，很多人在改革开放之初都看过手冢治虫先生创作的电视动画片《铁臂阿童木》《森林大帝》，并因此对战后的日本抱有好感。据说手冢治虫先生也对中国抱有很深的感情。请您谈谈您所了解的手冢治虫从事动漫的心路历程。

松谷：手冢先生受父亲的影响，从小就喜欢电影。说起他的中国情结，要从万籁鸣先生的《铁扇公主》谈起。《铁扇公主》在日本上映时，手冢先生还是个十三四岁的少年。他看完这部动画电影深受感动，孙悟空的影子深深地印在他的脑海里。他决心自己终有一天也要去制作动画片。

后来，手冢先生考进了大阪大学的医学系，并取得了博士学位，但他还是选

---

1 首载于 2017 年 11 月号《人民中国》。

择了做一名漫画家，因为他热爱漫画。

战争给他的创作带来了很大影响。他在家乡大阪经历过轰炸，亲眼见到过生命的陨灭。因此，他的漫画里有战争结束时大家高喊万岁的场面。这表明他内心里有一种从战争中解放出来的自由感。他把孩子们叫作"未来人"，因为他们肩负着未来。他希望告诉孩子们战争的悲惨，和平的可贵，人类乃至万物生命的宝贵。

王：比如通过《铁臂阿童木》，手冢先生向孩子们阐述了和平利用核能的理念。

松谷：其实，阿童木这部作品里不只有和平利用核能的理念，手冢先生创作的初衷是想写种族歧视。因而他设计了一边是人类的世界，一边是机器人的世界，阿童木夹在中间左右为难的场景。

手冢先生意识到，即使是和平利用核能也是有危险的，因为需要人来操作，而人总免不了会犯错，一旦出了错就是大事。所以，手冢先生对核电站都是持反对态度的。曾经有核电站想用阿童木的形象做宣传，手冢先生明确表示了拒绝。

全力从事国际交流的典范

王：您是如何与手冢先生结识，并继承他的旗帜走到今天的呢？

松谷：我于1944年出生，上小学时正值《铁臂阿童木》在杂志上连载。我们这代人的父母很严格，限制孩子看漫画。于是，我们几个人凑钱购买、传看了好几部手冢先生的漫画。

毕业以后，我做过各种工作，后来进了一家出版社做编辑。那时，出版社拜托手冢先生为50页的杂志创作两个漫画，我是当时的负责人。为了拿到漫画，我在手冢先生的漫画工作室住了两个月。在那期间，我重读手冢先生的许多作品，意识到了他的伟大之处。这也成为我一生追随他的契机。

手冢先生除了手冢制作公司，还有过两家公司。这两家公司发展情况不太好，濒临破产。1972年，公司经理辞职自己创业去了，手冢先生就问我愿不愿意来做经理，我就忙不迭地同意了。

王：您在手冢公司面临困境时，选择和手冢先生共事，是什么让您选择一直跟着他做？

松谷：和手冢先生在一起，我能感受到他的人格力量。他在日常生活中的点点滴滴都是很让人敬佩的。

手冢先生重视国际交流，他说过，之所以会有战争，是因为我们不理解对方，如果彼此理解的话，是不会发生战争的。所以，他去了很多次中国、韩国，与那里的很多漫画家、动画作家积极交流。为此，手冢先生要做的工作会比别人多出好几倍，但他仍坚持参与交流活动。

王：手冢先生和中国的交流主要是在什么时候，都有哪些交流？

松谷：手冢先生第一次来中国是在1978年左右，当时主要是和上海美术电影制片厂交流。他非常喜欢万籁鸣先生，来到中国第一个想见的就是万籁鸣先生。他还在上海结识了特伟等动画大家。1981年他来到上海时，和万籁鸣先生合作画了一幅孙悟空携手阿童木的画，一时传为脍炙人口的佳话。

1988年3月，手冢先生因病做了大手术，之后身体有所恢复，但到了9月，病情又有恶化，到11月时已经很严重了。就在那时，他作为评委要出席第一届上海国际动漫展，他夫人和我都劝他别去中国了。但是，手冢先生说这是国际交流，是要紧的事，必须得去。最后，在夫人的陪同下，他抱病来到了中国。

本来参加完交流活动可以马上回日本，但手冢先生觉得难得夫妻一起到中国来，就带着夫人又去了一趟北京。结果，等他回到成田机场时，由于病情严重被直接送去了医院。转年2月9日，手冢先生终因病重不治离开了人世。

手冢先生一直非常重视中国，他人生中最后一次国外旅行来的就是北京，我觉得这里冥冥中有很多缘分。

"写乐"：在北京做动画的乐趣

王：于是，您在接过手冢先生的旗帜后，就将在中国的动画公司设在了北京，是吗？28年来公司运营发展得怎么样？

松谷：为了继承手冢先生一定要重视中日交流的精神，我们在中国开设了分公司。当年在中国分公司的选址上，我们曾在上海和北京之间犹豫过。最后，考虑到北京毕竟是首都，又是手冢先生最后造访的国外城市，所以就在北京落户了。当年要来北京还很费时呢，因为飞机不能过朝鲜半岛上空，要从上海绕，得花4个多小时。

1989年，中国分公司在北京成立。严格来说，当时还不是正式的法人公司，不过已经开始工作了。公司开起来后，总体来讲还算顺利。要说到辛苦的地方，还是资金方面。另外，在当时技术条件下，北京公司完成的画稿等素材，要运回总部拍摄，这样就增加了很多成本，还有其他诸多以前预想不到的困难，但出于继承手冢先生遗愿的想法，我还是坚持着做了下来。

当宣布在中国开设新公司后，有日本报社记者来问，选址北京是不是因为看中了中国的人工成本比较便宜。我回答他："不是这样的。手冢先生非常重视中国，看重与中国动漫人的交流，甚至希望借此形成交流机制。如果通过我们的努力，最后达成了交流机制，也培育出很多动画人才的话，那么我们的工作就是非常有意义的。"

王：北京分公司命名为"北京写乐公司"，这是您的创意吗？

松谷：一般漫画爱好者马上会想到"写乐"是手冢先生的名作《三眼神童》里的主人公的名字。但他们可能不知道，《三眼神童》中的"写乐"来源于夏洛克·福尔摩斯。

此外，"写乐"从字面上看，就是"写す"与"楽しい"。拍摄动画，就是"写す"，而这个过程很快乐，让看动画的人也快乐，不就是"写乐"吗？

还有一个鲜为人知的考虑，当时在中国，可口可乐刚刚开始流行，而"写乐"的发音和"可乐"有一些相近。这样就可以沾光，有利于品牌的推广。是这样的吗？我不是很懂中文。不过大家都说是个好名字，我也是这么认为的，这是一个非常好的牌子。

发展中日动漫产业的梦想

王：手冢公司今后在中国市场有何新的发展规划？

松谷：当然，我们希望再增加一些新的项目。写乐公司愿意拓展版权关系合作，多做一些活动。2009年，我们曾经授权好莱坞的一家公司翻拍了《阿童木》，也许今后会找机会授权中国公司翻拍《阿童木》或者《森林大帝》。我还希望在中国能够搞一个手冢先生全部作品的展示会。

王：在中日动漫交流和人才培养以及年轻一代交流方面，您有什么考虑？

松谷：我们在日本搞了一个活动叫"京まふ"，今年已经是第六届了。今年9月16日、17日在京都举办，每年都有很多日、中、韩三国的年轻漫画家参加。

在人才孵化方面，光是北京的写乐公司，我们就培育出超过2000名动漫技术人员。另外，说到对漫画的支持，我个人参与了中国几十个动漫产业相关的活动，并进行演讲。

王：2016年，我们举办了第一届"悟空杯"中日漫画大赛。您对"悟空杯"

有什么建议？

松谷：我感觉举办"悟空杯"这样的活动是非常好的。在日本，大型出版社不仅出版漫画，也会出版艺术、百科字典、儿童教育书、小说之类。其中，讲谈社、小学馆等都是漫画出版领域的佼佼者。这些大出版社的生意都非常大，都有自己的"地盘"，不断培育、发掘漫画新秀。但是在中国，就算你画出了很好的漫画作品，可能还是难以寻找到将出版漫画作为主营业务之一的大型出版社给你出版。"悟空杯"这样一个活动，为喜欢漫画的人提供了发展的平台，这一点难能可贵。

明年是手冢治虫先生90周年诞辰。日本国内已经策划了手冢治虫作品展及动漫化等一些纪念活动，如果可以的话，我们也希望能在中国举办同样的纪念活动。比如，我们考虑在"悟空杯"上设立一个"手冢治虫"奖等。

王：谢谢您的美意。以动漫为桥梁增进中日两国青年的交流与了解，进而振兴东亚动漫，我们有很多事情可以一起来做。20世纪80年代，手冢先生曾经在上海通过漫画让阿童木和孙悟空实现携手，我们非常期待看到阿童木和孙悟空在北京再次携手。

百年严复与当今中国[1]

119年前,1898年9月14日,严复在乾清宫谒见光绪帝。今天在此举办严复相关的展览,可谓意味深长。1921年,严复去世于中国近现代史的分水岭的年份。严复之后,中国经过百年探索破壁,百年发奋图强,终于走到今天的强盛。百年沧桑,且看河东河西;一阳来复,梦想照进现实。今天,我们回溯原点,缅怀严复,为的是温故创新,再谱新篇。

3年前翻译永田圭介的《严复:中国近代探寻富国强兵的启蒙思想家》,使我有机会深入接触严复的故乡、严复的后人以及严复的文章。王晓秋先生、郑志宇先生给我的指教令我受益匪浅。

严复作为近代翻译第一人,他提出的翻译原则"信、达、雅"已成为译界圭臬。我收藏的一本清末民初文献丛刊《天演论》,可让我们目睹原版著作的风采。而严复译文的严谨与秀美,令人叹为观止。"群己权界"译词准确,理解了"自由"的真谛,但遗憾的是,这一外来词在中国最终以日译词"自由"确定下来,而严译的"群己权界",却湮没于历史长河中。严复生活在启蒙时代,他融汇中西的经典著作翻译在启蒙仁人志士方面功不可没。他不仅仅是一个翻译巨匠,而且是一个有深刻情怀和强烈使命感的译圣。从他的诗作和书法看得到他深厚的文化自信。严复的时代主要是把西方的思想介绍到中国来。今天,我们在继续向世界学习的同时,要更多地探讨如何"信、达、雅"地把中国特色话语结合传统文化、社会文化、政治文化实现跨文化传播。要在中国翻译界提倡对严复的关注与研究,并在今天与时俱进地完成对"信、达、雅"的创新。

近几年,我两次拜谒严复墓,感慨颇深。走近严复,我深切地感受到严复生活的时代与今天的关联。严复是中国近代翻译、近代海军、报业、教育、思想启蒙的先驱,他成长于清王朝的中兴时代,亲历了维多利亚时代英国与欧洲的强大,看到了维多利亚女王与西太后慈禧的去世,看到了第一次世界大战,死于中国共产党诞生的年份,留下了"中国必不亡。旧法可损益,必不可叛;新知无尽,真

---

[1] 2017年12月在"绎新摛古光气垂虹——严复书法特展"暨"科学与爱国——严复思想今探"研讨会上的发言。

理无穷。人生一世，宜励业益知；两害相权，己轻，群重"的遗言。一言以蔽之，严复考察了欧洲革命的利弊，见证了欧洲大战的过程，认识到西方资本主义的弊端，对中国的改革与复兴进行了深入思考。他的思想贡献使他当之无愧地成为传统文化的扬弃者，现代文化的启蒙者，走向世界的先驱者。

同样向现代国家转型的东亚国家日本，明年将迎来明治维新150周年。日本把福泽喻吉看作日本现代化的源代码式的人物，他的肖像就印在一万元的日币之上。毫无疑问，严复是中国现代文化的源代码式的人物。以后的各派改革者、革命者都能从严复那里找到思想的渊源。毛泽东评价严复"代表了在中国共产党出世以前向西方寻找真理的一派人物"。再过4年，就是严复去世100年，也是中国全面建成小康社会的目标之年。要研究严复对中国现代文化，对国家核心价值的贡献。他对"群""天下为公""大同理想""共同自由""社会共同体"的思考是留给后人的宝贵思想遗产，对于我们今天推动构建人类命运共同体依然具有启示意义。

笔者翻译的《严复：中国近代探寻富国强兵的启蒙思想家》

追忆一个有良知有担当的日本政治家

——赵启正眼中的野中广务[1]

近期，中日两国大片区域都在寒冬中遭遇大雪。1月26日是周末，伴随着寒风，一个令人难过的消息从日本传到中国：日本对华友好人士、92岁高龄的原自民党干事长野中广务先生这天下午在日本京都的一家医院去世。很多关注中日关系的人在得知这个消息后，整个周末心情沉重。国务院新闻办公室前主任赵启正就是其中的一位。他连夜通过电话、微信，与包括我们两位在内的多位对日公共外交和文化传播领域的资深人士联系，结合着对中日关系的思考，追忆和野中先生交往的一个个故事。随着赵启正的追忆，一位有良知有担当的日本政治家的肖像在我们的眼前清晰、生动了起来。我们痛感失去这样一位朋友，对于中日友好事业是一个重大损失。

野中广务先生生于1925年，曾在旧日本军队短暂服役，战后从50年代起活

---

1 发布于《人民中国》微信公众号，刊载于2018年3月号《人民中国》，与黄友义联合采写。

跃于地方政坛，80年代以后进入东京政坛，作为自民党政治家7次当选众议院议员，1994年村山内阁时首次入阁。他也曾任京都府副知事、自治大臣、公安委员会委员长、自民党干事长、内阁官房长官等多个重要职务，在推进中日关系发展中做出过很多积极贡献。

20世纪90年代初，赵启正被任命为上海市副市长。他肩挑上海市外事、外贸和浦东开发重任，后又任国务院新闻办和全国政协外事委员会主任，30年来，频繁访问日本，在多个场合与活跃于日本政坛的野中先生相遇，进而相识，并成为忘年之交、跨国知己。在中日关系发展的不同阶段，野中先生表现出的政治家的良知与担当给赵启正留下深刻印象。

1971年，野中广务先生率领当年参加侵华战争的老兵访问南京。后来他见到赵启正时，讲起了那次南京之行带给他的冲击。野中先生说，当年的日本老兵坐在南京的城墙上，抚今追昔，良心的苛责涌上心头。其中有的老兵一踏上城墙就突发眩晕，身体异常不适，他们自己说这大概是当年作孽的报应。野中先生说，这些日本老兵都为当年的南京大屠杀追悔不已。

1998年，野中广务先生再次带领一些年轻政治家以及20多名随访记者访问南京。在侵华日军南京大屠杀遇难同胞纪念馆，他面对众多媒体坦言，日本必须深刻反省和认识侵略历史，对此做个了断，不要将错误的历史认识带入21世纪。他的言论见报后，日本右翼分子将子弹装在信封中寄到他家里进行恐吓，但他完全不为之所动。

1999年，野中广务先生见到赵启正时说："我去年访问南京是第二次。当年我第一次来南京，带领前日本军人到南京城墙边回顾当年的情形，为的是对过去进行深刻反省。如今，这些军人都已经去世了，但当年的情形我记得很清楚。去年5月，我带领一些日本年轻的政治家访问中国，就是要让他们亲身体会'以史为鉴'，不能让下一代忘记历史教训。做不到这一点，就无法建立真正的两国友好关系。"

赵启正非常赞赏野中先生在历史问题上的正确观点，被他两次去南京时敞开心扉的话语深深打动。他告诉野中广务："您去年在南京的讲话，《人民日报》专门作了题为《以史为鉴，祈祷和平》的报道，中国互联网上也有你的讲话。在日本、在中国都一样，年长的人说话年轻人爱听。"

赵启正说，野中广务先生在历史认识问题上的正确立场是始终一贯的。野中先生在回忆录中说，战争期间，接受军国主义教育，自己曾经是一名"军国青年"。战后，出于自己战争时的经历，他在日本国内著书或接受采访时始终力主反对战争，维护和平，必须彻底地清算日本的战争责任，才能对历史欠账进行了断。他在接受日本共产党机关报《赤旗报》的采访时说："政治的最大作用就是不使战争发生。"

2008年12月13日，在东京都市民团体举办的有关南京大屠杀发生71周年的纪念集会上，83岁高龄的野中广务先生又一次讲述了1971年他率团访问南京时，亲耳听到一位团里的成员当众坦白自己当年在南京参与暴行的事实，自己也因此了解到发生在历史现场的惨无人道的行为。他指出，为了日本的未来，必须正视历史。

赵启正记得，野中广务先生作为政治家的担当，还表现在处理两国关系时明朗的是非观。2008年，一些西方国家借西藏问题做文章，使奥运圣火传递在沿途受阻。野中先生明确表示："西藏问题是中国内政，我们反对利用这一问题对北京奥运会进行抵制或拆台。"

野中广务先生认准中日互信合作是大势所趋，符合两国共同利益，始终非常有担当地坚持促进日本与中国的多方面合作。当得知中国在考虑发展高速铁路时，他数次表示合作愿望，希望与中国分享日本新干线的成功经验，进而推动发展深度日中合作。

赵启正清楚地记得，野中广务先生提议为了合作建设京沪高铁，或可先在上海和昆山之间修建一段，作为中国考察和试验之用。他甚至表示，"我们先不谈贷款，只谈合作，先修一段试运行，我们无偿提供，算是对历史的一个补偿"。这个建议更难能可贵的是，他还把对历史认识的良知融入其中。赵启正说，尽管由于日本政府领导人参拜靖国神社等原因导致中日关系处于低谷，这项合作没有能够进行，但是野中先生推进日中友好合作的良好愿望仍值得我们记在心中。赵启正感叹，这样的政治家今天在日本是越来越少了。

2002年5月，有多名朝鲜"脱北者"突然闯入日本驻沈阳总领馆，守卫大门的中国武警没有全部拦住，但最终应总领馆要求把闯入者请了出来。这个突发事件发生时，正巧赵启正在日本访问。日本各电视台的新闻节目，都以一个日本大通讯社预先埋伏在领馆门前拍摄的现场录像作片头，再作为每小时的头条新闻，反复播放。日本舆论喧嚣一时，要求中国"道歉"。甚至有日本政客表示，中国武警把"脱北者"带出日本总领馆，就是入侵了日本领土，声称如果是在过去，这就等于发动了战争。

由于这种情况，赵启正参加的中日互联网传播论坛变成了日本记者集中追问此事的新闻发布会。赵启正表态说，中国武警忠于职守，坚决果断地保卫日本总领馆的安全，阻挡入侵者，应该向他们致敬才对。如果日本政府不这样认为，可以正式照会中国外交部，以后中国武警可不再强行阻拦闯入者。但是，请日本方面考虑好，需要准备足够多的房间接待连续不断的闯入者。

在日本国内舆论一边倒的情形下，野中广务先生再次表现出一位优秀政治家的担当与良知。他专程与赵启正会面，态度明朗，表示十分理解，说中国武警战士在这件事上做得对，不该受到指责。

在钓鱼岛问题上，野中广务先生多次向赵启正表示，当年建交时，日本首相田中角荣跟中国领导人确实达成了搁置争议的共识。针对日本出现的各种非议，他多次鲜明地表示，日本应以中日关系大局为重，不应该在这个问题上纠缠中国。他认为，那些在这个问题上说三道四的日本政客实际上是利用这件事在哗众取宠，捞取个人政治资本，应该受到谴责。

2012年，在接受中央电视台采访时，野中广务再次表现出难能可贵的担当精神，他对央视记者说："发生（政府购岛导致中日关系受损）这样不幸的事件，作为日本人我感到非常丢脸，我要向各位中国朋友说对不起。"

作为自民党元老政治家，他对近年来自民党的政治走向和领导人的主张深表忧虑。对自民党领导人的施政演说，他评价"就好像中学那会儿，昭和十六年（1941年）听东条英机在大政翼赞会的国会演说广播一样"。

2013年6月，野中广务先生再次来到中国会见老朋友。他说，他已经88岁了，这将是他最后一次访华，看到在中国有这么多人对改善日中关系努力用心，他觉得可以放心了。他坚信，日本和中国发展友好合作才是两国关系的唯一出路。

野中广务先生的去世让赵启正感到非常难过与失落。在和野中先生交往的许多记忆碎片中，最让他难忘的，是这位情商极高的政治家对朋友的款款深情。

一次，赵启正来日本访问，野中广务先生听说后，从京都专程赶到东京，在一条藏于深巷的老宅中安排了午宴，双方交谈甚为动情。中国客人离开时，野中先生带着多位日本老朋友依依不舍地沿着深深的巷子相送，一直送到巷子口的大路上，才频频挥手目送中国客人乘车离开。

得知野中先生逝世这一刻，赵启正似乎又看到这位老者站在路口，依依不舍地转过身来向他挥手。这一次，这位为日中友好奔波了几十年的老朋友是真的在向人们告别了，他一定是想嘱托大家要为中日友好合作和东亚持久和平继续前行。

丁荫楠：见证改革开放 40 年的传记电影导演[1]

有一位电影导演，其艺术创作生命长达 40 年，与中国的改革开放同步。他不仅在改革开放的最初 10 年里拍摄了《春雨潇潇》《逆光》《孙中山》《电影人》等充满实验探索意义的前卫作品，更在从 20 世纪向 21 世纪过渡的十多年里拍摄了堪称中国传记电影丰碑的《周恩来》《相伴永远》《邓小平》。此后，他还拍摄了《鲁迅》《启功》等文化巨擘的传记片。他就是今年已经 80 岁高龄的第四代导演丁荫楠。

丁荫楠的传记电影群，在时间上涵盖了百年激荡的中国历史，以其诗化的电影结构和对中国伟大人物渗入灵魂的描写，为世界影坛中的中国传记电影留下浓墨重彩的一笔，成为大时代中留住"人民的记忆"的重要的影像文本。特别是他的巅峰之作《周恩来》，使得中国具有了和《甘地传》《巴顿将军》《莫扎特》等比肩的传世之作。今天看来，该片仍不失为纪念周恩来 120 周年诞辰的最好作品。

激情年代的大胆尝试与突破

丁荫楠 1938 年出生于天津，幼年家族没落，没好好上学，却喜欢看戏、看电影。母亲曾就学于天津女子师范，和邓颖超是同学。出于"孟母择邻"的思想，她要让丁荫楠离开天津的贫民生活环境。

---

1 首载于 2018 年 3 月号《人民中国》。

1956年，经亲戚介绍，丁荫楠来北京进入医院当化验员。这期间他接触了各种舞台剧，眼界为之大开，对舞台的迷恋一发而不可收。1961年，他同时接到总政话剧团和北京电影学院的录取通知，一位前辈的点拨令他顿悟："电影不也是戏吗？它可比戏剧还有戏呢！"这使他下决心跳出舞台，在电影的天地里延续他的戏剧理想。在60年代的北京电影学院，爱森斯坦的《战舰波将金号》以及杜甫仁科的诗化电影是他最早接受的电影启蒙。戏曲、戏剧与苏联诗化电影的熏陶为丁荫楠日后的创作奠定了扎实的基础。

1978年开始的改革开放，给了这批在"文革"前接受教育的第四代导演以相对自由地表现艺术才华的历史性机会。1979年，他的第一部作品《春雨潇潇》问世，这部反映1976年"四五运动"题材的电影诗，让人们在同类题材电影中初步领略了他在情感描写方面的才华。

确立他第四代导演地位的作品是1982年摄制完成的《逆光》，作品中随处可见他在表现形式方面的新尝试。造船厂滚滚人流的镜头呈现出来的节奏感，流露出他借助蒙太奇理论制造诗化气氛的意图。"《逆光》写的是上海棚户区的青年在改革开放初期有人奋进，有人沉沦的平民爱情悲欢故事。其实那就是我自己经历过的事儿，我是一个在棚户区长大的孩子，很自然会关注奋斗改变命运的话题。"

彼时正是第四代导演群星璀璨的时候，丁荫楠的《逆光》、杨延晋的《小街》、张暖忻的《沙鸥》、黄健中的《如意》是80年代初期引领潮流的电影。

《逆光》于1982年曾在西德和日本展映。在日本，年轻观众得知丁荫楠是《逆光》的导演后，就围上来拥抱他。影评家佐藤忠男很兴奋地说："这是一个有野心的导演。"

戏剧评论家靳飞说："第四代导演其实做了很多非常前卫的尝试。如果当时国际电影节渠道畅通，这种反映底层草根市井生活的现实主义题材电影早在贾樟柯之前就会赢得国际声誉。"

这部80年代初的电影还留下了许多当年中日密切交流的信息，比如上海展览馆的日本时装展、大光明电影院门前日本电影《人证》的海报等，甚至可以发现当时的电影美学受到来自日本的影响：比如片尾打出的字幕不是"剧终"，而是像日本电影那样在银幕的右下角打出一个反白的"终"。

1984年完成了改革题材的电影《他在特区》之后，丁荫楠开始有意识地尝试朝传记片转型。当时珠江电影制片厂的领导很有魄力，思想也很解放，鼓励他自由地按照自己的想象拍摄传记片《孙中山》。"经过前面几部已经知道怎么拍了，得到如此自由的创作条件，十几年的积累就酣畅淋漓地表现出来了。这部作品当年获得了8个单项奖、3个大奖。"

那一年"金鸡奖"评选时，不少评委感觉这是一部叙事奇特的电影。冲刺"金鸡奖"的竞争对手是第三代导演谢晋的《芙蓉镇》。在最后一轮投票中，《孙中山》胜出，给丁荫楠带来很大鼓励。

整部作品中洋溢着诗化节奏与仪式感。以孙中山为中心，作品刻画了一批辛亥革命前后有血有肉的人物群像。片中黄埔士官生与广东商团的战斗用了写意的手法，没有战场搏杀，京剧跑龙套一样奔跑的队伍出没于滚滚硝烟中。靠京剧式的鼓点节奏，战斗的气氛充分得到表达，也把指挥战斗的蒋介石的内在气质烘托了出来。片中，反面人物陈炯明被丁荫楠描写成失意英雄。"陈炯明被革职后的造型来自我对曾在吴佩孚手下做过官的父亲的记忆。敞袍子、圆口鞋、八字胡，拿着雪茄的造型跟我爸爸的照片一样。一副'大帅把我撤职了，我来跟大家道别'的感觉。"

北京大学教授高远东认为，中国不同于其他国家，史传传统从古至今未断。从《孙中山》开始，丁荫楠的传记片就有意识地将史传传统在电影中加以体现。

《孙中山》还与日本有些故事。片中花重笔描写了宫崎滔天（大和田伸也饰演）等人对孙中山的支持，亦有大段戏在日本拍摄。因《追捕》在中国成名的中野良子不仅在片中扮演了角色，还发动她的"粉丝"会——东京真优美会支持该片的拍摄。1989年5月，《孙中山》在日本公映，东京品川街头的松竹院线的影院前挂出了《孙文》电影宣传灯箱。当时，北野武正在拍摄他的成名作《小心恶警》，其中有一场在影院门口北野武饰演的警察吾妻与白龙饰演的黑社会杀手搏杀，一名过路女子"躺枪"血溅街头的戏，就是在宣传灯箱下拍摄的。地点设定在品川，表明上映面很广，绝非今日中国电影在日本的上映状况可比。

1989年改革风高浪急，全社会处在焦灼与躁动之中。电影产业在审查与市场的双重压力下举步维艰，正在苦难转型。丁荫楠这一年拍摄的实验电影《电影人》，通过疲于奔命的导演在生存与创作双重困境中突围的努力，为那个时代的中国电影产业和第四代导演所共同面临的困惑和焦虑勾勒了一幅全景素描。

如果说《逆光》表现了改革开放初期上海草根青年的奋斗与彷徨，《电影人》则反映了广州的电影人在改革深水区中突围的冲动和焦灼。这两部作品既反映了导演在电影语言表达方面的探索不断深入，也反映出1982年与1989年的社会背景与社会意识的演变。该片大胆的实验性，使它和《一个死者对生者的访问》《给咖啡加点糖》等同时期其他电影一样，被人们归类为改革开放以后的"后现代"电影。甚至有人将其誉为中国的《八部半》。

从《周恩来》到《邓小平》

《周恩来》是丁荫楠于 1991 年完成的传记片巅峰之作。当年《孙中山》的定位是"我心中的孙中山"，到了《周恩来》的时候，他把定位调整为"人民心中的周恩来"。丁荫楠意识到，这部影片要想成功，就必须与亿万人民对周恩来的印象和想象产生共鸣。于是他选择了"文革"十年这个历史上矛盾冲突最为复杂和尖锐的时期，立体地表现周恩来的人格与内心。因为有了这种直面历史的勇气和宽阔的胸襟与视野，这部电影在特定的背景下烘托出了周恩来的人格魅力，在情感世界里引起了国人的共鸣。

在批斗大会上拍案而起保护陈毅的周恩来，在贺龙骨灰安放仪式上连鞠七躬、为未能保护好战友悲痛不已的周恩来，在延安和当地干部商定尽快改变老区贫困面貌动情干杯的周恩来，在人民大会堂国庆 25 周年招待会上抱病致辞的周恩来。一个个高潮迭起的铺陈，一直到片尾十里长街送总理的纪录片衔接，一气呵成。

情感气场打动了亿万中国观众。据统计，约有全国人口十分之一人次的观众观看了这部电影。这部影片也同样打动了许多国外观众。

1992 年中日邦交正常化 20 周年，两国各自拿出自己的传记作品到对方国家演出或上映。日本带到中国来的是浅利庆太的四季剧团音乐剧《李香兰》，中国拿到日本去的是电影《周恩来》。日本电影传单的宣传词是"恢宏历史巨片再现 12 亿中国民众之父周恩来其人及其时代"。东京的"300 人剧场"集中连放 5 天，几乎场场爆满，许多观众看过电影后留下感人至深的观感。为了让更多观众看到此片，NHK 又安排电视播映，请来权威研究中国共产党问题的知名学者村田忠禧翻译字幕，播出的效果也非常轰动。

除了情感调度的成功，大量的实景、实物拍摄也是该片成功的重要因素。当年，贝托鲁奇拍摄《末代皇帝》时成功地但也是唯一一次被允许在故宫内实拍，而《周恩来》的大量镜头都是在中南海等处实景拍摄的，电影获得了前所未有的真实质感。实物拍摄也是如此。"比如贺龙骨灰安放仪式，情绪为什么烘托得那么好？当时的群众演员好多都是贺老总身边的工作人员。都站好了准备开拍时，我喊了一声'贺老总来啦'，道具就捧着真实的贺龙骨灰盒进来了，好多人就哭起来，有的人都晕倒了。"

《周恩来》显示了丁荫楠驾驭演员、道具、场景的非凡能力。空镜头的剪接干净利落，言简意赅。令人称道的是收篇处的三个经典镜头。西花厅外落满雪花的松柏十分形象地告诉观众：斯人已去，音容宛在；筒子河、故宫宫墙与角楼深度隐喻了周恩来在"文革"中的历史地位；人民大会堂高度概括地象征了周恩来在国家政治生活中的地位。画面之外含义隽永，令人回味无穷。

靳飞借助京剧美学分析《周恩来》的成功："丁荫楠传记片的主人公呈现出京剧中老生人物与父系形象的同构性。老生与父亲的形象其实是一种家国同构的担当性，而且是一种悲怆的英雄，体现了明知不可为而为之的牺牲精神。"丁荫楠认同这一分析："大多数中国人跟总理的心是相通的，忍辱负重，死而后已。"也许正是丁荫楠把握了亿万中国人的集体悲剧潜意识，才成功地使观众面对银幕上的周恩来体会自身的悲剧感。

京剧老生都是悲剧英雄，凭着执着的担当与坚定的热情践行着"众生无边是缘渡"的大乘精神。这种精神无问西东地见诸《甘地传》中的圣雄甘地、《马太福音》中的耶稣。《周恩来》因而成为中国传记电影中难以逾越的高峰，成为一部可以和世界对话的电影。在迎来周恩来120周年诞辰之际，重温这部电影带给我们的感动，也是对改革开放40年成果的很好纪念。

2000年，丁荫楠接受了反映老一辈革命家李富春、蔡畅夫妇的传记片《相伴永远》的拍摄工作。这部作品的定位是一部电影诗，借助男女主人公浪漫的情感，按照形散意不散的原则，靠情绪循序渐进的积累达到影片的高潮。"最后的抗争"板块是全片的高潮，描写了二人在"文革"中相濡以沫的深情。李富春在弥留之际和蔡畅隔窗接吻的镜头堪称经典，甚至让人联想起日本导演今井正20世纪50年代的作品《来日再相逢》中的著名桥段。北京八宝山革命公墓里最靓丽、最浪漫的一道景观就是李富春、蔡畅夫妇墓前名为"相伴永远"的双人铜像。其创意灵感正是来源于这部电影。

邓小平的改革开放对于丁荫楠这一代人影响巨大。丁荫楠的处女作《春雨潇潇》摄制于1979年，几乎和改革开放同步。1992年，丁荫楠动了拍《邓小平》的念头，到2000年剧本数易其稿，最后由其子丁震执笔完成。该片的拍摄过程克服了许多难以想象的困难。从电影诗《春雨潇潇》到2003年诗电影"春天的故事"——《邓小平》上映，丁荫楠走了整整24年。

《邓小平》在人民大会堂、中南海、邓宅、毛主席纪念堂、故宫、中组部等真实地点都实现了实拍。不过天安门城楼的实拍最为艰难。为避免引起传媒猜测，城楼上挂灯笼费了很大周折。最后，上千人在天安门城楼上，成功拍摄了国庆35周年邓小平阅兵的场面。

这段戏的节奏感效果震撼。电影开头是安静的邓家院子里邓小平走出家门，紧接着轿车沿着静谧的景山后街向天安门开去，最后，从午门前驶向天安门，可以看见几百辆黑色红旗轿车已经整齐地停在空地上。邓小平登上城楼，向群众挥手，欢声雷动。整个过程有如江河奔入大海，气氛渐次升高，最后呈现出无比磅礴的气场。

《周恩来》中国庆25周年招待会与《邓小平》中国庆35周年庆典之间的仪式感与节奏感的衔接性意味深长。从1974年到1984年，从周恩来到邓小平，两场国庆庆典，一个在人民大会堂内，一个在天安门城楼，导演运用这种时空的对应性，将两个历史人物的内在逻辑关系、承接关系用相似的仪式感与节奏感联系起来，提示给了观众。丁荫楠说："拍了《周恩来》再拍《邓小平》是一种命运的安排。因为在我的心目中，周恩来的未竟事业，在邓小平手里得以实现。"

找回文化自信：向巨擘致敬

丁荫楠的传记片渐成系列，从孙中山到邓小平，从反清革命、人民革命一直到"文化大革命"、改革开放，整个20世纪革命历程，成功与失败、进步与挫折都涉及了。激荡的百年革命历程中众多的代表人物，在他的传记片中，都透着中国文化的浓厚底色。这底色有的以中国人独有的情感表现出来，有的以中国式的人情世故表现出来，有的又以中国式的仪式或规矩表现出来。越到后来，丁荫楠电影中的这种文化自觉的意识越强烈。

在《邓小平》之后，丁荫楠父子索性开始将目光转向文化巨擘。这一方面有政治人物选题的敏感性与操作难度大等客观局限；另一方面，他们也的确意识到文化对于百年中国是一个更加值得深刻关注的领域。

2005年完成的《鲁迅》体现了丁荫楠作品的双重转型。一个是选题从政治人物向文化人物的转型，一个是作品本身从对革命主题关注向对文化主题关注的转型。而鲁迅恰恰是兼有革命性与文化性双重身份的人物。从20世纪50年代到70年代，国内就一直计划把鲁迅搬上银幕，都未能够实现。因此，关于这个选题从什么角度去写，丁荫楠的确费了很多脑筋。最后，他决定从"生活的鲁迅"入手，从家庭、父子的视角带出鲁迅的社会活动。

丁荫楠决定将全片定位在鲁迅生命的最后3年在上海的生活，死亡成为贯穿全篇的话题。片中描写了杨杏佛的死，描写了瞿秋白的死，最后描写了鲁迅的死。大量主观镜头和超现实的画面能够让人感受到死亡引发的生者的心灵搏斗。

超现实画面的反复运用是一个新突破。片头，鲁迅在故乡与自己小说中的人物擦肩而过。他和心心相印的好友瞿秋白深谈后入睡，雪花从天而降。看过珂勒惠支版画展，他在梦境中幻想自己捐住黑暗的闸门，放年轻人到光明地方去，与片头他在北师大要求年轻人做永远不满足现状的、为民众说话的真的知识阶级正好形成呼应，点出了鲁迅精神的核心。一个新文化启蒙者的老牛形象生动地得到阐释。

在片中的家庭线索里，鲁迅又是一个慈父形象。老生与父亲又一次完美地融合了。一个热爱生活的鲁迅，因为海婴的存在一下子鲜活起来。不论是父子一起洗澡，还是躺在地板上用上海话互骂"小赤佬"，都呈现出"无情未必真豪杰，怜子如何不丈夫"的既视感。最为虐心的是，临终前的夜里，鲁迅的灵魂来到爱子床头告别。光线一转到了清晨，海婴从睡梦中睁开眼走下楼梯时，众人已经围在鲁迅的遗体前。

丁荫楠的人物传记片一直坚持关注主人公的死别，特别善于借用昼夜转换完成阴阳两隔的过程：《周恩来》中病房窗帘的关与开如此，《启功》中启功从昼至夜为弥留中的发妻宝琛念"大悲咒"也是如此。

中国电影往往回避对死亡的描述，而丁荫楠始终坚持自己的独到关注，不惜笔墨。"文革"中"我不下地狱谁下地狱"的周恩来，"捐住黑暗的闸门，放年轻人到光明地方去"的鲁迅，一个是革命家，一个是文学家，两者都有着东方文化底蕴下的"济世慈悲心"。因此他们的死都处理得十分宁静、安详，反映了丁荫楠对生死问题的深刻思考，使其传记片达到了一种终极关怀的高度。

在《鲁迅》中，丁荫楠敏锐地抓住了鲁迅临终前集中表现出来的精神世界的痛苦、困惑与矛盾。这一切，在片尾为鲁迅送葬的场面中得到集中的表现。濮存昕画外朗读的《野草》与送葬人群、草地野火的画面，宏大的诗意意境烘托出不拘于悲痛与伤感的大结局，升华了"涅槃与狂喜"的悲剧力量。

2017年，丁荫楠父子完成的新作《启功》片头有一行字幕："谨以此片献给平凡而伟大的老师们"。和迄今为止的传主不同，尽管是一个大书法家，但启功是远离功名、沉浮间里的一介平民，一个普通的教师。

丁荫楠对这次转型解释道："百年历史大潮中，教育家可谓忍韧，堪称中国脊梁。西南联大那些人凭着视死如归的牺牲精神，为中国培养了那么多的人才。而后来他们的遭遇也令人唏嘘。我拍启功，就是想聚焦到一位教育家身上，来思考民族未来的希望所在。"

靳飞认为："经历各种革命、改革开放，今天对传统文化的力量应该有正确认识，文化的传承也应该得到应有的重视。近代以后文人小了，没有当年的大气劲了。而启功代表了一种回归，一种大气的文化精神。"

高远东认为："和思想启蒙的知识分子同样重要的是，文化传承的知识分子所起到的作用。而这一点往往关注不够。启功先生看似有犬儒气，其实他的自嘲可不是消极的。这部电影基本说清楚了这一点。他真是参透了人生，把一切都看透了，最后达到'天下为公'的境界。"

从《孙中山》到《启功》，一个客家革命家"天下为公"的理想，恰恰落在最后一个传主——当年孙中山革命对象的满族贵胄的后人启功身上，并得到了最好的阐释与发扬。革命家的自强不息与教育家的厚德载物，首尾相顾地在这两个人身上得到了完美的体现。

从电影史的维度来看，丁荫楠的《启功》使他和第二代导演的代表人物孙瑜的《武训传》完成了对话与对接。在创作成熟阶段，孙瑜和丁荫楠殊途同归地将目光投向教育家：武训在清末办义学，启功在改革开放后创建教育基金。这种关联性是意味深长的，值得从多个维度进一步深入思考。

丁荫楠说，"启功的一生，把辛亥革命后的中国、民国时期的中国、抗日战争时期的中国、1949年以后的中国、'文革'时期的中国、改革开放以后的中国几个重要的历史阶段都串了起来。教育启功的人，启功教育的人，一代又一代人的教育串联起来，成就了中国文化绵延流传。"

在片中，"文革"破坏了文化传承的教育，但传统文化通过书法的魅力依然在浩劫中赢得胜利。片中，造反派红卫兵雨辰成为启功的学生，后来自己也成长为教育家。这条线索的安排把文化的自信、教育的力量很好地表现了出来。

这部电影的总导演是丁荫楠，导演是丁震，是父子两个人的作品。在对全片时代感的把握方面，能够看出老丁导对小丁导的指导痕迹，可以说这本身也是风格化的丁氏电影文化的教育与传承的过程。

靳飞指出："从京剧与电影的维度来说，50年代对电影《武训传》的批判实际上是来自京剧文化背景的北京的力量对上海电影的重创，而60年代对京剧

《海瑞罢官》的批判则意味着来自电影文化背景的上海的力量对传统京剧的否定。来自广东珠影厂的丁荫楠完成了一场'文化北伐',创造了自成一体的'京朝派'电影,完成了对诗化电影、京剧象征手法和人物传记片三位一体的统一。'电光影戏'在中国化的道路上找到了自己的文化自信。"

借助这种文化自信,丁荫楠希望以自己40年电影创作的积累,在未来完成夙愿,那就是让电影和京剧在自己的人物传记片中完成交汇,把京剧大师梅兰芳走出国门,将京剧推到日本、美国、苏联,创立世界第三表演体系的故事搬上银幕。2019年是梅兰芳首次访日100周年,如果能够在这一年完成以梅兰芳戏剧交流为主线的传记电影,将为"电光影戏"在东亚的百余年交流与交融提交一份填补空白的史传级作品。

电影交流与合作——拉近两国人民心灵的有效途径[1]

李克强总理5月对日本的正式访问，将在中日关系史上留下重要的一笔。这不仅仅是因为此次访问是时隔8年中国总理首次访问日本，也不仅仅是中国总理出席了中断两年半的中日韩领导人会议。在我看来，此次李总理访日的一个很重要的成果是，双方领导人都认识到了拉近中日两国人民心灵的重要意义，并找到了解决这一问题的途径：签订了《中华人民共和国政府与日本国政府关于合作摄制电影的协议》。习近平主席指出，"中日友好的根基在民间"。人民之间的相互全面正确认知，特别是对彼此"心象风景"的相互了解正是夯实民间友好根基的重要前提。

今年李总理访日恰逢《中日和平友好条约》签订40周年。而战后中日两国人民超越战争创伤带来的悲惨记忆，重新审视彼此战后形象的一个重要的、大规

---

1 收录于2018年7月号《人民中国》特辑。

模的社会契机，就是根据政府间协定对等举办的双方电影周活动。1978年年底，为纪念和平友好条约签订并换文，日本电影周在北京、上海、沈阳等几个中国大城市举办，《追捕》《望乡》《狐狸的故事》的上映掀起了一轮"日本热"，战后日本的繁荣和与之相伴随的社会动荡与矛盾、战争给日本妇女带来的伤害、北海道旷野大自然以及可爱的动物、深邃寡言的高仓健、热情奔放的中野良子、知性美丽的栗原小卷在这一年定格在亿万中国百姓的记忆中；同样，《伟大的领袖和导师毛泽东主席永垂不朽》等几部中国电影也同期在日本上映，让普通日本公众深刻地感受到中国人民对领袖的情感表达以及中国社会即将发生的深刻变化。这一年是此后40年中日人文交流的开端。这些电影引发的深远影响，一定是当事人始料不及的。

2014年11月，中国外交部发言人洪磊在就高仓健的逝世回答提问时说，"高仓健先生是中国人民熟悉的日本艺术家，为促进中日文化交流做出过重要的积极贡献。我们对他的逝世表示哀悼"。在当时中日关系还处在困难的情况下，这条消息一下子成为中日媒体共同"追捕"的话题。

2008年，冯小刚的贺岁电影《非诚勿扰》一下子吸引了大批刚刚开始海外旅游的中国游客奔向北海道。因为这场意外之喜，北海道把这部电影当成了福星，许多日本地方政府纷纷效法复制，但都没有收到这样的效果。为什么？因为30年前的《追捕》《狐狸的故事》以及后来以北海道为舞台的《远山的呼唤》《幸福的黄手帕》为那一代中国观众集体种下了向往北海道的种子。《非诚勿扰》中男女主人公在草坪上玩"人熊互撕"游戏，分明是在向《追捕》中高仓健从熊口中救出中野良子的桥段致敬。

1988年，为纪念《中日和平友好条约》签订10周年，日本东宝公司与中国合作拍摄了中日联合救助野生大熊猫题材的电影《熊猫的故事》。其中有一个水墨画风格的插入动画桥段，以日本人的想象说明原本白色的熊猫为什么变成了黑白相间的样子，其思路明显来源于对10年前上映的那批中国电影的记忆。

中日电影交流就这样在两国普通民众间撒下了彼此善意想象与深入了解的种子。从80年代到90年代，电影周、电影回顾展、电影节等多种形式，使得大量的电影作品在两国频繁上映。日本影视作品给中国观众送来了沉默寡言的高仓健（《追捕》）、一往情深的栗原小卷（《生死恋》）、刚毅柔情的宇津井健（电视剧《血疑》）等男女情人、父亲形象，中国电影则给日本观众带去了幽默韧忍的姜文（《芙蓉镇》）、敢爱敢恨的巩俐（《红高粱》）、温厚慈祥的朱旭（《变脸》）等青年男女、父亲形象。《人证》《日本沉没》让中国人认识到当时日本人的内心伤痛与危机意识；《高山下的花环》《那山那人那狗》则让日本观众有机会一窥普通中国人的内心情感世界。中国人和日本人的丰富形象、多元价值通过影视作品深入彼此人心。

　　这一时期，中日两国电影工作者也彼此交流。《黄土地》《本命年》《大阅兵》《周恩来》等充满创新精神的中国第四代、第五代导演的作品让日本对中国电影有了全新的认识，中国导演也和日本同行互学互鉴，《红高粱》《霸王别姬》《双旗镇刀客》等一批优秀电影明显受到来自日本电影的影响。

　　中日电影交流的一大特征与传统是，两国很早就产生了合拍影视作品的愿望。由邓小平题写片名的合拍电视剧《望乡之星》完成于上世纪70年代末，当属中日合拍作品之滥觞。主演栗原小卷2016年接受本刊采访时披露，对于她来说，邓小平的题词是她接拍此剧的全部意义。

　　1982年，为纪念中日邦交正常化10周年，中日决定合拍电影《一盘没有下完的棋》，主题是两国围棋棋手如何因战争而改变了命运。因《追捕》等影片在中国声名鹊起的日本导演佐藤纯弥执导本片，老戏骨孙道临（中国）、三国连太郎（日本）等在片中的投入表演使电影大获成功。这部作品为中日电影合拍拉开了帷幕，在中日电影交流史上留下了浓墨重彩的一笔。该片片名今天看来依然有着高度的象征意义：围棋是古老中国的发明，由日本推广到世界。以围棋为媒介展开的故事就好像中日两国在东亚舞台上相互博弈的命运。历史告诉我们，比邻而居，合则两利，斗则两伤。如何确立一种良性竞赛而非恶性竞争的机制，值得我们认真思考。

　　此后，中日两国之间每当邦交正常化或《中日和平友好条约》签订的重要纪念年份，都会通过影视合作的形式推出新作。

　　在此过程中，合作的样式日趋多样，政府主导合拍与导演主导合作相辅相成。丁荫楠、张艺谋、陈凯歌、姜文、何平、霍建起、成龙、吴宇森、贾樟柯等许多导演的个人制作中，也都加入了演员、服装、音乐甚至资金投入等多方位的中日合作要素。这其中还未考虑进纪录片等其他领域与形式的合作。

　　回顾交流与合拍的历史，是为了不忘初心，全力创新，在新的历史条件下合作出更多、更好的作品。40年过去了，两国电影交流与合作一方面取得了许多成果，规模有所扩大。另一方面，随着时间的推移，中日两国政治、社会、观众、电影市场都发生了很大的变化。我们在接下来的合作中要正视这一变化。比如，中国电影如何在合作中克服浮躁、急功近利，而日本电影又如何在合作中克服视野狭窄、性格内向的问题，都是我们面临的新课题。近几年东京国际电影节、北京国际电影节、上海国际电影节上的两国电影周，在有识之士的努力下已经形成规模，保持稳定；今年在大阪，日本国际交流基金主办的中国电影节"电影2018"更是意义深远，与40年前中国举办的日本电影周形成了很好的呼应。如同当年的几部电影令中国观众了解到日本战后的变化，此次集中展映的作品，有助于观众加深对经历了40年改革开放的中国社会与百姓心态的了解。

中日电影合拍有着丰富的历史文化资源：2000年友好往来的历史，100年战祸不断的不幸历史以及40年来人民空前大规模交往的历史，这些为合拍电影提供了无尽的历史素材。在未来的合作实践中，两国电影人要想在已有交流的深度与广度之上，在更加市场化运作的背景下拍出既叫座又叫好，还能够经受住历史考验的作品来，就要全面地、生动地、客观地运用好上述资源。陈凯歌导演的《妖猫传》、吴宇森翻拍的《追捕》就是很有意义的尝试。合拍剧的一个永恒的主题是男女爱情，《望乡之星》和《一盘没有下完的棋》都有很大一部分这样的戏份。到了21世纪以后，爱情主题从背景跃至前台的趋势成为主流，中井贵一与苗圃合演的《凤凰》、渡部笃郎与徐静蕾合演的《最后的爱、最初的爱》就是代表之作。在此基础上，不难找到新的最大公约数，画出新的最大同心圆。

电影不能直接改变现实，中日关系行稳致远要靠双方有识之士的持续努力。但电影确实可以给两国民众带来情感层面的正能量，这对夯实民意基础同样具有重要意义。我期待，未来的合拍影片中必将会出现长留在两国一代又一代观众的记忆里、拉近两国人民心灵距离的优秀作品。

为中日关系发展行稳致远创造舆论环境

——谈《人民中国》近期对日报道选题特点 [1]

《人民中国》日文版创刊于 1953 年，今年 6 月《人民中国》日文版迎来创刊 65 周年。65 年来，作为对日传播的领军媒体，这本刊物见证了中日关系发展的各个历史阶段，通过对民间外交、文化交流的大量实例的关注，系统地追踪报道了大规模的民间力量推动两国关系发展这一中日间独有的现象，对推动两国民意相向而行做出了持久的历史性贡献。

致力于夯实中日民意基础

去年 9 月，为纪念中日邦交正常化 45 周年，人民中国杂志社在东京举办了"民间的力量"主题图片展，展出内容包括本刊当年的报道页面、珍贵的历史图片等第一手资料，引来了日本各界的关注。这些具体的事例，生动的故事，从 20 世纪 50 年代说起，一直到 1972 年中日邦交正常化，以及此后 45 年来两国民间各个领域的交往，有力地佐证了"中日友好的根基在民间"这句至理名言，验证了民意基础对两国关系的重要意义。

今年，我们又拉开了纪念《中日和平友好条约》签订 40 周年的帷幕。中日关系经历了 40 多年的风风雨雨，在曲折中不断发展。过去几年里，中日关系经

---

1 载于 2018 年 8 月号《对外传播》。

历了严峻考验。去年起，一些向好的势头带来了希望。不久前，李克强总理访日，中国政府和日本政府之间就改善关系进行了进一步的沟通，签订了一系列包括经济、安全、人文交流等方面的政府协定。这对中日关系的进一步发展起到了有力的推动作用。在中日关系企稳向好的今天，如何发掘民间的潜力，修复、夯实受损严重的民意基础，为两国关系行稳致远创造更充分的有利条件，正是对日报道媒体应当思考的问题。

今年又是中国改革开放40周年。得益于改革开放的成果，今天两国民间交流的广泛性与规模早已不可与40多年前的水平同日而语。仅就民间外交而言，除了传统的友好团体继续发挥作用，新型民间组织、各种NGO等也积极投入到交流中来，并越来越发挥更加重要的作用。在中国，公共外交的概念也深入人心，民间交流的主体也呈现出多样化的趋势，这些都为对日报道提供了丰富的选题资源。

十几年前，笔者开始参加由日本电通公司、朝日电视台等民间机构与国新办联合主办的媒体人士对话会，对话会采取闭门形式，与会者可以畅所欲言，坦率交换意见。十多年过去了，双方各大媒体的一线骨干，尽管价值观、新闻观都有不同，但通过坦诚交流，大家成为好朋友，也都在一定程度上了解了对方的立场，为相向而行创造了条件。我在对话会上一再强调的观点是，两国媒体的国际报道对本国民众正确认识和了解对方国家负有不可推卸的责任，对两国的民意走向发挥着巨大的引导或诱导作用。我坚持呼吁，应该重视跨文化交流媒体的独特作用，两国媒体的决策层应该进一步加大对话力度，应该扎实开展务实可行的两国媒体间共采共稿等多种形式的媒体合作。

近年，由中国外文局和日本言论NPO联合主办的北京-东京论坛提供了一个更大的公共外交平台，各个分论坛几乎涵盖中日之间存在问题的所有领域。各路嘉宾在这个平台上，基于每年的双方舆论调查结果，分析两国民意对立的问题点所在，为中日两国消除分歧、扩大共识建言献策，其社会影响日渐扩大。这个论坛作为交流平台的特点之一，就是每年坚持通过民调分析两国舆论对民意的影响，进而在媒体分论坛交流时作为依据，探讨在改进民意方面双方媒体所承担的社会责任。

选题策划从被忽视的领域切入

对日传播媒体在夯实民意基础方面可做的事情有很多。在加强现有的时政报道和经济报道的同时，还应该在相对受到忽视或重视不够的领域加大选题策划的力度，以便打开对日工作的新局面。笔者将根据近年来的亲身实践与思考，结合目前的主要问题，重点展开下面的讨论。

1. 地方交流

地方交流是中日交流的一大特征。各地的横向交流，扩大了经贸合作、人文交流，造福了地方人民，同时也为更深入、均衡地扩大两国人民相互了解做出了历史性贡献。但近年来许多地方友好城市的交流已经形同虚设，人员往来也大不如前。一些地方官员对中日关系感到没有把握，开展地方交流的积极性有所下降。这个问题应当引起我们的重视。因为广泛的民意基础就在地方。我们不能只注意东京而忽视关西、东北地区、九州。同样，日本和中国的交流也不应该只集中在北京、上海、苏州、广州，还应该对中国广阔的内陆地区多加关注。《人民中国》每年都和中日双方的地方政府呼吁加强交流，《美丽中国》《知事访谈》等栏目都是为这种交流准备的平台。今年青海省政府将通过人民中国东京支局的协助，在日本举办物产展等交流活动，这是《美丽中国》栏目产生的延伸效应。

2. 灾难报道

两国人民在灾难面前相互守望，是促使两国民意改善的重要报道资源。今年是汶川大地震发生10周年。不论是汶川还是福岛，当年大地震发生时，中日两国人民曾相互守望，相互支援。《人民中国》在汶川地震、东日本大地震、熊本地震发生时，做过许多有温度的、有针对性的及时报道，拉近了人民之间的心灵距离。今年第8期《人民中国》将再次推出汶川地震10周年的特辑报道，其中还通过东京支局采访到了当年日本救援队成员。这个策划无疑将再次在日本读者中引起良性反响。

3. 人文交流

人文交流的一个重要环节是旅游。20世纪80年代、90年代，出于对中华悠久历史文化的向往，日本曾兴起来华旅游热，修学旅行也十分普遍。那时候中国公众还不具备赴日旅行的经济实力，因此双方的旅游是不对等的。如今仿佛一切都倒过来了，中国游客大批赴日旅行，而来自日本的游客却完全不成比例了。旅游是增进彼此了解的最直接途径，但目前的这种失衡却令人感到遗憾。中国经过40年改革开放，各地发生了深刻的变化，通过旅游可以非常接地气地了解中国实际发生的变化。然而，游客、来华留学和修学旅行的人数都远远少于从前。据说，日本媒体片面夸张炒作造成的心理恐惧是重要原因之一。中国游客赴日游时也要克服过度的消费主义倾向，增加和当地人交流的比重，以加深对日本社会的了解。《人民中国》策划了"不平衡的中日旅游"等多个针对上述问题的选题；连续多年推出的金牌栏目《美丽中国》，通过对地方城市历史、文化的深入报道，引起日本许多读者的关注，并得到赞誉。今后，对日报道应该在这个领域进一步扩大报道力度，吸引更多日本游客，特别是年轻游客来华旅游，以"一见"克"百闻"，校正日本媒体对中国片面、失实报道带来的负面作用。

4. 评论选题

媒体本身对两国民意的影响是决定性的。前面也提到，近年来对媒体责任的讨论一直没有间断。一个大背景是，随着数字技术与网络的发达，特别是移动终端的崛起，人们获取信息的渠道得到拓宽，有价值的信息与虚假新闻泥沙俱下，甚至有人提出我们已经进入"后事实"时代。情绪化、简单化导致的与民粹主义思潮相伴随的狭隘的民族主义意识，一有机会便成为干扰中日关系理性、健康发展的严重障碍，也成为绑架民意、削弱民众互信的顽固力量。在这种情况下，不仅是传统媒体，新媒体、书刊等出版物的影响也应该被列入我们的评论选题关注范畴。如何正确引导、平衡不同观点，克服商业主义、广告至上主义导致的对受众的误导与迎合，都考验着我们的智慧与良知。媒体层面一线人员的交流已经有了一些畅通的平台，而媒体高层决策人士的直接交流不论是渠道还是次数都非常不够。除了对话，还应该采取一些行动。从大家有共识的领域做起，比如就灾后重建、精准扶贫、有效治理污染、人口老龄化等话题共同策划、采访，发现彼此的关切点与利益共同点，甚至在条件成熟时推进媒体合作。这一切，都是媒体本身在夯实民意基础方面可做的"基建工程"，对日传播媒体"打铁必须自身硬"，同时还要影响日本媒体也与我们相向而行，共同解决目前存在的问题。

5. 中日关系

不论是政府层面还是民间层面，当年推动中日关系发展的那一代人已经老去。中日友好事业的接班人在今天的中生代、新生代里。如何在喧嚣的舆论环境中放大老一辈人曾经发出的睿智声音，并在今天将后继者的新声推出，也是媒体应该积极面对的课题。今年春天，92岁高龄的野中广务先生去世，《人民中国》微信公众号转发了一篇中国外交家怀念野中先生的文章，引起很多人的转推。人们为这样一位有良知、有信念、有担当的老牌政治家的离世感到惋惜，更为后继乏人的现实感到不安。周恩来和田中角荣，或胡耀邦和中曾根康弘那样彼此建立"言必信，行必果"政治信任的老一辈人，大部分都已作古，健在的人也年逾古稀。

所以，应该加紧推动中生代、新生代政治家或者能够影响政府决策的智库、学者之间建立个人信任关系，形成真正深入的交流。历史上千人规模的交流奠定了广泛的群众基础，今后还可以继续开展这样的交流。但今后更加精准的、机制化的深入交流将是提升交流质量的关键。如果这些努力都在媒体报道中得到有力体现，并有效地传递给双方民众，对民意的正面影响不难想见。《人民中国》的《中日关系大家谈》在中日关系最为困难的5年中坚持每月推出，以至引起各方高度关注与评价；最近，结合李克强总理访日，《中日和平友好条约》签订40周年等，《人民中国》策划的特辑更是将中日有识之士的声音集中推出，用新的睿智的思想影响日本受众。

6. 流行文化

针对年轻一代关心的话题以及他们的兴趣与思想创新报道方法也是媒体的紧迫任务。年轻人之间往往以动漫、音乐、文学、舞台剧等早已没有了交流鸿沟的流行文化进行着富有成效的交流。这一点上，日本的流行文化外宣做得比我们要好。流行文化交流是我们改善年轻一代民意基础的重要升温工具，我们也要用好这个工具。为应对年轻读者后续乏力的局面，近年来，《人民中国》在报道中增加了两国青少年喜闻乐见的漫画要素，将一些历史话题、传统文化话题运用流行文化要素处理，用这样的办法我们稳步争取到了一些年轻读者的关注；同时，策划征文大赛、摄影比赛、动漫创作大赛等多种活动也吸引了中日双方年轻人的参与，在实践中也收到较为明显的效果。其好处是，既照顾到了年轻一代的接受习惯，又注意引导大家避免在交流过程中陷入流行文化本身而忽视彼此真正相互了解的倾向。此外，媒体形态的多样化也为吸引新的年轻读者提供了机会。《人民中国》的微信公众号由于围绕精准的读者定位，立足于中日人文交流设置选题，创办短短3年"粉丝"数即达到33,000多名，而且保持强势增长势头。结合二十四节气申遗成功连续推出两年的《俳人笔下的节气与花》、每年一度的日本《工薪阶层川柳佳作汉译》等栏目大受欢迎，成为"圈粉"利器。

7. 国情变化

彼此加深对对方当代历史的了解也是增进互信的重要环节。对于中日两国在当代发生的深刻国情变化，媒体也应该及时策划出好的选题，以推动两国人民对彼此国家发展的正确认知。今年，中国迎来改革开放40周年，日本将是平成时代30年落下帷幕的一年。我们彼此对这一段时期内各自的发展有多大程度的准确、深入的了解与认识，将决定今后双方如何相处。冷战结束之后开始的平成时代，日本政治、经济、社会以及人们的意识所发生的变化，值得中国方面认真研究；同样，经过40年改革开放，走进全新时代的中国，也值得日本冷静、客观、全面地了解与面对。中国的和平发展与全面复兴，对日本是机会还是挑战，在日本国内认识很不统一。鸠山由纪夫前首相提出的东亚共同体思想、福田康夫前首相最近在中国强调的"和合思想"都与中国的"人类命运共同体"思想有交集，值得媒体多做文章。应推动媒体、智库、学者作为介于政府与公众之间的力量，多多发声，发挥引导民意的积极正面的作用。

8. 文化交流

文化交流能够对民意走向形成有温度的影响，这一不可替代的作用值得媒体给予更多重视。那些动人心弦的作品在中日几代人中形成的潜移默化的影响不可低估，并值得在今天发扬光大。40年前，高仓健、中野良子主演的《追捕》直到今天还在中国人民的心中，并在去年由中国导演吴宇森重拍；同样，中国电影《那山那人那狗》给日本观众带来的感动至今犹在。四季剧团的音乐剧《李香兰》和中国人物传记电影《周恩来》曾在1992年分别在两国引发感动。去年，松竹大歌舞伎访华公演与中国京剧在日巡演，以及中日合拍的《妖猫传》在两国的公映都为民意回暖营造了气氛。今年，中国电影节"电影2018"在日本举办，日本的狂言大师也将率经典作品来华演出。

特别要指出的是，李克强总理访日期间两国政府签订的关于合作摄制电影的协议对人文交流具有特别意义。1982年为纪念邦交正常化10周年，中日合拍了电影《一盘没有下完的棋》，讲述了两国围棋棋手如何因战争而改变了命运的故事。这部电影的片名在今天看来依然有着高度的象征意义：围棋是古老中国的发明，由日本推广到世界。以围棋为媒介展开的故事就好像中日两国在东亚舞台上相互博弈的命运。历史告诉我们，比邻而居，合则两利，斗则两伤。如何确立一种良性竞赛而非恶性竞争的机制，值得我们认真思考。《人民中国》在7月号《中日关系在再起航》特辑中专门就电影合作与交流在近40年中日民间交往中所发挥的作用进行了系统梳理，各方反响强烈。

简言之，在夯实两国民意基础，为中日关系发展行稳致远创造舆论环境方面，对日报道媒体应发挥自己的重要作用。本文仅就在中日关系中几大块需要引起进一步重视的领域如何改进相关报道提出经验之谈，希望能够起到抛砖引玉的作用。

今日再忆松村谦三[1]

去年是中日邦交正常化45周年，今年是《中日和平友好条约》缔结40周年。不久前，中日关系才刚刚走出40多年来最为困难的时期，重新回到轨道。回首中日邦交正常化经历的漫长而艰难的历程，那些促成中日邦交正常化的"挖井人"的不懈付出至今仍让人感动，那一代人的历史智慧仍然为今天的我们所景仰。出生于富山县的日本政治家松村谦三先生就是促成战后中日关系由以民促官向半官半民发展，乃至为日后的邦交正常化奠定了基础的有功之臣。

8月8日上午，立秋之后的第一场蒙蒙细雨中，来自松村谦三的家乡富山县的"松村谦三先生精神学习会"中国访问团一行13名成员，来到了位于北京后海旁的宋庆龄故居。在宋庆龄基金会的支持下，一场别开生面的纪念座谈会在这里召开。日本各大媒体驻京记者也闻讯赶来采访。一进座谈会大厅，就看到展示台上摆放着孙平化保存的和当年LT（廖承志－高崎达之助）贸易有关的珍贵图片与墨迹，每一件都是见证中日关系发展的历史文物。日本客人和各报记者纷纷驻足于这些文物前仔细观摩，拍照。

这是成立于2012年的学习会首次组团访华。以众议院议员橘庆一郎为团长的访华团中有四方正治等11名富山县及该县所属的高岗市、射水市、小矢部市、南砺市议会议员，以及专门研究松村谦三先生思想与生平的日本大东文化大学教授武田知己、上海交通大学教授翟新、松村谦三的孙女滨本娜峰子。中方座谈嘉宾有中国文化部原副部长刘德有、孙平化的女儿孙晓燕等人。

座谈会的主题是，在当前的时代背景与国际形势下如何继承松村谦三的精神，推动两国关系行稳致远。

访华团团长橘庆一郎在开场致辞中说，他和各位来自富山县的年轻议员，沿着当年松村先生来华的足迹，探访松村谦三先生的精神遗产。他强调，松村谦三先生既是中日友好关系的掘井人，也是自己的同乡前辈，现在正值《中日和平友好条约》缔结40周年，学习会成员非常珍视这次机会，愿意通过中国了解当年

---

[1] 载于2018年8月16日《人民中国》微信公众号，李春晓参与采写。

两国交往实情的当事人与他们的后人,进一步了解松村谦三先生与中国友好交往的心路历程。

刘德有以《松村谦三先生与中日关系》为题作了长篇发言。松村谦三曾 5 次访华,其中前 3 次与周恩来总理及当时中国各位领导人进行了会谈,都是刘德有担任翻译。刘德有先生介绍了当年他所见到的松村谦三与中国领导人的交往,以及今天缅怀和继承松村谦三精神的意义。

1958 年 5 月发生了"长崎国旗事件",以民促官刚刚起步不久的中日关系陷入极为紧张的状态。松村谦三洞察时局,于 1959 年第一次动身访华。刘德有回忆道,周总理邀请松村谦三参观密云水库。在往返途中两人举行了著名的"车内会谈",松村先生强调,亚洲应该是亚洲人的亚洲,中日两国必须友好。两人促膝长谈,就中日两国之间存在的各种问题坦率地交换了意见。周总理反对日本方面提出的"政经分离"的主张,指出"政治和经济是密不可分的,只有中日关系发生改善,两国的经济贸易关系和文化交流才能有所发展,连这次邀请松村先生来中国访问本身也是政治行为"。1962 年,松村谦三第二次访华,与周总理再次举行会谈,为 1963 年达成半官半民的 LT 贸易协议打下了基础。协议签订后,LT 贸易与原有的友好贸易并存,成为中日贸易马车的两个车轮,使中日关系更加平稳和快速地向前发展。刘德有先生回忆第二次会谈时谈道:"周总理说,'松村先生恰逢中秋佳节来到中国,中国有句古来的吉祥话叫作花好月圆人长寿,我也想用这句话来欢迎松村先生一行人。月圆象征着团圆,亚洲人民必须团结起来,不仅如此,亚非拉美人民都应团结如一家。中日两国人民应该建立起友好关系,世世代代地友好下去。'松村先生也表明'希望中日两国关系能如中秋的明月一样,永远圆满,光彩夺目。上次访华时周总理曾说过,即使两国的社会体制不同,也能够做到相互尊重,互不侵犯,促进相互理解,我完全同意这一点'。"

刘德有说,松村先生一生喜爱兰花,在东方人的眼里,兰花是高洁质朴性格的象征,先生一生喜爱这样的兰花,这也从侧面反映出了先生清廉的人格。他披露,1962 年 9 月,在松村先生战后第二次访问中国的时候,与同样喜爱兰花的朱德委员长结为了"金兰之交",传为佳话。

刘德有对往事的回忆,特别是一些鲜为人知的细节,引起了日本客人和记者们的极大兴趣。

在谈到如何继承松村谦三的精神时,刘德有称赞松村谦三是一位坚持原则并有政治远见的政治家,要永远铭记他所建立的历史功绩。他指出,不能将历史的某一部分刻意割裂，将其遗弃。要将历史准确地传给下一代。他强调，"中日关系正处在关键阶段，我们应该不忘初心，回归原点，LT贸易的诞生就是原点之一，它所蕴含的精神是和平、友好、合作、共赢，而绝不是憎恶、反目、敌对、战争。今后我们应该加强中日两国的政治互信，强化经贸交流、文化交流、青少年交流，为了两国人民永远的友好和幸福，我们应该朝着和平友好的大方向携起手来共同努力。"

随后，由松村谦三促成的LT贸易的中方负责人孙平化先生的女儿孙晓燕女士又进一步用她珍藏的大量图片及文字资料介绍了当年LT贸易的具体情形，令在座的日方代表团成员感到受益匪浅。

"松村谦三先生精神学习会"的秘书长四方正治先生作了总结发言。他表示："此次特意来到中国听到了关于松村先生的详细生平事迹的演说，许多鲜为人知的故事令人感叹不已，让我们对松村谦三先生有了新的认识。我对周总理和松村先生开诚布公的会谈感到印象深刻，今天听到了十分精彩的演说。"

松村谦三是中日邦交正常化的早期掘井人之一。虽然他没有看到邦交正常化实现的那一天，但是他致力于中日两国友好合作的精神常留人间，激励着后人。如何发扬松村谦三精神，温故创新地推进中日关系发展，将是考验我们今天的政治智慧的课题。

笹川阳平：互信构建合作　推动相互了解[1]

笹川良一优秀青年奖学基金（Sylff）中国项目自启动以来，培养了大批优秀的国际型人才，为中国的发展提供了强劲动力。今年，由日本财团策划实施的该项目迎来第二十五个年头。日本财团会长笹川阳平先生，长年致力于医疗、教育、文化交流等领域的公益事业。1985年，阳平会长随父亲笹川良一首次访问中国。自此，他与中国结下了深厚的情谊，对中日关系有着独到的见解。他经历过哪些中日民间交流背后的故事？他又对中日两国的未来有着怎样的期许？本刊对笹川阳平进行了独家专访。

1　载于2018年9月号《人民中国》。笹川阳平是日本财团会长。

336

推动知识交流，潜心人才培养

王：自中国启动 Sylff 项目开始，已经过去了 25 年。由日本财团发起的笹川日中友好基金从 1989 年启动，Sylff 中国项目从 1992 年开始。为何选择在那段历史时期集中启动了这些项目呢？

笹川：当时的中国处于最困难的时期。我的父亲笹川良一教导我说，"能在朋友困难时伸手相助的，才是真正的友谊。你应该多思考能为中日关系做些什么，并将其付诸实践。"于是，我和中国政府有了交流，中方接受了我的好意，项目正式启动了。

王：Sylff 中国项目今后会有哪些调整？

笹川：25 年前的中国还处于一个比较贫穷的年代，接受奖学金的高校希望能够有更多的学生拿到奖学金，因此奖学金的数量很多。当时欧美的生活水平已经比较高了，所以选拔获奖学生时会更加严格，只给少数更加优秀的人才提供奖学金。但在中国，给更多的学生提供机会是当务之急，所以在超过 16,000 名获奖学生中，一半以上是中国学生。

由于每个高校的历史文化背景不尽相同，一直以来我们都把选拔奖学金获奖学生的标准交给各个高校自主定夺。但借此 25 周年的机会，我们与正在开展 Sylff 项目的，包括北京大学在内的 10 所大学共同签署了协定，约定今后 10 所高校将共同商定出统一的方向与标准，遵循这一标准选拔获奖学生。中国教育部也加入其中。我想，今后在我们共同的努力之下，Sylff 项目会越来越好。

王：笹川日中友好基金和 Sylff 项目共同的目标是什么？

笹川：相邻两国之间的关系是非常微妙的。像日本与中国这样将这种关系维系了 2000 年的邻国非常罕见，可以说我们两国把这种相互依存的邻国关系处理得很好。当然，这 2000 年的历史是跌宕起伏的，有峰必有谷。今后，我们应该面向未来，努力缩小这峰与谷之间的落差。为此，正确认识彼此的差异，加深相互了解是一件非常重要的事情。

我不是政治家，因此我会站在普通老百姓的角度，努力通过加深交流、促进理解的方式推动两国关系。笹川日中友好基金近年来支持出版了 100 本日本学术著作的中译版本，而 Sylff 项目也资助、培养了许多优秀的中国学者。但在这个过程中，我从未想过让他们变成亲日派，而是希望他们能够成为知日派。最重要的是让他们知道、了解日本到底是一个什么样的国家。这个想法今后也不会改变。

感受最真实的中国

王：在 Sylff 中国项目实施的 25 年里，有没有令您印象深刻的人或者故事呢？

笹川：这 25 年来我遇到了很多人，与他们每一个人之间都有着难以忘怀的回忆。让我印象深刻的是，中国的青年人真的非常好学。比如，有一位来自西藏的学医的学生，他担心自己一年之后再回到西藏，可能会不适应那里的粗茶淡饭，为此，他在日期间从不享受任何美食，只一心一意地学习。虽然在日期间他没能登上手术台，但在他回国一年之后，邀请了当年的指导教师去西藏，指导教师在那里看到，他已经成长为一名优秀的外科医师，在当地被称为"妙手神医"。这个故事非常令人振奋。

另外，在项目开展的第 6 年，或是第 7 年的时候，非常不幸，有一个年轻人在除夕夜遭遇车祸，离开了人世。听到这一消息后，我第一时间就赶往了现场。那个年轻人是一位军医，我去了他家拜访，为他上了香。当时，他的妻子并没有哭泣，只说道："非常感谢日本财团给他出国深造的机会，虽然很遗憾我们不能再见到他了，但今后我会把女儿培养成为和他一样优秀的医生。"她没有掉一滴眼泪，也没有说一句抱怨的话，她的坚强令我印象深刻。

王：您在实施 Sylff 项目期间应该到访过很多中国城市，有没有令您印象深刻的地方？

笹川：在贵州的大山中，有一个村子，据说在我们去之前已经有 8 年时间没有姑娘嫁到这里了。我和美国的诺曼·欧内斯特·博洛格（Norman Ernest Borlaug）博士一同前往。此前的 30 年，博洛格博士一直在非洲国家从事农业指导工作，当时他希望在中国也能开展粮食增收的计划。于是，我同他一道来到了贵州省，指导农业。博洛格博士尝试在当地建立养猪场，将高质量的玉米作为猪饲料，取得了巨大成功。8 年后，我们再次到访那个村庄，看到的是完全不一样的景象，据说有很多年轻姑娘排着队想要嫁进来。通过养猪的成功，整个村子的贫困状态得到了改善，生活发生了翻天覆地的变化，这件事令我记忆犹新。

另外，我还想说一说我想要毕生坚持的、在全世界范围内根除麻风病的工作。在中国的一些大山里面，有一些麻风病人聚集的"麻风村"。我们培养的日本学生中，每年会有 1000 人左右作为志愿者进入以广东为中心的麻风村中。同时，也有相同数量的中国学生志愿者进村，帮助村里人修缮厕所等基础设施。年轻人与村里人同吃同住，挖井、维修，为改善村子的居住条件日夜操劳。看到他们这么努力，我感触很深，觉得中国有很多年轻人都像他们这样拥有正义感和热情。

对于中国近年来的变化，我比起感动，更多的是惊讶。我惊叹于中国在短短30年内就造就了如此发达的城市。所以有时我还是很想再到中国的大山里面去看看的。但即便是大山也发生了很大的变化：想想当年我第一次去九寨沟的时候，需要在崎岖的山路上驱车十几个小时才能到达，而且中途还不断有岩石滚落，非常危险；但如今，九寨沟已经建起了机场，十分方便。

希望以行动主义构建中日关系

王：中日关系终于走出"低谷"，慢慢回到了正轨。您如何看待中日关系今后的发展？

笹川：关于这一点，我也有一个不为人知的故事想讲一讲。我想，两国政府应该一直都在斟酌挑选恢复中日关系的最佳时机。实际上，当笹川日中友好基金提出希望与中国军方重新开始已经中断了6年的防务交流时，中国已经有了同样的打算。今年2月份，我到中国提出想要在4月份重启防务交流。此前我并没有对日本防卫省提过这件事，但中国的国防部部长立即将这个提议提上了日程，王毅外长也参与其中。之后李克强总理访问日本，仅仅两个月之后，防务交流便顺利重启。接下来，安倍首相也会访问中国。我看到了中方想要从最敏感的防卫交流入手的战术，真的是很坚定。

王：我们生活在这样一个两国关系有峰有谷的时代，请您谈一谈您是如何看待中日关系以及民间交流的。

笹川：反思这6年来冰冷的两国关系，我想日中两国的政治家们都意识到不能再这样下去了。美国出了那样一位不寻常的总统，掀起了一场"贸易战争"，迄今为止的国际秩序在不停地被颠覆。在这样的大环境下，中日双方的政治家们应该已经充分认识到了中日两国在国际社会中勇于承担责任、携手共进的重要性。

说到两国关系，对于日本来说，没有了从中国进口的食品将很难正常生活，而中方也接受了许多日方的投资。无论双方是否有意为之，取长补短的相互依存关系已经完全建立起来了。我想，努力将这样的关系继续加深加强，才是正确的、面向未来的中日观。同时，青年交流也是很重要的组成部分。征文大赛是一个很好的形式，动漫也是很好的切入点。防务交流已经重新启动，我目前正在积极推进中日两国的联合救援行动。日本和中国都是经常发生自然灾害的国家,菲律宾、印度尼西亚等国家也时常有海啸和火山喷发。我希望我们两国的救援部队今后能够一同活跃在这样的地方。

在民间交流方面也有很多可以做的事情。虽然理念也非常重要,但我认为更重要的是行动。如果老百姓层面不积极地行动起来,而只是让很多讨论停留在概念层面,是非常可惜的。我们应该一同行动、一同流汗,这样才能培养起命运共同体和相互信任的关系。总的来说,我还是更希望能够贯彻我的行动主义。

野村万作与野村万斋北京狂言公演的成功与启示[1]

8月10日晚,在北京天桥艺术中心,具有"人间国宝"称号的日本狂言师野村万作,率领他的儿子——有着"未来人间国宝"之称,担任2020年东京奥运会及残奥会开闭幕式综合统筹的狂言师野村万斋,以及孙子——今年18岁便已小有名气的野村裕基,为庆祝《中日和平友好条约》签订40周年表演狂言专场。此次野村一家三代登台的公演只安排了一场,公演前20多天,近900张通过网络发售的门票在30分钟内便销售一空。

人气爆棚的成功演出

晚7时整,演出正式开始。此次上演的3个剧目分别是:喜欢偷主人酒喝的两个仆人,在被主人出门前绑起来的情况下,仍然狼狈为奸成功偷酒畅饮的《棒缚》;多年和妻子相依为命的盲人在得到神谕复明后,却要在休妻与返盲之间做两难选择的《川上》;以及因家里蘑菇疯长而请来吹牛法师除"蘑",结果蘑菇愈发不可收拾的《茸》。

此次公演中,中国观众通过同步字幕欣赏到万作在《川上》中的大段高难度

---

[1] 刊载于2018年10月号《人民中国》。

表演，万斋在《茸》中拿捏自如的滑稽搞笑，头戴面具的裕基演绎的令人忍俊不禁的可爱花菇，以及《棒缚》中两个仆人的嬉笑怒骂与载歌载舞。两个小时的演出，整座剧场笑声爆棚，掌声不断。

演出结束后，在观众的热烈掌声中，野村父子等演员再次登场致意。万作感叹道："观众朋友的反应让我不得不感慨字幕的力量。在日本演出时，观众只能听到舞台上室町时期到江户时期定型的对白，看不到逐字逐句的字幕。而今天在这里，中国的观众朋友们能通过译成现代汉语的字幕欣赏狂言，看上去理解得更加透彻。海外公演效果居然好于日本国内，虽然有些讽刺意味，但的确让我感到高兴。"台下的中国观众更是兴奋异常。当主持人宣布演员与观众见面环节可以拍照时，全场观众齐刷刷地将手机镜头对准了舞台。

"讲述老百姓自己的故事"

在狂言演出中，人物登场的首句台词往往是"吾乃此地人士是也"，说明狂言讲的故事聚焦于市井人物。这些小人物有他们的欲望，有他们的缺点，更有他们的幽默、智慧与善良，以及面对命运的随遇而安。万斋在接受笔者采访时说："狂言从不否定人性，而是通过对人性的肯定，成为赞美人性的戏剧。我相信狂言定会让所有努力活着的人们产生共鸣，让生活中遇到的诸般烦恼烟消云散。狂言的舞台上没有帅气冲天的英雄，却充满了众多默默无闻、在生活中随处可见的市井人物。相信正是因为这一点，中国观众欣赏起来才会毫无违和感。"

的确，正是狂言剧目的平民化内容使其具有跨越国界与文化，同世界各国民众产生共鸣的特点。感受生活的幸福、参透生死、讴歌生命正是狂言艺术的人民性与正能量之所在。文化部原副部长刘德有先生对狂言有着独到的认识。他说："产生于室町时代的狂言，许多剧目反映了当时人们的生活，也表达了人民的愿望。这一点，跟包括京剧在内的中国戏剧有很多相似、相同，甚至相通的地方。"

"吾乃此地人士是也"反映了狂言的价值取向。要想无违和地在不同文化间"由彼及此"，字幕翻译必须体现本土化，即用"此地人士"的语言讲述"此地人士"的故事。观众的现场反应及万作先生对字幕的肯定证明了这一点。有观众在看过公演后告诉笔者："狂言这种节制拘谨的搞笑配上古典且市井味儿十足的中文字幕达到了最佳效果。"

笔者在翻译这三个剧目的对白时收获了一些心得。一是译文的定位是接地气的现代口语，一些关键对白应保留一定的戏文效果；二是翻译时不拘泥于单词对应，而是整个句子在同样语境下尽量无翻译痕迹地转换为汉语；三是个别句子"得其意忘其形"地做替代性转译，追求现场观众的等效反应。

民族的与世界的　传统的与现代的

在日本，传统戏剧艺术家在坚守古典戏剧的程式化规矩的同时，挑战莎士比亚戏剧，乃至出演电影的例子并不少见。1985年，19岁的野村万斋就已经在黑泽明导演的电影《乱》中饰演鹤丸。在探索狂言表演的同时，他对话剧、前卫戏剧也抱有足够的热情，在日本及国际著名话剧导演的作品中扮演重要角色，甚至自己执导话剧。万斋告诉笔者，他对作家中岛敦情有独钟，《李陵》《山月记》《名人传》令他百看不厌。2005年，他执导的《敦－山月记·名人传》在东京世田谷公共剧场公演，大获成功。

对于儿子在狂言以外跨行探索的做法，野村万作说："他和我所处的时代不同，有更多机会尝试影视戏剧。他是在运用狂言的方法探索现代性表达的多种可能。这有助于古典戏剧狂言的推陈出新，使狂言的美学和世界其他表演体系、表演风格实现对接。"

今年2月，万斋又和广末凉子联袂主演了表现鲁迅夫妇在上海内山书店躲避战祸的舞台剧《上海月亮》，两人分别扮演剧中的鲁迅和许广平。这部剧如同狂言一样，探索了人性的内在复杂性，演绎了一个多面的鲁迅。万斋告诉笔者："剧作大家井上厦的作品个个都很棒，对人性的剖析入木三分。鲁迅其实对日本很有好感，而对日本当局十分憎恶。剧中描写了中日两国各色人等，对于我来说得到了一个很好的站在中国人的立场看日本的机会。希望将来这部剧能有机会和中国观众见面。"

诚然，万斋版的鲁迅值得关注，但中国观众更期待他作为艺术综合统筹在2020年东京奥运会上的表现。如果说1964年首届东京奥运会的主题是"战后的和平与复兴"，那么2020年东京奥运会的主题"镇魂与再生"则反映了包括对历史悲剧和生态灾难更加深刻的思考。

狂言的生命哲学使万斋对这一主题有着透彻的感悟："通过举办奥运会，以竞技替代战争，是人类的智慧。因此，我认为这个仪式在终极意义上要体现出对生命和生活的讴歌。奥运会从平昌传到东京，接下来又会轮到北京。它在东亚连续举办意味深长,这表明我们亚洲人在不懈地努力。北京夏季奥运会非常成功,我对北京冬奥会也抱有更多的期待。"

"不忘初心"的文化交流

万作和中国的交流颇有渊源。他和文化部原副部长刘德有是多年的老朋友。此次访华之前,万作就将消息告诉了和自己同龄的老友,希望能够在北京见上一面。公演彩排之前,刘德有提前来到剧场和万作见面。两位老友亲切握手,共忆往事,互叙友情。

万作于20世纪50年代与造访日本的梅兰芳等中国京剧名家有过交流。他告诉笔者:"当时看了京剧表演,梅兰芳、袁世海、李少春等先生的演技令我钦佩不已。最让我感动的是梅兰芳先生的演讲。打那以后,我就想着一定要找机会把狂言带给中国观众。"

和狂言一样有着600多年历史的中国昆曲,让万作充满敬意。1998年,他和中国著名昆剧演员——张继青女士联袂演出的《秋江》,是昆曲与狂言的首次合作,得到了各方面的高度评价。时隔多年,万作依然觉得那次交流合作受益匪浅:"和昆曲的合作,让我从中学到很多。两种戏剧珠联璧合,可以形成让各国观众都能认同的形式美。能乐和昆曲现在都已经成为世界文化遗产了,希望将来还有机会合作演出。"

此次公演大获成功,万作先生在高兴的同时,也对只有一场演出未能满足更多观众的需求感到遗憾。他说:"一定要再创造机会,让更多的观众朋友通过欢笑理解'和乐'中包含的'和平'精神。通过分享狂言之美,为日中友好锦上添花。我在北京街头看到'不忘初心'的标语很是感动。因为我们能乐的祖师爷世阿弥就讲'不忘初心',中日之间有许多相同文化底蕴。"

对于此次公演,刘德有先生认为,从全场年轻观众的热烈反应来看,"东亚国家之间人民可以很好地进行心灵沟通。今年恰逢《中日和平友好条约》缔结40周年,中日之间应该不忘条约精神的'初心',要朝和平、友好、合作、共赢这个目标发展。心灵交流的最好途径还是文化交流。鲁迅过去讲过,如果我们两个民族要想没有隔阂的话,最好的形式就是用文艺来互相交往。我认为,通过文化艺术来交流的确取得了很好的成果,今天我们应该在以往的基础上更上一层楼"。

电影，作为传递心象风景的载体[1]

在多年的文化交流实践中我认识到，以电影产业为代表的大众文化，在展现一个国家人民的内心世界——用日语"心象风景"表述，会更生动些——及喜怒哀乐方面，起到了更为深厚而长远的作用。中国有个说法叫"国之交在于民相亲"，两国国民怎样才能亲起来？我认为，电影确实可以做人与人之间相互传递"心象风景"的载体。中日两国从战后开始的电影交流，和中日两国关系史的进程密切相关。这里，我结合我所参与的电影活动事例来分享我的认识。怎么看日本电影要素在中国产生的作用与影响？无外乎两点：一个是给中国的电影观众、电影人在电影技术方面的刺激，还有一个就是电影本身给我们带来的感动。新中国电影起步时，一些留用的日本电影工作者就曾参与其中。这段历史在中国电影博物馆有专门的介绍。比如《六号门》《白毛女》等，都有日本剪辑师、灯光师、摄影师的深度参与，只不过当时用的是化名。1953年朝鲜战争停战之后，分属两大不同阵营的中国和日本开始有了初步的经贸文化接触与交流。日本国内的一些进步人士，包括从事中日友好运动的和平人士，曾经采用自主放映的方式巡映了《白毛女》《钢铁战士》等新中国

---

[1] 根据2018年11月24日在中国人民大学第十二届SGRA中国论坛"中日电影交流的可能性"上发表的报告改写，发表于同年12月6日《北京晚报》。

的电影。日本著名的纪录片导演土本典昭就参与过这种活动。电影《白毛女》曾激励日本松山芭蕾舞团创作出芭蕾舞剧《白毛女》，后来又影响到中国在20世纪60年代排演芭蕾舞剧《白毛女》。

日本电影要素对中国电影的影响，我们还可以从长春电影制片厂、上海电影制片厂两个电影厂的影片风格看出差异。上影的作品是从20世纪30年代上海电影发展而来，受好莱坞电影影响多一些。而长影的很多作品，由于历史因素，其风格带有很强烈的、来自满映风格的特点。比如说大量实景的拍摄、插曲的运用，以及人物的群像描写，对人物的"等身大"生活化描写等，在长影的片子里都留有印记。

日本的纪录片也对中国电影产生了影响。日本在完成经济高速增长的过程中，产生了大量社会问题。一些有担当的纪录片导演拍摄了一些不朽的作品。小川绅介有关农民反征地的"三里冢"系列，虽然没有在中国完整放映，但是很多人在《新闻简报》上看到了部分片段。另一位纪录片巨匠土本典昭拍摄了有关公害问题的《水俣病患者及其世界》，导演曾想把此片交给中国无偿放映。他认为日本在发展中的教训，中国搞现代化建设时可以拿去借鉴。

1978年，《中日和平友好条约》签订，日本电影周拉开了中日文化交流的序幕。在中国放映的几部片子中，《追捕》对中国电影的影响一直持续到今天。首先它给我们带来了上世纪70年代日本的时尚。当时，中国美术工作者设计的《追捕》电影海报把高仓健的风衣高领画得非常夸张。通过这部电影，中国观众第一次看到战后日本社会高速发展的情况，同时也看到当时日本面临的问题。《追捕》在日本被看作一个双重转型的产物：首先是高仓健从一个愤青义侠形象向寡默无言的中年男子的转变。可惜中国观众一直没有机会在影院里看到20世纪60年代高仓健在日本电影中所演的义侠形象，多数人记忆中的高仓健是他转型后的样子。这种前后断裂的现象在日本电影进入中国的过程中比比皆是，意味深长。另一个是整个日本社会，从非常激进的社会运动转向法治化的过程。作为一部普通的商业电影，日本国内对其评价相对没有那么高，但在长达40年的过程中，和《追捕》有关的诸多要素一直让中国电影人难以舍弃，隔一段时间就要把其中的元素借用一下。

我们可以从1980年于洋拍摄的《戴手铐的旅客》里看到《追捕》带来的影响，片中每个人物几乎都能够和《追捕》中的人物对应起来。同时期上海电影制片厂拍摄的《405谋杀案》也能看到《追捕》的影子。2008年拍摄的《非诚勿扰》外景地选在北海道；片中葛优扮成熊在草地上和舒淇嬉闹的场面，就是在向《追捕》中的杜丘从熊口里救下真由美的故事桥段致敬。2017年，吴宇森又翻拍了一部被他彻底改写了的《追捕》。可以说，这个影响持续了40年。

中国人的北海道情结与《追捕》《狐狸的故事》有关，但集大成者还数《远山的呼唤》《幸福的黄手绢》。这就要说到山田洋次。为什么山田洋次的作品中反复出现北海道？山田洋次出生于大阪，一岁时就到了沈阳，然后又随父母去了大连、哈尔滨。少年时代居无定所的经历成为他后来电影中反复提及的主题和创作灵感来源——对故乡的怀念和去往异乡的颠沛流离是他始终想要表达的主题。山田洋次导演的代表作《家族》告诉我们，北海道不是他的出发点，而是归宿。他真正的出发地是濑户内海。《东京家族》里，老两口也是从濑户内海出发到东京去的。濑户内海才是山田洋次的心灵故乡。

在山田洋次的《家族》中，有儿子背起父亲的镜头，若干年后中国导演霍建起拍摄《那山那人那狗》，也出现了相似镜头，估计日本观众看到这处，一定会联想起山田洋次的《家族》。不久前我见到霍建起导演，还曾问过他有没有看过山田洋次导演的《家族》，他回答我说并没有看过，那个镜头是自己的构思。如此看来，中日两国导演在作品中表达东方式的情感时，其内心是相同的。

2011年，我陪同霍建起导演在日本考察电影外景地。在濑户内海之滨的竹原和山田洋次导演不期而遇。当时山田洋次导演正带着苍井优在为《东京家族》看外景地。濑户内海的温馨同时吸引了两国导演，并在无意中促成了他们的巧遇。也许在中国人看来，北海道是一个有异乡情调的地方，很"日本"。但在日本人心中，它并不是原乡风景。日本人内心的风景，应该是在濑户内海。中国人现在对濑户内海似乎还不够关注。将来中日合拍电影的时候，濑户内海一带作为一个有潜力的取景空间很值得考虑。

谈到中日之间深入的电影文化交流，我当年也参与了部分活动。20世纪80年代中后期到整个90年代，中日电影交流已经深入到电影作者这一层。90年代中期，像深作欣二、若松孝二、冢本晋也等非常有个性的导演多次来北京电影学院交流，我记得当时还在北京电影学院学习的贾樟柯就坐在台下听这些导演"神侃"。有一次，放映谢晋的《鸦片战争》和吴天明的《变脸》时，日方带来了若松孝二早年起用原田芳雄拍摄的、以新宿街头运动为背景的《我随时准备出手》。若松孝二被《变脸》中朱旭的演技感动得泪流满面，谢晋则激动地对若松孝二说，你的作品与中国人见义勇为的精神相通，应该拿到中国来放映。

中日合拍影视剧是中日之间影视交流独有的一大特征，从中可以感到双方都有借助合拍电影推进彼此认同、建构区域电影市场的愿望。影视合拍的滥觞当数1980年栗原小卷主演的电视剧《望乡之星》。这部正面反省日本侵略历史、主张中日和平的电视剧居然请到了邓小平为之题写片名。1982年，为纪念邦交正常化10周年，因导演《追捕》《人证》而在中国赢得名声的佐藤纯弥主导拍摄了《一盘没有下完的棋》，再次以正面面对战争与和平的主题而备受关注。

1992年是中日关系走向全面成熟并即将迎来拐点的时刻，这一年谢晋导演的《清凉寺钟声》，讲述了一个战争孤儿悲欢离合的故事。1995年，日本迎来战后50年，日本广播协会NHK与中国合拍了电视剧《大地之子》，由仲代达矢和朱旭联合主演，再次感动日本观众。2012年，旅日导演蒋钦民又拍摄了一部由倍赏千惠子主演的《初到东京》，讲的是一名中国留学生来东京学习围棋的故事，也似有向《一盘没有下完的棋》致敬之意。对倍赏千惠子的起用，令人联想起《远山的呼唤》，这或许也是北海道记忆的辐射作用。当然，合拍电影也出现了一些"水土不服"的问题，即日本电影的演技派演员被邀请到中国演出时，由于缺乏相应的配角配戏，主要演员的演技没有充分表现出来。近年来，好莱坞风格在中国大行其道，不少导演认为只要把名角儿请过来，再找一些三流演员乃至群众演员配戏就可以了，而这恰恰是日本演员非常不适应的表演方式。日本电影中主角与配角的强张力互动是电影成功的关键。

日本电影《入殓师》曾经感动过温家宝总理。后来这部电影的导演泷田洋二郎告诉我，因为这部电影首先在中国受到关注，以及在蒙特利尔拿奖，后来才在日本赢得了票房。这也是日本电影影响了中国，之后又在中国的影响下，反过来影响日本的一个案例。还有一个巧合是，日本的演员树木希林和中国的演员朱旭，两位在彼此国家感动了双方观众的老人，同一天离开了人世。在我看来，这就好像中日两国之间切也切不开的缘分一样。

两国现在签订了有关中日合拍的协定，应该说合作空间更大了。但怎样克服过于娱乐化、商业化，也是双方要思考的问题。其实，中日20世纪文学作品中都有一些穿越时代的作品，比如鲁迅的《阿Q正传》、中岛敦的《山月记》等，都值得在今天合拍电影。

今年夏天，野村万作与野村万斋来华演出狂言，对白字幕是我翻译的。在和野村万斋交谈的时候，他还提到曾在舞台剧《上海月亮》中饰演鲁迅。可见，中日两国之间的合拍电影，不仅可在商业片、娱乐片领域，还可以在更大的范围里拓展空间。

为了下一个 5 年[1]

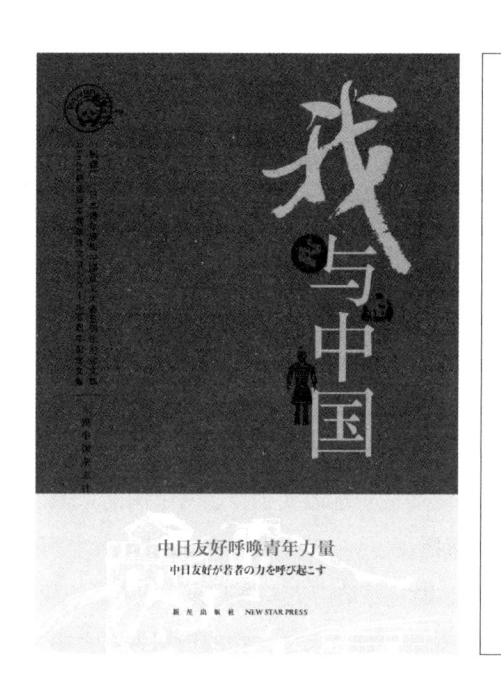

      "熊猫杯"日本青年感知中国征文大赛在共同主办方中国驻日本大使馆和日本科学协会的大力支持下,由人民中国杂志社在中日关系处在困难时期的 2014 年发起,一晃已经连续举办了 5 年。这个活动旨在加强日本青年对中国,特别是当代中国的了解。5 年来,每年参加人数直线上升,截至今年,已经有 2000 多名日本青年积极投稿。

      我全程参与了活动的策划阶段和实施过程,回望这不平凡的 5 年,许多往事都历历在目。特别是每年邀请 10 名获大赛优秀奖的青年回访中国,在和这些青年促膝交流的过程中,我进一步了解了当代日本青年的所思所想,为改进选题和栏目提供了许多参考。我们不仅安排来华获奖者在北京参加家宴、逛胡同,还设计了南京、上海、扬州、曲阜、成都等地的寻访旅程,每到一处,大家都饶有兴

---

[1] 2019 年为《我与中国:"熊猫杯"日本青年感知中国征文大赛五周年纪念文集》撰写的代后记。

趣地了解当地历史，接触名人故事，与中国青年交流。更重要的是，通过和寻常巷陌中的普通百姓接触，他们看到了中国的"日常"，感受到了"等身大"的中国。这样的经历使他们来华之前的中国观得到了校正和丰富。

每次从北京出发前的送别会上，我都建议青年们"好奇心を持って未知と遭遇しよう（心怀好奇，遭遇未知）"，"見る、聞く、歩く。読む、飲む、出会う（广见博闻迈开步，酣读畅饮结真缘）"。这5年里每每审阅在《我与中国》栏目里获奖者们发来的作文和访华观感时，我都能够从中感受到作者们的真诚与热情，以及深入接触中国以后他们打开的心扉和认识上发生的变化。

为了下一个5年和再下一个5年有更多的精彩故事，我们今天将《人民中国》连载了5年的这50篇文章以中日双语的形式结集出版。

这50篇文章中讲述的故事，有的表达了对中国历史文化的认识，有的反映了对中日关系发展的思考，有的讲述了自己与中国人相识相知的经历。每个故事虽不尽相同，但我们不难发现其中的共同之处：一方面受到媒体和网络的影响，日本的青年朋友都对中国抱有相对负面甚至恐惧的初始印象；另一方面他们通过自己对中国的观察或与中国人的交往，都或多或少地改变了自己对中国的认识，开始怀有好感并产生了进一步了解中国的意愿。

我们安排的活动内容之一是重温历史。通过寻访历史人物旧迹，聆听历史见证人的证言，日本青年们实现了与历史的对话。这些历史人物或历史见证人中，有不畏艰险六渡弘法的鉴真和尚，也有在中日经受战争磨难时坚信"渡尽劫波兄弟在"的鲁迅先生，有不计前嫌推动中日友好的周恩来总理，也有见证中日和平友好发展、终生致力于两国交流的刘德有先生和星屋秀幸先生。我们没有回避那些对日本青年朋友而言沉痛而又陌生的战争记忆，希望与他们一起坦然面对历史、共同面向未来；我们也让他们了解平山郁夫先生带领日本友好人士修缮南京城墙的故事，感受两国民众合力抚平战争创伤、祈愿两国世代友好的精神信念。通过对当代中国的观察、与中国青年的交流，我们更希望让日本青年朋友感受到中日两国合作共赢的巨大潜力，让两国青年对开创中日关系美好未来充满信心。

回想5年前，"熊猫杯"征文大赛刚刚举办的时候，中日关系仍在低谷徘徊，我们对这一活动能否得到日本青年朋友的积极响应略有担心。幸运的是，我们的想法得到了共同主办方中国驻日本大使馆和日本科学协会的大力支持。每届访华团来访前日，中国驻日本大使馆都会在东京举办颁奖仪式及壮行会，除了获奖的日本青年朋友，还会邀请他们的父母家人一起参加。程永华大使、日本财团尾形武寿理事长、日本科学协会大岛美惠子会长多次出席东京的活动，并向即将访华的日本青年提出了殷切希望。在三方的不懈努力下，在日本青年朋友们的积极参与下，迎来5周年的"熊猫杯"征文大赛取得了丰硕的成果。在这里，谨向中国驻日本大使馆和日本科学协会的努力和支持表示诚挚谢意。

借此机会，我要感谢在文章遴选过程中不辞辛劳、积极协助的各位评审，感谢你们选出了这些精彩的感人故事。还要感谢新星出版社在编辑出版方面给予的支持，感谢漫画家李昀在漫画设计方面贡献的创意。最要感谢的，还是这些文章的原创作者们，你们的鲜活故事让我们感受到日本青年观察中国的善意，也让我们感受到日本青年愿意深入了解中国、愿意结交中国朋友的诚意。你们的"善意"和"诚意"，将会让你们收获更多美好的中国故事，也会让两国年轻一代对中日关系的未来充满信心和希望。

如果有更多的人读到他们的文章，了解到他们的感受之后参加到我们这个朋友圈中来，出版此书的目的就算是达到了。50篇文章只是反映了50位日本青年与中国相关的50个精彩故事，其实2000多个投稿者的故事都有各自的精彩。借此书的出版我们要好好总结过去的5年，从而让未来的5年在数量上和质量上更上一个台阶。

仲代达矢：戏如人生，演戏就是做人[1]

与中国的缘分与交情

——听说您一共来过 5 次中国。请您谈谈对中国的印象。

仲代：1977 年，我随日本电影代表团来到了中国。团长是木下惠介，小林正树也在团里。北京给我留下了美好的印象。90 年代为了拍摄日中合拍的电视剧《大地之子》我又来到了中国。记得有一名中方工作人员，他的父亲被那场战争夺去了生命。我对他说："真的很对不起，日中两国一定不要再有战争了。"他回答我："对，一定不要再有战争了。历史就是历史，我们要超越历史，面向未来。"这件事给我留下深刻印象。我还曾做过一次丝绸之路私人旅行。井上靖写的小说《敦煌》在日本好评如潮。小林正树非常想把这部作品拍成电影，但最终因为条件

---

1 首发于 2019 年 6 月号《人民中国》，与孙小宁联合采写。

不足,未能如愿以偿。我觉得小林导演有机会拍摄《敦煌》的话,一定会是一部非常好看的电影。

——您、宇津井健先生以及朱旭先生都参演了《大地之子》。宇津井健先生通过电视剧《血疑》给中国观众送来了一个刚毅柔肠的日本父亲的形象。而朱旭先生通过《大地之子》《变脸》《洗澡》等作品给日本观众送去了宽厚可亲的中国父亲的形象。遗憾的是《大地之子》最终未能在中国播出,中国观众无缘看到剧中您所饰演的日本父亲形象。请跟我们分享一下您和他们两位的故事。

仲代:对戏过程中我被朱旭先生的表演所折服,发现中国竟有这么出色的演员!后来我们一直保持联系。在我看来,朱旭先生无论是表演还是做人都非常出色,可惜他不久前过世了。好在几年前他最后一次来日本时,还到我的"无名塾"观看了年轻演员们的表演。宇津井健是我在演员学校的同班同学,比我早一步进入演艺界且一直非常活跃。应该说,无论是和朱旭先生还是宇津井健先生,《大地之子》都是我们合作的最后一部剧。这次经历令我永远铭记。

仔细观察、挑战不同的角色考验演员基本功

——虽然您演绎的"日本父亲"的形象许多中国观众未能看到,但在20世纪70年代,您在《金环蚀》和《华丽家族》中饰演的两个截然不同的角色,让中国观众第一次领略了您的卓越表演。请谈谈对这两部电影以及您在当中扮演的角色的感受。

仲代:《金环蚀》和《华丽家族》是社会派导演山本萨夫的作品,他的作品始终坚持对日本政治的批判立场。我在《金环蚀》里饰演一个很坏的政客,而在《华丽家族》里我的角色得到调整,饰演了一个与体制格格不入的悲剧人物。这两个角色反差很大。不过一个演员能够扮演各种迥然不同的角色应该是一种基本功。这就是我所说的演员和明星的不同之处。明星靠公司包装,在一部电影中获得了成功,签约公司就会尽力固化他的形象,反复给这个明星安排同类型角色,或根据明星的个人气质来策划作品。我是话剧演员,属于剧团,而非任何一家电影公司。比如,东宝公司的导演会邀请我以独立的身份参拍电影。在不同的作品里我的角色转换很大,观众一开始会不适应:在《人间的条件》里那么好的一个人,怎么在《金环蚀》里演了这么坏的坏蛋?

——您塑造了很多千差万别的角色,让您印象最深刻的角色出现在哪部电影

中呢？

仲代：演员不是一个人的工作，要有一个默契的团队才能成就一部精彩的电影。从这个意义上来讲，全方位非常优秀的电影就是《切腹》，讲的是武士道中非人性的一面。在当时，这部电影触及了体制的不公与对个体生命尊重等问题。

——所以《切腹》这部作品超越了时代，成为公认的不朽的作品。

仲代：我也是风烛残年了，在我过世前，如果让我选一部最满意的电影，我选择《切腹》。

走进黑泽明电影，与三船敏郎对戏

——人们常说，三船敏郎是黑泽明电影的第一主角。您在《椿三十郎》中，和三船敏郎有一场精彩的对决戏，结局是三船敏郎击败了您。在众多黑泽明影片中，是哪部作品，让您有了作为演员的不输于三船敏郎的足够自信？

仲代：在《椿三十郎》之前还有一部电影《用心棒》。在我参演之前，黑泽明导演和三船敏郎一起完成了很多名作。偶然的机会，我成为一名演员，首次正式出演黑泽明导演的电影就是《用心棒》。在《用心棒》和《椿三十郎》中，我饰演的都是最终被打败的角色。黑泽明导演在每部作品中对我的要求都不一样，比如在拍《用心棒》时，他告诉我要变成一个像"螳螂"一样的家伙；在《椿三十郎》中，他让我扮演一个恶棍武士；到了第三部《天堂与地狱》时，他又要求我像美国演员亨利·方达那样表演，一反之前演的反派，要我演一个"敞亮"的角色。我之前背没那么宽，为了拍摄这部电影每天我都加量锻炼。

在表演上融通舞台与银幕才见真功夫

——包括您和三船敏郎在内，那一代演员在银幕上塑造的都是一种厚重的、古典的、很英雄气的男子汉形象。如今的电影中，所谓帅哥演员比较多。对于当下电影演员越来越注重外表这一现象，您有何看法？

仲代：我本人不是什么帅哥。像三船敏郎、丹波哲郎、胜新太郎，这些有个性的、有气场的，甚至有点痞气的演员，应该也不是你所指的帅哥。相比他们，我就更不是帅哥了，我可能是一副坏人相吧（笑）。对于演员的专业性这一问题，我至今仍在思考。当然有"帅哥"角色也未尝不可。如今，在日本，为了吸引年轻观众，电影制作公司会找一些有人气的、外表出众的演员来出演，即使演技有所欠缺，但是一定程度上可以保证电影的票房。不过一部电影里如果全都是"帅哥"的话，电影将会丧失它的深度。这会很令人遗憾。

——您有宝贵的舞台剧经验，在《切腹》这部作品当中，您还运用了部分歌舞伎的技巧。您不是歌舞伎演员，为什么会想到这个？

仲代：我父亲很早就去世了，他生前非常喜欢歌舞伎，记得我小时候他经常抱着我去看歌舞伎。后来我从事了跟歌舞伎完全不同的话剧表演。歌舞伎讲"造型"，我认为话剧当中也可以运用"造型"。歌舞伎的"造型"是在漫长的历史中由名角创造出来的，讲究"一声、二相、三型"。观众经常会感叹歌舞伎演员的身姿优美，而话剧更多的是靠台词。现在的话剧也有点"相貌"先行的意思，其次才是台词和身姿，尤其现在，演员们都带着麦克风在舞台上表演，对于"声"的要求进一步降低。我觉得今天也还应该坚持"一声、二相、三型"这一标准，否则话剧就会失去它存在的根本。在这方面，我一直在努力地教育我身边的年轻演员。

从不同的导演得到不同的启发

——您从影70年和很多电影导演都合作过，其中最知名的4位是黑泽明、山本萨夫、小林正树、冈本喜八。这4位导演有哪些令您印象深刻的趣事？

仲代：黑泽明导演是一个很直的人，不会拐弯；小林正树则稍微温和。从执导方式就能看出他们的不同。比如拍片时对演员大叫："哎，你傻呀？这么简单的事情都做不来！什么玩意儿，多学习学习去儿。"那一定是黑泽明导演。小林正树导演的风格很安静，但他会说："好的，再来一遍，好的，再来一遍。"我曾经反复拍一个镜头拍了一周，让他点头通过很难的。冈本喜八对于我来说，就像交往很久的好兄弟，像大哥一样。他是一个非常优秀的喜剧作家，我拍过很深沉的角色，但他在各种喜剧中，要求我展示出自己呆呆的喜剧性格。他深知我这个人所拥有的，那种茫然呆愣的喜剧性。而山本萨夫是一位敢于向权势抗争的，具有左翼色彩的导演。我演过他的好几部电影，其中的《华丽的家族》《不毛地带》都还不错。不过说心里话，我最喜欢的还是《金环蚀》，那个星野官房长官的角色真是一个两面三刀的坏蛋。

坚守演艺生涯的动力

——您在 70 年演艺人生中与不同的人相遇，深入角色的心理进行表演。能够享受表演的人生，是一名演员无上的幸福。您是怎么挑战那么多不同的角色的呢？

仲代：演员的基本功之一是观察力。比如坐电车时如果前面上来一个老者，我会一直看他，通过观察想象他的生活、家人、职业。对于演员来说，观察是一种非常好的学习方式。我很喜欢琢磨一个人行为的内在逻辑，由此探索表演方法。我这一生努力演戏，而且运气很好，一演就是 70 年。我对战争题材特别感兴趣。因为"二战"时我很小，住在东京，每晚都有空袭，能活下来是一种幸运。所以我感觉人类有各种各样的形象，有政治家和普通百姓，有弱者对权势的抗争。自由描绘人间百态的最好媒体就是话剧，就是电影。

——在您 70 年的演艺人生中，有没有遇到很大挫折，让您萌生去意的一刻？

仲代：我夫人也是一名演员。婚后她不再接戏，和我一起创立了"无名塾"。她还写剧本，是一位很有才华的女性。20 多年前她患癌症去世了，当时我极度悲伤，心灰意冷，一度想停办"无名塾"，不再做演员了。但夫人留下的遗书最终让我坚持了下来。她在遗书中嘱咐我"一定要坚持到底"，于是我咬牙决定："好吧！那我就坚持下去，把毕生献给演艺吧！"演员不卖座就失去了号召力，为了得到观众的认可，我一直在努力。

——就像您所说的，一个好演员首先要在内心里做一个好人。

仲代：我认为戏如人生。这不仅体现在演员这个职业上，对于所有行业都适用。

霍建起：用影像留住乡愁[1]

起步于第五代的摇篮

王：据说您上北京电影学院的理由竟是为了看电影？

霍：我少年时期家附近的部委大院经常放《不夜城》之类的内部电影，我们就经常混进去看。那个年代没有什么娱乐，电影是唯一让人特别兴奋的事情。现在想想当年的片子也没什么，但当时看到银幕上的人能说话就觉得特别新奇。我对电影的情结就是在那个时候形成的。

1978年的高考我曾同时考取了中央工艺美术学院和北京电影学院。在决定取舍时我想，如果进了北京电影学院，就可以看更多好电影了。当时我的想法就是那么简单、实在，却历史地决定了我的人生之路。

王：您认为您和第五代电影导演是什么关系？

霍：我们北京电影学院78级一共有5个专业，总共才100多个学生，所以彼此都很熟悉。因为我在美术专业学习，毕业后又从事了10多年美术工作，1995年才独立导演电影，所以我是和第六代导演的起步时间点相同的第五代导演（笑）。也许因为在78级里我的年龄偏小，田壮壮、陈凯歌、张艺谋等都比我大至少6岁，所以人们往往意识不到我是第五代的。

王：你们这一代和前一代导演相比，不同的电影叙事意识表现在哪里？

---

[1] 首载于2019年7月号《人民中国》。

霍：和时代发展有关，我们在上课时像郑洞天、谢飞就向我们介绍法国新浪潮、意大利新现实主义、世界经典电影和经典大师的作品，这让我们具有了不同于上一代的视野。我们的老师是第四代导演，我们接受了他们的启蒙，但走得更远，更加特立独行。像《去年在马里昂巴德》这类电影，我们越看不懂越觉得真不错，每个人都想更多地追求突破。因此陈凯歌、田壮壮、张艺谋等起步的时候，有一种上一代身上没有的先锋性，这使得第五代导演电影的整体风格不同于五六十年代电影的喜闻乐见性。

王：在全方位接受当代世界电影影响的过程中，战后日本电影对你们这代人有影响吗？

霍：20世纪70年代末80年代初正是中日关系的"蜜月期"。很多日本作品进入中国影院，而当时欧美电影还很少能够在普通影院看到，可谓日本电影一枝独秀。所以我们接触到了《追捕》《望乡》《远山的呼唤》《幸福的黄手绢》等片子和好多优秀演员。当时"文革"刚刚结束，我们忽然看到了这么好的世界和这么美的人。高仓健、栗原小卷、松坂庆子、药师丸博子等都是我们那一代人的梦中情人。现在回过头来看原因有二：一是那时中国人观念比较封闭；二是当时中国连化妆术的概念都还没有。

走上独立执导之路

王：您刚才说到，您在毕业后很长时间一直在从事美术工作，是什么机缘使您想要开始独立执导电影呢？

霍：确实，毕业之后很长一段时间我都主要从事和电影有关的美术工作。作为美术工作人员，我参与制作了《盗马贼》《大撒把》《遭遇激情》等不少电影，久而久之便产生了自己讲一个故事的冲动。

为什么呢？我毕竟在电影学院看了那么多好电影，毕业之后又一直接触电影，就觉得好电影还是很吸引人的。好电影太让人兴奋了，这就是我的原动力。电影是导演的艺术。导演是可以表达自己的想法的，所以想要表达自己的想法就要做导演。跟着别的导演拍片子的时候，我常常有"是不是还可以用另外一种方式表达""按照我的想法来拍会不会更好"之类的想法。

于是我用了两年多时间试水，拍了一些广告片，让我初步掌握了拍电影的感觉。在这个过程中，我也对自己调度"千军万马"增强了信心。也许你没有什么锋芒，但也不一定比别人指挥得差，反而效果可能更好。大嗓门地去嚷嚷可能是一种工作方式，但我们自己做不来，不过不用这种方式可能也不差。

王：您的第一部作品是怎么一炮走红的？

霍：我的第一部导演作品是 1995 年拍的《赢家》，编剧是我的妻子苏小卫。她觉得要拍戏就要有剧本，可是没成绩没钱请人，谁给你写？当时她对我拍电影心里没底，看我执迷不悟，也没跟我商量，为了圆我的电影导演梦，专门为我写了这个本子。

片子是我个人去找的投资，但影片还是要挂在北影（北京电影制片厂）。因为我是北影的人，需要一个出品方。那个时候韩三平是厂长，挺支持我。就这样，剧本、投资和出品方都顺利解决，电影得以投拍。片子完成以后各方面反响特别好，连续获奖。

它不是一部完美的片子，但是在当时风格十分新颖，这得益于之前我拍广告片形成的画面意识。1997 年的北京大学生电影节最佳处女作奖，华表奖优秀影片奖、最佳编剧奖，上海影评人十佳影片奖、最佳导演奖，长城电影节最佳编剧奖，金鸡奖最佳导演处女作奖，差不多当年中国电影界的全部奖都囊括了。有了这次成功，我后面拍片就顺利了。毕竟艺术就是靠作品说话的。

《那山那人那狗》的乡愁牌

王：借助《赢家》的东风，1999 年您又成功地执导了《那山那人那狗》。是怎样一个契机让您想在湖南那样的地方拍这部片子？

霍：1997 年我访问了美国。我在考察时发现，电影的成功与否都有路数和道理在里面。那时我和谢飞聊天，他对我说民族性强的就是世界的。后来，潇湘电影制片厂拿了《那山那人那狗》这本小说找到我拍电视剧，我坚持要拍成电影。我利用当时的政策凑足了资金。

我和我的摄影、美术、录音共同的感觉，就是特别喜欢这个故事，有很强的创作冲动。我们的剧组很小，在偏远的地方，条件非常艰苦，每个人都晒得很黑。但我有时候总觉得，如果一个人真诚做事，上天一定在看。而且我是学美术的，很喜欢湘西南大自然的风景。

王：现在看看《那山那人那狗》这部片子还是挺前卫的。在大家都向往现代化、都市化的时候，你的作品表现的是一种乡愁。而且您把乡村的美和父子之间的温情拍得很自然，一点都不做作。里面有一个场景我印象很深，就是男主角把父亲背起来了。这个是剧本里面设计好的情节吗？

霍：这个情节是剧本里有的。但是影片中的很多情节都是后来丰富进去的，这个和我的个人经历有关。我觉得我拍这种乡愁是命中注定的，是骨子里就有的，因为我是一个特别怀旧的人。我曾在长安街旁的北池子一带住过很长一段时间，闲下来时总去从前的皇家园林散步，就形成了一种怀旧的情结，对自己小时候生活过、如今风化消逝的世界的怀旧挥之不去。我看着自己小时候住的建国门一带环境都变了，老北京的护城河也没了，怀旧的情绪就不断滋长。像陈丹青这样的画家都说，他从很小的时候就有怀旧情结，过一段时间就往回想想。《那山那人那狗》这部片子恰好有这样一种缠绕在父亲心里的情感，这恰恰是我最喜欢的地方。它表达了乡愁，而这个闪回本身也是一个先锋的东西，不同于传统的叙事方式。

王：这种既有新鲜感，又能拨动人们情感最深处的心弦的普遍情感，是否成为您与世界对话的关键要素呢？

霍：您说得对，这是一种世界性的东西。我在蒙特利尔电影节的时候亲身体会到观众那种被打动的感觉，那种感动是溢于言表的。后来这部片子在日本的成功发行，也有赖于观众这样的反应。当时，北影厂接待了一个日本文化代表团，一位代表团成员拿着在新华书店买的VCD请我签字，还送给我一条领带，他眼中含着泪水对我说："我们日本人就是看着父亲的背影长大的。"

在日本引起的持久共鸣

王：在山田洋次的《家族》中，有一个闪回的镜头，是夕阳下儿子背着父亲走的剪影。这与《那山那人那狗》有着心照不宣的默契。这是不是东方人相通的情感表达？

霍：的确都是相通的。这部片子的影响已经超出了我个人期待的结果。一部影片能够有这么大的传播效果，是可遇不可求的。

王：可是《那山那人那狗》在中国的票房并不理想。

霍：那是因为当时的中国本身就没什么市场宣传推广的意识，而且这种艺术电影本身就不是娱乐市场的东西，有针对性的发行没有跟上是根本原因。

王：在日本是借助怎样的机缘一下子就获得成功了呢？

霍：2000年金鸡百花电影节在沈阳举办的时候，颁奖前放映了《那山那人那狗》。当时深泽一夫、植草信和也来参加活动，被现场观众的反应所感染。后来他们就通过森川和代牵线找到了我。深泽一夫退休前在东宝公司做发行，他约上我谈在日本发行的事情。最后，深泽一夫个人、岩波艺术影院、植草信和代表的《电影旬报》以及东宝公司四方合作进行了影片的购买和宣传发行上映等一系列的运作。

日方谈好后用一年的时间准备宣传。2001年3月，我去东京举行发布会接受媒体采访，4月就在岩波艺术影院上映了。上映之后轰动效应升级，2001年3月25日，《朝日新闻》的金牌随笔栏目《天声人语》甚至破天荒地为一部电影做了宣传。这样很快就发展成全国范围内放映的影片。

王：《那山那人那狗》在日本全国范围内的影响力可以和当年《追捕》在中国上映的情形相媲美了。去年是《追捕》在中国上映的40周年，今年是《那山那人那狗》在日本上映的18周年。两部电影在彼此国家的持久影响力，是在中日电影交流史上值得比较的一对案例。

霍：当时因为影片的发行或放映我经常去日本。两年前，东京国际电影节上放了一场我拍摄的《大唐玄奘》，没想到还有好多观众记得我，许多人拿着《大唐玄奘》的画册，还有不少人拿着《那山那人那狗》或者《情人结》的画册等着签名。当时有一个人很有意思，他跟我说他家里就是寺院的，离东京比较远，无法全家都来，于是全家特地开了一个家庭会议，商量谁来看这部《大唐玄奘》。

王：作品能在日本产生如此广泛、长时间的影响，对您来说也是始料不及的吧？是什么原因造就了这么长时间的影响力？

霍：我认为正是因为前边我们谈到的东方人共同的情感。虽然这种感动是全世界共通的，但是日本人和中国人的感情都比较隐晦，不直接表达。加之有普遍的家族情感的原因，每个人都有这样的体会，因而在日本人那里更有共鸣吧。那段时间，我只要去日本就会遇到这样的人。有一次在六本木，有一位穿着米色风衣，灰白头发的知识分子模样的长者在门口等着我签名，他在冷风中等待我们的那股热情深深地留在我的记忆里。

王：《那山那人那狗》之后，在《暖》这部片子中您又起用了日本演员香川照之饰演一个中国哑巴农民。这部片子当时在剧本上就有考虑要和日本合作吗？

霍：这是一部纯粹的中国电影，改编自莫言的小说，也是表现了一种纯粹的、中国式的乡愁。日方和中国方面确有合作，但并不是合拍影片意义上的合作，主要是在初期就设想拍成之后要在日本发行。当时日本对中国电影也比较重视，所以找到了我。

王：《暖》这部片子对您也是一个挑战吧，让一个日本演员演中国人。虽然这个角色没有什么台词，但是反过来在表演上的要求会更高吧？您是怎么指导他的呢？

霍：日方考虑到日后在日本的发行，希望片中有一个日本演员。日方提到了香川照之。尽管这个角色是中国农民，但在片中是一个哑巴，没有台词，所以我也敢用他来演。香川照之作为演员非常敬业，表演十分投入，也很能吃苦。凭借在这部片子里的表演，他在东京国际电影节上意外地摘得影帝桂冠。有一个细节我现在还记得：宣布他得奖的时候，他毫无准备，甚至连领带都没有打就上台了。上去之后他才意识到嘴里还含着一颗糖，一激动就咽了下去（笑）。

与山田洋次导演的缘分

王：听说您和山田洋次导演还有着很深的缘分？

霍：我和他的接触比较多，可以说是忘年交了。《那山那人那狗》最早在东京发行的时候，只对一部分人公开，但还没进入宣传阶段的时候，我听说他就来过。

那个时候我就知道他，因为我在学生时代看了很多他的作品。《远山的呼唤》和《幸福的黄手绢》是令我印象最深的，"寅次郎的故事"系列我看得并不是很多。《远山的呼唤》和《幸福的黄手绢》在当时是两部主打的片子，不是那种生涩的纯艺术电影，而是能让普通百姓也喜闻乐见的主流片子，同时也不是纯娱乐片，很温情动人，对于人性的表达十分到位。

王：您和他第一次见面是在什么时候？后来都有过哪些交往？

霍：第一次是2005年。那时候是《情人结》在上海国际电影节参加比赛，我和他坐在同一排，通过他的中方经纪人的介绍，我们就认识了。从那一次开始，我们的接触就比较多了。后来还一起参加了电影频道的《电影之旅》的采访。

之后我也去东京找过他。他是松竹公司的台柱子，他的"寅次郎的故事"在日本是贺岁片，每到过年如果不放映的话，老百姓就觉得好像缺了点什么。他的片子总是幽默中又有很多动人的情节，笑中带泪。有一次我去松竹公司他的工作室找他，中午他就在松竹公司斜对角的一家西餐厅请我吃饭。当时正是《砂器》公映40周年，从餐厅的窗户望出去，旁边的高楼上就是巨大的《砂器》的广告。

2011年10月4日，在濑户内海之滨小城竹原，霍建起与山田洋次不期而遇

山田洋次是《砂器》的编剧之一，当时我就觉得很亲切，因为《砂器》是我还在上大学的时候在上海看的。

我跟山田洋次导演也有不少互动，后来有一次在中国电影资料馆配合他的《东京家族》的推广，我们进行了一次非常有意义的对谈。

王：看过《那山那人那狗》之后，我一直觉得您就是中国的山田洋次。虽然你们的年龄差得很多，但是作品中那种温馨的乡愁是相通的。是否可以说你们彼此心中都有着对自己国家"原风景"的美好想象？

霍：还真是无巧不成书。记得2011年我和您一起去日本考察电影，和观众交流。在濑户内海边上一座美丽的城市竹原，我们在小巷里正走着，您一眼就发现了不远处正在和苍井优一起看外景的山田洋次导演，于是就有了我们在濑户内海的一次不期而遇。当时，山田导演正在构思他的《东京家族》是吧？好像后来您和我说过，濑户内海是日本人心中的"原风景"。其实在我心中，中国乡村的绿水青山也正是我们中国人心中的"原风景"。

胶片电影留给我们的乡愁

王：目前，《那山那人那狗》完成了4K修复。您觉得色彩恢复得理想吗？

霍：当年片子拍得很认真，后期制作阶段又一点一点很细致地调光。《那山那人那狗》这部片子当初色彩调得就很好，那种色调和影片的感情很吻合。这次4K修复后基本能达到原来的感觉，有的地方色彩可能更好。4K修复的意义更多在于影片的储存。胶片随着时间的推移，受所处环境温度、湿度的影响，质量都会越来越差。4K修复后，影片的画质就会更好一些，影片的储存也能够更加长久。

王：数字电影比胶片电影在制作方面有了更大的空间，但是在表现性上可能会有所不同。我们今天是否也将面临对胶片电影乡愁的追忆？

霍：胶片电影是一种奢侈的方式。虽然胶片时代过去了，但是数字拍出来的东西始终无法达到胶片的那种"润"的境界。那种"润"的空间是说不清楚的。

但是数字对于今天的创作者来说，确实容易了很多。我们那个时候就好比只能拿到5个萝卜做菜，而今天则能给你500个萝卜去做菜。量大了，可以反复去做，所以容易了。

但是问题就在于，出于时代原因，语境、习惯、年轻人的审美都发生了变化，因此表达方式也发生了变化。有的时候可能很卖钱，但是不能引起我们的感动和触动。我认为这和时代有关系，和我们的经济、社会发展有关系，但是和东西本身并没有什么关系。

时代不同了。以前表现本身就是有难度的。我们那个时候看片子要到资料室去，每次看到就兴奋得不得了，所以上学的时候能看到大量的片子我觉得特别幸福。但是现在，手指一点，手机上就出现了，想看什么就看什么，传播的门槛也低了。每个年代不同，每个年代也都有每个年代的局限性。没必要在一个时代追求另一个时代的东西，你没有那种体验，也不是那种表述方式。那么，在你自己的时代做到最好就可以了。

老华侨韩庆愈：平生唯盼祖国好，衣带水间架虹桥[1]

2018年秋天，92岁的老华侨韩庆愈在亲人的陪伴下，捧着妻子韩美津的骨灰来到北京居庸关附近的公墓"怀思堂"，将这位曾经叫伊东美津、和自己相濡以沫生活了将近70年的老伴安葬在早已相中的一块墓地中。2019年暮春，韩庆愈实现了90多年的夙愿：回到自己的祖籍之地山东胶南祭祖。这位在日本生活了76年的老人，有着怎样不平常的人生？70多年来，他和祖国之间有着怎样难以割舍的情愫？在中国和日本之间他又起到了怎样无可替代的作用？近日，我们在北京专访了韩庆愈先生。

漂泊中迎来历史的转折

1943年，17岁的韩庆愈从黑龙江青冈出发，东渡日本来到茨城县立太田中学留学。改变他人生命运的生活就此开始了。1945年8月初，动身返回东北的韩庆愈所搭乘的货船在朝鲜半岛的罗津附近返航回日本。因为此时苏军对日宣战，已经进入中国东北。8月15日，在船只快到敦贺港的时候，从船上的气氛

---

[1] 全文首发于《人民中国》微信公众号，编辑后刊载于2019年10月号《人民中国》。

已经强烈感到日本接受战败的征兆。就这样,在漂泊的航途中,韩庆愈迎来了历史的转折。

"一下船,我就知道我们中国胜利了。当时我一心想着要回到自己的祖国,尽自己的绵薄之力为祖国效劳。"多年来,东北青年做亡国奴的阴霾一扫而光,韩庆愈和所有中国人一样沉浸在光复的喜悦中。然而,日本战败后,去中国的船也断了。严峻的现实要求他必须先解决生计问题。"1945年到1946年日本刚刚战败那段时间,生活非常艰苦。为了生活,我在一家台湾同胞于1945年10月25日创办的报纸《国际新闻》找到一份工作,通过在东京进行各种采访,开始学习做记者的本领。"

韩庆愈在国际远东军事法庭进行了现场报道。还采访到了来自祖国的著名作家冰心女士。1948年4月考入东京工业大学的韩庆愈,一面做着《国际新闻》的兼职记者,一面投入紧张的学习中。受进步思想影响,他这时开始参加留学生反内战活动。

新中国确定了他的人生方向

1949年10月1日中华人民共和国成立的消息传到日本,留日同学会通电祝贺的同时,华侨团体还举办了庆祝新中国成立大会。"我们为祖国的新生欢欣鼓舞,同时提出日本媾和,必须是有新中国参加的全面和约。"回忆起当年的情形,韩庆愈的双眼闪烁着激动的光辉。新中国的成立,再一次改变了韩庆愈的人生命运。

1951年3月,因为共同的志向,经人撮合,韩庆愈和与自己同岁的日本姑娘伊东美津结为连理。"她原本是学习日本文学的,在学习过程中十分推崇中国文化,认为日本的文化和文学是源于中国文化和文学的滋润。因此,她认为要学好日本文学,必须懂汉文,了解中国的文化。我们结婚以后,她继续在东京中文学习班学习,后来中文说得很流利了。"他们结婚以后,韩庆愈建议她加入中国国籍,因为按照当时韩庆愈的规划,他们很快会回到中国定居。"美津的母亲也同意结婚以后我带她回中国,因此也十分起劲地鼓励她学好中文。"从此,伊东美津就随夫姓改名韩美津。两人相爱相守近70年,直到去年卧病多年的老伴先他而去。

随着形势的发展,韩庆愈的人生命运再一次面临转机。1953年,持续了3年多的朝鲜战争终于停战。中国协助大批日侨回国,旅日的华侨也纷纷踏上了返回故乡之路。韩庆愈原本的计划也是回到祖国参加新中国建设。1953年6月底,他乘

"兴安丸"与500多名中国同胞一起到达天津。7月2日,时任华侨事务委员会副主任廖承志接见了他,问及今后的打算后,提出了出乎意料的要求。"廖公对我说,你应当继续为华侨服务。听说你当过记者,希望你把在东京办一份中文报纸的任务承担起来。"

留日办报守望祖国的发展

韩庆愈义无反顾地答应了下来,一回到东京,他就在各方华侨的支持下筹办这份报纸。1954年3月1日,凝聚着旅日华侨心血的侨报《大地报》创刊了。这份侨报和1953年在廖承志领导下创办的日文月刊《人民中国》共同成为连接中日民间、祖国与华侨的重要信息纽带。"《大地报》我负责编辑了15年,直到'文革'期间受到干扰停办。当时我们的主要报道来源是国内的消息,整理以后编发。我们的宗旨很明确:热爱社会主义祖国,团结爱国华侨,推动以解放台湾为目标的祖国统一,促进加强中日友好。"韩庆愈介绍说,"在发行报纸以外,我们还发行了《日本工业技术》杂志,编译日本工业战后新技术资料。国内的国际贸易促进委员会下属的技术交流部负责把我们的刊物发行到中国的各个企业、各个研究单位,对推动中日技术交流起到了积极作用。能够间接地通过这种方式支持祖国建设,我的心里很有成就感。"

这期间韩庆愈还多次参与接待了来自祖国的访日团。"1954年,中国红十字会访日团是第一个到访日本的祖国代表团。当时,全日本华侨都轰动了,各地区的华侨代表赶到东京欢迎祖国的亲人。我记得团长是卫生部部长、中国红十字会会长李德全,副团长是廖承志。"韩庆愈当时作为记者从东京一路跟随采访,至今回忆起来他仍激动不已:"当时日本为感谢中国协助在华日侨归国,同意日本红十字会邀请这个高层次代表团来日本访问。在我们乘车从大阪到京都的一个小时车程中,沿途一望无尽的欢迎人群手执红十字会会旗夹道欢迎我们。这场面令人感动,难忘。"韩庆愈通过《大地报》整版报道了此次访问的活动行程以及受到欢迎的场面,给廖承志留下了深刻的印象。"此后每次中国团访日,廖公都会跟华侨会打招呼说要让韩庆愈跟团做翻译。就这样,从1955年以后,来自中国的团组我都做过翻译。"

就这样,从1955年到1966年的11年间,韩庆愈在接待国内40多个团组的过程中见证了许多重要的历史时刻,结识了许多重要人物,通过他们了解到新中国日新月异的发展变化。"1955年，我接待了来自祖国的第一个贸易代表团，认识了孙平化、陈抗等人。1956年，我参与接待了梅兰芳京剧团到访。1958年第四次中日贸易协定谈判时，我认识了康大川、吴学文等国内媒体人士。1961年，我参与接待了巴金为团长的中国作家代表团。1963年，为纪念《人民中国》在日发行10周年，当时的中国外文出版社社长罗俊率团来到日本，我们相处得很好，成了朋友。我们海外华侨时刻关心祖国的发展，通过和代表团的接触，了解到很多祖国的新成就。令我惊讶、感动的是，长春成立了第一个汽车制造厂，生产了解放牌卡车。看着照片上的国产卡车，我真是百感交集。后来，我又看到武汉长江大桥一桥飞架南北，打破了世界桥梁专家认为长江上无法建桥的断言，更是感到扬眉吐气。"

邦交正常化带来人生新的转机

这样的好势头，在"文革"中遭受了挫折。《大地报》接到国内指示，被迫停刊。但是韩庆愈心系祖国的初心丝毫没有改变，他认定中日交流事业非常重要，于是他带领《大地报》的伙伴们一起转型成立了向阳社。"报纸被迫停办，我们就继续做杂志，继续向中国介绍日本的工业、技术、企业。为了促进中日贸易，我们做了大量的工作。"

70年代初中日邦交正常化前夕，日本非常关注中国，许多公司都想和中国做贸易或技术交流。这使得向阳社的业务不断扩大，如编中文词典、出版数字电报电码本、进口中文铅字字盘等，增加了效益。

1972年中日邦交正常化，韩庆愈再次感受到新的希望。"我先前认识的好朋友，中国大使馆文化参赞陈抗找到我问，现在国内需要日本专家来华做日文方面的工作，特别是外文局的《人民中国》，急需这方面的人才。你夫人中文讲得那么好，有没有去中国工作的想法？我征求了美津的意见，她欣然同意了。外文局局长、我的老朋友罗俊也非常欢迎美津来华工作。因为属于侨眷，美津成为在《人民中国》工作的唯一中国国籍的日本人，不叫专家，叫中国籍编辑人员。"

科技交流助力祖国改革开放

1978年《中日和平友好条约》签订前夕，中国已经进入改革开放时代。这时电话传真机开始在日本流行。为解决电报往来造成的中日经济交流瓶颈,韩庆愈开始动员日本的生产厂商、日本的电话局等向中国介绍日本的电话传真技术。"1978年4月,我组织日本专家团到北京等地介绍电话传真技术,同时跟中国电话局商量试用这一技术,于是我在中日之间正式启用电话传真前一年就与向阳社北京办事处之间用电话传真来做业务了。第二年,中国政府正式批准传真机业务,极大地提高了中国与世界的通信效率。"

1978年秋,以中岛健藏为会长的日中科技文化中心成立,由向阳社牵头开展科技交流活动,韩庆愈成为这个机构的专务理事。这个机构在1982年获准成为日本科学技术厅所属的社团法人。

在推动中日交流的过程中,韩庆愈注意到日本引进美国质量管理的概念,结合日本国情形成的日本质量管理体系对未来中国的潜在价值。韩庆愈就在向阳社的杂志上请日本专家撰文,一共用了两年时间系统介绍质量管理的总论,以及化工、汽车、机械等各行各业的质量管理理念。1978年夏天,韩庆愈组织专家团来华,在北京、天津等地与中方企业骨干交流。此后,各地开始学习日本质量管理的做法,不久就在全国范围内得到普及。看到改革开放初期的努力在今天结出了硕果,韩庆愈倍感欣慰:"现在我们中国的产品,在日本市场能够通用,同时也向世界各国出口,主要就是因为我们的产品质量过关。尽管日本的标准很严格,可你到日本的商店去看的话,日常用品里面70%是中国货。这算不算我做的好事呢?"

广告业务带给祖国一代人的记忆

那些年韩庆愈做的好事不止于此。1979年,上海广告公司正式宣布接受外国广告,让韩庆愈看到了商机。"我之所以捷足先登是因为我早有经验。1965年"文化大革命"前一年,日本奥林帕斯显微镜的广告就是经我联系登在北京《大公报》上的,这是当时中国唯一刊登外国广告的先例。后来"文化大革命"开始,上海广告公司停业了。1979年,他们重新开启业务。我最先知道这个消息,立刻就派人到上海签了协议,开始向中国介绍日本的广告。"经过努力,东芝、三菱、日立、日本精工等很多大厂家开始在中国一些主流报纸整版地刊登广告。这在中国是首创,向阳社也在日本引起关注。一年多以后,起初有些矜持的《人民日报》也打破条条框框,和向阳社建立了广告业务,刊登了整版的日本企业广告。"攻下平面媒体，接下来电视广告就水到渠成了。仰仗我自60年代以来结识的广泛人脉，几经努力，我终于在1979年说服了中国中央电视台接受广告业务。模式是动画片《铁臂阿童木》带产品广告。此后每个星期天黄金时间内，最好的时间段里给我30分钟播放。在当时形成了人人都在家里看《铁臂阿童木》的壮观场面。"从此韩庆愈的动画片带广告的模式一发而不可收，几年之间，《森林大帝》《尼尔斯骑鹅旅行记》《三千里寻母》等成为一代人的记忆。"可以说我对中央电视台的发展做了一定的贡献。梅地亚大楼就是靠这些广告费建立起来的。"

后来，韩庆愈改变战略又打入了上海广告市场。他建议模仿日本老百姓自娱自乐开办歌唱大会的形式，让老百姓直接参加演唱，派发广告奖品。卡西欧公司愿意提供电子琴作为奖品，上海电视台也收到了广告费。韩庆愈得意地说："这个节目一下子就火起来了。记得其中有一位参加节目的歌唱家后来还到日本去发展了，在日本还有一定的影响。这个广告效果好，收益也很理想。当年上海广告公司的员工拿到的奖金是3万块人民币！你想想，在80年代那可是一个天文数字了。这个广告的收入对后来东方卫视的创办也起到了关键的作用。"

念念不忘祖国和平统一与中日友好

韩庆愈在华侨中有着很高的威望，80年代曾担任华侨总会的副议长。近年来，由于年纪原因，韩庆愈从许多职位上退了下来。但中日友好、中日交流与祖国和平统一一直是韩庆愈念兹在兹的头等大事，许多活动上都少不了他奔走的身影。2001年夏天，在东京举行了全世界各地华侨祭祖会，会后召开了全球华侨华人推动祖国和平统一大会。韩庆愈是大会主席之一，负责活动言论集的宣传、出版、发行。"现在华侨总会对外活动，一是和日本各团体加强友好联系，促进中日友好，我作为常务理事也经常参加活动。二是促进祖国和平统一。我现在从和平统一促进会的常务理事这一职务上退了下来，但还是顾问。我希望在我的有生之年能够看到祖国的和平统一。"

韩庆愈对常陆太田市有着独特的感情。这不仅因为他多年居住在这座城市，还因为和这座城市有关的一个中国人。江户时代明末儒者朱舜水在幕府将军德川光国的邀请下来到江户，在教育、文化、生产、思想等方面传授了中国明代的思想。他的遗骨就葬在常陆太田市瑞龙山德川家墓内的德川光国坟墓旁。韩庆愈把对自己第二故乡的情感转为行动："常陆太田市当时的市长渡边龙一是我的同学。

我们商量把常陆太田市与朱舜水的家乡余姚市结成友好姐妹城市。经过我们 5 年的共同努力，1998 年，两个城市正式结成了友好城市。在我的提议下，2012 年两市在余姚市联合举办了朱舜水学术研讨会。"

祈愿祖国和东亚更美好的明天

当年由于没有陆路连通，一衣带水将韩庆愈和祖国分开。因此听到祖国提出"一带一路"倡议，韩庆愈非常赞同，而且认为东北亚也不应该孤身其外。"比如亚投行，日本还没有参与。我们日中科技文化中心的理事长，曾经两次会见记者，呼吁日本政府参加亚投行。日本驻联合国的大使也参加了记者会。"他有一个愿景，那就是在有生之年促成日本和中韩之间建成海底隧道。"日韩海底隧道研究会早在 1983 年就已经成立，目前的线路是从福冈经过对马岛到达韩国釜山，通过海底隧道从东京坐高铁到北京只要十个小时。如果这个项目立项完成，日本就不光是第三方市场合作，而是能直接参与'一带一路'了。丝绸之路的东方终点不就是日本吗？如果能够实现这一愿景，日本和中国进一步频繁的交流会产生更多经济效益。我希望中国好，日本也要好，这两个国家是兄弟之邦。古代日本从中国吸收了好多文化。中国改革开放也从日本引进了不少先进技术。所以友好才是中日两国的不二之选。"

近年来大批中国游客赴日旅游，个别游客的素质问题引起日本社会的反感，日本某周刊甚至提出"要海关设限拒绝中国观光客"等极端主张。2013 年 4 月，因病住院的韩庆愈在病床上看到这些报道十分痛心。他联系到老朋友张可喜、贾蕙萱等，于次年 6 月创立了"东方文明振兴会"，决心为提高国人的素质，提升祖国在海外的形象而呼吁。

再有几个月，新中国即将迎来 70 华诞，作为在东瀛守望祖国 70 多年的老华侨，韩庆愈以自身经历发自肺腑地谈到了自己的展望："从我们的祖国，中国共产党领导的新中国成立以后，我一直生活在日本。我们祖国 70 年来蒸蒸日上的发展，令外国人对华侨有了更多的尊重。希望祖国继续发展，超过过去任何时代。我们不是通过战争和掠夺，而是用和平的方式，用贸易、用经济、用平等交流的办法实现强盛。中国传统的理念将引导我们未来的发展。互利互惠对中日两国都是福音。而届时我们华侨更能进一步地受到当地人的尊敬。我每天特别高兴地守望着祖国的发展进步，并为祖国的未来祝福。"

程永华：外交生涯 40 载见证祖国改革开放[1]

2019 年 4 月 3 日，日本放送协会 NHK 在 7 点新闻头条播报了程永华驻日大使即将离任的消息。出乎程永华的预想，他的离任在日本引起了轰动，当天大使馆的电话响个不停，都是打来确认这则报道的。

之后，日本政界做出了一系列破例的安排，安倍首相单独宴请程永华大使，首相夫妇及 11 位内阁大臣、140 多位国会议员参加离任招待会。天皇皇后在皇宫会见了程大使夫妇，程永华也因此成为德仁天皇继位后第一次正式会见的外国宾客。

对于这些安排，程永华感慨良多。回顾自己从 1973 年作为第一批公派留学生来到日本留学，至今走过的 40 余载外交生涯，他说道："这背后反映出了日本对两国关系的重视程度的变化，和日本对两国关系未来发展的期待。而我个人的外交工作经历，恰恰是和中国改革开放、中日关系变化紧密联系在了一起。"

新中国第一批赴日留学生

1973 年，程永华作为新中国的第一批赴日留学生来到日本求学。他回忆道："周总理在 1972 年尼克松访华后指示要求培养年轻外交官。于是，外交部在全国

---

[1] 首发于《人民中国》微信公众号，编辑后载于 2019 年 10 月号《人民中国》，王朝阳参与采写。

组织了选考，一共选拔派出了120人左右，我很荣幸被选中去日本留学。"

不过，程永华的留学之途也经历了坎坷。那时，中日两国刚刚恢复邦交，还没有签订教育交流协定。从日本来中国学习的外交官在北京语言学院，也就是现在的北京语言大学学习。按照外交的对等原则，日方也应该安排中国留学生进入日本的同等学校，但日本文部省以两国间没有教育交流协定为理由，不同意公立大学接受中国留学生入学。所以，程永华等人只能先在不受政府限制的私立大学上学。1974年12月，创价学会的池田大作会长访华会见周恩来总理，之后提出愿意接待安排中国留学生，程永华等人便转学进入创价大学学习。

1977年，程永华从创价大学毕业后直接留在了驻日大使馆工作。1978年10月邓小平访日时他作为联络员之一，负责礼宾、日程协调等工作。

邓小平作为新中国第一位访问日本的领导人，得到了日方的破格接待。时至今日，那些场景还鲜明地留在程永华的脑海里。"那是在赤坂国宾馆的前院，在日本当时的首相福田赳夫以及十几位日本内阁大臣，中方陪同人员的注视下，五星红旗升起，礼炮齐鸣，仪仗队列队。我那时心中充满了对祖国的自豪之情。"

而更令程永华难以忘怀的，还有邓小平在访日期间对中国未来发展的思考。"我们每天都要到他的房间去，问有些什么事情需要去联络。我们常看见他在很深沉地思考。在日本参观工厂时，他也自言自语地说：'我明白现代化是怎么回事了。'他当场请新日铁、松下来中国建设应用同样技术和管理模式的工厂。还有大家比较熟悉的、已经报道出来的邓小平坐新干线时的感想。他说：'我就感觉到快，有催人跑的意思，我们现在正合适坐这样的车。'当时有人解释说他是不是在赞赏新干线？我个人理解，他其实是在思考中国未来应该怎么办。"

9年3个月的最长任期

邓小平结束访日后，同年12月党的十一届三中全会召开，中国开始实行改革开放政策。1979年，大平正芳首相来华访问，决定向中国提供政府开发援助，包括有偿援助（低息贷款）、无偿援助和技术援助，以此来支持改革开放。30年后，2010年2月，程永华作为驻日大使再次赴日之时，中国的GDP总量首次超过了日本。中日两国的国力对比发生了变化。

程永华认为，这也是中日关系在过去10年中发生很多矛盾、问题，甚至是冲突的深层原因。一些日本人对中国的认识没有调整过来，把中国的发展看作挑战而非机遇。

2010年的中日关系经历了破冰融冰，正处于从小泉政权时期的冰冷状态逐渐回温的阶段。当时的日本首相鸠山由纪夫提出了东亚共同体等设想，两国间友好合作氛围浓厚。

程永华说："刚到任时，我内心充满期待，希望大力开展和日本各界的交流，推动两国在各领域的活跃合作。但同年9月发生了中日撞船事件，接下来又有石原慎太郎挑起的购岛事件、安倍首相参拜靖国神社等一系列事件，严重地冲击了中日关系，使得中日关系进入中日邦交正常化以来最严峻局面、最困难时期，而且是多种矛盾交织。两国关系的恶化也导致民间交流受到冲击，两国民众感情严重受损。"

面对急转直下的局面，程永华也在思考中日关系到底应该怎么走？在涉及领土主权问题，涉及历史，特别是战争责任认识的问题时，他明确地坚持原则，维护祖国利益。2013年，安倍首相参拜靖国神社，程永华第一时间赴外务省提出交涉，并在日本报纸上发表文章，争取舆论。他说："大使要代表中国阐明立场，这种情况下必须冲上去。"

在原则问题毫不妥协的同时，程永华也在主动寻找改善两国关系的积极因素。他回忆道："我发现日本东京和地方有'温差'，地方的对华态度要比首都热情，当时地方政府的知事、市长们都愿意和我交流，愿意和大使馆交流，愿意和中国交流合作。我就在大使馆内部开会时提出，这一'温差'就是我们今后工作的努力方向。所以在以民促官、以经促政的后面，我们又加了一条叫以地方促中央。"

除地方交流以外，青少年交流也是大使馆一直默默努力耕耘的领域。在中日关系陷入最困难、最低谷状态的2012年至2014年，只要有日本大学生访华或者中国大学生访日，程永华都会尽量去和年轻人交流座谈，听大家谈感想，也勉励大家多去了解对方国家。中国驻日本大使馆自2014年起邀请和组织日本大学生访华，并于2017年、2018年和北京大学等单位合作连续举办中日大学生千人交流大会。他感慨地说："青年的感言有的很令人感动。普遍的现象就是，在和中国交流之前，日本年轻人对中国没有什么认识，甚至是负面认识更多一些，但是通过交流，他们觉得中国人很亲切热情，中国文化对日本的影响很深，这使得年轻人重新开始和中国产生一种亲近感，愿意和中国去交流，甚至会因此调整自己今后的职业规划和生活方向。我觉得青少年交流的作用是很深远的。"

从2010年到2019年，程永华坚守在中日关系的第一线，经历了两国关系最波谲云诡的时期。在今年5月卸任驻日本大使职务的离任招待会上,程永华用"无悔无愧"四个字概括了自己9年的任期。他说:"在中日关系能够重新回到正常发展轨道,而且保持着改善发展势头的情况下,我交出了接力棒。过去9年,我无悔无愧于中国驻日大使的头衔,履行了我的使命和职务。未来,我期待着中日关系会有更大的、更好的发展,迎来新局面。"

危难之中坚守岗位的大使

在自然界的天灾前,程永华也展现了中国外交官的风采,带领使馆坚守在一线。

2011年3月11日,东日本大地震发生。当时,程永华正在使馆准备外出参加活动的资料。"晃动强烈而且持续时间很长,书架上的杯子、墙面上的挂表都摔下来了,人得蹲马步才能站得住。我在日本经历的地震比较多,但从没有这样严重的。"

意识到灾害严重性的程永华马上和其他使馆领导成立了紧急指挥部,启动了应急机制。所有馆员在使馆电影厅,站着开了一次全馆会,程永华做了简单的动员讲话。"我说,党和人民看着我们,党和人民考验我们的时候到了,大浪淘沙,是金子就要放光,如果是共产党员,是中国的外交官,那就要挺起胸膛,我们要冲得上去。"在强烈余震不断、福岛核电站事故爆发、周边的西方国家使馆悄悄撤离东京的情况下,程永华和所有馆员做出了坚守的决定。

11日当天,大使馆连夜派出了第一个工作组前往震中仙台,掌握受灾情况,救助华人华侨、留学生。在当地人都往外跑的时候,只有日本自卫队和中国大使馆在往灾区里进。留守的馆员组成了6个工作组,从3月11日到3月21日24小时值守。程永华回忆道:"很多人在国内联系不上自己的亲人,就打电话到大使馆询问。最后我们的手机都打到没电了,大家就一边充电一边继续联络。因为手机太烫,只能掐着手机打电话。"

为了让国内获得第一手可靠信息,程永华本人在2011年5次深入震区。"我第一次去灾区是4月初,从仙台到福岛,沿着海岸线那一带走,去了解情况收集材料信息。当时我亲眼见到,船在房顶上,三四层的水泥小楼横躺在地上,海边的小村庄只剩下一片赤地,什么都没有了。"

当时海岸线5公里范围内都被划定为危险区域,一般人禁止进入。程永华在自己的警卫陪伴下，毅然决然地进入灾区。谈及这些危险，程永华说："那个时候这都已经是次要问题了，当时我主要是感到了责任感和使命感。"

程永华的40年外交生涯，见证了中国国力的变化，中日关系的变迁。他在展望中国外交时，充满豪情地说："中国正在走近世界舞台的中央，发挥的作用和过去相比不可同日而语。我觉得现在中国的外交真正迎来了一个全新的好局面。我愿意继续为我国的外交事业做出自己的贡献。"

知音知心结连理　　相亲相爱真情缘
——濑田裕子与盛中国"永远的红蜻蜓"[1]

濑田裕子和盛中国于 1986 年相识，当时盛中国已经是世界知名的小提琴演奏家了，而 20 多岁的濑田裕子则凭借钢琴演奏初出茅庐。在东京濑田家里，盛中国带来了小提琴和乐谱，和濑田磨合乐感。"尽管我们从来没和过，可一下子感觉特别默契。我记得那一天东京下着雪。"濑田回忆起当时的情形依然十分动情。凭着这种"琴瑟和鸣，灵魂感应"，从知音到知心，两人产生了心灵信赖，彼此走进对方的生活。

1987 年 6 月，盛中国回到国内，便邀濑田去广东珠海、深圳、东莞、广州等地巡演。当年的珠海没有三角钢琴，只有一台音准失调的立式钢琴，因此，演出没有能够充分发挥，濑田还为此哭了起来。可第二年，情况就有了改变。"现在不仅珠海，各地都有世界超一流的音乐厅，随着国家的发展开放，听众素质也提高了。"

在共同的生活中，两个人开始时那种火花般的情感，慢慢变成一种亲情。和盛家人生活在一起，濑田了解到一个中国传统的知识分子大家庭的家国情怀。"婆婆告诉我，当年面对日本侵略，期盼祖国强盛，公公盛雪在重庆防空洞里给我先生起了响亮的名字：盛中国。"

和盛中国的结合，也改变了濑田裕子的人生。拜中国改革开放的时代背景所

---

[1] 收录于 2019 年 10 月号《人民中国》特辑，黄泽西参与采写。

赐,凭借着音乐这一人类最美好的语言,两人活跃于中日之间,世界各地,将热爱美好、和平的种子播撒到人们的心中。"也许公公没想到儿子居然娶了一个日本媳妇。中日友好一直是我们的梦想。"

盛中国是一个透支生命献身艺术的人,他说过,"人的寿命不是按时间来衡量的,是按浓度来衡量的。"濑田对盛中国的评价是,"他不仅才华出众,而且负有使命,他一生都献给了小提琴和音乐。"最让濑田感动与自豪的是,"一个世界级的音乐家,随时听从祖国的召唤,'人民的艺术家'这一称号他当之无愧。他放弃了自己的'世界性',将自己最美好的艺术奉献给了自己的人民。"

9月8日,在盛中国逝世一周年之际,吕思清、谢楠等中国一流小提琴艺术家都来到纪念音乐会上献艺致敬。人们以自己的方式追思这位与祖国共命运的天才艺术家。

音乐会上,濑田讲述起一年前在盛中国的墓地上一只红蜻蜓飞来不肯离去的感人故事。日本童谣《红蜻蜓》是两人珠联璧合的演奏曲。舞台上,伴随着盛中国生前的演奏录音,濑田裕子弹起这首钢琴曲,令人感到伯牙子期般的默契。这一瞬间,仿佛盛中国又回到了无数热爱他的听众身边。

跨越时空的传奇与感动

——漫画创作谈[1]

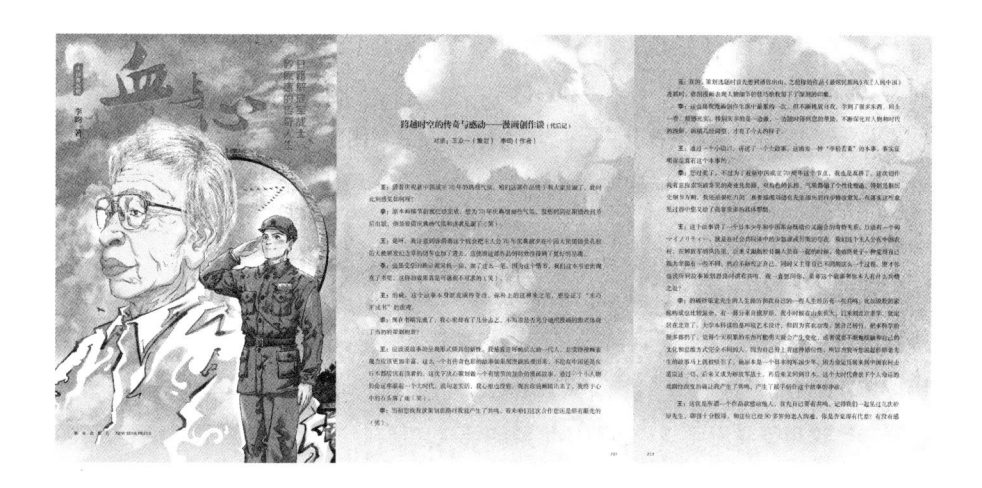

对谈：王众一（策划）、李昀（作者）

王：借着庆祝新中国成立70周年的热烈气氛，咱们这部作品终于和大家见面了。此时此刻你感觉如何呀？

李：原本画稿在国庆节前我就已经完成了，想为70周年庆典增加些气氛，没想到阴差阳错改到节后出版，倒是要借庆典的气氛和读者见面了（笑）。

王：是呀，我注意到你借着这个机会，把主人公70周年庆典前夕在中国驻日大使馆接受孔铉佑大使颁发纪念章的情节也加了进去。这使得这部作品的时效性得到了更好的呈现。

李：也是受您的提示我才灵机一动，加了这锦上添花的一笔。因为这个情节，我们这本书也出现在了漫画里，形成了"书中书"，这样的效果真是可遇而不可求

---

[1] 2019年由新星出版社出版漫画书《血与心：日籍解放军战士砂原惠的传奇人生》代后记。

的（笑）。

王：的确，这个故事本身就充满传奇性，你补上的这神来之笔，更验证了"无巧不成书"的道理。

李：现在书稿完成了，我心里却有了几分忐忑，不知道是否充分地用漫画的形式体现了当初的策划初衷。

王：应该说故事的呈现形式颇具创新性。我是看连环画长大的一代人，总觉得漫画的表现力应该更加丰富，这么一个有传奇色彩的故事如果用漫画展现出来，不论在中国还是在日本都应该是有读者的。这次我下决心策划做一个有情节的、复杂的漫画故事，通过一个小人物的命运，串联起一个大时代。说句老实话，我心里也没底。现在你的画稿出来了，我心中的石头终于落了地（笑）。

李：当初您找我谈策划思路时我就产生了共鸣。看来咱们这次合作您还是颇有眼光的（笑）。

王：真的，我在策划选题时首先就想到请你出山，之前你的作品《最炫民族风》在《人民中国》上连载时，你用漫画表现人物细节的技巧给我留下了深刻的印象。

李：这也是我漫画创作生涯中最累的一次。但在这个不断挑战自我的过程中，我学到了很多东西，回头一看，颇感充实。特别庆幸的是，我一边做，一边随时得到您的帮助，不断深化对人物和时代的理解，画稿几经调整，才有了今天的样子。

王：通过一个小切口，讲述了一个大故事。这需要一种"举轻若重"的本事。事实证明，你是真有这个本事的。

李：您过奖了。不过为了赶新中国成立70周年这个节点，我也是真拼了。这次创作我有意探索突破常见的商业化套路，对角色的长相、气质都做了个性化塑造。特别是抠历史细节方面，我还是很吃力的。真要感谢刘德有先生指出的许多修改意见。在落实这些意见的过程中您又给了我非常多的具体帮助。

王：这个故事讲了一个日本少年和中国革命既错位又融合的奇特关系。日语有一个词"マイノリティー"，就是指在社会共同体中的少数派或另类的存在。我们这个主人公在中国农村，在解放军的队伍里，后来又跟航校日籍人员在一起，他始终处于一个觉得自己跟大家很有一些不同，然后不断校正自己，同时又主张自己不同的过程。刚才你也说听到故事策划思路时很有共鸣，我一直想问你，莫非这个故事和你本人有什么共情之处？

李：的确，砂原老先生的人生经历和我自己的人生经历有一些共鸣。比如说，我的家庭构成也比较复杂，有一部分来自俄罗斯。我小时候在山东长大，后来到北京求学，就定居在北京了。我大学本科读的是环境艺术设计，但因为喜欢动漫，就自己转行，把本科学的很多东西都扔了。我觉得今天积累的东西可能明天就会产生变化，或者说要不断地接触和自己的文化和思维方式完全不同的人。因为自己身上有这种错位性，所以当我听您说起砂原老先生的故事时马上就被吸引了。他原本是一个日本的军国少年，因为命运反转来到中国农村去适应这一切，后来又成为解放军战士，再后来又回到日本。这个大时代背景下个人命运戏剧性的改变，当时的确让我产生了共鸣，产生了接手创作这个故事的冲动。

王：这就是所谓一个作品欲感动他人，首先自己要与作品有共鸣。记得我们一起见过几次砂原先生，聊得十分投缘。和这位已经90多岁的老人沟通，你是否觉得有代沟？有没有感觉到他跟今天格格不入之类的感觉？

李：因为老先生给我们讲了很多细节，所以越是当面交流，越让我觉得有共鸣。我没有觉得老先生的这种精神或者他的人生境遇与我有代沟，但在一些细节的看法上或者表述方式上，我得费点功夫理解。比如说当老先生提到一个历史事件，或者当时环境下的人的一些思考方式时，对我来说确实有一些理解障碍。

王：对你来说，这的确是个挺大的挑战。记得你在处理人物对白时非常努力地想把当时的历史细节真实地还原出来，但因为与时代相隔久远，有些用词的表述，比如说对革命队伍里彼此对话的习惯表述方式，以及对当时历史背景的一些表述，还是感觉得到有代际的疏离感。但是你用了最大的诚意和努力来完成这部作品，这一点我真的很佩服你。整篇故事为了保持连贯性，你谨慎地做了一定的虚构处理，但基本线索是非常严谨地按照砂原先生口述的历史事实还原的，这使得这部漫画故事的真实度非常高。人物关系也运用了人之常情、普遍人性进行了毫无拔高感的处理，呈现出"等身大"叙事的诚实特点。

李：我觉得我努力地做到了真实还原的承诺。真实度可确保95%吧（笑）。

王：能做到95%已经非常不容易了。时隔这么久，在今天将一个人的口述历史用漫画的形式呈现出来，你作为作者有95%保真度的自信，我觉得这是这部漫画作品的一大亮点。

李：能做到这一步，还是要感谢大家的指点，包括您，包括刘德有先生等很多朋友。

王：确实在许多历史细节的呈现上你是下了功夫的。比如说一些重大历史事件,你没有凭自己的想象去画,而是找了历史图片作为依据进行艺术加工。太平洋战争爆发、日本战败等细节都是很经典的画面,这使得漫画的历史背景交代非常具有真实感。

李:我买了很多老照片的图包及资料,还查了不少专业微博。也许还会有挂一漏万的纰漏,但我拒绝想当然地去虚构或采取"神剧"那种对历史不负责任的做法。

王:我注意到,你一方面在还原历史真实上下了很大功夫,但另一方面漫画的手段又用得娴熟到位。对主人公内心世界的主观想象,很好地用诉诸视觉的漫画语言表现了出来。比如说主人公在感觉到自己落单的时候,那种苦恼,内心深处翻江倒海的情绪化的、意识流的东西表现得极为生动,让读者看了不由得不随着你共鸣。这一点我觉得是用连环画没法表现的。

李:这个可能是漫画在表达上的优势。在有些地方,我的表达方式甚至让大家觉得有点冗长。我希望尽可能地去展现主人公当时的极端的主观情绪以及意识波动,所以做了些大胆的尝试。因为我记得当时咱们一块采访的时候,他好几次很动感情,说话都哽咽了。至于尝试成不成功,读者自有判断,但至少我是被打动了。画稿完成后我给一些中日朋友试读,大部分人的反应是,没有想到这样一个题材可以用漫画来做。

王:我看画稿时也被打动了。比如他在回国的船上思考自己到底是谁时,随之扭曲变形的脑海中的记忆,还有被地主家打手毒打时意识蒙眬中的主观感觉等,都具有强大的视觉冲击力,足以唤起读者共情。因为我们自己有时在情绪比较极端的时候,也真的会有那种幻境,所以这种主观的表达让人感觉很真实,很符合人的意识常态。还有你在作品结尾处运用时空穿越的处理也很打动人心,让我联想到徐克版《智取威虎山》结尾的处理。

李:对,徐克的那部电影中留学美国的少年若干年后回国,跟老人一块吃饭,忽然间桌上那些老人幻化成剿匪小分队年轻时候的样子,令人唏嘘。这个桥段确实给了我一些启发。徐克有历史文化的间隔,我有代际的间隔,我们都做了缝合时空间隔的努力。就我而言,做这个作品的时候,我在展现历史的同时也试图突出人的情感。我在想,这些革命英烈如果没有牺牲,活到今天,那么他们会怎么看待发展了70年的新中国?我想画出这样的画面:他们以风华正茂的状态,看到新中国今天的面貌。如果有这么一个镜头,满足我的这个"私心",情感上我会很开心。我觉得他们值得用这样一个镜头去展现。

王：砂原惠和一般的革命英雄的情况还不太一样。面对人民解放战争，他先是作为一个旁观者，通过自己的经历，认同了当时的中国革命。革命的新中国正处在青春期，新中国的初心就是让中国人民过上好日子，追求公平正义。砂原惠自愿参军，跟着四野南征北战。他本是局外人，却汇入时代的洪流，见证了时代巨变，他本人的价值观和身份认同都发生了根本性的改变与重塑。

李：我觉得他是见证了历史并认同了革命，然后就被带入了时代的洪流。

王：但是最后一刻，部队首长说"你得回日本了"，他便只好服从命令，卸甲回国。回到日本之后，砂原惠实际上是靠着在革命队伍中养成的精神，一个人又奋斗了下去。这个时候，对于新中国而言他又变成了一个隔着海观望的人。随着时间的推移，这种精神乡愁越发浓厚。这样的故事以前我们很少讲述，他既是一个亲历者，又是一个见证者。一衣带水的间隔使得他的革命初心得以原汁原味地保持下来。

李：我觉得他的那种精神向上的状态始终保持着，甚至到现在都还在持续上升。这一点十分难能可贵。

王：这正是他故事的传奇性之所在。新中国成立70周年的时候回望来时的路，这个故事很有说服力，可以帮助我们还原新中国的青春时代的初心是什么。

李：通过砂原老先生的故事，我们真的能找到一个原点性的东西：他亲身经历过，他在主观上的情感也很丰沛，但又有他客观的观察角度，所以这个故事有意思。

王：我这个年纪的人看了之后很感动的一点是，因为他是从一个日本人的角度讲这个故事的，所以在不经意间提供了一个观察中国革命的独特视角。当时的中国革命是为改变中国的命运、解决中国问题的革命，但同时它又是一场非常具有包容性的革命。主人公最后能够认同解放军，认同共产党领导的队伍，很重要的一点是，当时我们的革命是一种建立在公平正义基础上，超越单纯民族主义的革命，所以它体现了一种难能可贵的国际主义精神。我注意到作品里有一个细节，是他在离开北京的时候透过车窗看天安门，他的主观视觉是放大了的"世界人民大团结万岁"，这符合主人公的身份。而实际上，这个口号正是新中国的初心之一。天安门两侧的标语，一个是"中华人民共和国万岁"，一个是"世界人民大团结万岁"，这体现了新中国的远大胸怀和全球视野。这与今天我们提倡的人类命运共同体有着逻辑关系。"天下为公""世界大同"这种中国文化中一脉相承的东西，不经意间通过一个日本人经历的故事讲出来了。

李：其实咱们的初心一直都没有变，到现在也是这样的一个有国际主义精神的思维。

王：这种文化的力量不是刺激强化了身份认同的差异性，而是最后让大家都能够在这一个共同体当中找到自己的归宿。

李：我觉得砂原惠老先生他是日本人，他可能对自己的身份认同有一些困惑或者说是困难，但是他最后可以从精神层面找到一个落脚点。他到底是日本人还是中国人，这些可能都不是最重要的问题，最重要的是他在精神里边找到了一个共鸣点，找到了一个他可以落脚的点。这个才是今天最了不起的地方。

王：你通过这次创作，认为砂原惠的故事在今天对中日两国年轻人具有的普遍意义是什么？你和主人公共情也好，共鸣也好，最后的结论是什么呢？

李：我在漫画里提到了我的认识。随着全球化的进展，人口迁徙很普遍，异地教育或留学教育也越来越方便。在移动生活成为常态的今天，全球的年轻人都会有和砂原惠一样的困扰，一样的困境，他们也需要寻求解决方式。砂原惠老先生的解决方式是寻找到一个精神的寄托，他有一个伟大的信念。但是我们这一代年轻人该怎么做呢？我觉得要说有什么意义的话，应该就是提出了这个议题。我觉得我没有办法给出一个答案，但是如果大家关注这个问题，应该会引发进一步积极的思考。我是这么期待的。

180 年中日关系的历史启示

——访博源基金会总干事何迪[1]

王：博源基金会制作的画册《中日关系 180 年》为什么采用 180 年的尺度去回顾中日关系的历史呢？这样的视角在从前从来没有过。

何：鸦片战争是西方势力进入东亚的标志性事件，2020 年是鸦片战争爆发 180 年。近代以来，中日关系的恩恩怨怨说到底是在西方势力进入东亚之后，在西方侵略的刺激下中日两国现代化道路选择过程中发生的。《中日和平友好条约》的签订在两国关系史上具有重要地位，借条约签订 40 周年之际出版一本全面梳理两国关系史的画册，有利于中日两国温故创新，为未来两国关系的发展提供具有学术意义的积极借鉴。

王：这本画册可以说全方位地展示了中日关系发展过程中的各个方面，不仅是友好或对抗的内容，还包括了历史形成过程中各个方面的博弈。我很好奇你们是怎么收集到这么多不同角度而且十分权威的图片的？

何：这确实颇费了一些周折。很多东西是从个人的手里拿到的。比如"廖公画传"里头的图片我们就拿来用了；还有很多是从当时在现场的摄影家个人或者亲属那里获取的，像张香山、赵安博的后人都给了我们无私的帮助。这是你看到的所谓鲜为人知的照片的主要来源。还有一个就是利用多个渠道从各国海外图片

---

[1] 首载于 2019 年 11 月号《人民中国》。

社或图片库买来的图片。比如每日新闻社曾出版过的昭和史系列图册、日中友好团体的珍贵图文资料，甚至像你们《人民中国》杂志、外文出版社出版的图书，我们也都有所借鉴。像抚顺看守所的图片资料、日方制作的中日工业展览会的专辑中的图片，包括香港的图片资料都尽量收集齐全。

王：作为一个民间的基金会，为什么博源基金会要费很大力气去做这本《中日关系180年》？前边您提到了以180年为画册的收录范围，是出于面对西方的进入来思考东亚整体面临的挑战，那么画册整体结构的划分又有什么考虑？

何：博源基金会是一个非营利性公益组织，着眼于研究中国经济、社会及国际关系领域内的中长期问题。前边也说了，中国和日本的关系是中国在走向现代化过程中绕不过去的问题，非常值得重点关注。所以把中日关系放到以鸦片战争为象征的西方势力进入东亚的大历史视野中考察，会得出对我们东亚的未来具有积极意义的结论。当初编撰此书的时候，我也征求过日本学者的意见。考虑到收集上来的图片总量的平衡，我们把以中日甲午战争为分水岭的第一阶段和第二阶段合并为一个阶段，将图册结构划分成了现在的四个大阶段。

王：在将图册划分为四个阶段之后，各个阶段的侧重点是如何体现的呢？第一个阶段的讨论从前似乎比较少，为什么这一部分用了较多的笔墨？

何：好，我逐一详细回答你的问题。第一阶段讲的重点就是，被迫打开国门以后，两国向西方系统学习现代化的进程。不同的路径，不同的学习态度，造成了不同的结果。我认为，1905年日俄战争是个转折点。从1895年已经可以看出这种不同。当时中日两国面临的是，是否能够从制度上进行较为彻底的改变，形成一个民族国家。在这个过程中，我觉得日本是比较善于学习的。我们在画册中特别提及了福泽谕吉等人，相对比中国清王朝末期的僵化、腐败和专制，两种不同路径有了不同的结果。1895年，中国的军事实力也不比日本弱，但被日本人打败。紧接着1904—1905年的日俄战争，日本不但打败了中国，而且打败了西方的俄国，这极大地触动了国人。中国在甲午战争中遭到惨败以后，从学西洋转为学东洋。学东洋的过程对中国的现代化转型，特别是对新文化运动和共产主义思想传播起到了推动作用。

王：第二个阶段的划分是从第一次世界大战爆发一直到日本战败这30年，集中表现了中日两国在20世纪上半叶的对抗？

何："一战"爆发是现在我们所说的"百年未有之大变局"的开始。从1915年到1945年，这一段主线突出日本，反思日本是如何走上帝国主义道路的。

"二十一条"秘密协定引发了后来的五四运动。再往后，日本发动"九·一八"事变、"七七"事变，一步步地侵略中国。"大东亚共荣圈"打着反西方的幌子，企图把中国也纳入其中，而实际上是彻头彻尾的帝国主义行径。从局部掠夺中国的利益，到渐次走向局部战争，直到全面战争，日本在西方列强中"脱颖而出"，成为帝国主义的最凶恶的代表。中国则有了从"九·一八"事变后的局部抗战到"七七"事变后的全面抗战，又坚持到1941年，太平洋战争爆发以后，形成国际的反法西斯同盟，中美携手对日作战。

王：这30年应该说是在日本侵略的刺激下，中国深刻地完成了向现代民族国家的转型。

何：是的。我认为，中华民族是在1915年到1945年和日本漫长的斗争中逐步完成了国家的主权独立和领土完整，包括在社会层面上，最后民族国家的整合，中华民族共同体的最终共识是在抗战中完成的。经过艰苦卓绝的抗战，中国通过《开罗宣言》收复了台湾，并在战后成为联合国五大常任理事国之一。所以说这段我们的重点虽然是讲战争，但强调的是中国怎么完成了国家的主权独立、领土完整、民族整合，然后怎么成为国际社会所认可的一员。这一章节重点表现了中国自立于世界民族之林的过程，也讲了日本侵华的暴行、殖民统治、建立伪政权等。同时也谈及"反战同盟"等抗战时主张反战、战后帮助中国建设的日本人。文明和野蛮，正义和不义并存于人类历史中。中国人中有汪精卫那样的叛国者，日本人中也有有正义感的人。所有这些我都试图尽量完整、全景、客观地反映出来。

王：接下来的阶段就是我们比较熟悉的了。有许多图片展和画册都表现过这段历史。这本画册有什么独到的侧重点吗？

何：这个阶段是从1945年开始的，开头使用了远东国际军事法庭审判的图片表现战后对军国主义的清算，也用了一定的篇幅反映遣返日本的战俘和遗孤。但是接下来冷战爆发了。因为冷战，中国未能完成国家的统一。在这样的国际背景下，从《旧金山和约》等开始，中日间一系列后来的历史遗留问题都出来了。在这部分里，我们试图把战后两国关系史梳理一下，其中浓墨重彩表现的是当时在周总理、廖公的领导下中国的对日工作情况。这部分还专门用了刘德有提供的有关贵刊《人民中国》的图片。毛泽东和周恩来非常重视对日工作。据我们统计，毛泽东和周恩来接见外国客人多达千次，其中70%都是接见日本客人。20世纪初，包括周恩来在内许多人都曾赴日留学，一大批"日本通"干部在对日工作中发挥了积极务实的关键作用。在这段时间，中日关系经历了民间先行、以民促官、官民并举，最后建立官方关系的历史过程。当然，中间也发生过"长崎国旗事件"。日蒋往来、《新日美安保条约》等在画册中也都有所反映，显示出这个过程并非那么平坦。

王： 第四个阶段差不多一直延续到今天，时间跨度涵盖整个中国改革开放时期及日本战后崛起的顶点及转型阶段。这段历史对今后中日关系发展也很有现实意义吧？

何： 是的。从冷战后期到全球化时期，中日关系的发展在这个阶段还可以细分为两大块。一块是从1972年中日邦交正常化，再到1978年《中日和平友好条约》签订，直到1992年日本裕仁天皇访华这段时间，可以说是中日关系比较积极发展的时期。这一时期，在经济发展，特别是在产业政策上，中国认真学习了日本的经验。中国从1972年以后就开始从日本成规模地引进设备，后来中日合作在70年代末80年代初有了从宝钢到海上油田开发的长足进步，包括从上海到长崎的东海海底电缆的铺设也是在这一时期完成的。这一时期学习合作是主流，海洋领土与岛屿领土争议尽管存在，但始终没有成为影响合作大局的因素。画册重点提到了成套设备的引进，日本商品在中国的销售，ODA贷款对中国现代化建设的支持，大批日本专家对许多领域提供的重要帮助，以及中日友好医院、中日21世纪青年交流中心等合作项目的建设等。但是到了1998年亚洲金融危机开始后，日本在美国的压力下搞了《广场协议》，货币升值，市场开放。这时，日本开始从政府主导型的工业化模式探索转型。在此之前，"通产省模式"对中国来说也很有魅力，认为政府主导市场经济的赶超模式便于集中力量办大事。如何看待《广场协议》之后的日本？是衰退的20年还是转型的20年？实际调研发现，《广场协议》之后，为了应对美国的压力，日本实现了从原来的东亚模式朝更为均衡，更加市场化，更加有利于社会稳定、社会保障，以及应对老龄化社会的模式的经济结构调整与社会转型。在编这本画册的时候我注意到了这个问题，也进行了一些思考。在新的时代背景下，中日之间的新一轮互学互鉴呼之欲出，值得期待。总之，这本画册是想为中国进一步推进现代化做贡献。因此，在画册中我们讨论了中日应该以什么样的态度看待彼此。这涉及我们应该如何借鉴他人之长，怎么正确对待历史问题，矛盾我们也不回避，所以这本画册最后用"中日永不再战"作为收篇图。

王： 在中美贸易摩擦背景下，这本画册不仅对于温故知新，更对于温故创新具有积极意义。画册推出后反响如何？

何：基金会做的是公益事业，但一些大企业看到了这本画册的价值，纷纷订购。任正非一看就连声说好，光是华为一单就订了1000本。

王：这是博源基金会策划出版的第一部大型画册吗？今后还有什么打算？

何：这是我们策划出版的第三本大型画册了。在此之前，我们还策划出版了《中美关系200年》，重点讨论了中美关系的发展。我们的第一本大型画册是《见证中国改革开放30年》，当时印了3000本，出版了英文版和中文版两个版本，曾经送给默克尔等欧美的政治家。接下来，我们还在筹划表现中俄关系的第四本画册。我希望把近代以来对中国产生过较大影响的国家和中国的关系系统地梳理下来。

王：谢谢您的介绍。希望这本画册今后能够为更多的中日有识之士看到并产生启迪，也期待着您策划的下一部大作及早问世。

手办总动员——挑战银幕的村上隆[1]

5 年前听说以极度夸张、富于想象、色彩斑斓的波普绘画、雕塑、手办而空前成功的日本现代当代艺术家村上隆进军电影，对手办文化一直深有兴趣的笔者十分好奇，想象着这部电影会给观众带来怎样不同的感受。不久前，笔者终于有机会一睹这部村上隆初次"触电"的作品——《美美美水母眼》。

少年正志和守寡的母亲生活在一起。他的梦告诉我们，他爸爸死于两年前东日本大地震引发的海啸。母子两人新近搬到镇上，为的是和在实验室工作的舅舅住得近些。4 个黑衣男企图劫持、控制实验室，收集强大能量清洗这个世界。正志和具有超级能量的水母宝宝成为好朋友。水母宝宝帮助正志和人手一台 F.R.I.E.N.D 的新同学释放出的虚拟生物对垒。这种新奇玩意是 "life-Form Resonance Inner Energy Negative emotion and Disaster prevention" 的缩

---

[1] 载于中信出版集团 2020 年 1 月出版的《知日》第 58 号《你完全误解了村上隆》。

写，意为"生命形式的负面情绪和灾难预防内在能量共鸣器"。同学中有一个女生，名叫天宫笑，母亲带着她参加了一个新兴宗教组织。她和正志互有好感，用她的虚拟生物帮助了正志。各种虚拟生物仿佛来自浮世绘百鬼夜行的世界，最后，美少女手办也登上擂台。水母宝宝运用其超级能量，打败了欲控制世界的邪恶力量。

电影引人入胜的是片中出现的各种神头鬼脸的角色造型。绚丽的色彩和夸张的模样，使真人演员相形见绌。村上隆刻意将这场"手办总动员"在情节上从儿童的视角表现出一种幼稚性。影片本身的故事结构并不复杂，但反映的时代背景却意味深长。

站在距离平成时期再有5年就要结束的时间点看这部电影的问世，对于我们理解"村上隆现象"及平成时期的日本不无裨益。冷战结束后持续30年的平成时期，以"可爱""萌"为新消费热点的动漫、电玩等文创产品成为日本向世界推出"Cool Japan"（酷日本）的主打代表。生于20世纪60年代初的村上隆在这一轮时代大潮中横空出世，同时荣膺艺术与商业的双重成功。

在村上隆的绘画世界里，葛饰北斋、伊藤若冲的近世绘画传统与日本动漫等宅文化融会贯通，浑然一体。这一点不仅在电影中表现得十分明显，在为福岛核事故死难者镇魂的绘画作品《五百罗汉图》中也能感受得到。

回到这部电影来说，《美美美水母眼》不是给人以希望，而是令人感到绝望，并想要奋起改变现状。平成时期里，历史与社会的旧有问题没有得到解决，新的问题又继续困扰着日本。这部作品集中地体现了编导对日本政府放弃战后责任，以及面对灾难不断以泡沫搪塞的现实政治的焦虑。政治很无望，艺术有担当。面对国家与社会的危机，艺术将混沌的救赎的信息传递给下一代。在这里，村上隆的艺术虽不具有上个世纪那种批判性，却是时代所需要的安慰剂。日本和世界经历了40年前所未有的物质幸福时代。再度回到普通时代之时，艺术的安慰作用也许可以让人们保持既有的获得感。

除了安慰，还能读出一些救赎之意。"二战"期间在腊包尔失去左手的水木茂，战后借助《怪怪怪鬼太郎》等动画片完成了自己的战争救赎。看得出村上隆在电影片名和片中鬼头鬼脑的角色设定上，都体现出向水木茂致敬的意图。村上隆试图借助《五百罗汉》《美美美水母眼》等艺术创作完成对巨大灾难中人的精神救赎。《美美美水母眼》在形式上是在向《怪怪怪鬼太郎》致敬。

《美美美水母眼》与其他作品的比较

村上隆坦言，新作《美美美水母眼》试图将斯皮尔伯格的儿童式叙事与宫崎骏的动画结合起来。意味深长的呼应是，《美美美水母眼》和斯皮尔伯格的最新电影《头号玩家》时隔5年前后出现，标志着打破虚拟世界与现实世界的增强现实时代里艺术创作者想象力不问东西的发力指向；宫崎骏完成于福岛大地震之前的《崖上的波妞》预感了海啸将至，而村上隆的《美美美水母眼》中也出现了主人公正志的父亲被光怪陆离的海啸吞噬的一幕。

平成时期和昭和时期对"核"记忆的不同，在这部电影中体现出来。昭和时期，日本经历过两次核打击。作为历史伤痛的记忆，出现了怪兽电影的类型，出现了哥斯拉这样的形象。活跃于平成时期的村上隆，用轻盈绚丽的水母宝宝改写丑陋笨重的哥斯拉形象，表现了日本人对福岛核电站事故的恐怖记忆。

水母宝宝体态透明而色彩鲜艳，在汇集了超级能量这一点上与哥斯拉相似，但在外观造型上则与哥斯拉迥然不同，倒是与福岛地震发生前宫崎骏完成的小人鱼形象有几分相通之处。在宫崎骏的《崖上的波妞》中，小人鱼预感到了海啸的发生。这似乎是对福岛地震的预感。如果说《新哥斯拉》是在沿用了形成于昭和时期的怪兽形象的基础上表现福岛地震，那么水母宝宝的形象完全是在平成年代发展成熟起来的，是宅文化与可爱文化相伴生的全新形象。可以说，作为同样曲折隐晦地表现福岛核事故的电影，水母宝宝与《新哥斯拉》中被冷冻起来的哥斯拉将平成时期的全新卡通形象与属于昭和时期的传统形象并列在一起，构成对福岛的多维度记忆。

村上隆本人成长于昭和时期后期，而成功于平成时期。他在艺术上的成功，恰恰是因为他把握了宅文化时代的消费主义特点。按照他本人的说法，日本宅文化生成的原点可上溯至原子弹与战败造成的精神创伤与战后美国对日本实施的"精神去势"。也许正是循着这样一个思路，2005年，村上隆在纽约推出个展"小男孩：爆发于日本的亚文化艺术"。

到目前为止，村上隆是在艺术创作和商业运营层面同时获得成功的为数不多的当代日本艺术家。尽管艺术评论界对他褒贬不一，但他在全世界不分年龄层拥有众多的拥趸。最近10年来，不论是在纽约还是在多哈，他的个人展览都获得了空前的成功。缤纷的花草、靓丽的骷髅，以及颇具争议的HIROPON和极度怪诞的《500罗汉图》，构成了村上隆的作品矩阵。如今，这一矩阵中又加进了电影。不知道在下一部作品中村上隆又会怎样动员他手中那些邪魅的精灵。

用漫画创新形式讲好中国故事

——《血与心：日籍解放军战士砂原惠的传奇人生》创作经验分析 [1]

2019年10月，由人民中国杂志社和新星出版社联合策划的漫画故事《血与心：日籍解放军战士砂原惠的传奇人生》出版。这部策划筹备了近一年的外宣动漫原创作品一经问世，便引起多方关注。11月8日，由北京市人民对外友好协会、人民中国杂志社、中国国际友人研究会、新星出版社联合举办出版纪念座谈会。书中的主人公砂原惠在座谈会上回忆了自己和中国结下不解之缘的精彩故事；主创团队与合作方介绍了该书策划、采访、创作、出版的艰苦过程；和砂原惠先生人生各个阶段有过交集的将门之后、我驻外前大使、经贸界官员在会上和砂原惠先生回忆了激情岁月，并畅谈了该书出版的历史意义与现实意义；人民网、新华网、光明日报、中央广播电视总台、凤凰卫视、中国网等国内多家主流媒体和读卖新闻、朝日新闻、每日新闻、共同社等日本多家主要媒体采访、报道了场面热烈的讨论。目前，这部作品的外溢影响还在扩大，包括哔哩哔哩在内的知名平台，也开始探讨联合开发该作品包括动画在内的后续延伸产品的可能性。这部漫画故事开创了运用漫画形式处理中日关系史这一恢宏、严肃的课题，为外宣形式和外宣内容的创新做了填补空白性的探索；同时，这部作品的问世又是跨部门、

---

1 载于2020年1月号《对外传播》。

跨业态合作的产物，其经验值得分析与共享。

创作缘起与过程

2018年两会期间，主创策划王众一作为全国政协对外友好界别委员，参与了一项旨在推动中日青少年交流的联合提案，其中特别提到要在对青少年讲好中国故事方面加强形式与内容的双创新。

为在实践层面落实这一想法，2018年上半年，人民中国杂志社决定借助中国漫画馆项目经费支持，由王众一主持策划一部漫画形式的大型外宣作品。这一考虑也是基于对近年来青少年漫画交流领域出现的问题提出的矫正思路。一些漫画交流活动虽有起色，但也存在着局限性。过分的商业化、流行化带来了作品内容偏低幼、浅薄等问题。守正创新，就要寻找到既符合漫画特点，主题又比较严肃、内容也恢宏的选题突破方向。

中国国际友人研究会发源于黄华创办的中国3S研究会，专门研究、介绍为中国革命和建设做出过突出贡献的国际友人。在此之前，经国际友人研究会推荐，笔者曾经采访过身世传奇的砂原惠先生，并在对日报道月刊《人民中国》上做过较为深入的报道。经过评估，主创者认为砂原惠的故事具有以漫画形式进行深化创作的各种条件。

砂原惠于1933年出生在日本九州地区，幼年跟随父母来到中国东北。日本战败后，因无法返回日本，他流落在辽宁一户地主家放牛。1948年，砂原惠以"张荣清"的名字参加解放军，经历了辽沈、平津战役，并参加了朝鲜战争和人民空军老航校的建设。回到日本以后，他始终致力于中日友好事业，见证了两国邦交从无到有的历史过程，并在改革开放以后尽自己的绵薄之力反哺当年曾经战斗过的地方，帮助那里的人民建厂办实业，自己却不取报酬。他个人经历的传奇性和他所见证的大时代，非常适合用以小见大的形式通过漫画展开。

中日两国政府指定2019年为中日青少年交流促进年，同时又是新中国成立70周年。这位参与了中国人民解放事业，又见证了新中国70年发展壮大历程的日本朋友的故事，正是教育两国青少年不忘历史、加强理解交流的好教材。我们决定在2019年内推出作品，并将作者人选锁定为曾在《人民中国》上推出过《最炫民族风》人物漫画连载的青年画家李昀。他的作品既唯美又写实，在东京的中国文化中心，他的这组作品办过个展，深受日本不同年龄层漫画爱好者的喜爱。

李昀从自身创作内容和风格转型的考虑出发,接受了这项颇具挑战性的工作。对他来说,驾驭这样一个"通过小人物带出一个大时代,通过小切口讲好一个大故事"的选题也是第一次。从2018年6月开始,经过一年多的采访当事人、查阅相关历史资料、请教历史顾问等环节,他将丰富的想象力和严谨的历史细节考据结合起来,探索突破常见的商业化套路,对角色的长相、气质做了个性化塑造,完成了作品初稿。初稿征求了包括中华日本学会名誉会长刘德有先生在内的各方面意见,进行了较大的细节与结构调整,更加趋于符合历史真实,最终在2019年6月定稿。

作品分析

这个用漫画形式呈现的故事在内容上由三个主要线索构成,使得作品的真实性、客观性、立体性得到较好的体现,对读者的说服力得到多维度强化,具有引发读者在掩卷之后进行深入思考的效果。

第一条线索是故事的主线,即主人公砂原惠和其家人、身边人的线索。这条线索运用了比较符合日本受众思维习惯的"等身大"叙事特点,对主人公和家人、乡亲、战友的感情都做了符合常情的处理,特别是对主人公喜怒哀乐等心理活动,充分运用漫画的特点进行节奏恰当的形象化处理,容易引发读者的共情。主人公是一个在血统上百分之百的日本人,从少年时代起,在大时代洪流中身份认同几经反转,最后在精神上坚定地认同中国为自己的心灵祖国,这一线索构成作品的主题"血与心"。

第二条线索即大时代线索,也是影响主人公三观形成的时代背景,细分为三个维度。一是向往军人,重塑军魂。在他的人生经历中,先是童年时期有对日本关东军的盲目崇拜以及少年时期对关东军的幻灭,接下来又有对国民党军队的幻灭,直到遇上解放军,才又使他找回对理想军人的向往,并由此形成他终身不变的初心、融入心灵的军魂。二是新中国国际主义精神的熏陶。解放战争时期,主人公在战场上与救死扶伤的日本反战同盟医生交谈,抗美援朝战争时,他亲赴战场目睹中国恪尽国际主义义务,后又在人民空军老航校中和日籍教官共同工作,在思想上对新中国"世界人民大团结万岁"的理念有了深入骨髓的理解。三是战后中日关系史维度。砂原惠于1955年回国,正值战后中日民间交流起步阶段。在革命军队中形成的初心与军魂支撑着他从头打拼,在从事中日民间经贸、文化交流的过程中，他见证了中日关系从纯民间到以民促官再到半官半民直至邦交正常化的整个过程，这使得他在中日关系史维度所发挥的重要作用也得到呈现。这部漫画作品也因此成为国内首个正面反映战后中日交往题材的作品。

第三条线索是画家李昀及其创作团队对与砂原惠交流对话过程的思考。这一条线索的弥足珍贵之处在于，作者试图缝合时空与代际间隔的努力。其中，作者对身份认同的混乱与危机在全球化时代的普遍性存在，以及砂原惠通过树立正确三观克服身份认同混乱、坚定精神认同的意义所进行的思考，对于当下中日两国青年都具有极好的教育意义。

从上述线索分析可以总结出该作品具有以下特点：

一是视角独特。书中呈现了一个孩子的成长，但不是简单的家庭成长，而是勾连了中国整个近现代史，非常宏大。能够把家国情怀与个人命运进行如此有机的关联处理，是该作品的一大亮点。

二是情感充沛而真实。人物内心以及文化层面的冲突和矛盾处理得很真实，读者能够随着人物的命运起伏变化，进入历史、进入主人公的内心世界，一起感受他在历史转折点面临的激烈冲突，他的选择、他的信仰、他的实践，也就显得都很真实。

三是对主旋律和正能量的传播很立体。令人印象尤为深刻之处，是书中把中国人民解放军与关东军进行了集中而强烈的对比，让人对中国共产党的党史、党风、军队作风有了非常深刻而立体的认识，这样的故事讲述很生动，不是浅薄和空泛的。尤其难得的是书中把东北农村那种朴实的民风与人民群众的生活，以及"土改"运动带来的巨大变化，做出了立体性的呈现，内涵丰富。

四是立足普遍的人类命运谈外宣。外宣工作既需要有意识形态的站位，同时也需要淡化意识形态的色彩。这一点在漫画的中后篇展现得非常集中。主人公不断重建故乡与认同，不断回顾初心与使命，真实感人，但最终他能够突破民族血缘的格局，站在普遍的人类的高度，达到一个全新境界。对于当下这样一个全球化的时代而言，这样的尾声是意味深长的。回望历史，是为了走向未来，人类命运共同体所要求的一定是这样一种普遍的、包容的天下情怀。这部作品因此具有了继往开来的意味，提醒读者和中国人民一道站到人类的道义制高点上，在未来的世界中开拓出新的发展路径。

各方反响

阅读过该作品的人士陆续发来了颇有代表性的感想。

18岁的高中生小林裕二说:"通过朋友介绍我看到了画家发来的画稿,当时我正处在考试准备不得要领的状态。通篇读罢,我感到很受激励,这是在教科书上无法读到的隐秘历史,令我眼界大开。"

56岁的家庭主妇田中幸子说:"没想到中国的漫画质量已经如此之高了。不仅内容非常丰富,而且全彩印刷,这样的良心作品在日本也很少见到。虽然内容很严肃,但读起来一点都不吃力。我是一口气从头读到尾的。这真是一部难得的好作品。"

26岁的公司职员山西隆说:"我在外资企业工作,有很多中国朋友。读了这部漫画故事我最大的感受就是,日本人现在只关注日本,眼光过于狭窄!就像和外国朋友在一起讨论时常遇到的那样,这部作品让我很受触动。我要把这部作品推荐给我的日本同事看。"

36岁的钟点女工齐藤绫说:"尽管主人公成长的时代和我相差甚远,但这部作品好像就是在说我自己的故事。我出生在中国,很小就来到了日本,汉语也说不利落了。如今,我和日本人结婚,也入了日籍。我从前有一个中国名字,但对中国却知之甚少,现在只会说日语。我觉得自己在哪一边都无法找到认同感,十分纠结。了解了这段历史,让我找回了勇气,我也要面对现实,找回自我。"

21岁的真人秀爱好者浅野桃华说:"我平时很少读历史方面的书,要是这样的漫画多一些,我一定喜欢看。全彩印刷真不得了!而且内容读起来也毫不吃力!我虽然远在日本,暂时还来不了中国,可我也要像砂原惠那样为中国而战!国籍不重要,人类皆兄弟!"

读卖新闻北京总局长竹内诚一郎说:"我们媒体记者特别关注中日关系,看到用日本人喜闻乐见的漫画形式表现这一题材,真是倍感新奇,十分期待。相信日本国内不少人也会感兴趣,会有令人期待的效果。乍看之下觉得主题沉重,细读引人入胜。建议加大发行力度,全力扩大影响。"

朝日新闻北京总局长西村大辅说:"我得知这部漫画作品也会在日本出版。我相信,砂原惠先生的传奇人生一定会让很多读者感动。这部作品体现了目前中国的主流历史观,在推广发行上应该也下足功夫。我真希望这样一个日本人的故事,特别是这部以中国人视角描写的日本人的故事,能够得到更多日本人的了解。"

中国国务院新闻办原主任赵启正阅读样书后说："拿到样书后，一开始我是跳页读的，后来居然一页一页读下去了。掩卷之后，我深有感触。故事是真实的，它感动了作者自己，因而也一定能够感动中日两国的读者。我很有信心地说，这部作品成功了。中日之间还有很多被埋藏的故事需要我们发掘。只要朴素的叙述，并不需要添枝加叶，就可以获得成功。"

资深媒体人、书评人孙小宁说："任何一个关注中日近代史的读者，最终的关注落脚点都应该是人，一个个具体的人。这个传奇摆荡在两国之间，穿越了中日近代史上无数个急流险滩，当它神奇地嵌进共和国的历史进程中时，我们读出了些许熟悉，但更多的仍然是熟悉中的陌生。此书成为一个活的历史见证。不仅见证了过去，也见证了今天，见证了那条维系两国人心的纽带将怎样继续传承下去。"

传播形态与效果展望

接下来是传播环节。目前，这部作品在《人民中国》杂志上替代结束的《最炫民族风》开始连载，同时运用媒体融合机制在微信公众号和网络版、海外社交平台多维度推出。作为跨业态合作的成果，人民中国杂志社与新星出版社此次达成合作意向，以全彩漫画书的形式在国内联合推出这部原创漫画作品。目前，新星出版社已经接到大量订单。同时，新星出版社借助与日本同行搭建的中国主题图书出版联盟机制，和日方成员、资深中国选题出版社东方书店也已经达成合作意向，将在明年3月在日本推出日文版，借此增进日本公众对中国历史和体制的了解，为明春高访造势。

漫画在日本是各年龄层受众，特别是青少年喜闻乐见的传播形式。这部中国原创史诗级漫画作品首先会得到愿意了解中日关系史，愿意了解当代中国政治体制人士的关注与阅读。人民中国杂志社东京支局和中国国际图书贸易总公司东京事务所，也将积极在日本各地做好该书的各种推广活动。日语版图书、杂志连载、新媒体推送等配套传播矩阵明年将会在日本形成一个话题。在中国国内，这部作品也为流连于流行文化、消费文化内容的年轻受众提供了一个全新视角，启发、引导他们关注、思考一些更为深刻的有意义的话题。可以预期，诸多主流动漫平台将对这一作品的问世给予足够的关注。

危急时刻，日本松山芭蕾舞团用《义勇军进行曲》为中国加油[1]

新冠疫情发生以来，来自日本的声援令中国民众倍感好邻居的情谊。今天，日本松山芭蕾舞团的一段视频再次传遍中国民众的朋友圈，引来无数点赞。本刊曾在几年前参访过来华巡演的松山芭蕾舞团。刚刚我们采访到相关人士，了解了视频制作的原委。大家都谈到了这个视频给他们带来的感动。

多次陪同松山芭蕾舞团巡演的李昀女士接受了本刊的独家采访。她动情地说："武汉的疫情发生蔓延的消息传到日本，松山芭蕾舞团的清水团长非常着急，以舞团的名义去中国大使馆捐了一批消毒水和口罩。回来后又觉得还应该以某种形式在精神上为中国和武汉鼓劲加油，于是便请教了有多年合作关系的中国国际文化交流中心。听说视频的方式在中国特别流行，清水团长便和国际文化交流中心一同策划，安排全团演员录制了这个视频。松山芭蕾舞团和中国有着深厚的友谊传统，这种友谊可以上溯到20世纪50年代。他们真是心系中国，每当中国遇到困难、危难的时候，他们都会在第一时间有所表态。这次他们也是利用演出闲暇录制了这么一个视频，感同身受地高唱《义勇军进行曲》。视频中听得出清水先生的嗓音有些嘶哑，这一方面是演出疲劳所致，另一方面也是因为他比较激动。毕竟，他已经是一个七十多岁的老人了。松山芭蕾舞团的这种精神真的令我们感到钦佩。"

中国国际友人研究会副会长吴从勇也是松山芭蕾舞团的老朋友了，中日邦交正常化前夕曾随孙平化率领的上海芭蕾舞学校访日团赴日，与松山芭蕾舞团有过深入交流，见证了芭蕾外交的历史瞬间。他看了这段视频也很感动，对本刊表示："从上世纪50年代起，松山芭蕾舞团就同我们交往，并把中国的歌剧《白毛女》搬上芭蕾舞台。多年来，这个芭蕾舞团为中日友好和文化交流做出了重要贡献。此次中国发生新冠疫情，他们以独特的方式为中国和武汉加油打气，希望中国早日战胜疫情，充分体现了日本松山芭蕾舞团与中国的友好情谊历经几代，始终不渝。"

---

[1] 发布于2020年2月12日《人民中国》微信公众号。

文化要素重在分享互赏　诗俳漫画传递人间真情[1]

在抗击新冠疫情的日子里，来自世界各国的援助与慰问让中国人民倍感温暖。其中特别是来自日本的捐助，不仅有政府与民间的金钱与物资，更有来自民间的货物箱上粘贴的、源于中国古代诗句的寄语。先有长屋王邀请鉴真东渡的《绣袈裟衣缘》中的"山川异域，风月同天"一句，接下来又有来自中国《诗经》中的名句"岂曰无衣，与子同裳"，再往后，"青山一道同云雨，明月何曾是两乡"又在微信朋友圈中刷屏……接二连三的古诗词佳句寄语，让身处困境的国人不仅感到格外温馨，更感受到汉字圈文化下邻邦之间的共情基础。与此同时，也有人在讨论日本人用古诗句作寄语给我们带来的文化冲击，以及"武汉加油""武汉挺住"等口语化口号是否相比之下显得苍白的话题。

中日交融打造诗句寄语美谈

笔者欣赏这些运用得适时得体的、来自日本的中华诗句，也好奇这样的创意文案是否纯粹来自日本人之手。通过各方媒体的深度报道，笔者了解到这些诗词文案大都有旅日华人的参与。

比如，"岂曰无衣，与子同裳"，出现在NPO法人仁心会联合日本湖北总商会等4家机构的捐赠箱上。NPO法人仁心会是一家在日华人公益组织，"岂曰无衣，与子同裳"是由一位在日本读博的留学生提议使用的。

舞鹤市驰援大连的货箱外面贴着的诗句寄语是："青山一道同云雨，明月何曾是两乡。"此诗出自王昌龄的《送柴侍御》。据《京都新闻》报道，建议挑选这两句诗的是在舞鹤市政府工作、来自大连的国际交流员曲振波。

"辽河雪融，富山花开；同气连枝，共盼春来。"在日本富山县给辽宁省的驰援物资上，贴有这首中文小诗，它是由富山县经贸联络官孙肖原创的。孙肖在接受环球网采访时透露，为了创作这首小诗，她还在微信上请教了两位高中时期同

---

[1] 发布于2020年2月15日《人民中国》微信公众号。

样爱好文学的闺蜜，尽管现在三人分散在日本、新西兰和英国三地，但大家一起想了很多方案，最终敲定了现在的版本。"我们都在中国出生长大、接受教育，后来学习不同的语种，定居海外。没想到，代表中国文化的诗句今日以这种方式回到祖国，文化的传播轨迹非常神奇。"

至于"山川异域，风月同天"，当然出自日本皇族长屋王之手，但如果去过扬州大明寺鉴真纪念堂，对历史文化有兴趣的人一定记得纪念堂前的石碑上就刻着韩国钧题写的与之大同小异的诗句："山川异域，风月一天。"

了解到这一事实后，笔者对这一现象有了更加深刻的认识：这些承载着友谊和祝福的诗句，不仅体现了日本朋友贴心的问候之意和他们对中华优秀传统文化的认同与修养，更体现了海外赤子对祖国、对家乡出于文化本能的牵挂与鼓劲。这些寄语绝大部分是中日合作、中日融合的结晶。这表明了改革开放40年来中日人文交流的规模和深度，中日之间"你中有我，我中有你"，为两国奠定了深厚的民众基础。而维系这一基础的重要纽带便是文化要素。所以说，此次诗句寄语现象是中日互动合作的结果，我们应该感到弥足珍贵，引以为豪。

诗俳漫画往来拨动彼此心弦

费孝通先生对人类大同的前景有一个非常生动、贴切的描述："各美其美，美人之美，美美与共，天下大同。"这正是对文化及文化交流的本质做出的精准概括。欣赏自己的文化，并把自己的文化介绍给别人，同时也努力欣赏别人的文化，并将人家的积极因素与优秀部分吸收进来，彼此通过互学互鉴，形成对美的分享与共赏，这不正是通向人类命运共同体的必由之路吗？

汉诗传到日本后，在被吸收的过程中发生了文化变异。诗吟是汉诗在日本落地生根的形式，至今仍有一些有文化修养的老先生抑扬顿挫地吟诵汉诗；同时和歌与俳句的产生也深受唐诗的影响。仅以俳句为例，公认的俳句鼻祖松尾芭蕉就酷爱李白与杜甫。芭蕉号桃青，以示看齐李白；杜甫诗中的破碎山河意境，对芭蕉及后世俳人的"物哀"美学观有着直接影响。

中日之间的文人经常以汉诗言志或表达友谊。盛唐时期，李白为纪念好友阿倍仲麻吕，就留下"日本晁卿辞帝都，征帆一片绕蓬壶。明月不归沉碧海，白云愁色满苍梧"的名句。直到近代，日本奉行"脱亚入欧"政策，但老一代人的汉学造诣犹存。中日甲午战争时，丁汝昌自杀殉国之后，曾与丁汝昌有过一面之交的日本著名诗人宫岛栗香赋下"同合车书防外侮，敢夸砥柱作中流。当年深契非徒事，犹记联吟红叶楼"表示悼念。

战后，郭沫若在和日本友人交往的过程中，曾留下"黄河之水通江户，珠穆峰连富士山"的诗句，成为中日友好的美谈。毛泽东主席也在接见日本工人访华团时，赠送鲁迅诗篇"万家墨面没蒿莱，敢有歌吟动地哀，心事浩茫连广宇，于无声处听惊雷"，表示对日本工人的支持。

到了20世纪80年代，赵朴初、林林、刘德有等对日文化交流先驱，发扬"美人之美、美美与共"的胸襟与文化自信，在和日本交往的过程中创立了遵循日本俳句节律的汉俳。其实，在渊源上，汉俳非常接近中华诗词中的小令，中国人对此毫不陌生。这一新生事物40多年来在中国也形成了深厚的民间基础。近年来，《人民中国》开设的《俳人笔下的节气与花》栏目在杂志和微信公众号上持续数年，许多人留言跟帖，甚至远在澳洲、北美的华人都有参与。日本媒体也注意到了这一现象的积极意义，给予了很高的评价。此次新冠肺炎疫情暴发，《人民中国》在微信公众号上开设的"俳山句海鼓斗志，你接我续志成城"，引来不少全国政协委员和文化界、宗教界人士投稿，也有来自日本的俳友接龙鼓劲。

文化交流是互鉴的，带来的感动也从来不是单向的。此次日本援助时的诗句寄语之所以在中国引起强烈反响，正因为它体现了深受中华文明影响的日方，选择以打动国人心弦的方式给我们鼓劲。它给我们最大的启示是，一方有难时，外界除了物质上的援助，精神支持也使人深受鼓舞。这种情感的力量，是两国民间友好的文化体现，也是命运共同体的体现。它提醒我们，文化交流要付出真情实感，才能真正达到共情。

《人民中国》也有过用对方熟悉的文化形式去打动对方的现象级报道案例。2016年，熊本发生地震时，我们策划了一幅名为《大熊猫给熊本熊送竹笋》的原创漫画，表达来自中国的慰问。尽管当时中日关系还处在低潮，但两只憨态可掬的熊走到一起的形象，超越了中日关系中现实的隔阂，"萌化"了许多读者。地震发生次日推出的这个动漫形象，也在网络上引发了大量的模仿，有在日华人媒体在报道时用中文和日文分别写道："大家都是'熊'，大家都是'生命'。"

何分你我优劣 真情才是一切

在感动于来自日本的暖心慰问之余，也有国人觉得"汗颜"，"为什么我们的传统文化、古典诗词，日本人却用得更好？""日本对中国古典诗词的学习，难道比中国人还要普及？"其实前面说过，日本老一辈的汉学、汉字修养确实是比较高的。一直到20世纪中叶，两国的文化精英用汉字、汉诗交流是没有障碍的。但战后成长起来的一代，不论是中国还是日本，其传统诗文的造诣都不如上一代。这是我们要正视的事实，也是追求现代化的代价。

不过，近年来，我们欣喜地看到，传统文化热正在中国兴起，中国年轻一代学诗词、古文的风潮开始盛行，《中国诗词大会》热播，很多人古体诗也写得很好。反观日本，虽然现行教科书里确实有很多汉诗，最基本的汉学修养还保留着，但毕竟文化风土存在差异，日本年轻一代相对于我们了解的古诗词面比较窄，总体上的诗词修养肯定不如中国的高中生好，这是基本事实。其实，怎么样在虚拟网络时代让中日两国年轻一代更加自觉地恢复对传统文化的兴趣与认同，才是真正的当务之急。学习诗词名句并不是为了炫耀掌握的知识，而应作为一种心性修养时刻优雅地体现于日常。

在此轮热议中，有两种走极端的议论值得警惕。一种是主张"不共戴天"抵制"风月同天"，一种是贬低"武汉加油"跪拜"风月同天"。笔者以为，"不共戴天"没有道理。此次汉诗诗句能被日本民众如此运用，应该说体现了中国文化的国际化，是一件大大的好事，应该增强我们的文化自信才对。至于把"风月同天"和"武汉加油"对立起来，甚至上升到文化优劣的层面进行比较，就更没有必要了。本来此次日本友人是用诗句对中国表达人间真情，不是为了炫耀谁拿走了谁的文化，而我们和全世界都用很接地气的"武汉加油"表示声援，也都是出于同样的人间真情，何必要厚此薄彼地妄下判断呢？

有待行稳致远的青少年交流[1]

2019年，中日青少年交流促进年成功告一段落。作为推动中日青少年交流的全国政协提案人之一，我感到很荣幸。过去一年的青少年交流，可圈可点，令人欣慰。可以预见，在未来中日国民大交流时代中，青少年交流至为重要，关乎中日关系行稳致远。我本人就是早年得益于青年交流带来的影响，选择了毕生从事中日交流的职业。

去年，我参加了多场青少年交流活动。时代的变化、代际的变化要求我们与时俱进地审视青少年交流中存在的新问题。

《人民中国》在中日关系还处在低谷的时候合作发起了"熊猫杯"日本青年感知中国征文大赛。去年，5年来的优秀作文被汇编成文集得以出版。在东京中国大使馆举办新书揭幕活动时，我对孔铉佑大使等嘉宾表示，"熊猫杯"要趁着习近

---

[1] 收录于2020年3月号《人民中国》特辑。

平总书记给日本青年回信的东风，好好总结这5年的工作，创新打造"熊猫杯"升级版。

中日漫画大赛"悟空杯"奠定了广泛的人脉基础，形成了很好的活动理念，但也存在活动如何免遭商业主义绑架的问题。作为"悟空杯"的副产品，去年推出了历史漫画书《血与心：日籍解放军战士砂原惠的传奇人生》，策划者和作者运用青少年喜闻乐见的漫画形式，进行了缝合代际间隔，共同理解历史的努力。这样的作品不妨多加鼓励，使之成为动漫交流的主方向。

关系相对困难时，有活动便有亮点。现在"已是山花烂漫时，如何仍在丛中笑？"我们往往对规模化的活动情有独钟，在分散化、个性化、可持续化的活动设计上还要下更多功夫。在互联网时代，年轻人内心丰富，有属于自己的虚拟世界。电影时代与游戏时代，集邮时代与手办时代存在着巨大的兴趣和方式差异，让两国青年打开心扉交流，已成为新时代的新课题。那种逛逛景点、吃吃饭、开一个漫谈中日友好的座谈会交朋友的时代已经成为过去。去年中国某友好交流机构很有创意地组织了日本高中生在北京家庭寄宿的活动，客观上拉近了日本青年和中国家庭的距离，但活动中也发现孩子们在家里交流并不主动，都在埋头玩自己的手机。

只有让青年们彼此关注对方所思所想，深入到内心世界做个性交流，才能产生长远的效果和牢固的纽带。

我接待过来自东京大学的学生访华小组，交流主题是"深思北京"，从历史文化到现实社会，他们结合自己的兴趣准备了很多问题。这种经过认真思考展开的交流，能够触及灵魂，给我也带来很多选题启发。

在策划两国年轻人交流的过程中，切忌当说教者，要主动地成为学习者。年轻一代承担着未来的建设，向年轻一代学习，就是向未来学习的过程。让我们共同推动青少年交流行稳致远。

相隔一衣带水邻邦的相互守望[1]

在这个难忘的春天里，我刚刚读到了一条消息。在武汉抗疫一线，疲惫不堪的外地医护人员不约而同地许下自己的愿望："想看樱花。"原来，现在已经到了珞珈山樱花盛开的时节！再一看日历，今天已经是3月11日。又是"3·11"！东日本大地震一晃已经过去9年了。近一段时间，面对新冠疫情，中日之间在患难时刻相互守望的感人故事在中日两地频频刷屏。而今天这个特殊的日子又让人想起9年前的往事。中国和日本，这两个一衣带水的邻邦在遇到危难的时候表现出来的相互守望、互相帮助的精神，特别值得回顾梳理与发扬光大。

首先，让我们从2020年说起。新年伊始，中日两国的人民期待着春节旅游经济带来新一波利市；期待着中断已久的国事访问在樱花盛开的时节实现，引导中日关系再上一个新台阶；期待着东京奥运会为中日文化体育交流年带来新机遇。然而，武汉暴发的新冠疫情令这一切都受到了冲击。不仅武汉市民及许多中国人的生活与人生因此而改变，蔓延开来的疫情也令日本蒙上了阴影。现在，这场正在全世界蔓延的疫情也在影响、改变着更多人的命运。在这场疫情面前，中日两国之间涌现出许多患难之中相互守望、互相支援的故事，为世界各国，为人类面对共同的敌人携手合作树立了积极的典范。

---

[1] 2020年3月12日《人民中国》微信公众号。

这种邻里守望互助可以上溯到近百年前——尽管那时在日本的侵略排外政策下两国长期处在摩擦与战争的不幸阴影下。1923年发生的关东大地震，直接造成了近35万人伤亡。当时的外交总长顾维钧在内阁会议上主张尽释前嫌："我国本救灾恤邻之义，不容袖手旁观，应由政府下令，劝国民共同筹款赈恤。"当时的中国政府甚至调派了两艘军舰载运粮食紧急驶往横滨。民间各种义卖也募集到大量捐赠物资运往日本。著名京剧艺术家梅兰芳在各大城市组织赈灾义演，将募捐所得全数捐给日本灾民。

　　开创先河的善举给日本人民留下了对大陆邻国的积极想象。就在中日邦交正常化后不久，石油危机激发的危机意识背景下，1973年拍摄的灾难片《日本沉没》中出现了陆沉式地震发生后受日本政府请求中国政府表示要派海军快艇救助日本灾民的桥段。

　　而两国对等地相互守望，互相帮助则见诸新世纪以后。2017年，当时中日关系还没有走出低谷，人民中国杂志社在东京举办了题为"民间的力量"的图片展，单元之一就是两国在地震中的相互守望与帮助，其中最为吸引眼球的就是21世纪以后发生在两国的3场地震的故事。

　　2008年中国汶川大地震，日本政府与民间给灾区的支援令人难忘，特别是日本救援队在废墟中认真搜寻、发现遇难者后肃立默哀的图片令中国民众十分感动。

　　2011年东日本大地震发生后，中国政府与民间同样表现出邻居有难出手帮助的情谊。当时，中国媒体关于日本地震的头版报道可谓铺天盖地，中国中央电视台连日和日本连线直播受灾现场。来自中国的"日本加油"一波又一波地传到日本，全国各地为日本募集了大量的救灾善款。我现在还清楚地记得《人民中国》临时调整版面，策划了"紧急特辑——来自中国的'日本加油'"。人民中国杂志社包括退休人员在内的全体员工排起长队为福岛灾区捐款的情景至今仍历历在目。上海中远物流配送公司将三一重工捐赠的长臂泵车送到福岛核电站参与救援，这一意象甚至在5年后的怪兽电影《新哥斯拉》中还得到引用。

　　2016年4月14日，突发的熊本地震再次牵动了中国民众的心。事发当天，《人民中国》策划、推出的慰问漫画《大熊猫给熊本熊送竹笋》，引来网上无数中日漫画"粉丝"的模仿，成为当年的一个现象级报道。随漫画推出的俳句"クマモンもパンダもクマで同じもん"（你熊我也熊，今天都是熊本熊，患难见真情），无意中竟成为早于"风月同天"诗文寄情的尝试。这些中日危难中互帮互助的图片、漫画以及背后的故事，引来许多观众的驻足观看与沉思。

此次疫情下，两国再次表现出的守望与互助正是这种传统的延续。初始阶段，大阪街头出现了"武汉加油"的标语，东京池袋街头手捧捐款箱向行人九十度鞠躬募捐的女孩形象在中国"爆屏"。在二阶俊博的倡议下，日本自民党做出党内国会议员为中国捐款的决定在中国成为新闻头条。日本各界捐赠的口罩等防护用品纸箱上贴着"山川异域，风月同天"的鼓劲文字令中国公众感到亲近，更多的类似创意不断涌现。接下来，随着日本也出现疫情，声援口号从"中国加油"扩展到"日本加油""人类加油"。在这个环节，松山芭蕾舞团高唱中国国歌《义勇军进行曲》的视频引起中国公众强烈共鸣。后来在2月18日点亮东京塔的活动中，松山芭蕾舞团的精彩舞蹈、中国国歌合唱以及来自武汉的仿曾侯乙编钟古乐再次奏响中日两国互相鼓劲的旋律。再后来，随着日本疫情的发展，来自中国的口罩等防护品又陆续寄往日本，中方向日方捐赠了病毒核酸检测试剂盒，来自中国的各种问候也发往日本。

此次的中日相互守望与互助向我们提示了如下的新特点：首先，运用彼此共情的文化要素互送温暖呈现为一大亮点。汉诗体现了汉字圈国家之间所独有的软实力要素，而来自中国的原创俳句、和歌也向日本社会传递了中国的乐观与幽默。事实上，汉诗、俳句在此次抗击疫情过程中已经成为中日人民彼此拉近心灵距离的纽带。其次，"你中有我、我中有你"的人文交流促成与强化了这种心灵纽带。许多汉诗创意就有在日华人的参与，点亮东京塔的创意也是当地华人组织与日方机构通力合作的结果。还有许多在中国坚守的日本人也根据他们的观察向日本介绍了中国抗疫的细节，推动日本参考中国经验。最后，病毒瘟疫是人类公敌。经此一疫，世界各国应彼此摒弃猜疑与偏见、歧视，联手合作，只有这样，人类才会有未来与希望。在此背景下，松山芭蕾舞团喊出"人类加油""全世界医疗领域的英雄们加油"，给《义勇军进行曲》赋予了更深一层的含义：中日乃至全世界携手抗击病毒。正是在这个意义上，历史首次给了中日两国彼此帮助、联手抗击共同敌人的机会。

现在，在中日共同抗击疫情的历史时刻，重温9年前东日本大地震以及中日两国先后面对震灾时的相互守望与帮助，给我们带来了更深远的思考。中日两国不论是在地震救援还是在联手抗击疫情的过程中都休戚与共，命运相关，如能将这种患难之中相互守望的精神发扬光大，相信中日两国的民间好感度应有进一步提升，相向而行的民意基础能够得到进一步夯实，两国关系不论在合作空间拓展层面，还是在重建政治互信层面，都应该有令人期待的跃进。

后疫情时代民间外交建言 [1]

世界正处在百年未有之大变局的历史转折期，突如其来的新冠疫情为世界走向带来新的变数，贸易战下的中美关系前景变得更加扑朔迷离。疫情防控的常态化也使世界经济、人们的生活、人文交流方式都发生了深刻的变化。本来在去年中国元首时隔多年访问日本带来的利好形势下，人们期待着今年春天习近平主席的访日将使中日关系发展到一个新的高度。但是疫情的发生影响了今年中日高层互动的日程，此外，又出现了其他多种因素，这使得年初原本比较乐观的对中日关系的展望变得有些复杂。

从近期日本媒体报道的情况来看，受中美关系、海洋领土争端、香港国安法等因素的影响，日本官方政治方面似乎出现某种波动的迹象。民间情绪在媒体的渲染下亦受其影响。如何维护来之不易的中日关系改善的成果，推动中日关系稳步前行，已成为今年摆在我们面前的一个非常现实的严峻课题。

回顾历史我们可以发现，在两国战后关系的发展历程中，每当官方政治出现波动的时候，民间力量都是推动两国关系维护与改善的积极要素。在邦交正常化之前，民间先行，以民促官，官民并进，民间力量是推动邦交正常化的重要力量；近年来，两国关系进入低谷期，包括人文交流、旅游在内的民间力量的推动起到了重要的稳定作用。今年的疫情前半场，中日民间的相互守望也为中日关系平稳致远增添了几抹亮色。其区域特异性值得好好研究，并在今年疫情防控的后半场里好好总结，发扬光大，进而为今后中日关系不脱离轨道并行稳致远探索提炼新的积极因素。为使民间外交在今天发挥更大的作用，应该梳理近期民间交流的特点，以利于与时俱进地创新、拓展。

结合在《人民中国》媒体平台上报道、注意到的一些事例，梳理如下。

1. 东方的共同价值

此次突发疫情之后，历史、宗教、文化差异导致的行为差异使得疫情的发展在全世界范围内出现了不平衡的情况。当人类面临疫情这样共同的敌人的时候，

---

[1] 2020年7月18日在察哈尔学会主办的线上中日交流对话会上的发言。

东亚各国人民表现出的自律性和纪律性，对后来形势很快变得可控起到了关键的作用。这里，东方历史文化为我们提供的相近或共同的价值观对我们行为产生的规范意义深远。由此引发了我们的一个思考，为什么不能超越意识形态价值差异，发掘出蕴藏于我们社会与民间的传统历史文化价值，以凝聚我们的共识，探寻我们的行为共性呢？历史上面对大洪水，诺亚方舟提供了一个解决方案，而大禹治水提供了另外的解决方案。据我所知，禹文化不仅在中国有深厚的历史传承，在日本的很多地方也存在着禹文化的痕迹。这是非常值得我们去深入发掘的、有意义的、共同的历史文化价值。这也是在这场疫情中东方文化给世界的重要价值贡献。

2. 邻里守望相助

东方文化的另一个特点就是守望相助的精神。中日两国一衣带水，疫情发生之后两国民间表现出了非常淳朴、感人的互助精神。不论是中国网民对东京奥运会的持续支持，还是在疫情初期，来自日本"风月同天"的口罩捐赠，都是患难之际雪中送炭的生动实例。包括自民党内部发起的向中国捐款的热心倡议也经中国媒体广泛报道感动了许多普通中国民众。后来疫情在日本扩散，来自中国的许多民间团体与企业的防控物资捐赠成就了新一轮的互助佳话。

3. 美美与共的文化乡愁

在此次疫情发生之后，中日的守望互助中，特别值得一提的就是两国人民在互相鼓励的过程中，运用对方的文化要素，以"美美与共"的精神传递文化乡愁，使中日之间的相互帮助具有了与众不同的温度感。来自日本的"山川异域，风月同天"，由于体现了日本有识之士的汉文化修养，得到了中国网民的一片赞誉。松山芭蕾舞团通过视频录像合唱中国国歌《义勇军进行曲》，更是在疫情最困难的时候为中国民众带来了巨大的精神鼓舞，《人民中国》因为独家报道这条消息，创造了超过40万的微信公众号点击量纪录。而来自中国方面的捐赠箱上，由于贴上了由中国人原创的和歌、俳句、汉俳、俳画等日本民众喜闻乐见的文化要素，也得到了日本受助方的由衷赞誉。这种运用高雅的传统文化要素唱和提升温度，拉近心灵距离之举，可谓中日守望互助的形式创新，是今年中日互动的一抹亮色，将被记录在中日间交往史上。

4. 线上交流成为上半场双方沟通的新模式

出于疫情防控的需要，人们的生活和社会行为方式都出现了深刻的变化。上半年，许多现场民间交流活动停摆了，但交流活动本身并没有停止，而是改变了形式继续灵活进行着。各种各样的线上交流、线上论坛都在有序推进,这样的形式创新,也为今后两国扩大对话渠道、增加言论互动提供了新的可能性。包括我们今天的闭门交流也是这一创新的体现。当我们习惯了这种交流方式之后,相信会发现许多我们以前没有注意到的便利之处。

5. 包括AI革命在内的消费模式的改变具有划时代意义

最近,日本媒体频繁地报道,称非接触消费模式的生活革命正在中国潜移默化地发生。事实上,通过在线支付形式进行的无接触交易,在疫情之前中国就比日本先行一步,只是在疫情期间,这种消费模式的优越性得到了更好的体现。受疫情防控的影响,今后日本这种线上支付的形式应该也会得到普及,这对中日两国之间的跨境消费也带来了新的启示。区域通用的线上消费将会刺激彼此的人员往来和更加平衡的旅游观光,这会为今后两国民间经贸交流带来更多的可能性。

6. 新媒体的积极作用

疫情蔓延期间,许多人"宅"在家里,新媒体成为人们获得信息、进行情感交流的重要联络空间。中日之间的新媒体互动也成为民间交往的重要新亮点。人们通过微信、推特、脸书、连我等平台,密集而丰富地传递着彼此的信息。仅《人民中国》在疫情期间的微传播受众就成倍增加,点击量也远远超过以往平常时期。在疫情防控期间还出现了一个新的现象,就是以社交平台为特点的新的纪录片创作模式。生活在南京的日本青年导演竹内亮拍摄的《好久不见,武汉》就是一部典型的这样的作品。这让我们对以微视频、社交纪录片等新的传播形态为主体的新媒体平台的影响力刮目相看。可以预见,新媒体平台将是可以与主流媒体抗衡的,影响民意、引导民众的重要传播渠道。

结合以上梳理的,发生在疫情期间的民间互动新亮点,我在这里提出几点关于改进、提高民间交流,促进民间外交质量的建议。

1. 积极发掘区域共同价值

中日共有的历史文化价值可以让两国民众共鸣共情,这是中日友好和民间外交的重要历史文化基础。借此疫情防控契机,我们应当更好地把这些东方文化的共有价值加以系统发掘、整理,教育年轻一代,使之成为我们区域共同的价值遗产。有了这样共同的历史价值,中日的民间外交就可以超越表象的纷争与矛盾,行稳致远。

2. 推动"美美与共"的文化交流

中国文化主张"各美其美,美人之美,美美与共,天下大同",这既是东方的文化价值，也是今天中国倡议的人类命运共同体的核心精神所在。中日两国文化有同有异，彼此欣赏，加强交流，扩大文化力量的相互影响，也是民间外交软实力的重要体现。尤其是在文学、戏剧、电影等传统大众文化和游戏、动漫等现代青年流行文化层面，可以进一步加大中日两国的交流力度，拓宽民间外交渠道，增加民间外交的力量。

3. 积极改进交流模式，增强交流效果

传统的中日友好依靠各种民间团体的力量曾经创造过辉煌的历史。今天，更加广泛的民众大交流需要我们借助新技术，拓宽新渠道，通过包括线上交流在内的各种新的交流模式，充分运用好新媒体平台，扩大民间交流规模和民间交流质量，使更多的人参与到言论交流当中，成为民间外交的新力量。

4. 坚定信心，稳住中日经贸合作

消费模式的创新和AI技术革命会使中日经济交往产生许多新的可能性，常态化探索这种新的可能性在中日两国之间的实现方式，有利于稳固并拓展中日经贸合作前景，使之惠及更多普通民众。这也是惠及两国民众的实在之举。

5. 继续重视加强改进青少年交流

青少年交流事关中日两国的未来，青少年交流的内容与形式都亟待创新。中日青少年交流促进年的成果应当得到积极总结并发扬光大。疫情发生之后，许多原本规划好的青少年交流计划受挫，十分令人遗憾，应当运用新的交流形式尽快恢复起来，使青少年成长为疫情防控常态化之下中日关系改进的重要生力军。

6. 关注华侨日侨在改进民间关系中的特殊作用

改革开放40年的重大成果之一便是出现了许多中日结合的家庭，许多在日华侨已经成为中日友好的新的民间力量。近年，一些长年旅居在中国的日侨，也正在成为帮助日本民众深入了解中国的有生力量。比如，中日混血岛村俊言今年以来一直在日本做防疫公益，最近又援助熊本，积极促进中日友好。更多地发掘这样的人物，让他们发挥更加积极的作用，也是今后中日民间外交应当关注的一个重要方面。

怀念良师益友江原规由[1]

7月17日，我收到了一封来自江原规由先生的电子邮件。一算日子，我以为是江原规由先生提前发来了下期的稿子。可一看标题，我意识到有些异常：是孔江夫人写来的邮件。夫人告知，江原规由先生15日因心律不齐住院手术，结果手术失败，上了心肺机，但心脏始终无法恢复自主功能，人已进入危笃状态。不啻晴天霹雳的糟糕消息！夫人邮件里的最后一句话尤令我心碎："非常对不住《人民中国》，规由当作人生乐趣的每月专栏无法持续下去了。"夫人此刻念念不忘的竟是曾对他人做过的承诺！这既让我感激，又让我惭愧。其实是我们对不起江原规由先生。我们早知道他身体有恙，却没有想到减轻他的工作！我能够想象这对夫人是一个多么大的打击，却不知道怎样安慰夫人，只好回信劝她相信好人身上总会有奇迹发生。尽管我心里清楚这样的状态恐怕是凶多吉少。7月26日，东京

---

1 载于2020年9月号《人民中国》。

支局传回噩耗，江原先生经多方抢救，终告不治。因为疫情，丧事从简，不仅我们无法东渡致哀，甚至支局也无法参加规模极小的家族葬礼，只好给夫人发去唁电聊表哀悼。

整整一周，深深的悲哀如影随形。混乱的思绪经过一周的沉淀逐渐清晰起来，我和江原规由先生相遇、相识、相知的点点滴滴浮现在眼前。

算起来，第一次见到江原规由先生是在16年前。那年10月，中日新闻事业促进会在无锡举办交流活动。记得在北京我误了火车，还犹豫是否就此放弃。后来我补办了车票，才连夜赶到了无锡。事后想来，这就是一场一念之差决定的命中注定的相遇。

在无锡的交流过程中，一位先生优雅而颇有见地的发言吸引了我，后来我才知道，这就是日本贸易振兴会北京事务所所长江原规由。他看"东北振兴"的视角独特而新颖，他讲"走出去，引进来"的观点生动而有趣。经朋友介绍，我结识了江原规由先生，并冒昧地跟他探讨为刊物撰文的可能性。不料，他很痛快地答应回北京以后详细策划就可以动手。真是一个生性爽快的人！

回到北京没几天，江原先生就约我谈稿子了。交谈中我注意到，他常年在中日经济交流第一线活跃，同时对中国政治、社会、历史、文化都有着广泛的兴趣，这使他能够以更加立体和深刻的眼光考察中国经济。早在1998年，他就因为5年前出任首任日本贸易振兴会大连事务所所长时创立的业绩，被大连市政府授予"大连市名誉市民"的称号，这表明他对中国的地方也是非常了解的。有着这样丰富的经历和对中国经济的深刻观察，我觉得只写一篇文章不足以阐述他的系统思考，于是我又得寸进尺地提出请他开专栏的想法。当时《人民中国》还没有由日本人撰写经济话题的专栏，我的直觉感到江原先生可能能够实现这个突破。果然，他稍微犹豫了一下，随即欣然应允了我的请求。我知道他的日常工作非常饱和，接受专栏写作就意味着给自己"加码"。因此，他的应允让我非常感激，但我真没有料到这一诺就是16年，一直到他生命的最后一刻。真是一个一诺千金的人！

新栏目定名为"中国经济要点解读"，2004年一经刊出便引起关注，好评不断。这个栏目持续了多年，文风生动、活泼、有趣。江原先生和我有一个共同的爱好，就是喜欢谈论电影。电影式的形象思维使他的专栏如天马行空，广征博引，充满视觉效果，比如《守望中国社会的"七武士"》（中国社会を守る'七人の侍'）、《七色光下的中国经济》（七つの色で表される中国経済），从这些文章题目就能看出他的思维多么活跃。

3年下来，几十篇文章蔚为壮观。当时外文出版社正在策划外国人看当代中国的图书选题，现成的专栏就成了首选。经与江原规由先生商量，这本370多页的文集有了一个非常轻松的名字：《中国经济三十六景》，典出江户时代伟大的浮世绘画家葛饰北斋的系列浮世绘作品《富岳三十六景》。书中的结构不是按"章"而是按"幕"划分，充分体现了江原先生的独特创意。真是一个有趣好玩的人！

　　此后，结束了北京所长任期的江原先生回到日本，但由他执笔的专栏一直持续，题目调整为《中国力量》，内容转为对中国创新能力的介绍，依旧是风趣的文风，依旧是严谨的论证。2010年，世博会在上海举办，江原先生高兴地告诉我，他将出任日本馆馆长。我也告诉他，世博会期间我们要做一本为期半年的《世博周刊》。在世博会的现场，我看到了江原先生忙碌的身影。当时他好像已经做了心脏搭桥手术，但仍然没有停下来的意思。整个世博会期间，在日常大量事务性工作的压力之下，他执笔的

上海世博会期间与江原规由在上海

专栏从未延误，还应《世博周刊》之邀写文章。记得我参观日本馆的时候，他放下手中的工作，亲自出面陪我参观，如数家珍般地介绍日本馆的精彩亮点，并安排了VIP座位让我从容地欣赏日本馆的精彩演出。看得出，他对日本文化，对自己的这份工作充满了自豪。

　　我们聊起了彼此对上海世博会的观感。从世博会的历史说起，我们谈及19世纪的英国和中国，谈及维多利亚女王和慈禧太后，以及这两个女人所代表的国家当时的国运；我们谈及了伦敦馆的独特造型，分析了这个建筑的深刻寓意；我们还谈及了上海举办世博会对于中国的历史意义和对世界未来的意义。江原先生应该说是较早意识到百年未有之大变局即将到来的先知。真是一个深刻、睿智的人！

　　江原规由先生用透支生命的代价完成了世博会日本馆馆长的使命。此后，他的身体明显消瘦，但他依然热情地奔波于中日经贸交流，呼吁中日合作共赢的事

业中。在关键的重要节点，他总是公正地力挺中国。同时，作为中国的诤友，他也真心地提醒中国朋友应该注意的问题。

2012年以后，中日有一段困难时期，他一如既往地积极从事中日民间交流，为中日关系尽早转圜献计、呼吁；对于中国推出的新倡议，他也总是做出积极、正面的解读。他出席"一带一路"座谈会，提出"一带一路"倡议体现了亚洲正在成为承担世界秩序重构使命的重要区域，以及日本应该积极适应这一倡议，大力进行国内改革的观点；他出席亚洲文明对话会，作了题为《命运与共的亚洲未来》的发言，指出构建双赢关系需要"东方智慧"与"西方思维"并重的观点，这是应对今天疫情下的世界变局依然作为建设性意见闪耀着的先见之明。疫情发生后，江原先生和一些日本学者及时组织了针对疫情的紧急研讨会，他亲任研讨会主持人。有良知的学者在这次研讨会上纷纷质疑"武汉病毒说"，充分肯定了中国采取的有效举措对世界的借鉴意义。真是一个公正、真诚的人！

今年新年，江原先生微信拜年时发来了他在元旦"初诣"时的照片，没想到竟成了我看到的最后的江原先生：瘦削但依然精神矍铄，还是带着和从前无异的笑容。我们最后一次线下见面是去年亚洲文明对话大会结束后，几位多年未见的老朋友邀江原先生在友谊宾馆的友谊宫小酌。那天晚上，江原先生特别开心。他听说2020年上半年我可能会工作访日后特别开心，相约一定在日本重聚，小酌叙旧。

新冠疫情改变了这一切。江原先生告诉我，疫情开始后他就一直"宅"在家里，但通过新媒体一直关注着《人民中国》的报道。我们彼此时常通过微信互道保重。通过微信，我袒露了自己无法回乡的烦闷心情："正月（一月）以来我就没回过老家，和母亲也只能通过电话相互问候，虽然思念不已但却无奈。"江原先生回话安慰我："当年我在北京驻在时，母亲住院我无法回去探望，就打电话和老人聊天。王桑的老母亲能接到儿子的电话，一定高兴得很。我特别理解这一点。"真是一个注重情谊的人！

直到现在，我也不肯相信江原规由先生真的离开了我们。他的音容笑貌总是萦绕在我的眼前。这样的朋友值得永远怀念。他的故事不应该被人们遗忘。安息吧！江原规由先生！

忘年の亡友偲ぶ悲秋かな

噩耗添新愁。痛失扶桑忘年友，旧忆融悲秋。

跨文化传播与报道的策划思维和翻译策略[1]

日文版《人民中国》的对象国就是日本，而且目前《人民中国》只有日文一个语种，这在外文局的期刊中也是比较罕见的。今天，我们讲"一国一策""精准传播"，其实日文版《人民中国》许多年来正是按照这样的定位办刊的。

《人民中国》的独特传统与与时俱进的办刊理念

20世纪50年代初创期，《人民中国》的文章大多是从英文版直接由日本专家翻译成日语的，不免有很强的翻译痕迹，而且文字偏硬，读者不太习惯。后来经过一段时间的探索，逐步改为由中日同事携手合作直接从中文译成日语，这是《人民中国》的起步。

《人民中国》在起步时就比较关注人的故事，但是在整个50年代，时政色彩还是非常强的。到了1963年2月，出现了一个很重要的拐点。我国对日工作的重要领导人廖承志同志根据当时对日民间交流工作需要提出了一个总体要求，就是日文版的《人民中国》应该逐步向一个真正的综合性月刊的方向发展，即朝着文化外宣的方向去调整自己的定位，读者可以不只针对友好人士，甚至可以是"中偏右"的人。这对我们来说是一个很大的突破。

60年代后期到70年代前期，中国当时处在"文革"时期，但《人民中国》关注中日人民友好与交流的大方向没有改变。因为中日恢复了邦交，加上在这之前的民间交流十分活跃，于是70年代前期的杂志版面充满了人文选题的内容，比如乒乓外交、兵马俑的发现、冰川的科学考察等内容。

到了80年代改革开放之后，我们继续朝着文化外宣方向发展。当时，我们研究了日本读者的阅读习惯，刘世昭、沈兴大两位记者率先完成了骑自行车走遍大运河沿线的壮举，并将其写成鲜活的一线报道在杂志上连载。后来，中央电视台的《话说运河》据说也受到启发，这在当年可以说是一个十分前卫的举动。

---

[1] 根据2020年9月21日中国外文局业务讲座的讲义记录，2021年2月6日整理成文。

到了 90 年代，以原生态民俗报道为中心，报道手法进一步臻至成熟，像原汁原味的西藏寺庙、三峡水库等文图并茂的选题，表明《人民中国》的深度文化报道形成了自己的风格。

进入新世纪的头 10 年，网络的出现开始冲击传统媒体，更高的时效性被提到日程上来。在新世纪的头 10 年里，《人民中国》为了提效做了很多尝试，包括杂志全彩改版、本土化 2.0 版的打造，以及通过网络前后方对接的方式，完成印刷前移的印刷本土化等，使我们对重大事件的报道时效大为提高，汶川大地震时我们几乎在第一时间就做了很有深度的特辑报道。

经过多年的探索，《人民中国》也对读者定位和编辑方针做了重大的调整。我们确立了从"三中"（中间、中产、中年）向"三重"（重点读者、核心读者、新兴读者）的读者定位调整。在"三重"读者定位中，重点读者是指对政要、议员、企业家和社会名流等有影响的人士，采取购买与赠阅相结合的做法。从小泉纯一郎开始，历任日本首相都自费订阅《人民中国》。此外，还有一群因历史原因形成的稳定的传统读者，这些人通过读书会和个人订阅的形式，成为我们相对固定的"铁粉"，他们是纸质版期刊的基础读者。再有就是新兴读者。近年来，网络和媒体融合不断发展，《人民中国》的媒体形态不断丰富，出现了年轻读者群体的苗头。很多人通过"熊猫杯"征文大赛活动了解到《人民中国》。我们通过赠阅试读等方式，探索了发展未来的期刊读者后备军的可能性。

我们的编辑方针就是立足中日关系，以中国立场、世界眼光、人类情怀设置议题，策划内容；以多媒体形态传播中国文化、讲好中国故事、传递中国声音，创建一流中日跨文化传播媒体平台。这几年经过媒体融合的快速发展，我们形成了国内外社交平台快速报道，网络版外语专题报道，期刊深度报道相互依托、此长彼长的新格局。

《人民中国》作为国际品牌的定位是，坚持跨文化引领，努力追求卓越品质，布局经济、社会、民生、历史、文化多样平衡的版面，敏锐地把握时代感觉，谋求符合贴近受众需求的推己及人的精准策划，实行贴近受众思维习惯的、灵活的翻译策略，通过守正创新，借助融媒体形态办好综合期刊，推动报道与人文交流互动的传播。这就是《人民中国》的品牌定位。

历史上本土化传播策略的著名案例

跨文化传播离不开翻译。利玛窦是明清时期活跃在中国的传教士,他和徐光启一起合译了《几何原本》。他在传教时非常注意本土化策略。由于当时中国的本土世界观与价值观已经成熟,外来思想进入中国面临着概念表述上的变通问题。利玛窦苦思冥想怎么样让中国百姓接受基督教的理念。他贴近受众需求和受众思维,把"耶稣"这两个字,写成爷爷的"爷"和苏醒的"苏",言下之意是,信他传的教能使祖宗活过来。

现代更不乏这样的例子。周恩来总理在新中国外交实践中就非常注意并擅长运用本土化传播策略赢得不同文化背景人士的理解。新中国外交代表团在日内瓦联合国总部,给各国使节放映了新中国第一部彩色戏曲片《梁山伯与祝英台》。当时使馆的人就直译了片名。可外国人如堕雾中,甚至分不清人名是男是女。周总理建议使馆加以解释,就说这是中国的"罗密欧与朱丽叶"。结果,这样处理之后,外国人马上就接受了,饶有兴趣地来看电影。因为这样的变通引发了共情,效果就大不一样。

同样,跨国企业的海外本土化营销也善用这样的策略。西门子是德国的一个公司。西门子比花花公子和可口可乐翻译得要含蓄得多,更加有文化内涵。为什么这么说呢?如果联想到古典名著《金瓶梅》就好理解了。西门子是一个工业企业,他要给自己打造一个有魅力的男性意象。"西门家的后代",表述得很含蓄,但很有诱惑力。

还有一个德国的品牌,就是我们经常用到的迅达电梯。这个名字也译得特别好,让人一目了然产品的特点和追求的目标。可大家知道迅达电梯是哪个家族的产业吗?是辛德勒家族,《辛德勒的名单》里的那个辛德勒。来中国推销电梯,将"辛德勒"翻译成"迅达"就做得非常巧妙,无缝对接到对象国家的需求,令人接受起来很舒服。

日本这样的品牌不多,立邦漆算是一个。这个品牌原意为"日本油漆",但采用如此本土化翻译策略之后,中文译名看着跟日本一点关系也没有,而且和国家兴旺还有了联系,让中国人听着很舒服,完全没有文化上的违和感,是一个非常成功的例子。

近处咱们说说北京。朝阳区有一个亮马大厦,这个酒店原本叫地标酒店,来北京比较早,当时大家还不太接受"洋酒店",因为酒店建在了亮马河畔,就灵机一动,起名叫亮马大厦,既和 LAND MARK 发音接近,听起来还好像和这条河有关,感觉像是一个中国的老字号。

跨文化传播与跨文化报道理念是相同的。因此,同样的道理,针对国外读者的不同文化背景差异性设置议题,谋篇布局,最大限度地减少误读与排异,就是跨文化报道应该注意的地方。跨文化报道过程中交流是主要的,交锋也是不可避免的。让别人接受我们的观点是首要目标,交流、交锋都要讲究些策略。利玛窦当年的尝试和努力值得研究、借鉴。他把耶稣译为"爷苏",把神译为"上帝""天主",其实就是想回避文化排异。今天,如何把我们的东西转换成能够让对方受众消化和理解的东西,其中的交流策略值得研究。

"以文化人""好感传播"选题策划的尝试

《人民中国》在策划选题、设置议题的时候做了许多贴近本土受众,增进对象国受众对华好感的探索。

一是从中国立场、国际视野、推己及人、人类情怀的角度来策划报道结构,比如说在 2005 年中国电影诞生 100 周年的时候,策划了特辑"'电光影戏'百年风云"。"100 年的中国电影"是一个太大的题目,怎样在有限的篇幅内抓住若干对日本有针对性的重点做好这篇文章呢?首先是提出中国电影的地域性和全球性,全球背景下的中国电影是什么,然后中国本土电影是什么?从戏剧和电影的关联性的角度谈起,从京剧、越剧等这些中国的传统戏剧和电影的关联性和来自西方的产业电影的关系谈起,因为日本有同步的、同样的过程。日本的歌舞伎、净琉璃(木偶戏)是在电影到来之前有深厚群众基础的大众戏剧。电影进来之后,这些传统戏剧的叙事方式和欣赏习惯在无声电影时期被传承下来。因此,如果从这样的角度去分享中国电影就会让日本受众容易理解。

接下来,我选择了"100 年来中国电影中的中日关系"这样一个视角设置了议题。从以《义勇军进行曲》为插曲的《风云儿女》的诞生,一直到 2005 年前后拍的抗日题材电影,《地道战》《地雷战》《平原游击队》《清凉寺钟声》《一江春水向东流》等全在里面,我把中国电影中所反映的中日关系以及中国人的历史情感在不同时期的表现形态在这个部分浓缩地展现出来。

此外,中国电影中的现实主义传统复兴、动作片电影中中国功夫片的独特魅力等也作为一个单元重点做了策划。同时,2005 年前后,中国正试图和日韩共同打造东亚市场，并联手进军欧美。为此，我还对中影集团的负责人韩三平做了独家专访。整篇特辑在中国电影的百年历史中抓取了对读者有针对性的若干主题展开，收到了较为理想的传播与交流效果。

中央台曾拍过系列专题片《同饮一江水》，讲的是在大湄公河次区域，中国跟沿岸国家合作开发的故事。《人民中国》一般将重点聚焦于中日之间的故事。通过和这部专题片创作者的合作，我们尝试开设了一个连载栏目，将关注点扩展到周边地区，把中国和东南亚之间的那种山水相依、民心相通的故事，用非常感人的细节娓娓道来，收到了读者前所未有的好评。

在反映灾后重建的报道中，我们注意把有温度的普遍人类情感和中国特色的制度特点结合起来做了有益的尝试。比如通过将一个三口之家从屋倒房塌到新房子盖起来的过程，和中国迅速恢复基建的大环境平行展开，通过对比六张图片就把温度与速度有机嵌合在一起了。

我们还推己及人地策划了相关报道。当日本福岛发生特大地震的时候，我们做了一个"日本加油"特辑，体现了基于人类命运共同体意识的普遍情感以及中国对日本地震灾区的人道主义关怀。

后来熊本地震的时候，媒体融合已经有很大的发展，微信也出现了。我们启动了快速反应机制，将独家策划的《大熊猫给熊本熊送竹笋》的慰问漫画，第一时间通过微信推出。这一次，我们仅用一页的篇幅就收到了超过"3·11"福岛地震时20多页特辑的效果。漫画通过微信发布后更是在瞬时间被广泛地借用、模仿，成为一次现象级报道。日本的电视和报纸还就此现象破天荒地对《人民中国》做了报道。

此次疫情期间，日本国内在上半年是很恐慌的，对于如何防护，他们并没有什么有效的方法。而咱们国内已经摸索出了一些经验，上海的张文宏医师团队编了一个很实用的小册子，在上海疫情初期深受市民欢迎。新星出版社与我们合作翻译出版了日文版，在日本印刷出版，并通过亚马逊平台销售。这个小册子被北京的日本人俱乐部看到了，联系外文局希望买到一些。于是我们又在国内加印了几百本，搞了一个赠书仪式送给他们。这说明雪中送炭的实用产品才是最好的外宣品。

在以文化人的选题策划中，我们有意识地运用"各美其美，美人之美，美美与共，天下大同"的理念，寻找相通的文化价值。二十四节气是中国在2016年申请成功的世界非物质文化遗产。而在东亚，韩国、日本都共享着这份非物质遗产。在日本就有很多讴歌二十四节气的短诗。我们每两周推出一个节气，寻找一些日本人讴歌二十四节气的俳句，再把它翻译成中文，形成一个文化栏目。这个栏目我们现在做了三四年了，准备一直做下去，现在来自中日的原创跟帖非常多，每期都会有70多首。

除此之外，我们还开设了流行歌和流行词栏目，颇能和日本读者产生共鸣，因为服务性很强，又很贴近受众的需求，所以很受读者欢迎。

友好交流、人文交流、文明互鉴也是《人民中国》多年来的选题关注重点，这些故事成为我们与历史上非常稳固的读者和友好团体维系关系的纽带。几年前，日本松山芭蕾舞团携他们的经典剧目《白毛女》来华演出，我们联系到了之后就在人民大会堂采访了他们，较为清楚地梳理了这部芭蕾舞剧的诞生过程，以及后来芭蕾外交在推动中日邦交正常化过程中发挥的历史作用。

7年前，还是在中日关系较为困难的时候，我们跟日本科学协会和中国驻日大使馆一起发起了"熊猫杯"日本青年感知中国征文大赛，累计已经有近千名的日本青年向大赛投稿。去年，在G20大阪峰会前夕，其中一位参赛青年给习近平主席写信，习主席给他回信，鼓励他投身到中日友好事业当中去。这对我们做好中日青年交流工作也是一个很大的鼓舞。

多元一体的民族构成、引领东方的文化价值、源远流长的传统智慧、中国百姓的生活方式，都是针对日本受众讲述中国故事的重要资源。中国的历史和现状有什么内在联系？中国的文化价值魅力在哪里？我们的社会制度和生活方式有什么样的特色和亮点？这一切都可以通过生动的中国故事讲给读者。

其中特别是生活方式，它是对外宣传非常重要的元素。通过中国人的生活方式展示中国的魅力，正是《人民中国》多年来一直探索的方向。比如说，我们一直用《美丽中国》栏目中选取的相关内容作为封面，介绍幅员辽阔的中国，多种多样的文化，各种各样的地貌，生活在这片土地上的人们，等等。这种反映"等身大"中华儿女生活与奋斗的朴素画面，激发了读者对中国的美好想象与向往。

十五六年前，我们还开设了一个栏目《13亿人的生活革命》，从衣食住行等各方面介绍中国人日常生活当中的革命性变化，体现了我们对生活的热爱和自信，反响甚佳。

还有一个栏目叫《我的一天》，每次聚焦一个普通的中国人，展示他（她）的生活工作的日常与生活道具的细节，将读者带入社会日常，直观地感受中国人的生活方式与价值观。

讲故事与传递声音是两个相对独立的范畴，但是这两个东西又是有交叉的，讲故事的时候一定要有观点，做评论的时候一定要多维度结合令人信服的实例。我们摸索出以人物为中心的策划策略。人物带出的历史与故事很容易打动人心，还有文本价值。针对当事人的采访要做足功课，要善于挖掘其内心世界，还要有必要的场面设计，以及图片和资料方面的准备。

访谈类报道怎么样能够采访到被访者鲜为人知的故事，并触及其内心世界，从而盘活文章，这是成功的关键。在采访日本著名表演艺术家、日本中国文化交流协会执行会长栗原小卷时我做了充分的功课，事先查了很多资料。因为我知道她主演过中日合拍的首部电视剧《望乡之星》。这部电视剧的片名是邓小平题写的，而且是邓小平唯一题写过的片名，表明当时邓小平非常重视中日友好和中日关系。我从这个话题入手与栗原小卷深聊起来，后边的故事她就滔滔不绝地讲出来了。她告诉我，这个剧最为重要之处在于与中国开展文化交流，正是因为邓小平题写片名让她理解了这部剧的特殊意义，因此她才肯出演这部电视剧。

运用漫画的形式讲述历史故事是我们最近的一个尝试。漫画《血与心：日籍解放军战士砂原惠的传奇人生》讲的是在中国东北迎来战败的一个日本少年，隐姓埋名于中国农村，受尽地主的剥削，"土改"时分得土地后，这个少年参军跟随解放军转战辽沈战役、淮海战役，一直到朝鲜战场，后来还参加了人民空军航校的草创。1956年回日本后，他从事中日民间贸易，毕生推动中日人民友好。这个动漫故事完成后在中日两国都引发了关注。通过动漫形式讲历史故事是一个新的、具有潜在可能性的增长点，但是真正抓住受众，有针对性地讲好故事是有一定难度的，需要我们锲而不舍地探索下去。

评论也是这样，同一件事如果请到身份合适的人来讲，效果就会非常好，而且这些人如果有故事，讲起来会更好。大家知道，日本前首相鸠山由纪夫在日本是提出东亚共同体的一位政治家，他正因为提出了东亚共同体，主张接近中国，而遭到政敌算计被迫下台。"一带一路"的构想出来之后，他高度认同，特别有共鸣，所以去请他来谈"一带一路"，效果就非常好。

跨文化传播中翻译形态的历史回顾

前面讲了跨文化传播的种种尝试，但这一切都离不开翻译。先说说历史上曾经有过的翻译形态。在中国历史上，真正跨文化意义上的翻译是产生得比较晚的。外来的东西真正第一次大规模传入中国，需要我们通过翻译来消化理解的就是佛教。

佛教在中国传播，对中国的语言及表达产生了深刻的影响。那个时候，佛教进入中国是一种强势传播，许多概念被直接拿来使用。鸠摩罗什和玄奘在翻译佛经的时候，规定了许多"不译"的原则，用今天的理论说法就是大量的"异化"处理。佛教传入中国，与本土儒、道融合，使中国的思想哲学高度有了很大的提升，这是文明交融的一个非常正面的例子。

明清时迎来了外来文化进入中国的新一轮热潮。不过这时儒释道在中国的融合发展，已经形成了很强大的抵御外来宗教进入的机制。同时，基督教又和佛教不同，是具有排他性的一神教，所以基督教传教士在中国传教的时候，他们有非常明确的本土化意识，就是要贴近老百姓的所思所想，尽量让你在不知不觉中接受，而不是用强势传播的方法。前面也举了一些利玛窦的例子，他用非常贴近中国普通百姓的思维翻译处理宗教概念，当时的传教士在这方面做了大量工作。

再往后，到了近代以来，西方知识体系在中国传播，这个过程就很复杂。中国早期也有像严复那样的翻译家，翻译了很多西方的概念词语，但是非常遗憾，这些词在中国沿用下来的很少，目前我们使用的大部分都是从日本借来的汉语词语。像"社会主义""干部""广场""俱乐部"等，这些汉字形态的新概念都是从日本倒灌进来的。

新中国成立以后，在党的领导下，跨文化传播发展得很快，外文局、编译局等以"中翻外"为主要功能的翻译机构为中国的思想文化"走出去"做出了巨大的努力。中国有些词现在也进入了包括英语、日语在内的语言当中，但是数量还不是很多。

近代翻译鼻祖严复在译界的地位无可替代，他提出的翻译"信、达、雅"三原则至今仍被奉为圭臬。严格地说，在严复的时代"信"并不那么简单，原本的意思是指在完全没有对应概念的语言里，如何无中生有地准确创造出一个对应的词来。"达"一般指的是整个译文顺畅自然，尽量不留翻译痕迹，达到得其意而忘其形、笔补造化的意境。

那么，严复当时所提出的"雅"到底是什么？当时的标准行文是八股文，它的表达方式要中规中矩，符合文言文的"体"。严复是福建侯官人，他师从安徽桐城派大家，诗和古体文章写得非常好。严复在书面语上的造诣非常深厚，他所提出的"雅"，我的理解就是要符合八股文的要求。严复翻译的《天演论》，是非常漂亮的文言文，文人士大夫很容易接受。时过境迁，白话文经过100余年的普及，就像从前的妇女解放了缠足，今天我们各阶层的语言都可以以原风格用文字规范地表达出来。我们必须对"雅"有一个符合今天实际的新定义。

与时俱进地解决跨文化翻译中的问题，最终是要解决"对不对，行不行，好不好"的问题。与严复同时期的文艺翻译家林纾，翻译了《巴黎茶花女遗事》《黑奴吁天录》。他很神奇，虽不懂外语，却仰仗一个跟洋人打交道的商务翻译，拿着《茶花女》的小说给他译读成中文白话，他同步转换成文言文写下来。他确实文字功底深厚，听别人口译，他落笔润色组织文字，译文文本最终由他完成。

今天我们面对的情况比较复杂，无论是电影、戏剧，还是小说、诗歌等文艺作品都有这个问题。如果人物讲的话就是下里巴人的话，在翻译的时候就要把不同文化语境下等价的味道体现出来。等效翻译是现在提倡的一个更高的翻译原则。翻译得惟妙惟肖，将人物在不同文化背景下还原、激活，翻译也就进入了化境。真正达到化境的"好不好"没有既定的标准，而是一个非常复杂的评估体系。需要多年的磨炼，需要经验的积累。这道理就像大夫看病一样。没有看过足够多的病人，不敢乱说是一个好大夫。

解决这个问题的方法可以从几个层面来考虑。一是"得意忘形"，得其意而忘其形，不必完全抓住原来的形不放，可以做适当的变形处理，但是要把握好度。"离形得似"，你离开它的形，但是你能在另一个文化语境中还原它的魂。然后可以适当地"笔补造化"，但是不能任意改写，林纾厉害就厉害在"笔补造化"上。最后做到"从心所欲而不逾矩"，就是你可以自由地处理，语句什么的都可以调整，但是你不能弄得面目全非了，所有人都不认得。这就是我对今天的"信、达、雅"的一个粗浅的认识，跟大家分享。

接下来是"归化"还是"异化"的问题。现在翻译理论讨论得最多的就是"归化"和"异化"。在我看来，是"归"还是"异"并不重要，重点在于"化"字上。不管是"归化"还是"异化"，你得化到对方语言里边觉得不别扭才行。比如说"般若波罗蜜多"采用了异化的译法，但在汉语里毫不别扭，因为这个词已经化入汉语词了。同样，"英特纳雄耐尔"如果把它翻译成"国际"，大家反而不知所云了，它是一个异化处理的结果。"般若波罗蜜多"也是异化处理，但是它已经是你的文化的一部分了。所以我归纳说，"归而不化，等于白搭，异而不化，终遭排他"。"维他命"是咱们早年翻译的一个词，大家都觉得挺好，还挺贴近它的意思，能把你的生命维持住，后来我们又有了"维生素"这个词，"维他命"就存活不下去了。"维生素"就是一种归化,"维他命"是一个半归化,还有异化的部分。

语词的化入与翻译的化境

另一个有关"归化"和"异化"的例子是"小康社会"。"小康社会"在日语里的翻译是一个很有意思的过程。刚开始介绍"小康社会"的时候我们讨论过,日本人能懂小康社会吗?"小康"在日语里有两个意思,一个是大病初愈,缓慢恢复的样子,"病去如抽丝"。火山喷发,开始喷得很厉害,慢慢地势头缓和下来了也叫"小康"。在日语里,"小康"就是这两个意思。

那么最后怎么办?我们翻译成"いくらかゆとりのある社会",觉得体现出"小康"的意思了,很长一段时间我们都用的这个译法。几次党代会集中报道之后,"小康社会"(しょうこうしゃかい)被日本主流媒体接受,成为一个在日语里新出现的国际问题名词。

同样,日语的某个汉字词在什么时间节点直接进入汉语也是一个值得考察的有趣现象。比如"人气",20年前我们不会原封不动就拿来用,但现在随着日本流行文化的渗透,大家都在用"人气"这个词了。

"亲子"这个词我们原来也是不接受的,日本有一道菜叫"親子丼"(おやこどん),指鸡肉和鸡蛋做的饭。很简单的意思,鸡肉和鸡蛋嘛,就是妈和儿子的关系,但是汉语里并没有对应的译词,于是就解释性地译为"鸡肉鸡蛋盖浇饭"。现在简单了,直接用"亲子盖浇饭",异化融入了。

再后来,中文里有了"亲子鉴定"这个词,不久又有了"亲子园",慢慢地在中文语境里,越来越多的人开始使用"亲子"这个词。但"亲子"现在还不能随便用,它仍在融入中文的过程中。"他们家亲子关系不好"这话还不能说,你只能说母子关系不好,母女关系不好,或者父子关系不好,父女关系不好,或者家长和孩子的关系不好。"亲子关系"也许以后也能说。我眼看着它在慢慢地融入汉语,目前是"前腿进去了,后腿还在外头"的状态,这是一个很有意思的现象。

还有"违和"这个词,倒退5年,可能"违和"我们听着还比较违和,现在"违和"已经进入汉语了。"好物""乱入""迷惑行为""逆袭""无差别""鬼畜"等也可以说了,这表明这几年进入了新一轮日语词大量涌入汉语的阶段。其实这都算不上严格意义的"异化",而是我们借了大量的日语词,因为是汉字词,所以我们感觉不到而已。

这一次的日语词语进入汉语，与二十世纪二三十年代有什么不同呢？上一轮借用的大都是基本的社会语言概念，"社会主义""经济""政治""干部""广场""场合"，包括像"党支部"都是那时候进来的。因为是恶补填补空白的社会生活必需词，相当于进口的是"主食"。

现在我们进口的是什么？是时装、时尚一类的东西。很多词我们汉语原来也都有，但是又觉得不时髦、不新鲜。于是"违和"这种词就进来了，这种词是通过什么进来的呢？是通过中日之间的商务、旅游等人员交流，网络上日本文化的流入进来的。大家有兴趣的话可以关注一下这个问题，这是一个很有意思的过程。

但是中国词进入日本的比较少，而且多为非正面意义的词语。我在电视上看到有一个词叫"霸座"（はざ）。日本会说，中国人到日本旅游"霸座"，电视报道也用"霸座"，我估计这个词未必传得久远，不过是一个新闻词语，一段时间也就被淹没了。可是日本媒体不翻译，直接用"霸座"二字。

所以，学日文的人要有一个特别的定力，就是一定要把母语，把中文的底子打好，否则就被日语给"带节奏"了，你说的话别人也能听懂，但是会夹杂好多日语词。

特别有意思的是，面对大量西方概念的"东渐"，处理这些外来词的时候，中日两国呈现相反的趋势。

汉字是中国自己的文字，起初大量外来词进入汉语时，我们主要采用音译。比如说"资产阶级"，我们就翻译成了"布尔乔亚"。后来"资产阶级"一词从日本传了进来。今天，资产阶级因为是日造汉字词，我们感觉不出它是外来的，而"布尔乔亚"一看就知道是音译的外来词。

日本跟我们正好相反。在西方的影响到来之前，对日本来说，汉语词既是一个外来的文化，也是一个用得很顺手的文化。因此，西方文化进入日本的时候，它都先用汉语把它改造一下，比如说"俱乐部"。"俱乐部"我们觉得就是一个中国词，其实它是一个日本造的汉字词，我们听起来意思都懂。"混凝土"也是地地道道的日本词。最好玩的是，日本还曾经出现过一个词"劳補人"，昙花一现，这是"ロボット"（机器人）的汉字词表达，意思是机器人是劳动者的补充。但中西文化对日本来说都是借用，所以他们没有历史包袱。随着西化深入，汉字词和片假名外来语词使日本人左右逢源。比如，盛在碗里的饭叫"ご飯"（ごはん），盛在盘里的饭就得叫"ライス"（rice），咖喱饭是外来文化，所以要叫"カレーライス",以此与本国米饭吃法相区别。

汉语吸收外来词的过程正相反。比如"场合"这个词来自日语词"場合"(ばあい),应该算是外来词。最近这个词正在慢慢地被"场景"所取代。汉语总是顽强地要把一些外来词尽量地改造成地道的汉语表达形态。这就是汉语强烈的同化功能,甚至《现代汉语词典》从前有一个原则,为了保持汉语语言的纯洁性,文字表述中不能出现拉丁字母。这个原则是在什么时候被突破的呢?

最早我们把卡拉OK叫音乐伴奏带,因为最开始演唱时是用音乐磁带伴奏的。后来用着用着大家都觉得还是卡拉OK更能体现时髦,而且更加上口,于是就约定俗成了。汉字好歹能写出"卡拉"来,"OK"就真的不好还原成汉字了。后来终于做出了妥协,卡拉OK被收入了《现代汉语词典》。后来的Wi-Fi也是同样的道理,因为汉语没有这个音,硬写只能写成"歪飞",令人发噱。就这样,CT等词陆续被收入《现代汉语词典》。现在已经有很多这样得到认可的单词,这表明中日处理外来词有着截然不同的路径。我们在选词的时候,也应该充分地注意到这个特点。

说过外来语的特点之后,再说说现代中国产生的本土词句。现代汉语的一个特点就是会产生许多具有时代特色的词语或短句以及相关的表述习惯。这些词语或表述在我们自己的独特语境下理解不会有问题,可是如果照字面翻译出去进行跨文化交际,问题就出现了。特别是自媒体大行其道之后,出现了很多语义固化但内在逻辑模糊的新词。在跨文化交际时必须要在逻辑上进行转换,否则会出现一些问题。

比如"最美逆行者",中文语境下很容易理解,可直译成外文就好像在说,疫情风险区的人都在往外跑的时候,医务人员知难而上逆行救援。其实中文的本意是说知难而上,在抗疫语境下的"逆行"完全是虚指,是对从前震灾、洪灾时子弟兵救灾行为做的原封不动的引用,所以不能按照字面意思直译。我们最后处理成"危険を恐れず繰り出す勇者ども"。

还有历史上形成的某些典故,现在语义发生了压缩、固化。比如"选拔干部要坚持五湖四海",这里面的"五湖四海"就有一个发展变化的过程。最早这个词见诸毛主席的《为人民服务》,"我们都是来自五湖四海,为了一个共同的革命目标,走到一起来了"。60年代把"五湖四海"翻译成"全国の津々浦々",意为全国各地的渡口。在日语里,这个词不仅词意贴近,而且具有同样的生动性,运用得恰到好处,堪称翻译经典。但是现在这句日语具体指向性减弱,更多地变成了比较抽象的、原则性的概念，专指人事制度的原则。它不一定指全国范围，也许就是特指某一系统或某一单位。那么，应该如何提炼"五湖四海"这个词的核心意义呢？就是不问你来自哪一个地区或哪一个系统的意思。基于此，我们译为"出自を問わない原則"，脱离了字面，更好地体现了其本质含义。

新词的翻译有时也体现出不同的价值侧重。比如"AlphaGo"，我们翻译成"阿尔法狗"。其实"Alpha"是希腊语"第一"或"第一次""初次"的意思，"Go"则是源于日语围棋的借词，这里指"博弈"的意思，所以英语的本意是"人和机器第一次平等的博弈"。但我们中国人有根深蒂固的概念，机器人再发达，也要服从、听命于人，所以译成"阿尔法狗"，既是谐音，又体现了我们的人本主义信念。大家觉得怎么样呢？

总之，只有跨文化报道和跨文化翻译都能够做到融通中外，我们的对外传播才真正能够收到预期的效果。而翻译策略的打磨是最为关键的问题。因此，在处理好"信、达、雅""归化""异化"等追求化境的翻译效果时，如何形成我们自己的翻译策略体系，值得深入思考。

对外传播与交往过程中的案例与思考[1]

疫情背景使百年未有之大变局呈现出波诡云谲的态势，从发展势头来看，中国的强势崛起加速，在国际传播与交往过程中宣传中国发展成就的数字与素材越发丰富。但同时，从利益消长与意识形态博弈的角度来看，如何在传播与交往过程中调整策略，避免落入"锐实力"陷阱，既要"走出去"，更要"走进去"；既要讲好中国故事，更要收到消除外界疑虑的效果，以求达到增进与各国各地区之间相互理解与彼此尊重，在传播与交往过程中塑造与当今中国国际地位相适应的全面、真实、立体的国家形象的目标成为当务之急。

《人民中国》日文版月刊是中国国家外宣期刊老字号。历史上，通过文字报道及民间交流活动，《人民中国》赢得了日本各阶层的稳定读者，见证了中日邦交从以民促官到正常化乃至发展至今日的历史全过程，形成了丰富的人文外交传统。近年来，在中日关系面临巨大调整，世界格局发生重大变化的背景下，我们继承传统，有所创新，在对日人文传播与交往方面进行了一些有益的探索。今天，我在这里结合若干典型案例向各位汇报，并与大家分享一些粗浅的思考，希望得到方家的指正。

《人民中国》的传播与交往对象是我国的近邻日本。日本是西方国家中具有两面性的一个国家。它既有意识形态上的西方价值观，又受千年来东方文化的浸润与熏陶；既有历史上侵略中国的负罪感，又有战后一时繁荣的自负感；既对中国广大市场深深依赖，难以割舍，又对中国的赶超态势抱有强烈的危机感。这一切构成了日本从官到民对华的纠结情感。最近几年的民调显示，日本对华好感度处于历史低位。新世纪以来，中日关系经历了从"政冷经热"到"政冷经冷"的低走期，经努力，近年重返轨道，但行稳致远仍面临考验。"政凉经温民冷"是一个需要面对的困局。当前的中日关系，战略互信是"易碎品"，战略互疑是"易燃品"。在这样的背景下，如何正确认识日本，制定对我国长期发展有利的对日报道与交往策略，是《人民中国》进行特色案例探索的出发点。

---

[1] 2021年2月6日在中信改革发展研究基金会"国际交往体验及当下应对之我见"研讨会上的发言。

毛主席、周总理当年提出的对日"两分法",在方法上指导我们正确认识日本当今社会。当年中日交往争取到的日本的广泛民意基础是我们成功的法宝。今天的日本民意受制于总体右倾保守化的政客、市场合作方面内心纠结的财经界、舆论趋向一边倒的媒体以及偏向西方价值观与日美安保条约的精英智库,这些因素交互作用,形成了近年来日本社会对华的民意低潮。

基于这样的基本判断,我们近年来通过加强举办各种交流活动,增加了面对面地做人的工作,并通过媒体平台广为传播。其中,目前中日之间唯一一个综合性论坛——北京-东京论坛,就在民间交往中发挥了独一无二的作用。每年一次的论坛,轮流在两国首都举办,政治外交、经贸、安全、媒体等常设分论坛及每年不同主题的特别分论坛,汇聚了两国各界智库、精英发表真知灼见,即便是在中日关系最为困难的那几年也没有中断,坚持了整整17年,每年都就一些热点、重点话题和日方交流与交锋。比如,在今年的媒体分论坛上,针对美西方及日本媒体在疫情以来明显有选择地做关于中国的偏向性报道,我方讲究策略,避免与之进行意识形态纠缠,而是抓住包括日本媒体在内的西方媒体"新闻专业主义精神沦丧",结合实例设置议题,与日本同行进行了深入的对话,体现了敢于斗争与善于斗争的有机结合。日方多数代表也比较服气,我们赢得了讨论的话语主动权,占据了专业讨论的制高点,交锋与交流并进,收到了比较理想的效果。

针对日本做人的工作,很重要的是要做好青年一代的工作。2015年,我们启动了"熊猫杯"日本青年感知中国征文大赛,6年来吸引了上千名日本青年积极参与。2019年G20大阪峰会前夕,习近平主席还给参与"熊猫杯"的日本青年中岛大地回信,鼓励日本年轻一代积极投身中日友好事业。我们针对受邀来华的青年获奖者,通过深度参观、专题讨论、家宴恳谈等形式一对一地交朋友,平和地结合个人生活实例帮助他们理解当代中国和当代中国人的现状。这些人回国后写来的访华观感表明,通过这样的交往,他们的对华认识发生了深刻的变化。在去年的第六届大赛中,我们创新方法,向投稿者发去调查问卷。结果表明,日本的年轻一代,特别是有过访华经历的人,普遍表示实际看到的中国与原来在国内受媒体影响形成的中国印象反差比较大。这提示我们对日交往应该更多地做针对年轻人的滴灌工作。今年,我们将考虑运用线上交流的方式,增设深度讨论的"熊猫论坛",将中日青年交流引向深入。

对日工作还有一个突破点就是寻找东方共同的文化价值。此次新冠疫情突发之后,历史、宗教、文化差异导致的行为差异使得疫情在全世界范围内出现了不平衡的情况。当人类面临疫情这样的共同敌人时，东亚各国人民的表现虽各有不同，但相对于其他地区国家要好很多，东方历史文化提供的相近或共同的价值观对我们行为产生的规范意义深远。去年中秋节，在与海江田万里等日本有识之士进行线上讨论时，我谈到历史上面对大洪水，诺亚方舟提供了一个解决方案，而大禹治水提供了另外的解决方案。这不是意识形态的差异，而是文化或文明理念的差异。据我所知，"禹"文化的传承不仅在中国有深厚的历史记忆，在日本很多地方也存在着"禹"文化的痕迹，这是非常值得我们去深入发掘的、有意义的、共同的历史文化价值。我的这番见解引起了日方的共鸣，形成了很有建设意义的讨论。

去年，在抗击疫情的"上半场"，日本民间友好人士援助中国口罩时，引用了"山川异域，风月同天"的诗句，在中国引起强烈反响。其实，这种通过深层次的文化认同引发共鸣、共情的做法，我们做了更多有深度的尝试。在后期中国向日本捐赠救灾物品时，我们将具有独特日本文化特点的短诗——俳句，以及中国朋友创作的汉俳、俳画等贴在捐赠品上，在日本受赠者中也引发了"美美与共"的共情效果。"美美与共"应该是运用文化要素展开国际交往的重要理念。20世纪80年代，赵朴初、林林、刘德有等中日文化交流先贤们，以来自中华诗词小令的灵感，创立了契合日本俳句五七五节律的汉俳。2016年入选人类非物质文化遗产的中国的二十四节气，体现了农本文化的核心精神，也为日韩等东亚国家共享，反映了东亚国家共有的哲学智慧，在文学和美学层面，也为三国人民津津乐道。3年前，我探索将这两种优秀的文化结合起来，推出以讴歌二十四节气风物的日文俳句和中文汉俳为内容的文化栏目——《俳人笔下的节气与花》，很多中国和日本的读者，包括海外华人都参与接龙。在此基础上，俳句和汉俳的创作呈现出开放的形态：疫情期间，中日两国读者纷纷"俳山句海鼓斗志，你接我续志成城"；全国两会期间，也有很多政协委员创作汉俳投稿……俳句成为与时代同步的表达方式。汉俳与俳句的互动，是中日两国以诗词表达友谊传统的延续，很好地诠释了"各美其美，美人之美，美美与共，天下大同"的人类命运共同体思想。甚至一向保守的日媒《产经新闻》都关注到这一现象，载文评价汉俳中日人士都可读懂，希望其在两国首脑外交中发挥锦上添花的作用。

面对灾难，《人民中国》针对日本多次策划过深度报道。2016年熊本发生地震时，我曾策划过一个现象级报道案例——发布《大熊猫给熊本熊送竹笋》的原创漫画，体现来自中国的慰问。尽管当时中日关系还处在低潮，但两只憨态可掬的熊走到一起的形象，超越了中日关系中现实的隔阂，"萌化"了许多读者。地震发生次日推出的这个动漫形象，也在网络上引发了大量的模仿，TBS等一些日本媒体就此现象做了深度报道。这件事让我们意识到，运用漫画形式进行心灵沟通可以收到事半功倍的效果。近年来，我们积极推动"中国漫画馆"项目，最近又启动了"悟空杯"中日韩青少年漫画大赛，吸引了更多东亚地区的年轻人通过漫画形式关注、了解中国。2019年新中国成立70周年时，我在杂志上策划推出了漫画连载《血与心》，并集册出了同名漫画书。故事的主人公叫砂原惠，1933年出生于日本福冈，幼年随父母举家来到中国东北。日本战败前夕，他的父亲客死阜新，砂原惠和妹妹随母亲在中国颠沛流离、沦为地主家的放牛娃。1948年，砂原惠加入中国人民解放军，改变了自己的命运。他参加辽沈、平津战役，见证了新中国的诞生，后来又参加志愿军走上朝鲜战场，并为初创期的人民空军航校贡献了自己的力量。1955年，砂原惠返回日本后，一直坚持日中友好信念，积极从事日中友好工作和对华友好贸易工作。漫画艺术再现了砂原惠传奇的一生，就像他的名言——"虽然在血统上和法律上日本是我的祖国，但中国永远是我精神上的祖国"，感人至深。这部漫画的日文版去年在日本出版，将由哔哩哔哩改编为12集动画片。

近年对日传播与交往的经验让我产生了如下几点思考与建议：

1. 避免同质化传播，重通用语种，轻视非通用语种的倾向。切实实施因国施策的策略，我们讲自己的国情，也要根据不同国家的国情有区别性地展开传播与交往。

2. 在对外交往中应该避免以己度人，而是通过推己及人的方法，平等地、说服性地对普通民众推介我们的观点。周恩来总理在会见美国乒乓球代表团成员时谈及对嬉皮士的看法，既讲原则，又以理服人，但并不强加于人的外交技巧，以其独有的魅力赢得了美国普通民众的信赖与敬重。这样的修养今天仍然值得学习。

3. 从事对外交往，应该有必要的通识修养。在发言、讲话的时候，如果善于运用对方耳熟能详的音乐、美术、历史、哲学、文学、电影等要素开展交流对话，可以拉近和对方的心理距离，呈现我方的文化修养与人格魅力，也会使讨论话题变得轻松，语言表达更加丰富，从而最大限度地化敌为友。只有讲好中国故事，才能做到在价值、情感、艺术、修养等层面的多层级融合，收到最佳的传播效果。

4. 注意交往与传播的受众群体，针对政要、精英、媒体、普通人分别施策，在政策、舆论、民意不同层面做好工作。协调好场面上的与水面下的、活动中的与日常的、公务的与个人的交往关系,对维系长久的人脉交往与入脑入心的交流效果意义重大。

5. 目前,对外传播过程中的"内宣外溢"现象值得注意。我们的表达应该将对上、对内、对外有机地统一起来,形成一套自恰的话语体系,既坚持国家的主权安全与自尊自信,又本着文明互鉴的精神与各国、各地区相互学习,开放包容,从而有效破除西方对我国的抹黑。

6. 在对外交往与传播中要让生动的中国特色语言表达更加贴近受众思维,避免只按字面意思逐词翻译,真正做到得其意而忘其形的等效、等价翻译,这也是亟待解决的技术短板。如"红色基因""杀出一条血路""绿水青山""最美逆行者""展示大国形象"等我们常用的语句翻译,目前还不能尽如人意,有时甚至会令人产生误解,亟待打破禁锢,解放思想,实事求是地以问题为导向,以效果为目标,创新翻译理念。

沉舟侧畔千帆过，病树前头万木春[1]

2020 年是我所经历的最充满变数，最具有戏剧性的一年。用一句当下最概括的表述来说，就是我们正处在百年未有之大变局。这一年里，始料不及的新冠疫情打乱了许多原有的计划，改变了人类的生活，并彻底改变了世界。

这一年里，中国和日本，中国和世界都面临着前所未有的考验，全人类都面临着十字路口前的历史性选择。

百年未有之大变局带给我们的挑战与机遇都空前巨大，关键要看我们如何把握与抉择。全球范围内，疫情带走了很多人的生命，这非常令人哀痛和恐惧；在这个人类需要团结战疫的关键时刻，由于缺乏互信导致的国家之间猜疑与以邻为壑的做法令人叹息与担忧；某些国家内部由于社会撕裂，人为导致疫情加剧，令人痛心！

当然，也不都是令人沮丧的消息。仅以中日为例，去年上半年，两国民众互赠口罩的守望相助，"风月同天"的诗文共情，"和合"价值的温故创新，两京论坛的共识达成，文字漫画的线上互动，经贸往来的有增无减，这一切都令人欣慰地相信，两国人民之间的善意互动的热情远比冷冰冰的民调数字令人感到温馨与希望。

尤其令我难忘的一幕发生在去年两京论坛的公共卫生分论坛上。两国有识之

---

[1] 载于 2021 年 3 月号《人民中国》。

士坦率的、具有建设性的铮铮之言,不仅为中日之间携手抗疫提出了善意的忠告,更为全世界抗击疫情的人们发出了构建人类卫生健康共同体的积极呼吁。在达成的两京论坛共识上,双方用较大的篇幅对携手抗击疫情,在新的一年里分享疫苗提出了彼此的期待。

新的一年里,尽管在已经控制较好的国家内疫情不同程度地有所反复,但包括中国在内的各国开发出的疫苗已经批量生产出来,并陆续投入使用。希望中日两国相向而行,以疫苗合作为去年的相互守望续写新章,给人类抗疫做出新的表率。

我从微信视频上看到,最近日本电视媒体对中国应对疫情做法的客观报道多了起来。我想这也是去年媒体分论坛上我们讨论加强两国媒体专业主义精神播撒下的种子长出了希望之苗。希望今年在增进真实与善意的报道方面两国媒体有更多的交流,引导两国的民意能够相向而行地平衡回升。

在改善民意基础方面,青少年的交流尤为重要。两会之后,我们主办的首届"悟空杯"中日韩青少年漫画大赛将举行颁奖;新的一年,"熊猫杯"日本青年感知中国征文大赛将在去年的基础上扩大对投稿者进行问卷调查的范围,更加精确地反映日本年轻一代对当代中国的认知。

令人欣慰的是,人类在历史性变局面前总是有智慧地适应并调整自己。科学技术在挑战未知的过程中逆势而上,不断有新的突破,AI技术、大数据在给我们的生活方式带来了深刻变化的同时,也为应对疫情、打破目前社会普遍存在的严重内卷化提出了新的可能;特别是因此次疫情,人类必定对社会治理的理念做出深刻的调整。"破滞为通,化乱为治"的共同目标要求中国和日本、中国和世界必须同舟共济,朝着命运共同体的目标探索新前景。从这个意义上说,告别2020不需要沉重,迎接2021可以充满信心。沉舟侧畔千帆过,病树前头万木春!

《唐人街探案3》：浮世奇观与弦外之音[1]

今年春节，电影《唐人街探案3》在中国"火了"。这部原本为2020年春节准备的贺岁片，时隔一年才得见天日，创造了上映首日票房破10亿，4天大卖30亿票房的爆红纪录。当初以2020年东京奥运会的举办以及持续看好赴日旅游为预期的市场设定，与如今因疫情而冷冷清清的东京街头，使得影片中的浮世奇观物是人非，恍如隔世，倒格外地勾起观众的怀念。国内各种网评莫衷一是。《朝日新闻》等日本媒体也对这部大投入影片在国内的上映做了详细的报道。5月份，这部电影就要在日本上映，介绍一下这部电影的台前幕后，对日本观众也许有些裨益，特别是从中日电影交流史的维度考查这部影片，更加有助于加深对电影背景的了解。

---

1 载于2021年5月号《人民中国》。

夸张绚烂的平成东京浮世绘

"唐人街探案"是以中国游客青睐的国际城市为舞台的系列探案片,第一部和第二部分别以曼谷和纽约为舞台展开故事,此次第三部将故事背景聚焦在东京,以中国主创的想象和视角,将喜剧片要素、侦探片要素、都市风光片要素以及社会派电影要素杂糅于一炉。

一些在中国国内看过此片的日本观众会有一点违和感,但是很兴奋。他们惊讶于主创团队对日本文化的熟悉程度,同时一针见血地指出,这部片子反映了中国人的日本观。我在影院里观影时甚至想到,一大帮文身的黑社会成员穿着短裤在温泉中"泡汤"的场景估计在日本上映时一定会引起笑场。也许他者视角的违和感,反倒为中日之间展开人文对话提供了讨论的议题。

这是一部拍给 Z 世代年轻观众的电影。片中有大量平成时期的流行文化元素:二次元、密室、Cosplay 等不一而足。同时,中国人对日本文化符号的想象,比如温泉、文身的黑社会、剑道、大相扑等无疑丰富了影片的奇观感和喜剧因素。可以说,平成的流行文化要素与对昭和的历史记忆和想象构成了这部影片的独特异国情调。

以异国情调打量日本,这样的中国电影的出现本身就意味深长。十多年前,在普通中国公民赴日旅游还未成为潮流之时,这种异国情调以日本的边疆地区为表现形式。以北海道为舞台的《非诚勿扰》是代表性作品,更多地体现了"50后"那代人对 20 世纪 80 年代高仓健主演的电影中反复出现的北海道怀有的浓浓的精神乡愁。最近七八年,大量中国公民赴日旅游,以及中国文化市场的扩大开放,使得普通中国人对日本文化要素的兴趣与了解程度大大超过从前。对日本流行文化的深入理解与把握更使两国年轻一代在电影中从语言到爱好都实现了无缝对接。这使得这部影片对传统日本的想象和对现代流行文化的驾驭荟萃于一炉。同时,片中诸如创维、华为等中国电器在日本场景中的出现,绝非只有植入广告的意义,而是更真实地反映出中日经济"你中有我,我中有你"的现实状况。选择国际超级大都市东京作为故事的展开地点更是体现了主创团队的自信和对中国观众兴奋点的准确把握。羽田机场、新宿、东京塔、浅草、横滨中华街这些中国游客耳熟能详的旅游景点在电影中被表现得比现实更加夸张绚烂,仿佛一幅幅现代东京浮世绘画卷。

在世界独一无二的涩谷全向交叉路口抛撒纸币的桥段,更是显现出导演的超凡野心。据说，主创团队为了拍摄涩谷这场戏，不惜在外地搭建了一个1:1还原的涩谷外景。当年，佐藤纯弥为了拍摄《追捕》中杜丘在新宿骑马逃跑的场面，不惜动用马群，戒严封锁路口完成实拍。这样的大手笔也只在当年经济高速增长下的日本和永田雅一那样的制片人手上出现过一回。如今，中国年轻主创团队超乎前人的勃勃野心在这一场面的驾驭上表现得淋漓尽致。

从主人公一出羽田机场便遭遇的超级截杀，到东京街头的卡丁车追逐，到浅草大街上的化装嘉年华，再到涩谷交叉路口的抛撒纸币，电影前半部呈现给观众的都市奇观使影片的喜剧效果和紧张感环环紧扣。

平成奇观表象下的昭和恩仇

然而，电影中呈现的东京奇观不仅仅止步于地表之上。主人公重重通关，最后来到庞大的东京地下蓄洪工程，在这里迎来故事情节的重大转折。喜剧感、游戏感极强的影片由此峰回路转地变为社会派风格。

这部影片起用了中国观众所熟悉的各个年龄段的日本重量级演员。妻夫木聪、长泽雅美、染谷将太、铃木保奈美、浅野忠信、奥田瑛二一干人等都曾通过日本影视作品给不同年代的中国观众留下过深刻的印象，三浦友和更是其中的重量级人物，他在片中扮演的黑社会头目是一个20世纪80年代从中国回到日本的战争孤儿。意味深长的是，片中这位80年代从黑龙江绥化初到日本的孤儿，当年一定是看着三浦友和和山口百惠这对金童玉女出演的《血疑》等电视剧，怀着对日本的向往回到自己出生的故乡的。

和这位战争孤儿同一时代的中国观众，或许对三浦友和在片中饰演的黑社会头目角色难以接受，因为这无疑颠覆了他们心目中三浦友和与山口百惠曾经的偶像形象。张艺谋的《千里走单骑》中高仓健的形象就没有这样的违和感。

80年代正是中日间影视交流的"蜜月期"。《千里走单骑》《非诚勿扰》也好，重拍的《追捕》也好，近年来中方主导的中日合拍电影几乎都能找到向80年代影响中国几代人的日本电影致敬的桥段。这部影片尽管是"70后"导演的作品，我们仍能看到对80年代日本电影的借用。

出于战争等历史原因隐瞒身份导致的犯罪，是80年代在中国上映的昭和后期日本社会派推理电影的一大主题，《砂器》和《人证》这两部影片是其中的代表作。三浦友和与长泽雅美这对"父女"在平成年间的日本继续上演着他们的《血疑》《砂器》《人证》。由三浦友和饰演的渡边胜，一怒之下用铜花瓶击打东南亚黑帮头目苏察维脑部的设定，一如《砂器》中用石块击杀恩人的音乐家和贺英良，而长泽雅美饰演的小林杏奈最终用玻璃碎片杀死苏察维，亦令人联想到《人证》中将水果刀刺进混血儿子胸膛的八杉恭子。片中对乔山中的《草帽歌》的借用明白无误地表达了这样一种怀旧情感的延伸。

整个故事进行到最后，随着真相浮现，沉重的历史话题被引出，观众亦变得沉重起来。中日之间的恩怨情仇总会在电影中得到折射，这也是中日合拍电影史上的一个独特现象。《中日和平友好条约》签订之后，中日两国有关战争孤儿题材的影视作品反复出现。《樱—サクラ》《清凉寺钟声》《离别广岛的日子》《大地之子》《小姨多鹤》《红十字：女人们的应征通知》都多次将故事指向这一主题。从这个意义上讲，这部影片为中日电影交流史又增加了一个值得研究的、具有新变数的案例。

亚洲侦探联盟志在疗愈世界

《唐人街探案3》完成于疫情暴发之前。片尾东京街头的广场舞勾起了观众对疫情之前赴日旅游的怀念。尽管眼下中日人员交往还无法放开，然而，通过巨幕电影释放信息，在虚拟世界延续彼此的沟通与了解，正是这部电影起到的独特作用。5月，这部影片就要和日本观众见面。期待其在日本市场也有很好的票房，也期待有更多这样的作品问世，开拓广阔的亚洲电影市场。

《唐人街探案》推出了"亚洲侦探联盟"，未来的作品中几个亚洲侦探将联手维护世界和平，这为"走出去"的中国电影奠定了价值基础。片尾响起的迈克尔·杰克逊《拯救世界》的歌声意味深长。这首唱响于波黑战争时期的反战歌曲，明确地反映了导演对充满不确定性世界的担忧、对和平的祈祷。在影片的叙事线索上，以策划于伦敦密室的Q集会为结尾，隐喻着未来的正邪博弈将更加激烈。这样一部充满弦外之音的影片走出国门，会引发更多的讨论与互动，或许对处在动荡的世界变局之下的国内外观众还能产生警醒与疗愈的效果。

致敬永远的老兵砂原惠 [1]

　　如果没有新冠病毒的全球肆虐，我本应该出席去年4月在东京举行的日文版漫画书《血与心：日籍解放军战士砂原惠的传奇人生》的出版纪念会，那就能和砂原惠先生见上一面了。可是，鉴于严重的疫情，出版纪念会只好取消。今年4月，为了完成与哔哩哔哩合作的动画版《血与心》，替代因疫情无法赴日拍摄的摄制组，我安排人民中国东京支局的员工专程赶到藤泽，对砂原先生做了长达3个小时的视频采访。从拍回来的视频看，砂原先生虽然面有倦色，但笑眯眯的，看上去很精神，这让我心里很踏实。我心想，再等一段时间，等更多的人注射了疫苗之后，等动画片完成的时候，我们就可以迎接砂原先生来北京重逢叙旧了。谁料仅仅两个月之后，就在6月24日，噩耗如晴天霹雳般传来。悲伤和悔恨涌上心头，我不禁泪如雨下。情绪稍微平静下来之后，和砂原惠先生交往的情形一幕

---

1 载于2021年8月号《人民中国》。

幕地浮现在我的眼前。

　　大约5年前，经中国国际友人研究会田涛副秘书长介绍，我认识了砂原惠老先生。他看上去就是一个普通的日本老人，说话声音不高，但底气很足，而且讲的是带有东北口音的普通话。当他的手机有电话打进来时，响起的铃声竟然是《中国人民解放军进行曲》的旋律。这是一个什么样的人？他的人生有哪些传奇故事？我不由得对眼前这个老人产生了强烈的兴趣。

　　听了他的传奇人生，我对他的强烈兴趣转化为采访他的冲动。做好各方面的准备后，我在砂原惠先生下榻的酒店进行了采访。同行的责编将采访内容编辑成4页的文章发在了杂志上，但我总觉得意犹未尽，还想再进一步做点什么。

　　于是，找到多年与《人民中国》合作的漫画家李昀。听了砂原惠的故事，李昀也很感兴趣，并表示出了强烈的共鸣。这表明好的故事可以超越代沟。我想，如果能让今天的年轻人读到这个故事一定会很有意义。于是，我开始了立项策划，请李昀出山创作一部长篇全彩漫画。经过团队多次深入的采访，砂原惠先生的立体人生轮廓逐渐浮现出来。随着漫画团队的辛勤创作，砂原惠生动的故事形象逐渐完成了细部的刻画。

　　少年砂原惠原本对关东军士兵充满憧憬，但当目睹了现实中日本军人的残忍，以及经历了战败后的流离失所，他的军人梦彻底幻灭了。他在颠沛流离中沦为东北一家地主的放牛娃。后来，解放军发起的"土改"彻底改变了他的命运，他从压迫和剥削下得到解放，怀着对公平、正义、平等的向往，他的心中燃起了成为革命军人的梦想。他投身于时代的洪流，确立了一生不变的价值观，一生实践为人民服务的诺言。这不是什么虚构的"神剧"，而是实实在在的真实故事。原本血脉里流淌着狭隘民族主义认识的砂原惠，此刻心仪于远远超越这种认识之上的普遍价值，成长为一个脱离了低级趣味的、纯粹的国际主义者。我绞尽脑汁，终于为这个有趣的故事想到了一个合适的题目，就叫《血与心》。

　　2019年，为庆祝中华人民共和国成立70周年，新星出版社出版了漫画故事《血与心：日籍解放军战士砂原惠的传奇人生》的中文版。

　　2020年4月，为了配合原计划的首脑访日，日本东方书店在东京首发了该书的日文版。

　　2021年，为了庆祝中国共产党100周年诞辰，同一故事的动画版正在紧锣密鼓地制作。未及目睹动画片完成，砂原惠先生便突然驾鹤西去了，真是令人抱憾不已。不过，令人欣慰的是，砂原惠先生在晚年接受了《人民中国》的采访，故事还被进一步改写成漫画和动画片。这样，他的故事将会被更多的年轻一代知晓并传诵。

辗转反侧的无眠之夜，听着窗外的潇潇雨声，看着一张张照片上砂原惠先生留下的笑容，我再一次哽咽了。我模糊的视线停留在一张照片上：那是前年11月在北京市人民对外友好协会举行的中文版漫画书《血与心：日籍解放军战士砂原惠的传奇人生》出版纪念会现场，砂原惠先生胸前佩戴着2015年在北京获得的"中国人民抗日战争胜利70周年纪念章"和2019年在日本的驻日中国使馆从孔铉佑大使手中接过的"庆祝中华人民共和国成立70周年纪念章"，和大家见面的场景。我非常清楚这两枚纪念章对于砂原老人的意义，也许对他来说，人生的全部意义就在于此。他将自己的青春献给了激情燃烧的新中国，50年代他又回到自己的血缘祖国，并隔着大海，时刻思念一衣带水的心灵的祖国，在自己的工作岗位和日常生活中将初心贯彻始终，致力于两个祖国的和平友好。每次来北京和大家小聚会餐的时候，饭桌上他必点酸菜馅饺子——这是"土改"时在解放军的招待会上，他吃到的最好吃的中国食物。每当他重新尝到这熟悉的美味时，似乎他的无悔人生就再一次得到了确认。

我想，纪念砂原惠先生的最好办法，就是把他的传奇人生写成不朽的作品传诵下去。从这个意义上说，尽快完成动画片《血与心》，就是我们对他的最好纪念。老兵不死，只是凋零。我相信，砂原惠先生的英灵将在天堂里继续守望着他所心系的血缘的祖国和心灵的祖国，守望着两国年轻人的未来。21世纪的我们如何把20世纪的故事续写下去，这是砂原惠先生为处于时代变局中的我们留下的一份作业。相信年轻一代一定会用他们所独有的智慧，完成好这份作业。砂原惠先生，安息吧！

看点、借鉴与最大公约数[1]

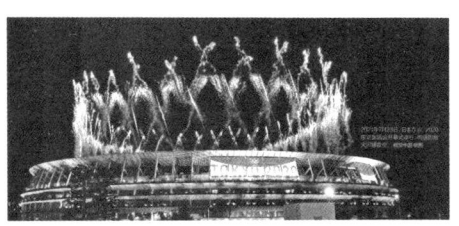

奥林匹克历史上最为特殊的一届奥运会——命运多舛的第 32 届夏季奥运会终于在东京主会场点燃了圣火。东京奥运会主题是"United by Emotion"（情同与共）和"Moving Forward"（前进）。在开幕式中，场馆的设计与开幕式的安排都紧扣这一主题，将若干条彼此关联的要素线索若隐若现地、平行地贯穿其中，将东亚的传统智慧、日本的文化特质、隐喻的国家象征、国际化的平民气质、全新的奥运理念呈现出来。其中不乏看点与亮点，北京冬奥会亦可参考借鉴。开幕式上增设了向死者默哀的环节，森山未来以独舞的形式进行了意在安魂的舞踏表演。一些网友吐槽舞蹈表演"阴气"重，不过战后发展起来的舞踏善于表现哀悯生命的主题，放在本次奥运会特殊增设的默哀环节倒是恰如其分。这和象征人类神经传导的红绳舞互为呼应，体现了疫情之下人类对被迫分离的焦灼及对恢复

---

[1] 载于 2021 年 8 月号《人民画报》，8 月 2 日《人民政协报》转载时标题改为《在情同与共中前进》。

连接的渴望，体现了"United by Emotion"的主题。而在最后点燃圣火时安排医护人员传递火炬，又体现了不畏疫情迎接希望，契合了"Moving Forward"的主题。

开幕式的开头视频中，一颗深埋场馆下的葵花种子，随着镜头在现实的会场里投影为一棵快速成长的幼苗，这寓意着2013年获得主办权之后就在孕育发芽的本届奥运会。在最后点燃圣火的环节，幼苗成长为孩子们手中的一束束向日葵，在花束的拥簇下，奥运会历史上首次使用的燃烧时不会产生二氧化碳的氢气燃料圣火被点燃。而氢正是太阳的燃料，圣火由此成为日本的国家隐喻。

东日本大地震后灾区重建与复兴的愿望融入"Moving Forward"主题得以呈现。升旗环节的执旗手中始终都有来自福岛的人士；奥运圣火传递至日本时选择从福岛登陆；圣火在会场传递时不仅特地安排了6位来自东日本地震灾区的少年儿童，甚至周围迎接圣火的少年儿童手中的向日葵花束也都来自福岛等地震灾区；最后，氢气圣火冉冉燃起，而氢气燃料正是福岛县浪江町的"福岛氢能源研究场"所制，象征着"3·11"大地震后福岛的复兴。

一群江户时代的木匠在民居的上栋式上敲敲打打的节奏，带出现代青年的踢踏舞。木工们拉动绳索，折叠着的木质奥运五环缓缓展开，用材来自上届东京奥运会的馈赠：1964年东京奥运会时各国运动员带来的世界各地的树种经过57年生长，如今派上了用场。无独有偶，主场馆"新国立竞技场"设计者隈研吾也瞄上了木质材料。这座由取自日本47个都道府县的木材建造而成场馆，体现了以木材作为建筑材料的传统理念和低碳环保的特质，与2005年爱知世博会场馆建筑理念一脉相承，反映了进入21世纪以后日本建筑去混凝土化，亲和自然与绿色的后工业环保思维。场里场外，57年前的世界各国树种与今天来自47个都道府县的木材，跨越时空汇聚一堂，呈现了东亚生生不息的传统智慧。东京奥运会临时决定空场办会，隈研吾顿感禅机，又为空场座椅设计了错落有致的不同颜色，运用"色"平衡"空"，赋予"空不异色，色不异空，空即是色，色即是空"以新解。各国运动员入场时空座席上打出的灯光随着该国国旗的主要颜色变换，制造出虚幻的啦啦队效果，使无观众的会场里充满了浓浓的暖意。

木工头巾上、工作服上的蓝白格点，是江户时期日本平民服饰上常见的图案，也反映了日本文化中的共同体意识。以此为灵感，融入代表美好未来的扇面要素，设计出了象征东京奥运会两大主题的会徽。在孩子们的推动下，会场上的巨型积木摆成了会徽。在场馆的上空，1824架无人机组成了同样巨大的会徽，并幻化为水晶一般象征人类一家的蓝色地球，与不同肤色的歌手连唱约翰·列侬的《想象》形成呼应。从江户町人木工过渡到无人机全球拼图，跳过了明治以来日本有争议的历史，也压缩了晚会的表演时间。这与北京、平昌、伦敦、索契等在开幕式上对本国历史所做的宏大铺陈形成对照。

在本届开幕式上，女性要素得到空前强调。升旗及运动员入场时的男女护旗手，运动员、裁判员、男女工作人员同台宣誓，都特别强调着男女平权。百岁女体操运动员阿格尼什的回顾视频展示了百年奥运会经历了提倡种族平等、民族平等到今天的性别平等的过程。画面中先后出现了美国黑人运动员欧文斯、非洲的赤足运动员贝基拉、亚洲飞人刘翔等，最后定格在13岁的女轮滑运动员布朗身上，显示了平等意识取得的具有里程碑意义的进步。在表演环节，不论是江户女工头，还是城市灯光控制室的女领班，不论是夺了市川海老藏风头的爵士钢琴师上原广美，还是最终点燃奥运圣火的混血网球运动员大坂直美，女性将自身的存在感充分显示出来，令人感到的确"时代不同了"。

此外，本届奥运会的口号在"更快、更高、更强"之外加上了"更团结"，标志着奥运精神的新拓展，体现了对人类共同价值的进一步追求。1964年的东京奥运与2008年的北京奥运，其主题共性都是找回国家与民族的发展自信。2021年的东京奥运会直面全人类抗疫的主题，"更团结"成为不同于追求极限成绩的人类新目标。这与全球防灾防疫的共同关切密切呼应，与人类命运共同体的主题也十分契合，为北京冬奥会和东京奥运会在理念上的衔接留下了接口。东京奥运会在抗疫主题及向往人类命运共同体方面的探索、经验值得参考、借鉴。通过体育赛事及体育精神，克服偏见与歧视，尊重多样性发展在今天尤其具有现实意义。通过奥运会这一"人类的庆典"追求平等、包容、团结、尊重等最大公约数，正可体现对人类共同价值的向往，以及对"同一个世界，同一个梦想"的坚守。

合璧、交融、梦汇五色环[1]

新冠疫情还在日本蔓延，历时17天的2020东京奥运会于2021年8月8日晚平安闭幕，这是人类体育精神的胜利，值得充分肯定。疫情一波三折，催生了史上首届无观众奥运会，方案做了重大调整的开幕式和闭幕式，各方评价可谓见仁见智。闭幕式主题是"Worlds we share"，缤纷多元的同一个世界成为闭幕式的基调。尽管人们对承办方电通公司多有诟病，但在善于运用商业广告手段阐述主题，运用小切口大惊艳调动情绪方面，还是让人看到其运作手法的老到，不乏可圈可点之笔。

和开幕式相比，闭幕式令人印象深刻之处就是，在简约的前提下，充分运用日本流行文化、经典文化与传统文化中的各种要素，东西合璧，融通古今，将音乐、歌曲、舞蹈、服饰、图案、光效等元素巧妙地安排在闭幕式中，屡屡呈现出

---

1 载于2021年9月号《人民画报》。

令人倍感惊艳的视觉、听觉高潮。

　　一开场，就能意识到与开幕式一以贯之的简约原则：没有巨大道具上场，也没有吊着威亚的"飞人"从天而降。20名宝冢歌剧团的女演员身着色彩华丽、图案考究的和服齐唱日本国歌之后，各国旗手在志愿者的引领下渐次入场，沿着草坪中央的圆形空场排成一个多彩的闭环。志愿者面对旗手们也排成一圈。他们身着的宽大服装上的图案很有深意：开幕式江户工匠服装上的蓝白格点要素幻化为漫画风格的黑白格点，夸张的图案点缀其上——两个左右各半的短臂衬衫，两只手紧紧地拉在一起。当这群志愿者排成一圈时，这些手拉手的图案也紧连在一起，形成一个人链的象征。旗手和志愿者组成的双重闭环仿佛将东京奥运会的会徽在地面上重现，又暗合了闭幕式的主题"Worlds we share"。

　　这时，展现本届奥运会上各国选手奋力拼搏的精彩回放画面出现了。视频运用广告片的手法混剪，将选手们成功的喜悦、挫折的迷茫、团结与友爱等多彩画面浓缩呈现，片尾打出了奥运最新理念"更强更团结"。如果说1964年的东京奥运会使得彩色电视在日本普及，结束了日本胶片电影的黄金时代，那么此次现场无观众的奥运会，使得视频要素与现场变得同等重要，开辟了虚实结合的线上奥运转播的先河。

　　而与此同时，挥舞小旗上场的各国运动员代表齐聚草坪，他们自由交流，和场上表演形成互动，圆形空场上色彩绚烂的光效更是锦上添花。这段安排的最高潮是灯光转暗时选手们打亮自己的手机。我们在画面上看到，"地上的群星"的点点光亮汇聚升空，旋转着在会场上空形成白色耀眼的奥运五环，这是视觉效果最为惊艳的一刻。与开幕式木五环对应空中会徽相呼应，闭幕式中由地面上选手们组成的会徽寓意升空化为五环，成为多彩世界更团结的点睛之笔。事后我才知道，这一画面是数字合成的增强效果，现场反而"灯下黑"，只能在大屏幕上看到这惊艳的一刻。不过考虑到本届观众都在线上，这样一种"增强现实"的"虚实结合"处理反倒是一种意味深长的创新。

　　以圆形空场为舞台的闭幕式表演，将音乐、歌曲、舞蹈、服饰、图案、色彩等要素交融于一体，打造了一台宛如电影《妖猫传》中"大唐盛宴"一般的玄幻晚会。其中，音乐、歌曲、舞蹈的选材非常讲究，用足了日本文化中的代表性素材，东西合璧，融通古今，无形中达到了提升日本文化传播力与感染力的目的。

　　模拟东京公园中年轻、充满活力的市民休闲活动与街舞的表演看似简单，却延续了开幕式中江户町人的平民气氛，提示日本正从传统手工制造向文化创造转型，同时给疫情下无法领略东京市民日常的各国选手送去"等身大"的城市形象，疗愈他们内心的寂寞。

场上东京斯卡乐园管弦乐团的激情演奏为东京街舞烘托了气氛。斯卡这种源自美国、发展于牙买加的音乐风格十分国际化，而该乐团则是全球最著名的此类音乐风格乐队。同时，为市民休闲活动场景做背景音乐表演的 DJ 松永是嘻哈组合 Creepy Nuts 的成员，号称世界公认的"第一 DJ"。由他们代表东京与世界对话可谓当之无愧。

表演环节还播放了东京都立片仓高中吹奏乐部演奏的《红莲华》。这首近年最为火爆的日本动画片《鬼灭之刃》的片头曲，令无数年轻人为之心动。这段曲子的妙用在于，既为日本动漫做了一次宣传，同时又与《鬼灭之刃》中与吃人恶魔拼死决战的故事情节共鸣，强调了与新冠病毒斗争的必胜信念。

一波音乐轰炸之后，歌曲上场了。善讲英语和法语，有着丰富留学经历的神秘歌手 Milet，是一个地道的东京美女，却有着一副世界公民般的歌喉。当她身着飘逸、炫彩的演出服，用日法双语演唱艾迪特·皮雅芙的原创"香颂"《爱的赞歌》时，闭幕式的又一个高潮出现了。这首表现男女爱情的经典歌曲，在这个场合既诠释了对"Together"的个体化解读，又提示了日本流行文化的世界性，顺便向现代奥运会发起国、下届奥运会主办国送去致意，可谓用心良苦。

歌曲之后是舞蹈。北海道阿衣努嫁令阔舞、琉球艾撒舞、秋田西马音内盆舞、岐阜县郡上舞等反映日本各地传统风俗的舞蹈，在马拉松颁奖仪式之后以视频的方式呈现给观众。这些乡土共同体舞蹈，体现了地域文化的多样性和人们的共同体意识。转到主会场，身着色彩、纹饰讲究的夏季和服，东京市民们在富于节奏感的《东京五轮音头 2020》的音乐下跳起了"东京孟兰盆舞"，包括中国运动员在内的各国选手情不自禁地被带起了节奏，一起舞动起来。像是锦上添花，光怪陆离的光影变幻出各种图案，开始如坛城沙画般玄幻，顷刻又变幻成江户时期的世俗纹饰青海波。

东京与巴黎交换会旗的环节中，装束奇异且雍容华贵的男性女高音歌手冈本知高登场用希腊语演唱了《奥林匹克圣歌》。华丽空灵的曼妙歌声恰到好处地将交换会旗的环节引向高潮，会场主席台上方空无一人的观众席上用灯光打出法国国旗红白蓝的颜色，顺畅地过渡到下届承办方巴黎的 8 分钟视频。一组军机在巴黎上空喷出彩烟，构成法国国旗，与东京会场形成呼应。

国际奥委会主席巴赫在宣布闭幕的讲话中说："这是一届前所未有的奥运会，

体育把人类连接在一起。"闭幕式的表演是对这番评价的形象演绎。在最后,著名演员大竹忍和6个孩子登台演唱《巡星之歌》,这是根据日本儿童文学作家宫泽贤治的作品《银河铁道之夜》改编的同名3D动画片片尾曲。孩子们辨识着散布于银河中的星座,充满童趣地想象着天蝎座、猎户座、大熊座、仙女座等呈现的奇异天象,分享着大千世界的多彩之美。大竹忍和孩子们唱完了《巡星之歌》,依依不舍地注目着红莲花般的奥运圣火缓缓熄灭,花瓣合上,一切归于寂静。

  东京奥运会结束了,北京冬奥会进入加速时刻。同样面对不确定因素,他山之石可以给我们带来哪些启示和借鉴?届时如何做好应对各种变数的预案?如何更好地与世界对话,展现我们的综合软实力?这正是东京奥运会闭幕式带给我们的思考。

山田洋次家庭题材电影所折射的日本社会演变
——《愿妻如玫瑰——家族之苦3》解析[1]

　　导演山田洋次是20世纪60年代在松竹公司异军突起的人气喜剧导演，凭借着"寅次郎的故事"系列和"民子故事"系列（后者包括《故乡》《家族》《远山的呼唤》《幸福的黄手帕》等）确立了国民喜剧导演的地位。

　　这两个系列电影讲述的都是在日本经济高速增长的二十世纪六七十年代，男女主人公从故乡出发，一路漂泊却向往家庭的苦乐人生故事。这样的作品选题取向和山田洋次早年曾漂泊于海外的个人经历与记忆密切相关。

　　从"民子故事"系列中的《家族》开始，关于家庭的话题，就在山田洋次的电影宇宙里不断发酵。

　　平成时期，经过20年的经济停滞，日本发生了深刻的社会转型和经济转型。日本的经济高速增长和社会动荡早已结束，岁月静好的小日子成为生活主流，但老龄化、少子化以及家庭成员之间的疏离化成为日益显著的社会问题。

　　昭和时期对家庭选题就十分关注的山田洋次，在平成时期对这一深刻的社会变化，运用电影这一直观的形式进行了思考。2013年，他以向小津安二郎致敬的形式，将50年代小津的《东京物语》翻拍为平成时期的新作《东京家族》。

　　和小津所处的战败之后，传统旧时代的大家庭趋于解体，人心不古的时代背景不同，山田的《东京家族》所面对的则是全球化背景下日本的时代课题。与此相呼应的是，榻榻米的空间和机位视角，几乎从未在山田的《东京家族》中出现。唯一一个例外是大嫂回长野县的茂田井娘家，老旧的榻榻米空间向人们传递着乡村空洞化的信息。

　　同样，和"民子故事"系列不同，《东京家族》以及后边的3个系列作品不再以颠沛的人生和家庭重组作为主题，而是把稳定生活的日常放在老龄化、少子化、家庭成员疏离化的背景下展开，将这些普通小人物的喜怒哀乐"等身大"还原，引起观众共鸣。

　　不论是小津的《东京物语》，还是山田洋次的"民子故事"系列或"东京家

---

[1] 为2021年9月11日电影频道《佳片有约》周日影评版所作的影评。

族"系列，三者之间的一个"最大公约数"，就是主人公的家乡都是濑户内海边的小镇。濑户内海是日本人心中的"原风景"，日本历史上许多重要的电影作品都是以濑户内海周边的小镇作为外景背景的。这一点意味深长。

在《家族之苦3》中，老两口回濑户内海边的故乡小镇扫墓，家族墓地的3个墓碑所透露的信息十分有趣。一个是战前昭和十八年立的墓碑，即1943年，与小津《东京物语》的时代背景相当；中间的墓碑立于昭和五十一年，即1976年，这正与"民子故事"系列展开的时代背景高度一致；最后一座墓碑立于平成二十六年，即2014年，这正是《东京家族》开始的年代。

可以说这3座墓碑高度浓缩地暗寓了日本人在3个不同历史时期对回归家庭的关注，而墓地背后的内海航道及出港的轮船镜头，与小津安二郎的《东京物语》结尾镜头高度呼应，这一切绝非简单的巧合。

《家族之苦3》在头两部的基础上做了进一步的展开。一家人中老两口的故事在第一部和第二部中得到了充分的展开，第三部的关注点转向了家中的顶梁柱——大嫂身上。在"东京家族"系列中，大嫂的身份是承上启下的。作为专职主妇，她继承了婆婆的家庭角色，所谓多年的媳妇熬成婆，但她所处的时代背景和女性的社会意识，又与婆婆所处的时代有了很大的不同。加上上有老，下有小，她在家庭事务中的辛苦与焦虑是不同于别人的，结果因为一件小事爆发了一场险些引发家庭分裂的矛盾。围绕着这一矛盾的发生和解决所展开的故事，表明山田洋次的关注点已经从老两口那一代转向下一代人。

老头子是昭和时期国内某生意兴旺企业的领导，因此在家中有绝对的权威，每每说话，口头禅都是总结式的。老伴虽然是职业主妇，照顾了老头子一生，但因为继承了作家弟弟的遗产，在老头子退休之后，经济上并不完全依赖老头子。

而子女中，老大有"直男癌"，在一家外贸公司打工，勉强能够一个人挣钱养活妻子和两个儿子。辛苦的海外贸易令他疲惫不堪，因而他在家里脾气很大。大嫂做全职太太，靠丈夫的工资养家，省吃俭用，抠出些私房钱藏了起来。结果，一场盗窃案的发生险些引起家庭分裂。

女儿是一个女强人，开了一个独立的事务所。入赘的女婿没有自己的工作，就在事务所帮老婆打理事务，兼照顾家庭。

二儿子是一个钢琴调音师，凭自己的本事吃饭，是家里矛盾的润滑剂。他认识了一个女护士，在第三部中，两人已经结婚，片尾暗示他的妻子已经怀孕。

成濑巳喜男在20世纪30年代也拍过一部叫《愿妻如玫瑰》的家庭题材作

品。这一片名的借用与其说是向成濑致敬，不如说是为松竹公司这个始终以家庭题材作品著称的老字号电影公司做品牌宣传。这家公司推出了小津安二郎，60年代以后又把山田洋次打造成松竹公司的常青藤。山田洋次借"愿妻如玫瑰"这个松竹家庭题材电影的经典片名，对"东京家族"系列进行了总结，并向各个不同年龄段的妻子献上了自己的温情敬意。

在山田洋次具有总结性意义的"东京家族"系列中，寅次郎这条线索也始终在情节中若隐若现。送鳗鱼饭的小伙子唱着"寅次郎的故事"的片中曲，街头的墙壁上贴着"寅次郎的故事"系列的电影海报，老两口的床头上也摆放着寅次郎的电影剧照。在第三部里又特意加上了二儿子的妻子回老家柴又寻找失忆的姥姥的情节。40多年来离开柴又老家在外面闯荡，但每每又能够回到故乡的寅次郎，他的同代人如今已经老态龙钟，再也找不到回家的路。意味深长的是，姥姥把和尚误认成神父。不要忘了，在"民子故事"系列的《家族》中死去的孩子和老人坟头上插的都是十字架，也许这一细节暗示失忆的姥姥就是当年的民子。而民子的扮演者倍赏千惠子，在"寅次郎的故事"系列当中一直扮演的是寅次郎妹妹的角色。

百年《故乡》百年"路"[1]

今年是鲁迅诞辰 140 周年，又是鲁迅小说《故乡》发表 100 周年。9 月 24 日至 25 日，在鲁迅的故乡绍兴，在"2021 东亚文化之都·中国绍兴活动年"以及"东亚文化之都城市联盟"成立的大背景下，隆重举办了"2021 大师对话——故乡对话大会"。在"鲁迅的《故乡》·我们的故乡"这个主题下，来自中日韩的专家学者热烈发言、讨论，探索鲁迅创作的文学价值与思想价值，以及历史意义和现实意义。

100 年前，在鲁迅创作《故乡》的 1921 年，中国和世界都处在巨变前夜。世界处在两场世界大战之间，当时似乎看到某种希望，同时也充满着迷茫。在东亚地区，朝鲜半岛已经沦为日本的殖民地，三一运动使韩国人的民族意识开始觉醒；中国新文化运动风起云涌，各种思潮激荡，新青年的思想觉醒正在孕

---

[1] 2021 年 9 月 25 日，参加在绍兴举办的"2021 大师对话——故乡对话大会"所作发言，载于同年 11 月号《人民中国》。

育；日本大正时期的民主运动走向式微，敏感的芥川龙之介已经对世界前景感到些许不安。

鲁迅就在这样一个时代背景下进入 1921 年，迎来他的不惑之年。这一年，鲁迅进入了文学创作的高产年，同时也是他奋笔译介日本和西方文学、思想著作的高产年。

与翻译有关的 3 个 100 年

从翻译角度来说，这一年发生了 3 件看似无关却颇具象征意义的事件。

首先是中国近代翻译的鼻祖，译有对鲁迅产生过深刻影响的《天演论》的严复在这一年离世。这标志着以优美的桐城派风格的文言文，创造无数译词，将西方启蒙著作译介到中国的翻译先驱时代的结束。

同时，中国历史上"开天辟地的大事变"——中国共产党的诞生也发生在这一年。在这之前的一年，陈望道参考着戴季陶给他的 1904 年由幸德秋水等人翻译的日文版《共产党宣言》和陈独秀提供的《共产党宣言》英译本，首次完成了《共产党宣言》的全本白话翻译。

而鲁迅在这一年一方面将森鸥外的《沉默之塔》和芥川龙之介的《鼻子》《罗生门》译成中文；一方面文学创作才能大爆发，年初完成了小说《故乡》的创作，年底完成了他的代表性作品《阿 Q 正传》。这两部百年前完成的小说成为数年之后首批被译介到日本的中国文学作品，开中国现代文化走向世界的先河。

从时代变局与译介交流的大背景来看，鲁迅的两部作品相继在 1921 年完成并非偶然。1921 年 4 月 21 日至 24 日，鲁迅翻译的森鸥外小说《沉默之塔》发表于《晨报副刊》。而《沉默之塔》正是发表在日本社会主义者幸德秋水"大逆罪"预审判决之后；鲁迅翻译的芥川龙之介小说《鼻子》《罗生门》分别于 1921 年 5 月 11 日至 13 日和 6 月 14 日至 17 日，发表在《晨报副刊》上，而就在这之前不久，芥川龙之介在上海会见了中国共产党创始人之一李汉俊。从译介作品的选取来看，鲁迅的文学创作与他们有着思想共鸣。尽管《故乡》的创作略在此之前，但这段时间前后的相互影响肯定是存在的，特别是后来的《阿 Q 正传》就更加明显。

百年《故乡》在东亚的影响

小说《故乡》的叙事结构立体地呈现了作者的多重心境。怀乡之情对应着少年时的离去和对儿时的温馨记忆，这部分呈现出来的是鲁迅记忆中的故乡。而哀伤之情在叙事上对应着阔别多年之后的归来，看到令他失望的现实的故乡。不过，饱含希望之情对应着鲁迅在最后再次离故乡而去，此一去鲁迅毕生都在追求心目中的理想故乡。这样的叙事结构反映了鲁迅的文学和思想都走向成熟，小说所传递的情绪不能不和当时的时代风云共鸣，进而也在东亚地区引起共鸣。

《故乡》在中国的重要性，从其进入教科书的历史便可见一斑。1923年《故乡》进入教科书，除了"文革"十年外，一直是中国人中学时代的必读课文，成为现代语文教育史里的名篇，其历史意义在中国始终是学校教学的重点。

《故乡》发表后很快在日本引起注意。1927年，日本白桦派代表作家武者小路实笃将日文版《故乡》发表在其编辑的杂志《大调和》上。1932年1月，《中央公论》杂志刊载了佐藤春夫翻译的《故乡》。1935年，岩波书店出版了佐藤春夫、增田涉翻译的文库版《鲁迅选集》，鲁迅作为东亚文豪走进寻常读者家。鲁迅的作品由此开始在东亚文学版图中攻城略地。

1953年就有出版社将竹内好翻译的《故乡》选入国语教科书，指定初中3年级学生阅读。1972年中日恢复邦交之后，更有多家出版社将竹内好译本的《故乡》编选入日本中学3年级教科书中。可以说，1953年以来接受过义务教育的日本人，都读过鲁迅的《故乡》。作品中"失望——挫折——希望"的构图，给许多进步的日本人带来积极的力量。导演筱田正浩在其史诗作品《佐尔格》的片头处就引用了《故乡》结尾的一句话："希望是本无所谓有，无所谓无的。这正如地上的路；其实地上本没有路，走的人多了，也便成了路。"

关于道路、希望的思考，也使鲁迅的文学与思想深刻地影响了韩国人。被日本殖民统治的苦难历史，使得韩国人对鲁迅的思想产生高度共鸣。鲁迅在世的时候就在韩国有很大的影响，柳树人于1925年将鲁迅的《狂人日记》翻译成韩文，并于1927年将其发表。在二十世纪二三十年代日本殖民统治时期，韩国抵抗运动家、诗人吴相淳和李陆史等曾多次拜访鲁迅，讨论对文学和人生的感悟。韩国独立运动家金九与鲁迅曾在北京、上海等地多次会面，共叙文学、艺术、人生，并讨论朝鲜半岛的独立运动以及鲁迅作品在韩国的译介。第二次世界大战之后，韩国1949年出版的《中国语·读本篇》收录了鲁迅的小说《药》和《故乡》。据说，在韩国课本收录的中国作家中，鲁迅的作品是最多的。

韩国作家朴宰雨说："韩国知识界很早就开始接受鲁迅，从鲁迅的文学与思想里发现惊醒人们封建意识的资源、反封建斗争的精神武器，进而发现同帝国主义压迫者或者法西斯权力进行斗争的锐利的思想武器。"社会活动家、思想家李泳禧则认为，只要美国式资本主义想要统治世界，而且美国式物质主义与力量哲学以各种名称和各种形态强加给全人类的状况存在，鲁迅的思想就会继续有效。

《故乡》与"路"的思想价值

话题回到本文开头提及的3个100百年，其实它们不仅是译界的3件具有象征意义的事件，更和中国思想的百年激荡密切相关。

严复目睹了第一次世界大战下欧洲文明的破产，深刻地反思了帝国主义的弊端，他去世前留下遗嘱："中国必不亡。旧法可损益，必不可叛；新知无尽，真理无穷。人生一世，宜励业益知；两害相权，己轻群重。"

鲁迅在百年前的新文化运动中，作为觉醒一代的中国人，认识到希望在于走出一条前无古人的新路。他的"其实地上本没有路，走的人多了，也便成了路"成为一句箴言，点亮了一代代中国人心中的灯，成就了《故乡》这部文学作品的思想价值。

从1921年出发的中国先进分子，筚路蓝缕，百年探路，历经社会革命与自我革命，终于以百年之后的沧桑之变回应了严复的期许，走出了一条鲁迅所向往的通向未来之路，证明了自己的行动价值。

今年是中国共产党建党100周年，年初央视一套隆重推出了"70后"导演张永新执导的电视连续剧《觉醒年代》。这部历史正剧颇有新意，第一次比较全面、立体、准确地描述了催生中国共产党的新文化运动。其中对鲁迅用了较多的笔墨，充分肯定了他在新文化运动中的旗手地位和独特贡献。这一点使这部作品远远超过了之前推出的同类题材的影视剧作。曾经一度被淡忘的鲁迅在年轻一代的心目中复活，人们对鲁迅之于民族文化的现代价值有了更新的认识。

包括《故乡》在内，鲁迅的作品群在那个奏响启蒙与救亡双重变奏的年代里，剖析了中华民族所遭受的苦难与不幸，他提出的问题，促成了中国进步青年的觉醒，也影响了东亚国家，并跨越时空，至今仍然震撼着我们的灵魂。鲁迅在《故乡》中提出的"路"的问题，在面临百年未有之大变局的今天依然具有现实意义。

回望东亚的百年，受西方刺激我们分别走上了不同的通往现代化之路。当年，鲁迅面对积贫积弱的祖国、走出故乡寻找别样的人们，呐喊出"寄意寒星荃不察，我以我血荐轩辕"，正体现了他为民族的觉醒、解放与复兴奋斗一生的意志。日本与韩国的教育家将鲁迅的这部小说收入中学教材，是因为其在寻找精神故乡这一点上和鲁迅有着共鸣。分别讨论各自的故乡，寻找文化乡愁，重构东方文化的精神故乡，对于经历100年来在现代化道路上探索，走过各自不同道路的东亚三国来说，具有特别意义。面对百年变局，我们构建人类命运共同体，当从构建区域文化共同体开始。从这个意义上说，今天中日韩三国学者讨论小说《故乡》，一同探讨通向未来的"回故乡之路"，将产生非常积极的现实意义。

惜别与握手——跨越时空的《藤野先生》[1]

鲁迅先生 1926 年创作的《藤野先生》，我在 40 多年前的高中课堂上就学习过，印象深刻，但体会得并不深入。多年以后，当我在《人民中国》从事起中日之间的跨文化交流工作，才对这场可称为鲁迅认识中国与世界原点的经历，以及这篇作品的历史意义与现实意义有了更加深刻的认识。

十多年前，中日关系遇到困难，上海的日本朋友寄来一本挂历，鲁迅和藤野先生的画像就印在其中。这让我意识到，原来中日之间的"惜别与握手"这个话题一直萦绕在中日有识之士的心头！我开始思考这篇作品的历史意义及现实意义。

1904 年，一名叫作周树人的年轻人来到日本留学，当时正值日俄战争爆发。两个帝国主义国家在中国的土地上打仗，却有中国人卷入其中被杀戮。原本怀着学医梦想来到日本的鲁迅，在课堂的幻灯放映中看到了震撼的一幕：中国人被当作俄方间谍处决，而一大群中国看客居然麻木地围观。反观身边的日本学生，一个个却在高呼万岁。这一刺激让他猛然惊醒：仅仅身体强壮但精神麻木的国民是没有用的，学习医学强健国人的身体，不如启蒙国人的精神。这一经历表明，留学生周树人有了民族意识的觉醒，此时他意识到启蒙民智、培育健全人格是第一位的，从医病之志向医国之志的飞跃，奠定了日后鲁迅的思想基础。

作为一个来自积贫积弱国家的留学生，周树人在学校里饱受沙文主义膨胀的

---

[1] 2021 年 10 月 30 日，在驻新潟总领馆举办的纪念鲁迅 140 周年诞辰中日线上交流会上的发言，载于 2021 年 11 月 1 日《人民政协报》。

日本学生的白眼与污蔑。因此，藤野严九郎在周树人眼中自然放射出异彩。他的认真、严谨、宽容与善意，让周树人在日本人中找到可信赖的对象。那张背面写有"惜别藤野谨呈周君"文字的藤野先生纪念照始终伴随鲁迅的左右，不曾遗弃。这份信任、友情经过20多年的发酵，终于在笔端呈现为一篇不朽的作品。

我想，正是由于鲁迅在仙台的经历，使得他有了更加宽阔的胸怀。民族意识的觉醒使他成长为一名坚定的爱国者；而学习医学以及与藤野先生的相遇，更使他相信人和人之间存在的美好，而这一点，对于他日后成为一名人道主义者、世界主义者乃至国际主义者，一定起到了积极的推动作用。我大胆推测，正是这样坚定的信念，使得20多年后鲁迅在备受挫折的日子里，在《藤野先生》的结尾写下"每当夜间疲倦，正想偷懒时，仰面在灯光中瞥见他黑瘦的面貌，似乎正要说出抑扬顿挫的话来，便使我忽又良心发现，而且增加勇气了，于是点上一支烟，再继续写些为'正人君子'之流所深恶痛疾的文字"。

藤野严九郎后来的情况也恰恰证明，他与鲁迅别后虽未再谋面，但心始终是相通的。《藤野先生》发表后，鲁迅多方打听惜别20多年的恩师的近况。"在我所认为我师之中，他是最使我感激，给我鼓励的一个。"而藤野知道大文豪鲁迅写了自己的故事之后，碍于自己的窘境始终没有与鲁迅联系。1936年10月，鲁迅的死讯传到日本。据藤野先生的侄子回忆，看着报上鲁迅的照片，藤野把报纸举过头顶拜了几拜。当得知鲁迅不只把自己的照片挂墙上，写在作品里，而且这些年里一直在寻找他，想见他或他的后人一面时，藤野先生深感懊悔，写了短文《谨忆周树人君》刊发在日本报纸上。

他在文中提到："尽管日清战争过去多年，还有很多日本人辱骂中国人为'辫子和尚'，说中国人坏话。仙台医专也有一伙人白眼看周君，把他当成异己。我在少年时代……学习过汉文，对中国的先贤甚为尊敬，所以要爱惜来自这个国家的人。这就是我对周君感到特别亲切、特别感激的缘故。"

藤野先生的正义信念也反映在他在战争期间的态度上。1937年卢沟桥事变爆发，日军全面侵华。由于军购药品激增，药价暴涨。藤野先生在乡下的诊所有不少存药，但面对药商的高价求购，他推说这些药是为满足当地村民需要所存，一点都没有卖给对方。他对儿子们说，"你们要记着，中国是将文化教给日本的先生"。

藤野严九郎就是以这样力所能及的方式抵制了不义的侵华战争，但他没有活到自己的祖国与他所敬重的国家握手的那一天。藤野先生的长子藤野恒弥被迫从军，1945年1月病死在广岛。时年71岁的藤野先生，强忍着白发人送黑发人的悲痛，回到诊所重操旧业维持生活。8月11日，在战争结束前4天他因积劳成疾不幸离世。

而鲁迅在全面抗战爆发之前一年便溘然离世，去世前他一方面深深挂念着抗战局势，一方面仍坚信中日两国总会有"渡尽劫波兄弟在，相逢一笑泯恩仇"的一天。

在不幸历史的大背景下，鲁迅和藤野先生的故事弥足珍贵。这种超越民族偏见，建立在敬重与善意基础之上的个人友谊，为两国的民间友好，人民之间的信任与和解撒播下种子。

鲁迅先生毕生结交了多达160余名爱好和平、敬重中国、思想进步的日本友人。1931年，来上海留学的增田涉拜鲁迅为师。鲁迅就像当年藤野先生对待自己那样，格外照顾这位日本学生。增田涉曾回忆说，一次鲁迅拿藤野的照片给他看，对他说："不知道老师现在状况如何。大概……可能……已经去世了？不知道他有没有子女，能找到他的子女也好……"

在上海的人生最后9年里，鲁迅结识了终身信赖的日本朋友内山完造。以内山书店为据点，鲁迅完成了他晚年的许多计划，留下了无数感人的故事。可以说，在上海的这段时间里，中国迎来了国内和国际各方斗争最为激烈的时期，鲁迅也完成了其思想的最终成型，坚定地站在进步、正义、和平、人民的一边，走完了其战斗与呐喊的一生。面对时代变局，他"心事浩茫连广宇，于无声处听惊雷"；面对日本军国主义侵华不断升级，他一面坚定地予以谴责，一面将军国主义分子和日本民众加以区分，相信"日本和中国的大众，本来就是兄弟"；面对生命的终点，他披露心牵人类的广阔胸怀："外面的进行着的夜，无穷的远方，无数的人们，都和我有关"。而在此过程中，内山完造给他提供的帮助是大量的和无私的。

鲁迅逝世后，内山继续奔波，推广普及鲁迅的作品；战争结束回国之后，担任日本中国友好协会首任理事长，为推动民间友好鞠躬尽瘁。内山完造在战后还为鲁迅家人与藤野先生之间的故事续写篇章。1956年，鲁迅遗孀许广平为出席禁止原子弹氢弹世界大会访日期间，原本计划在顺访福井时祭拜藤野先生之墓。由于连日活动导致过度疲劳，许广平只好委托内山完造代为祭拜。内山不负所托，在藤野的墓地前朗读了许广平的信。这对于没有看到"渡尽劫波兄弟在，相逢一笑泯恩仇"的鲁迅和念念不忘"中国是将文化教给日本的先生"的藤野严九郎的在天之灵，应该是一个极大的慰藉。

靠着民间的力量，1960年仙台建立了"鲁迅之碑"，1964年福井县建立了"惜别"碑，1980年在藤野先生出生地芦原下番，建立了周海婴题写的"藤野严九郎碑"。因为这层渊源，藤野先生的故乡芦原町与鲁迅的故乡绍兴市还结为友好城市。鲁迅与藤野先生之间的友情通过这些渠道和形式薪火相传，成为一段佳话。

靠着民间和政府的双重努力，通过以民促官，两国终于在1972年实现邦交正常化，中日两国领导人的手握在了一起。

2009年，在鲁迅写下《藤野先生》的厦门大学，鲁迅的长孙周令飞与藤野严九郎的孙子藤野幸弥的手也紧紧地握在了一起。

2017年内山书店100周年之际，在上海举办了纪念活动。在上海内山书店旧址前，《人民中国》见证了内山完造的侄子内山篱与鲁迅的长孙周令飞的历史性握手。

由鲁迅所开拓的，中日之间的个人友谊在新时代里还在不断地延续，给未来带来希望。

重温《藤野先生》在今天有着特别意义。

首先，这篇文章开了中日间个人友谊文本化的先河。20世纪初叶，许多中国文人东渡，但将与日本有识之士之间的友谊以文字记载下来并激励后人者，鲁迅之外并不多见。

其次，鲁迅是20世纪对外讲述中国故事，讲述中国与世界故事的先驱。鲁迅的小说与散文使得中国现代文化首次被世界所主动介绍、流传，开中国现代文学走出去之先河。

最后，鲁迅对"无穷的远方，无数的人们"的关注所体现的人类情怀，以及他和藤野先生之间的惺惺相惜，超越时空，为我们今天推进人类命运共同体提供了人文高度。

中日友好的基础在民间。尽管中日两国之间存在不少问题乃至困难，但人民之间加深了解，守望相助，相向而行的愿望有着深厚的基础。不论是"3·11"日本大地震时中国人民对福岛灾区的无私帮助，还是在去年新冠疫情初期来自日本"风月同天""武汉加油"的鼓励，都表明了中日两国同舟共济的可能性。面对世界百年变局，在即将迎来中日邦交正常化50周年的时间节点上，在构筑契合新时代要求的中日关系的背景下，鲁迅与藤野先生的故事将激励我们坚定地推进人民友好，满怀信心地开展人文交流，推动中日关系进入全新的境界。

座谈会：以俳会友促友谊[1]

嘉宾：

刘德有：中日友好协会理事、中国汉俳学会会长

王众一：中日友好协会理事、人民中国杂志社总编辑

主持人：

王小燕：中央广播电视总台日语部主播

齐　鹏：中央广播电视总台日语部主播

---

[1] 2021 年 11 月接受中央广播电视总台日语部王小燕、齐鹏的新年节目采访，文字整理稿载于 2022 年 2 月号《人民中国》。

从《俳人笔下的节气与花》说起

主持人：王总编，《人民中国》杂志5年前开始在杂志及微信公众号上开设《俳人笔下的节气与花》栏目，每期策划都细腻而优雅。请您介绍一下该栏目的诞生过程。

王：二十四节气源自古代中国，后传入东邻日本、韩国，2016年被列入联合国教科文组织人类非物质文化遗产代表作名录，成为东亚共同的文化遗产。无论是中国还是日本，都有很多诗人、俳人在四季轮回中感受到无限诗情，留下了很多佳作。因此，在每个节气到来的时候，我们都会精心挑选经典俳句，并将其翻译成汉诗或汉俳，以专栏形式呈现。也许是因为俳句和汉诗或汉俳这样"和而不同"的风格，专栏开设后得到了很多网友的支持，目前每年互动的规模都呈扩大势头。这个专栏从起步时就一直得到刘德有先生的关心和指导，他本人也为专栏特地创作了许多佳作，为栏目增添了很多亮点。

比如最近的"冬至"主题的俳句和汉俳：

眠れぬ夜　故郷遥か　冬至かな（刘德有作）

冬至五更寒，遥思故乡在天边，游子夜难眠。（王众一译）

主持人：有画面，也听到了声音，还能感受到入冬后夜晚的寒意和寂静。谈起《人民中国》推动的俳句、汉俳的创作和分享，我就会想起2020年2月初，在当时中国抗疫形势不断升级的背景下，《人民中国》微信公众号推出了网友接力的"俳山句海"，各行各业的人们围绕着"同心抗疫"这一主题写下了大量的原创俳句、汉俳，我读后备受鼓舞和振奋。而这样大规模的策划之所以能适时推出，应该和5年来孜孜不倦的积累不无关系吧？

王：2020年春天从报道上看到日本朋友发来的抗疫物资的纸箱上贴着打动人心的汉诗，我感到非常温暖。受此启发，我想到可以借用俳句和汉俳的形式，回应一下来自日本的好意。这个想法也得到刘德有先生的大力支持，刘先生还发来了原创俳句作品。以汉俳的形式翻译介绍之后，收到了很多朋友的反馈和投稿。

主持人：你们两位联手推出的俳句、汉俳作品中，有很多生动、形象，让人过目不忘的佳作，如：

奮い立て頑張れ武漢破魔矢あり（刘德有作）

奋起拼一战，破魔神矢除魔剑，加油大武汉！（王众一译）

两种语言的不同表述，对照着看，回味无穷。尽管字面及意境上有一些微妙的不同，但有异曲同工之妙。

赵朴初的"和风起汉俳"

主持人：虽然近几年汉俳的影响力逐渐扩大，但在这里还是想请两位先简单介绍一下"汉俳"的定义。

刘：简而言之，汉俳是在中日文化交流中产生的新形式的格律诗，借助了五七五形式、用汉语创作而成，形式上颇似中国传统诗词中的小令。

王：在我看来，汉俳是中日两国在文化交流中互学互鉴、经过中国人自身的再创造而诞生的。它借用俳句的形式，以中国古典诗歌为土壤而诞生，是一种迷你型的汉诗。开个玩笑，其实我更愿意称它为"微词"（笑）。

主持人：这样的命名倒是非常切合"微时代"。从两位的介绍中可以看出，刘先生强调的是其形式上对俳句的沿袭，王总编的关注点在于其扎根于中国古典诗词这片富饶的土壤，各有侧重。但从两位的描述中可以看出，俳句和汉俳以及中国的古典格律诗之间有着紧密的联系。

刘：是的，俳句是有着400多年历史的日本特有的一种文学形式，由五七五共十七个音组成，俳句中有一些约定俗成的创作规则，如必须有表示季节的"季语"，不对背景展开描述，只捕捉瞬间的印象等。要知道，用精练的字句表达含蓄的美感，还要留下袅袅余音，这绝非易事。

俳句短小浓缩，省略了一切多余的词语，所以在日本也被称为"省略的文学"，由于其节奏流畅、用词生动，也被称为文字化的"音乐"或文字化的"绘画"。概括其特点，那就是题材广泛、构思新颖、充满诗意、朴实无华。如果创作者没有纯洁、丰富的情感和长时间的生活积淀，没有对人生的热爱和细致入微的观察，不具备诗人的素养，是不可能写出打动人心的佳作的。

汉俳最早诞生于1980年，日本著名俳人大野林火受中华诗词学会之邀率团访华，时任中国佛教协会会长赵朴初先生在北京北海公园仿膳餐厅设欢迎宴，席间，他以五七五的句式即兴诵读了三首汉字写成的短诗，其中一首写道："绿荫今雨来，山花枝接海花开，和风起汉俳。"据考证，这正是"汉俳"一词的来历。

与汉俳的邂逅

主持人：谢谢两位的介绍！刘先生，听说您很早就开始了俳句、汉俳的创作？

刘：我起步得比较晚，汉俳诞生10年后才开始创作。在那之前，我欣赏过很多汉俳佳作，有时候也照葫芦画瓢地学着写上几句，但都只是效仿而已。

1994年，诗人、书法家林岫女士提出要编纂《汉俳首选集》，承蒙研究日本文学的著名学者李芒先生引荐，我第一次正式创作了汉俳并投稿。

我写的第一首汉俳题为《初雪》：

菲菲降初雪，欣喜推窗伸手接，晶莹掌中灭。

其实最早我写的是日文俳句"初雪や窓からそっと手を伸ばし"，后来我把它改编成了汉俳。2002年，我将积累下来的大约100首汉俳结集出版，书名《旅怀吟笺》。时任现代俳句协会副会长的小宅容义后来还根据这首汉俳改写了这样的俳句："初雪やいく粒消ゆるたなごころ"。

主持人：这堪称是神奇的文字之旅了！同一个意境在两种语言中来回行走了好几个回合，回味无穷。谈起对两种语言的驾驭，王众一主编每天都在创作、翻译俳句或汉俳，您还记得自己的俳句处女作吗？

王：那是30多年前的事了，当时的我还是吉林大学日语系的一名学生。上日本文学课时，老师介绍了俳句，我立即就被它迷住了，还当场模仿五七五的形式创作了一首俳句："モンブラン高くそびえて欧州一"。

我试着把自己名字"王众一"的谐音放了进去，当时挺是得意，但现在想起来，连季语也没有，充其量不过是一首川柳（笑）。我真正踏入俳句和汉俳的世界，是在进入人民中国杂志社工作，接触到很多读者发来的俳句，尤其是得到刘德有先生指导之后。

从十几年前开始，我在出差访日的时候，被日本四季各不相同、独具韵味的景色所吸引，开始试着写上了俳句。后来我在中国各地采访时，也被各地的山川美景、人情风物所感动，于是就试着用俳句和汉俳再次描绘李白、白居易等大诗人曾经颂咏过的地方。2020年初冬我出差去了趟杭州，看着晨雾中若隐若现的西湖，我写下了这首俳句："水墨で綴る初冬の西湖かな"。

写完后，我又试着用汉俳来表达："西湖入初冬，百态尽没晨霭中，如画水墨浓。"对比看起来，总的来说汉俳还是呈现出汉诗的韵味。

在俳句和汉诗之间

主持人：刚刚提到，汉俳是两国邦交正常化之后，随着交往的深入而诞生的。而俳句的历史则更久远。请问刘先生，是不是在汉俳诞生之前，俳句早已传入中国？

刘：据说最早用日语创作俳句的中国人，是明末清初的禅僧东皋心越。他的传世之作是"君悟れ咲く花の色松の風"。后来也有一些中国人创作过俳句，1919年五四新文化运动开始后，中国留学生开始将俳句翻译成中文介绍到国内。

曾在日本留学、流亡了20年的郭沫若先生在年轻时就关注俳句。1955年12月，他访问日本时，下榻富士山脚下的箱根富士屋饭店。季节已经入冬，但仍然残留着晚秋的气息，层林尽染。清晨，窗外树林里传来鸟儿的阵阵啼鸣声。当时的我作为翻译随同访日，早晨见到郭老，他给我们展示了他刚写下的两句诗：

红叶经霜久（紅葉　霜を経ること久しく）
依然恋故枝（依然　故枝を恋う）

我还记得，他对我们说："怎么样啊？是不是有点俳句的意境？"

主持人：郭沫若先生的这句话，提示了一个非常有意思的细节——写的是五言绝句，但写诗的人想着的是俳句的意境，这一点王众一总编怎么看？

王：俳句和汉诗在形式和审美意识的表现上也许有所不同，但是从源流来说，俳句在诞生之前，从外来文化中汲取了营养，受到了中国古典诗词的影响，这是不可否认的，所以我认为两者有相通之处。

举个例子，塚越义幸的俳句"小雪や渓流を釣る蓑笠翁"，会让人联想起柳宗元的诗——"孤舟蓑笠翁，独钓寒江雪"。我试译为汉俳："小雪飘不停。独向溪流垂钓中，枯坐蓑笠翁。"

刚才刘德有先生举的东皋心越法师那句传世之句，我也试着译成汉俳如下："汝悟色即空，凝目怒放花正红，侧耳风入松"。

这种俳句与汉诗或汉俳之间意境相通的例子还能找到很多。著名俳人松尾芭蕉曾经使用"桃青"作为自己的俳号，其命名正是在向"李白"致敬。

主持人：松尾芭蕉在日本被尊为"俳圣"，但他特地以"桃青"对彩"李白"，真耐人寻味。从中也可以看出，两国的诗歌在互动中不断创新，而这样的互动又丰富了诗歌本身的世界，堪称一种理想的文化交流形式吧。

谈到文化交流，我听说刘先生曾和中国的作曲家进行过跨界合作，联手举行过汉俳音乐会。

刘：是的。1994年年末，我把当年访日的感想写成了10首汉俳，投给了《文化报》。作曲家朴东生读到后特地打来电话,说为这些汉俳谱上了曲。后来,以声乐组曲《汉俳·访日旅情10首》为题,1999年12月在北京音乐厅举行了演唱会。在钢琴的伴奏下,指挥者调动合唱队,用齐唱、男女声独唱、领唱、轮唱等各种手段,富有变化地把10首汉俳的主题和内涵揭示了出来。

其中有一首"富士山"主题的汉俳,是这样写的:"东瀛望雪山,浑疑白扇倒悬天,潇洒耸云间。"

这首汉俳部分援引了日本安土桃山时代末期至江户初期的武将石川丈山(1583—1672)的汉诗《富士山》:"仙客来游云外巅,神龙栖老洞中渊。雪如纨素烟如柄,白扇倒悬东海天。"

《中国音像》杂志记者胡清听过这一组曲后写道:这10首汉俳"用五七五三节十七音的古典格律抒发了作者访问日本的感受和遐思……10首乐曲风格各异,情调迥然,每一首诗成为一个独立的乐章。乐曲调动、运用音乐的语言和表现力,将玉兰花之清香淡雅,樱花之繁茂婀娜,富士山之俏丽潇洒,古城京都之源远流长,大相扑之雄奇壮观,茶道花道之冥想玄奥,阐发得贴切生动……刻画得精巧细腻,大有'以中国之眼光看日本'的韵味"。

主持人:从优雅的字句就可以看出,通过这样跨界的改编和演出,很多中国听众得以近距离感受了一把东瀛风。而对于日本读者来说,石川丈山的《富士山》是日本汉诗史上的名篇,相信他们如果有机会读到刘先生的汉俳,也一定都能心领神会。

俳句与汉俳并非等同　　费解来自文化差异

主持人:从上面的介绍中也可以看出,俳句和汉俳彼此相关,又各有特色,如果对比起来,不知两者最大的不同表现在何处?

刘:我想应该是对"季语"的处理。若是没有"季语",就谈不上是俳句。

"季语"诞生自日本独有的气候,以及日本人对季节转换的感受,是日本人独特审美观的反映,也可以说是日式审美的集大成。

如果不理解"季语"在传统俳句中所起到的暗示、联想、象征、比喻等作用及其独特的文化背景,恐怕就很难真正理解和品味出俳句深层的美。有句话叫作"一句を活かすも殺すも季語次第",大意是说俳句是否灵动,全在季语是否生动。

日本著名俳人正冈子规(1867—1902)曾留下代表作:"柿くへば鐘が鳴る

なり法隆寺"。日本文学研究者李芒先生将其翻译成:"方啖一颗柿,钟声悠婉法隆寺",堪称名译。不过,中国读者读后,可能会有谜一样的感受:为什么吃了个柿子,法隆寺的钟声就响了?吃苹果不行吗?但如果读者是日本人,则一定能从这首俳句中感受到奈良的秋意渐浓,由此引发联翩的浮想。如果要求中国普通读者也能做出同等的理解,恐怕比较困难。

我认为俳句、俳句中文翻译、汉俳彼此是独立存在的,要求三者"完全等值"是不可能的,比较常见的应该是"近似值"的翻译。但尽管如此,我仍然认为将日本俳句翻译成中文并介绍到中国,对加深中日文化交流具有重要的意义。

主持人:季语流露出来的,是日本人感性而细腻的对于自然的感受。中国和日本同处东北亚季风地带,虽然时节上不尽相同,但总的来说,大部分中国人和日本人对于季节转换有着类似的感受。但是,俳句现在不仅传入中国,还传到了欧洲、美洲等世界各地。在季节、气候与日本大相径庭的地区,人们是如何解决季语问题的?

王:这个问题对于以国际化为目标,想要进入世界遗产名录的俳句来说,的确是一个费思量的问题。季语对于俳句来说至关重要,日本四季分明的气候造就了其独特的季语,这一点上,如果身处环境完全不同的境外,该如何适应?或者,是否承认源自境外气候、地理条件下的新季语?这是一个摆在人们面前的新问题。

举个例子,如果你去澳大利亚的话,可能会遭遇这样的困惑——南十字座是否可以被列入季语?有些在日本约定俗成的季语和中国的实际节气并不一致,如果在中国创作俳句是否可适当变通?我多次就此类困惑请教过刘德有先生,思考后我得出的大致结论是,用"各美其美,美人之美,美美与共"的包容精神协商解决。但孤掌难鸣,在这一过程中,既需要接受方的创新和创意,也需要输出方表示认可的大度。

汉俳互动将推动两国文化交流

主持人:您说的这一点涉及如何看待外来文化,如何看待文化的融合与共生。文化只有通过交流才能迸发出新的火花,今天通过俳句和汉俳的互动,让我再次有了深刻的感受。

刘:中日文化各有不同,但也有相通之处,正因为此,两国人民可以做到相互理解,这也说明了文化交流的重要性。今天,在中国翻译介绍俳句,对于中日文化交流和增进两国人民的相互了解具有重要的意义。而如果译者在翻译时力求贴近俳人的心灵世界，不断努力消除两国民众之间实际存在的审美差异，保持俳句中文翻译的形式美，而且还能以诗歌形式将其展现出来，那么这种精彩的实践无论是对于加深中国人对俳句的认识，还是了解日本人的心灵，抑或对汉俳这种新诗体本身的发展，自然都是大有裨益的。

王：对我而言，遨游在俳句和汉俳的世界里，不仅可以体会"美美与共"的乐趣，还能磨炼自己日语和中文的诗意表达，这本身就是一种语言学习。我希望能以一种"得意忘形"的方式将弦外之音翻译出来，而从这样的尝试中我可以体味到作为译者的醍醐灌顶之感。

往大处说，俳句和汉俳的相互交流和刺激还可以推动中日文化交流。一位日本媒体派驻北京的记者曾对刘先生的俳句和汉俳赞不绝口，他还特地写了一篇随笔说："中国人如果不懂日语是写不了俳句的，但日本人会汉字，进入汉俳的世界相对比较容易。而如果有一天，中日两国首脑都可以通过汉俳来互动，那岂不也是一种情趣？"

俳句和汉俳都有着精深的世界，欢迎更多的朋友加入《俳人笔下的节气与花》这一栏目，期待读到更多大家的佳作。

主持人：今天非常感谢两位的分享！诗歌是心灵的家园，以文会友，以诗会友，以俳会友，洋溢着新时代活力的汉俳一定能为中日两国人民的心灵带来新的触动！

茶禅一味 说理谈道话茶禅[1]

靳飞的《茶禅一味：日本的茶道文化》一书就要付梓，特嘱我作序，深感荣幸。细说起来，我和靳飞的交往已有 20 余年，与这本书也算有渊源。话要从我和靳飞的相遇说起。

1998 年，经日本著名汉学家刈间文俊介绍，我在北京和靳飞相识。彼时，靳飞其人风华正茂，正如其微信昵称，整个一个翩翩"前世佳公子"。拥有精干身材的他，身着深色西便装，头戴一顶日式礼帽，优雅地递上名片。名片上的两行字我至今记忆犹新："中日祖传票友，两京盛世闲人"。交谈中，我得知他如今旅居日本，酷爱传统戏剧，热心文化交流。日后交往渐多，我愈发觉得这张名片和他京城遗少的风格非常契合。

彼时我刚刚接手负责日文月刊《人民中国》的编务工作，正在广交人脉。我与靳飞话语投机，很快成为朋友。对于《人民中国》以文化人的定位，靳飞深以为是，经常给我出主意，帮我扩人脉。那时候湖广会馆的戏楼是我们常见面的地方。梅葆玖、吴祖光、张中行等人都与他是忘年之交，是这里的常客；日后，靳飞策划的坂东玉三郎版的昆曲《牡丹亭》就在这里上演。后来我因工作访问日本，靳飞在扩展人脉方面依旧给了我很大的帮助。记得一日我正在京都见读者，忽然接到他从东京打来的电话，他热情地引荐我拜访了一位和中国现代史关系密切的

---

1 载于 2022 年 2 月号《人民画报》。

人物后人，主人老屋的墙上赫然悬挂着当年孙中山的题字"车辅相依"。还有一次，我因工作来东京，靳飞特地安排他熟悉的香道朋友，在浅草传法院搞了一场香会专场，焚了一炉"有邻香"。

靳飞对茶道、香道、花道、能乐、歌舞伎、日本寺庙的知识样样精通，而且善于比对中国文化做深入思考，每每谈及其独到见解都令我称奇。他告诉我，近来他对茶道与中国禅宗文化的关系思考了很多。我建议他把这些东西写下来。大约在2001年年底，他欣然应允了我的约稿，于2002年2月号开始在《人民中国》上刊载题为《清风茶话》的专栏。6月号的第5篇他用的标题便是《茶禅一味》。当时，这些稿子以随笔形式写就，文章结构精干，话题比较宽泛。专栏持续一年，引起读者广泛关注，不少人来信猜想作者一定是一位资深长者。而我则为请到一位有深厚文化底蕴的"京城遗少"出山执笔颇感得意。这就是今天这本书的滥觞了。20年过去，日本已从平成入令和，中日关系也发生了重大调整。这部书是在2003年出版版本的基础上修订再版，内容更加丰富，思想体系也更加完善。如今嘱我作序，一感渊源，二感沧桑，难辞美意，勉力为之。

这本书近20年后重新出版，基本核心内容并无改变。用靳飞自己的话说，"文化这东西不能随波逐流，有变的一面，有不变的一面。在变的时候要讲不变，在不变的时候讲变。"

我感到的变化是，书中的结构更加清晰自洽了。全书共分7个章节，起承转合一气呵成。从川端康成对现代茶道的警告说起，切入茶禅的东传与日本学习宋文化的肇始；从北山文化背景下五山禅僧与一休和尚的博弈引出茶道的开山祖村田珠光；又从将歌道融于茶道的武野绍鸥及其美学过渡到日本中世转型时代的茶道集大成者千利休对茶道艺术的完善定型，将整个日本中世时期的历史、文化、思想、艺术的发展形成做了思路清晰的梳理与分析，并将他的最新研究与发现融入其中，以鲜明的问题意识导向引领全书，最后落笔于对现代茶道的思考。

得益于问题意识导向引领，靳飞在这本书中的思考没有停留在考据式的学术价值上，而是打通文、史、哲、美各个领域，纵横捭阖，驰骋想象与推理，对以往的研究有所突破，得到了许多观点、价值和应用方面的新发现。

通过川端康成在《美丽的日本和我》中对现代茶道提出的批评，靳飞悟到"在禅宗里的茶道跟不在禅宗里的茶道不是一回事"。因此，他对丰臣秀吉式的茶会和现代茶道中某些舍本求末的做法持否定态度，对于试图刻意地把含有特定精神的传统文化与时俱进地进行现代化改造保持警惕，但他并不排斥对传统文化进行现代性提炼。他认为，赋予茶道以现代性，保证了茶道能生存于今日日本社会。

他认为，来自中国的南宋文化对日本中世文化产生了决定性影响。他发现，镰仓幕府建立后历史出现大转折，文化亦随之转型。平安朝文化贵族色彩过浓，新兴的武士阶层望尘莫及；新的社会经济制度也呼唤与之相适应的新文化。正当此时，把同时期背景相似的南宋文化移植到日本再合适不过了。南宋时期中日间的交流远较北宋更为频繁，正是支持靳飞这一观点的有力证据。正是在中世，日后的各种日本文化最终定型。而其源头可以上溯到荣西将茶与禅西传到日本。靳飞甚至发现，形成于世阿弥的"幽玄"美学，其根源也来自临济宗创始人临济义玄禅师。他得出结论："宋以后，从荣西到隐元决定了今天日本文化的基础。今天的日本文化就是日本中世文化。"这种观点甚至给日本重要的政治家带来了启迪和影响。

为什么茶道的根在中国，却没有发生在中国？靳飞认为，在中国禅宗融于理学，"理"很容易被精英阶层接受，但不易向全社会普及。而西传而来的禅宗在日本衍生出各种"道"，这些"道"是日本了解宋文化的渠道。因此"道"在日本只解释成"路"。这使得日本在学习中国精深的宋文化过程中搞出一系列贯之以"道"的东西，最后演变成日本独特的形式。形式是日本的，是学习中国文化的途径。这个分析令人豁然开朗。中国的理学是本土原创，主要靠"悟原理"，"理所当然"；日本学习则要借助路径与程式化的仪式，"由道及理"。道理，道理，原来如此！

此书令人击节之处甚多，千利休一章可谓点睛。在这一章里，靳飞不惜笔墨生动地描写并深刻地分析了千利休与丰臣秀吉的相爱相杀。战国与织丰时代，新的变局正在日本酝酿，日本商品经济发达，新兴城市自治化深化，大名与佛教宗派的关系处于调整期。在靳飞看来，丰臣秀吉以及土豪风格浓厚的安土桃山文化，都不过是为新潮流的商业革命做的一场浩大广告。千利休出生于商贸活跃的堺市，在商品经济高速起步时代，又遭逢统一天下的强权者丰臣秀吉，其生可谓不占天时、地利与人和；但正是这样的逆境成就了他的艺术，使其得以超越时代，永垂不朽。

利休和秀吉之间那段剪掉一片只留一朵白色牵牛花插入暗淡的壁龛花瓶的故事，令人感悟茶道活动中禅宗思想对于人生的警醒，以及茶道本身异常丰富的精神世界。这是多么超前的行为艺术和装置艺术啊。

利休的想象力还表现在对日常生活场景的借用。据说，利休某日乘船，发现船舱的门很小，人们需弯着腰出入，利休以为有趣，就将船舱门移到茶室，做成边长约70厘米的正方形入口，做法也是仿效船舱门。靳飞以同样丰富的想象力推论，利休一定受了所谓"几世修得同船渡"这一说法的启发，暗示自此船舱门进去，主客即有"同船"的意味。

靳飞认为，在思想层面上，千利休作为最终定型茶道的祖师爷，确立了茶道的基本精神。绝对主观和绝对客观的针锋相对的人，同处陋室共喝一碗茶，他以这种方式否定了二元对立。这在日本文化上代表了一种思想的转变。

他还认为，在美学层面上，利休茶道表现为主客观统一，或说超越主客观的审美观。就是说，将人的主观内在的精神理念转化为外在现实，人由此得以在外在现实中确认这种精神理念，并由此产生审美，美因此是主客观相互作用的结果。

靳飞的这本书不是写给日本读者的，而是写给中国读者的。宋文化是今天中国传统文化的基础。日本对中国传统文化的借鉴，值得中国现代社会去重新思考传统文化，真正认识到当今中国文化的源头与价值。"要懂得日本文化，先要懂得中国文化；要反思中国传统，应来参照日本文化。"就中日文化走出近代阴影问题，靳飞的建议是：日本重新发现中国，中国真正了解日本。

就茶道本身而言，靳飞主张不管时风如何改变，都不应随意改动千利休的茶道精神。他看到，在精神世界里，主观的雪月花与客观的雪月花，此喜彼悦，交相辉映。他进而谈及他的文化发展观：无论是传统文化再生，还是新文化的确立，其实都是如茶道之"道"，用日本通常的解释，就是"路"而已。路不是目的，目的是走下去。

今年恰逢鲁迅小说《故乡》创作100周年，小说结尾那句"其实地上本没有路……"正和靳飞的认识异曲同工。面对百年变局，世界迷失了方向，彼此的价值观说服不了彼此，探索如何以"道"求"理"寻共识，正是今天世人面对的课题。在这种情况下感悟千利休的智慧，体会茶禅一味的意境，不正是此书的当下意义所在吗？

送别老安 [1]

2022年1月18日，老安走了。家属告知，遵照老安的遗愿，不搞遗体告别，后事从简，只在亲属范围内举行。我虽无缘向老安做最后的告别，怀念之情却萦绕在心头，内心难以平静。自1989年进入人民中国杂志社，我就分配在老安分管的翻译部，在老安的言传身教下成长起来。点滴往事浮现在眼前，我觉得对老安最好的送别与追思，就是写一段文字，分享老安的故事。我联系了当年老安的同事刘德有先生和老安的女儿宋菲，两位提供了很多宝贵的资料，回忆了许多细节，这使老安的故事愈发完整、饱满起来。

"老安"是和她曾经共事的同事们对她的亲切称谓，在翻译部，中日同事更是直接称这位毫无架子的副总编辑为"安桑"。祖籍山东烟台的老安，讲一口胶东口音浓重的普通话。她全名叫安淑渠，1930年出生于大连。据和老安同批于1952年由大连调任北京筹建《人民中国》的刘德有先生回忆，"老安的父亲在大连开有一家茶叶庄。老安小学上的是日本人在大连经营的学校，毕业后进入初高中在一起的大连神明女子高等学校，读到三年级时，日本投降，学校关闭。1945年光复

---

1 载于2022年3月号《人民中国》，刘德有、宋菲（安淑渠女儿）对此文帮助甚大。

后大连即告解放,老安转上'文专学校',毕业后分配到大连日报社当记者。"后来的故事,就是 1952 年和四位大连的年轻人被《人民中国》日文版创始人康大川调来北京。刘德有先生还记得,一同调至外文出版社人民中国编辑部日文部的,除了他和安淑渠,还有李玉银、于鸿运。

2009 年第 6 期《人民中国》,为纪念中国外文局建局 60 周年策划了特辑,其中老安撰写的一篇回忆《人民中国》日文版创办人康大川的文章,深情地回忆了草创时期的艰辛与逸事。文中用了两张照片,一张是 1955 年以外贸部副部长雷任民为团长的中国贸易代表团访日时,康大川和安淑渠也同行前往,作为译员的安淑渠陪同康大川等人访问岩波书店。那时候,日文版《人民中国》刚刚两岁,康大川和安淑渠也都风华正茂。另一张照片,老安和前副总编辑丘桓兴在翻阅相册,回忆和康大川一起工作的美好时光。就在本月 10 日,老丘也因病离世。在迎来中日邦交正常化 50 周年的年份里,在明年即将迎来《人民中国》日文版创刊 70 周年的时候,两位重量级前辈的相继离世令人唏嘘。

1952 年安淑渠进入《人民中国》的时候刚刚 22 岁,起初的工作是做美编,具体工作是画版样、排版、找插图和照片,也兼做校对。

在回忆文章里安淑渠写道,"经过两期试刊,飘散着墨香的《人民中国》日文版正式出刊了。就在大家正要举杯庆贺的时候,突然有人大声叫道,'等等!'原来一篇文章中的人名印错了。当时是铅活字排版,修改错字要用刀在印好的杂志上刮去错字,再用正确的铅活字像盖章一样一个个加印在修改处。大家一起动手,用了一天一夜改正了每一本的错误。从那以后,'要心中想着读者,万万不可粗心大意'成了翻译校对组的座右铭。"

在人才济济、业务气氛浓厚的办刊环境里,在多次随代表团走出去针对日本民众开展民间交往的活动中,安淑渠在共和国的青春岁月里不仅成为一个编排校对的好手,也迅速成长为出色的口笔译翻译。1955 年安淑渠第一次作为译员随团访日,同行的译员还有刘德有。访日期间康大川访问了岩波书店,对日本图书出版业进行了深入的调研。

1955 年 8 月,在日本举办了第一届禁止原子弹氢弹世界大会。为了维护世界和平,反对帝国主义核子武器的威胁与讹诈,刘宁一以世界人民保卫和平大会中国代表的身份率团访日,安淑渠作为译员前往。该团在日本发出中国人民的声音,与核武器受害者深入交流,同时广交各界朋友,为发展中日民间友好往来,以民促官推动中日关系正常化做了铺垫性工作。日本部落解放运动领导人松本治一郎赠送的礼物一直被保存至今，由此也可以看到当时该团社会接触面之广。

在50年代到60年代的多次访日活动中，1963年11月5日至12月3日为期近一个月的中国作家代表团第四次访日活动，安淑渠作为译员随行，留下较多生动而珍贵的照片。这一年的2月，廖承志对《人民中国》提出了调整办刊定位，加大文化内容，扩大读者对象的要求。6月，为纪念《人民中国》创刊10周年，当时的外文出版社访日团赴日广泛听取读者、发行者和日本作者等各界意见，为调整编辑方针，加强社会、文化、人民生活方面的报道做了扎实的调研论证。而年底的作家代表团访日，正是从活动层面体现了当时国家加大对日文化交流力度的举措。从珍贵的现存照片来看，此次访日，巴金、冰心等中国作家和日本作家进行了深入、广泛的交流，为两国民众的民心相通起到了重要的推动作用。

60年代中期以后，安淑渠凭借娴熟的日文，直接用日文采访写稿。她是《人民中国》编译合一的先行者。1972年，多年的努力终于见到曙光。这一年9月，安淑渠被借调到外交部日本首相田中角荣的接待班子，并被任命为笔译组组长，见证了中日邦交正常化的历史时刻。据老安生前回忆说，当时因出身而被下放到农村的母亲病重，但她有重要工作在身无法离开去陪伴母亲，未能见上母亲最后一面，抱憾终身。邦交正常化之后，老安更加繁忙。

1974年2月28日至3月26日，老安再次被借调，全程陪同日本女科学家代表团访问北京、广州。相处在一起近一个月，女科学家们深深被老安的周到热情和高质量的翻译所折服，日后特地联名致信表示感谢。当时邓小平复出刚好整整一年，国家正在对科学教育进行整顿，一年后周恩来总理将在四届人大上重提"四化"。在这样的背景下，邓小平同志在京接见了日本女科学家代表团，老安作为随团译员，为邓小平同志做翻译。这件事情成为《人民中国》引以为荣的话题，直到我入社后还经常被谈起。一次工作之余聊天，我好奇地问老安："您的日语水平绝对没有问题，可您那浓重的胶东口音和小平同志浓重的四川口音之间交流完全没有问题吗？"老安从没想过这个问题，我这么一说，她回忆了一下表示，整个交流确实很顺畅，没受口音影响。一是小平同志说话条理很清楚，易于辨识；二是小平同志见识广，与五湖四海的干部打交道，因此大概也听得懂胶东口音。

成为副总编以后，老安保持着平易近人的工作作风，善于听取各方意见，特别重视和读者、顾问交心。每当有重要客人或读者团来访，她都和其他社领导热情座谈，虚心请教，交换意见，并据此改进服务与工作。

每当读者来访，老安总是热心安排接待。有一年国庆节假期，一位读者来社里造访，老安亲自出面接待，与之深入交流，还安排当时住单身公寓的我陪同这位读者参观节日里的北京。得知我是牺牲节假日休息安排的参观后，这位突然造访的读者非常感动，一方面为自己的唐突表示不安，一方面对人民中国杂志社的周到接待感谢不已。接待工作结束后，老安觉得耽误了我假期休息，还专门叫我到她家里做寿司饭犒劳我。神宫寺敬夫妇、水原明窗顾问、胜田弘、林谦三、白鸟良香、西野长治等日本各地读者会的代表人物与普通会员等，很多老读者就是冲着老安的人格魅力和《人民中国》保持着长久的联系，老安访日来到读者中间时也受到读者发自内心的欢迎。

我进入人民中国杂志社时，老安已经接近退休的年龄。尽管我在老安领导下工作不过短短3年多，但耳濡目染下，不仅学到了很多有用的知识和方法，更是在工作作风上受到老一辈的洗礼，受用终身。《人民中国》的标题讨论会是以翻译部为主体，中日同事全程用日语讨论的业务环节，对于培养跨文化意识，使翻译更加贴近受众思维意义重大。有老安参加，会议气氛就格外活跃。讨论引发头脑风暴，一个个生动的标题就在这个过程中确定下来了。如今这个传统在《人民中国》继续得到传承。

1993年《人民中国》创刊40周年，因为工作需要延长退休年限的老安也即将迎来光荣退休的时刻。当时我正在负责《导游手册上找不到的北京景点》栏目的策划与采编。我突发奇想，提出要做一期《人民中国》发祥地内容的特别报道。老安听说后非常支持这个想法，因为参与创办的人当中，当时只有她还在岗位上。也许是在结束职业生涯之际想重访自己当年起步的地点，也许是为了对年轻人做一次传统教育，老安决定带我一起前去位于新华通讯社内的国会街采访。到了国会街，当年的建筑已经荡然无存。老安感慨万千，回忆起当年创业时激情燃烧的岁月。最后，我们以两人对谈的方式完成了这篇文章。日文成稿后，我请老安阅示，返回的底稿留下了老安用红笔认真修改的痕迹。老安非常谦虚地坚持把她的名字署后面。这份修改稿我一直保存着，直到人民中国杂志社几次搬家之后遍寻无踪，至今仍感遗憾。

《人民中国》创刊40周年的纪念招待会在西苑饭店隆重举行，大批日本读者和同业组团前来祝贺，老安在这一刻和老朋友们相聚，一道回忆起愉快的往事。在招待会上，杨正泉局长向老安颁发了荣誉证书，表彰她毕生为人民友好和国际传播事业做出的杰出贡献。

退休以后的近30年里，老安仍然关心着《人民中国》的发展，并继续为

《人民中国》做出力所能及的贡献。工作中遇到什么难处，后辈也愿意向老安求教问策。许多老读者依然记着老安，每次工作访日见到老读者，都有人问起老安的近况。老安的晚年和女儿在一起，生活是平静的。回望自己走过的路，老安应该是幸福的。她伴随着共和国的青春脚步，和一群有情怀的人一起将一本杂志做成中日两国人民民心相通的桥梁；她见证了中日关系在战后艰难起步，通过以民促官，官民互动，一步步迎来邦交正常化，并在中日关系相对最好的时候光荣退休。

老安的故事告诉我们什么是中国国际传播的初心所在，她那一代人所独有的纯粹性、使命感、奉献精神和专业精神，正是我们今天守正创新，传承国际传播优良传统最宝贵的精神财富。今年是中日邦交正常化 50 周年，明年《人民中国》日文版将迎来创刊 70 周年。遗憾的是老安没有等到这些值得纪念的时刻的到来。对老安的最好纪念和慰藉，就是继承好这份精神财富，并在新的历史条件下将之发扬光大。愿老安一路走好，愿老安的在天之灵继续守望着我们，守望着她为之奉献一生的《人民中国》和外文局的事业与未来。

《人民中国》：从创刊到见证中日邦交正常化
——成功助力中日民心相通的"媒体外交"案例及启示[1]

今年是中日邦交正常化 50 周年。习近平主席会见日本首相岸田文雄时说，50 年来中日两国"各领域交流合作成果丰硕，给两国人民带来重要福祉，也促进了地区和平、发展、繁荣……中日关系的重要性没有变，也不会变"。

回顾 50 年前的历史时刻，不能忘记为促成两国关系走向正常化，我们在多个领域里与维度上，在此前的近 20 年里付出的艰辛努力与喜悦收获。

20 世纪 50 年代初，在党的领导下，我国的人民外交与对外宣传工作便高起点起步，特别是对日工作取得了丰富的经验和丰硕的成果。从创刊到见证中日邦交正常化的 19 年中，日文月刊《人民中国》根据党和国家的政策，根据不断变化的中日关系和国际形势，务实有效地开展国际传播实践。《人民中国》在推进以民促官，帮助日本受众感知新中国发展成就，了解新中国内外政策特别是对日政

---
[1] 2022 年 5 月为中日关系史学会纪念中日邦交正常化 50 周年学术研讨会所作调研报告，以《以"媒体外交"助力中日民心相通》为题刊载于 2023 年 1 月号《对外传播》。

策，促成日本社会形成对新中国的普遍好感方面发挥了关键作用，特别是通过独家报道，甚至积极参与重大人民外交活动，在推动中日实现邦交正常化过程中发挥了独一无二的"媒体外交"作用。

对日工作离不开人民外交、公共外交发挥的独特作用。历史上"乒乓外交""芭蕾外交""熊猫外交"等在关键节点推动中日关系前行的作用已经得到中日双方充分认知。但是对日文版《人民中国》在推动中日邦交正常化进程中所起到的独特的"媒体外交"作用的总结，夯实两国民意基础方面所具有的启示意义研究还近乎缺如。

习近平主席也指出，中日"双方要继续发挥地理相近、人文相通的独特优势，开展政府、政党、议会、地方等各渠道交往交流，尤其要着眼长远，积极开展青少年交流，塑造相互客观积极认知，促进民心相通"。在媒体融合时代，服务于构筑契合新时代要求的中日关系，在新形势下继续做好对日民心工程，梳理当年《人民中国》从办刊定位到编辑方针、报道内容的调整，最终确立以"人文外宣""好感外宣"为主线广泛影响日本公众的"媒体外交"实践，在中日关系史和对日传播史两个维度上都将为守正创新带来启示，为新形势下开展对日"公共外交""媒体外交"寻找可资借鉴的方法与智慧。

《人民中国》的发展历程

日文月刊《人民中国》对日传播的开展，与中日邦交正常化之前我国对日工作的开展同步推进。在当时冷战的大背景下，受到中苏、日美两条国际关系线索的影响，中日关系在邦交正常化之前大致经历了3个不同的发展阶段，日文版《人民中国》在此过程中也经历了大致同步的编辑方针、读者定位、内容定位的调整，在中日关系发展的每一个关键节点都没缺位，直到最终见证了邦交正常化这一历史时刻的到来。

1.20世纪50年代初到50年代末（1953—1958）中苏联盟框架下对日开展工作

1949年10月1日，中央人民政府成立的当天下午，中国外文局的前身中央人民政府新闻总署国际新闻局便宣告成立，这是我国对外出版事业的肇始。1950年1月，为了让世界人民了解新中国，在总编辑乔冠华的主持下，英文半月刊《人民中国》创刊。这是我党领导的第一份外宣期刊，当时正值毛主席访苏期间，创刊号上刊登了毛主席撰写的文章——《斯大林，中国人民的朋友》。

1952年1月，俄文版《人民中国》创刊。英文版、俄文版《人民中国》于1957年停办。

英文版《人民中国》创刊不久，1953年6月25日朝鲜战争爆发，10月25日中国人民志愿军入朝作战，宣告抗美援朝战争开始。冷战下对立的两大阵营，在远东的朝鲜半岛展开了局部热战。1951年9月8日，日本和美西方国家片面签订《旧金山和约》，中国政府不予承认。1952年4月28日，日本和占据中国台湾的蒋介石集团签订"日蒋条约"，更是遭到中国政府的强烈反对。在这种背景下，深入开展针对日本的国际传播工作被提到日程上来。

根据《人民中国》编辑顾问村山孚90年代初的回忆文章，《人民中国》日文版的创刊与时任新闻总署国际新闻局的日语组组长康大川密切相关。"《人民中国》于1950年先是创办了英文版，不久又出了俄文版。康大川提议，应该创办面向日本的日文版同名杂志。这个建议打动了周恩来总理、郭沫若和主管领导胡乔木，随即得到批准，康大川立即开始组建日文版班底。恰逢战后在沈阳出版的、面向滞留在东北的日本人发行的报纸《民主新闻》，因日本人归国于1952年11月停刊。于是康大川前往沈阳，聘请在那里工作的原同盟通信记者营沼不二男与夫人以及池田亮一夫妇、戎家实等日本人，并接收了沈阳铁路印刷厂的日文铅字排版系统，招募了懂日文的排字、植字工人来北京。"

1953年1月，仿照英文版制作的日文版《人民中国》试刊号出版，征求各方意见，得到广泛好评。紧接着又出了第2期试刊号。

就在《人民中国》日文版紧锣密鼓地筹划的过程当中，1953年3月斯大林去世，东方阵营内部出现了新的转机和战略分工的调整，朝鲜战争停战也初见端倪。这年6月，日文版《人民中国》不失时机地正式创刊。这是《人民中国》序列中第三个创刊的语种。与英文版不同，创刊号的封面使用了毛主席和其他党和国家领导人在天安门城楼上接受少先队员献花的照片，增加了刊物的亲和力。从创刊时机来看，日文版的出台体现了新形势下我国聚焦东方，重点耕耘日本的战略思路。

在日本友好团体、友好书店的协助下，《人民中国》在日本公开发行，读者对象遍及日本各阶层，为打开中日民间交流渠道，在日本公众中传播中国声音发挥了独特作用。

从创刊号上中国人民保卫世界和平大会会长郭沫若撰写的发刊词中，可以了解日文版《人民中国》的办刊宗旨及杂志定位。

"《人民中国》的日文版，其宗旨是向能看懂日文文章的读者，主要是日本人民，传达当今中国国家建设事业——政治、经济、文化、教育、社会活动等涉及各个领域的事业的实际面貌，从而使读者准确、迅速地，并随着事业的发展不断地对中国有比较全面的理解。这对促进中日两国人民友谊和维护远东和平都是重要的。

"我们都知道，各国人民的友好合作才是维护国际持久和平的坚实基础，但各国人民要想实现友好合作，首先要全力促进相互理解，只有相互理解，才能相互尊重。互相学习，互相帮助，才能到达真正的友好合作阶段。

"中日两国人民由于历史上的久交和地理上的毗邻，关系密切。在日本，汉字还是作为构成日本文字的一个要素使用的。另外，日本人民的生活方式和生活感情传统上与中国人民相似。相互理解应该比较容易进行。

"人与人之间往往用'知己'表示亲密的关系。这个词在日本也常用。在国家和国家的关系中，我也希望能建立'知己'的关系。我们深知日本人民与日本统治阶层是完全不同的。日本人民渴望了解中国的实际面貌，也希望在贸易和文化上与我们结下深厚的友谊。这实际上对本杂志的发行也是强有力的激励。

"我们反对侵略战争的政策。因此，我们在报道新闻时，必须保护报道的真实性，打破挑起战争者的封锁、隐瞒和歪曲。"

50年代草创初期，《人民中国》日文版政论性文章偏多，且大多是从英文版稿件直接翻译的，翻译痕迹生硬，语言思维也是英语式的。在康大川的推动下，50年代中期，《人民中国》日文版便探索不同于其他文版的编辑思路，直接从中文翻译日文的稿件比例明显增多。60年代初调整了编辑采写方针，整本杂志的风格在对日针对性方面有了进一步的提高。这是我国外宣期刊"因国施策"的最早探索。

参与《人民中国》创办工作的文化部原副部长刘德有回忆："创刊后不久，在杂志的编辑方针上开始注意加强针对性，采取与英文版、俄文版大同小异的方针。从1963年改版以后，更加明确和加强了对日本的针对性，有些稿件采取了'编译合一'的办法。有的编辑直接用日文写稿；或者请日本人直接写稿（也有中国人，如廖承志和其姐廖梦醒）。当然，初期还要译回中文审稿，后来，就直接用日文定稿了。这样，使日文版更具有自己的特色，大大地提高了传播效果，受到读者的好评。"

创办之初，日文版《人民中国》就肩负起通过国际传播的形式向日本公众介绍新中国，通过民间力量促进、推动两国关系向正常化迈进的使命。

1954年年底，主张接近中苏的鸠山一郎民主党内阁（1954年12月—1956年12月）成立，中国和苏联也开始提出与日本实现关系正常化的呼吁。1955年4月，在印度尼西亚召开的亚非会议（万隆会议）上，周恩来首次向日本政府代表高碕达之助和日本政府顾问藤山爱一郎当面表达了基于和平共处五项原则推进中日关系正常化的意愿。

1955年10月号最早见诸杂志的有关呼吁邦交正常化的文章是庄涛撰写的《恢复中日两国正常关系》。该篇文章披露，中国政府最早提出中日邦交正常化呼吁的，是1954年12月周恩来总理在第二届全国政协第一次全体会议上的一段表述。"我国希望与日本建立正常关系。如果日本政府有同样的愿望，或采取措施予以响应，中国政府准备设法推进中国和日本实现关系正常化。中国政府主张，与日本在平等互惠的原则下广泛发展贸易关系，同时与日本在文化方面建立起密切的联系。"

鸠山一郎特别重视与中国的关系。尽管由于政治形势所限，当时未能实现邦交正常化的突破，但在第一次鸠山内阁（1954年12月—1955年3月）期间，签订了中日民间渔业协定，并通过其亲信部下石桥湛山的努力，达成了中日之间发展民间贸易的协议，这为中日关系的发展奠定了重要的基础。后来，石桥湛山还在《人民中国》上撰文，推动中日关系改善。

1955年起，《人民中国》以别册附录的形式随刊赠送读者20余册反映中国政府立场的声明、政府工作报告、对外政策解读的小册子。其中，与日本有关的内容占比较大，如德田球一追悼会、中日贸易协定、周总理回答日本记者团提问、外交部提议中日关系正常化等小册子。在没有国新办白皮书的时代，这些文本对于日本公众了解中国政府的政策与立场发挥了积极作用。

1957年2月，取代石桥湛山内阁（1956年12月—1957年2月）的岸信介内阁（1957年2月—1960年7月）采取敌华、亲蒋、亲美政策，邦交正常化议题暂时搁置，但民间友好力量进一步壮大，审判与释放日本战犯、日本商品博览会等相关内容在《人民中国》的版面上有着充分的反映，友好团体得到进一步发展。

2.20世纪50年代后期到60年代中期（1958—1965）中苏分道扬镳背景下独立自主对日工作

1958年，中国人民志愿军回国，国内掀起建设高潮。为加强对"大跃进"等中国道路探索的宣传，随着《红旗》杂志创刊，英文版《人民中国》停刊，同时英文版《北京周报》在同年上半年创刊。同年，印尼文版《人民中国》和法文版《人民中国》先后创刊，前者在印尼共产党和印尼群众中扩大了中国主张的影响。法文版《人民中国》创刊最晚，却在1963年早早停刊。取而代之的法文版《北京周报》同年创刊，一直延续到21世纪初。

随着中苏论战升级，为了加强对日理论宣介，中央决定强化对日时政评论报道。1963年《北京周报》日文版创刊，原来随刊赠送小册子的功能大部分由周报接过去。《北京周报》日文版创刊号上开始了对"九评"等系列评论的转载。

池田勇人内阁（1960年7月—1964年11月）时期，日本经济高速增长，中日民间贸易重开，半官半民的LT贸易渠道，为邦交正常化进一步奠定了基础。1958年到1965年，《人民中国》版面上独具特色的中国物产广告充分说明了当年中日贸易的繁荣。1965年，此类广告量达到顶点。

在LT贸易不断扩大的背景下，1963年2月，廖承志对《人民中国》日文版做出指示，"《北京周报》如果出了日文版，《人民中国》杂志就要办得更大胆，要面向中间偏右，甚至面向落后"。[1] 在此指示精神指导下，原来《人民中国》中的时政评论功能大多转到了《北京周报》，而面向普通民众，反映中国社会文化生活的"好感外宣"内容提上了改革日程。

当年6月4日，当时的外文出版社社长罗俊率团经广州、香港转机，6月14日抵达东京，赴日调研一个半月。一行在东京参加了纪念《人民中国》日文版创刊10周年日本会场的活动之后，遍访了广岛、宇部、北九州、福冈、云仙、熊本、松山、大阪、神户、和歌山、京都、名古屋、热海、箱根、山形、仙台、青森、札幌、旭川、函馆、小樽、泊村等30多处城市与乡村，7月29日从东京回国。逗留期间，代表团举办了100多场座谈会，与《人民中国》的热心读者和各界人士进行了深入交流，介绍了新中国的成就与《人民中国》的办刊宗旨，广泛听取了各界针对杂志的改进意见。

这次出访既是业务调研，同时也是广泛接触日本各界、广交朋友的民间外交活动。直接成果是播撒了《人民中国》读者会的种子，直至今日，《人民中国》读者会仍是一个和当地友好团体密切重叠的组织。后来这一形式又不断扩大，成为《人民中国》读者遍布日本47个都、道、府、县的基本保障，也成为《人民中

---

1 《廖承志文集》第436页，《日文版〈人民中国〉要逐步向真正综合性月刊方向发展》。

国》至今保持有效商业发行的社会基础。这在中国外宣期刊中是甚为罕见的孤例。

该团回国后结合听取到的各界意见，落实廖承志年初的指示，对《人民中国》编辑方针做出重大调整。从此，《人民中国》的综合杂志定位得到明确，反映社会、文化、历史、少数民族生活等人文方面生动有趣的软性内容得到增强，像赵朴初访日等带有对日佛教界统战性质活动的报道、中国电影人赵丹与日本著名电影演员高峰秀子等日本电影人别开生面的座谈会等内容越来越多的见诸《人民中国》，北京东安市场、胡同里的理发馆、"和风"日料店等平视有趣地反映普通中国人市井生活的社会报道也多见于杂志版面。这种"好感外宣"在媒体报道相对隔绝的时代，使得《人民中国》成为日本民众全面了解新中国的最佳窗口，杂志在日本各社会阶层中得到广泛普及，以媒体形式在日本有效地推进了民间外交，在日发行量也创下新高。

同在6月，外文社代表团还在访日途中时，日文版《人民中国》创刊10周年、印尼文版《人民中国》创刊5周年的纪念招待会在北京人民政协礼堂隆重举行，周恩来总理和陈毅副总理等国家领导人出席招待会，对两刊配合党的对外工作大局和国家的外交大局取得的成就给予很高评价，并就以媒体为平台进一步深入开展民间外交做出指示。

1965年是对日报道的高峰年。此前对日工作积累了深厚的以民促官的基础，通过人民友好推动邦交正常化再次提上日程。8月号《人民中国》策划了"中日战后20年"特辑，座谈会嘉宾张香山、赵安博、张化东、王晓云、林林等对日工作骨干向日本方面传递了"结束过去，开辟未来"的积极信号和改善中日关系的前提条件；梅汝璈专门撰文讨论了邦交问题障碍所在，特别提及历史问题和台湾问题。

1965年的一个重要的民间交往活动就是中日青年大联欢。《人民中国》全程报道并直接参与了这场为期一个月的大型活动。来自日本20多个代表团的300余人，在北京活动一周之后，分三路参观了自力更生发展经济的东北，以延安为中心的西北革命圣地，以及以毛主席故乡韶山为中心的南方。《人民中国》杂志作为了解中国的指南送给了每一位访华团成员，扩大了杂志在这些友好人士中的影响。

这次青年交流的主题一如纪念邮票上的口号："中日两国人民团结起来，反对共同敌人美帝国主义""中日青年团结起来"。这套纪念邮票中象征中日青年团结的一张出现日文标语"沖縄を返せ"（还我冲绳），这是日文假名首次，也是唯一一次出现在中国邮票上。此次活动在日本影响深远,为两国邦交正常化奠定了广泛的人民基础,许多参加活动的人成为推动人民友好,促进邦交正常化的骨干。《人民中国》在此过程中发挥了十分典型的"媒体外交"作用。

3.20世纪60年代中期至70年代初(1966—1972)中苏冲突背景下调整大国关系,团结第二世界,运用政治智慧实现邦交正常化

由于1966年"文革"爆发,许多对日工作骨干受到冲击,这一波推动邦交正常化的势头转弱,加之佐藤荣作内阁(1964年11月—1972年7月)的"反华""反共""支持台独"等立场,邦交正常化只能另寻合适时机。但是在这段时间里,左翼的对华友好人士和团体仍然保持着与中国的联系,松山芭蕾舞团、日中文化交流协会等团体多次访华,这些友好力量在后来重启邦交正常化工作时发挥了积极作用。难能可贵的是,在众多期刊停办的情况下,《人民中国》未曾间断地报道了这段时间里他们与中国的友好往来。

1969年"九大"之前和之后,3月在黑龙江珍宝岛和8月在新疆铁列克提发生了两次非常严重的中苏边境武装冲突,中苏关系滑向战争边缘。《人民中国》在这一年用大量篇幅刊载了中国政府的抗议和事实报道与评论文章。中苏冲突升级倒逼中美关系和中日关系迅速调整。

进入70年代以后,中国外交取得重大突破,中国恢复联合国合法席位,毛主席"三个世界"理论划分也为中美接触和推进中日邦交正常化创造了水到渠成的条件。

这期间,《人民中国》报道了1970年5月20日支持世界人民反对美帝国主义的集会盛况,继续深入关注日本民间反对日美勾结的社会运动。

中国重返联合国前夕,美日签订《归还冲绳协定》,人为地制造了钓鱼岛问题。1971年9月号《人民中国》载文《冲绳归还的骗局》指出:"我们要揭露日本反动派借冲绳归还骗局侵吞我国领土钓鱼岛等岛屿,不法占据我国浅海海域的狼子野心⋯⋯正告美日反动派,不管你们玩弄怎样的伎俩,都无法改变钓鱼岛及周边岛屿是中国神圣不可分割的领土这样一个事实。"

同时,针对《啊,海军》《日本海大海战》《山本五十六》《军阀——动荡的昭和史》等日本战争电影中赞美侵略战争的倾向,《人民中国》组织了多篇评论,反对"日本军国主义复活"及"美日反动派的战争叫嚣"。这些文章指出,战后的日本军国主义是同美帝结成军事同盟,依靠美帝国主义势力而复活起来的军国主义,是拴在美帝战车上的军国主义。在美帝的全球战略中,日本军国主义充当了一个

特别的角色。

1972年，中美接触促成了尼克松访华，《人民中国》2月号对此做了及时、充分的报道。而就在1月号上，《芭蕾结友情》《三访中国的松山芭蕾舞团》等预示着芭蕾外交即将展开的文章高调亮相。7月号用较大篇幅介绍了上海芭蕾舞团的情况，为已经启程访日的上海舞剧团访日做背景介绍。为了强调中美接触体现了中美人民的友好，《人民中国》还刊载了图片报道《中国人民的朋友埃德加·斯诺》。

同时，针对佐藤政府鼓励"台独"的举动以及岸信介撰写《满洲回忆录》所代表的日本右翼对侵略历史所抱有的"乡愁"，《人民中国》刊载了评论文章《揭露佐藤之流的台独阴谋》《评战犯的"乡愁"》，在台湾问题和历史问题上再次旗帜鲜明地传递了中国声音。文章指出，"就在蒋帮代表被联合国驱逐之后，佐藤之流仍然散布'台湾归属未定论'等荒谬言论，公然叫嚣'日台关系无法分开'。这种露骨的叫嚣，赤裸裸地暴露了日本反动派企图将'台湾独立'说成既成事实，以便再次吞并台湾，将台湾作为侵略中国和其他亚洲国家的军事基地。这正是日本反动派加紧策划'台独'阴谋的原因。"

这一年的《人民中国》为纪念毛主席1962年给日本工人学习积极分子访华团题词10周年，再次刊载了题词原件图片。题词内容为"只要认真做到将马克思列宁主义普遍原理与日本革命具体实践相结合，日本革命的胜利就是毫无疑义的"，表明对日本社会变革依然寄予期望。

1972年4月在上海和平饭店举办的"日中友好与针刺麻醉"座谈会也是这一年杂志报道的亮点之一。通过东方传统医学交流促进人民友好，也为迎来邦交正常化的一年增加了积极气氛。

除此之外，介绍西双版纳近况和当时轰动一时的《捕象记》，重温"鲁迅与内山完造"的友谊，以及介绍北京"老天桥的变化""天津栗子"等轻松话题，再次体现了1963年调整的编辑方针的回归，烘托了"好感外宣"的效果。

在重重铺垫之下，这一年"芭蕾外交"的故事终于登上杂志。1972年7月7日，佐藤荣作内阁解散。田中角荣内阁成立之后的第三天，以孙平化为团长的上海舞剧团访日团便降落在羽田机场，开始了为期36天的访日活动。跟随孙平化访日的上海舞剧团演员、芭蕾舞《白毛女》中喜儿的扮演者茅惠芳和白毛女的扮演者石钟琴撰写的访日手记《被浓浓的友情所拥簇》和松山芭蕾舞团清水正夫撰写的《和上海舞剧团的朋友们朝夕相处的日子》，披露了负有特殊使命的访日团在日艺术交流活动。

11月号的《人民中国》等来了这一年的高光时刻，也迎来了创刊19年来的收获季节。11月号杂志和同期随刊赠送的别册将周总理和田中角荣首相会面的不同照片选为封面。在正刊报道之外，别册用超规格篇幅介绍了田中访华的全过程，是一份见证邦交正常化历史时刻的珍贵文本。

文内跨页是毛主席向田中角荣内阁总理大臣赠送《楚辞集注》的经典照片，接下来是毛主席和大平正芳外相、二阶堂进官房长官握手，以及送别田中角荣的较为罕见的照片。毛主席在书房会见田中角荣的照片说明特别注明翻译林丽韫、王效贤参加会见。

周恩来总理在机场迎接田中角荣一行的照片中，可以看到林丽韫为总理贴身翻译，王效贤为叶剑英贴身翻译。

别册全文刊载了中日两国政府联合声明、《人民日报》社论《中日关系史的新篇章》以及周总理、田中角荣首相在欢迎宴会和答谢宴会上的祝酒辞全文，还刊载了外务大臣大平正芳记者招待会的相关报道。祝酒辞全文中可以看到中日双方对历史认识的落差，田中首相所谓"添了麻烦"的表述以及大平外相记者招待会上关于"日蒋条约"自然终止的叙述都可以找到出处。

田中一行参观长城、定陵、故宫也用了较大篇幅介绍。在上海机场送别时选用的田中角荣和二阶堂进挥手告别的照片很有信息量，而欢送的规格则体现了当时的时代特点，特别是周总理返回北京，在京领导人到机场迎接的群众场面。

整个接待田中角荣的过程，《人民中国》别册做了最为完整的报道，许多细节见诸版面，成为研究中日外交史的重要文本，为日本读者和日本中国问题研究机构广泛收藏。《人民中国》的这一功能也充分体现了"媒体外交"的独特魅力。

1972年12月号上，大篇幅的《中日友好播种人》回顾了邦交正常化走过的艰辛历程，以及各个时期做出重要贡献的日本友人。文章指出"饮水不忘挖井人"，强调了两国人民的友好往来，表示了对日本各界人士多年付出的努力的感激之意。

中国赠送给日本人民的一对大熊猫，在上野公园引发了"熊猫外交"热潮。《人民中国》通过文章《中国珍兽大熊猫》介绍了大熊猫的基本知识，帮助读者了解这对友好使者。转年的1月号特辑上出现了一对剪纸作品：富士山下吃竹子的熊猫兰兰和康康、在天坛脚下扎根的日本落叶松和大山樱。冰心女士就日方回礼大山樱写来一篇文章《樱花与友谊》。

《人民中国》办刊的经验启示

就各个阶段的报道情况来看，日文版《人民中国》在见证中日恢复接触到实现邦交正常化全过程中始终没有缺位，是一部生动、翔实的"中日邦交正常化前史"文本之集大成，值得中日关系史领域学者深入研究、梳理，发掘出更为翔实的史料信息，为今后的对日工作提供借鉴。

日文版《人民中国》能够深入、系统地记录，甚至参与中日关系史进程，与当时中央的顶层设计与布局关系密切。50年代到70年代，由于对日工作的紧迫性和重要性，中央高度重视其作用，周恩来亲自过问，廖承志、郭沫若、冰心、欧阳予倩、老舍、赵安博、赵朴初、王晓云、林林、雷任民、梅汝璈等重量级人物经常撰稿，成就了刊物的权威性，也为日文版《人民中国》开展有效的"媒体外交"奠定了品牌基础。

配合外交大局，做好对日报道，在关键时刻敢于发声，善于发声：50年代向日本释放实现邦交正常化的信号，及时精准；60年代指出实现邦交正常化必须正视的问题，毫不回避；70年代针对归还冲绳过程中日美玩弄的钓鱼岛把戏及时发声，没有缺位；针对日美勾结重新军备和支持"台独"等动向深度锐评，没有退缩，在"媒体外交"中下好先手棋，清晰发出中国声音。

不论国际形势如何变幻，在波诡云谲的中苏、美日关系消长中，抓住对日工作不放松，给予办刊定位高度的灵活性，超前践行"外宣三贴近"，团结了最广泛的社会力量，称职地扮演了"媒体外交"赋予的角色，在推动邦交正常化过程中发挥了潜移默化、久久为功的独特作用。

团结广泛的社会力量，践行"媒体外交"，《人民中国》的一条非常宝贵的经验就是和读者常年保持不间断的联系。1963年，为期45天的深度调研奠定了广泛的群众基础。保持和读者的"血肉联系"，是这本外宣老字号不变的坚守。本世纪初外宣本土化实施以来，正是这种和读者联系所维系的人脉，使得《人民中国》实现印刷、设计、策划、作者本土化，使得日本在任首相从小泉纯一郎到安倍晋三都自费订阅（而非赠阅）了《人民中国》，使得我们得以顺利地将《习近平谈治国理政》送到村山富市、鸠山由纪夫、福田康夫等日本政要手中。

生动平实的文字功底，平视写实的图片风格，实事求是的工作作风，深入调研的优良传统，使得这支稳定、专业的对日工作团队一以贯之地坚持以文化人、"好感外宣"，即使在"文革"那样的特殊时期，也基本保持了风格的一贯性，最终形成真正意义的"一国一策"办刊传统,成为难以复制的优质外宣期刊。这一传统一直到今天仍然得以传承,使得"《人民中国》家族"中硕果仅存的日文版《人民中国》仍然在外宣期刊中保持着高"骨密度"。

从创刊到见证中日邦交正常化,《人民中国》在 19 年的成长中走向成熟,见证了中日关系修成正果。作为"媒体外交"的经典案例,尽管《人民中国》当年的成功具有时代特点,但其经验与方法、情怀与精神给我们留下的启示没有过时,在今天仍然具有现实意义。服务大局,联系读者,精准定位,勇于探索,崇尚专业,精益求精,实事求是,效果导向,坚守情怀,久久为功……这些精神已经升华为《人民中国》之魂,在推进媒体融合的今天有待于年轻一代外宣人传承下去,守正创新。

走出困境的解决之道：加强人文层面的交流互鉴[1]

所谓"五十知天命"，今年是中日邦交正常化 50 周年，但是否可以说两国关系已经"知天命"了呢？也许，用人的一生的不同阶段来形容国家之间的关系本身就是一个伪命题。50 年来，尽管两国关系总体平稳发展，而且取得了世人有目共睹的成就，但进入新世纪以来，人们普遍感到"困惑"越来越多。一方面，政府间的互不信任感持续升高；另一方面，近年来民调显示，尽管日本年轻一代对华好感度明显高于其他年龄层，但中日民众之间的好感度持续走低，这一趋势不能不令人担忧。

中日关系如何摆脱困惑，走出困境？许多有识之士试图独辟蹊径找到答案。

为纪念中日邦交正常化 50 周年，NHK 制作了上下两集长达 3 小时的纪录片《周恩来的决断》，我是一口气看完的。起初引起我注意的是这部纪录片由作家浅田次郎主持。十几年前他为了写作《中原之虹》在中国展开实地调研，我曾陪同他行动数日。通过近距离接触，我了解到他深谙中国历史、文化，认识到他是一个十分有趣的人。看到由他来主持节目，我不禁眼前一亮。

这部片子视角独特，上集讲述了自白江口之战之后，持统天皇派遣唐使入唐学习，并仿唐建设律令国家，直到倭寇之乱之后足利义满名义上确立对明朝的朝贡关系，开启了勘合贸易，乃至在丰臣秀吉侵略中国铩羽而归之后若干年，江户时代德川幕府与乾隆时期的清朝开通书籍之路，给日本带来文化繁荣。下集则讲述了近代以来中国遭受日本侵略的历史以及以周恩来为代表的仁人志士为寻求救国之道负笈东瀛，乃至在战后以周恩来为代表的中国对日工作团队主动推进以民促官，推动中日之间人际交流、经贸交流与文化交流，最终成功实现中日邦交正常化的历史。全片强调了人与人之间纽带联系的重要性，以及以具有东方特点的人文交往所维系的 2000 年中日关系。

无独有偶，为纪念中日邦交正常化 50 周年，我认真地梳理了过往杂志内容，

---

[1] 2022 年 10 月 28 日在中国国际交流协会举办的"中日邦交正常化 50 周年与中日文明交流互鉴新举措"中日民间人士网络研讨会上所作的主旨发言。

撰写了题为《〈人民中国〉创刊以来到见证邦交正常化》的文章，完全印证了人际交流、经贸交流与文化交流为推动中日官民互动、实现邦交正常化所起到的积极作用。

回想50年前，两国有着不堪回首的历史记忆，现实中有着迥异的政治制度与意识形态，超越这些差异与对立最终实现恢复邦交的政治智慧值得我们在今天"温故知新"。从人文交流入手探讨两国关系遭遇困境时的解决之道，看起来中日两国的有识之士都意识到了这一点，可以说这是今年纪念邦交正常化50周年思考中日关系改善的新视角。

说到国民感情问题，有一点往往被忽视。那就是，经过50多年的发展，中日之间综合实力的彼此消长带来了心态的失衡。坦率地说，这在日本朋友方面表现得更为明显一些。

今年9月出版的《人民中国》纪念邦交正常化50周年特辑中，曾任国家电影局局长的刘建中先生为本刊写来了很有价值的回忆文章，文中提到他在1981年参与主创拍摄的纪录片《访日见闻记》。这部电影记录了当时日本的企业管理状况和农协的组织经营状况，也介绍了80年代初的日本社会生活，为改革开放初期学习日本先进经验起到了启蒙作用。《东京新闻》通过《人民中国》了解到这个线索后也采访了刘建中先生，并问及在当年电影中出现的名古屋企业如今已经被中国民营企业收购，对此应该怎么看。

我认为这个问题问得很好。一方面它反映了日本朋友某种担心的普遍心态，另一方面问题所反映的现实恰恰证明了中国这些年探索的道路走对了。

当年中方排除种种干扰，在中央的支持下拍摄制作了这部电影，恰恰反映了中国向日本谦虚地学习的态度。经过学习、消化、创新，中国企业理念、产品质量得到提升，整个经济体量追赶了上来，而中国的这种发展也给日本带来了机遇。这恰恰反映了中国式现代化道路的成功，以及中日经济互补具有潜力。如今，在文旅产业、数字市场、新能源汽车市场等诸多领域，中日互学互鉴还要像《一盘没有下完的棋》那样继续下去，中日之间的竞争与合作应该有一个双赢的结果。

对于日本朋友来说，要想面对发展起来的邻居中国调整好心态，就有必要正视中国的发展历程，客观审视、思考中国特有的路径、发展模式。改革开放以来，特别是最近10年来，中国通过持续的和平发展，不断实现几代领导人提出的现代化目标。2019年，中国实现了全面建成小康社会的历史阶段，刚刚闭幕的中国共产党二十大上，习近平总书记向全党提出了全面建设社会主义现代化强国的下一阶段任务目标。

中国的和平发展得以持续、稳步实现的背后，中国文化基因的强大生命力发挥着独特的作用。同是东亚国家的日本，历史上与中国有着互学互鉴的历史传统，从历史文化入手加强彼此之间的人文交流，对发展积极、健康的两国关系具有建设性意义。

今天的线上研讨会，我看到了许多熟悉的老朋友和经常合作的友好机构。我想，中日两国民间正是有着这么多愿意推进人民友好事业的有识之士形成的人脉纽带，保持着沟通的渠道，才使两国的关系经受住了严峻的考验。今天有机会和大家一起探讨、分享在改进两国关系方面的具体举措，我十分荣幸。

加强中日人文交流互鉴，溯本求源，弄懂两国文化基因的特质，是一个重要举措。有一种观点认为，"要懂得日本文化，先要懂得中国文化；要反思中国传统，应来参照日本文化。"今天，相信通过深入的交流可以加深我们彼此的了解。在此过程中，日本重新发现中国，中国真正了解日本。

比如说，从日本中世文化的形成来看，来自中国的南宋文化曾对其产生过决定性影响。正是在中世，荣西将茶与禅西传到日本。"茶禅一味"，从此茶道与禅宗融合，形成了日本独有的"枯寂"文化。千利休剪掉一片花海，只留一朵白色牵牛花插入暗淡的壁龛花瓶。

为了向这个故事致敬，今年《人民中国》采用旅日艺术家王传峰的宋风插花艺术造型策划了2023年随刊赠送的小月历"宋风华韵"。这样充满创造性，同时又是向古典文化致敬的作品，通过跨时空的互学互鉴，让生活在快节奏当下的我们感受到强大的文化基因带来的愉悦和疗愈，探寻我们曾经共有的文化源流。愿订阅《人民中国》的日本朋友喜欢这份凝聚了中日文化精华的小礼物。

另外一个类似的尝试是，以《人民中国》为平台，探索打通俳句与汉诗之间的壁垒，构建在诗歌层面中日文化"美美与共"的可能，培育共同的诗意空间。

这个尝试的契机源于二十四节气入选世界非物质文化遗产，体现了中国农本文化四季有序、生生不息的节气文化也为日韩等东亚国家共享，背后是东方国家共有的哲学智慧。

《人民中国》自2017年起推出《俳人笔下的节气与花》栏目，将俳句汉译为汉俳、汉诗。汉俳是俳句国际化过程中的产物，不过体现了中日文化交流的特点，在1980年由赵朴初先生首创。汉俳是中日两国在文化交流中互学互鉴、经过中国人自身的再创造而诞生的短诗。它借用俳句的形式，以中国古典诗歌为土壤

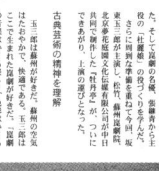

而诞生，在中国有着深厚的群众基础。而汉俳的形式决定了中日两国人士都可以读，如果有更多的日本朋友参与进来，就可以形成中日之间新的人文交流渠道。

加强中日人文交流互鉴，运用好各种文艺形式是一个效果显著的举措。

鲁迅讲过，如果中日两个民族要想没有隔阂的话，最好的形式就是通过文艺来互相交往。

中日之间的舞台艺术交流源远流长，其中古典舞台艺术交流当数歌舞伎、狂言、能乐与昆曲、京剧之间的交流，迄今一直没有间断。这当中，京剧与歌舞伎的交流最多。因为京剧产生于清代，歌舞伎产生于江户时代，都是大众文化高度程式化发展的时代，有着广泛的群众基础。

如同京剧中有男旦一样，歌舞伎也有"女形"。这一点歌舞伎和京剧十分相似。京剧大师梅兰芳、梅葆玖，歌舞伎大师坂东玉三郎活跃于京剧与歌舞伎的交流就非常说明问题。如今年轻的一代名伶继承了这一传统，既振兴了京剧，还对中日古典戏剧交流做出了贡献，应该大为宣传、推广。

从渊源来说，早在20世纪20年代，歌舞伎和京剧就曾同台演出过。1926年在北京的戏院，梅兰芳的《金山寺》压轴，在其之前是日本歌舞伎剧目《大藏

《人民中国》报道坂东玉三郎的《牡丹亭》

卿》。新中国成立后，1955年、1979年、2004年、2007年共有过4次歌舞伎访华表演。中国京剧的访日公演更是频繁，目前有许多在日华人的京剧戏班也成为两国交流的桥梁。

在互学互鉴方面，曾经有过京剧、歌舞伎混合演出的尝试，也曾有过狂言和昆曲联袂演出的成功经验。中国京剧团曾将坂本龙马的故事搬上京剧舞台，坂东玉三郎演出的昆曲《牡丹亭》更是一段戏剧越境的佳话。

昆曲和狂言一样有着600多年的历史。1998年，狂言师野村万作和中国著名昆剧演员张继青女士联袂演出的《秋江》大获成功。我曾经采访过野村万作，他说道："和昆曲的合作，让我从中学到很多。两种戏剧珠联璧合，可以形成让各国观众都能认同的形式美。能乐和昆曲现在都已经成为世界文化遗产了，希望将来还有机会合作演出。"

近年来，歌舞伎、狂言来华商演也大获成功。随着对东方传统文化兴趣的增加，越来越多的中国年轻人也对歌舞伎、狂言等表现出浓厚的兴趣；我也接触过将京剧学得炉火纯青的日本留学生。我们有充分理由相信，中日古典戏剧在两国青年中会越来越受欢迎，而这对于我们理解彼此社会文化与心理的差异，促进共有的价值与审美的弘扬必将产生积极作用。

以舞台艺术促进互鉴，促进人民友好的另外一个例子是NHK的纪录片《周恩来的决断》中，花大篇幅介绍的芭蕾外交。芭蕾舞剧《白毛女》由日本松山芭蕾舞团首次根据电影《白毛女》改编而成，上海芭蕾舞学校受松山芭蕾舞团同名作品的刺激和启发创作了中国版的芭蕾舞剧《白毛女》。这也是两国艺术家互学互鉴的成功范例。周恩来总理曾对国内文艺工作者说："最先把《白毛女》改编成芭蕾舞并搬上舞台、最先对芭蕾舞进行改革的不是我们，而是松山树子和松山芭蕾舞团，只凭这一点，我就应该向他们学习和感谢。"

近年来，中国原创芭蕾舞《朱鹮》赴日演出，将这种芭蕾交流的形式薪火相传。而最近我们看到，这种借助域外文艺形式促进两国交流的例子还有四季剧团向中国演出团体以商演形式转让音乐剧《想变成人的猫》《天生一对》等。

舞台文艺形式之外，电影是中日两国民众彼此了解对方"心象风景"的绝佳窗口，对增进彼此好感度起着难以替代的作用。

80年代，导演佐藤纯弥因为《追捕》带来的名声，于1982年执导了中日首部合拍电影《一盘没有下完的棋》。他的另一部反映战后日美恩怨情仇的作品《人证》，也因一首《草帽歌》在中国引起轰动，几代人传唱，两年前上映的《唐人街探案3》中还引用了这首歌曲。

《追捕》是一部在中日交流史中独一无二的传奇作品。正是从《追捕》开始,一系列密集的北海道故事在中国得到讲述,这才有了2008年冯小刚的《非诚勿扰》对北海道外景地的选择。该片成功以后,大批中国游客涌向北海道。日本其他地方政府纷纷试图复制这一盛况,却奇迹不再。因为根植于80年代中国电影观众心中的对北海道的上述美好记忆持续发酵,才是该片获得成功的真正原因。

中国导演霍建起的电影《那山那人那狗》在日本同样引起轰动。原因在于在大家都向往以物质消费为导向的快节奏现代化、都市化的时候,《那山那人那狗》表现的是一种久违的乡愁。特别是男主角背起父亲蹚过小河的镜头感人至深,与山田洋次《家族》中夕阳下儿子背着父亲走的剪影有着心照不宣的默契。这种东方人相通的情感表达,毫无障碍地打动了彼此的观众。中日电影人如果能够进一步有意识地通过作品发掘我们彼此共同的情感表达,相信对于增进彼此好感度是一个很好的举措。

加强中日人文交流互鉴,以创新形式开展青少年喜闻乐见的交流,也是不容忽视的有效举措。2019年两国政府共同推进了"中日青少年交流促进年",这是非常好的开端。《人民中国》早在2014年中日关系处于低谷期的时候,在中国驻日使馆和日本科学协会的大力支持下,发起了"熊猫杯"日本青年感知中国征文大赛活动。从起初只有200余人报名,发展到今年超过700人踊跃报名,交流势头越来越猛,累计已有4200人投稿,其中已经邀请100余名成绩优异者来华参观学习、深度交流。即使在疫情的这3年,我们仍然通过线上保持交流。持之以恒、集腋成裘是"熊猫杯"得以久久为功的秘诀。2019年,习近平主席在出席大阪G20峰会前夕,给"熊猫杯"参赛者中岛大地回信,鼓励他投身到中日友好事业当中来,这对两国青年交流来说是一种巨大的鼓舞。

早年参与"熊猫杯"大赛的许多日本青年,如今已经走向十分重要的工作岗位,有的做公务员,有的从事媒体工作,有的在大学教书,有的从事商贸工作。长远地看,这些对中国有了较为客观了解的新一代人,必将为夯实健全的中日民意基础,不断输送新的活力。现在两国青年彼此了解对方的愿望强烈,渠道多元;中日两国同属东方国家,不论是在二次元世界里,还是在影视剧、文旅活动交往中,两国青年相同的传统价值观底色决定了其共同话题越来越多。因势利导,创新形式,有趣、有益地推动青年对彼此的了解,我们要不断探索新路。

针对中日两国青少年,《人民中国》尝试将与现代中日关系史相关的个人故事进行动漫化开发。成功的案例是一个叫砂原惠的日本老人的真实故事。他少年时代在东北经历日本战败，沦为当地地主的放牛娃。解放军的到来改变了他的命运，他在"土改"中被评为雇农并分到了土地。为了保卫自己的"土改"果实，他报名参加了解放军，跟随中国人民解放军东北野战军参加了辽沈战役、平津战役，见证了新中国的诞生。后来他又报名参加志愿军走上朝鲜战场，接着又为初创期的人民空军航校贡献了自己的力量。回到日本后，他始终不忘初心，毕生从事中日友好事业。他的传奇人生可以让人们感受到中华优秀传统文化与当代革命文化有机融通的魅力。

这个故事从一篇报道拓展为漫画故事《血与心：日籍解放军战士砂原惠的传奇人生》，又经与哔哩哔哩合作，改编为广受年轻观众期待的同名国创动漫大制作，即将在年内播出。这部作品在前半段用较大篇幅剖析了法西斯主义、军国主义在思想、文化、经济层面对人们的荼毒，后半段则对主人公的革命初心做了非概念化的、令人信服的生动诠释。这也使得该片因此具有了对话日本同类题材影视剧的底气。这是首部正面反映中日关系史题材的动画作品，对于中国年轻人具有爱国主义、国际主义教育意义，对于日本年轻人具有树立正确的历史观、中国观的教育意义。作为一种探寻帮助两国年轻人认识中国历史与文化的举措，也希望能够产生举一反三的连锁效应。

加强人文互鉴交流，更好地激活两国间地方城市的联系是增强互动的重要举措。历史上，在中日交流密切的时期，地方交流在保持广泛人员来往，提升彼此福祉方面形成亮点。成双成对的友好城市促进了日本自治体和中国省市之间的深入交往。90年代初，我就在《人民中国》负责过《友好城市故事》专栏，外出采访最多的就是地方友城。但是进入新世纪以来，城市间交往出现对称性改变，交往频度也持续走低。国民好感度下降与地方交流弱化带来的疏远不能说没有关系。

近年出差去日本，只要有机会我就会采访地方知事，并和各地读者会尽量保持联系。日本朋友对重启地方交流都有热情。中国各地区这些年也发生了巨大变化，特别是像青海、贵州这样比较偏远的地区，脱贫攻坚战的胜利使那里的交通状况发生了巨大的变化。因此，是时候有序恢复地方来往，使国民大交流走上新台阶了。今年9月共同社就人文交流话题采访我的稿子，在日本各地报刊得到广泛刊载，完全出乎我的意料。这也从一个侧面反映了日本地方重视与中国交流的愿望。

地方友城交流，在增进彼此福祉的同时，对增进彼此了解也十分有意义。前边提到了一些电影在刺激民众对对方国家的地方或城市的想象力，持续抱有好感方面发挥了不可替代的作用。《追捕》《远山的呼唤》和《非诚勿扰》的呼应关系，以及对中国人赴北海道旅游热产生的决定性影响就是一例。山田洋次作品中的濑户内海、霍建起作品中的三湘大地也都给中日观众带来了对彼岸地方的美好想象。运用合拍影视作品促进地方文旅交流也许是一个很好的举措选项。希望世纪疫情造成的隔绝状态尽早结束，包括文旅交流在内的地方交流尽早得以恢复。

加强人文交流互鉴，发扬邻里守望、雪中送炭精神是增强彼此感动的暖心举措。中日两国一衣带水，隔海相望，在彼此遇到灾难、疫情之时总能激发出邻里之间的同情之心。

当年汶川大地震发生之后，《人民中国》报道了灾区3年重建、面貌大变的故事，引起了日本朋友对中国利用举国优势快速完成灾区重建能力的好评。

推己及人，"3·11"东日本大地震发生时，《人民中国》策划的特辑给日本公众送去了慰问。再后来熊本发生地震时，我们仍然运用推己及人的理念，在传播形式上，利用最新流行文化进行了创新。我们策划了《大熊猫给熊本熊送竹笋》的漫画并快速推出，体现来自中国的慰问。尽管当时中日关系还处在低潮，但两只憨态可掬的熊走到一起的形象，超越了中日关系中现实的隔阂，"萌化"了许多读者。在地震发生的第二天推出的这个动漫形象引发了网络上大量的模仿，成为一个现象级的传播案例。

此次世纪疫情初期，运用彼此共情的文化要素互送温暖呈现为一大亮点。贴有"山川异域，风月同天"等汉诗的抗疫物资，体现了汉字圈国家之间所独有的文化，给中国民众带来了感动；而来自中国的，贴有原创俳句、和歌的抗疫物资，也向日本社会传递了中国的乐观与幽默。汉诗、俳句在抗击新冠疫情过程中已经成为中日彼此拉近心灵距离的纽带。中日两国不论是在地震救援还是在联手抗击疫情的过程中，都休戚与共，命运相关。如能将这种患难之中相互守望的精神发扬光大，则可助力中日两国的民间好感度进一步提升，这对于改善国民感情，夯实民意基础能够起到促进作用。

以上五个方面的举措建议，是我在中日交往实践中注意到的自以为有些代表性的实例，也附带有我的思考和建议，很不成熟。和各位分享，旨在得到各位先进指教。如果能对大家有些启发，我将不胜欣慰。

相遇

——毕生从事中日交流的机缘[1]

各位老师、各位同学好！我与爱知大学的缘分，始于大学时代开始使用《中日大辞典》，这本辞典我一用就用了40年。我非常钦佩爱知大学的中文研究实力。而我与南京大学结缘，则是因为南京大学从5年前起便与东京大学合作开设了通识教育课程——"中日电影交流"公开讲座，我很荣幸地成为特约讲师。今天，又有缘参加早已结缘的两所高校联合举办的中文演讲比赛，我觉得"相遇"这个题目非常贴切。

今年是中日邦交正常化50周年，是一个值得纪念的年份。我与日语的相遇是从一本杂志开始的。1972年，9岁的我在家乡沈阳第一次知道了《人民中国》这本杂志。我母亲经常去外文书店买书，为了不忘记以前在日本留学时记住的日语词汇，她会买日文版的《人民中国》和《北京周报》来读，也算打发时间。特别是《人民中国》，排版和图片都很漂亮，汉字和假名混排在一起的铅字，足以勾起一个9岁少年的好奇心。

《中日和平友好条约》签订的1978年，我开始在中学学习日语。当时的教科书里到处是"熊猫和樱花是中日友好的象征"之类的口号，完全没有机会接触地道的日语。让我对日语学习产生兴趣的是每月从邮局买来的《人民中国》杂志，特别是从通俗易懂的《中国民间故事》专栏中，我如饥似渴地学到了充满生活情趣的词语。

几乎在同一时期，日本电影开始在中国电影院正式上映。《追捕》让我第一次看到了战后经济高速增长期日本的繁荣及其阴暗的一面，备受冲击，完全是"与未知的遭遇"。这部片子，少年时期的我看过十几遍，嘴里念叨着片中的台词"杜丘，你看那片蓝天"，想象着日本人的世界。

就这样，在中日关系处于"蜜月期"的1982年，出于对日语的兴趣和对日本这个国家的好奇，我报考大学时所填写的志愿是外语系日语专业。我在日本外教的指导下接受了正规日语教育，经过语法、表达等方面的训练，渐渐学会了自

---

[1] 2022年12月17日在爱知大学"江苏杯"汉语演讲比赛的纪念讲演。

然、真实的日语，也能用日语与日本留学生深度交流。有两本书对我的影响很深，一本是刘德有先生的《战后日语新探》，这本书记录了经济高速增长时期的日本社会和流行语；另一本是陈原先生的《语言与社会生活》，可以说是社会语言学的入门书。这两本书从社会的角度观察语言生活，启发我获得把握鲜活语言的方法。

1987年夏天，研一学期结束，在学校的安排下，我在暑期和来自日本名校的大学生们一起度过了一个月的夏令营生活。通过发表会等形式深入交流，我们互相理解了两国的社会与价值观方面的差异，而共同的兴趣爱好，深化了年轻人之间的友情。我们在长春的电影院里一起看了中文配音版的《罗马假日》，大家都兴奋得不行。还通过录像机看了日本学生从日本带来的《银翼杀手》《出租车司机》等录像带，共同话题不断增多。依依惜别之际，一个叫野岛的日本青年在我的纪念相册上写下了"人生有峰又有谷"这句话。对我来说，这是真正的中日青年交流的开端。

有了这样的经历，1988年年底我在毕业前找工作时便投到《人民中国》门下，并顺利通过了面试。在昭和时代落幕的1989年夏天，我正式加入人民中国杂志社的工作团队。

在翻译部，作为新手我很快就遭受挫败。我认真完成的专栏小短篇翻译底稿，交给一位编辑出身的资深日本专家改稿后，不到半天就被退了回来，上面用红笔修改了很多地方。我红着脸问，我明明已经通过字典认真查过了语法和词汇，为什么还要改那么多呢？他回答道，"出版物级别的翻译，直译是不行的，为了便于读者阅读，必须努力用更地道的日语来表达，而且为了克服跨文化传播的障碍，有时候需要做一定程度的改写。"原来如此！从今天开始，要从教科书式的日语切换到社会生活中鲜活的日语、符合出版要求的地道日语，这一切都要转换思维重新出发。这让我想起了大学里读过的那两本书，我再次认识到来《人民中国》来对了。

想要提高表达能力，读小说和看电影是捷径。在DVD都还没有的时代，我用录像带看了为数不多的日本电影，通过台词字幕如饥似渴地学习日本人日常生活中的表达方式。同时，通过电影也能窥见日本人的"心象风景"。在从事翻译工作的同时，我还负责过《最新中国留学资讯》《友好城市故事》等固定栏目，通过采访遇到了各类人士，人脉不断扩大，编辑意识也不断提高。

平成三年，也就是1991年，受外务省邀请，我作为中国青年记者代表团成员首次踏上了日本的土地。至今我还清楚地记得，抵日次日我去读卖新闻社参观时得到的纪念品，是海湾战争结束那天的《读卖新闻》号外。对我而言，真正往来于中日之间正是从这一刻开始的。

一晃30年过去了。除了长达一年的访学生活，或是代表杂志社赴日业务访问，或是参加中日记者交流会、北京-东京论坛等交流活动，或是私人旅行等，日本对我而言，是一个平均每年会去一到两次的短期访问目的地，我几乎以"逐格摄影"的方式见证了平成时代的日本。

在《人民中国》的翻译和采编工作，使我学到了新的知识和方法，也在工作中接触到很多人，每天都过得很充实。1994年，受中国教育部派遣，我作为访问学者赴日，度过了一年的研究生活。我有幸落脚在东京大学驹场校区的教养学部，在导师刈间文俊的指导下，进入了表象文化论研究的世界。通过电影、戏剧等大众文化，用田野调查的方法探究表象文化背后的社会意识，这门学问对我来说非常新鲜、有冲击力，而且让我深受启发。在研究过程中，我们围绕大量实例深入讨论，交换意见，不断有意想不到的新发现。我非常喜欢表象文化论研究的这种氛围，最大的收获，就是日后我将表象文化的方法论运用到了《人民中国》杂志的报道与选题策划之中。

在那一年里，我充分利用少得可怜的生活费去日本各地旅行，观察日本社会，体验异邦文化。此外，我还亲历了若干历史性事件，比如1995年1月发生的阪神大地震、3月奥姆真理教地铁沙林事件、8月村山富士首相发表"村山谈话"等。在和众多人士交流的过程中，我了解到了平时很难看到的日本社会和日本人的内心世界，那一年的社会世相和流行语也给我留下了深刻印象。

1995年是电影诞生100周年，NHK电视台播放了纪录片《映像的世纪》。看完这部片子，我重新认识到影像作品作为媒介是如何深刻地影响民族国家的形成。在那一年的山形纪录片电影节上，我观看了来自世界各地的纪录电影。当时，纪录电影在中国还不流行，我接触之后深受震撼。就这样，在为期一年的研究生活之余，我被影像文化深深吸引，看了很多电影，还和许多电影人有了交往。

就这样，为期一年的充实的日本生活结束了。在研究活动中学到的方法论，在旅行和社会观察中看到的日本"实相"，通过小说和影像作品认识的日本"虚相"，重合在一起，在我的脑海里形成了较为立体的"日本像"。对我来说，那一年是与日本真正的相遇，日本人日常的喜怒哀乐和"心象风景"深深地印在了我的脑海中。

回国后，从1995年年底到1997年年底，我重新回归平静的编译生活。我在日本学到的知识和方法马上就在《寄自中国的航空信》等专栏之中用上了。

我在日本的那一年，中国国内掀起了纪录片热潮，中央电视台新办的节目《东方时空》吸引了很多新锐纪录片人，不断推出实验性作品。

在这样的氛围下，1997年，中国纪录电影协会和中央电视台联合举办了首届国际纪录片研讨会。我作为发言嘉宾兼翻译受邀参会，像默片解说员那样翻译讲解了小川绅介导演的《日本国古屋敷村》和佐藤真导演的《家在阿贺》，从此日本的纪录片在中国广为人知。此外，在北京电影学院和中国电影资料馆开展的学术交流中，请来了山田洋次、筱田正浩、熊井启、深作欣二、若松孝二、冢本晋也、崔洋一、大场正敏、莲实重彦、四方田犬彦等日本知名电影人和电影评论家与会，我通过担任翻译，深度参与了20世纪末的中日电影交流。

1997年年底，我被任命为人民中国杂志社副社长。在班子成员的新老交替中，我成为最年轻的负责杂志编务的事实上的主编。

将在日本学到的理念应用于杂志策划的第一步，我推出了一系列新连载。很多人给文化评论的专栏《东张西望》投稿。比如刘德有先生，他的日本社会观察和流行语研究曾给过我观察日本的方法指导，他写来的稿子《目黑的秋刀鱼与西太后的窝窝头》充满智慧地阐述了以文化交流促进两国关系改善的迫切性。我的东大导师刈间文俊先生像是回应一般，投来了一篇题为《黄土地与兰花》的文章，力陈电影交流的重要意义。对我影响极大的两位先生以这种方式在《人民中国》的版面上相遇，真是一段感人的佳话。

1998年，在我的安排下，《语言与社会生活》的作者陈原先生与刈间先生在北京见面。这本书当年由刈间先生等人译介到日本，但译者和作者从未谋面。那天，陈原先生和刈间先生都非常高兴，我也借机向两位方法论导师再次表示感谢。

刈间先生在他那篇投稿结尾处写道："我经常对去中国留学的日本学生说，在中国有没有收获，关键要看你在那个国家能否交往到值得尊敬的人。"诚如斯言，中日交流这一毕生事业的意义，对我而言，不正体现在与两国值得尊敬的人士相遇、交往的过程中吗？

给《东张西望》专栏投稿的，还有明治学院大学教授、电影评论家四方田犬彦先生。我通过电影交流认识了他，后来他委托我翻译了他的《日本电影100年》、《日本电影的激进意志》（中文版书名：《创新激情：一九八〇年以后的日本电影》）、《日本电影110年》等作品。他给《人民中国》的投稿《幸福的无名时代》，讲述了与陈凯歌导演的友谊和他对中国文化的敬意。这篇文章后来被收入其电影评论集《亚洲电影的大众想象力》，并特别注明最初发表于《人民中国》。上海电影导演彭小莲女士也投来稿件《小川绅介导演的教诲》，讲述了她接手完成小川导演的未竟遗作的故事，谈了她对战争和中日关系的认识，是一篇颇有见地的文章。

《东张西望》这个人气栏目，在 2001 年《人民中国》改版后也延续了很长时间。改版对我来说是一个重大挑战，作为落实自己迄今为止积累的编辑理念的一次改革，全彩印刷的《人民中国》能否得到广大读者的认可？我认识到加强版面设计和充实内容都是关键，于是开始着力加强社会、经济、文化方面的新策划。多年积累的人脉在这时派上了用场。

中国国际广播电台副总编辑李顺然先生的随笔专栏《那人、那时、那事》，把看似毫无关联的社会生活要素总结在一起，富有生活智慧，大受欢迎。

日本前驻华大使阿南惟茂的夫人阿南史代女士在其连载专栏《北京的水、树、石》中，介绍了连中国人看了都倍感惊讶的寻古新发现，其深厚的史学修养和严谨的田野调查令人钦佩。

此外，由本刊资深摄影记者负责的画刊连载专栏《中国的世界遗产》和《节日赞歌》，真实记录了文旅开发之前那个时代中国的自然生态和原汁原味的人文古迹，以及从民俗学角度观察的各地原生态民间节日，丰富了改版后的杂志版面，也增加了杂志的深度和厚重感。

由日本专家原口纯子负责的单页专栏《中国杂货店》，从日常生活中的杂货之中发现智慧与美。折叠鸡蛋筐、当作茶杯使用的雀巢咖啡空瓶子等，在原口女士眼中都非常美丽。原口女士常说："用热爱生活的眼光看待中国，就会发现中国有许多值得热爱的东西。"在原口女士的影响下，后来《人民中国》诞生了《13 亿人的生活革命》《我的一天》等关注社会生活细节的栏目策划。

我与日本贸易振兴机构北京代表所所长江原规由先生结缘，始于在某地举办的一个研讨会。之后，他欣然答应执笔解读中国经济的专栏。直至去世的 16 年间，他以准确的数据和独特的视角解读中国经济，向日本读者们介绍中国经济的情况。

2004 年，规模更大的国际纪录片研讨会在北京举行，不仅放映了大量纪录片名作，世界级纪录片大师们也齐聚一堂。我翻译并解说了小川绅介导演的《牧野村千年物语》和土本典昭导演的《水俣病患者及其世界》，还为登台演讲的土本导演做了现场翻译。以纪录片巨制《浩劫》而闻名的法国导演克洛德·朗兹曼也登台致意，两位世界级导演拥抱在一起，台下观众报以雷鸣般热烈的掌声。

土本导演告诉我，他和《人民中国》有很深的渊源，从50年代开始他就是《人民中国》的忠实读者。土本导演年轻时与当时许多进步电影人为《白毛女》等中国电影在日本上映而努力。因为意气相投，我和土本导演成了"忘年交"。我到土本导演位于东京永福町的家中访问时，他指着桌上的《人民中国》杂志对我说："因为遇到你，我重新开始订阅《人民中国》了。"导演的仓库里摆放着十多本与中国相关的剪报本。50年来，土本导演一直关注着中国的发展变化。

2005年，土本导演出席了在云南省昆明市举办的人类学影像展，在讲座中，他向中国的年轻纪录片人分享了自己的经验。"导演，今天您是播种人啊"，土本导演听了我这番评价，腼腆地笑了。

2005年，《人民中国》在日本实现了本土印刷，合作伙伴是神奈川新闻社。我也因此与横滨这个城市"相遇"，结下了深厚的缘分。曾在北京电影学院留学的中村高宽，同一时期在横滨拍摄了纪录片处女作《横滨玛丽》。在中日青年纪录片创作者在北京举办的"2008REAL"活动中，放映了他刚完成的《横滨玛丽》，引发强烈反响。中村导演对最初那版的中文字幕不满意，委托我统筹字幕翻译。纪录片台词中有很多属于地下社会的隐语表述，翻译难度确实很大，但我运用从刘德有先生和陈原先生那里学到的社会语言学方法尝试翻译，字幕效果大获成功。10年后，再度来京的中村导演把刚完成的创作手记《横滨玛丽》送给我，并表示在中国出版时一定请我来翻译。后来，我忙里偷闲翻译了这本书，中文版在去年得以出版。姜文导演为该书中文版写了如下推荐语："好看的纪录片和好看的故事片之间并没有界线，关键得花功夫。这本导演手记正好阐明了这个道理。于我而言，这道理读起来如此透彻、传神，译者的作用是决定性的。"

从2005年开始，我每年都参加讨论激烈的中日媒体人士交流会。我始终主张，比起单纯的新闻报道，国际报道更应该关注对方国家的社会文化，这样才能促进相互理解。日方招集人田原总一朗的专业主义作风给我留下了深刻印象。

为了实现期刊本土化，我几乎每年都会访日，在东京支局工作几周，其间还会拜会日本的报社。有一天，在拜访《朝日新闻》网络版负责人时，我发现前来迎接的人似乎在哪里见过，接过名片一看，他叫野岛刚。我问他是不是1987年夏令营时的那位朋友，他也想起来了，感慨这真是不可思议的缘分。以《两个故宫的离合》等书而闻名的野岛先生，将自己的人生感悟写成随笔专栏《人生有峰又有谷》在网上发表。这种围绕不可思议的相遇展开的小插曲真是令人莞尔。

在东京支局的工作，也包括与众多作者、读者和同行们的交流。我遍访东京、静冈、长野、横滨、冈山、饭能、大阪、富山、岩手、大和、山梨、青森等地，经常与读者一起座谈，大家都希望我以讲座的形式介绍一些中国的最新情况。在我的记忆中，最受欢迎的话题是中国的流行语、青年文化和电影。

为了回应读者的需求，我们在杂志上开设了《中国流行歌曲》《新词苑》等专栏。其中，翻译家水野卫子执笔的《看电影学中文》非常受欢迎，这个专栏的插图并非电影剧照，而是请漫画家以漫画风格绘制，后来结集成书，在神保町的东方书店卖得很好。

我们还运用漫画元素策划了连载《最炫民族风》，并在介绍地方的专栏《美丽中国》中引入漫画元素，使杂志版面更有活力。2016年4月14日，听到熊本地震的消息，我当晚就请漫画家创作了一幅《大熊猫给熊本熊送竹笋》的漫画。作品第二天早上在网上发表后，不久就出现了很多模仿之作，表达对受灾地区的慰问。同样以大熊猫漫画为主题标识的"熊猫杯"日本青年感知中国征文大赛，9年来应征者已达4200人，影响力不断扩大。

传统文化是连接中国和日本的纽带。2016年，二十四节气成功申报世界非物质文化遗产。于是，我想着能做一个什么样的策划与同样熟悉节气的日本读者共享。想来想去，我想到了一个方案，即利用诞生于20世纪80年代中日文化交流之中的汉俳，用汉俳翻译俳句的方法，来比较两者的差异和特点，分享相通的传统之美。这个创意得到了俳句与汉俳高手刘德有先生的高度评价。这一专栏从2017年开设以来广受欢迎，投稿者源源不断。2020年上半年疫情扩散，日本援助中国的物资箱上贴有汉诗以示对中国抗疫的激励，后来中国援助日本的物资箱上则贴有俳句或汉俳表示慰问，相信也温暖了日本朋友的心。在接受共同社《日中50年》专栏采访时，我强调了频繁的人员往来的重要性，并呼吁重新认识汉俳等两国共有的文化要素的作用。

把报道的重点放在社会生活和大众文化上，促进中日两国人民的心灵相通，这是进入21世纪以来《人民中国》一直坚持的做法。兼具媒体传播和文化交流作用的《人民中国》，今后也将继续坚持关注"日常"的中国，把"等身大"的中国、普通中国人的"喜怒哀乐"介绍给日本的朋友们，为促进两国人民的相互理解做出贡献。

正如"一期一会"所言，通过与日语的相遇，与《人民中国》的相遇，与日本电影的相遇，与许许多多难忘的人相遇，中日交流成为我的毕生事业。

在众多难以忘怀的人中,我特别要提到砂原惠先生。今年6月突然辞世的砂原先生,少年时代生活在战时的中国东北,日本战败后全家流离失所,在东北农村经历了"土改",后来加入了中国人民解放军。回国后,他继续参与中日交流,度过了传奇的一生。他也是通过各种各样的"相遇"决定了自己的人生事业。也许是与砂原先生人生的共鸣,5年前对他进行采访之后,我想让更多人了解他的故事。2019年,新星出版社以砂原先生的故事为基础在中国出版了漫画图书《血与心:日籍解放军战士砂原惠的传奇人生》;2020年,东方书店出版了该书的日文版;今年11月,在此基础上,我们又与哔哩哔哩合作完成了动画片《血与心》,正在哔哩哔哩播出。我全程参与了这些工作,实现了我多年来的梦想——把作为媒体的杂志和作为电影的动画融合起来。

以上是我为今天的活动准备的纪念演讲,希望这些跨世纪的经验之谈对今天在座的立志投身中日交流活动的年轻朋友有所帮助。祝各位在新时代里通过相遇赓续人际交流的传统,强化民间往来的纽带,推动中日关系行稳致远。

在国际上构建中国叙事须跳出"自说自话"的怪圈[1]

澎湃新闻：您自 2018 年起任政协委员，在对外友好界别参政议政。您能否介绍对外友好界别的工作重点以及开展工作的方式？在这 5 年间，您有哪些履职心得与体会？

王：在我看来，对外友好界别特点比较鲜明，主要工作就是开展涉外调研和对外交往。一方面，让外部世界更好地理解中国的方针、政策和发展成就，并通过提案、对口协商等形式为改进对外工作建言献策；另一方面，也注意汲取其他国家在现代化进程中的优秀经验，通过提案等方式，推动国内工作改进。

作为一名来自国际传播领域的政协委员，我曾提出过出版对外全面、完整、准确介绍人民政协制度的小册子，以及在"双构建"（即推动构建新型国际关系，推动构建人类命运共同体）背景下，进一步完善非通用语种人才队伍的培养与储备这两个印象比较深刻的提案，且都得到了不同程度的重视与落办。

具体说，就是在 2019 年新中国成立 70 周年、人民政协成立 70 周年之际，鉴于外界对政协认识有许多盲点和误区，我提出了出版对外介绍人民政协制度的小册子，以帮助国外政治家和民众更好地理解人民政治协商会议这一集中国多党合作、协商民主、建言资政等特点于一体的中国独有的政治制度安排。

同时，我认为在"双构建"背景下，加强非通用语种人才队伍的培养与储备亟须提上日程。出访调研的经历让我愈发意识到了这个问题的紧迫性：在一些发展中国家，我们的驻外人员同所在国精英层面运用英语交流较为顺畅，一旦深入到民间层面，需要用当地语言交流时，相应的语言人才就显得十分匮乏。

此外，以对外友好界别名义提出的界别提案也很有分量。由于界别委员多有驻外经历，对别国情况了解深入，意见具有代表性，通常能得到有关部门更进一步的重视，落办效果也比较好。我曾参与政协外事委员会孔泉副主任牵头发起的"关于进一步优化城市交通治理"和"关于进一步优化高铁服务质量"的界别提案。我根据自己多年的观察，请人民中国东京支局协助调研日本新干线改进服务

---

[1] 2023 年 3 月 12 日两会期间在委员驻地接受澎湃新闻采访时的谈话内容，首发于澎湃客户端。

的经验，结合我的思考与建议，为丰富提案内容贡献了力量。现在，我国高铁上出现了静音车厢，这令我深感欣慰。

澎湃新闻：您结合自己的专业领域，曾提出过多项涉及国际传播的提案或建议。今年再任委员，您有哪些新的规划和目标？

王：党的二十大报告中阐述了中国式现代化的中国特色和本质要求，强调推动高质量发展。我想，面对当前错综复杂的外部环境，如何推动国际传播实现高质量发展，助力宣传好中国式现代化，并扩大中华文明在海外的影响力，是未来一段时间里需要我们认真思考的问题。

一段时间以来，我们的国际传播，特别是媒体融合的探索取得了不少成绩，收到较好的效果。应该说，成功的案例可圈可点。但同时也应该注意到，某些平台并不具备国际传播的专业性，往往一哄而上，同质化、分散化现象严重，同时也存在过度碎片化导致片面博眼球，比数量，争流量，而策划缺乏原创性，内容深度不够，入眼入耳却未必入脑入心等问题。

针对国际传播中实际存在的问题，我们的解决方案是加强高质量综合内容平台建设。此次担任第十四届全国政协委员后，我与十多位委员参与了杜占元委员提出的"弥补国际传播的短板，打造综合高质量国际传播平台"的提案。我认为，更为理想的高水平高质量国际传播，应该朝着实行"一国一策"或"因国施策"的目标，即根据不同国家的具体情况，差异化地开出具有针对性的"处方"，而非套用雷同的模板大量生产"预制菜"，这背后其实就需要加强相应的具有综合统筹能力的语言和内容策划高端人才队伍的培养。

澎湃新闻：今年是"一带一路"倡议提出10周年，我们注意到您曾参与过相关沿线国家的调研活动，并提出了相关建议和提案。您能否进一步介绍情况？

王："一带一路"倡议在上一届就是对外友好界别的重要议题。在外委会的组织带领下，围绕着共建"一带一路"这一课题，我曾参与过几个沿线相关国家的调研活动，也在国内参与过围绕中欧班列建设开展的相关调研。就优化中欧班列布局，提高班列效率等课题，我也贡献了自己的相关建议。

但我关注的重点还是解决"一带一路"倡议共建国家民心相通的问题。所谓"五通"当中，"民心相通"虽然列在最后，但在我看来却具有决定性意义。这个问题如果不能真正得到有效解决，其他努力都会打折扣。推而广之，不同地域或国家由于政治制度、社会、历史、宗教的差异与不同，在推进"一带一路"倡议，乃至推进"人类命运共同体"的时候，一定要注重讲究不同的方式方法。"走出去"不是最终目标,对象国的民众能够"听进去"才是我们的目的所在。在调研过程中,我发现由于对某些国家当地语言缺乏了解甚至"空白",中方想要传播的内容难以触及除精英层面以外的普通民众,效果也会大打折扣。只有在解决能够和当地民众无障碍交流的语言问题的同时,采用"推己及人"而非"以己度人"的传播策略加强国际传播的针对性,真正的"入心入脑"才会成为可能。回顾历史,二十世纪五六十年代我国国际传播久久为功,发展到数十种语言,但近20年来,种种原因导致的收缩与萎缩,一个国际传播单位能够保持十几种语言就已经很不错了。因此还是应该呼吁国家层面延续过往良好传统,加大对非通用语言人才的战略布局,做出更加全面、合理的总体设计,加大对相关人才的培养扶持力度,建立与我国发展水平相适应的语言人才储备库,以便在关键时候发挥作用。

澎湃新闻:"一带一路"等项目的调研经验对您的本职工作——让外界更好地理解中国方面带来了哪些启发?如何才能开展更加有效、接地气的国际传播?在这方面,您有哪些观察和方法总结?能否举例分享。

王:除了非通用语言人才培养,我认为综合内容策划能力同样重要。这是指,我们不仅要讲好中国故事、构建中国叙事,更需要有影响对象国民众的能力。换句话说,我们要具备内容策划能力,要首先用本国语言把中国叙事说得精彩,再用对象国的语言,去影响和打动别人。

现在,我们讲中国故事的时候,一个最大的问题在于容易陷入"自说自话"的怪圈里。"以己度人"与"推己及人"这两种逻辑下的传播效果完全不同。而作为国际传播从业者,最重要的是要转变逻辑,设身处地、推己及人地去策划和讲述故事,抓住能够打动对方的点,找到对方倾向于接受的传播方式。

在我看来,一个广阔的国际传播概念应该跳脱出单纯的新闻媒体层面,把更多人文的要素纳入其中,比如推动中国优秀的动画或电影、电视剧"走出去"等,其重点是对外展现出中国人日常生活中自然流露出的自信与对自己的文化与生活方式的热爱。

以我在国际传播实践中的策划实例为例,体现中国农业文明特有的生活智慧与哲学观念的二十四节气,在2016年被联合国教科文组织列为人类非物质文化遗产。我由此产生一个灵感:运用诗文形式展开对二十四节气的国际传播。同为东亚国家的日本,其民众也对节气、时令等文化高度共情,也有与中国诗词对应的俳句文化。基于此,《人民中国》在2017年开设了俳句汉俳咏赞节气的专栏。6年来,这个策划受到了中日读者的长期关注。

中日以节气为纽带的交流互鉴影响出乎意料。2019年习近平主席赴日本出席G20大阪峰会之前，日本某保守派媒体的驻京总局长在其报纸的随笔栏目中写下短文，设想了未来中日两国首脑见面时，杯觥交错并佐以互答汉俳助兴的场面。

由此可见，即便是保守派的日本人士，也会被有温度的人文外宣感动，认同"美美与共"的文化交流。这给我的启发是，有益于不同文化交融的内容策划能够产生良性互动，进而促进民心相通。

澎湃新闻：中国外文局和日本言论NPO主办的北京－东京论坛已举办了18届，也成为中日间层次较高、规模较大的官民互动交流平台。近年来，随着中日政治氛围的变化，如何使得中日双方借助该平台进行更有效的沟通与对话？

王：可以说，北京－东京论坛是中日之间独一无二的二轨外交渠道，为两国之间的有识之士交换意见、为两国普通民众冷静思考中日之间存在的问题与解决之道，提供了一个全方位的平台。这在近20年中日关系的现实生态下实属难得，应该坚持办下去。

在公共外交领域，该论坛也是一个很好的探索和尝试。我在上届政协履职时，就以论坛秘书处的名义邀请过多位上一届政协外委会成员参与论坛。他们以其丰富的阅历与睿智，在论坛上有力发声，既斗争又团结，取得了非常好的交流效果。2020年疫情较为严重的时候，当年论坛增设应对疫情分论坛。日方对中国的防疫措施、人权保障等话题提出关切和疑问。我通过政协"读书平台"邀请到的公共卫生领域专家高福委员以及世界卫生组织前总干事陈冯富珍委员参与讨论，成为当届论坛的高光亮点，取得了理想的交流效果。

需要指出的是，自论坛成立以来，不同于"一团和气"的交流方式，中日双方都倾向于非常坦率地谈论问题，交换意见，求同存异，最后力求聚同化异，形成共识。尽管这两年讨论的话题更为尖锐，中日代表在论坛上的交锋似乎更为激烈，但双方本质上仍是基于具体问题冷静地交换观点，并最终能够在一些共同关心的问题上形成共识。而中日双方在论坛上探讨的内容也会对两国政府的政策制定起到一定借鉴和参考作用。

缅怀大江健三郎先生坚守和平主义的精神[1]

今天，众多中日有识之士以线上与线下相结合的方式，举办题为"大江健三郎和平主义思想及其当代价值"的座谈会，一起缅怀与世长辞的文学巨擘与坚定的日本和平主义旗手大江健三郎先生，很有意义。大江健三郎先生离世的消息传来，中国国内各路媒体纷纷报道，消息在各大网站冲上新闻热搜，反应之快和热度之高甚至超过了他的祖国日本。一些学术研究机构也举办追思会，缅怀他在世界文学层面的成就。而今天中国社科院日本研究所座谈会的主题，把对大江健三郎先生的缅怀提升到一个新高度。

在百年未有之大变局加速演进之时，在世界处在战争与和平的十字路口之时，特别是在《中日和平友好条约》签订45周年这一值得纪念的年份里，先生的离世更令我们对他的思想中更为宝贵的遗产——从未动摇的和平主义立场以及对日

---

[1] 2023年3月22日，在中华日本学会和中国社科院日本研究所联合主办的"大江健三郎和平主义思想及其当代价值"座谈会上的发言，载于同年5月号《人民中国》。

本战后和平宪法的坚定维护倍感珍视。今天的座谈会正是给了我们从这个维度讨论其思想当代价值的机会。

今年刚好是《人民中国》创刊 70 周年，在梳理过往版面的过程中，我发现了至少两处与大江健三郎先生有关的报道。一处是 1960 年 8 月号上刊登了 1960 年 6 月 21 日毛泽东主席和周恩来总理在上海会见以野间宏为团长的日本文学代表团的照片，年轻的作家大江健三郎出现在会见照片的最右端。同期杂志还全文刊登了毛泽东主席的谈话《日本的独立与自由大有希望》。另一处就是 2001 年 4 月号，作为文学巨擘的大江健三郎先生来中国参观访问并与年轻学子交流，当时得到许金龙先生的支持，《人民中国》独家策划了特辑"大江健三郎眼中的北京"。从时间跨度来讲，大江健三郎与中国的交往可谓久远。毛泽东、周恩来自不必说，更早的鲁迅作品对他产生的影响也是不可低估的。我想，这对他的和平主义思想形成也一定产生了深刻的影响。

在我看来，大江健三郎绝非一般意义上的纯文学家。由于自身的经历与感悟，他对时代有着他独有的敏感，对于日本的历史与未来有着深刻的洞察，对于人类抱有深深的爱意，对和平主义持有终身不动摇的信念。正是由于这种复杂情感与坚定的信念，1994 年他在荣获诺贝尔文学奖的时候，才会站在斯德哥尔摩皇家文学院领奖台上，发表了那份著名获奖感言《暧昧的日本的我》。对历史冷静的回顾与反思令他有着深刻的危机意识。作为文学家，他并没有沉湎于想象世界，而是历史地、现实地思考着处在世界中的日本。

面对现实而不是逃避现实地进行思考，才有了文学家大江健三郎留给我们的宝贵思想遗产。他深刻地反思了自明治维新以来日本的现代化的"暧昧的"历程，从而坚定了他拥护和平主义，维护日本和平宪法的立场。更为难能可贵的是，在进入 21 世纪之后，面对走向"普通国家"，建设"美丽日本"乃至修改和平宪法等一系列充满蛊惑的思潮，他依然坚守和平主义立场，尽管孤立无援，却不改初心，保持定力，成为维护和平宪法"九条会"的旗帜。

大江健三郎先生离世后，许多人怀念他，称他是"日本的良心"。在我看来，大江先生堪称真正的爱国者。正是因为深深地爱着日本，他才会着眼日本的未来，坚定地维护给战后日本带来和平、繁荣与福祉的和平宪法。毛泽东主席曾经赞誉鲁迅的骨头最硬。借用毛主席的说法，我想说大江健三郎在当代的日本，也是骨头最硬的，是维护和平主义，维护和平宪法的"日本的硬骨头"。

今天，我们在这里缅怀他，举办这场座谈会非常有意义，特别是在名单上看到日方许多久未谋面的老朋友，我更是感慨万千。世纪疫情把我们隔开得太久，而对大江健三郎先生的纪念，又把我们紧紧地联系在一起。我相信大江先生的在天之灵一定徘徊在太平洋之上向西而顾，守望着他所热爱的日本和他所热爱的人类。让我们一起继承大江先生的遗志，为维护地区乃至世界和平发出我们的声音。

最后，我借周恩来早年诗句的开头一句凑诗一首，表示我对大江健三郎先生的缅怀：大江歌罢掉头东，悬目江户望霓虹。毕生不移护宪志，薪火盼有后人承。"悬目江户"一句典出"悬目吴门"，既有对典故古为今用的考虑，也兼顾了"江户"与"吴门"的对仗。最后一句中的"盼"字是反复推敲后选定的，旨在期待他的事业后继有人。

俳句与汉俳的越境、交流与互动[1]

中日两国一衣带水，一苇可航，"各美其美"的文化交流互鉴曾结出许多"美美与共"的成果。俳句与汉俳就是一对值得讨论的文化现象。俳句是日本受古代中国诗歌影响形成的日本短诗，汉俳是在中日交流过程中形成的中华诗词分支。今天，讨论俳句与汉俳的越境、交流与互动，是文明互鉴语境下题中应有之义。

今天，我得围绕着这一话题，和各位先进分享关于俳句、汉俳以及中日俳句互译的一些心得，敬请各位批评、指正。

俳句的前世今生

我们先简要回顾一下俳句的产生及发展过程。俳句是日本特有的一种短诗，五七五的节奏美和突出季语等特点使俳句有其独特的美感。它从诞生定型到现在已经有400多年的历史了。从日本诗歌的源流来看，它是和歌的衍生品。而和歌的集大成者《万叶集》的成书时间可上溯至8世纪。同时期出现了日本最早的汉诗集《怀风藻》，表明乐府诗等汉诗给和歌也带来了意境上的影响与借鉴。

一般认为，和歌定型于《万叶集》，形成了短歌、长歌等形态，一首短歌由"五七五七七"共三十一个音节构成。较晚产生的俳句可以说是和歌的裂变衍生，将短歌的前三句"五七五"音剥离出来成为独立诗型。和歌的格式是五句三十一音，多人合咏和歌便有了长短连歌。请看下面这首由纪贯之（872？—945）创作的和歌：

雪降れば
冬こもりせる
草も木も
春に知られぬ
花ぞ咲きける

---

[1] 2023年3月31日，为中国社科院比较文学研究中心主办的"跨文化论坛"第十六讲所作讲座。

翻译成中文如下：

> 雪花漫天舞
> 冬色天地尽隐伏
> 素装裹草木
> 春日无缘见此物
> 朵朵银花开满树

俳句正是起源于连歌的发句，即短歌的头三句共十七音。和歌一般是一首完整的触景生情的诗歌，而只截取头三句的俳句从一开始便止于对看到的"刹那"景物的细致描述。这使得俳句具有只捕捉瞬间的印象的特点。这很像汉诗中的绝句。绝者，截也。比起律诗，绝句一般也止于对景物、事物的表述。因此俳句和绝句具有一种共性，就是很像电影中的一组充满诗意的空镜头。

五七五音的俳句短小浓缩，省略了一切多余的词语，所以在日本也被称为"省略的文学"。语词的跳跃颇似水墨画的留白，形成画面感。由于其节奏流畅、用词生动，因此也被称为文字化的"音乐"或文字化的"绘画"。

俳句和汉诗在形式和审美意识上有所不同，但从源流来说，俳句在诞生过程中，受到了中国古典诗词意境的影响，并从中汲取了营养。特别是，从和歌衍生出俳句的历史阶段，恰恰与由唐入宋的历史阶段高度呼应，这使得俳句十分显著地受到唐宋诗词意境的影响。

从唐到宋这一时期，禅宗在中国扎根，充满禅意的绝句大量出现。这种文化传到日本，对茶道、俳谐、文人画在意境上产生了深远的影响。禅的思想对"枯寂"美学毫无疑问产生了深刻的影响。

将俳句最终定型者是江户时代前期出现的"俳圣"松尾芭蕉（1644—1694）。他用从容淡然的态度观察生活，语言平淡但精准幽默，只是他虽然将俳句领入了贵族文学的行列，但也并没有远离民众审美，让俳句真正成为雅俗共赏的艺术，并形成了自身独特的"闲寂"审美风格。而他曾经使用"桃青"作为自己的俳号，正是向"李白"致敬。

松尾芭蕉对稍纵即逝的美尤其偏爱，"物哀"的文学传统在其作品中被诠释得淋漓尽致，常常在作为主体的"我"接触作为客体的"物"时真情流露，或喜悦，或感伤，或思恋，触景生情，感物伤情。

相对于芭蕉俳句的"闲寂"之美，生活在江户时代中期的俳人小林一茶（1763—1827）则让俳句多了一股"甘苦并蓄又超然旷达的自在"。虽然他一生不幸，但是却鲜少在作品中表露困苦，反而常以自嘲的态度揶揄窘境。他身上超脱的率真让他的俳句显得更为独特，颇有些放荡不羁，"露の世は露の世ながらさりながら"（如露人世间，如露转瞬逝如幻，如此奈何焉）正是他的代表作品之一。

后世产生的川柳更是使俳句的谱系横跨大雅与大俗的境界。如果和诗经中的"风雅颂"做类比，和歌近颂，俳句近雅，川柳近风。

塚越义幸的俳句"小雪や溪流を釣る簑笠翁"，非常优雅，充满禅意。我们读起来总有一种既视感。因为在意境上这首俳句是在向柳宗元的"孤舟蓑笠翁，独钓寒江雪"这两句绝句致敬。

然而无独有偶，日本"画圣"雪舟等杨更是从这两句绝句的意境中悟到了自己的法号，并在他的不朽名作中将柳宗元《江雪》头两句的意境用水墨画传神地呈现了出来。

类似的例子还可以举出松尾芭蕉的另一首名句"夏草や兵どもが夢の跡"，毫无疑问受到了杜甫《春望》中"国破山河在，城春草木深"一句的启发。

明治时期对俳句改革贡献巨大的俳人正冈子规（1867—1902）就曾公允地说："俳句、和歌、汉诗形式虽异，志趣却相同。其中，俳句与汉诗相似之处尤多，盖因俳句得力于汉诗之故。"

俳句的国际化

随着国际文化交流的深入，这一富有生机的文学样式流传到了许多国家。俳句的国际化，源于100多年前外国人系统地将其介绍到西洋，但不一定遵守十七音节的定型，而是以三行诗的短诗形态流传，并以各国的语言来吟咏，现已成为世界潮流，大行其道，世界各国都有以其母语吟咏的俳句团队相继成立。HAIKU（俳句）这个日制英文，现在已经传遍全世界，HAIKU 也即将成为一种世界非物质文化遗产。

根据西方权威性著作《诗与诗学百科全书》中记载，在英语、法语、德语、西班牙语、意大利语、瑞典语及其他欧洲语言中，都曾有过大量对俳句的模仿。目前，俳句已经成为世界各国语言中最短的诗词。

法国作家罗兰·巴特称俳句为"最精练的小说"。在西方，日本俳句对现代诗歌发展的意义同样不容小觑。20世纪初期，意象派诗歌运动代表人埃兹拉·庞德就在其代表作《在地铁车站》"在地铁车站／人群中的脸庞幽灵般隐现／湿漉漉，黑色树枝的花瓣"中运用了俳句的意象；瑞典诗人托马斯·特朗斯特罗姆也是俳句的爱好者，从1959年的"监狱俳句"到2004年出版的诗集《巨大的谜》，总共发表了65首"俳句诗"。首任"欧盟总统"赫尔曼·范龙佩就自称酷爱俳句，甚至出版过个人创作的俳句集。俳句的国际化也引发了对俳句翻译与创作的本土化思考。

请看R.克里斯托弗·索尔森（R. Christopher Thorsen）用英语创作的这首俳句：

Waiting in darkness
An aged blind man sitting
Listening to the moon

可以看到，对东方文化深有体悟的作者在这首英语俳句中很好地呈现了一种我们能够理解的禅意。有人用五七五的形式进行了汉译：

黑暗中等待
暮年盲者静坐着
听月出月没

但在我看来，直译的痕迹还是太重了些。我读这首诗的时候想到的是我们熟悉的画面与意境，如何将其诗意更好地呈现出来？我尝试将其翻译成如下的诗句：

盲老坐泉边
至暗苦待动心弦
侧耳听月寒

芭蕉著名的经典俳句"古池や蛙飛び込む水の音"的英语译文如下：

An old silent pond...
A frog jumps into the pond,

splash! Silence again.

这首俳句在中国已经有无数的翻译方案。我试译如下：

幽幽古池塘
青蛙跃入波纹漾
扑通一声响

这就是汉俳式的翻译了。那么汉俳的源流在哪里呢？

汉俳的来龙去脉

汉俳是俳句国际化过程中的产物，体现了中日文化交流的特点。1980年5月30日，当时正是中日文化交流最为密切的时期，日本著名俳人大野林火受中华诗词学会之邀率日本俳人协会访华团访华，并向中方赠送松尾芭蕉、与谢芜村、正冈子规等历代俳人的诗集。时任中国佛教协会会长赵朴初先生在仿膳设宴欢迎。席间，赵朴老诗兴勃发，参考日本俳句十七音，依照中国诗词传统的创作声法、韵法、律法等特点，即席赋短诗三首：

上忆土岐翁，囊书相赠许相从，遗爱绿荫浓。
幽谷发兰馨，上有黄鹂深树鸣，喜气迓俳人。
绿荫今雨来，山花枝接海花开，和风起汉俳。

于是，就以赵朴老组诗的最后一句为准，将中国诗人吟咏和创作的俳句体汉诗定名为汉俳。这就是汉俳名称的由来。

不过，据最新考证，汉俳体短诗出现的时间其实可以上溯至20世纪30年代。陆志韦（1894—1970）1933年赴美进修之前的自印诗集《申酉小唱》，收入1932年9月至1933年5月写作的诗歌作品。原书的《早春戏为俳句》没有分行，都是三连句。如果按今人三句分行的习惯进行排列，则与现在公认的五七五汉俳格式毫无差别。

芦苇刚透尖，械树展开茶绿叶，在少妇胸前
　　轻腰黄寿丹，蝌蚪尾巴三屈曲，各自有波澜
　　杏花满脸愁，小鸟低声来问候。梦里过苏州

　　当然，公认的汉俳定型还是在20世纪80年代。参照日本俳句十七音五七五的形式，加上韵脚，形成一种三行十七字的短诗，近似绝句、小令或民歌。它短小凝练，可文可白，便于写景抒情，可浅可深，可吟可诵，在上世纪80年代中日文化交流中受到中国诗人们重视，日益繁荣发展起来。1982年，《日本百科辞典》收入"汉俳"一词，所用诗例是林林先生1981年在日本京都平安神宫观赏樱花时创作的作品："花色满天春，但愿剪得一片云，裁作锦衣裙。"

汉俳的国际化与人文交流

　　汉俳是中日两国在文化交流中互学互鉴、经过中国人自身的再创造而诞生的，它借用俳句的形式，以中国古典诗歌为土壤而诞生，是一种迷你型汉诗。汉俳诞生之初主要是中日文化交流层面雅士互动的工具，但近年来民间自发的汉俳创作有了更为广泛的群众基础，已经深植于中国现代社会文化的土壤之中，并且其影响已经扩展至欧美汉学家当中。

　　诺贝尔文学奖终身评委、瑞典汉学家马悦然在《1920年代的中国小诗与托马斯·特朗斯特罗姆的俳句》中，介绍了早在20世纪50年代就有瑞典诗人用中文创作俳句，例如托马斯·特朗斯特罗姆所作的俳句"消失的步子，都已沉入了地板，池底的落叶"；马悦然在《联合报》上连载俳句，成书《俳句一百首》，其中一首是"摇啊摇啊摇……想摇到哪儿去，小孩？外婆不在了！"

　　有意识地运用汉俳开展国际交流的国家领导人要数时任国务院总理温家宝。他在国事活动中3次留下汉俳作品。

　　2007年4月12日，温家宝总理在日本进行的中日关系"融冰之旅"中，首次吟诵了自己所作汉俳：

　　　　和风化细雨，
　　　　樱花吐艳迎朋友，

冬去春来早。

2010年2月8日，温家宝总理在中南海紫光阁会见出席第五届中日友好21世纪委员会第一次会议的双方委员时所作汉俳：

春到瑞雪迎，
宾朋齐聚自东瀛，
世代传友情。

2010年5月30日晚，日中友好七团体和侨界四团体为温家宝总理举行欢迎晚宴。在晚宴上，温家宝即席作汉俳一首：

融冰化春水，
雨过青山分外翠，
大地生葳蕤。

汉俳创始人之一的诗人林林也在出访中留下许多汉俳佳作，如《圣多美即景》：

之四
　　瀑布绿岩上，
　　宛如白发三千丈，
　　气魄真雄壮。
之六
　　白鸳停树巅，
　　欲上青天又茫然，
　　飞回水藻边。

诗人公木几乎是与赵朴老同时运用汉俳形式于1980年进行诗歌创作，节选公木的《俳句——喜读五中全会公报，感赋拟俳句二十章》如下：

像旭日升起，
像真理一样真实，
像诗一样美。

这心是红的，
与民心一齐跳动，
这话是真的。

真理靠实践，
冤案再大也平反，
阴霾终驱散。

我们正处在"微"时代。汉俳与中华诗词小令很是异曲同工。因此，我戏称汉俳为"微词"，并尝试用汉俳尽量形神兼备地翻译俳句与川柳，积累了一些案例与心得。

俳句的汉译历程

从事俳句翻译的译者早就以多种方案尝试接近原作神韵的可能性。

作为中国最早翻译和介绍日本俳句的人，周作人直接将俳句翻译成白话诗，保留原文的咏叹助词，虽然诗意略损，但是原诗神韵犹存。

うき我をさびしがらせよ閑古鳥（松尾芭蕉）
多愁的我，尽让他寂寞吧，闲古鸟。（周作人 译）

易水にねぶか流るる寒かな（与谢芜村）
易水上流着，葱叶的寒冷呀。（周作人 译）

但总体来说，以五言对句、七言对句翻译者较多，亦有用诗经体乃至汉俳形式翻译的尝试者。

俳句的构成分为上五、中七、下五，总体上与日语文章结构"破序急"形成呼应；而汉俳可最大限度地在形式上呼应俳句的结构美。

汉俳的本质是迷你汉诗，可以押尾韵，并尽量照顾平仄，使汉诗之美也尽量呈现，所谓"美美与共"。

国内某些不懂日语却自以为很了解日本的"大咖"主张，俳句只能忠实原作逐词译成如自由体诗的短句，否则就会破坏俳句的独特味道。这种对俳句过于教条的、食洋不化的认识，并不利于在跨文化交流过程中对原句的本土化消化理解，而只是盲目地对外来文化顶礼膜拜，制造了无谓的神秘感。

诗歌翻译的本质涉及翻译的终极不可能性问题。关于俳句翻译更是众说纷纭，莫衷一是。我不仅支持俳句的国际化，更支持俳句翻译与创作的本地化，特别是在中日之间的语境下。

俳句与汉俳都是五七五音节的短诗，都多以咏叹自然、风物、节气为特征。反映市井生活幽默与智慧的川柳在形态上和俳句完全一样，只是没有对季语的要求。因此我主张首选以汉俳方式翻译俳句、川柳。比如：

夏草や兵どもが夢のあと（松尾芭蕉）
译作：离离夏日草，往昔武士今安在？皆化梦幻了。

君悟れ咲く花の色松の風（东皋心越）
译作：汝悟色即空，凝目怒放花正红，侧耳风入松。

秋寂びて唐の古塔の斜陽かな（有马朗人）
译作：寂寞秋影长，浮世已矣梦盛唐，古塔对斜阳。

汉俳为五七五形式，共十七字，信息量大于俳句，汉俳讲究尽量合仄押韵。在翻译策略的处理上我秉持的原则是，原俳句上五、中七、下五所包含的基本元素在汉俳中可以变形，但应尽数体现，当然，顺序可以调整。所谓"承重墙"不可拆减；汉俳音节数与俳句相同，词汇数必然多于俳句。解决这一矛盾的根本在于仔细斟酌原句意境，"贴地飞行"，顺其意境按照汉诗习惯适度笔补造化；补充部分必须按"非承重墙"处理，不喧宾夺主地影响"承重墙"。

俳句翻译成汉俳要用"加法"，反过来，汉俳译成俳句难度大些，要运用"减法"。1994年，刘德有先生创作了一首汉俳"菲菲降初雪，欣喜推窗伸手接，晶

莹掌中灭。"时任现代俳句协会副会长小宅容义看到这首汉俳，根据其意境整体转写为这样的俳句："初雪やいく粒消ゆるたなごころ"。这便是个很好的做"减法"的例子。

俳句翻译过程中的另一个问题是季语。约定俗成的季语在俳句创作当中起到"诗眼"的作用，在日本人当中还起到乡土认同、季节认同、家国认同的作用。外国人如果不理解季语在传统俳句中所起到的暗示、联想、象征、比喻等作用及其独特的文化背景，就很难真正理解和品味出俳句深层的美。俳句是否灵动，全在季语用得是否恰到好处。

但不少季语的暗示、联想、象征作用只在日本人中有共鸣。比如与谢芜村的"易水にねぶか流るる寒さかな"这一句，说的是一根葱随着起伏的河水漂向下游，葱白显露的光泽，让人更感刺骨的寒意。但中国读者读后是否会和日本读者产生类似的感受呢？诗人林林先生在谈到这首俳句时就曾说过："芜村试图以一根绿叶白杆的大葱随波漂流，衬托出易水的严寒。不过，这一点着实令人费解。"正冈子规在俳句中对于季语柿子的运用，中国人也许同样难以产生共鸣："柿食えば鐘が鳴りなる法隆寺"（方啖一颗柿，绵绵悠扬钟声至，人在法隆寺）。

这里，不同文化背景下的人对象征物联想存在认知差异。同样，大闸蟹按中国人的理解应该是秋天的季语，但在日本由于没有吃大闸蟹的传统，就没有相应的季节感。这就提出了俳句创作时季语与本地化的问题。

必须指出的是，俳句与汉俳彼此独立存在，要求从俳句翻译过来的汉俳与俳句完全等值是不可能的，也是没有意义的。比较常见的应该是一种"近似值"的翻译。这也体现了诗歌翻译的终极不可能性。跨文化传播取决于传播者的主观感悟，以及翻译作品如何被受众接受。每个环节也都会产生原有文化要素的损耗，不过也会增加受众在自己文化背景下的新理解。这恰恰是跨文化交流所带来的增益部分。

除了用汉俳形式翻译俳句，我还尝试了用俳句与汉俳就同一意境进行双语创作，也参与日本俳句同人的作品投稿活动。

遨游在俳句和汉俳的世界里，不仅可以体会美美与共的乐趣，还能磨炼日语和中文的诗意表达，这本身就是一种语言学习。而探索通过某种整体意境的"乾坤挪移"，运用"得意忘形"的方式将弦外之音表达出来，可以更好地收到基于等效翻译理论的最佳效果。从这样的尝试中，译者可以体味到跨文化交际过程中的醍醐灌顶之感。

《人民中国》俳句栏目的尝试

二十四节气源自古代中国，后传入东邻日本、韩国，2016年被列入联合国教科文组织人类非物质文化遗产代表作名录，成为东亚共同的文化遗产。无论是中国还是日本，都有很多诗人、俳人在四季轮回中感受到无限诗情，留下了很多佳作。考虑到诗歌固化和升华了二十四节气的文化之美，《人民中国》自2017年起在微信公众号上开设《俳人笔下的节气与花》栏目，尝试多种形式的俳句汉译，讴歌东亚独有的生活美学。

专栏开设后得到了很多受众的支持，最为可喜的是栏目与受众形成良性互动，许多中日俳句、汉俳爱好者纷纷以自己创作、翻译的作品接龙留言。在每个节气，这种接龙都有近70首作品。我们会在下一个节气时将这些接龙作品进行分类，并在栏目中刊登出来。

经过5年多的栏目推广，我们发现，汉俳爱好者的规模远远超出想象，甚至远至北美、澳大利亚都有零星投稿者参与。疫情期间用汉俳加油鼓劲的作品更成为中日交流的亮点之一。

这一尝试得到日本媒体关注。2019年，产经新闻北京总局局长藤本欣也在其专栏中写道：

可曾听说过"汉俳"？所谓"汉俳"，就是按五七五格式，由十七个汉字组成的俳句，即借用俳句形式的中文诗歌。请看这首汉俳：雨中伊东行，露天"风吕"有风情，一浴忘东京。

汉诗多为绝句或律诗。而汉俳字数不到七言律诗（五十六个汉字）的三分之一。

中国出版的日文杂志《人民中国》最近在探索汉俳的普及。

《人民中国》的读者对象多为对中国感兴趣的日本人。该刊总编辑王众一也在积极尝试把川柳介绍给中国读者。他表示，"希望借此促成新的中日文化交流"。

汉俳学会会长刘德有曾给毛泽东、周恩来做过日语翻译。上面那首汉俳，就是他离开东京来到伊东温泉在雨中泡露天温泉时有感而发。

不会日语的中国人无法吟诵日文俳句，而认识汉字的日本人很容易进入汉俳的语境。希望将来日中首脑觥筹交错之时，汉俳也能为烘托友好气氛助兴。

在 2022 年的北京－东京论坛的媒体分论坛上，我向日本的媒体同行介绍了《人民中国》通过将讴歌世界文化遗产二十四节气的俳句与汉俳以互动形式开辟为栏目的尝试之后，得到了日本国际交流基金会原理事长小仓和夫的积极呼应。他认为这种中日民间以诗歌创作互动的交流形式既是一种大众性文化交流，也是增进彼此民间好感度的有效途径，应该广为提倡。

近几年的交流互动探索，也引发了我更深一步的思考。我发现，中日之间传统诗歌的传承就像梅与樱的差异。

近年来，我国在传承优秀传统文化方面做了很多大众层面的努力，《中国诗词大会》等各种青少年传诵古诗词的形式得到广泛普及，令人欣慰。

不过以邻为鉴，日本则很早就通过五七五、季语等定式确立了俳句规则，形成机制性创作发表俳句的大众化模式，许多团体提供创作平台，颇似"曲水流觞"式的接龙。随着日本完成经济腾飞，自 1970 年起，日本每年都会举办全国学生俳句大会，平均每年能征集到 30 万首俳句。这使得两国的传统诗词的传承形态不仅在本国，在国际化过程中也呈现出不同的特点。

中华诗词烦琐的格律要求使得传诵易于在大众中普及，而创作往往局限于精英等小圈子中。倒是汉俳这种因互鉴产生的中华诗词新形式，因易于创作而在我国国内甚至海外华人中都有一定的市场。如何从绝句或汉俳做起激发起青少年参与中华诗词创作的兴趣，这是俳句、汉俳交流带给我们的有益启示。

如果我们能够在未来探索出一种方法、机制，通过教育推动传统中华诗词优秀作品在得到传诵的同时，鼓励青少年积极运用绝句、汉俳等短诗形式进行群众性诗歌创作，中华诗词的创造性传承，中华诗词进一步走向世界，以及中华文化共同体认识的进一步提升都会打开新局面。

因此，俳句与汉俳的越境与互鉴作为一种现象，不仅具有诗歌文学交流层面的意义，更具有促进文明互鉴、民心相通的现实意义，对于启示我们自身如何在互鉴过程中提升文化自信，提升传承传统优秀文化的主体意识也具有其实际意义，值得跨文化传播界和学界加以关注。同时，这一增进彼此好感度的跨文化交际实践，历史上曾经发挥的作用和今天正在得到发扬光大的探索，也是纪念《中日和平友好条约》签订 45 周年之际值得人们思考、讨论、总结的课题。

悲悯与睿智

——怀念赵朴初[1]

纪录片《赵朴初》能够在日本和大家见面，并就此举行座谈，实在是意义非凡。当年人民中国杂志社能够策划制作这部具有特殊意义的人物传记纪录片，就表明了《人民中国》与赵朴初先生的特殊缘分。早在《人民中国》创刊不久，赵朴初先生就积极为《人民中国》撰文。从20世纪50年代到90年代之前，赵朴初先生在《人民中国》上发表了许多文章、诗俳、书画墨宝。

《人民中国》1955年9月号上刊登了赵朴初撰写的《中国佛教徒访问缅甸》，这是赵朴初先生最早的一篇文章。文章详细记述了应缅甸政府邀请中国佛教徒代表团访问缅甸的详细情况，还对历史上缅甸佛教徒维护国家独立，反对殖民主义的贡献给予很高评价。

1958年8月号上，又刊载了赵朴初先生撰写的文章《不允许原子弹氢弹肆虐》。文中有一张赵朴初先生在第三届禁止原子弹氢弹世界大会上紧紧地拥抱一位核武器受害者的图片，给我留下了深刻的印象。和这张照片一样，作为一个中国佛教徒，赵朴初先生的文章字里行间中流露出悲天悯人的情怀，以及对维护亚洲和世界和平的强烈愿望。1963年11月号上，同年8月在北京国际俱乐部举行的第九届禁止原子弹氢弹世界大会嘉宾座谈会上，赵朴初先生的身影再次出现，发出了中日佛教徒团结起来维护地区和平的呼声。

斗转星移，不知赵朴初先生的在天之灵看到在广岛举办的G7峰会会怎样地悲伤与失望。好在广岛那些有着良知与正义感的市民的抗议呼声，应该会给当年曾在广岛呼吁和平的赵朴初先生带来一丝慰藉吧。

赵朴初先生不仅以佛教徒的身份为世界和平积极奔走，还为中日佛教交流穿针引线。1961年11月号，赵朴初先生撰文《促进人民团结的中国佛教》，介绍新中国佛教事业的发展。他的《东行散记》更是记述了他率团访日与日本佛教界的交往。在1963年5月号上，他还撰文介绍《鉴真和尚圆寂一千二百年》，对鉴真大师在中日文化交流史上的贡献给予了极高的评价。

---

[1] 2023年6月2日在驻大阪总领馆举办的纪录片《赵朴初》纪念座谈会上的视频发言。

参加广岛第三届禁止原子弹氢弹大会的赵朴初

  赵朴初先生在推动中日两国佛教界交流与交往过程中所做的贡献,纪录片《赵朴初》中有更详细的展开,中国佛协副会长宗性还会有专门介绍。我只想说,7年前在奈良的唐招提寺见到赵朴初先生牙冢时的感动:当年,赵朴初先生把自己掉落的一颗牙齿埋在鉴真大师身边,表现出这位佛教徒的虔诚,以及希冀中日友好事业世代传承的强烈意志。赵朴初先生的精神深深地打动了我,我也为自己能够将中日交流作为自己的毕生事业深感自豪。

  赵朴初先生还是一位文化传播的创新者。他有着深厚的汉诗造诣,同时又深谙日本的传统诗歌。80年代,在他的倡导下,"汉俳"这一体现中日文化"美美与共"的交流形式诞生,在中日两国都焕发出勃勃生机。1983年9月号,为庆祝《人民中国》创刊30周年,赵朴初先生写来汉俳墨宝:"樱花两岸明,江水东流送友声,绸缪三十春。"这首汉俳道出了《人民中国》的使命,也是我们今天在新的形势下继续做好中日人文交流的指南。

  赵朴初先生一生致力于基于东方的哲学维护世界和平,践行悲天悯人的佛教情怀,推动两国的佛教交流和人文交流,归根结底,就是推进中日两国人民的友好。而人民友好正是中日关系经受种种考验得以维系的根基。今天,我们在这里研讨他的和平主义精神、悲天悯人精神、人道主义精神、人文交流精神、人民友

在驻大阪总领馆举办的纪录片《赵朴初》纪念座谈会上的视频发言

好精神,是对《人民中国》创刊 70 周年以及《中日和平友好条约》缔结 45 周年最好的纪念。对赵朴初先生精神的提炼,对于我们今天思考如何构建契合新时代要求的中日关系具有现实意义。

专访日本建筑师青山周平：留住东方家园的温馨[1]

今年是日本建筑师青山周平[2]在北京生活的第十八个年头。在中国工作生活的这些年里，他始终以冷静客观的跨文化视角敏锐洞悉社会，深入剖析中国的人、城市与生活。这些都给予了他新的创作灵感，他也通过建筑为城市的发展和生活方式的变迁做出了贡献。在青山周平眼中，中国是一个什么样的国家？跨文化背景的创造者又在中国捕捉到了怎样的时代信息？一起来看外文局亚太传播中心总编辑王众一对话建筑师青山周平。

王：自 2008 年以来，中国社会发生了天翻地覆的变化。当年（2005 年）你决定来中国发展的契机是什么？中国的什么地方吸引了你？

青山：2005 年的北京遍地都是和奥运会有关的建筑项目，许多日本的建筑杂志也对此进行了报道，我也看过一些类似"中国现代建筑特辑"的内容。当时我就觉得，中国正在发生很多新奇有趣的事情，也处在一个巨大的变化之中。为了能够亲眼看一看这种变化，我在硕士毕业之后就来到了中国，经过半年的实习之后，我决定留在这里。

---

1 载于 2023 年 6 月号《人民中国》。
2 1980 年出生于日本广岛县。大阪大学建筑专业本科、东京大学建筑学硕士毕业后，自 2005 年来华从事建筑设计工作。2014 年创办 B.L.U.E. 建筑设计事务所，第二年，以首位外籍设计师身份参与电视节目《梦想改造家》。目前将事务所设立在北京，在全国多地开展建筑设计和室内设计项目。

王：你在中国生活已经有近18年的时间，见证了中国社会的巨大变化，对此你有哪些感受？在与中国人相处的过程中，有哪些令你难忘的故事？

青山：这些年来北京这座城市发生了很大的变化，我最直观的感受就是，那些杂乱无序的地方正在消失。我个人其实挺喜欢那种杂乱的地方，也是因为这个原因，我在胡同里生活了很长时间。在胡同里，你能感受到它既不是由设计师精心设计出来的，也不是管理者强制规划出来的，那是一个由生活在那里的人共同塑造起来的空间。虽然杂乱而无序，但可以清晰地看到生活的逻辑，这是胡同最大的魅力。但是现在的北京，随着现代化发展的深入，这样的地方越来越少了。

生活在这里的人也有变化。我刚来到中国的时候，我身边的人大多没有去过日本，但是现在呢，很多中国人甚至比我都更了解日本，他们去过很多我都没有去过的日本城市。

我认为从事建筑这一行，最令我感到兴奋的是，可以通过各类项目，非常深入且近距离地感受当今社会的变化。2005年那时，项目大多聚集在一线城市，建造几十万平方米的高层住宅群或是商业设施的开发项目居多。但在今天的北京和上海等大城市，这样的项目已经寥寥无几，取而代之，在地方城市或是乡村地区的项目越来越多。我认为项目的所在地以及规模的变化本身就是中国经济和社会发展的一个缩影。

王：那些胡同老宅大院确实能够给人一种温馨感。我听说你在胡同生活了10年，这个过程中有什么令你印象深刻的事情吗？你是否也从胡同生活中汲取了一些设计灵感？

青山：首先让我觉得最有意思的是，胡同居民对于私人空间和公共空间的认知。在胡同里，大家都住在30平方米左右甚至是十几平方米大小的小房子里。但实际上人们的生活空间不限于这个狭小的房间，而是外溢到了公共的院子和胡同外的街道上。以前我有一个邻居，他几乎一整天都不在家里待着，早上要到院子里刷牙，在胡同里刷手机，吃饭也在外面，待在家里的时间反而很少。在他的生活中，家里和外面的边界已经非常模糊了。

人们经常会说"房子"和"家"的区别，房子是有墙、有地板、放着床和家具的实体空间，但家是人们脑海中看不见的一种生活方式。因此，房子可能只有小小十几平方米，但家和生活的范围是延伸到院子和胡同的二三百平方米的空间。

在高层住宅楼里，房子和家的范围几乎是相同的，所以即便楼道里有垃圾也不会有人主动清理，因为人们都认为那里不是自己的家，而是应该由别人管理的地方。但在胡同里面，邻居会顺手帮我打扫院子，如果赶上下雨，邻居会把我晾在外面的衣服一起收进去，叠好之后等我回家交给我。邻居家的小朋友也会经常跑到我的家里来玩。我认为这种生活状态和当下年轻人的生活方式有许多相似之处。一线大城市的房价贵得惊人，年轻人住的房子可能非常狭小，但通过和别人共享生活空间，可以拓展出更大的家的空间。

我是一个很喜欢新鲜事物的人，我之所以选择住在胡同，并不是因为那里老旧，而是从那里可以看到许多未来生活的影子。胡同的生活状态中蕴藏着非常现代的生活哲学，那里遍地都是创作灵感。

同时，在胡同里，人与自然和谐共生的感觉非常明显。比如，胡同的屋檐设计非常讲究，夏天因为太阳的高度更高，因此强光被屋檐遮挡，不会晒进房间。但到了冬天，太阳高度变低，阳光可以一直照进屋内给人带来温暖。在胡同里，大自然的节奏和房屋的形态是相呼应的。这种胡同所蕴藏的古人智慧非常有意思，我也积极地将其汲取到我的设计创作之中。

王：你一直在设计中践行着生活空间的共享、人与人的互帮互助、人与自然平等相处等核心理念，这些在东方国家共通的概念是否也对全人类的发展具有启发意义？

青山：探讨人与自然的关系是当下的世界趋势，我认为东方的自然观在世界范围内都具有普世价值。在西方，人们更重视如何利用人的理性来控制大自然，但在东方，人与自然是浑然一体的，强调的是融合协作。例如对比北京的颐和园和巴黎的凡尔赛宫，虽然二者都是位于首都近郊的皇宫遗址，但我们可以看到，凡尔赛宫的设计有清晰的轴线规划，横平竖直，强调人的理性，而颐和园中自然要素的存在感更强，建筑和人都依靠山、水等大自然的起伏而呈现。人与自然平等相处的理念是富有东方哲学意味的，尤其在中国古代建筑中体现得较为深刻，但在环境问题凸显，人们频频探讨人与自然该如何相处的今天，在许多西方国家也产生了这样的思潮。比起通过空调、隔热建材等科技手段去征服大自然，人与自然的和谐共存才是未来人类发展的大方向。

王：以北京为代表的北方城市和南方城市在气候、文化、城市氛围上都有很大差别。你在开展项目时如何解读并应对不同城市所展现出的不同历史文化以及市井哲学？

青山：最近我接手的项目大多集中在乡村地区和一些地方小城，因此我走访了许多中国人都不怎么涉足的地方。并且为了项目的顺利推进，我会对这个地方进行仔细的观察和研究。比如我最近去了一趟五台山，那里给我的印象是整个城市被包裹在一层沙土的色调之中，但到了苏州，我又看到了一个河道纵横的水乡，而海南则是典型的热带岛屿风情。和日本相比，中国各个城市在气候和文化上的差异都很大，我在开展项目的过程中非常重视与当地城市风格、气候、光照以及生长在那里的植物的对话，所以即便都是出自我本人的设计，最后也会因地方不同而呈现出完全不同的效果，这让我自己也感到非常惊喜。

尤其是泉州，那里有我非常重要的项目，我尝试在那里建造一个年轻人的新型共享住宅群，取名为"400盒子"。具体来说，每一个人的"房子"都是一个可移动的盒子，私人空间就是盒子里面的6平方米，配套了床和衣橱等。摆放这些盒子的开放空间就是"家"，这个巨大的公共空间可以作为客厅、餐厅、厨房、书房使用。这种设计体现的就是"房子很小，但共享生活可以使家变得更大"的理念，是我从胡同获取的灵感。

泉州所在的福建省是一个宗族观念很强的地区，人们重视血缘关系，讲究亲人间抱团生活。能够在这样一座城市打造一个一群没有血缘关系的陌生人一起生活的空间，是"家人"概念的重新探索和有趣尝试，对我来说是非常宝贵的经验。

王：你平时会经常使用淘宝、美团等网购和外卖平台吗？在中国生活多年，回到日本时是否会在生活习惯上感到不适应？我听说你对中国的电影也非常感兴趣，是否会通过电影和电视剧来加深对中国社会的了解？

青山：我平时也会用手机网购，在工作室的时候经常会和员工们一起点外卖吃。在日本也有"Uber Eats"这样的送餐服务，但是没有中国的外卖这么普及，叫车服务也是。在利用互联网获得更便捷的生活服务方面，中国更加方便高效。在日本，二十世纪七八十年代形成的社会结构非常稳固，不打破它就无法建立新的生活方式。与此相比，中国是近年以互联网的高速发展为背景形成了新的社会架构，因此这种便捷的生活得以实现。

很多个周末我可能都忙于工作，但尽量还是会去电影院看电影。我在观影时总是思考，为什么这样一部电影会在今天的中国拍摄，为什么人们会选择来看这部电影。这背后反映的是一个时代和社会中，看不见摸不着却真实存在的人们的潜意识。敏锐地捕捉这种潜意识和潜在的需求，将其外化呈现，也是我工作中非常重要的一部分。

之前我看过一部王小帅导演的电影，叫作《地久天长》。其中令我印象深刻的一幕是，主人公回到曾经居住的家，打开门看到以前的家具还原封不动地摆放在那里，那一瞬间，曾经的记忆全部涌上心头。我一直都认为建筑是可以保存人们记忆的载体。比如我现在回到我在广岛的老家，就会看到我小时候用的桌椅还和当年一样摆在那里，于是我可以感受到我和家乡的一种连接和归属感。但对于现在生活在中国大城市的人们来说，往往他们儿时生活的老房子已经不复存在，变成了新的街道或是高楼大厦。从这个层面来说，"家的丧失"是当代城市人共通的潜意识，因此我在设计建筑时总是提醒自己，不能只是建造一个居住的地方，而是要构建一个能够承载人们记忆的空间。

王：近年来，虚拟世界的迅猛发展导致人们对实体空间的依赖度降低，"AI威胁论"也甚嚣尘上。你认为建筑设计会受到怎样的影响？在这样的时代里，人的重要性又体现在哪里？

青山：现在我们要思考的是，有什么是AI所不能实现的。几百年来，伴随技术的发展，人类的价值和工作方式总是在不断发生变化，AI的普及从本质上来说也是这样一场技术革命。当我们在思考有什么是人类不可取代的价值时，我认为那些偶然性带来的惊喜感、手工打造的质感，等等，都是人工智能难以完成的事情。

我的团队最近一直在尝试不依赖电脑的设计工作，不用电脑画图纸，从最初的设计到最后的施工，整个流程完全依靠手工完成。我们做过一个使用很多老旧木材的室内设计。木材的形状和状态无法人为控制，我们能做的只是仔细观察每一根木材的特性，从而为它找到最合适的归宿。这就是我所说的，不是用人脑控制，而是利用大自然中无标准的状态去完成建筑的过程，这样诞生的作品是电脑无法创造的。

进入20世纪后，当代建筑的功能性提升，人们认为建筑师应该驱动理性，有逻辑、科学地去进行设计。但这恰恰是AI最拿手的领域，在理性和逻辑思考方面，人是比不过AI的。因此，今后我们应该更加重视人的身体或是感性所带来的偶然性、皮肤接触时产生的触感等难以数据化的东西。不是逻辑而是偶然，不是理性而是感性，不是头脑而是身体——这样的理念在今后应该会越来越有价值。我希望我能做出更多这样的作品，我也认为这才是最能够体现人类价值的地方。

王：接下来你最想挑战的事情是什么？在你眼中，中国所具备的潜力和可能性，以及在中国开展事业的好处是什么？

青山：接下来我希望能够以北京为据点，在亚洲其他国家以及欧洲等更多不同的文化圈开展工作。随着中国经济的发展和国际化，很多中国人因商务等国际交流走向世界，许多的建筑项目也随之迎来走向海外的机会。例如，在"一带一路"沿线的孟加拉国，随着中国企业在那里落地，就有了在当地建造工厂和学校的需求，这对于我们这样的建筑设计师来说，也拓宽了事业的可能性。

中国拥有种类多样、数量庞大的制造企业和厂家，所以一旦有了创意，很快就可以找到帮助自己将其实现的渠道。例如，全球最大的石材企业就在中国，而制造玻璃和灯具的厂商集中在广东一带，如果去景德镇的话又可以做出独一无二的瓷砖。同时，在日本和欧洲国家，手工的成本非常高昂，因此人们尽量避免手工制作，倾向用工厂里批量生产组装的成品。但在中国，即便是手工打造，成本也不会太高。在中国，各个领域所需的材料一应俱全。最先进的科学技术和古老的传统艺术并存，只要善于利用这些技术，我认为可以不断地实现创新。从这个角度来讲，中国是一个非常适合挑战新事物的地方，也是很适合实现手工创造的地方。

另外，从一个创造者的角度来讲，在中国开展事业的好处在于，只要你有好的想法和设计，规则是在一定范围内可以为你变通的。这一点和日本形成了鲜明对比，也是支撑我们自由想象的支柱。遵守规则不是目的，创造真正好的东西才是根本目的。这一点上，中国总是可以满足我们作为设计师的冒险心。

一直以来我都在中国工作，我希望能够将中国的社会环境、在中国生活的经验以及在日本学习的建筑知识有效地融合在一起，从而创造出属于我自己的独一无二的作品。

文化传承发展　亟待高质国传[1]

习近平总书记6月初考察中国国家版本馆,并出席文化传承发展座谈会,发表了重要讲话。这对于在推进中国式现代化建设的新起点上继续推动文化繁荣,建设文化强国,建设中华民族现代文明具有重要的指导意义和示范意义。总书记在文华堂对国家书房、中华古代文明版本展、中国当代出版精品与特色版本展的考察,在文瀚阁对马克思主义中国化时代化经典版本展的考察,在兰台洞库对"汉藏蒙满文大藏经雕版合璧"和"《四库全书》合璧"库展的考察,以及随后发表的重要讲话,信息量十分丰富,体现了"不忘本来,吸收外来,面向未来""守正不守旧,尊古不复古"的一贯立场;体现了对中华文明在时空两个维度上具有的高度连贯性、统一性与创新性的深刻洞察;体现了赓续历史文脉、谱写当代华章的时代要求;体现了通过对中华优秀传统文化的创造性转化转换与创新性发展,建设中华民族现代文明的坚定决心。

聚焦中华文化的优秀精华,通过创造性转化转换与创新性发展,向世界介绍中华优秀传统文化传承发展的最新成果,应该是今后国际传播的重点所在。文化传播较之于一般的新闻媒体传播,需要更大的格局、更广阔的视角和更大的文化使命担当。因此文化建设的2.0版亟待国际传播2.0版的打造,高质量国传建设成为文化强国建设亟待加强的配套工程。

---

[1] 载于2023年7月3日《人民政协报》,发表时题目调整为《以高质量国际传播促进文化传承发展》,有压缩。

就在总书记此次重要讲话发表前后，5月和6月我参加的两场活动，引发了我对高质量国传对于文化传承发展的重要性与紧迫性的思考。

5月下旬，政协外委会组织了主题为"提升中华文化影响力"的调研，使我有机会深入地方了解当地借助历史文化资源优势在文旅和文创、文艺演出及文化出版等领域做出的努力与成果。这些对于传统历史文化资源的开发与创新，体现了各地对提升中华文化影响力的热烈响应，取得的一系列成果中洋溢着不竭的创作热情。

这一切令我深受鼓舞，同时也引发了我的一些思考。那就是，如何在商业性开发中保持优秀文化得以与世界对话的价值层面的提炼与提升，进一步扩大和深化中华文化的影响力。比如说，在国际传播中，具有平易近人人格的布衣孔子形象，一定比被打造成新圣人的孔子形象更容易被普遍接受；一个能够和苏格拉底对话的智者孔子形象，一定有助于在人文交往和国际传播中提炼人类共同价值。同样，如果能够从总书记所提示的"中华优秀传统文化有很多重要元素，共同塑造出中华文明的突出特性"角度，进一步立意高深地提炼敦煌悲悯、和平的精神，完成其价值的现代化提炼，并融入文创、文旅产品中去，就会使敦煌文化的呈现不仅仅停留在"美"的层面，更可以向"善"与"真"的境界提升。这对于中华文化影响力的整体提升无疑大有裨益。创造性转化转换与创新性发展是一个长期的、认识不断深化的过程，需要通过深入调研做出研判，再通过顶层设计带动整体升级。

6月下旬，我参加了在东京举行的《人民中国》日文版创刊暨在日本发行70周年纪念活动，给我留下深刻印象的是，一本创办70年的杂志与读者和本土作者的血肉联系。自创刊40周年起连续5次参加《人民中国》创刊纪念活动的老读者小林泰，不顾91岁高龄，抱病撑起精神前来参加活动；青年读者山本胜巳特意偕妻子和4岁的女儿华莲，专程从300公里外的爱知县赶来为《人民中国》70周年庆贺加油；已故专栏作者江原规由的夫人江原孔江女士因病无法来到活动现场，通过友人手机转播聆听了我作的特别演讲，激动地发来感想："我先生有幸结识王总编等志同道合的朋友，共同为促进日中关系发光发热，我想今天他也一定正在天上守护着我们，祝福着《人民中国》迎来创刊70周年。"《人民中国》自创刊以来就和对象国读者建立了广泛而深入的联系，通过读者调研，确立了人文外宣的基本定位，70年来一直对日本进行"一国一策"式的精准文化传播，系统地将中国的历史、国情、文化与价值介绍给日本受众。日本大报《日本经济新闻》曾撰文称，在众多的对日传播媒体中，全面了解中国的升级版百科全书式的期刊非《人民中国》莫属。日本前首相、《人民中国》的忠实读者和观点作者福田康夫为创刊70周年写来短诗贺词："人民中国源中国，人民中国为人民，人类命运共同体，世界大同人人乐"，道出了这位资深政治家对中国的深刻理解。这表明，真实有效的国际传播，依靠实名读者的国际传播，宣传中国文化精华与中国思想价值的国际传播，完全可以通过国传版本期刊实现。

在新起点上继续推动文化繁荣，建设文化强国，建设并传播好中华民族现代文明，国际传播大有可为，传统国传载体也应担负起"旧邦新命"，在深入、系统地传播方面发挥优势，再立新功。

中华文化的国际传播需要对外系统性地讲清楚中华文化的博大精深。在流量为王的自媒体、新媒体时代，弥补碎片化、娱乐化、同质化传播的短板，真正系统、深入地讲明白中华文化的道理并使之深入人心，促进人类共同价值的提炼以及人类命运共同体的构建，传统纸质版书刊的独特作用值得重新审视。我曾经在日本大阪人类学博物馆参观，工作人员把我带到馆内的图书馆，在浩如烟海的人类学、民族学、民俗学学术著作的海洋中，一排书架上整齐地码放着自创刊号以来的全部《人民中国》杂志合订本。据工作人员介绍，他们之所以重视《人民中国》这份综合期刊，就是因为这份杂志多年来介绍了丰富的民风民俗和中国历史，许多报道如同学者的田野考察，信息量和学术价值极大，经常得到学者的学术引用。这表明，这种厚重的具有信息、知识积淀特点的国传出版物，具有久久为功、深入人心的作用。这些传统，后来通过《中国的世界遗产》《北京的水、树、石》《东西文明比较》《美丽中国》《传家》等精品栏目始终延续，使得《人民中国》成为国传期刊版本序列中"骨密度"最高的刊物。

中华文化的国际传播中的文化主体意识和跨文化转化的话语打造成为关键性突破点。既有文化自信，又有文化担当；既通晓中国文化，又懂得与世界不同文化对话——这样的中国自身的主体性人才建设刻不容缓。这支队伍的高端人才的稀缺性成为对外策划实施真正有效的文化输出的瓶颈性限制因素。中国外文局在历史上曾经有过这种融通中外的高端人才群星璀璨的时代。比如著名翻译家杨宪益和他的英国夫人戴乃迭的绝配组合，使外文出版社出版了最权威版本的《红楼梦》英译本；在对日传播领域，公认的大家刘德有通过深厚的跨文化翻译功力，不仅成为文字翻译的佼佼者，更是为毛主席、周总理等老一辈革命家做过出色的翻译而得到好评，并在以记者身份驻日期间深入观察日本社会与语言的变迁，写出了颇有见地的日本观察。这一代人的共同特点是，他们既有自觉的中国文化主体意识，又具有融通中外文化的过硬本领；既有跨文化翻译与传播的问题意识，又具有解决这些复杂问题的实际能力。这样善于创造性翻译转化，探索融通中外话语体系的中方主体人才不足，应当引起足够的重视。

  在中华文化的国际传播中，现代国际汉学家是可以团结的力量。历史上，中国的古典文化在欧洲的传播，曾给当地的启蒙运动带来很大的启迪。随着中国文化走向复兴，融通古今的汉学日益受到重视，现代汉学的新研究成果必将再次给世界输送解决当下与未来问题的新启迪。要在此过程中发现、团结这样的汉学家，鼓励、支持他们不断以旁观者的角度推出新的研究成果，加强中国学者和国际汉学家的交流与合作，深化文明互鉴，推动中华文化更好地走向世界。

通向现代化之路上文化主体性与文明互鉴的意义[1]

当今的世界正处在充满不确定性的世纪变局之中，人类正处在命运抉择的历史十字路口上。一方面，之前的全球化高歌猛进与智能技术的突飞猛进带来了前所未有的繁荣、效率和财富；另一方面，饥饿与战乱、全球气候恶化、自然生态以及人的主体性地位面临的挑战前所未有地严峻。这促使人们思索，世界怎么了？我们应该怎么办？历史是否面临终结？昨天，本届对话会开幕式上习近平主席致大会的贺信，对这些问题就有着很强的针对性。信中指出："不同文明之间平等交流、互学互鉴，将为人类破解时代难题、实现共同发展提供强大的精神指引。"

今天，来自世界各地的有识之士聚集在北京，共襄文明交流互鉴对话盛举，相信将为战火不断、骚乱不断、危机不断的世界带来建设性的声音和破解难题的希望。

人们普遍相信，对现代化的追求将给人类带来幸福。但对于如何通往真正幸福和平的现代化之路，大家的认识又是很不统一的。现代化的过程也是人类不断试错的过程。我们曾经有以工业化征服自然的雄心壮志，但今天我们在保护自然生态，人与自然和谐共生，留住乡愁，留住绿水青山等认识上有了越来越多的共识。

同样，对于人类文明的发展形态在通向现代化的道路上应该如何呈现，也经历过认识的反复。当历史终结论被实践检验所证伪，中国提出的全球文明倡议得到越来越多的响应，对人类社会生态多样性及世界文明多样性的尊重，以及各个不同形态的文明主体探索各自现代化道路的经验，就成为我们的共同议题。刚刚前面几位嘉宾的发言有许多新见解、新知识，令我颇受启发。

中国通过对自身历史文化的扬弃性继承，提炼出中华优秀传统文化特质，结合在共产党领导下进行的现代化艰辛探索，在去年党的二十大上，由习近平总书记代表全党提出了中国式现代化的概念。这是中国特色理论的最新成果，突出体

---

[1] 2023年7月4日，在第三届文明交流互鉴对话会暨首届世界汉学家大会第一分论坛上的发言。

2023年7月4日，在第三届文明交流互鉴对话会暨首届世界汉学家大会第一分论坛上发言

现了在追求现代化过程中对本国文化主体性的深刻体悟，显示了高度的文化自信。

习近平总书记关于中华传统文化的继承和发展，有过"不忘本来、吸收外来、面向未来""守正不守旧、尊古不复古"等科学表述，体现了对中华文明在时空两个维度上具有的高度连贯性、统一性、开放性与创新性的深刻洞察，体现了通过对中华优秀传统文化的创造性转化与创新性发展，使中华民族现代文明与中国式现代化配套发展、相互促进、相得益彰的深谋远虑。

这给那些希望克服后殖民主义、东方主义影响，保持自身文化主体性，同时希望走出一条符合自身国情的现代化之路的发展中国家提供了方法启迪，也为人类文明互鉴提供了中国方案与智慧。

全球文明倡议中所包含的加强人类团结协作应对共同挑战、坚持平等包容守护世界文明多样性、增进文明对话交流促进文化繁荣发展、各国推动文明发展进步共建人类命运共同体等内容集中体现了中国的主张，为打造和谐共赢的全球化2.0版提供了建设性构想，值得各国有识之士认真对待，积极响应。

本次盛会同时又是首届世界汉学家大会。传统的"汉学"英文为sinology，其词尾仿佛在告诉人们这是博物馆里的学问。其实在历史上，中国的古典文化在欧洲的传播，曾给当地的启蒙运动带来很大的启迪。最近一个时期以来，相对于传统的汉学，研究现实中国的"中国学"成为显学。随着中国文化走向复兴，中国式现代化不断展开，融通古今的汉学研究应该成为真正的显学。现代汉学的新研究成果必将再次给世界输送解决当下与未来问题的新启迪。今天，我看到许多和中国一样同属发展中国家的汉学家济济一堂，通过热烈的讨论思考着人类文明应有的新形态。期待着来自世界各国的汉学家们以新方法和新视角推出新的研究成果，让我们琴瑟和鸣，为维护人类文明多样性，丰富人类共同价值贡献思想，为今天研讨的主题添砖加瓦。

跨世纪的奇缘[1]

2023年6月,对我来说注定是不平常的。这个月我将迎来人生的甲子;而我所供职长达三分之一个世纪(34年)的日文版杂志《人民中国》将迎来创刊70周年。

《人民中国》作为一个跨世纪的跨文化传播媒体,70年从未中断,发行至今,不能不说是一个奇迹。它见证了新中国70多年来从"站起来"到"富起来"再到"强起来"的沧桑历程,见证了中日关系从民到官,从恢复邦交到走向深入的曲折起伏的70年发展历史;也见证了70多年来中国人民的时代表情与奋斗故事,更见证着几代对日传播工作者和日本同事一道筚路蓝缕,砥砺前行,为推进两国人民友好,为促进民心相通而付出的70年心血。

---

[1] 初稿完成于2013年5月,载于人民中国杂志社编著的文集《共同走过60年》,后做出较大增补与改写,完成于2023年7月,载于文集《共同走过70年》。2023年7月10日《外文局报》以《王众一:我与〈人民中国〉的跨世纪情缘》为题摘要转载。

这70年中有25年，我直接参与了编务决策，不论后人如何评价，这份杂志也注入了我的心血，留下了我的印记；同时，这本杂志也深深地影响了我的人生。我与《人民中国》的相遇与融入，不能不说是一段奇缘。

回想起来，缘分真是一个神奇的东西。经常有同学或朋友问我，你当初怎么就找到这家杂志社，而且一干就是这么多年呢？我也不清楚这个问题的答案。也许冥冥中透着命中注定。

天注定

单位走廊里曾挂着一幅黑白照片，上下班经过时我总会多看几眼。那是1963年6月，外文出版社访日团和《人民中国》读者交流的场面，副社长李雪琴还是风华正茂的年龄。彼时正值《人民中国》创刊10周年，由于调整、明确了刊物定位，《人民中国》迎来了第一个发展的黄金时代。代表团在日本逗留了45天进行了深入的调研，并与日本各界人士广泛交流。就在这段时间里，远在沈阳，我出生了。父母当然无论如何也想不到，他们的儿子日后竟会与他们时常阅读的杂志产生交集。

1973年，我10岁，这时已经实现了中日邦交正常化，日语阅读不再是禁忌。母亲喜欢去外文书店，买回一些日文版的《人民中国》《北京周报》消遣时间。为了不荒废从前在日本留学时学到的语言，这两种刊物成了母亲日语阅读的唯一来源。汉字和假名混搭的语言足以引起一个10岁少年的好奇心——原来这就是日语，电影《地道战》里的"鬼子"们的语言。旧杂志的封面很快就变成了包课本的书皮，引来同学们的羡慕。到了70年代末，我开始在初中学习日语的时候，《人民中国》刊载的《中国民间故事》等轻松活泼的栏目成为我丰富地道的日语词汇的重要来源。

1983年，时代发生了沧桑巨变。中日关系进入"蜜月期"，"世代友好"成为多数人的共识。我那时大学二年级，正在日语专业学习。这时的《人民中国》在总编辑康大川的谋划下迎来了第二个发展黄金期，优雅风趣的文字、独特的摄影美学、精美的版面设计在国内杂志中独树一帜。从初中开始订阅的《人民中国》，这时候成为我在大学专业学习的语言辅助教材，许多有关中国历史、文学、民俗的内容进一步丰富了我用日语表述中国文化的功力。如今用日语便可脱口而出的古典诗词名句，就是我在那个时候从杂志上抄下来死记硬背而来的，真的很管用！日后我提出"学外国语，说中国事"的概念，建议北京外国语大学等高校把《人民中国》作为教辅，就是出自这样的个人心得。90年代末的这一尝试，成为"《人民中国》进课堂"的滥觞。

知天命

1993年是《人民中国》的不惑之年，邓小平南方视察之后，中国进入了新的发展阶段。这一年，我已经入社工作4年。

有一个小插曲：1989年8月我入社时，办公室老主任王德生听说来了一个1.9米的大个子，特制了一张2.1米长的大铁床放在简陋的单身公寓里。这件事让我流下眼泪，一生难忘。2012年老王病重时我去医院看他，推着坐在轮椅上的他去做胸透。我俯在他耳边说，是你的那张铁床让我依恋这个单位，一直干到今天。我看到了他眼中闪烁的泪花。

我所在的翻译部可谓实力雄厚。李树德部长率领大队人马，每月一次来到外文印刷厂捡字车间，校对与核稿就在车间进行，"长条"与"方版"要看足校次。陈忆青、刘积臣等老同志在铅笔的橡皮上插上大头针，一个字一个字地点着审读，年轻人谁也不敢偷懒。日本专家和我们一块儿下厂，手把手地教我们如何在表述上精益求精。平时翻译部内的标题会，更是提高日语思维能力的重要平台。我们就在这样浓厚的业务氛围中快速成长为青年骨干。

李树德部长还积极支持我们年轻人参与采编活动。负责《导游手册上找不到的北京景点》《寄自北京的航空信》《友好城市故事》等系列栏目，提高了我的社会活动能力和编辑意识。

一次，我和丘桓兴副总编辑随车去包头采访日本著名治沙专家远山正瑛。一路上老丘严谨认真、追求细节的工作态度，不仅打动了那位模样颇似甘地的日本治沙专家，也给初出茅庐的我留下了深刻的印象。

1993年6月，《人民中国》创刊40周年庆典在西苑饭店隆重举行，我被指定为这场活动的现场翻译之一，借这个机会好好地回顾了一番《人民中国》的历史与传统。

难忘的是，我和安淑渠副总编辑一道，重返新华社国会街国际新闻局旧地，在6月号做了一期回顾《人民中国》创办期的特别报道。老安用浓重的胶东口音，为我作了生动的讲述，令我仿佛穿越时空回到从前，看到中日同仁在康大川的带领下，在简陋的条件下创业的情形。后来，老安又认真地改正了我用日文写的稿子，还标注了改正的理由。这份布满红笔修改痕迹的原稿，直到最后一次单位搬家以前一直保存在我的柜子里。

40周年庆典之后，1994年至1995年，我受社里派遣，以访问学者的身份赴日本东京大学学习。出发前，杨哲三副总编辑找我谈话的情形我一直记在心里。他没提什么更高的要求，只是像一个长者对孩子说话似的叮嘱我一句，"到了东京好好学，生活上有什么困难，就找我大哥杨为夫"。很多年以后，当我看到电影《铁人》中王进喜把着车窗挽留年轻的技术人员留下来的画面时，不由得想起了1994年出发前的这一幕。我这时才真正地理解了老杨的心思。

这一年里，我在日本经历了东方书店老社长安井正幸的去世，也见到了许多曾在北京谋过面的热心读者。我的日语以及对日本的认识也有了飞跃性的提高。我在东大接触到的表象文化论理论，启发我将媒体传播与大众文化传播打通，改进国际传播的思路。"虚而往，实而归"，当我学成准备如期回国时，指导教授看好我的研究能力，好心表示如果我愿意继续研究相关课题，可以自费留下来深造。当时许多公费留学生拿的都是私人护照，转身份并不难，滞留是许多人的选择。虽然我也觉得留下研究或许可以搞出一些研究成果，但我更觉得应该恪守出国时的承诺，于是我还是决定如期回国了。这件小事，使导师和我建立了很好的信任关系，一直保持着友谊与联系。

2003年《人民中国》到了"知天命"之年。我已被任命为主持编务的副社长整整5年。

此前的2001年，纸质版停刊传闻偃旗息鼓，杂志进行了历史上第一次全彩改版。我想这就是"天命"。"天与不取，反受其咎"，既然明确要《人民中国》存在下去，我们就必须把它办好。当时启动改版，我就是这样进行动员的。改版的初衷是强化文字、图片、设计3条语言线索，加大中日交流比重，着力反映当代风貌，等等。用时代活跃人物做封面就是基于这样的考虑。

在改版前后，曾一度出现更改《人民中国》刊名的动议。这些意见有些来自日本同业和读者。理由是《人民中国》刊名产生于特定历史背景，进入新世纪应该与时俱进，借改版机会更名，以达到焕然一新的效果。我在听取了各方面意见，认真比较权衡之后认为，《人民中国》是我国首部国际传播期刊，具有品牌标识效应，应该坚持不动。经过耐心的解释说明，《人民中国》这一刊名得以保留下来。那个时候虽然还没有"守正创新"的概念，但对这份刊物的深深情结，使我冥冥中保持了这份坚守初心的定力。

《人民中国》改版后加大了社会约稿力度，特别是来自日本的稿子和国内约到的稿子，以洞悉彼此的文化深度形成互动，提高了这一时期杂志的大文化品位。

李顺然先生的文化随笔《那人、那时、那事》，将看似毫无关系的生活细节要素组织在一起，微言大义，体现着对人的关怀和生活的智慧，成为久盛不衰的专栏。而阿南惟茂大使的夫人阿南史代执笔的栏目《北京的水、树、石》，其发现甚至令我们中国人都叹为观止。作为远东问题专家赖肖尔的弟子，大使夫人史学功底的深厚和田野考察的严谨，令人钦佩。

刘德有先生的稿子从来都是文化底蕴深厚的。他的一篇《目黑的秋刀鱼与西太后的窝窝头》，充满了通过文化交流促进中日关系改善的智慧。而我的东大指导教授刈间文俊回应他的《黄土地与兰花》可谓珠联璧合，令人叫绝。他在文章的结尾写道，"我经常对去中国留学的日本学生说，在中国有没有收获，关键要看你在那个国家能否交往到值得尊敬的人。"我觉得，这也正是我和日本人打交道时的感受。

明治学院大学教授、著名影评家四方田犬彦为深度文化栏目《东张西望》写来一篇《幸福的无名时代》，在文中详细地讲述了他和导演陈凯歌的友谊，以及他对中国文化的敬意。这篇文章后来被收入他的著名影评集《亚洲电影的大众想象力》中，还特别注明此稿首发于《人民中国》。无独有偶，上海电影导演彭小莲，也在同一栏目中发表了投稿文章《小川绅介导演的教诲》，文中谈到她完成小川导演遗作《满山红柿》的故事，还涉及对战争和中日关系的认识，很有深度。

加强当代中国的经济报道是新时期的新任务。我为网络版《人民中国》策划了一句响亮的广告词："疾走する中国、躍動する13億"，以期调整对当代中国特别是经济社会的关切，同时加大借助外稿解读中国经济的力度。已故的日本贸易振兴会的江原规由先生对中国经济的研究极有造诣，他开辟的经济专栏数据准确，观点独特，有很强的预见性，多年来一直受到读者的欢迎。在上海世博会期间，他出任日本馆馆长，在百忙之中应邀为我刊和《世博周刊》执笔专栏。我们的友谊与合作持续了20多年，到2020年7月底他不幸离世为止，专栏从未间断。

改版不久，专家原口纯子开始主持专栏《中国杂货店》。这个只有一页的栏目文字不多，每期选择一件中国人司空见惯的生活用品，发现它们在装点日常生活时透出的智慧与美感。在原口的眼中，装鸡蛋的折叠金属筐、替代保温杯的雀巢咖啡瓶、摆放饺子的高粱秆盖帘都美不胜收。她说，用热爱生活的眼光看中国，可爱的东西实在太多了。她的独特发现让我们惭愧，也因此得到启发。后来一些新栏目的要素，灵感就来于此。这个栏目每期买来拍摄的道具会作为抽奖奖品寄给读者，结果这一年读者来信大增。

2002年第四季度，为了筹备《人民中国》50周年庆典，我第一次来到东京支局驻站，一住就是3个月。驻站期间与多个读者团体、友好机构、媒体、同业磋商，为成功举办庆典做了大量前期准备。驻站期间的一个经历让我难忘：因岳父去世，我要临时回国数日。当我去东京入管局询问手续时，窗口的中年官员听说我来自《人民中国》，一改公事公办的态度，告诉我他就是《人民中国》的读者。他热心地指点我办好手续，使行程完全没有受到影响。许多素昧平生的日本人，就这样和你有着看不见的联系！《人民中国》带给我的自豪感在我心中油然而生。

转年开春，正当活动有条不紊地推行之时，"非典"暴发了。突如其来的"非典"打乱了原有的计划，我们无法直接参加日本同业东方书店帮助策划的日本大型研讨会"日本中的中国"，但研讨会在东京大获成功的消息传来，我们还是备受鼓舞。

9月，《人民中国》日文版创刊暨在日发行50周年纪念庆典在新世纪饭店举行。国新办主任赵启正、国新办副主任兼外文局局长蔡名照出席庆典，对50年来《人民中国》的成就给予高度评价。50名对《人民中国》发展做出贡献的中日人士获得褒奖。CCTV大富电视台制作的特别节目展示了《人民中国》50年历程。山梨县的老读者神宫寺敬偕老伴一同出席庆典，并发表动人的感言。大阪读书会的老朋友胜田宏不顾年迈、健步登上领奖台的举动，感动了到场的来宾。来自横须贺的中青年读者献上的奔放舞蹈，更是把庆典活动的气氛推向高潮。

天有情

从2003年到2013年的这10年中，《人民中国》经历了世代更迭等一系列变化，我也有万千感慨。一言以蔽之，"无边落木萧萧下，不尽长江滚滚来"。

许多知交、读者已经不在，环境发生了很大变化。2007年，我被正式任命为总编辑，身上编务的担子更重了，不觉已是人到中年，鬓发斑白。这10年我在办刊经验方面积累了更多的经验和人脉，对《人民中国》的国际传播规律也有了进一步的认识。我所主持的一些选题和栏目策划，诸如《可爱的中国》《13亿人的生活革命》《我的一天》《看电影学中文》《中国经济看点》等一批新栏目为杂志的面貌带来了较大改观。这10年中，年轻一代的成长、本土化的实施、新技术的崛起与媒体转型也给《人民中国》带来新的发展机遇。

我在这一时期有机会在国际传播领域参与更多的活动，通过调研与对话进一步拓宽了视野。

通过参与国家重点社科项目"中国国家形象的塑造"子课题研究，我完成了《日本国家形象的塑造与形成》研究报告，后来还扩展成书，在相关研究领域产生了一定的影响。

我七次参与了国新办主办的中日媒体人士对话会，掌握了对话技巧，扩大了媒体人脉。日本著名新闻节目主持人田原总一朗先生的职业精神和铮铮风骨给我留下深刻印象；三进总理府，把《人民中国》送到三位在任的日本首相的手上，令我感到这份工作不寻常的意义；中日媒体人的讨论与思考，帮助我丰富了对媒体责任的认识和跨文化传播媒体使命的感悟。

10年前，我在回忆文章中感叹自己把人生最好的时光献给了《人民中国》。如今又一个10年过去，我在总编辑岗位上继续奉献到花甲之年。回首往事，将毕生献给一本独特的杂志，对此我感到今生无悔。

因为老天有情，让我结识了许多有胆识、值得尊敬的人。尽管有些人已经离开了这个世界，但我从他们那里得到了一生受用的宝贵精神财富。臧克家的诗里说"有的人死了，他还活着"，这些人就一直活在我心里。

1990年初翻译老专家村山孚的一篇回忆康大川人生历程的文章，使我有机会进入老总编康大川的世界。这篇文章分上、中、下在《人民中国》1989年10月号、11月号、12月号上短期连载，题目是《这样走过20世纪》。老康波澜壮阔的一生和令人难以拒绝的人格魅力让我敬佩不已。后来当我有机会去老康家里看望他时，他全无架子，靠在椅子上，放着邓丽君的《甜蜜蜜》的录音，和我聊杂志，偶尔用难以听懂的"闽普"开句玩笑。这和在贵州日俘营以人格魅力改造、感动敌军战俘的老康，以及在《人民中国》的草创期和后来的两个黄金时期机智果断地指导大家办刊的老康，完全对不上号。是的，我见到的老康已经是颐养天年的状态了，他放松地看着后来者在他们那一代人打下的基础上继续努力。从轻松聊天的老康身上，我仍能够感受到他发出的迷人的气场。

在老康主持杂志工作的时期，《人民中国》经历了草创时期的筚路蓝缕，也经历了1963年调整编辑方针之后持续两年之久的第一个黄金时代，以及80年代初的第二个黄金时代。传承老康的事业，既是一件无比光荣的事，也是一份难以超越，艰巨无比的重任。

其实老康的全部世界并非容易进入的，"文革"时期他经历的诬陷、背叛与各种磨难从未听他谈起。国际台前副总编辑、资深专家李顺然先生在他的《二十世纪人留给二十一世纪人的故事》一书中，披露了老康1984年写给他的一段文字："人生理想很多，真理只有一个。这是我的信条，半世纪多来它帮助我冲破了暴风恶浪，战胜了豺狼虎豹。"这段文字帮助我认识了一个更加完整的老康，让我对这位前辈更加敬佩。

老康凭着他的信念和魅力折服了许多日本朋友。在他去世后，我曾陪同东方书店福岛正和社长去八宝山凭吊。日本朋友的感动与怀念，令我充分感到老康发出的气场即使在他身后依然不散。

今年清明，我来到八宝山老康的灵前，献上一束小花，并在心中默默地向他报告我迎来花甲，即将完成任务，告别总编辑的岗位。

80年代接替老康的老总编车慕奇是抗日名将张自忠将军的女婿，人生经历丰富。我入社时他已经退休，但还一直关心着杂志的发展。全社大会上，老车的发言开朗、诚恳、令人难忘。有时在某件事情上他会像孩子一样认真，不知妥协。

记得一次我访日归来，他已经有病在身，十分消瘦，但仍饶有兴趣地叫我来和老同志们座谈，介绍日本的最新情况。他不时打断我的汇报，提出一些他急于弄清楚的问题。从他焦虑的神情，看得出他正对未来如何向日本报道中国进行艰苦的思考。

老车在一个雨夜去世，我去家里看望夫人，老车贴在床头墙上的纸条我记忆犹新。那是我非常熟悉的陆放翁的诗："僵卧孤村不自哀，尚思为国戍轮台。夜阑卧听风吹雨，铁马冰河入梦来。"

采编部老主任杨珍是一个不向命运低头，柔中带刚的人。他早年在外文印刷厂做工，靠自学完成本科学业，成为《人民中国》的记者。他对人真诚，乐于助人。我住在单身宿舍，洗衣成了问题。他听说后，就帮我搞到了一张北京洗衣机厂的洗衣机票，帮我解决了这个难题。他喜欢谈戏剧，聊起斯坦尼斯拉夫斯基就停不下来。这样一个乐观、热心的人，却受早年生活环境影响罹患了尿毒症。我至今仍然后悔的是，一起访日时我完全没有意识到他的身体已经出了问题，他也不向人提起，结果在东京街头的急行军使他过度劳累。

回想起来，1997年起和杨珍共事的4年，也是我开始负责杂志编务的时间。

那段美好时光令我难忘。他的文笔朴实、生动、幽默，善于针对日本读者策划选题，且思想解放，敢于尝试。《人民中国》创刊35周年的特辑，靠着他的生花妙笔，取得了意想不到的效果，得到国际台资深专家李顺然以及广大读者的极高评价。

杨珍过早的离岗、离世，是《人民中国》不可弥补的损失。于我而言，这意味着我失去了一位值得信赖的兄长、挚友。2010年杨珍去世，我填词《行香子》一首以示痛惜之情："亲朋哭唤，好友失声。留不住，魂魄离形。竟绝俗尘，驾鹤西行。忆诙谐语、感动事、诤友情。心照默契，策划图文。微斯人，谁可堪问？碧月西沉，残缺不轮。祭行云笔、激扬字、文胆魂。"

已经辞世的老读者有很多，我可以列出一个长长的名单，其中，我与一个老读者的相遇特别值得一提。2008年逝世的土本典昭是日本纪录电影史上具有里程碑意义的人物，他拍摄于20世纪70年代的作品《水俣病患者及其世界》成为环保主义电影的先驱。我是在70年代初中国的新闻电影中第一次看到他的作品的片段的。那个时候我还是小学生，日本经济高速增长期畸形发展的资本主义社会产生的公害以及带给人民的伤害深深地烙在我的记忆里。

20年前的一个偶然的机会，我结识了土本导演，他告诉我《人民中国》创刊时期他就已经是忠实读者。20世纪50年代，年轻的土本导演和许多进步电影工作者在日本组织上映新中国电影《白毛女》《钢铁战士》等，《人民中国》成为他们了解新中国的唯一窗口。

谈得投机，我们很快成了忘年交。"认识了你，我又开始订阅《人民中国》了"，一次去位于东京永福町的导演家中拜访时，他指着桌上的杂志对我笑道。他家的库房里，整齐地码放着几十本剪报集，几十年来，他对中国的关注从未间断。

2005年，他在昆明的人类学电影展上向年轻的中国纪录片导演介绍他拍摄环保题材电影的经验。事后我对他说："你真是一位撒播种子的人。"听到这样的评价，老人的脸上泛起了像孩子一样羞涩的笑容，这笑容和他30多年前的纪录片作品片段一样，深深地、永久地烙印在我的脑海中。

金田直次郎是我入社时认识的第一个日本专家。在1988年秋天我来单位求职的时候，我就在当时的主考官翻译部主任李惠春的办公室里见过他。他用口音很重的中文向我介绍，这是一个能够学到真本事的单位。

金田先生在《人民中国》工作了9年，北京亚运会之后回了日本。他第二次来社工作是2010年上海世博会开幕前。我和金田先生的交集前后各有一年半：1989年我入社后和他共事了一年半，许多工作的启蒙和他关系密切；2010年再次共事一年半后，他在 60 岁时病倒，回国，成为不归人。

20 世纪 80 年代末到 90 年代初，物质还很匮乏，但人们没有今天的各种焦虑，向往未来，意气风发。记得那时《人民中国》的年轻人经常在金田先生在友谊宾馆的房间里搞沙龙聚会，天南地北，吹牛侃山。金田先生热情奔放，改稿认真，还喜欢自己在文中画插图——这和他早年在日中友协放映中国电影时自制蜡版海报的经历颇有关系。

第二次来社工作，金田先生改变了许多：他戒掉了喜爱的白酒，蓄起了长长的胡须，话也不像从前那么多了。看得出，生活的磨炼对人的改变有多么大。但他对年轻人依旧关爱有加；对工作的拼命精神、对中国的热爱和对未知事物的好奇心始终未减。在他的桌子上有一个布面记事本，里面记满了他来中国的新发现。这个本子我做了扫描保存了下来，作为永久的纪念。

2012 年 6 月驻站期间，我和东京支局年轻的同事们驱车来到金田先生的老家扫墓，在蒙蒙细雨中，我把从北京带来的白酒洒在了金田先生的墓前。面对金田先生 90 岁的老母亲，我百感交集。金田先生的灵位处摆放着我制作的遗像剪纸，他的脸上浮着淡淡的微笑，好像在说："喂，我在天国看着大家呢，好好干啊！"

2013 年到 2022 年这 10 年里，又有许多老前辈、老专家、老朋友离我们而去。

我们都亲切地称副总编辑安淑渠为"老安"。1989 年我进入人民中国杂志社后，被分配在老安分管的翻译部，经常得到老安的言传身教。当年，老安和翻译部的同志一起商量稿子，主持开标题会，一点也没有领导的架子。1993 年退休以后的近 30 年里，老安仍然关心着《人民中国》的发展。我负责杂志编务后工作中遇到问题向老安求教时，总能得到老安的悉心指导。2019 年，在外文局建局 70 周年纪念大会上，我和老安最后见了一面。我握着老安的手说，2020 年春节再去家里探望她。孰料持续 3 年的疫情使我再未实现这一愿望。2022 年 1 月，老安在家中病逝。我怀着痛惜之情和追思之念写了纪念文章《送别老安》，首发在《人民中国》，外文局网和《人民政协报》都转发了这篇文章。

本刊编辑顾问、原《朝日新闻》资深评论委员横堀克己在新世纪初改版之后来到《人民中国》工作 9 年，不论是策划、采访，还是翻译、定标题等，都发挥了关键作用，还对年轻业务骨干进行"传帮带"。他获得了国家友谊奖，也受到日本右翼的攻讦，但始终坚持推进人民友好，并组建了日本民间友华团体"日中未来之会"往来于中日之间进行交流。2016 年 12 月，他因病猝然离世。他的离开对于《人民中国》和中日交流都是巨大的损失，他的专业精神和不惧逆流坚持人民友好的勇气值得发扬光大。我和总编室主任林崇珍撰文《一个将生命献给人民友好事业的人》发表在《光明日报》上，对先生的事迹进行了总结，对先生的精神做出了概括。

此外，为《人民中国》坚持撰写经济栏目的江原规由先生，每年都要带着老伴或女儿来北京的山梨县老读者神宫寺敬先生，青年时代参加中国人民解放军、此后毕生从事中日友好的老朋友砂原惠先生，等等，也都相继离开了我们，令人备感惋惜。

每每想起这些已经离开我们的好人，我就会忘掉因紧张而生的疲劳感和因挫折而生的徒劳感，振作起精神投入新的工作。

往大处去想，《人民中国》最宝贵的财富正是在不同的历史时期汇聚了一批批这样有信念的人、有胆识的人、热心肠的人、苦干实干的人、乐于助人的人、对业务精益求精的人、热衷于人民友好的人。

我为自己能够和这样有肝胆的人们共事，融入他们的事业，分享他们的精神，尽自己的力量工作而感到自豪。

这份精神，应该在《人民中国》薪火相传。

信天游

2013年到2023年，中国发生了历史性巨变，我也在这10年里攀登上人生与事业的新高峰。年龄的增长，阅历的增加，经验的积累以及活动领域的拓宽，使我悟透了许多事情，增长了许多见识，做起事情也比过去10年更加触类旁通，游刃有余。到达的全新的高度与广度使我像鸟儿般在天空翱翔。

2015年外文局接手北京-东京论坛的主办工作，为《人民中国》带来了战略性转机。这个在中日关系困难时期创办的中日综合性公共外交对话平台，荟萃了中日各重要领域的精英。与日本言论NPO、社科院日本研究所、零点有数公司等合作伙伴办会过程中，我和《人民中国》的年轻团队学到了许多专业性很强的知识，并在知己知彼方面增长了见识，扩大了人脉。这为日后丰富《人民中国》的言论类稿件起到了如虎添翼的作用。

特别是每年论坛的民调环节和起草共识环节，更是考验人的各方面能力。论坛民调具有很强的统计性，如何科学地对民调结果进行解读更显示出引导舆论的功夫。几年来的民调结果表明，尽管民众彼此间的非好感度居高不下，但日本年轻人由于没有历史包袱，对华好感度一直在相对较高水平。这启发了我们如何在新形势下重视和加强对"Z世代"年轻人开展工作的思考。

起草共识也很锻炼人，关键是要吃准、吃透当年中日双方的关切重点和各自的底线，在此基础上字斟句酌地提炼出双方的最大公约数。印象中每一次讨论都剑拔弩张，有几次直到凌晨才最终形成共识。在这些过程中杨伯江、魏建国等中方委员的谈判技巧让我受益良多。有一次在中方主场，由于事先功课做得足，又和日方做了必要的沟通，我代拟的共识草案，得到了领导的肯定，日方也几乎没有什么改动就通过了。

两京论坛民调的结果启发《人民中国》加强做好针对"Z世代"的报道与活动的策划，于是有了"熊猫杯"日本青年感知中国征文大赛的创意。这个活动得到多方的支持，久久为功地坚持了近10年，收到了很好的效果。其中，每年成绩名列前茅的青年还受邀来中国做深度体验式交流。面对面的交流，甚至请他们到家中做客，这些都深深地打动了日本青年。他们把在中国的切身感受写成文字反馈给我们。我们先是把这些感想刊登在杂志上，又在活动举办5周年的时候结集成书出版。2019年，孔铉佑大使在中国驻日使馆为此书揭幕的那一刻，我深深地感到集腋成裘的巨大力量。如今，这些青年中的许多人已经走上社会，成为中日关系发展的积极推动者。

同样具有创意的青少年交流活动还有"悟空杯"中日韩青少年漫画大赛。大赛最初在中日之间起步，活动冠名一直定不下来。我认为中国动漫的标志性符号非国产动画经典《大闹天宫》中的孙悟空莫属，于是提议以"悟空"命名，得到了各方的一致认可。后来，在确定吉祥物的时候，各方意见仍不一致，我又提出以三国国旗的色彩要素设计悟空形象的思路，再次得到三方委员的一致认可。这让我认识到，不论是起草论坛共识，还是策划国际大赛标识，知己知彼，做足功课，提炼最大公约数至为紧要。

杂志的报道要素也采取了更多针对"Z世代"的创新尝试。我约到漫画家李昀开设《最炫民族风》栏目，运用漫画介绍中国各民族的生活，得到年轻受众的肯定，同时，一些文旅栏目和信息类栏目也增加了漫画类要素，使杂志的版面轻松年轻起来。

2016年4月14日，日本熊本发生地震，我在当天就萌生了运用漫画要素慰问灾区的想法。和漫画作者说好构想后，一个熊猫给受伤的熊本熊送竹笋的漫画很快画了出来，第二天经微信公众号发布后立即火遍全网，在中日两国引起现象级共鸣。这让我在推动内容与形式双创新方面尝到了甜头。2020年疫情肆虐，我们在给日本寄送口罩等防护用品时，又尝试运用和歌、俳句、汉俳、俳画等形式回应日本"风月同天"的诗词寄语，再次收到非常理想的效果。在灾难和疫情发生时，如何运用好共情的要素互送温暖，是一个值得持久思考的课题。

说到汉俳，因二十四节气申遗成功而开设的《俳人笔下的节气与花》也是这几年打造的一个品牌栏目，体现了"美美与共"的文明互鉴理念，因而不论是在杂志还是微信公众号上，都得到受众的积极互动，为国际传播探寻新形式进行了有益的尝试。这个栏目得到了刘德有先生的大力支持，最近几年，每到一个节气，他就会把自己原创的十几首反映中国人节气生活的日文俳句发给我，我再尝试将其译成汉俳形式，深受受众好评。如今，这组作品已经积攒了一定的数量，影响也不断扩大。

刘德有先生是促进中日人文交流的重量级人物。先生年逾九十仍关心着《人民中国》的发展，他也是我走进《人民中国》的启蒙级人物。自从《人民中国》创刊60周年时请到先生莅临大会作纪念演讲以来，先生加大了对《人民中国》的各种指导与支持的力度。这些年来，每年在杂志上都能看到先生的回忆性专栏，这些专栏已成为见证中日交流的极为珍贵的文本。综合采编部主任沈晓宁对我说，在编辑刘德有先生稿子的过程中，他得到了许多对日人文报道方面的启发。今年，先生的连载栏目《草创期的〈人民中国〉》，讲述了一位位草创期的中日先驱的生动故事，更是在《人民中国》创刊70周年之时指导年轻团队回望初心，继承传统的绝佳教材。我非常荣幸能够在这些年里一直得到刘德有先生的直接指导，在思想境界和业务能力上不断得到提高。

如何在保持内容"骨密度"的同时提高时效性，和新的媒体形式良性互动，此长彼长，是媒体融合给《人民中国》这个老字号提出的新课题。《人民中国》的微信公众号自创立的那一刻起，就和杂志内容彼此互动，刊登了许多一般公众号没有的深度报道，成为定位鲜明的关注中日关系与中日人文交流的品牌号，"粉丝"数量逐年翻升。特别是在疫情3年里，线上工作客观上给媒体融合创造了新条件。机制化的每周业务例会使新媒体和传统期刊形成联动态势，报道阵容形成公众号、头条号首发，日文网站翻译跟进，经内容优选及深度打磨后杂志刊发的良性互动。《人民中国》微信公众号也凭借精准定位、精品内容和稳定居高的"粉丝"，连续数年被评为外文局最优公众号。

亚太中心成立后，我最感慰藉的是，缺位多年的艺术总监终于到位。韦万里团队出色的整体设计圆了我自本世纪初全彩改版以来的夙愿，即文字、图片、设计3条语言线索的总体提升。翻看着近两年的杂志版式，总体一气呵成的节奏感和准确到位的设计语言，使得迎来创刊70周年的《人民中国》焕然一新，生机重现。某种意义上说，拿着现在这本杂志，我可以告慰康大川老总编和他团队里的设计常青藤李玉鸿先生了。

当年在东京大学学习表象文化论的时候，我就有一个将电影与媒体传播打通的念头。这一夙愿也终于在2022年得以实现。前面提到的砂原惠先生，有着十分传奇的一生。他健在的时候我成功地策划了对他的采访，还推动完成了漫画故事《血与心：日籍解放军战士砂原惠的传奇人生》的出版，并与哔哩哔哩合作将漫画作品改编成同名动画片，实现线上播出。该片在哔哩哔哩播出后浏览量接近1200万，在日本YouTube浏览量10多万。促成动画与媒体的会师是我近年所做的最有战略意义的跨界探索，为我的职业生涯画上圆满句号。

最近这10年过得飞快，收获也非常大。不论是本土化驻站策划、采访或和读者交流，与东京支局中日同事共事的日子，还是和采编部、新媒体部年轻同事深入基层摸爬滚打锻炼"四力"的日子，这一切都浓缩、折叠在记忆当中，每次激活都令我感慨万千。这10年，是我撰写各种文章最多的时期。在中日两国一线不停穿梭，见证并采写各种有价值的报道，像信天翁一样展翅漫游，这些经历筑成了我的职业巅峰。

最为难忘的当数自2018年起被推荐为第十三届、第十四届全国政协委员的这些岁月。作为对外友好界别的委员，在人民大会堂，在天安门观礼台，在各种调研的现场，我前所未有地扩展了视野，见证了大时代的沧桑变局；参与建言资政的过程，又使我和来自各领域的委员有了横向交流，使我增长了许多见识，触类旁通的讨论使我的格局得到空前拓展。

因为政协的调研，我第一次走出东亚，有机会近距离观察"一带一路"项目在巴基斯坦、斯里兰卡和孟加拉国等南亚国家的展开，这使我对"民心相通""文明互鉴"的紧迫性与重要性有了更加深入的认识。这些感悟，有的呈现在我的政协提案中，有的丰富了我在亚太中心框架下指导全方位报道的战略眼光，有的则体现在我对国际传播的普遍意义思考上。

想当初，1998年世纪之交时我全面接手《人民中国》的杂志编务，当时观念陈旧、技术落后、人才流失等诸多深刻的问题形成严峻的挑战。经过这25年的艰难探索，以及整个前后方团队的不懈努力，历经改版、编辑方针与读者定位调整、本土化、内容创新、媒体融合等各个阶段，在我即将告别总编辑职业生涯之时，我看到《人民中国》已经再度起飞，在中日关系曲折发展的大背景下信天畅游，在变革与创新中坚守初心，真正做到了保持和读者的血肉联系，维持了一本期刊应有的"骨密度"，与时俱进地实现了"一国一策"式的期刊融合，"允执厥中"地经受住历史与时代的考验。刊物内容覆盖的宽度、深度得到空前拓展，《人民中国》的品牌影响力达到了新的历史高度。能够与这份国传品牌同命运、共进步，是我毕生的荣耀。

最近10年里，我一道奋斗的《人民中国》团队人才济济。尽管存在较大代差，但年轻一代的整体队伍已经成长起来，许多人已经成为事业的顶梁柱。我虽老去，但《人民中国》年轻了！《人民中国》团队有着较高的素质和使命感，每个年轻人的钻研精神和创造精神都令我信心倍增。5年前，在纪念创刊65周年的特辑中，5个业务部门负责人就深入地介绍了团队近年的成长情况。如今，在亚太传播中心的框架下，这些骨干有了更为广阔的天地发挥才干。大家"聚是一团火，散是满天星"，不论在哪里都将继续发出《人民中国》独有的光与热。

展望未来，中国的持续发展，中日关系的重大调整，为《人民中国》这个国传老字号提出了新要求。《诗经·大雅·文王》有云："周虽旧邦，其命维新！"相信在亚太中心的框架下，信天遨游的《人民中国》一定会更好地传承使命，开创新局。

渡边满子专访：相互信赖最重要 文化交流促理解[1]

7月底，日本前首相大平正芳的外孙女、知名媒体制作人渡边满子女士来到北京，出席了自己所著的《平成皇后美智子》一书的中文版出版座谈会，并参加了多项中日交流活动。在由民间组织——中日交流论坛主办的中日电影交流座谈会上，渡边女士接受笔者采访，回顾了外祖父为中日关系所做出的贡献、讲述了自己的人生经历并畅谈以电影交流为代表的人文交流对两国关系健康发展起到的积极作用。

王：作为中日邦交正常化的奠基人之一大平正芳前首相的孙女，您对当年发生的事情还有哪些印象？

渡边：中日邦交正常化那年，我只有10岁。当时，日本国内的反对声非常强烈。右翼的宣传车经常开到外祖父家门口骚扰，威胁信自不必说，甚至还发生过千名反对者与防暴警察发生冲突的事。可以说在那种情况下，北京之行是一场赌上性命的旅程。我们一家都将出发那天当作与外祖父及陪同外祖父出访的父亲的最后一次见面，因此全家前往机场送行。到现在我还清楚地记得那天早上高速全线封锁，空无一人的公路上，只有我们的车队在开道的警车后无声前行的景象。

王：中日邦交正常化全靠当时的两国领导人以非凡的战略远见及政治勇气，克服种种困难而实现。它的实现是否源自两国领导人的共同的体验与相互理解？

渡边：是的，可以说是心有灵犀。我的祖父曾于抗日战争期间作为大藏省的

---

[1] 载于2023年10月号《人民中国》。

官员被派往张家口。作为一名基督徒，他对当时目睹的日军暴行感到非常抱歉，始终对中国有一种赎罪意识。祖父曾经说过，如果不是周恩来总理放弃了战争赔款，中日邦交正常化就不可能实现，也正是对此的感谢之情，促成了日本对华官方发展援助的实行。

祖父有在张家口的经历，田中角荣首相也有被军部征召到中国的经历，周恩来总理还曾到日本留过学。我想正是因为三人的这种经历，才能做成这件大事。田中内阁成立后，外祖父曾对田中首相这样说道："如果没有我们两个绝对办不成这件大事，所以就让我们携手去做吧。"

王：您与中国的渊源是否也源于您外祖父的经历与教导？

渡边：没错，正是10岁那年送别外祖父与父亲的经历，使我萌生了要为中日关系尽一份力的心愿。外祖父曾经说过，属于大陆国家的中国和属于海洋国家的日本就像除夕和春节的关系一样，既截然不同又不可分离。正因如此，两国都需要为和睦相处而不断努力。如果觉得不用努力就能相互理解，那就危险了。

大学毕业后，我进入日本电视台，担任了一个美食节目的制作工作，秉持着美食会带给所有人幸福感的理念，我邀请了一位来自北京的美食专家向大家介绍中国的家常菜。举办北京奥运会的2008年，我还参与制作了日本电视成立55周年特别节目《女人们的中国》，聚焦日中那段历史中历经坎坷波折的女性。其中，对山口淑子（李香兰）长达4小时的专访给我留下了很深的印象。山口对当年的事情感到十分自责与后悔，回到日本后她所祈祷的只有一件事，那就是和平。我想这是因为她比谁都知道维护和平是一件非常重要且艰难的事情。

此外，自1993年起，我开始对平成的美智子皇后进行采访，到现在已经持续了30年。我将这些内容整理成一本书——《平成皇后美智子》，并于去年在中国出版，我所撰写的《外祖父大平正芳》的中文版也在更早之前的2017年出版，希望这两本书能够帮助中国读者更好地了解日本。

王：您从2006年至今，一直担任日中电影节执行委员会副理事长一职，积极促进中日电影交流，您认为电影交流对两国关系起到了怎样的作用？

渡边：我在帮助日中电影节建立的过程中，曾提出将原本的"日中友好电影节"中的"友好"一词去掉。因为，我觉得"友好"不必特意提出，应该以普通的方式，本着交流两国好电影的原则来办，能成为一个公平交易就再好不过了。我想中日关系也应该本着这个原则来发展。

电影是牵动人类心灵的综合性艺术，也是能够生动展现一个国家形象的最好的文化方式。外祖父曾说过，国与国之间的政治和经济会面临各种各样的局面，但是最重要的是两国之间的深厚的文化交流。外祖父的家乡香川县是弘法大师的出生地，弘法大师当年留学中国并将唐朝文化带回了日本。在《中日和平友好条约》缔结45周年之际，我们策划了一部中日合拍电影，讲述了从中国来到日本的隐元禅师将禅的思想带到日本的故事，希望这部电影能早日与两国观众见面并获得认同。

王：日中电影节这种体制可以说是对中日合作的一种摸索，您从这种合作中看到了什么积极信号？

渡边：我觉得在年轻人的作品中已经看不到什么文化交流障碍了，我真的十分看好年轻人。我们所能做的就是为他们提供一个好的舞台，为他们提供预算。在我们的工作中，内容由年轻人选择，我们只在商业上进行帮助。

王：中日友好的未来寄望于年轻一代。您最近参与的两国年轻人的交流活动中，有什么印象深刻的事吗？

渡边：去年中日邦交正常化50周年时，日中学生会议在庆应大学举办了一次研讨会，邀请我参加。我向前来参加的中日两国学生提问，为什么日本人会讨厌中国呢？但他们的回答出乎我的意料。年轻人很中性，没有喜欢也没有不喜欢，没有好坏之分。我就对他们说，这样我就放心了，以后就交给你们了。有一个中国学生给我留下了很深的印象，他很认真地问了我一个很长的问题，但当时时间不够了，我只能抱歉地对他说："为了纪念邦交正常化50周年，外交纪念馆正在展出50年前的各种资料，要不我们一起去看看？"会场上马上响起一片掌声。于是我跟他交换了微信，两天后我们一起去看展。展览的最后，我们拿了一张中日联合声明的复印件，一起去了咖啡厅。在那里，我将这份联合声明给他从头到尾地读了一遍，随着天色渐暗，这个学生也露出了"今天学到很多"这样的满意神色，我们也成了朋友。

《福田赳夫评传：寻求战后日本的繁荣与安定》出版的意义[1]

《福田赳夫评传：寻求战后日本的繁荣与安定》中译本能够在纪念《中日和平友好条约》签订45周年之际在中国出版，意义非凡。这不仅仅在于福田赳夫是《中日和平友好条约》签订时的日本首相，更在于45年之后我们纪念这个伟大条约之际，通过了解这位主张日本走和平道路的伟大政治家的成长经历和心路历程，能够对他的和平主义思想和国际协调主义思想有更深刻的理解。

由于中日邦交正常化的历史地位，人们往往都记得田中角荣，而对缔结《中日和平友好条约》时的当事首相福田赳夫知之略少。而20世纪70年代恰恰是日本政坛上有战略远见，有决断力、行动力的大政治家群星璀璨的时期。正是"三角大福"时代与中国伟大政治家们相遇，通过持续不断的努力，终于促成了两个政治制度不同、意识形态不同的国家走向邦交正常化，进而缔结了和平友好条约。其中福田赳夫任首相时期缔结的《中日和平友好条约》更是从法律的意义上奠定了两国和平友好繁荣发展的基础。

福田赳夫首相作为继承吉田茂"以日美关系为基轴"政治遗产的"保守本流"政治家，何以能够在70年代国际格局发生巨大变化的背景下积极发展中日关系，与中国签订和平友好条约？我认为这与福田从政经历中根据"国际社会需要相互依存"的判断形成的"世界中的日本"这样一个观念有很大关系。这一观念使得他主张日本应该从非军事角度为世界和平与繁荣做出贡献。不论是提倡推动政府开发援助，还是创立国际交流基金会，都体现了他的这一理念。放弃"军事大国"，谋求成为"和平大国"，正是"福田主义"的核心思想。这也是当年得以形成与中国领导人之间的政治信任，和中国签订和平友好条约的重要思想基础。

通过此书，我们可以完整系统地了解福田赳夫政治思想形成的来龙去脉和政治品格形成的历史细节。通过此书，我们不仅可以了解到福田赳夫作为政治家在日本战后高速增长期实现国内繁荣、和谐、稳定的历史贡献，也能够了解到他在

---

[1] 2023年10月24日在《福田赳夫评传：寻求战后日本的繁荣与安定》中文版发布暨"福田赳夫与战后日本"专题研讨会上的发言。

国际社会中摒弃本国第一主义，兼济天下，谋求世界和平的国际关系思想。

今天我们恰逢其时地读到了《福田赳夫评传》，其意义不单单是让我们有机会读到一部日本政治家的个人传记，更是从了解这样一位政治家诞生、成长的时代背景的角度，为我们思考中日关系提供了一个重要的考察维度。

在《中日和平友好条约》签订45年后的今天，在百年变局的新时代十字路口，当我们再一次面临战争还是和平，竞争还是合作的历史抉择关头，温故不仅有助于我们知新，更有助于我们创新。从这个意义上说，《福田赳夫评传》的出版对于我们在今天捍卫中日和平友好条约精神，反思今天中日关系出现的种种问题，打破中日关系僵局，创新中日关系新局面也都具有非凡的现实意义。

在"福田赳夫与战后日本"专题研讨会上得到福田康夫前首相签名赠书

福田康夫前首相是福田赳夫前首相的长子，继承了父辈的和平主义、国际协调主义精神，并积极推动亚洲文化共同体的构建。今天福田康夫先生也在场，使得出版纪念活动意义大增。

日前刚刚结束的北京-东京论坛上发表的中日民调结果表明，一些中日两国的年轻人对45年前的《中日和平友好条约》印象淡漠。阅读这样一部有血有肉的政治家人物评传，有助于年轻一代了解和继承中日和平友好条约精神。因此我特别希望这部评传能够被更多年轻一代读到，引发他们的思考。

维护《中日和平友好条约》这座铁桥[1]

如果说1972年的《中日联合声明》标志着中日邦交实现了正常化，1978年《中日和平友好条约》的签订则为此后的中日和平友好合作以及两国的"平常化"交往与多领域合作奠定了基础。该条约不仅为两国关系规定了和平发展共筑繁荣的法律框架，更为东亚地区走出冷战阴霾，实现和平繁荣发展创造了条件。

聆听各位的发言令我深受启发，我来自国际传播媒体《人民中国》，我想尝试从见证了中日关系发展史的《人民中国》这个维度，截取一些反映历史年轮的版面，与大家分享《中日和平友好条约》签订及后续情况在杂志上是怎样被反映的。

《中日和平友好条约》全文并不长，在杂志上用一个对开页就能刊登全文。从标题的排列方式及采用的字体和字号，可以看出对这份政治文件的重视程度。

彩色对开页上有4幅图片，分别记录了8月12日华国锋主席会见园田直外相，同日《中日和平友好条约》的缔结仪式，10月23日福田赳夫首相夫妇设晚宴欢迎邓小平副总理夫妇以及同日在首相官邸进行的《中日和平友好条约》批准书换文仪式。这组图片反映了当时的实际情况，信息量很大。从签约到换文，仪式同样隆重，反映了两国政府对《条约》的重视程度。

邓小平副总理与园田直外相会见的图片旁边是中日友协会长廖承志的题词："中日和平友好条约的签订，是一九七二年签订中日联合声明以后的重大里程碑，又是中日两国友好关系的新纪元。""里程碑"和"新纪元"这两个表述，不论在当时还是在今天都是非常到位的。

全日空社长冈崎嘉平太高度重视中国提出的"四个现代化"目标，认为这也是日本的机遇。1980年和1981年他两次为《人民中国》撰文，谈及帮助中国实现"四化"的重要意义，这也代表了当时大多数日本企业巨擘的共识。

文化交流从电影开始。在中国举办的日本电影周使中国公众通过《追捕》《望乡》《狐狸的故事》对日本社会有了直观认识，也使高仓健、栗原小卷、中野良子

---

[1] 2023年10月25日，在中国社科论坛（2023）"中日关系与国际秩序"——纪念《中日和平友好条约》缔结45周年国际学术研讨会上的发言。

等一批日本影星获得无数中国拥趸。与《中日和平友好条约》签订同步，以电影交流为代表的中日文化交流此后始终是促进两国增进相互理解，促进民心相通的有效途径。

在这样的和解氛围中，1982年诞生了两国首部深度反思不幸历史，决心开辟美好未来的合拍电影《一盘没有下完的棋》。

1984年秋，中国政府邀请3000名日本青年来华交流，掀起了中日青年交流的高潮，许多人后来成为中日友好与交流的中坚力量。

在中日友好的洪流中，"鉴真号"客轮通航，方便了两国民众的来往；中日友好医院的落成，推动了两国在医学领域的互学互鉴。

1990年，北京最大的中日合资企业"松下北京"开工，中国南阳市和日本的南阳市结为友城。

1998年是《中日和平友好条约》签订20周年，有识之士纷纷根据时代变化撰文纪念。王效贤的《重读〈声明〉与〈条约〉》、小岛朋之的《不再只是两国之间的关系》、中江要介的《夯实相互理解的共同基础》从各自的角度解读了《中日和平友好条约》在20年后的意义。

2013年，纪念《中日和平友好条约》签订35周年之际，福田康夫前总理接受本刊采访，指出《条约》将正常化的中日关系由吊桥变成了铁桥，可以承受更重的货物通行。

这些历史画面，想必各位看过之后一定感慨良多。刚刚结束的北京－东京论坛上，福田康夫先生在致辞中再次沿用了这个概念。他特别指出，2010年以后，随着中国的经济发展总量赶超日本，日本出现了一些游离于《中日和平友好条约》精神的现象，对此他深表忧虑。他主张，2008年完成的构建中日间战略互惠关系的联合声明是中日间第四个政治文件，是对《中日和平友好条约》的补充与扩展，应该坚持。作为"福田主义"精神的继承者，父子两代参与见证完成中日间1978年和2008年两个重要政治文件，福田康夫先生深谙"己所不欲，勿施于人"的东方智慧，高度认同中国倡议的构建人类命运共同体理念，令人钦佩。这与王毅外长在致辞中指出的继承《中日和平友好条约》精神，要将其落实到政策上，落实到行动上的要求高度契合，令人备受鼓舞。

的确，经过45年的风雨，两国不乏认为《中日和平友好条约》已经过时的议论，《条约》本身的内容对于两国年轻一代显得陌生等问题也客观存在。日本国内对华认识出现倒退，视中国为战略挑战的观点在此次论坛讨论中也有所耳闻。

在中国社科论坛上发言

今年纪念《中日和平友好条约》签订45周年，我也听到有声音说，中日关系已经时过境迁，重提《条约》是刻舟求剑。

这些议论和现象令毕生致力于中日交流的我感到忧虑。1978年《中日和平友好条约》签订的那一年，还是高中生的我看了《追捕》，第一次直观地了解到战后日本社会的某些侧面，深感震撼。日文片名《君よ憤怒の河を渉れ》（你且渡过愤怒的河）在我记忆中留下长久印象。

福田康夫先生在多个场合形象地将《中日和平友好条约》比作铁桥，我觉得十分贴切。这座铁桥紧紧地连接起中国和日本，使我们在和平环境下共享安宁、繁荣、发展40余年的红利，有人却淡忘了《中日和平友好条约》的完整意义。在两京论坛上小仓和夫先生一针见血地指出，"《中日和平友好条约》应该是中日之间最大的安全保障"。《中日和平友好条约》签订虽然已经过去了45年，但其内涵与精神历久弥新，永不过时。

铁桥历时久远会出现材质生锈、螺丝松动的情况，不加以维护，结实的铁桥也有变成"卡桑德拉大桥"（カサンドラクロス）的危险。今天，国际形势波诡云

谲，和平、友好、合作的主题正面临着战争、脱钩、分裂的威胁。

中日双方应该借此良机重温这份重要的历史文件，在思想认识上除锈、拧紧螺丝，让年轻一代了解、传承这份和平友好誓言，使《中日和平友好条约》在新时代继续照亮我们前行的路，为构建契合新时代要求的中日关系发挥重要作用。

为此，我建议两国智库要加强对《中日和平友好条约》精神的完整理解及在当下的应用的研究，两国媒体应加大对这些最新成果的报道，让更多的"沉默的大多数"恢复对中日关系的信心，这有助于改善当前的民意生态，积极影响民调指数。

年轻一代代表着中日关系的未来，他们的历史包袱最少，彼此了解的渠道多元，不易思想僵化。在开展青年交流的过程中有意识地加入理解、继承《中日和平友好条约》精神的讨论，有利于使两国年轻一代成为完整捍卫《中日和平友好条约》精神的生力军。我想对两国年轻人说："你且守卫好《条约》这座铁桥！"（君よ条約の鉄橋を守れ！）

1	
2	3

1 1991年2月底，与中国青年编辑记者代表团团长潘岳（左1）一起，在东京料亭"筐"与日本外务省中国课课长宫本雄二（右1）交流

2 1998年和中日友协原副会长、诗人、汉俳创始者之一林林在一起

3 1999年采访日中友协名誉会长平山郁夫

1. 2002年在东京维新号中餐馆华侨活动上邂逅中国国民党副主席江丙坤，赠送《人民中国》

2. 2003年1月9日，与日本前首相桥本龙太郎在东京的日本国贸促活动上

3. 2004年4月13日，和《人民中国》专家横堀克己（左1）采访沈阳东药集团

1 2005年3月30日，向日本学者加藤周一先生介绍《人民中国》

2 2005年5月19日，在日本爱知世博会中国馆向时任外交部发言人刘建超介绍《人民中国》的世博报道选题

1 2005年5月21日，与大和地区日中友协的热心读者座谈

2 2005年6月2日，在土本典昭导演东京的家中

3 2005年东京六本木"和平友好，共创繁荣"图片展上与时任国务院新闻办主任赵启正在一起

1	2
3	4
5	

1　2006年3月7日，和时任中日友协会长宋健在一起

2　2006年3月20日，向日本驻华大使阿南惟茂的夫人、学者阿南史代约专栏稿件

3　2006年5月10日，接受日本作家浅田次郎所赠新作

4　2006年12月30日，清华东亚文化讲座上和北京大学中文系教授严绍璗先生在一起

5　2007年6月19日，在上海国际电影节上和日本电影导演山田洋次在一起

1　2007年11月27日，在日本总理府向时任日本总理的福田康夫介绍《人民中国》策划的中日邦交正常化35周年特辑

2　2007年11月27日，在中日媒体对话会上和日本电视主持人田原总一朗在一起

3　2007年11月28日，在东京民主党党部拜会前首相羽田孜

1 2008年5月7日，和日本歌舞伎大师坂东玉三郎在一起

2 2008年8月31日，和日本花样游泳教练井村雅代在一起

3 2008年12月22日，在纪录片研讨活动上和导演中村高宽讨论其新作《横滨玛丽》的创作历程

1	2
3	4

1　2009年4月12日，在中国传媒大学"大中物产杯"京津地区大学生日语演讲比赛代表评委会宣布大赛规则

2　2009年7月27日，东京支局驻站工作期间，听取同业中国书店社长刘继中关于期刊内容改进意见

3　2009年12月30日，在《人民中国》忘年会上和前副总编辑安淑渠在一起

4　2010年5月13日，在上海世博会日本馆和馆长江原规由在一起

1
2
3

1　2010年6月2日，在大阪采访日本城市规划设计家桥爪绅也

2　2010年11月24日，和翻译家林国本先生在外文局翻译人才调研会上

3　2013年5月1日，和国际台前副总编李顺然（中），《人民中国》前副总编杨哲三（右）在一起

1
2

1　2013年5月14日，东京支局驻站工作期间，听取同业燎原书店社长大家道子关于期刊内容改进意见

2　2013年5月20日，在横滨与当地读者会交流

1
2

1 2013年11月7日，在首尔的中日韩民间人士对话会开幕式上，和日本茶道里千家大宗匠千玄室在一起

2 2014年5月15日，在福建宁德策划调度封面图片的拍摄

1 2014年6月25日，访日驻站期间拜会东方书店山田真史社长（中）、川崎道雄取缔役（右）

2 2014年6月27日，在东京都厅采访东京都知事舛添要一时，听他介绍所收藏的孙中山墨宝

3 2014年9月29日，在北京－东京论坛分组总结会上代表媒体分论坛作总结发言

1 2014年10月26日,和历史学家王晓秋在严复墓前
2 2014年11月25日,在东京的交流晚会上和日本前首相鸠山由纪夫在一起

1. 2015年3月11日，与《人民画报》总编辑李霞联合采访俄罗斯导演尼基塔-米哈尔科夫

2. 2015年4月，在别府采访日本前首相村山富市

3. 2015年5月19日，向前来参观实习的中央财经大学的同学们介绍外文局史展

4. 2015年6月18日，工作访日期间与日本言论NPO代表工藤泰志（左1）磋商论坛细节

1 2015年11月14日，与日中协会理事长白西绅一郎在北京交流

2 2015年11月14日，在北京与观众交流的中野良子，看到80年代的《人民中国》对自己的介绍激动不已

1　2015年12月3日，和小提琴大师盛中国及其夫人濑田裕子在一起

2　2015年12月21日，以家宴形式接待首批"熊猫杯"征文大赛获奖日本青年

3　2016年4月28日，北京-东京论坛高层磋商会午休期间和明石康（中）、宫本雄二（右）参观马尾沟教堂遗址

1 2016年4月30日，应叶嘉莹先生之邀在南开大学文学院举办讲座之后，得到先生所赠墨宝

2 2016年6月11日，和京剧大师梅葆玖在一起

1　2016年7月23日，在北京蓬蒿剧场和文艺评论家四方田犬彦（中）采访舞踏表演艺术家大野庆人（右）

2　2016年10月14日，在北京采访来华演出的栗原小卷

1
2

1 2017年5月26日，在上海采访内山书店社长内山篱

2 2017年10月17日，与第三批到访的"熊猫杯"征文大赛获奖日本青年座谈交流

1 2017年12月16日，北京-东京论坛上与中方发言者陈小川（右1）、余熙（右2）、白岩松（左1）交换意见

2 2018年3月9日，作为政协委员旁听人大开幕会上的政府工作报告

1. 2018年3月25日，和日本电影评论家四方田犬彦（左1）在西安与新书《日本电影110年》的读者见面，分析电影与时代的关系

2. 2018年5月23日，在巴基斯坦费萨尔清真寺内与当地警卫在一起

1 2018年5月29日，随全国政协外委会调研团访问孟加拉国，与该国参议院外委会交流

2 2018年7月14日，纪录片导演中村高宽的新作《禅与骨》放映之后，和中村导演（中）、司徒兆敦（左）先生在一起

3 2018年8月12日，在北京天桥艺术中心采访日本狂言大师野村万斋

1　2018年11月24日，在第十二届SGRA中国论坛上，围绕着"中日电影交流的可能性"作基调演讲

2　2019年1月13日，中日媒体对话会的部分参会者在北京重聚

1　2019年3月3日，在两会会场接受媒体采访
2　2019年3月21日，与日本电影艺术家仲代达矢交流并对其进行了独家采访

1	
2	3

1　2019年4月14日，出席在钓鱼台国宾馆举办的"中日青少年交流促进年"启动仪式

2　2019年4月18日，在北京的日本国贸促访华活动上和该会会长河野洋平在一起，并向他赠送刊载有对其专访的《人民中国》

3　2019年7月31日，在中国驻日使馆与孔铉佑大使（中）、日本科学协会大岛美惠子理事长（左）一道为"熊猫杯"征文大赛优秀作文文集揭幕

591

1 2019年10月16日，在《人民中国》接待最后一次访华的老读者神宫寺敬

2 2019年11月8日，在漫画书《血与心：日籍解放军战士砂原惠的传奇人生》出版纪念会上与砂原惠交流

3 2019年12月6日，受全国政协外委会委托，接待埃及参议院外委会访华团访问北京、上海

1 2020年在"悟空杯"中日韩青少年漫画大赛启动仪式上

2 2021年6月，在丁荫楠（中）导演史记体传记电影艺术论坛上发言

1　2022年8月27日，在中国社科论坛"重温初心，面向未来"纪念中日邦交正常化50周年国际学术研讨会上发言

2　2022年9月12日，在中国驻日使馆与日本经团联联合举办的"不忘初心，开创未来"纪念中日邦交正常化50周年研讨会上发言

3　2022年9月29日，在纪念中日邦交正常化50周年纪念酒会上，和中国社科院日本研究所所长杨伯江（前左1），欧美同学会留日分会会长曹卫洲（前右1）在一起

1	2
3	

1 2022年10月7日，在"海棠樱花永相传——周恩来与中日友好图片展"上，向程永华大使夫妇（左3、左2）及大鸾基金会周秉德女士（右1）、沈清先生（左1）介绍《人民中国》纪念中日邦交正常化50周年特辑文章

2 2022年12月17日，为爱知大学主办的"江苏杯"汉语演讲比赛作线上纪念演讲

3 2023年3月16日，和文化部原副部长、翻译家刘德有先生在一起

1 2023年6月15日，在东京《人民中国》创刊70周年纪念会上，收到读者山本胜巳（左1）的小女儿送来的小礼物

2 2023年6月15日，在东京《人民中国》创刊70周年纪念会上作特别演讲《我与〈人民中国〉》

3 2023年6月15日，在东京《人民中国》创刊70周年纪念会上倾听老读者小林泰的心里话

1
2

1　2023年6月15日的东京《人民中国》创刊70周年纪念会，依靠整个团队的通力合作获得圆满成功

2　2023年6月17日，与长野读者会的朋友们展开深入交流

1　2023年6月26日，在沈阳和99岁高龄的母亲一起阅读6月号《人民中国》

2　2023年7月12日，在福清万福寺拜会住持定明法师

3　2023年7月23日，在北京和日中电影节实行委员会副理事长渡边满子在一起